오라클 성능 고도화 원리와 해법 II

인덱스와 조인

효율적이고 신뢰할 수 있는
데이터베이스 구축을 위한 실증적 방법론

조시형 지음

국가공인자격 SQL Professional CERTIFICATE 공식참고서

국가공인자격 Data Architecture Professional DAP 공식참고서

(주)디비안 DBian makes DB easier

오라클 성능 고도화 원리와 해법 II

저자 소개

조시형

現) 주식회사 디비안 대표이사 /
친절한 SQL 튜닝 저자 /
오라클 성능 고도화 원리와 해법 1, 2 저자 /
국가공인 SQLP 자격검정 핵심노트 1, 2 저자 /
국가공인 SQLP, DAP 자격검정 전문위원
前) 이랜드, 인슈넷, 디엠에스랩, 엔코아, 비투엔

대용량 데이터 처리가 필수인 eCRM 솔루션 개발 업무를 담당하면서 DB 전문가의 길로 들어서게 되었다. 2010년에 한국데이터진흥원과 한국DB산업협의회가 공동 주관하는 제1회 우수DB人상을 수상하였고, 2016년 1월에 주식회사 디비안을 설립하였다. 20년 가까이 컨설팅을 수행하면서 터득한 성능관리 방법론을 솔루션화하는 일에 관심이 많고, DB 전문서적을 꾸준히 집필하면서 교육과 후배 양성에도 더 매진하려고 노력한다. 요즘은 인터넷 카페 디비안 포럼(www.dbian.net)을 통한 지식공유 활동에도 열심이다.

오라클 성능 고도화 원리와 해법 II

초판 3쇄 발행 2025년 2월 12일
※ 양장본 초판 1쇄 발행 2010년 1월 9일
※ 양장본 초판 10쇄 발행 2020년 7월 20일

지은이 | 조시형
펴낸이 | 조시형
펴낸곳 | 주식회사 디비안
디자인 | 이슬현
출판등록 | 2018년 4월 5일 제2018-000041호
주소 | 서울특별시 영등포구 당산로31길 16-1, 201호 (당산동3가, JUM빌딩)
전화 | 02-2662-8246
팩스 | 050-4394-8246
홈페이지 | www.dbian.co.kr
인터넷카페 | www.dbian.net, www.sqlp.co.kr

ISBN 979-11-91941-05-0
ISBN 979-11-91941-03-6(세트)

값 49,000원

오라클 성능 고도화 원리와 해법 II

DBian makes DB easier

효율적이고 신뢰할 수 있는

데이터베이스 구축을 위한 실증적 방법론

조시형 지음

국가공인자격 SQL Professional CERTIFICATE

공식참고도서

국가공인자격 Data Architecture Professional DAP

공식참고도서

㈜디비안 DBian makes DB easier

Chapter 01 인덱스 원리와 활용

Chapter 02 조인 원리와 활용

Chapter 03 옵티마이저 원리

Chapter 04 쿼리 변환

Chapter 05 소트 튜닝

Chapter 06 파티셔닝

Chapter 07 병렬 처리

Chapter 03 옵티마이저 원리

저자 서문

얼마 전 마라토너 이봉주 선수가 공식 은퇴하는 자리에서 "힘들고 무거운 짐을 내려놓은 것 같다"는 심경을 토로했다. 늘 듣던 상투적인 표현이지만 필자의 마음을 정확히 대변하는 듯해 남 얘기처럼 들리지가 않았다. 1권과 2권을 집중적으로 쓴 기간은 8개월 정도에 불과하지만 책을 처음 쓰기 시작한 게 2004년 8월경이었으니 5년이 넘은 셈이다. 그 무거운 짐을 이제 내려놓는다.

이미 상당한 분량을 써 놓은 상태에서 바쁜 프로젝트 일정 때문에 손을 놓고는 5년이란 시간을 흘려보내고 말았다. 2009년 1월을 시작하면서, 이제 더는 늦출 수 없다는 비장한 각오로 펜을 다시 들었다. 그동안 오라클 10g를 거쳐 이미 11g가 출시된 상황이니 9i 기준으로 써 놓은 예전 원고들은 대부분 폐기할 수밖에 없었다. 하지만 지난 5년간 프로젝트와 개인적인 연구활동을 통해 축적된 자료들이 넘쳐나, 오히려 책이 너무 두꺼워지지 않도록 조절하기가 더 어려웠다.

1권에선 밝히지 않았지만 원래 필자가 구상했던 책 제목은 '오라클 애플리케이션 튜닝' 이었으며, 동 제목의 교재를 가지고 이미 여러 프로젝트에서 강의를 진행한 바 있다. 독자들에게 어필할 만한 이름을 찾다 보니 '오라클 성능 고도화 원리와 해법' 으로 정하긴 했지만, 필자는 데이터베이스 성능 튜닝의 핵심 요소로서 애플리케이션 튜닝의 중요성을 강조하고 싶었다. 1권의 핵심 내용은 아래 4, 5, 6장이라고 서문에서 밝혔다.

4장. 라이브러리 캐시 최적화
5장. 데이터베이스 Call 최소화
6장. I/O 효율화 원리

1권의 독자라면 위 세 가지 요소 모두 애플리케이션 관점에서 해법을 찾아야 함을 느꼈을 것이다. 6장 I/O 효율화 원리의 세부 내용을 다룬 2권도 애플리케이션 측면의 주요 성능 이슈를 다루며, 구성은 다음과 같다.

1장. 인덱스 원리와 활용
2장. 조인 원리와 활용
3장. 옵티마이저 원리
4장. 쿼리 변환
5장. 소트 튜닝
6장. 파티셔닝
7장. 병렬 처리

이들 내용은 DB 관리자도 관심을 두는 주제이긴 하지만 SQL 튜닝 주체는 기본적으로 개발자이기 때문에 애플리케이션 성능 이슈라는 것이다.

원래 계획은 2권 맨 마지막 장에 페이지 처리 등을 포함해 실전에서 얻은 활용 중심의 고급 테크닉과 팁을 담으려 했으나 책이 너무 두꺼워져 다음으로 미루게 되었다. 또한 고급 SQL 활용 중심의 서적을 먼저 집필할까도 고심했었지만 고기 잡는 법, 즉 기본 원리를 먼저 전파하는 게 순서라고 결론지었다. 원리가 바탕이 된다면 스스로 문제점을 파악하고 해법을 찾는 일은 거저 되는 일 아니겠는가.

'활용 중심' 의 고급 SQL 튜닝 기법은, 언제라고 기약할 순 없지만 '오라클 성능 고도화 원리와 해법 Ⅲ' , 아니면 또 다른 제목의 튜닝 서적을 통해 소개해야 할 것 같다. 하지만 원리 중심의 1권과 2권에도 이미 그런 내용을 충분히 담고 있어 아쉽다고 느끼지는 않을 것이다.

본서는 아래 독자층을 대상으로 한다.

1. 고급 데이터베이스 프로그래머
2. 데이터베이스 튜닝에 입문하고자 하는 개발자 및 DBA
3. 이미 활동 중인 데이터베이스 튜닝 전문가
4. 데이터베이스 설계자
5. 애플리케이션 구조 및 공통 기술 설계자

본서는 그리고 9i와 11g를 포함하면서 10g를 중심으로 설명한다. 10g 중심이지만 대부분 11g에도 적용되는 내용이고, 이해를 돕기 위해 9i와 비교하는 내용도 심심찮게 볼 수 있다. (스크립트에 버전을 표시하지 않은 것은 모두 10g에서 테스트한 것임을 밝힌다.)

1권을 읽고 여러 경로를 통해 호평해 준 독자들께 감사의 마음을 전한다. 그분들의 응원이 2권을 끝까지 집필하는 데 적잖은 위로가 되었다.

프로젝트가 생기면 내일이라도 당장 출정해야 하는 압박감에 시달렸지만 지난 1년간 짧은 몇몇 프로젝트 외에는 집필에만 전념할 수 있도록 배려해 준 조광원 사장님과 김형태 부사장님, 그리고 장현호, 한종식 상무님께 감사의 마음을 전한다. 격려와 함께 늘 바람막이가 돼 준 강대웅, 김문영 이사님께도 무한 감사의 마음을 전한다.

최종 교정을 함께 도와준 손진영, 김창배, 김익서 후배 컨설턴트, 그리고 1권에서와 마찬가지로 전 장에 걸쳐 세심하게 검토해 준 정재우 수석 컨설턴트와 오픈베이스의 박원배 책임께 특별한 감사의 뜻을 표한다.

무엇보다, 지난 일 년 동안 놀이공원에도 한번 데려가 주지 못한 두 딸에게 미안한 마음을 전한다. 토요일과 일요일에도 늘 컴퓨터 앞에만 앉아 있던 아빠의 모습을 이젠 당연하게 여기는 듯하다. 아내에게도 미안하고, 늘 기도해 주신 부모님께도 감사의 마음을 전한다. 마지막으로, 끝까지 건강 잃지 않도록 붙잡아주신 하나님께 감사드린다.

2009년 12월 31일 조 시 형

Chapter **01**

인덱스 원리와 활용

1절부터 3절까지는 인덱스를 이용한 튜닝 원리를 습득하기 위해 반드시 알아야 할 인덱스 기본 구조 및 다양한 스캔 방식을 설명한다.

4절부터 6절까지는 인덱스를 경유한 테이블 Random 액세스 부하 해소 원리를 다룬다. 4절에서는 대용량 데이터를 처리할 때 테이블 Random 액세스가 부하 요인으로 작용하는 원인을 자세히 설명하고, 5절과 6절에서 이를 해소하기 위한 튜닝 방안을 소개한다.

7절에서는 인덱스를 스캔할 때 비효율이 발생하는 원인을 설명하고, 이를 해소하기 위한 인덱스 구성 원리 및 SQL 튜닝 방안을 소개한다.

8절에서는, 1장에서 가장 중요하다고 할 수 있는 인덱스 설계 방안을 소개한다. 인덱스 액세스 효율을 높이기 위한 컬럼 선택 기준, 그리고 인덱스 개수를 최소화하면서 전체의 효율을 달성하기 위한 전략적 선택 기준은 무엇인지 자세히 설명한다.

마지막으로, 9절에서 비트맵 인덱스를 소개한다.

01 인덱스 구조

(1) 범위 스캔

인덱스 구조를 설명하기에 앞서 "범위(Range)" 스캔의 의미를 새겨 보자.

인덱스는 대용량 테이블에서 필요한 데이터만 빠르고 효율적으로 액세스할 목적으로 사용하는 오브젝트다. 테이블은 처음부터 끝까지 모든 레코드를 읽어야 완전한 결과집합을 얻을 수 있지만, 인덱스는 키 컬럼 순으로 정렬돼 있기 때문에 특정 위치에서 스캔을 시작해 검색 조건에 일치하지 않는 값을 만나는 순간 멈출 수 있다. 이것이 범위 스캔(Range Scan)이 의미하는 바다.

테이블도 범위 스캔이 가능한 경우가 있기는 하다. 6절에서 설명할 IOT(index-organized table)는 특정 컬럼 순으로 정렬 상태를 유지하며 값을 입력하므로 범위 스캔이 가능하다. 이를 제외한다면 일반적인 힙 구조 테이블(heap-organized table)에서 범위 스캔은 있을 수 없다. 정렬 상태가 유지되도록 사용자가 아무리 주의 깊게 데이터를 입력한들, 옵티마이저가 그것을 신뢰해 Table Range Scan 같은 실행계획을 수립하진 않는다.

(2) 인덱스 기본 구조

여러 종류의 인덱스 중에서 가장 일반적으로 사용되는 B*tree 인덱스 구조는 그림 1-1과 같은 모습이다.

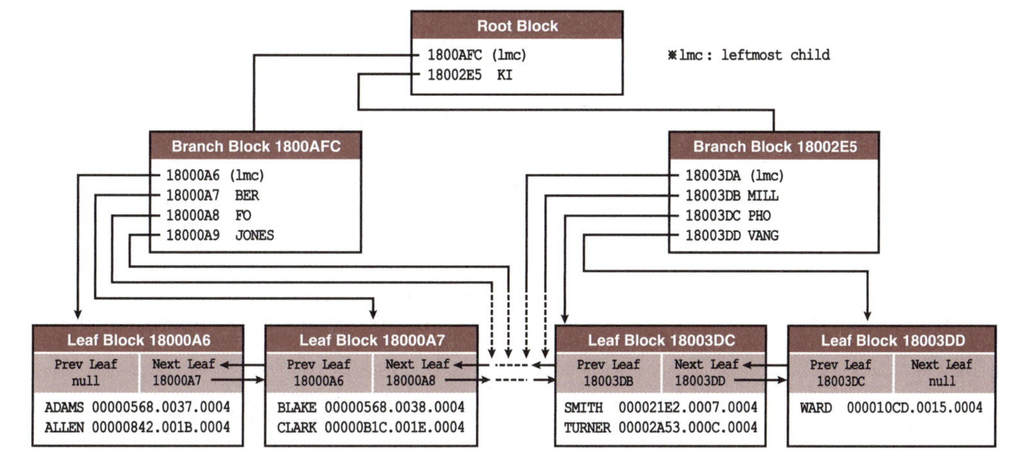

그림 1-1

루트(Root)를 포함한 브랜치(Branch) 블록에 저장된 엔트리에는 하위 노드 블록을 찾아가기 위한 DBA(Data Block Address) 정보를 갖고, 최말단 리프(Leaf) 블록에는 인덱스 키 컬럼과 함께 해당 테이블 레코드를 찾아가기 위한 주소정보(rowid)를 갖는다. 리프 블록은 항상 키 컬럼 순으로 정렬돼 있기 때문에 '범위 스캔'이 가능하다고 앞서 설명하였다. 키 값이 같을 때는 rowid순으로 정렬된다는 사실도 기억하기 바란다.

LeftMost Child

브랜치 노드의 각 엔트리는 키 값과 하위 노드를 가리키는 블록 주소를 갖는다. 그런데 키 값을 갖지 않는 특별한 엔트리가 하나 있는데, 각 브랜치 노드의 첫 번째 엔트리가 그렇다. 이를 'lmc(LeftMost Child)'라고 부르기로 하자(그림 1-1 참조).

다른 엔트리는 자신의 키 값과 같거나 큰 값을 담은 자식 노드 블록을 가리키는 반면, lmc는 명시적인 키 값을 갖지 않더라도 '키 값을 가진 첫 번째 엔트리보다 작은 값'의 의미를 갖는다. 따라서 그 브랜치 블록의 자식 노드 중 가장 왼쪽 끝에 위치한 블록을 가리킨다.

아래는 브랜치 블록에 대한 Dump 내용 중 일부를 표시한 것인데, lmc는 다른 엔트리와는 별도 장소에 저장되는 것을 알 수 있다. (인덱스 구조를 단순하게 표현하려고 그림 1-1에는 다른 엔트리와 같은 선상에 그렸다.)

```
kdxcoavs 9
kdxbrlmc 16793979=0x100417b             → leftmost child 블록 주소
kdxbrsno 0
kdxbrbksz 8060
kdxbr2urrc 0
row#0[ 8051] dba: 16793981=0x100417d    → 자식 노드 블록 주소
col 0; len 4; (4):  c3 24 17 39         → 키 값
row#1[ 8042] dba: 16793982=0x100417e
col 0; len 4; (4):  c3 24 1c 24
```

값이 null인지 여부에 상관없이 모든 레코드를 인덱스에 저장하는 DBMS가 있는가 하면 오라클은 인덱스 구성 컬럼이 모두 null인 레코드는 저장하지 않는다. 그리고 (인덱스 구성 컬럼이 모두 null인 경우를 제외하면) 인덱스와 테이블 레코드 간에는 서로 1:1 대응 관계를 갖는다. 참고로, 뒤에서 다시 설명하겠지만 클러스터 인덱스(Cluster Index)는 1:M 관계를 갖는다.

브랜치에 저장된 레코드 개수는 바로 하위 레벨 블록 개수와 일치한다는 점도 기억할 필요가 있다.[1] 그림 1-1에서 루트 블록의 레코드가 2개이므로 바로 아래쪽 브랜치 블록도 2개다. 그림에다 표현하진 못했지만 브랜치 블록에 놓인 레코드 개수가 총 8개이므로 리프 블록도 8개일 것이다.

인덱스 리프 노드상의 레코드와 테이블 레코드 간에는 1:1 관계라고 했는데, 값도 서로 일치한다. 따라서 테이블 레코드에서 값이 갱신되면 리프 노드 인덱스 키 값도 같이 갱신(delete & insert)된다.

반면, 리프 노드상의 엔트리 키 값이 갱신되더라도 브랜치 노드까지 값이 바뀌지는 않는다. 브랜치 블록에 놓인 엔트리는 자신의 키 값과 같거나 큰 값을 담는 하위 노드 블록을 포인팅하는 것으로서, 그 키 값은 자식 노드가 갖는 값의 범위를 나타내기 때문이다. 따라서 키 값이 하위 노드의 첫 번째 레코드와 정확히 일치하지 않으며, 이는 그림 1-1에 잘 표현돼 있다.

---

1) 가장 왼쪽 끝 자식 노드를 가리키는 lmc는 키 값을 갖지 않은 채 다른 엔트리와 별도로 저장되지만, 이것 역시 하나의 레코드로 간주하기로 하자.

참고로, 브랜치 노드는 인덱스 분할(Split)에 의해 새로운 블록이 추가되거나 삭제(다른 브랜치의 자식 노드로 이동[2])될 때만 갱신된다.

지금까지 설명한 내용을 요약하면 다음과 같다.

- 리프 노드상의 인덱스 레코드와 테이블 레코드 간에는 1:1 관계
- 리프 노드상의 키 값과 테이블 레코드 키 값은 서로 일치
- 브랜치 노드상의 레코드 개수는 하위 레벨 블록 개수와 일치
- 브랜치 노드상의 키 값은 하위 노드가 갖는 값의 범위를 의미

이런 인덱스 구조와 특징을 정확히 이해해야만 인덱스 탐색 과정도 쉽게 이해할 수 있다.

(3) 인덱스 탐색

인덱스 탐색 과정을 수직적 탐색과 수평적 탐색으로 구분해 설명할 수 있다. 수평적 탐색은 앞서 강조했던 범위 스캔(Range Scan)을 말하는 것이며, 리프 블록을 인덱스 레코드 간 논리적 순서에 따라 좌에서 우, 또는 우에서 좌로 스캔하기 때문에 '수평적' 이라고 표현한다.

수직적 탐색은 **수평적 탐색을 위한 시작 지점을 찾는 과정**이라고 할 수 있으며, 루트에서 리프 블록까지 아래쪽으로 진행하기 때문에 '수직적' 이다.

그림 1-1에서 'CLARK' 을 찾는 과정을 자세히 들여다보자.

1. 먼저 루트 블록을 스캔하면서 왼쪽 브랜치 블록(1800AFC)으로 갈지 오른쪽 브랜치 블록(18002E5)으로 갈지를 결정한다. '(lmc)' 는 'KI' 보다 작은 모든 값을 의미하고, 'KI' 는 'KI' 보다 크거나 같은 모든 값을 의미하므로 지금 찾고자 하는 'CLARK' 을 위해서는 왼쪽 브랜치 블록으로 이동한다. (두 번째 엔트리가 'KI' 보다 크거나 "같은" 값을 의미하지만, 현재 찾고 있는 값이 정확히 'KI' 일 때는 왼쪽 브랜치로 이동한다. 그 이유는, 그림 1-2와 함께 잠시 후에 설명한다.)
2. 찾아간 브랜치 블록을 스캔하면서 그 다음 찾아갈 인덱스 블록을 탐색한다. 'CLARK' 이 'BER' 보다 크고 'FO' 보다 작으므로 이번에는 두 번째 레코드가 가리키는 블록 주소(18000A7)로 찾아간다.

2) 자세한 원리는 7절 '(10) Index Fragmentation' 에서 설명한다.

3. 이제 도착한 곳은 리프 블록이므로 거기서 'CLARK'을 찾거나 못 찾거나 둘 중 하나다. 찾으면 수평적 탐색 과정으로 넘어가고, 못 찾으면 거기서 인덱스 탐색을 마친다. 여기서는 'CLARK'을 찾게 되므로 이어서 수평적 탐색, 즉 범위 스캔을 진행한다.
4. 인덱스 리프 블록을 스캔하면서 값이 'CLARK'인지 확인한다.
5. 'CLARK'이면 거기서 얻은 rowid(00000B1C.001E.0004)를 이용해 해당 테이블 레코드를 찾아가 필요한 다른 컬럼 값들을 읽는다. 만약 쿼리에서 인덱스 컬럼만 필요로 한다면 이 과정은 생략된다.
6. 4번과 5번 과정을 반복하다가 검색조건을 만족하지 못하는 레코드를 만나는 순간 멈춘다.

브랜치 블록 스캔

방금 설명한 인덱스 탐색 과정 중 1번과 2번에서 브랜치 블록을 스캔할 때는 뒤에서부터 스캔하는 방식이 유리하다. 왼쪽 브랜치 블록(1800AFC)을 예로 들면, 뒤에서부터 스캔할 때는 'CLARK'보다 작은 첫 번째 레코드('BER')를 만나는 순간 바로 하위 블록으로 내려가면 되지만, 앞에서부터 스캔할 때는 'CLARK'보다 크거나 같은 첫 번째 레코드('FO')를 만나는 순간 멈춰서 한 칸 뒤로 이동해야 하기 때문이다.

하지만 오라클이 실제로 뒤쪽부터 스캔하는지는 필자도 알 수가 없다. 어쩌면 값을 거꾸로 입력해 두고서 앞쪽부터 스캔할지도 모를 일이지만, 앞으로 인덱스 스캔 과정을 설명할 때는 뒤쪽부터 스캔한다고 가정하기로 하자.

브랜치 블록을 따라 수직적 탐색을 진행할 때는 찾고자 하는 값보다 키 값이 작은 엔트리를 따라 내려간다는 사실도 기억할 필요가 있다. 그림 1-2처럼 중복 값이 많은 인덱스를 탐색해 내려가다 보면 그 이유를 자연스럽게 이해할 수 있다.

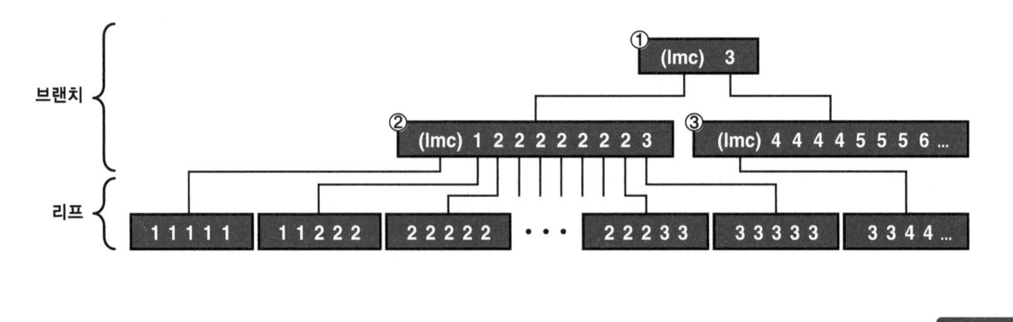

그림 1-2

그림 1-2 인덱스를 통해 값이 3인 레코드를 찾는다고 하자. 그러면 ①번 루트 블록에서 lmc가 가리키는 ②번 브랜치 노드로 따라 내려가야 한다. 만약 같은 값인 3을 따라 ③번 브랜치로 내려가면 ②번 브랜치 끝에 놓인 3을 놓치게 되기 때문이다.

이제 도착한 ②번 브랜치에서 맨 뒤쪽 3부터 거꾸로 스캔하다가 2를 만나는 순간 리프 블록으로 내려간다. 거기서 키 값이 3인 첫 번째 레코드를 찾아 오른쪽으로 리프 블록을 스캔해 나가면 조회 조건을 만족하는 값을 모두 찾을 수 있다.

결합 인덱스 구조와 탐색

결합(Composite, Concatenated) 인덱스 구조도 간단히 살펴보자. 그림 1-3은 emp 테이블에 [deptno + sal] 컬럼 순으로 생성한 결합 인덱스를 도식화한 것이다.

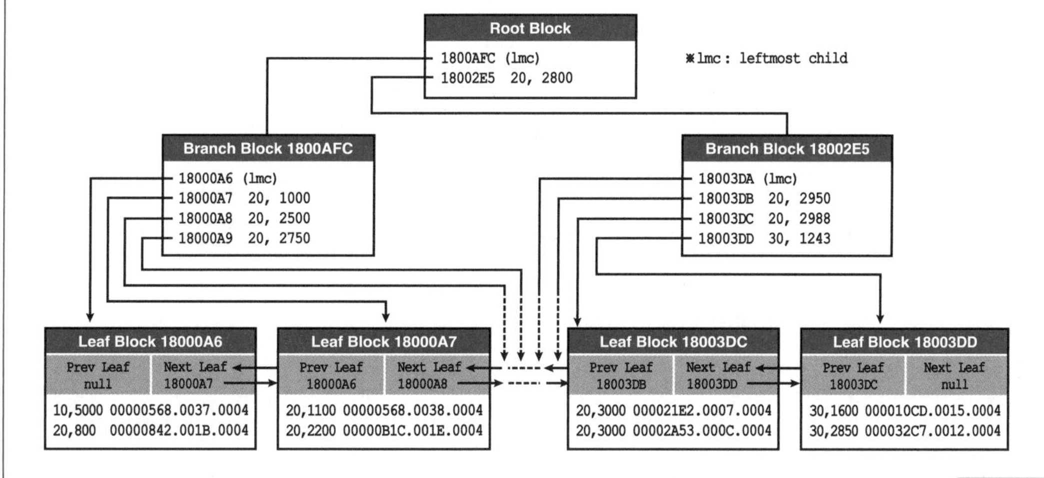

그림 1-3

'deptno = 20 and sal >= 2000' 조건으로 쿼리할 때 deptno가 20인 첫 번째 레코드(그림 1-3에서 첫 번째 리프 블록 두 번째 레코드)가 스캔 시작점이라고 생각하기 쉽다. 하지만 그림 1-3에서 두 번째 리프 블록, 그 중에서도 두 번째 레코드부터 스캔이 시작된다는 사실을 반드시 기억하기 바란다. 7절에서 좀 더 자세한 원리를 설명하겠지만 이는 수직적 탐색 과정에서 deptno 뿐만 아니라 sal 값에 대한 필터링도 같이 이루어지기 때문이다. 그리고 마지막 블록 첫 번째 레코드에서 스캔을 멈추게 될 것이다.

(4) ROWID 포맷

rowid에는 데이터파일 번호, 블록 번호, 로우 번호 같은 테이블 레코드의 물리적 위치정보를 포함한다. 테이블 레코드를 찾아가는 데 필요한 주소 정보이므로 테이블 자체에 저장되는 것이 아니라 인덱스에 저장된다. 필요하면 rowid를 출력해 볼 수 있지만 그 값이 테이블에 실제 저장돼 있지는 않다. 즉, pseudo 컬럼이다.

그럼 인덱스를 거치지 않는 쿼리에서 rowid를 요구할 때면 어떻게 그 값을 출력할까? 오브젝트 및 데이터파일 번호, 그리고 그 파일 내에서의 상대적인 블록 번호가 데이터 블록 헤더에 저장돼 있기 때문에 전혀 어렵지 않다. 레코드를 읽는 시점에, 현재 도달한 블록 헤더와 각 레코드에 할당된 슬롯 번호를 이용해 충분히 가공해 낼 수 있는 것이다.

그러면 인덱스에 저장되는 rowid는 얼마만큼의 공간을 차지할까? 오라클 7 버전까지 rowid는 내부적으로 6 바이트 크기를 차지하며, 파일번호, 블록번호, 로우 번호로 구성된다.

그러다가 오라클 8부터는 rowid 크기를 10 바이트로 증가시켰다. 데이터베이스에 저장해야 할 데이터량이 점차 증가해 더 많은 데이터 파일을 관리할 필요가 생겼고, 파티션 같은 기능을 지원하기 위해 오브젝트 번호까지 저장할 필요가 생겼기 때문이다. rowid를 10 바이트로 늘림으로써 오라클은 tera-byte를 넘어 peta-byte 단위의 데이터를 저장할 수 있게 되었다.

하지만, 항상 10 바이트로 저장하는 것은 아니어서 테이블과 인덱스 유형에 따라 여전히 6 바이트를 사용하기도 한다. 예를 들어, 아래 경우는 rowid가 기존처럼 6 바이트 공간을 차지한다.

- 파티션되지 않은 일반 테이블에 생성한 인덱스
- 파티션된 테이블에 생성한 로컬 파티션(Local Partitioned) 인덱스

반면, 아래 경우는 10 바이트를 차지하며, 이런 사실은 인덱스 블록 덤프를 통해 쉽게 확인할 수 있다.

- 파티션 테이블에 생성한 글로벌 파티션(Global Partitioned) 인덱스
- 파티션 테이블에 생성한 비파티션(Non Partitioned) 인덱스

오라클 8부터 내부적으로 rowid 사이즈가 달라지면서 외부로 출력되는 rowid 포맷도 달라졌고, 이렇게 달라진 새로운 rowid 포맷을 '확장(Extended) rowid 포맷' 이라고 부른다. 반면, 이전에 사용되던 포맷은 이제 '제한(Restricted) rowid 포맷' 이라고 부르게 되었다. 그리고 내부적으로 몇

바이트로 저장되든 애플리케이션에서 출력해 보면 둘 다 18자리인데, 구성 내용은 조금 다르다.

오라클 7 버전까지 사용하던 **'제한 rowid 포맷'** 은 아래 3개의 구성요소로 이루어진다.

- **데이터파일 번호(4자리)**
  로우가 속한 데이터파일 번호로서, 데이터베이스 내에서 유일한 값임
- **블록 번호(8자리)**
  해당 로우가 저장된 데이터 블록 번호이며, (테이블스페이스가 아니라) 데이터파일 내에서의 상대적 번호임
- **로우 번호(4자리)**
  블록 내에서 각 로우에 붙여진 일련번호로서, 0부터 시작됨

각 구성요소의 자리수를 더하면 16자리지만 구분자(delimiter)로 사용하는 '.(dot)' 기호를 포함해 18자리 문자열로 출력되며, 순서는 블록.로우.데이터파일 순이다.

```
SQL> select rowid, empno, ename from emp;

ROWID                  EMPNO ENAME
------------------  ------ ----------
00000DD5.0000.0001    7369 SMITH
00000DD5.0001.0001    7499 ALLEN
00000DD5.0002.0001    7521 WARD
00000DD5.0003.0001    7566 JONES
...

14 개의 행이 선택되었습니다.
```

오라클 8 버전부터 사용되기 시작한 **'확장 rowid 포맷'** 은 제한 rowid 포맷에 데이터 오브젝트 번호를 더해 4개의 구성요소로 이루어진다.

- **데이터 오브젝트 번호(6자리)**
  데이터베이스 세그먼트를 식별하기 위해 사용되는 데이터 오브젝트 번호
- **데이터파일 번호(3자리)**
  로우가 속한 데이터파일 번호(테이블스페이스 내에서의 상대적인 파일 번호)

- **블록 번호(6자리)**
  해당 로우가 저장된 데이터 블록 번호이며, (테이블스페이스가 아니라) 데이터파일 내에서의 상대적 번호임
- **로우 번호(3자리)**
  블록 내에서 각 로우에 붙여진 일련번호로서, 0부터 시작됨

애플리케이션에 출력할 때는 별도의 구분자 없이 연속된 18자리 문자열 포맷을 사용하며, 순서는 (데이터 오브젝트)(데이터파일)(블록)(로우) 순이다. 오라클 8 이상에서 여전히 6 바이트 rowid를 사용할 수 있다고 했지만, 출력되는 포맷은 10 바이트 rowid의 그것과 같다.

```
SQL> select rowid, empno, ename from emp;

ROWID                   EMPNO ENAME
------------------ ------ ----------
AAAM6PAAEAAAE2cAAA    7369 SMITH
AAAM6PAAEAAAE2cAAB    7499 ALLEN
AAAM6PAAEAAAE2cAAC    7521 WARD
AAAM6PAAEAAAE2cAAD    7566 JONES
...

14 개의 행이 선택되었습니다.
```

출력된 확장 rowid를 자릿수만큼 잘라서 디코딩(Decoding)하면 각 구성요소에 대한 정보를 얻어낼 수 있지만, 아래와 같이 dbms_rowid 패키지를 사용하면 훨씬 쉽다. 확장 rowid 포맷을 제한 rowid 포맷으로 바꿔서 표현해 주는 기능도 있다(스크립트 ch1_01.txt 참조).

```
SQL> select rowid extended_format
  2        , dbms_rowid.rowid_to_restricted(rowid, 0) restricted_format
  3        , dbms_rowid.rowid_object(rowid) object
  4        , dbms_rowid.rowid_relative_fno(rowid) file_no
  5        , dbms_rowid.rowid_block_number(rowid) block_no
  6        , dbms_rowid.rowid_row_number(rowid) row_number
  7  from   emp e
  8  where  empno = 7369;

EXTENDED_FORMAT    RESTRICTED_FORMAT  OBJECT FILE_NO BLOCK_NO ROW_NUMBER
```

```
------------------ ------------------ ------ ------- -------- ----------
AAAM6PAAEAAAE2cAAA 00004D9C.0000.0004  52879       4    19868          0
```

출력된 rowid 포맷이 둘 중 어느 타입에 속하는지 눈으로도 어렵지 않게 확인할 수 있지만 rowid_type 함수에서 리턴된 값(0 또는 1)을 이용해 구분할 수 있다.

```
SQL> select dbms_rowid.rowid_type('AAAM6PAAEAAAE2cAAA') extended_format
  2       , dbms_rowid.rowid_type('00004D9C.0000.0004') restricted_format
  3  from   dual;

EXTENDED_FORMAT RESTRICTED_FORMAT
--------------- -----------------
              1                 0
```

아래는 rowid 문자열에서 추출한 데이터 오브젝트 번호와 데이터파일 번호를 이용해 해당 오브젝트와 데이터파일에 대한 정보를 조회하는 방법을 예시한 것이다.

```
SQL> select object_id, owner, object_name, subobject_name
  2  from   dba_objects
  3  where  data_object_id = 52879;

 OBJECT_ID OWNER                        OBJECT_NAME      SUBOBJECT_NAME
---------- ---------------------------- ---------------- -----------------
     52879 ORAKING                      EMP

SQL> select file_id, file_name, tablespace_name
  2  from   dba_data_files
  3  where  relative_fno = 4;

 FILE_ID FILE_NAME                                        TABLESPACE_NAME
-------- ------------------------------------------------ -----------------
       4 /usr/local/oracle/oradata/ORA10g/users01.dbf      USERS
```

02 인덱스 기본 원리

B*Tree 인덱스를 정상적으로 사용하려면 범위 스캔 시작지점을 찾기 위해 루트 블록부터 리프 블록까지의 수직적 탐색 과정을 거쳐야 한다. 만약 인덱스 선두 컬럼이 조건절에 사용되지 않으면 범위 스캔을 위한 시작점을 찾을 수 없어 옵티마이저는 인덱스 전체를 스캔하거나 테이블 전체를 스캔하는 방식을 선택한다. 또한 인덱스 선두 컬럼이 조건절에 사용되더라도 인덱스를 사용 못하거나 범위 스캔이 불가능한 경우가 있다.

언제 정상적인 인덱스 사용이 가능하고, 언제 불가능한지 지금부터 살펴보자.

(1) 인덱스 사용이 불가능하거나 범위 스캔이 불가능한 경우

아래와 같이 인덱스 컬럼을 조건절에서 가공하면(FBI 인덱스를 정의하지 않는 한) 정상적으로 인덱스를 사용할 수 없다.

```
select *
from   업체
where  substr(업체명, 1, 2) = '대한'
```

또한 아래처럼 부정형 비교를 사용해도 마찬가지다.

```
select *
from   고객
where  직업 <> '학생'
```

is not null 조건도 부정형 비교에 해당하므로 정상적인 인덱스 사용은 어렵다.

```
select *
from   사원
where  부서코드 is not null
```

위 세 경우 모두 정상적인 인덱스 범위 스캔이 불가능할 따름이지 인덱스 사용 자체가 불가능하지는 않다. 다시 말해, Index Full Scan은 가능하다.

예를 들어, 맨 마지막 SQL의 경우 '부서코드'에 단일 컬럼 인덱스가 존재한다면 그 인덱스 전체를 스캔하면서 얻은 레코드는 모두 '부서코드 is not null' 조건을 만족한다. 1절에서 설명했듯이 오라클은 단일 컬럼 인덱스에 null 값은 저장하지 않기 때문이다. 결합 인덱스일 때는 인덱스 구성 컬럼 중 하나라도 값이 null이 아닌 레코드는 인덱스에 포함되지만 필터링을 통해 '부서코드 is not null' 조건에 해당하는 레코드를 찾을 수 있다.

인덱스 사용이 불가능한 경우도 있는데, 아래와 같이 is null 조건만으로 검색할 때가 그렇다. 단일 컬럼 인덱스는 물론이고 결합 인덱스더라도 구성컬럼이 모두 null이라면 인덱스만 뒤져서는 완전한 결과집합을 얻을 수 없기 때문이다.

```
select *
from   사원
where  연락처 is null
```

예외적이긴 하지만 is null 조건에도 옵티마이저가 인덱스를 사용하는 경우가 있긴 하다. 아래 예를 보자. (아래는 9i에서 수집한 실행계획이고, 10g에서는 Index Full Scan이 나타난다.)

```
SQL> select * from emp where empno is null;

------------------------------------------------------------------------------
| Id  | Operation                    | Name        | Rows  | Bytes | Cost  |
------------------------------------------------------------------------------
|   0 | SELECT STATEMENT             |             |     1 |    32 |     1 |
|   1 |  TABLE ACCESS BY INDEX ROWID| EMP         |     1 |    32 |     1 |
|*  2 |   INDEX RANGE SCAN           | PK_EMP      |     1 |       |       |
------------------------------------------------------------------------------

Predicate Information (identified by operation id):
---------------------------------------------------
   2 - access("EMP"."EMPNO" IS NULL)
```

empno is null 조건만으로 검색했는데, 인덱스 액세스 조건으로 사용되었고 정상적인 Index Range Scan(또는 Index Full Scan)이 나타났다. 어떻게 된 일일까? 아래 Desc 명령을 통해 해답을 얻을 수 있다.

```
SQL> desc emp
 Name           Null?    Type
 -------------- -------- ------------------
 EMPNO          NOT NULL NUMBER(4)
 ENAME                   VARCHAR2(10)
 JOB                     VARCHAR2(9)
 MGR                     NUMBER(4)
 HIREDATE                DATE
 SAL                     NUMBER(7,2)
 COMM                    NUMBER(7,2)
 DEPTNO                  NUMBER(2)
```

empno 컬럼에 not null 제약이 있는 것에 주목하자. 테이블 전체를 스캔해도 empno is null 조건을 만족하는 레코드가 하나도 없음을 옵티마이저는 이미 알고 있기 때문에 인덱스 스캔을 통해 공집합을 리턴하는 방식을 취한 것이다.

값이 null인 레코드는 인덱스에 포함되지 않으므로 이를 찾으려고 인덱스를 스캔하는 데에는 논리적인 모순이 있지만, Table Full Scan을 피하기 위한 일종의 트릭이라고 이해하면 된다. (사실은 not null 컬럼을 is null 조건으로 검색하는 사용자 쿼리 자체가 이미 모순이다.)

is null 조건을 사용하더라도 다른 인덱스 구성 컬럼에 is null 이외의 조건식이 하나라도 있으면 아래와 같이 Index Range Scan이 가능하다. (물론 인덱스 선두 컬럼이 조건절에 누락되지 않아야 한다.) 인덱스 구성 컬럼 중 하나라도 null 값이 아닌 레코드는 인덱스에 저장되기 때문이다. 참고로, 오라클은 null 값을 맨 뒤에 저장한다.

```
SQL> create index emp_idx on emp(job, deptno);

SQL> select * from emp where job is null and deptno = 20;

--------------------------------------------------------------
| Id  | Operation                    | Name    | Rows  | Bytes |
--------------------------------------------------------------
|   0 | SELECT STATEMENT             |         |     1 |    87 |
|   1 |  TABLE ACCESS BY INDEX ROWID| EMP     |     1 |    87 |
|*  2 |   INDEX RANGE SCAN           | EMP_IDX |     2 |       |
--------------------------------------------------------------
```

```
Predicate Information (identified by operation id):
---------------------------------------------------
   2 - access("JOB" IS NULL AND "DEPTNO"=20)
       filter("DEPTNO"=20)
```

만약 다른 인덱스 구성 컬럼 중 어느 하나(위 예시에서는 deptno)에 Not Null 제약이 설정돼 있다면? 그 컬럼에 대한 조건식 유무에 상관없이 항상 Index Range Scan이 가능하다.

(2) 인덱스 컬럼의 가공

인덱스 컬럼을 가공하면 정상적인 Index Range Scan이 불가능해진다고 했다. 가장 흔한 인덱스 컬럼 가공 사례는 아래와 같고, 오른쪽 컬럼은 각 사례에 대한 튜닝 방안이다[3].

인덱스 컬럼 가공 사례	튜닝 방안
select * from 업체 where substr(업체명,1,2) = '대한'	select * from 업체 where 업체명 like '대한%'
select * from 사원 where 월급여 * 12 = 36000000	select * from 사원 where 월급여 = 36000000/12
select * from 주문 where to_char(일시,'yyyymmdd') = :dt	select * from 주문 where 일시 >= to_date(:dt,'yyyymmdd') and 일시 < to_date(:dt,'yyyymmdd')+1
select * from 고객 where 연령 || 직업 = '30공무원'	select * from 고객 where 연령 = 30 and 직업 = '공무원'
select * from 회원사지점 where 회원번호 || 지점번호 = :str	select * from 회원사지점 where 회원번호 = substr(:str, 1, 2) and 지점번호 = substr(:str, 3, 4)

3) 대용량 데이터베이스 솔루션 I (이화식 저, 엔코아컨설팅, 1996) 참조

아래 SQL도 인덱스 컬럼을 가공한 형태인데, 쿼리가 원하는 결과는 주문수량이 100보다 크거나 같은 경우이므로 주문수량이 null인 경우는 원래 결과집합에 포함되지 않는다.

```
select *
from   주문
where  nvl(주문수량, 0) >= 100
```

그럼에도, 주문수량이 null일 때 0으로 치환하도록 처리하고 있다. 결과집합은 틀리지 않겠지만, 의미 없이 사용된 nvl 함수 때문에 인덱스 사용이 불가능하게 돼 버렸다. 아래와 같이 바꾸면 인덱스를 정상적으로 사용하면서 같은 결과집합을 얻을 수 있다.

```
select *
from   주문
where  주문수량 >= 100
```

아래 경우는 어떤가? 주문수량이 null일 때 0으로 치환해서 결과집합에 포함되도록 한 것을 보면 주문수량이 100보다 작거나 null인 주문 건을 찾고자 하는 SQL임에 틀림없다.

```
select *
from   주문
where  nvl(주문수량, 0) < 100
```

튜닝 시 이런 쿼리를 만나면 우선 주문수량이 not null 컬럼은 아닌지 확인할 필요가 있다. not null 컬럼이면 nvl 함수를 제거해 간단히 문제를 해결할 수 있지만, 아닐 때는 Table Full Scan이 불가피하다. 조건절을 아래와 같이 풀어 쓰더라도 마찬가지다.

```
where 주문수량 < 100 or 주문수량 is null
```

위 조건에 해당하는 건수가 아주 많다면 Table Full Scan이 오히려 유리한 경우이므로 고민할 필요가 없겠지만 얼마 되지 않는다면 아래와 같이 함수기반 인덱스(FBI) 생성을 고려할 수 있다.

```
create index 주문_x01 on 주문( nvl(주문수량, 0) ) ;
```

튜닝 사례 1

인덱스 컬럼을 가공한 것이 원인이 돼 성능 이슈가 발생했던 실제 사례를 소개하려고 한다. 첫 번째 사례의 인덱스 구성은 다음과 같다.

```
일별지수업종별거래및시세_PK  : 지수구분코드 + 지수업종코드 + 거래일자

일별지수업종별거래및시세_X01 : 거래일자
```

아래는 튜닝 전 쿼리다.

```
select 거래일자
     , sum(decode(지수구분코드, '1', 지수종가,   0)) kospi200_idx
     , sum(decode(지수구분코드, '1', 누적거래량, 0)) kospi200_idx_trdvol
     , sum(decode(지수구분코드, '2', 지수종가,   0)) kosdaq_idx
     , sum(decode(지수구분코드, '2', 누적거래량, 0)) kosdaq_idx_trdvol
 from  일별지수업종별거래및시세 a
where  거래일자 between :startDd and :endDd
  and  지수구분코드 || 지수업종코드 in ('1001','2003')
group by 거래일자
```

지수구분코드가 '1' 이면서 지수업종코드가 '001' 이거나, 지수구분코드가 '2' 이면서 지수업종코드가 '003' 인 레코드를 찾는 쿼리다. 그런데 PK 인덱스 선두 컬럼을 가공하는 바람에 이 인덱스를 사용할 수 없게 돼 거래일자만으로 구성된 X01 인덱스를 사용했거나 Full Table Scan으로 처리됐을 것이다.

쿼리를 아래와 같이 바꿔 주면 PK 인덱스를 정상적으로 사용할 수 있는데도, 개발자는 아마 IN-List를 이런 식으로 기술할 수 있다는 사실을 몰랐던 거 같다.

```
select 거래일자
     , sum(decode(지수구분코드, '1', 지수종가,   0)) kospi200_idx
     , sum(decode(지수구분코드, '1', 누적거래량, 0)) kospi200_idx_trdvol
     , sum(decode(지수구분코드, '2', 지수종가,   0)) kosdaq_idx
     , sum(decode(지수구분코드, '2', 누적거래량, 0)) kosdaq_idx_trdvol
 from  일별지수업종별거래및시세 a
where  거래일자 between :startDd and :endDd
  and (지수구분코드, 지수업종코드) in ( ('1', '001'), ('2', '003') )
group by 거래일자
```

튜닝 사례 2

두 번째 사례의 인덱스 구성은 다음과 같다.

```
접수정보파일_PK  : 수신번호

접수정보파일_X01 : 정정대상접수번호 + 금감원접수번호
```

아래는 튜닝 전 쿼리와 SQL 트레이스에서 추출한 Row Source Operation이다.

```
select *
from   접수정보파일
where  decode( 정정대상접수번호
             , lpad(' ', 14), 금감원접수번호, 정정대상접수번호) = :접수번호

Rows     Row Source Operation
-------  ---------------------------------------------------
      9  TABLE ACCESS FULL 접수정보파일 (cr=14433 pr=14375 pw=0 time=175822 us)
```

인덱스 컬럼을 가공하는 바람에 Table Full Scan으로 처리된 것을 볼 수 있다.

위 decode문을 분석해 논리적으로 동일한 결과를 리턴하도록 아래와 같이 조건절을 재구성해 주면 정상적인 인덱스 스캔이 가능해진다.(「정정대상접수번호 = lpad(' ', 14)」 조건에 해당하는 데이터는 많지 않다. 그리고 금감원접수번호가 null 허용 컬럼이면 nvl 처리가 필요하겠지만 not null 컬럼이다.

```
select *
from   접수정보파일
where  정정대상접수번호 in (:접수번호, lpad(' ', 14))
and    금감원접수번호 = decode( 정정대상접수번호, lpad(' ', 14), :접수번호
                            , 금감원접수번호 )

Rows     Row Source Operation
-------  ---------------------------------------------------
      9  INLIST ITERATOR (cr=13 pr=0 pw=0 time=79 us)
      9   TABLE ACCESS BY INDEX ROWID 접수정보파일 (cr=13 pr=0 pw=0 time=62 us)
      9    INDEX RANGE SCAN 접수정보파일_X01 (cr=4 pr=0 pw=0 time=24 us)
```

(3) 묵시적 형변환

여기서 퀴즈를 하나 풀어보자.

```
select count(*)
from (
  select a.물품원신청조직id, a.물품지원품목코드, b.파트너지원요청일자
  from   물품지원상세 a, 물품지원 b, 물품지원품목 c, 물품지원품목 d, 공통코드상세 e
  where  a.물품지원요청일련번호 = b.물품지원요청일련번호
  and    c.물품지원품목코드      = a.물품지원품목코드
  and    d.물품지원품목코드      = c.상위물품지원품목코드
  and    a.물품지원처리단계코드 = e.공통코드값(+)
  and    e.공통코드id(+)          = 'C_50004'
  and    a.물품지원요청일련번호 = :suprt_req_ser_num
  and    d.상위물품지원품목코드 = :suprt_itm_cd
  and    to_char(sysdate , 'yyyymmdd') between d.유효시작일자 and d.유효종료일자
  ) x, 월별품목실적 y
where y.물품지원품목코드(+)  = x.물품지원품목코드
  and y.영업조직id(+)        = x.물품원신청조직id
  and y.대상연월(+)          = substr(x.파트너지원요청일자, 1, 6) - 1

Call     Count CPU Time Elapsed Time    Disk    Query    Current     Rows
------- ------ -------- ------------ ------- -------- ---------- --------
Parse        1    0.010        0.008       0        0          0        0
Execute      1    0.030        0.027       0        0          0        0
Fetch        2    0.940        5.512    1640     8224          0        1
------- ------ -------- ------------ ------- -------- ---------- --------
Total        4    0.980        5.548    1640     8224          0        1

Rows  Row Source Operation
----  ---------------------------------------------------
   1  SORT AGGREGATE (cr=8224 pr=1640 pw=0 time=5512307 us)
   5   NESTED LOOPS OUTER (cr=8224 pr=1640 pw=0 time=6044269 us)
   5    VIEW  (cr=27 pr=0 pw=0 time=3277 us)
   5     TABLE ACCESS BY INDEX ROWID 물품지원품목 (cr=27 pr=0 pw=0 time=3246 us)
  11      NESTED LOOPS  (cr=26 pr=0 pw=0 time=21624 us)
   5       NESTED LOOPS  (cr=24 pr=0 pw=0 time=2857 us)
   5        NESTED LOOPS OUTER (cr=17 pr=0 pw=0 time=2427 us)
   5         NESTED LOOPS  (cr=7 pr=0 pw=0 time=2186 us)
   1          TABLE ACCESS BY INDEX ROWID 물품지원 (cr=3 pr=0 pw=0 time=1984 us)
   1           INDEX UNIQUE SCAN 물품지원_PK (cr=2 pr=0 pw=0 time=75 us)
   5          TABLE ACCESS BY INDEX ROWID 물품지원상세 (cr=4 pr=0 pw=0 time=191 us)
   5           INDEX RANGE SCAN 물품지원상세_PK (cr=3 pr=0 pw=0 time=105 us)
   5         INDEX UNIQUE SCAN 공통코드상세_PK (cr=10 pr=0 pw=0 time=327 us)
```

```
5          TABLE ACCESS BY INDEX ROWID 물품지원품목 (cr=7 pr=0 pw=0 time=425 us)
5           INDEX RANGE SCAN 물품지원품목_PK (cr=2 pr=0 pw=0 time=144 us)
5         INDEX RANGE SCAN 물품지원품목_PK (cr=2 pr=0 pw=0 time=145 us)
5      INDEX FULL SCAN 월별품목실적_PK (cr=8197 pr=1640 pw=0 time=5508725 us)
```

위 Row Source Operation 맨 하단을 보면 월별품목실적_PK 인덱스를 Full Scan 하고 있고, I/O 대부분이 거기서 발생했음을 알 수 있다. 여기에 해당하는 부분이 쿼리 맨 아래쪽 세 개 조인 조건인데, 물품지원품목코드, 영업조직, 대상연월 모두 '=' 조건인 데다가 이 세 컬럼으로 구성된 인덱스가 아래와 같이 컬럼 순서만 다를 뿐 두 개나 있다.

```
월별품목실적_PK : 대상연월 + 영업조직ID + 물품지원품목코드

월별품목실적_N1 : 대상연월 + 물품지원품목코드 + 영업조직ID
```

그럼에도 인덱스를 정상적으로 Range Scan하지 못하고 Index Full Scan으로 처리한 이유는 무엇일까? 튜닝된 결과를 보기 전에 독자 스스로 고민해 보는 시간을 갖기 바란다. 참고로, 모든 조인 컬럼의 데이터 타입은 varchar2이다.

자! 이제 이유를 설명해 보자. 아래 조인 조건에 해답이 있다면 쉽게 이해할 수 있겠는가?

```
and y.대상연월(+) = substr(x.파트너지원요청일자, 1, 6) - 1
```

2장 조인 원리에서 다시 자세히 설명하겠지만, NL Outer 조인은 조인 순서가 고정돼 항상 Outer 테이블이 먼저 드라이빙된다. 위 쿼리는 따라서 인라인 뷰로 처리한 x쪽 집합이 먼저 읽히고 y쪽 월별품목실적 조인 컬럼에 값을 제공하게 된다.

그런데 위 조인절에서 대상연월, 파트너지원요청일자 모두 varchar2 컬럼이라고 했다. varchar2 컬럼에 숫자 값을 더하거나 빼는 연산을 가하면 내부적으로 숫자형으로 형변환이 일어난다. 즉, x쪽 파트너지원요청일자 컬럼에서 앞 6자리 연월을 취하고 1을 차감하는 과정에서 숫자형으로 묵시적 형변환이 일어나는 것이다.

그러고 나서 이번에는 y쪽 대상연월 컬럼이 숫자형으로 형변환된다. 왜냐하면, 숫자형과 문자형이 비교될 때는 숫자형이 우선시되기 때문이다. 내부적으로 아래와 같은 형태로 변환이 이루어지고, 결과적으로 인덱스 컬럼을 가공한 셈이 된다.

```
and to_number(y.대상연월(+)) = to_number(substr(x.파트너지원요청일자, 1, 6)) - 1
```

튜닝을 위해 조건절을 아래와 같이 바꾸고 다시 실행해 보았다.

```
and y.대상연월(+) =
      to_char(add_months(to_date(x.파트너지원요청일자, 'yyyymmdd'), -1), 'yyyymm')
```

조건절을 약간 변경했을 뿐인데 아래에서 보듯 결과는 천양지차다.

```
Call     Count CPU Time Elapsed Time    Disk    Query    Current     Rows
------- ------ -------- ------------ ------- -------- ---------- --------
Parse        1    0.000        0.000       0        0          0        0
Execute      1    0.000        0.000       0        0          0        0
Fetch        2    0.000        0.001       0       39          0        1
------- ------ -------- -------------------- -------- ---------- --------
Total        4    0.000        0.001       0       39          0        1

Rows  Row Source Operation
----  ---------------------------------------------------
   1  SORT AGGREGATE (cr=39 pr=0 pw=0 time=804 us)
   5   NESTED LOOPS OUTER (cr=39 pr=0 pw=0 time=772 us)
   5    VIEW  (cr=27 pr=0 pw=0 time=582 us)
   5     TABLE ACCESS BY INDEX ROWID 물품지원품목 (cr=27 pr=0 pw=0 time=565 us)
  11      NESTED LOOPS  (cr=26 pr=0 pw=0 time=2271 us)
   5       NESTED LOOPS  (cr=24 pr=0 pw=0 time=395 us)
   5        NESTED LOOPS OUTER (cr=17 pr=0 pw=0 time=235 us)
   5         NESTED LOOPS  (cr=7 pr=0 pw=0 time=142 us)
   1          TABLE ACCESS BY INDEX ROWID 물품지원 (cr=3 pr=0 pw=0 time=61 us)
   1           INDEX UNIQUE SCAN 물품지원_PK (cr=2 pr=0 pw=0 time=44 us)
   5          TABLE ACCESS BY INDEX ROWID 물품지원상세 (cr=4 pr=0 pw=0 time=76 us)
   5           INDEX RANGE SCAN 물품지원상세_PK (cr=3 pr=0 pw=0 time=48 us)
   5         INDEX UNIQUE SCAN 공통코드상세_PK (cr=10 pr=0 pw=0 time=84 us)
   5        TABLE ACCESS BY INDEX ROWID 물품지원품목 (cr=7 pr=0 pw=0 time=170 us)
   5         INDEX RANGE SCAN 물품지원품목_PK (cr=2 pr=0 pw=0 time=53 us)
   5       INDEX RANGE SCAN 물품지원품목_PK (cr=2 pr=0 pw=0 time=70 us)
   5   INDEX UNIQUE SCAN 월별품목실적_PK (cr=12 pr=0 pw=0 time=175 us)
```

쿼리 옵티마이저에 의해 일어나는 내부적인 형변환 원리를 이해하고 조인 컬럼의 데이터 타입을 일일이 따져 보지 않으면 문제점을 쉽게 발견하기 어려운 튜닝 사례다. (사실 위 SQL은 튜닝 과정에서 성능 문제뿐 아니라 프로그램 버그까지 찾아준 사례인데, 문제가 된 원래의 조건절에서 파트너지원요청일자가 2008년 1월에 속한 일자이면 2007년 12월이 아닌 2008년 00월을 리턴하기 때문이다.)

묵시적 형변환 사용시 주의사항

묵시적 형변환은 방금 본 것처럼 인덱스 사용을 막을 수 있어 주로 성능 측면에서 언급된다. 하지만 쿼리 수행 도중 에러가 발생하거나 결과가 틀릴 수 있다는 측면이 더 중요할 수도 있다.

예를 들어 아래와 같이 숫자형 컬럼(n_col)과 문자형 컬럼(v_col)을 비교하면 문자형 컬럼이 숫자형으로 변환되는데, 만약 문자형 컬럼에 숫자로 변환할 수 없는 문자열이 들어 있으면 쿼리 수행 도중 에러가 발생한다.

```
where  n_col = v_col
                *
2행에 오류:
ORA-01722: 수치가 부적합합니다
```

참고로, like로 비교할 때만큼은 아래와 같이 숫자형이 문자형으로 변환되므로 위와 같은 에러는 발생하지 않는다.

```
where n_col like v_col || '%'  ➜  where to_char(n_col) like v_col || '%'
```

에러가 발생하지 않더라도 묵시적 형변환 때문에 결과 오류가 생기는 사례도 있다. 아래와 같이 scott.emp 테이블에서 직원들 급여수준을 조회해 보았다.

```
SQL> select round(avg(sal)) avg_sal
  2       , min(sal) min_sal
  3       , max(sal) max_sal
  4       , max(decode(job, 'PRESIDENT', NULL, sal)) max_sal2
  5  from   scott.emp ;

   AVG_SAL    MIN_SAL    MAX_SAL MAX_SAL2
---------- ---------- ---------- ----------
      2073        800       5000 950
```

가장 적게 받는 직원 급여가 800이고, 가장 많이 받는 직원 급여는 5,000인 것으로 조회되었다. 가장 많이 받는 직원은 당연히 'PRESIDENT' 였을 것으로 예상돼 이를 제외하고 가장 많이 받는 직원의 급여(max_sal2)도 함께 조회한 것을 볼 수 있다. 그런데 평균 급여인 2,073에도 못 미치는 950인 것으로 나타났다.

뭔가 이상하다 싶어 아래와 같이 레코드 단위로 조회해 보니 'PRESIDENT' 를 제외한 두 명의 'ANALYST' 급여가 3,000으로서 가장 높았다.

```
SQL> select empno, ename, job, sal from scott.emp
  2  where  job <> 'PRESIDENT'
  3  order by sal desc;

     EMPNO ENAME      JOB              SAL
---------- ---------- --------- ----------
      7902 FORD       ANALYST         3000
      7788 SCOTT      ANALYST         3000
      7566 JONES      MANAGER         2975
       … …            …                …
```

앞선 집계 쿼리에서 왜 잘못된 수치가 반환된 것일까? 오라클이 decode 함수를 처리할 때 내부적으로 사용하는 묵시적 형변환 규칙 때문이다.

decode(a, b, c, d)를 처리할 때 'a = b' 이면 c를 반환하고, 아니면 d를 반환한다. 이때 출력된 값의 데이터 타입은 세 번째 인자 c에 의해 결정된다. 따라서 c가 문자형이고 d가 숫자형이면 내부적으로 d가 문자형으로 변환된다.

decode 함수가 가진 또 한 가지 규칙은 c 인자가 null 값이면 varchar2로 취급한다는 사실이다. (이외에도 다양한 규칙이 존재하므로 매뉴얼을 통해 decode 함수에 대한 설명을 반드시 숙지하기 바란다.)

이제 앞선 쿼리 결과가 잘못된 원인을 이해하겠는가? 세 번째 인자가 null 값이므로 네 번째 인자 sal을 문자열로 변환했을 때의 가장 큰 값(950)을 출력했던 것이다. 아래와 같이 데이터 타입을 명시적으로 일치시켜 주면 위와 같은 오류를 피할 수 있다.

```
SQL> select round(avg(sal)) avg_sal
  2       , min(sal) min_sal
  3       , max(sal) max_sal
  4       , max(decode(job, 'PRESIDENT', to_number(NULL), sal)) max_sal2
  5  from   scott.emp ;
```

```
   AVG_SAL    MIN_SAL    MAX_SAL   MAX_SAL2
---------- ---------- ---------- ----------
      2073        800       5000       3000
```

묵시적 형변환은 사용자가 코딩을 쉽게 하도록 도울 목적으로 대부분 DBMS가 제공하는 기능[4] 이지만 위와 같은 부작용을 피하려면 가급적 이 기능에 의존하지 말 것을 당부한다.

문자형과 숫자형이 만나면 숫자형으로, 문자형과 날짜형이 만나면 날짜형으로 변하는 등 데이터 타입 간 우선순위 규칙이 존재하지만 이를 굳이 외울 필요도 없다. 쿼리 성능뿐만 아니라 올바른 결과집합을 얻기 위해서라도 명시적으로 변환함수를 사용하는 게 바람직하기 때문이다. 성능을 위해서라면 인덱스 컬럼과 비교되는 반대쪽을 인덱스 컬럼 데이터 타입에 맞춰주면 된다.

함수기반 인덱스(FBI) 활용

만약 개발 완료 시점에 성능 이슈가 발생했는데 원인이 묵시적 형변환에 있었고 프로그램을 일일이 바꿀 만큼 시간적 여유가 없다면 아래처럼 함수기반 인덱스(FBI)를 이용해 급한 불을 끌 수 있다. 하지만 그다지 권장할 만한 해법은 못 되므로 추후 일정을 잡아 반드시 개선해야 할 일이다(스크립트 ch1_02.txt 참조).

```
SQL> alter table emp add v_deptno varchar2(2);

SQL> update emp set v_deptno = deptno;

SQL> create index emp_x01 on emp(v_deptno);

SQL> set autotrace traceonly exp

SQL> select * from emp where v_deptno = 20;

-------------------------------------------------------------
| Id  | Operation          | Name | Rows  | Bytes | Cost (%CPU)|
-------------------------------------------------------------
|   0 | SELECT STATEMENT   |      |     1 |    35 |     3   (0)|
|*  1 |  TABLE ACCESS FULL| EMP  |     1 |    35 |     3   (0)|
-------------------------------------------------------------
```

4) 타입 체크를 엄격히 하는 DBMS도 있다. 예를 들어, Sybase IQ는 비교되는 값 또는 컬럼 간에 데이터 타입이 일치하지 않으면 컴파일 시점에 에러를 발생시킨다.

```
Predicate Information (identified by operation id):
---------------------------------------------------
1 - filter(TO_NUMBER("V_DEPTNO")=20) → 인덱스 컬럼의 묵시적 형변환 발생

SQL> drop index emp_x01;

SQL> create index emp_x01 on emp( to_number(v_deptno) ); → 함수기반 인덱스 생성

SQL> select * from emp where v_deptno = 20;

-----------------------------------------------------------------------------
| Id | Operation                    | Name    | Rows  | Bytes | Cost (%CPU)|
-----------------------------------------------------------------------------
|  0 | SELECT STATEMENT             |         |     1 |    35 |     2   (0)|
|  1 |  TABLE ACCESS BY INDEX ROWID| EMP     |     1 |    35 |     2   (0)|
|* 2 |   INDEX RANGE SCAN           | EMP_X01 |     1 |       |     1   (0)|
-----------------------------------------------------------------------------

Predicate Information (identified by operation id):
---------------------------------------------------
 2 - access(TO_NUMBER("V_DEPTNO")=20) → SQL 변경 없이 정상적으로 인덱스 사용
```

03 다양한 인덱스 스캔 방식

(1) Index Range Scan

Index Range Scan은 그림 1-4처럼 인덱스 루트 블록에서 리프 블록까지 수직적으로 탐색한 후에 리프 블록을 필요한 범위만 스캔하는 방식이다. B*Tree 인덱스의 가장 일반적이고 정상적인 형태의 액세스 방식이라고 할 수 있고, 실행계획에는 아래와 같이 표시된다.

```
SQL> create index emp_deptno_idx on emp(deptno);

SQL> set autotrace traceonly explain
SQL> select * from emp where deptno = 20;
```

```
Execution Plan
------------------------------------------------------
 0     SELECT STATEMENT Optimizer=ALL_ROWS
 1  0    TABLE ACCESS (BY INDEX ROWID) OF 'EMP' (TABLE)
 2  1      INDEX (RANGE SCAN) OF 'EMP_DEPTNO_IDX' (INDEX)
```

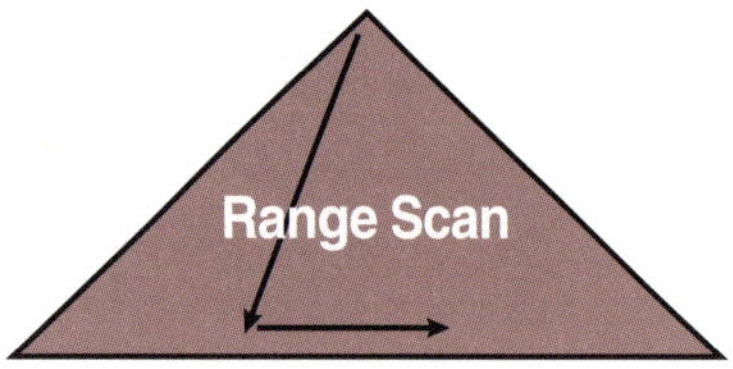

그림 1-4

인덱스를 수직적으로 탐색한 후에 리프 블록에서 "필요한 범위만" 스캔한다고 했는데, 이는 범위 스캔(Range Scan)이 의미하는 바를 잘 설명해 주고 있다. 데이터베이스 프로그래밍에 경험이 많지 않은 초급 개발자는 대개 인덱스가 사용되는 실행계획을 보면 자신이 작성한 SQL문에 문제가 없다고 판단하고 일단 안심한다. 하지만 실행계획 상에 Index Range Scan이 나타난다고 해서 항상 빠른 속도를 보장하는 것은 아니다.

인덱스를 스캔하는 범위(Range)를 얼마만큼 줄일 수 있느냐 그리고 테이블로 액세스하는 횟수를 얼마만큼 줄일 수 있느냐가 관건이며, 이는 인덱스 설계와 SQL 튜닝의 핵심 원리 중 하나이다.

Index Range Scan이 가능하게 하려면 인덱스를 구성하는 선두 컬럼이 조건절에 사용되어야 한다. 그렇지 못한 상황에서 인덱스를 사용하도록 힌트로 강제한다면 바로 이어서 설명할 Index Full Scan 방식으로 처리된다.

Index Range Scan 과정을 거쳐 생성된 결과집합은 인덱스 컬럼 순으로 정렬된 상태가 되기 때문에 이런 특징을 잘 이용하면 sort order by 연산을 생략하거나 min/max 값을 빠르게 추출할 수 있다.

(2) Index Full Scan

Index Full Scan은 수직적 탐색없이 인덱스 리프 블록을 처음부터 끝까지 수평적으로 탐색하는 방식으로서, 대개는 데이터 검색을 위한 최적의 인덱스가 없을 때 차선으로 선택된다. 아래는 Index Full Scan할 때의 실행계획이다.

```
SQL> create index emp_idx on emp (ename, sal);
SQL> set autotrace traceonly exp
SQL> select * from emp
  2  where sal > 2000
```

```
  3 order by ename;

Execution Plan
-----------------------------------------------------------
0    SELECT STATEMENT Optimizer=ALL_ROWS
1 0    TABLE ACCESS (BY INDEX ROWID) OF 'EMP' (TABLE)
2 1      INDEX (FULL SCAN) OF 'EMP_IDX' (INDEX)
```

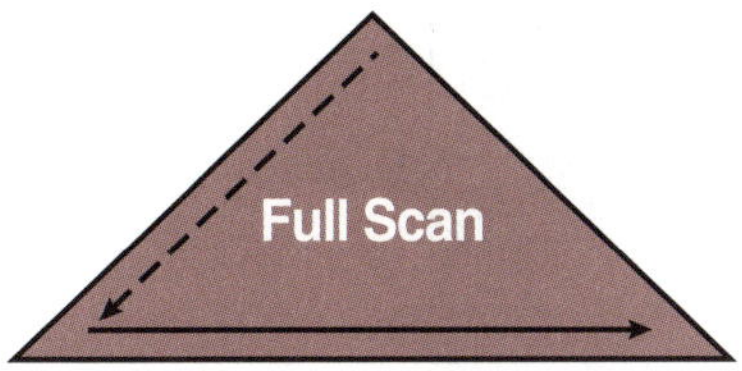

그림 1-5

수직적 탐색없이 인덱스 리프 블록을 처음부터 끝까지 수평적으로만 탐색한다고 했는데, 이는 개념적으로 설명하기 위한 것일 뿐 실제로는 그림 1-5처럼 수직적 탐색이 먼저 일어난다. 루트 블록과 브랜치 블록을 거치지 않고는 가장 왼쪽에 위치한 첫 번째 리프 블록으로 찾아갈 방법이 없기 때문이다. 그래서 이 과정을 그림 1-5에 점선으로 표시한 것이다.

Index Full Scan의 효용성

위 SQL처럼 인덱스 선두 컬럼(ename)이 조건절에 없으면 옵티마이저는 우선적으로 Table Full Scan을 고려한다. 그런데 대용량 테이블이어서 Table Full Scan의 부담이 크다면 옵티마이저는 인덱스를 활용하는 방법을 다시 생각해 보지 않을 수 없다.

데이터 저장공간은 '가로×세로' 즉, '컬럼길이×레코드수'에 의해 결정되므로 대개 인덱스가 차지하는 면적은 테이블보다 훨씬 적게 마련이다. 만약 테이블 전체를 스캔하기보다 인덱스 스캔 단계에서 대부분 레코드를 필터링하고 일부에 대해서만 테이블 액세스가 발생하도록 할 수 있다면 전체적인 I/O 효율 측면에서 이 방식이 유리하다. 이럴 때 옵티마이저는 Index Full Scan 방식을 선택할 수 있다.

아래는 Index Full Scan이 효과를 발휘하는 전형적인 케이스다.

```
SQL> select * from emp where sal > 5000 order by ename;

Execution Plan
----------------------------------------------------
0    SELECT STATEMENT Optimizer=ALL_ROWS
```

```
1  0   TABLE ACCESS (BY INDEX ROWID) OF 'EMP' (TABLE)
2  1     INDEX (FULL SCAN) OF 'EMP_IDX' (INDEX)
```

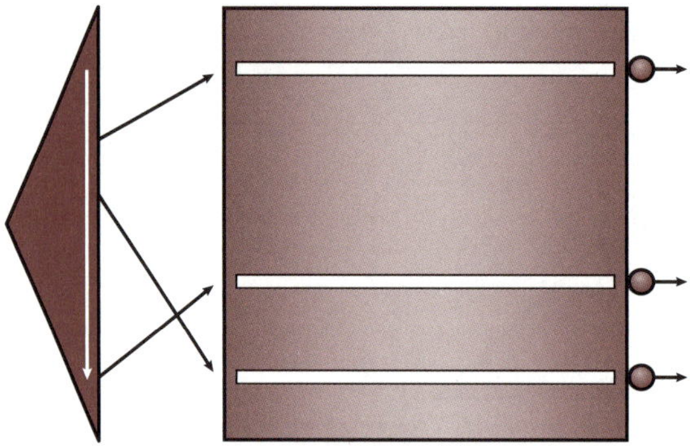

그림 1-6

그림 1-6처럼 연봉이 5,000을 초과하는 사원이 전체 중 극히 일부라면 Table Full Scan보다는 Index Full Scan을 통한 필터링이 큰 효과를 가져다준다. 하지만 이런 방식은 적절한 인덱스가 없어 Index Range Scan의 차선책으로 선택된 것이므로, 할 수 있다면 인덱스 구성을 조정해 주는 것이 좋다.

인덱스를 이용한 소트 연산 대체

Index Full Scan은 Index Range Scan과 마찬가지로 그 결과집합이 인덱스 컬럼 순으로 정렬되므로 Sort Order By 연산을 생략할 목적으로 사용될 수도 있는데, 이는 차선책으로 선택됐다기보다 옵티마이저가 전략적으로 선택한 경우에 해당한다.

```
SQL> select /*+ first_rows */ * from emp
  2  where sal > 1000
  3  order by ename;

Execution Plan
--------------------------------------------------
0     SELECT STATEMENT Optimizer=HINT: FIRST_ROWS
1  0   TABLE ACCESS (BY INDEX ROWID) OF 'EMP' (TABLE)
2  1     INDEX (FULL SCAN) OF 'EMP_IDX' (INDEX)
```

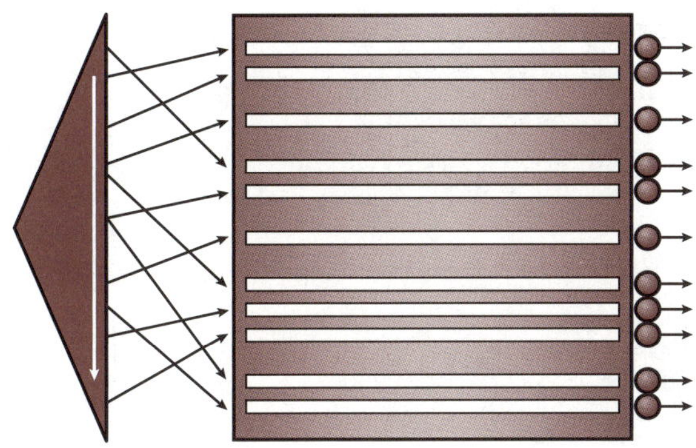

그림 1-7

그림 1-7에서 대부분 사원의 연봉이 1,000을 초과하므로 Index Full Scan을 하면 거의 모든 레코드에 대해 테이블 액세스가 발생해 Table Full Scan 보다 오히려 불리하다. 만약 SAL이 인덱스 선두 컬럼이어서 Index Range Scan 하더라도 마찬가지다. 그럼에도 여기서 인덱스가 사용된 것은 사용자가 first_rows 힌트를 이용해 옵티마이저 모드를 바꾸었기 때문이다. 즉, 옵티마이저는 소트 연산을 생략함으로써 전체 집합 중 처음 일부만을 빠르게 리턴할 목적으로 Index Full Scan 방식을 선택한 것이다.

사용자가 그러나 처음 의도와 다르게 데이터 읽기를 멈추지 않고 끝까지 fetch 한다면 Full Table Scan한 것보다 훨씬 더 많은 I/O를 일으키면서 서버 자원을 낭비하는 결과를 초래할 텐데, 이는 옵티마이저의 잘못이 결코 아니며 first_rows 힌트를 사용한 사용자에게 책임이 있다.

(3) Index Unique Scan

Index Unique Scan은 그림 1-8처럼 수직적 탐색만으로 데이터를 찾는 스캔 방식으로서, Unique 인덱스를 통해 '=' 조건으로 탐색하는 경우에 작동한다.

```
SQL> create unique index pk_emp on emp(empno);
SQL> alter table emp add
  2  constraint pk_emp primary key(empno) using index pk_emp;

SQL> set autotrace traceonly explain
SQL> select empno, ename from emp where empno = 7788;
```

```
Execution Plan
-----------------------------------------------
0     SELECT STATEMENT Optimizer=ALL_ROWS
1  0    TABLE ACCESS (BY INDEX ROWID) OF 'EMP'
2  1      INDEX (UNIQUE SCAN) OF 'PK_EMP' (UNIQUE)
```

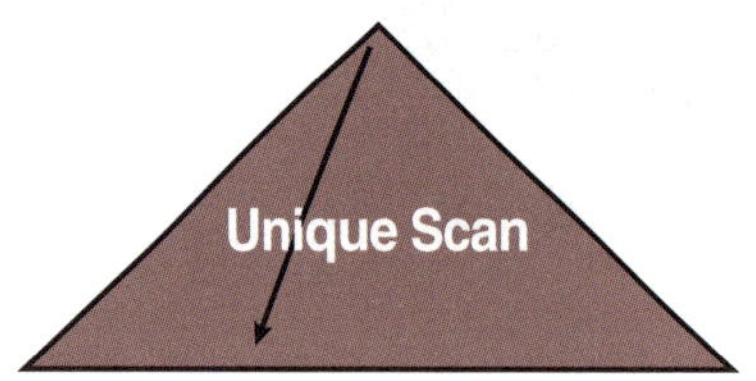

그림 1-8

Unique 인덱스가 존재하는 컬럼은 중복 값이 발생하지 않도록 DBMS가 데이터 정합성을 관리해 준다. 따라서 해당 인덱스 키 컬럼을 모두 '=' 조건으로 검색할 때는 데이터를 한 건 찾는 순간 더 이상 탐색할 필요가 없다.

Unique 인덱스더라도 범위검색 조건(between, 부등호, like)으로 검색할 때는 Index Range Scan으로 처리된다. 예를 들어, empno >= 7788 조건으로 검색하는 경우 수직적 탐색만으로는 조건에 해당하는 레코드를 모두 찾을 수 없기 때문이다.

또한, Unique 결합 인덱스에 대해 일부 컬럼만으로 검색할 때도 Index Range Scan이 나타난다. 예를 들어, 주문상품 PK 인덱스가 [주문일자 + 고객ID + 상품ID]로 구성됐는데, 주문일자와 고객ID로만 검색하는 경우를 말한다.

(4) Index Skip Scan

인덱스 선두 컬럼이 조건절로 사용되지 않으면 옵티마이저는 기본적으로 Table Full Scan을 선택한다. 또는, Table Full Scan보다 I/O를 줄일 수 있거나 정렬된 결과를 쉽게 얻을 수 있다면 Index Full Scan 방식을 사용한다고 했다.

오라클은 인덱스 선두 컬럼이 조건절에 빠졌어도 인덱스를 활용하는 새로운 스캔방식을 9i 버전에서 선보였는데, 바로 Index Skip Scan이 그것이다. 이 스캔 방식은 조건절에 빠진 인덱스 선두 컬럼의 Distinct Value 개수가 적고 후행 컬럼의 Distinct Value 개수가 많을 때 유용하다.

Index Skip Scan 원리를 설명하기 위해 인덱스 루트 블록과 리프 블록을 그림 1-9와 같이 그려 보았다. 성별과 연봉 두 컬럼으로 구성된 결합 인덱스다.

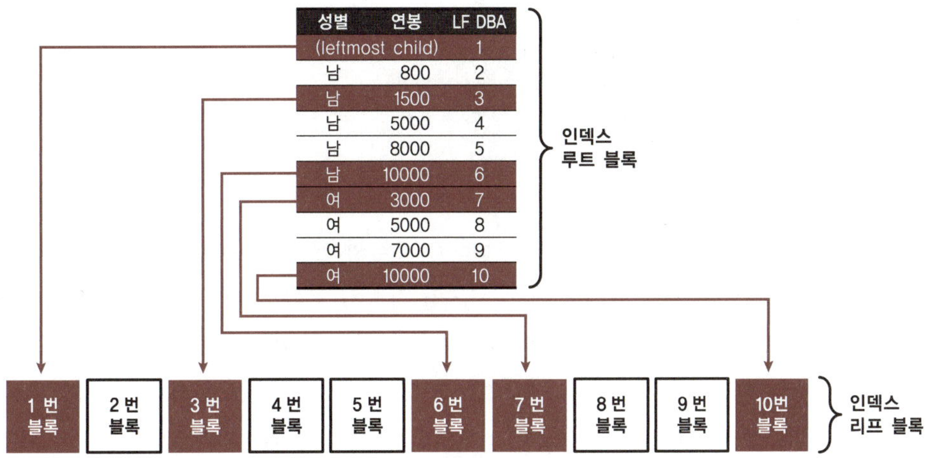

그림 1-9

성별과 연봉 컬럼에 대한 조건식이 모두 사용되었을 때 어떻게 처리되는지부터 상기해 보자.

```
select * from 사원 where 성별 = '남' and 연봉 between 2000 and 4000
```

먼저, 성별이 '남'이면서 연봉이 2,000과 4,000 사이에 있는, 그 중에서도 가장 작은 첫 번째 레코드를 찾아야 한다. 루트 블록에 있는 세 번째 레코드가 「성별 = '남'」이면서 「1500 <= 연봉 < 5000」인 레코드를 담당하므로 거기서 가리키는 3번 리프 블록으로 찾아가면 된다. 거기서부터 리프 블록을 차례로 스캔하다가 성별이 '남'이 아니거나 연봉이 4000 보다 큰 레코드를 만나는 순간 스캔을 멈추면 된다. 다시 위쪽에 있는 루트 또는 브랜치 블록으로 되돌아갈 필요는 전혀 없다.

이제 인덱스 선두 컬럼인 성별 조건이 빠진 아래 SQL문을 통해 Index Skip Scan 원리를 설명해 보자.

```
SQL> select /*+ index_ss(사원 사원_IDX) */ *
  2  from   사원
  3  where  연봉 between 2000 and 4000;

Execution Plan
```

```
--------------------------------------------------
0     SELECT STATEMENT Optimizer=ALL_ROWS
1  0    TABLE ACCESS (BY INDEX ROWID) OF '사원' (TABLE)
2  1      INDEX (SKIP SCAN) OF '사원_IDX' (INDEX)
```

Index Skip Scan은 루트 또는 브랜치 블록에서 읽은 컬럼 값 정보를 이용해 조건에 부합하는 레코드를 포함할 "가능성이 있는" 리프 블록만 골라서 액세스하는 방식이다.

그림 1-9 인덱스 루트 블록에서 첫 번째 레코드가 가리키는 리프 블록은 「남 & 800」 미만인 레코드를 담고 있다. 연봉이 800 미만이므로 그 블록은 방문하지 않아도 될 것 같지만 '남'보다 작은 성별 값이 혹시 존재한다면 그 사원에 대한 인덱스 레코드는 1번 리프 블록에 저장되므로 방문해야만 한다. 우리는 성별에 '남'과 '여'라는 두 개의 값만 존재한다는 사실을 알지만 옵티마이저는 모른다. Index Skip Scan에서 가장 좌측에 있는 리프 블록은 항상 방문해야 한다는 사실을 알 수 있다.

두 번째 레코드가 가리키는 리프 블록은 「남 & 800」 이상이면서 「남 & 1500」 미만인 레코드를 담고 있다. 따라서 「2000 <= 연봉 <= 4000」인 값이 존재할 가능성이 없기 때문에 이 블록은 방문하지 않고 Skip한다.

세 번째 레코드가 가리키는 리프 블록은 「남 & 1500」 이상이면서 「남 & 5000」 미만인 레코드를 담고 있으므로 방문한다.

네 번째 레코드가 가리키는 리프 블록은 「남 & 5000」 이상이면서 「남 & 8000」 미만인 레코드를 담고 있으므로 Skip한다. 마찬가지로 다섯 번째 리프 블록도 Skip한다.

여섯 번째 리프 블록의 방문 여부를 이해하는 게 중요하다. 여섯 번째 레코드가 가리키는 리프 블록은 「남 & 10000」 이상이므로 「2000 <= 연봉 <= 4000」 구간을 초과한다. 따라서 방문하지 않아도 될 거 같지만 방문해야 한다. 왜냐하면, 여자 중에서 「연봉 < 3000」이거나 '남'과 '여' 사이에 다른 성별이 혹시 존재한다면 이 리프 블록에 저장되기 때문이다.

일곱 번째 레코드가 가리키는 리프 블록은 방문하고, 여덟 번째와 아홉 번째 레코드가 가리키는 리프 블록은 Skip 해도 된다.

마지막으로 열 번째 리프 블록은 어떨까? 「여 & 10000」 이상이므로 「2000 <= 연봉 <= 4000」 구간을 초과하지만 '여' 보다 값이 큰 미지의 성별 값이 존재한다면 여기에 담길 것이므로 방문해야만 한다. Index Skip Scan은 첫 번째 리프 블록을 항상 방문하고 마지막 리프 블록도 항상 방문한다.

버퍼 Pinning을 이용한 Skip 원리

지금까지 설명한 Skip Scan 과정을 그림으로 표현하면 그림 1-10과 같다.

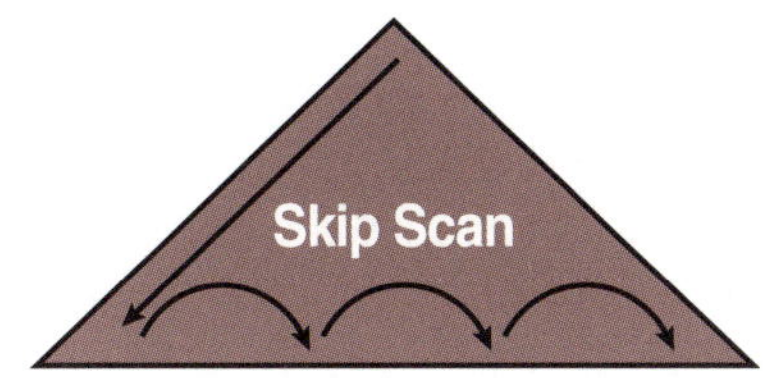

그림 1-10

그림에서는 첫 번째 리프 블록을 방문한 후에 다른 리프 블록으로 곧바로 점프해 나가는 것처럼 묘사했지만 리프 블록에 있는 정보만으로 다음에 방문해야 할 블록을 찾는 방법은 없다. 항상 그 위쪽에 있는 브랜치 블록을 재방문해서 다음 방문할 리프 블록에 대한 주소 정보를 얻어야 한다.

그런데 오라클 리프 블록에는 자신의 상위 브랜치 또는 루트 블록을 가리키는 주소 정보를 갖고 있지 않다. 그럼, 어떻게 상위 블록을 재방문하는 것일까?

여기서도 버퍼 Pinning[5] 기법이 활용된다. 즉, 브랜치 블록 버퍼를 Pinning 한 채로 리프 블록을 방문했다가 다시 브랜치 블록으로 되돌아와 다음 방문할 리프 블록을 찾는 과정을 반복하는 것이다. (상위 노드를 기준으로 하위 노드를 NL 조인하는 그림을 연상하면 이해하기 쉽다.)

그리고 브랜치 블록들 간에도 서로 연결할 수 있는 주소정보를 갖지 않기 때문에 하나의 브랜치 블록을 모두 처리하고 나면 다시 그 상위 노드를 재방문하는 식으로 진행된다.

루트 또는 브랜치 블록을 재방문하더라도 Pinning 한 상태이기 때문에 추가적인 블록 I/O는 발생하지 않는다.

Index Skip Scan이 작동하기 위한 조건

Index Skip Scan은 Distinct Value 개수가 적은 선두 컬럼이 조건절에서 누락됐고 후행 컬럼의 Distinct Value 개수가 많을 때 효과적이라고 했다.

하지만 인덱스 맨 선두 컬럼이 누락됐을 때만 Index Skip Scan이 작동하는 것은 아니다. 예를 들어, 인덱스 구성이 다음과 같다고 하자.

---

5) 버퍼 Pinning에 대해서는 1권 1장 오라클 아키텍처에서 자세히 설명하였다.

```
일별업종별거래_PK : 업종유형코드 + 업종코드 + 기준일자
```

이때, 아래 SQL처럼 최선두 컬럼(=업종유형코드)은 입력하고 중간 컬럼(=업종코드)에 대한 조건절이 누락된 경우에도 Skip Scan이 사용될 수 있다.

```
SELECT /*+ INDEX_SS(A 일별업종별거래_PK) */
       기준일자, 업종코드, 체결건수, 체결수량, 거래대금
FROM   일별업종별거래 A
WHERE  업종유형코드 = '01'
AND    기준일자 BETWEEN '20080501' AND '20080531'

Execution Plan
---------------------------------------------------------------------------
0     SELECT STATEMENT Optimizer=ALL_ROWS (Cost=91 Card=7 Bytes=245)
1  0    TABLE ACCESS (BY LOCAL INDEX ROWID) OF '일별업종별거래'(TABLE)(Cost=91...)
2  1      INDEX (SKIP SCAN) OF '일별업종별거래_PK'(INDEX (UNIQUE))(Cost=102 Card=1)
```

또한 아래와 같이 Distinct Value가 적은 두 개의 선두컬럼이 모두 누락된 경우에도 유용하게 사용될 수 있다.

```
SELECT /*+ INDEX_SS(A 일별업종별거래_PK) */
       기준일자, 업종코드, 체결건수, 체결수량, 거래대금
FROM   일별업종별거래 A
WHERE  기준일자 BETWEEN '20080501' AND '20080531'

Execution Plan
---------------------------------------------------------------------------
0     SELECT STATEMENT Optimizer=ALL_ROWS (Cost=91 Card=37 Bytes=1K)
1  0    TABLE ACCESS (BY LOCAL INDEX ROWID) OF '일별업종별거래'(TABLE)(Cost=91...)
2  1      INDEX (SKIP SCAN) OF '일별업종별거래_PK' (INDEX (UNIQUE)) (Cost=90 Card=1)
```

선두 컬럼이 부등호, between, like 같은 범위검색 조건일 때도 Index Skip Scan이 사용될 수 있다. 예를 들어, 방금 본 일별업종별거래 테이블에 아래와 같은 인덱스가 있다고 하자.

```
일별업종별거래_X01 : 기준일자 + 업종유형코드
```

SQL은 아래와 같다. 즉, 2008년 5월 1일부터 2009년 5월 31일 구간에서 업종유형코드가 '01'인 레코드만 선택하고자 하는 것이다.

```
SELECT /*+ INDEX_SS(A 일별업종별거래_X01) */
       기준일자, 업종코드, 체결건수, 체결수량, 거래대금
FROM   일별업종별거래 A
WHERE  기준일자 BETWEEN '20080501' AND '20080531'
AND    업종유형코드 = '01'
```

인덱스 선두 컬럼이 이처럼 범위검색 조건일 때 인덱스 스캔 단계에서 비효율이 발생하는데, 그럴 때 Index Skip Scan이 유용하다. 자세한 설명은 7절 (4)항을 참조하기 바란다.

Index Skip Scan을 유도하거나 방지하고자 할 때는 index_ss, no_index_ss 힌트를 사용하면 된다.

In-List Iterator와의 비교

그림 1-9와 같은 인덱스 구조일 때 Index Skip Scan에 의존하는 대신, 아래와 같이 성별 값을 In-List로 제공해 주면 어떨까?

```
SQL> select * from 사원
  2  where 연봉 between 2000 and 4000
  3  and 성별 in ('남', '여')

Execution Plan
--------------------------------------------------
0    SELECT STATEMENT Optimizer=ALL_ROWS
1  0   INLIST ITERATOR
2  1     TABLE ACCESS (BY INDEX ROWID) OF '사원' (TABLE)
3  2       INDEX (RANGE SCAN) OF '사원_IDX' (INDEX)
```

실행계획 1번 단계(ID=1)에 INLIST ITERATOR라고 표시된 부분은 조건절 In-List에 제공된 값의 종류만큼 인덱스 탐색을 반복 수행함을 뜻한다.

그림 1-9를 이용해 설명하면, 먼저 남자 사원에 대한 연봉을 검색하기 위해 인덱스 루트 블록을 읽어 세 번째 레코드가 가리키는 3번 리프 블록을 읽고 거기서 멈추거나 4번 블록 첫 번째 레코드까지 스캔한다(3번 리프 블록 뒤쪽에 4,000보다 큰 값이 존재하면 거기서 멈추겠지만 가장 큰 값이 4,000 이하면 4번

블록 첫 번째 레코드까지 스캔).

이번에는 여자 사원에 대한 연봉을 검색하기 위해 다시 인덱스 루트 블록을 읽어 여섯 번째 레코드가 가리키는 6번 리프 블록을 시작으로 7번 또는 8번 블록까지 스캔하다가 멈춘다(7번 리프 블록 뒤쪽에 4,000보다 큰 값이 존재하면 7번 블록까지만 스캔하겠지만 가장 큰 값이 4,000 이하면 8번 블록 첫 번째 레코드까지 스캔).

이렇게 쿼리 작성자가 직접 성별에 대한 조건식을 추가해 주면 Index Skip Scan에 의존하지 않고도 빠르게 결과집합을 얻을 수 있다. 단, 이처럼 In-List를 명시하려면 성별 값의 종류가 더 이상 늘지 않음이 보장되어야 한다. 그리고 이 튜닝 기법이 효과를 발휘하려면 Index Skip Scan과 마찬가지로 In-List로 제공하는 값의 종류가 적어야 한다.

Index Skip Scan이 방금 설명한 In-List Iterator와 같은 방식으로 작동한다고 설명한 튜닝 책들이 있다. 용도는 같지만 동작 원리는 분명히 다르다는 것을, 본서를 읽은 독자는 이해할 것이다. 옵티마이저가 In-List를 묵시적으로 제공해 주려면 해당 컬럼이 갖는 값의 집합(Domain)을 미리 알고 있어야 하는데, 그런 정보는 어디에도 없다. 컬럼 히스토그램이 그런 역할을 할 것이라고 생각할지 모르지만, 통계 정보는 어디까지나 통계일 뿐 정확한 값은 아니다.

게다가 히스토그램이 가질 수 있는 버킷 개수는 254개뿐이다. 만약 히스토그램을 이용해 In-List를 제공한다면 값의 종류가 그 이상일 때 Index Skip Scan이 작동하지 않아야 하는데, 힌트를 주고 테스트해 보면 잘 작동한다.

(5) Index Fast Full Scan

말 그대로 Index Fast Full Scan은 Index Full Scan보다 빠르다. Index Fast Full Scan이 Index Full Scan보다 빠른 이유는, 인덱스 트리 구조를 무시하고 인덱스 세그먼트 전체를 Multiblock Read 방식으로 스캔하기 때문이다.

그림 1-11과 같은 인덱스 구조를 보면서 이해해 보자. 그림에서 화살표는 인덱스의 논리적인 연결 구조를 표시한 것이다. 리프 블록 간에 실제로는 양방향 연결 리스트(Double Liked List) 구조를 갖지만 단순하게 표현하려고 1번부터 10번까지 단방향 연결리스트 구조로 표시하였다.

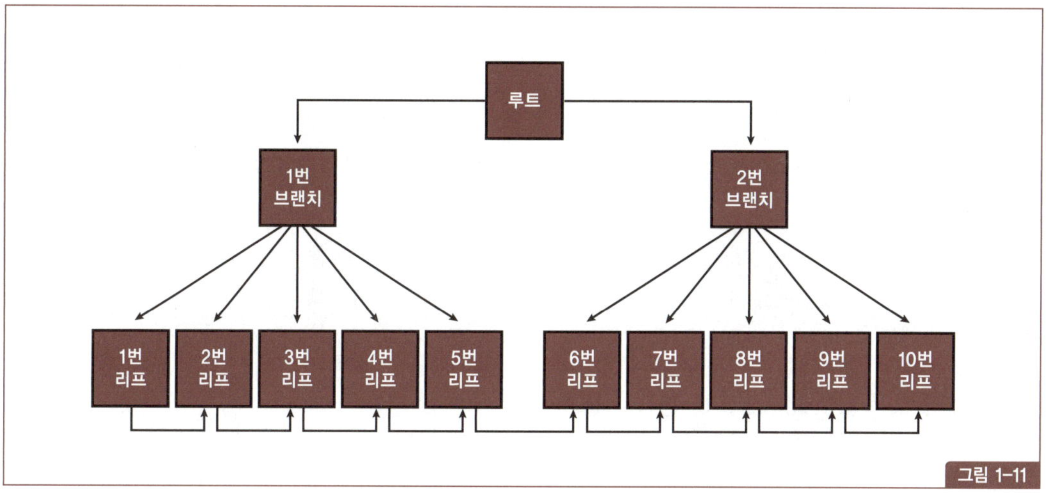

그림 1-11

그림 1-12는, 논리적 순서에 따라 배치된 그림 1-11의 블록들을 물리적 순서에 따라 재배치한 것이다. 물리적 순서로 배치했지만 논리적 순서를 화살표로 표시하였다.

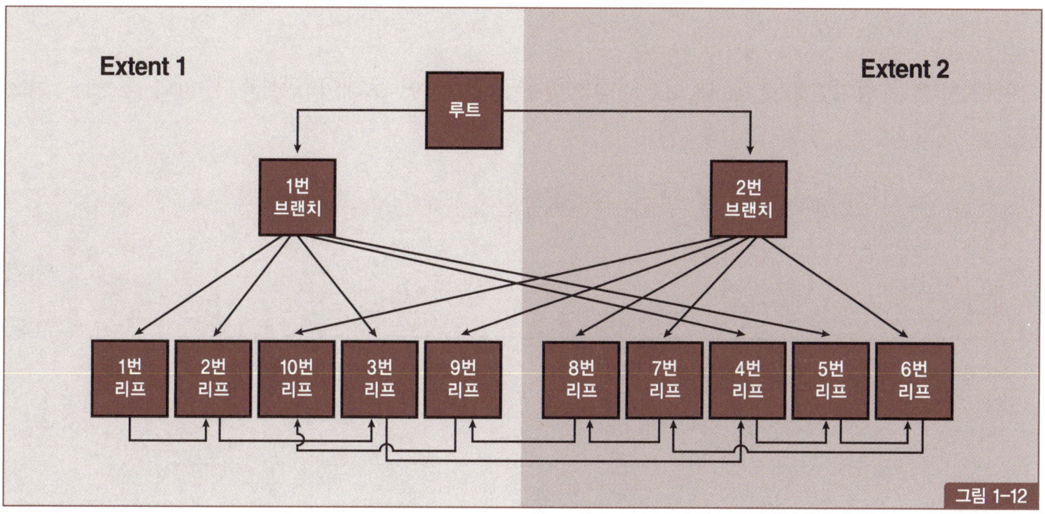

그림 1-12

Index Full Scan에서는 인덱스의 논리적 구조를 따라 루트 → 브랜치1 → 1 → 2 → 3 → 4 → 5 → 6 → 7 → 8 → 9 → 10번 순으로 블록을 읽어들인다.

반면, Index Fast Full Scan은 물리적으로 디스크에 저장된 순서대로(그림 1-12) 인덱스 블록을 읽어들인다. 처음에 Multiblock Read 방식으로 1 → 2 → 10 → 3 → 9번 순으로 읽고, 그 다음엔 8 → 7 → 4 → 5 → 6번 순으로 읽는다. 루트와 두 개의 브랜치 블록도 읽지만 필요 없는 블록이므로 버린다.

이벤트 트레이스를 통해 이 두 가지 인덱스 스캔 방식이 어떤 차이를 보이는지 살펴보자. 우선, 100만개 레코드를 갖는 big_table에 아래와 같이 인덱스를 생성하였다(스크립트 ch1_03.txt 참조).

```
SQL> create index big_table_idx on big_table( object_name );
SQL> alter system flush buffer_cache;
```

아래에서 보듯 Multiblock I/O 단위는 16개다.

```
SQL> show parameter multiblock

NAME                                 TYPE        VALUE
------------------------------------ ----------- ------
db_file_multiblock_read_count        integer     16
```

아래는 방금 생성한 big_table_idx 인덱스를 Full Scan한 트레이스 결과다. (9i에서 수행한 결과다. 10g 환경이라면 54페이지 보충 설명을 참조하기 바란다.)

```
select /*+ index(b big_table_idx) */ count(object_name)
from   big_table b

call     count       cpu    elapsed       disk      query    current        rows
------- ------  -------- ---------- ---------- ---------- ----------  ----------
Parse        1      0.00       0.00          0          0          0           0
Execute      1      0.00       0.00          0          0          0           0
Fetch        2      0.60       6.39       4910       4911          0           1
------- ------  -------- ---------- ---------- ---------- ----------  ----------
total        4      0.60       6.40       4910       4911          0           1

Rows     Row Source Operation
-------  ---------------------------------------------------
      1  SORT AGGREGATE (cr=4911 pr=4910 pw=0 time=6396388 us)
1000000   INDEX FULL SCAN BIG_TABLE_IDX (cr=4911 pr=4910 pw=0...)

Elapsed times include waiting on following events:
  Event waited on                             Times   Max. Wait  Total Waited
```

```
----------------------------------- Waited ---------- ------------
SQL*Net message to client                2       0.00         0.00
db file sequential read               4910    1699.48   1051602.02
SQL*Net message from client              2       0.00         0.00
```

아래는 big_table_idx 인덱스를 Fast Full Scan한 트레이스 결과다.

```
select /*+ index_ffs(b big_table_idx) */ count(object_name)
from   big_table b

call     count       cpu    elapsed       disk      query    current        rows
------- ------  -------- ---------- ---------- ---------- ----------  ----------
Parse        1      0.00       0.00          0          0          0           0
Execute      1      0.00       0.00          0          0          0           0
Fetch        2      0.28       1.19       4931       4946          0           1
------- ------  -------- ---------- ---------- ---------- ----------  ----------
total        4      0.28       1.19       4931       4946          0           1

Rows     Row Source Operation
-------  ---------------------------------------------------
      1  SORT AGGREGATE (cr=4946 pr=4931 pw=0 time=1190317 us)
1000000   INDEX FAST FULL SCAN BIG_TABLE_IDX(cr=4946 pr=4931 pw=0 time=3007322 us)

Elapsed times include waiting on following events:
  Event waited on                             Times   Max. Wait  Total Waited
  ----------------------------------------   Waited  ----------  ------------
  SQL*Net message to client                       2        0.00          0.00
  db file scattered read                        322     1703.68      10221.20
  SQL*Net message from client                     2        0.00          0.00
```

디스크 I/O 량은 둘 다 4,900여 개로 비슷한데, 첫 번째 Index Full Scan 보다 두 번째 수행한 Index Fast Full Scan이 5배가량 빠르게 수행된 것을 볼 수 있다.

그리고 Row Source Operation 아래 쪽에 표시된 대기 이벤트 발생 현황을 보면, Index Full Scan 시 *db file sequential read* 대기 이벤트가 디스크 I/O량과 동일하게 4,910회 발생하였고, Index Fast Full Scan 시에는 *db file scattered read*가 단 322회 발생하였다. (*db file sequential read* 와 *db file scattered read*는 각각 Single Block Read와 Multiblock Read 방식으로 I/O 할 때 발생하는 대기 이벤트임을 1권 6장 3절에서 설명하였다.)

Index Fast Full Scan 방식으로 수행한 두 번째 쿼리에서는 한번 디스크 I/O Call이 발생할 때마다 평균 15.3(=4,931/322)개의 블록을 퍼 올린 것을 알 수 있다. 위에서 *db_file_multiblock_read_count* 파라미터 값이 16이었던 것을 상기하기 바란다.

오라클 10g에서의 변화

조금 전 테스트는 9i에서 수행한 것이다. 10g부터는 Index Range Scan 또는 Index Full Scan 일 때도 Multiblock I/O 방식으로 읽는 경우가 있는데, 위처럼 테이블 액세스 없이 인덱스만 읽고 처리할 때가 그렇다. 인덱스를 스캔하면서 테이블을 Random 액세스할 때는 9i 이전과 동일하게 테이블과 인덱스 블록을 모두 Single Block I/O 방식으로 읽는다. 1권에서 이미 설명한 내용(p452 상단) 이므로 참조하기 바란다.

Index Fast Full Scan의 특징

Index Fast Full Scan은 Multiblock Read 방식을 사용하므로 디스크로부터 대량의 인덱스 블록을 읽어야 하는 상황에서 큰 효과를 발휘한다. 대신 인덱스 리프 노드가 갖는 연결 리스트 구조를 이용하지 않기 때문에 얻어진 결과집합이 인덱스 키 순서대로 정렬되지 않는다.

관련 힌트는 index_ffs와 no_index_ffs이고, 쿼리에 사용되는 모든 컬럼이 인덱스 컬럼에 포함돼 있을 때만 사용 가능하다는 점도 염두에 둘 필요가 있다.

Index Range Scan 또는 Index Full Scan과 달리, 인덱스가 파티션 돼 있지 않더라도 병렬 쿼리가 가능한 것도 중요한 특징 중 하나다. 병렬 쿼리 시에는 Direct Path Read 방식을 사용하기 때문에 I/O 속도가 더 빨라진다.

Index Full Scan과 Index Fast Full Scan의 특징을 표로써 요약해 보면 다음과 같다.

Index Full Scan	Index Fast Full Scan
1. 인덱스 구조를 따라 스캔 2. 결과집합 순서 보장 3. Single Block I/O 4. 병렬스캔 불가(파티션 돼 있지 않다면) 5. 인덱스에 포함되지 않은 컬럼 조회 시에도 사용 가능	1. 세그먼트 전체를 스캔 2. 결과집합 순서 보장 안 됨 3. Multiblock I/O 4. 병렬스캔 가능 5. 인덱스에 포함된 컬럼으로만 조회할 때 사용 가능

Index Fast Full Scan을 활용한 튜닝 사례

마지막으로, Index Fast Full Scan을 활용한 튜닝 사례를 살펴보자.

아래와 같이 공급업체 테이블로부터 업체명을 조회하는데, like 연산자로 중간 값을 검색하므로 정상적인 Index Range Scan이 불가능하다.

```
select * from 공급업체
where  업체명 like '%네트웍스%'

call     count       cpu    elapsed       disk      query    current        rows
------- ------  -------- ---------- ---------- ---------- ----------  ----------
Parse        1      0.00       0.00          0          0          0           0
Execute      1      0.00       0.00          0          0          0           0
Fetch        3      4.07       5.05      64326      64374          0          21
------- ------  -------- ---------- ---------- ---------- ----------  ----------
total        5      4.07       5.05      64326      64374          0          21

Rows     Row Source Operation
-------  ---------------------------------------------------
     21  TABLE ACCESS FULL 공급업체 (cr=64374 r=64326 w=0 time=5049581 us)
```

위 트레이스 결과는 공급업체 테이블을 Full Scan하면서 5초 이상이 소요된 것을 보여 주고 있다.

결과 건수가 21개뿐이므로 Index Full Scan이 도움이 될 수 있는 상황이다. 공급업체의 업체명 컬럼에 생성한 인덱스는 사용빈도가 높지 않아 가끔 조회될 때마다 디스크 I/O가 많이 발생한다. 그럴 때 Index Fast Full Scan이 매우 유용하게 사용될 수 있다. Index Fast Full Scan의 특징을 이해했다면 버퍼 캐시 히트율이 낮아 디스크 I/O가 많이 발생할 때 유리하다는 사실을 이해할 것이다.

다만, 이 스캔 방식은 필요한 모든 컬럼이 인덱스에 포함돼 있을 때만 사용 가능하다는 제약이 있다. 그래서 SQL을 아래와 같이 작성해 보았다.

```
select /*+ ordered use_nl(b) no_merge(b) rowid(b) */ b.*
from ( select /*+ index_ffs(공급업체 공급업체_X01) */ rowid rid
       from   공급업체
       where  instr(업체명, '네트웍스') > 0 ) a, 공급업체 b
where  b.rowid = a.rid
```

우선, 업체명 컬럼에 생성한 공급업체_x01 인덱스를 Fast Full Scan 해서 검색조건에 해당하는 공급업체만을 빠르게 찾아내도록 하였다. 그러고 나서 인덱스로부터 얻은 rowid를 이용해 테이블을 다시 액세스하는 방식이다.

그리고 like 연산보다 빠른 instr 함수를 사용하였다. 일반적으로 인덱스 컬럼을 가공해선 안 되지만 like 중간값 검색이면 어차피 Index Range Scan은 불가능하므로 instr 함수를 사용해 좌변 컬럼을 가공하더라도 나쁠 것이 없다.

아래는 SQL 트레이스 결과인데, I/O는 물론 소요시간도 많이 줄어든 것을 볼 수 있다.

```
call     count       cpu    elapsed       disk      query    current        rows
------- ------  -------- ---------- ---------- ---------- ----------  ----------
Parse        1      0.00       0.00          0          0          0           0
Execute      1      0.00       0.00          0          0          0           0
Fetch        3      0.58       0.60       2096       2125          0          21
------- ------  -------- ---------- ---------- ---------- ----------  ----------
total        5      0.58       0.60       2096       2125          0          21

Rows     Row Source Operation
-------  ---------------------------------------------------
     21  NESTED LOOPS  (cr=2125 r=2096 w=0 time=600601 us)
     21   INDEX FAST FULL SCAN 공급업체_X01 (cr=2104 r=2093 w=0 time=599747 us)
     21   TABLE ACCESS BY USER ROWID 공급업체 (cr=21 r=3 w=0 time=448 us)
```

이런 아이디어는, 스캔해야 할 공급업체 건수는 많더라도 조건절에 의해 필터링되고 나서의 최종 결과 건수는 적다는 데서 착안한 것이다. 검색된 결과 건수가 많아지면 테이블에 대한 Random 액세스도 많아져 오히려 불리할 수 있다. 하지만 부분범위 처리가 가능한 애플리케이션 환경이라면 이 역시 손해 볼 것은 없다.(11g라면 결과 건수가 많더라도 인라인 뷰에 'order by rowid'를 추가함으로써 큰 효과를 얻을 수 있다. 자세한 설명은 5절 (5)항을 참조하기 바란다.)

컬럼 개수가 많아 테이블보다 인덱스 크기가 현저히 작은 상황에서 특히 효과를 발휘하며, 데이터 건수가 아주 많은 경우에는 parallel_index 힌트를 이용한 병렬쿼리도 가능하다.

(6) Index Range Scan Descending

Index Range Scan과 기본적으로 동일한 스캔 방식이다. 그림 1-13처럼 인덱스를 뒤에서부터 앞쪽으로 스캔하기 때문에 내림차순으로 정렬된 결과집합을 얻는다는 점만 다르다.

아래처럼 emp 테이블을 empno 기준으로 내림차순 정렬하고자 할 때 empno 컬럼에 인덱스가 있으면 옵티마이저가 알아서 인덱스를 거꾸로 읽는 실행계획을 수립한다.

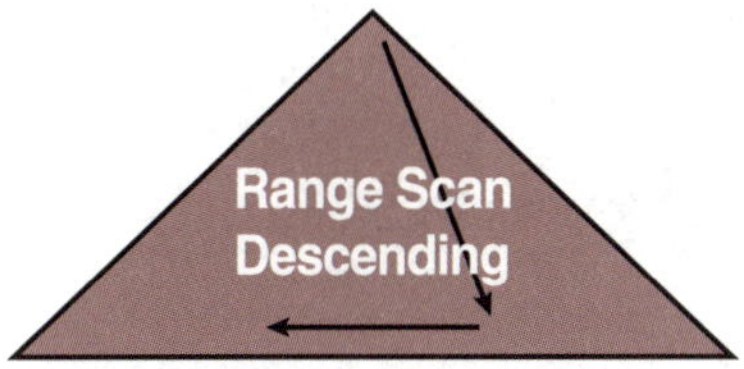

그림 1-13

```
SQL> select * from emp
  2 where   empno > 0
  3 order by empno desc

Execution Plan
---------------------------------------------------------------------------------
0       SELECT STATEMENT Optimizer=ALL_ROWS
1    0    TABLE ACCESS (BY INDEX ROWID) OF 'EMP' (TABLE)
2    1      INDEX (RANGE SCAN DESCENDING) OF 'PK_EMP' (INDEX (UNIQUE))
```

만약 옵티마이저가 다른 선택을 한다면 index_desc 힌트를 이용해 그렇게 유도할 수 있다.

아래처럼 max 값을 구하고자 할 때도 해당 컬럼에 인덱스가 있으면 인덱스를 뒤에서부터 한 건만 읽고 멈추는 실행계획이 자동으로 수립된다.

```
SQL> create index emp_x02 on emp(deptno, sal);

SQL> select deptno, dname, loc
  2       ,(select max(sal) from emp where deptno = d.deptno)
  3 from   dept d

Execution Plan
---------------------------------------------------------------------------------
0       SELECT STATEMENT Optimizer=ALL_ROWS
1    0    SORT (AGGREGATE)
2    1      FIRST ROW
3    2        INDEX (RANGE SCAN (MIN/MAX)) OF 'EMP_X02' (INDEX)
4    0    TABLE ACCESS (FULL) OF 'DEPT' (TABLE)
```

first row(min/max) 알고리즘이 개발되기 전 오라클 7 버전에서는 위와 같은 쿼리를 튜닝할 때 index_desc 힌트와 rownum <= 1 조건을 사용해야 했고, 최근 버전에서도 이 기법을 써야 할

때가 종종 있다.

```
SQL> select deptno, dname, loc
  2        ,(select /*+ index_desc(emp emp_x02) */ sal
  3          from   emp
  4          where  deptno = d.deptno
  5          and    rownum <= 1)
  6  from   dept d

Execution Plan
----------------------------------------------------------------------------------
0       SELECT STATEMENT Optimizer=ALL_ROWS
1    0    COUNT (STOPKEY)
2    1      INDEX (RANGE SCAN DESCENDING) OF 'EMP_X02' (INDEX)
3    0    TABLE ACCESS (FULL) OF 'DEPT' (TABLE)
```

(7) And-Equal, Index Combine, Index Join

인덱스가 아무리 많아도 테이블당 하나만 사용하는 것이 일반적이지만 오라클은 두 개 이상 인덱스를 함께 사용하는 방법도 제공하는데, And-Equal, Index Combine, Index Join이 그것이다.

하나씩 설명하기에 앞서 아래와 같이 emp 테이블 deptno와 job 컬럼에 각각 인덱스를 생성하자.

```
SQL> create index emp_deptno_idx on emp(deptno);
SQL> create index emp_job_idx on emp(job);
```

And-Equal

And-Equal은 바로 이어서 설명할 Index Combine 방식이 8i에서 도입됨으로 효용성이 거의 사라졌고, 10g부터는 아예 폐기(deprecated)된 기능이므로 간단하게만 살펴보고 넘어가자. 아래는 And-Equal 방식에 대한 실행계획이다.

```
SQL> select /*+ and_equal(e emp_deptno_idx emp_job_idx) */ *
  2  from   emp e
  3  where  deptno = 30
  4  and    job = 'SALESMAN' ;
```

```
-----------------------------------------------------------------------------------
| Id  | Operation                    | Name           | Rows | Bytes | Cost(%CPU)|
-----------------------------------------------------------------------------------
|   0 | SELECT STATEMENT             |                |    1 |    37 |     3   (0)|
|   1 |  TABLE ACCESS BY INDEX ROWID| EMP            |    1 |    37 |     3   (0)|
|   2 |   AND-EQUAL                  |                |      |       |            |
|   3 |    INDEX RANGE SCAN          | EMP_JOB_IDX    |    4 |       |     1   (0)|
|   4 |    INDEX RANGE SCAN          | EMP_DEPTNO_IDX |    6 |       |     1   (0)|
-----------------------------------------------------------------------------------
```

And-Equal 메커니즘이 작동하려면 단일 컬럼의 Non-Unique 인덱스여야 함과 동시에 인덱스 컬럼에 대한 조건절이 '=' 이어야 한다.

'=' 조건을 전제로 하므로 인덱스 필터링을 거친 양쪽 집합은 rowid 순으로 정렬된 상태다. 따라서 양쪽을 번갈아 스캔하면서 rowid가 같은 레코드를 찾아 테이블을 액세스하는 방식이다.

데이터 분포도가 좋지 않아 단독으로는 테이블 Random 액세스를 많이 발생시키는 단일 컬럼 인덱스를 두 개 이상(최대 5개) 결합해 테이블 액세스량을 줄이는 데에 목적이 있다. 즉, 인덱스 스캔량이 아무리 많더라도 두 인덱스를 결합하고 나서의 테이블 액세스량이 소량일 때 효과가 있다.

Index Combine

Index Combine에 대한 실행계획부터 살펴보자. (비트맵 인덱스에 대한 개념이 부족하다면 9절을 먼저 학습하기 바란다.)

```
SQL> select /*+ index_combine(e emp_deptno_idx emp_job_idx) */ *
  2  from   emp e
  3  where  deptno = 30
  4  and    job = 'SALESMAN' ;

----------------------------------------------------------------------------
| Id  | Operation                         | Name           | Rows  | Bytes |
----------------------------------------------------------------------------
|   0 | SELECT STATEMENT                  |                |     1 |    37 |
|   1 |  TABLE ACCESS BY INDEX ROWID      | EMP            |     1 |    37 |
|   2 |   BITMAP CONVERSION TO ROWIDS     |                |       |       |
|   3 |    BITMAP AND                     |                |       |       |
|   4 |     BITMAP CONVERSION FROM ROWIDS|                |       |       |
|   5 |      INDEX RANGE SCAN             | EMP_JOB_IDX    |       |       |
|   6 |     BITMAP CONVERSION FROM ROWIDS|                |       |       |
```

```
|   7 |       INDEX RANGE SCAN            | EMP_DEPTNO_IDX |         |         |
-------------------------------------------------------------------------------
```

이 인덱스 스캔 방식의 동작 원리는 위 실행계획에 잘 나타나 있다.

1. 일반 B*Tree 인덱스를 스캔하면서 각 조건을 만족하는 레코드의 rowid 목록을 얻는다(→ id 5번과 7번).
2. 1단계에서 얻은 rowid 목록을 가지고 비트맵 인덱스 구조를 하나씩 만든다(→ id 4번과 6번 / 조건을 만족하는 레코드의 비트 값을 '1'로 설정). 이미 비트맵 인덱스가 있는 테이블에 대해서는 1~2번 과정을 생략한다.
3. 비트맵 인덱스에 대한 Bit-Wise 오퍼레이션을 수행한다(→ id 3번).
4. Bit-Wise 오퍼레이션을 수행한 결과가 '참(true)'인 비트 값들을 rowid 값으로 환산해 최종적으로 방문할 테이블 rowid 목록을 얻는다(→ id 2번).
5. rowid를 이용해 테이블을 액세스한다(→ id 1번).

Index Combine은 And-Equal과 마찬가지로 데이터 분포도가 좋지 않은 두 개 이상의 인덱스를 결합해 테이블 Random 액세스량을 줄이는 데에 목적이 있다.

조건절이 '='이어야 할 필요가 없고, Non-Unique 인덱스일 필요도 없다. 게다가, 비트맵 인덱스를 이용하므로 아래와 같이 조건절이 OR로 결합된 경우에도 유용하다.

```
SQL> select /*+ index_combine(e emp_deptno_idx emp_job_idx) */ *
  2  from   emp e
  3  where  deptno = 30 or job = 'SALESMAN' ;

-------------------------------------------------------------------------------
| Id  | Operation                         | Name           | Rows   | Bytes  |
-------------------------------------------------------------------------------
|   0 | SELECT STATEMENT                  |                |      8 |    296 |
|   1 |  TABLE ACCESS BY INDEX ROWID      | EMP            |      8 |    296 |
|   2 |   BITMAP CONVERSION TO ROWIDS     |                |        |        |
|   3 |    BITMAP OR                      |                |        |        |
|   4 |     BITMAP CONVERSION FROM ROWIDS|                |        |        |
|   5 |      INDEX RANGE SCAN             | EMP_DEPTNO_IDX |        |        |
|   6 |     BITMAP CONVERSION FROM ROWIDS|                |        |        |
```

```
|   7 |       INDEX RANGE SCAN              | EMP_JOB_IDX     |         |         |
----------------------------------------------------------------------------------
```

And-Equal 보다 훨씬 유연한 이 기능은 *_b_tree_bitmap_plans* 파라미터가 true일 때만 작동하며, 9i부터 기본적으로 true로 설정돼 있으므로 특별히 신경 쓰지 않아도 된다.

Index Join

얼핏 이름만 봐서는 두 테이블 간 조인에 사용되는 스캔방식 같지만 그것과는 무관하다. 오히려 한 테이블에 속한 여러 인덱스를 이용해 테이블 액세스 없이 결과집합을 만들 때 사용하는 인덱스 스캔 방식이다.

아래 실행계획 2번 단계에서 보듯 Index Join은 해시 조인 메커니즘을 그대로 사용한다.

```
SQL> select /*+ index_join(e emp_deptno_idx emp_job_idx) */ deptno, job
  2  from   emp e
  3  where  deptno = 30
  4  and    job = 'SALESMAN' ;

-----------------------------------------------------------------------------------
| Id  | Operation             | Name               | Rows   | Bytes | Cost  (%CPU)|
-----------------------------------------------------------------------------------
|   0 | SELECT STATEMENT      |                    |      1 |    11 |      3  (34)|
|   1 |  VIEW                 | index$_join$_001   |      1 |    11 |      3  (34)|
|   2 |   HASH JOIN           |                    |        |       |             |
|   3 |    INDEX RANGE SCAN| EMP_JOB_IDX           |      1 |    11 |      1   (0)|
|   4 |    INDEX RANGE SCAN| EMP_DEPTNO_IDX        |      1 |    11 |      1   (0)|
-----------------------------------------------------------------------------------
```

1. 크기가 비교적 작은 쪽 인덱스(위에서는 emp_job_idx)에서 키 값과 rowid를 읽어 PGA 메모리에 해시 맵을 생성한다. 해시 키로는 rowid가 사용된다.
2. 다른 쪽 인덱스(emp_deptno_idx)를 스캔하면서 앞서 생성한 해시 맵에 같은 rowid 값을 갖는 레코드가 있는지 탐색한다.
3. rowid끼리 조인에 성공한 레코드만 결과집합에 포함시킨다. 어떤 rowid 값이 양쪽 인덱스 집합 모두에 속한다면, 그 rowid가 가리키는 테이블은 각 인덱스 컬럼에 대한 검색 조건을 모두 만족한다는 것을 의미한다.

Index Join은 쿼리에 사용된 컬럼들이 인덱스에 모두 포함될 때만 작동한다. 양쪽 모두에 포함될 필요는 없고, 둘 중 어느 한쪽에 포함되기만 하면 된다.

04 테이블 Random 액세스 부하

SQL 튜닝, 그 중에서도 인덱스 원리를 공부하면서 누구나 두 번 놀라게 된다. 첫 번째는 인덱스를 효과적으로 활용했을 때 쿼리 성능이 얼마나 빨라지는지를 느꼈을 때이고, 두 번째는 대량의 데이터를 인덱스를 통해 액세스할 때 쿼리 성능이 얼마나 느려지는지를 느꼈을 때이다.

본 절에서는 대량의 데이터를 처리할 때 테이블 Random 액세스가 가장 큰 부하 요인으로 작용하는 원인을 자세히 설명하고, 5절과 6절에서 이를 해소하기 위한 튜닝 방안을 소개한다.

(1) 인덱스 ROWID에 의한 테이블 액세스

앞 절에서 다양한 인덱스 스캔 방식에 대해 살펴보았는데, 쿼리에서 참조되는 컬럼이 인덱스에 모두 포함되는 경우가 아니라면 인덱스 스캔 이후 '테이블 Random 액세스'가 일어난다. 아래 실행계획에서 'Table Access By Index ROWID' 라고 표시된 부분을 말하며, 지금부터 그 내부 메커니즘을 자세히 살펴보자.

```
SQL> select * from 고객 where 지역 = '서울';

Execution Plan
--------------------------------------------------
 0     SELECT STATEMENT Optimizer=ALL_ROWS
 1  0    TABLE ACCESS (BY INDEX ROWID) OF '고객' (TABLE)
 2  1      INDEX (RANGE SCAN) OF '고객_지역_IDX' (INDEX)
```

물리적 주소? 논리적 주소?

인덱스에 저장돼 있는 rowid는 흔히 '물리적 주소정보' 라고 일컬어지는데, 오브젝트 번호, 데이터파일 번호, 블록 번호 같은 물리적 요소들로 구성돼 있기 때문일 것이다.

하지만 보는 시각에 따라서는 '논리적 주소정보'6)라고 표현하기도 한다. rowid가 물리적 위치 정보로 구성되지만 인덱스에서 테이블 레코드로 직접 연결되는 구조는 아니기 때문이다.

메인 메모리 DB와의 비교

메인 메모리 DB(MMDB)에 대해 들어 본 적이 있는가? 말 그대로 데이터를 모두 메모리에 로드해 놓고 메모리를 통해서만 I/O를 수행하는 DB라고 할 수 있다7). 그런데 잘 튜닝된 OLTP성 오라클 데이터베이스라면 버퍼 캐시 히트율(BCHR, 읽고자 하는 데이터 블록이 버퍼 캐시에서 찾아지는 비율)이 99% 이상이므로 대부분 디스크를 경유하지 않고 메모리상에서 I/O를 수행할 텐데도 메인 메모리 DB 만큼 빠르지는 않다. 특히 대량의 테이블을 인덱스를 통해 액세스할 때는 엄청난 차이가 난다. 왜 그럴까?

메인 메모리 DB도 벤더에 따라 내부적으로 다른 아키텍처를 사용하겠지만 필자가 아는 어떤 제품의 아키텍처를 소개함으로써 방금 던진 질문에 대한 답을 찾고자 한다.

메인 메모리 DB에서 인스턴스를 기동하면 디스크에 저장된 데이터를 버퍼 캐시로 로딩하고 이어서 인덱스를 실시간으로 만든다. 이때 인덱스는 오라클처럼 디스크 상의 주소정보를 담는 게 아니라 메모리상의 주소정보, 즉 포인터(Pointer)를 담는다. 프로그래머라면 누구나 포인터 개념을 공부하므로 포인터에 의한 액세스가 얼마나 빠른지는 잘 알 것이다.

메모리상에서 데이터를 찾아가는 데 있어 포인터만큼 빠른 방법은 없으며 그 비용은 거의 0에 가깝다. 따라서 인덱스를 경유해 테이블을 액세스하는 데 대한 비용이 오라클과 비교할 수 없을 정도로 낮다.

질문에 대한 답이 무엇인지 이해했으리라 믿는다. 오라클은 테이블 블록이 수시로 버퍼 캐시에서 밀려났다가 다시 캐싱되며, 그때마다 다른 공간에 캐싱되기 때문에 인덱스에서 직접 포인터로 연결할 수 없는 구조다. 대신 디스크 상의 블록 위치 정보, 즉 DBA(Data Block Addres)를 해시 키 값으로 삼아 해싱 알고리즘을 통해 버퍼 블록을 찾는다. 매번 위치가 달라지더라도 캐싱되는 해시 버킷만큼은 고정적이다.

---

6) IOT 테이블 로우에 대한 내부 식별자를 Logical ROWID라고 하는데 이것을 설명하려는 것이 아니며, 일반 힙 구조 테이블에서 사용되는 Physical ROWID가 내용적으로 논리적 의미를 담고 있다는 뜻이다.

7) 메모리 DB개발 업체들은 오라클 같은 DB를 '디스크 DB'라고 부르며, 최근에는 메인 메모리 DB도 대용량 데이터를 처리하기 위해 디스크를 이용하는 Hybrid형태로 진화하고 있다.

여기서 메인 메모리 DB의 우월성을 강조하고자 하는 것은 아니며(메인 메모리 DB는 데이터 볼륨이 그리 크지 않으면서, 기존 디스크 DB로는 도저히 만족할 수 없을 정도의 빠른 트랜잭션 처리가 요구되는 업무에서만 제한적으로 사용되고 있음), 우리가 사용하는 오라클 데이터베이스에서 인덱스 rowid에 의한 테이블 액세스가 생각만큼 빠르지 않은 이유를 설명하려는 것이다.

rowid는 우편주소에 해당

비유하자면, 오라클에서의 rowid는 우편주소에 해당하고, 메인 메모리 DB에서 사용하는 포인터는 전화번호에 해당한다. 전화는 물리적으로 연결된 구조여서 전화번호만 누르면 곧바로 상대방과 직접 통화할 수 있지만, 우편주소는 봉투에 적힌 대로 우체부 아저씨가 일일이 찾아다니는 구조이므로 전화와는 비교할 수 없이 느리다.

```
우편주소 : 서울시 영등포구 양평동 123번지 OO타워 10층
ROWID    : 7번 데이터 파일에 위치한 123번 블록에 저장된 10번째 레코드
```

인덱스 rowid에 의한 테이블 액세스 구조

1권 1장 3절에서 설명한 것처럼(잠시 후 다시 자세히 설명함) 오라클도 포인터로 빠르게 액세스하는 버퍼 Pinning 기법을 사용하지만 반복적으로 읽힐 가능성이 큰 블록에 대해서만 일부 적용하고 있다. 이 메커니즘의 도움을 받지 않은 일반적인 인덱스 rowid에 의한 테이블 액세스가 실제로 얼마나 고비용인지, 1권 1장에서 보았던 그림 1-14[8]를 보면서 상기해보자.

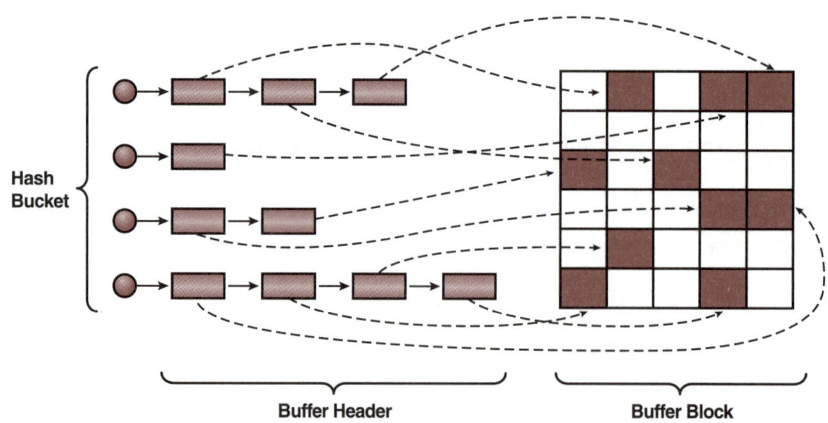

그림 1-14

- 인덱스에서 하나의 rowid를 읽고 DBA(Data Block Address, 디스크 상의 블록 위치 정보)를 해시 함수에 적용해 해시 값을 확인한다.
- 그림 1-14에는 표현하지 않았지만 각 해시 체인은 래치(Latch)에 의해 보호되므로 해시 값이 가리키는 해시 체인에 대한 래치(→ *cache buffers chains* 래치)를 얻으려고 시도한다. 하나의 *cache buffers chains* 래치가 여러 개 해시 체인을 동시에 관리한다는 사실도 기억할 필요가 있다.
- 다른 프로세스가 래치를 잡고 있으면 래치가 풀렸는지 확인하는 작업을 일정 횟수(기본 설정은 2,000번)만큼 반복한다.
- 그러고도 실패하면 CPU를 OS에 반환하고 잠시 대기 상태로 빠지는데, 이때 *latch free* (10g 부터는 *latch: cache buffers chains*으로 세분화) 대기 이벤트가 나타난다.
- 정해진 시간 동안 잠을 자다가 깨어나서 다시 래치 상태를 확인하고, 계속해서 래치가 풀리지 않으면 또다시 대기 상태로 빠질 수도 있다.
- 래치가 해제되었다면 래치를 재빨리 획득하고 원하던 해시 체인으로 진입한다.
- 거기서 데이터 블록이 찾아지면 래치를 해제하고 바로 읽으면 되는데, 앞서 해당 블록을 액세스한 프로세스가 아직 일을 마치지 못해 버퍼 Lock을 쥔 상태라면 또다시 대기해야 한다. 이때 나타나는 대기 이벤트가 *buffer busy waits* 이다.
- 블록 읽기를 마치고 나면 버퍼 Lock을 해제해야 하므로 다시 해시 체인 래치를 얻으려고 시도한다. 이때 또다시 경합이 발생할 수 있다.

8) Oracle Wait Interface: A Practical Guide to Performance Diagnostics & Tuning(McGraw-Hill/Osborne)에 있는 그림을 참조해서 그렸음을 밝힌다.

해시 체인을 스캔했는데 데이터 블록을 찾지 못했을 때는 일이 더 복잡해진다.

- 디스크로부터 블록을 퍼 올리려면 우선 Free 버퍼를 할당 받아야 하므로 LRU 리스트를 스캔한다. 이를 위해서는 *cache buffers lru chain* 래치를 얻어야 하는데, 래치 경합이 심할 때는 여기서도 *latch free* 이벤트(10g부터 *latch: cache buffers lru chain*으로 세분화)가 나타날 수 있다.
- LRU 리스트를 정해진 임계치만큼 스캔했는데도 Free 상태의 버퍼를 찾지 못하면 DBWR에게 Dirty 버퍼를 디스크에 기록해 Free 버퍼를 확보해 달라는 신호를 보낸다. 그런 후 해당 작업이 끝날 때까지 잠시 대기 상태에 빠지는데, 이때 나타나는 대기 이벤트가 *free buffer waits* 이다.
- Free 버퍼를 할당 받은 후에는 I/O 서브시스템에 I/O 요청을 하고 다시 대기 상태에 빠지는데, 이때 *db file sequential read* 대기 이벤트가 나타난다.
- 마지막으로, 읽은 블록을 LRU 리스트 상에서 위치를 옮겨야 하기 때문에 다시 *cache buffers lru chain* 래치를 얻어야 하는데, 이 또한 원활하지 못할 때는 *latch free* 이벤트가 나타난다.

1권 1장 기본 아키텍처에서 이미 다 설명한 내용임에도 다시 한번 설명하는 이유는, 오라클에서 하나의 레코드를 찾아가는 데 있어 가장 빠르다고 알려진 rowid에 의한 테이블 액세스가 경우에 따라서는(→ 위 설명은 가장 최악의 상황을 가정한 것임) 이렇게까지 고비용이라는 사실을 상기시키기 위함이다.

요약하면, 인덱스 rowid는 테이블 레코드와 물리적으로 연결돼 있지 않기 때문에 인덱스를 통한 테이블 액세스는 생각보다 고비용 구조다. 설령 모든 데이터가 메모리에 캐싱돼 있더라도 테이블 레코드를 찾기 위해 매번 DBA를 해싱하고 래치 획득 과정을 반복해야 하기 때문이며, 동시 액세스가 심할 때는 래치와 버퍼 Lock에 대한 경합까지 발생한다.

앞으로 실행계획에서 아래와 같이 'Table Access By Index ROWID' 오퍼레이션을 볼 때면 위에서 설명한 복잡한 처리과정을 항상 머리 속에 떠올리기 바란다.

```
SQL> select * from 고객 where 지역 = '서울';

Execution Plan
```

```
--------------------------------------------------
0      SELECT STATEMENT Optimizer=ALL_ROWS
1  0     TABLE ACCESS (BY INDEX ROWID) OF '고객' (TABLE)
2  1       INDEX (RANGE SCAN) OF '고객_지역_IDX' (INDEX)
```

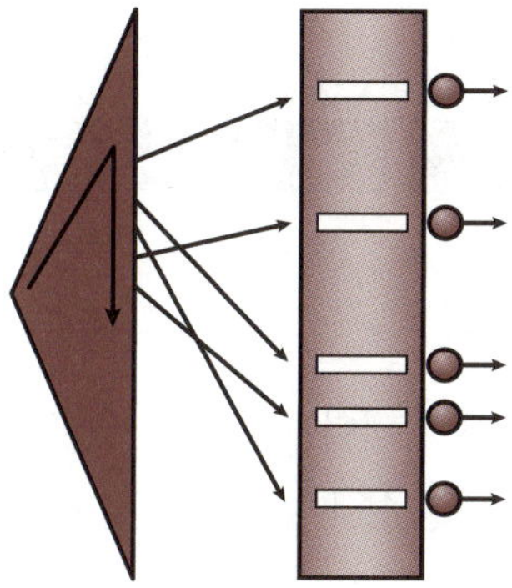

그림 1-15

(2) 인덱스 클러스터링 팩터

군집성 계수(= 데이터가 모여 있는 정도)

클러스터링 팩터(Clustering Factor, 이하 CF)는 '군집성 계수' 쯤으로 번역될 수 있는 용어로서, 특정 컬럼을 기준으로 같은 값을 갖는 데이터가 서로 모여있는 정도를 의미한다. CF가 좋은 컬럼에 생성한 인덱스는 검색 효율이 매우 좋은데, 예를 들어「거주지역 = '제주'」에 해당하는 고객 데이터가 물리적으로 근접해 있다면 흩어져 있을 때보다 데이터를 찾는 속도가 빨라지게 마련이다.

비유하자면 분가한 자식들이 모두 한 동네에 모여 산다면 CF가 좋은 것이고, 그럴 경우 부모가 자식들 집을 모두 방문하는데 하루면 충분하다. 반면, 여러 지방에 뿔뿔이 흩어져 산다면 몇 날 며칠이 걸릴지 모른다.

그림 1-16은 인덱스 클러스터링 팩터가 가장 좋은 상태를 도식화한 것으로서, 인덱스 레코드 정렬 순서와 거기서 가리키는 테이블 레코드 정렬 순서가 100% 일치하는 것을 볼 수 있다.

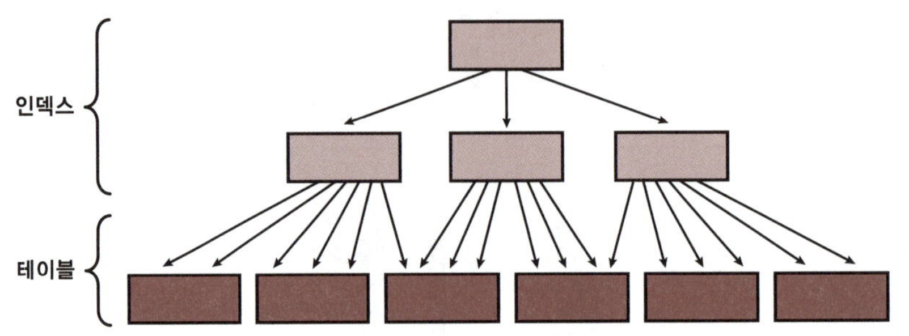

그림 1-16

반면 그림 1-17은 인덱스 클러스터링 팩터가 가장 안 좋은 상태를 도식화한 것으로서, 인덱스 레코드 정렬 순서와 테이블 레코드 정렬 순서가 전혀 일치하지 않는다.

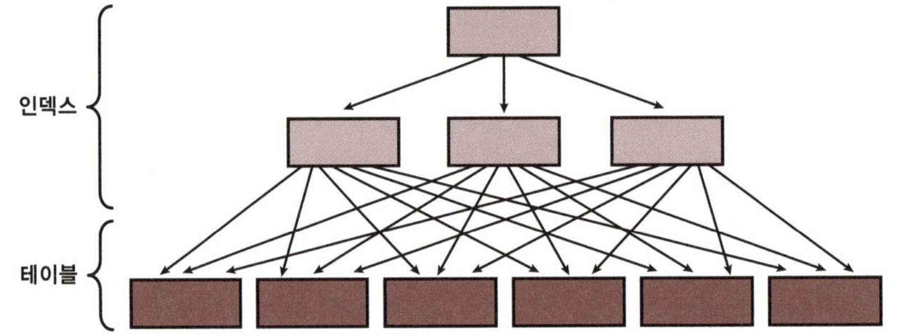

그림 1-17

클러스터링 팩터 조회

CF는 데이터가 모여있는 정도를 의미한다고 했는데, 오라클은 이를 어떻게 수치화해서 표현할까? 테스트를 통해 확인해 보자(스크립트 ch1_04.txt 참조).

```
SQL> create table t
  2  as
  3  select * from all_objects
  4  order by object_id;  ➜ 테이블 레코드가 object_id 순으로 입력되도록 함
```

```
SQL> create index t_object_id_idx on t(object_id);

SQL> create index t_object_name_idx on t(object_name);
```

테이블 레코드가 object_id 순으로 입력되도록 t 테이블을 생성하고, object_id와 object_name 각각에 대한 인덱스를 하나씩 만들었다.

아래와 같이 통계정보를 생성하고 나면 오라클이 계산한 인덱스 CF를 뷰에서 확인할 수 있다.

```
SQL> exec dbms_stats.gather_table_stats(user, 'T');   -- 통계정보 수집

SQL> select i.index_name, t.blocks table_blocks, i.num_rows, i.clustering_factor
  2  from   user_tables t, user_indexes i
  3  where  t.table_name = 'T'
  4  and    i.table_name = t.table_name;

INDEX_NAME                TABLE_BLOCKS   NUM_ROWS CLUSTERING_FACTOR
------------------------- ------------ ---------- -----------------
T_OBJECT_ID_IDX                    709      50093               689
T_OBJECT_NAME_IDX                  709      50093             24936
```

clustering_factor 수치가 테이블 블록(table_blocks)에 가까울수록 데이터가 잘 정렬돼 있음을 의미하고, 레코드 개수(num_rows)에 가까울수록 흩어져 있음을 의미한다. 인덱스 통계를 수집할 때 clustering_factor 계산을 위해 오라클이 사용하는 아래 로직을 보고 나면 이유를 쉽게 알 수 있다.

1. counter 변수를 하나 선언한다.
2. 인덱스 리프 블록을 처음부터 끝까지 스캔하면서 인덱스 rowid로부터 블록 번호를 취한다.
3. 현재 읽고 있는 인덱스 레코드의 블록 번호가 바로 직전에 읽은 레코드의 블록 번호와 다를 때마다 counter 변수 값을 1씩 증가시킨다.
4. 스캔을 완료하고서, 최종 counter 변수 값을 clustering_factor로서 인덱스 통계에 저장한다.

t 테이블을 생성하면서 object_id 순으로 정렬했고, 이 컬럼에 대해 생성한 인덱스(t_object_id_idx)의 CF(=689)가 테이블 전체 블록 수(=709)에 근접한 것을 확인하기 바란다.

이런 식으로 측정된 CF 값은 옵티마이저가 (테이블 Full Scan과 비교해) 인덱스 Range Scan을 통한 테이블 액세스 비용을 평가하는 데에 사용된다. 참고로, (IO 비용 모델일 때) 인덱스를 이용한 테이블 액세스 비용을 계산하기 위해 오라클이 사용하는 공식[9]은 다음과 같다. 자세한 설명은 3장 7절을 참고하기 바란다.

```
비용 = blevel +                                    -- 인덱스 수직적 탐색 비용
       (리프 블록 수 × 유효 인덱스 선택도) +        -- 인덱스 수평적 탐색 비용
       (클러스터링 팩터 × 유효 테이블 선택도)       -- 테이블 Random 액세스 비용
```

- blevel : 리프 블록에 도달하기 전 읽게 될 브랜치 블록 개수
- 유효 인덱스 선택도 : 전체 인덱스 레코드 중에서 조건절을 만족하는 레코드를 찾기 위해 스캔할 것으로 예상되는 비율(%)
- 유효 테이블 선택도 : 전체 레코드 중에서 인덱스 스캔을 완료하고서 최종적으로 테이블을 방문할 것으로 예상되는 비율(%)

클러스터링 팩터와 물리적 I/O

"인덱스 CF가 좋다"고 하면 인덱스 정렬 순서와 테이블 정렬 순서가 서로 비슷하다는 것을 말한다. 인덱스 레코드는 항상 100% 정렬된 상태를 유지하는데, 테이블 레코드도 이와 비슷한 정렬 순서를 갖는다면 값이 같은 레코드들이 서로 군집해 있음을 뜻한다. 이는 궁극적으로 물리적인 디스크 I/O 횟수를 감소시키는 효과를 가져다준다.

오라클에서 I/O는 블록 단위로 이루어지므로 인덱스를 통해 하나의 레코드를 읽으면 같은 블록에 속한 다른 레코드들도 함께 캐싱되는 결과를 가져올 것이고, CF가 좋은 인덱스였다면(=같은 값들이 서로 군집해 있다면) 그 레코드들도 가까운 시점에 읽힐 가능성이 높다(그림 1-16). 따라서 인덱스를 스캔하면서 읽는 테이블 블록들의 캐시 히트율이 높아지므로 물리적인 디스크 I/O 횟수가 감소하게 되는 것은 당연한 이치다.

반대로, 값이 같은 레코드들(예, 거주지역 = '제주')이 서로 멀리 떨어져 있다면 논리적으로 더 많은 블록을 읽어야 하므로(→ 이유는 바로 뒤에서 설명함) 물리적인 디스크 I/O 횟수도 같이 증가하게 된다(그

9) 비용기반의 오라클 원리(Jonath an Lewis 저/Apress, 비투엔컨설팅 역/志&嬋)

림 1-17). 설상가상으로, 앞서 읽었던 테이블 블록을 다시 방문하고자 할 때 이미 캐시에서 밀려나고 없다면 같은 블록을 디스크에서 여러 번 읽게 되므로 I/O 효율은 더 나빠질 것이다.

클러스터링 팩터와 논리적 I/O

인덱스 CF는 단적으로 말해, **인덱스를 경유해 테이블 전체 로우를 액세스할 때 읽을 것으로 예상되는 논리적인 블록 개수**를 의미한다. 따라서 CF가 가장 좋을 때는 인덱스 통계에 나타나는 clustering_factor가 전체 테이블 블록 개수와 일치하고, 가장 안 좋을 때는 총 레코드 개수와 일치한다. 참고로, 모든 블록에 레코드가 하나씩만 저장돼 있다면 clustering_factor는 항상 총 레코드 개수와 일치할 것이다.

물리적 I/O 계산을 위해 논리적 I/O를 측정

오라클은 인덱스가 가리키는 데이터의 흩어짐 정도를 인덱스 비용 계산식에 표현하기 위해 CF를 고안하였다. 그런데 옵티마이저가 사용하는 비용 계산식은 기본적으로 물리적인 I/O만을 고려(논리적 I/O가 모두 물리적 I/O를 수반한다고 가정)하므로 CF도 궁극적으로 물리적 I/O 비용을 평가하기 위한 수단이라고 말할 수 있다.

하지만 논리적 I/O가 100% 물리적 I/O를 수반한다는 가정은 매우 비현실적이다. 특히, 앞서 읽었던 테이블 블록을 다시 읽을 때 실제로는 캐싱된 블록을 읽을 가능성이 훨씬 높다.

한번 읽었던 테이블 블록이 버퍼 캐시에서 밀려나지 않도록 충분한 버퍼 캐시를 확보한 상태에서 인덱스를 통해 전체 테이블 레코드를 읽는 경우를 가정해 보자. 그러면 위에서 본 t_object_name_idx 인덱스의 clustering_factor 수치(24,936)는 실제 발생할 수 있는 물리적 I/O 횟수와 전혀 동떨어진 값이 되고 만다. 물리적으로 읽어야 할 전체 테이블 블록 개수는 고정(앞선 예에서는 709개)돼 있기 때문이다. 그럼에도 캐싱 효과를 예측하기가 매우 어렵기 때문에 옵티마이저는 CF를 통해 계산된 논리적 I/O 횟수를 그대로 물리적 I/O 횟수로 인정하고 인덱스 비용을 평가하는 것이다.

결론적으로 말해, 인덱스 통계에서 볼 수 있는 clustering_factor는 인덱스를 통해 테이블을 액세스할 때 예상되는 논리적 I/O 개수를 더 정확히 표현하고 있다.

실제로 그런지 테스트를 통해 확인해 보자. 먼저, 앞서 생성한 t 테이블 전체 레코드를 CF가 좋은 t_object_id_idx 인덱스를 통해 액세스해 보자.

```
select /*+ index(t t_object_id_idx) */ count(*) from t
where  object_name >= ' '
and    object_id >= 0

Rows    Row Source Operation
------  ---------------------------------------------------
     1  SORT AGGREGATE (cr=801 pr=0 pw=0 time=115529 us)
 50093   TABLE ACCESS BY INDEX ROWID T (cr=801 pr=0 pw=0 time=1102123 us)
 50093    INDEX RANGE SCAN T_OBJECT_ID_IDX (cr=112 pr=0 pw=0 time=252664 us)
```

테이블을 액세스하는 단계에서 읽은 블록 수는 689(=801-112)개로서, 앞에서 인덱스 통계에서 보았던 clustering_factor 수치와 정확히 일치한다.

이번에는 CF가 안 좋은 t_object_name_idx 인덱스를 통해 액세스해 보자.

```
select /*+ index(t t_object_name_idx ) */ count(*) from t
where  object_name >= ' '
and    object_id >= 0

Rows    Row Source Operation
------  ---------------------------------------------------
     1  SORT AGGREGATE (cr=25183 pr=0 pw=0 time=153224 us)
 50093   TABLE ACCESS BY INDEX ROWID T (cr=25183 pr=0 pw=0 time=1102085 us)
 50093    INDEX RANGE SCAN T_OBJECT_NAME_IDX (cr=247 pr=0 pw=0 time=252447 us)
```

테이블을 액세스하는 단계에서 읽은 블록 수는 24,936(=25,183-247)개로서, 역시 앞에서 보았던 clustering_factor 수치와 일치한다.

버퍼 Pinning에 의한 논리적 I/O 감소 원리

똑같은 개수의 레코드를 읽는데 인덱스 CF에 따라 논리적인 블록 I/O 개수가 이처럼 심하게 차이 나는 이유는 무엇일까? 이유는, 인덱스를 통해 액세스되는 하나의 테이블 버퍼 블록을 Pinning하기 때문이다.

버퍼 Pinning에 대해서는 1권(1장 3절 4항)에서 자세히 설명했지만 간단히 요약하면, 방금 액세스한 버퍼에 대한 Pin을 즉각 해제하지 않고 데이터베이스 Call 내에서 계속 유지하는 기능이라고 할 수 있다. 따라서 연속된 인덱스 레코드가 같은 블록을 가리킨다면, 래치 획득 과정을 생략하고 버퍼를 Pin한 상태에서 읽기 때문에 논리적인 블록 읽기(Logical Reads) 횟수가 증가하지 않는다.

그림 1-18을 보면서 세부적인 작동원리를 이해해 보자.

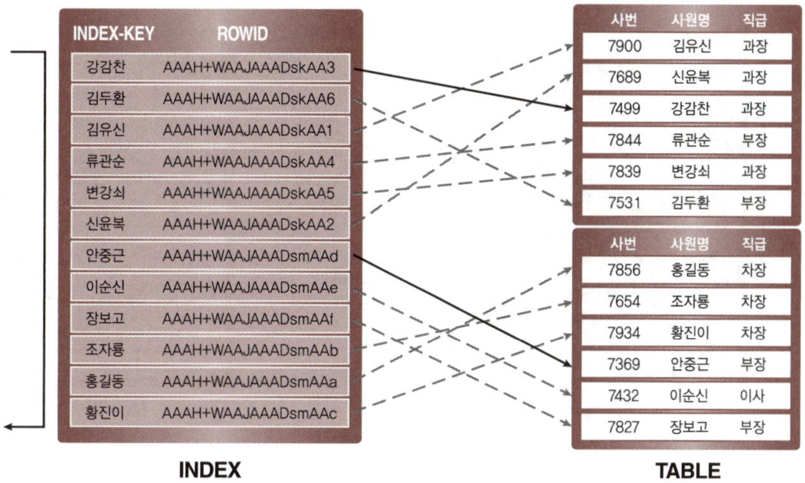

그림 1-18

그림 1-18은 사원명 인덱스에서 12개 로우를 스캔하면서 건건이 테이블을 액세스하는 과정을 화살표로 표현하고 있다. 굵은 실선은 해시 체인 래치를 획득하고서 블록을 액세스하는 것을 의미하고, 흐린 점선은 래치 획득 없이 버퍼를 Pin한 상태에서 액세스하는 것을 의미한다.

예를 들어, 두 번째 인덱스 레코드 '김두환'을 위해 테이블 블록을 읽을 때는 앞서 '강감찬' 레코드를 위해 읽었던 첫 번째 테이블 블록을 Pin한 상태에서 액세스하기 때문에 논리적인 블록 I/O를 일으키지 않는다.

여섯 번째 '신윤복'까지 같은 방식으로 읽다가 '안중근' 레코드에 도달해서야 다른 테이블 블록을 가리키는 것이 확인된다. 이때 비로소 래치를 얻어 새로운 블록을 읽는다. 그러고 나서 나머지 다섯 개 레코드도 같은 블록을 가리키므로 버퍼 Pinning 상태에서 가볍게 액세스한다.

이처럼 CF가 좋을 때는(완전히 같은 순서로 정렬돼 있을 필요는 없으며, 그림 1-18에서 보듯 같은 테이블 블록에 모여 있기만 하면 됨) 인덱스를 통해 12개의 테이블 레코드를 읽는데 Random 블록 I/O가 단 2회만 발생한다.

그림 1-19는 모든 화살표가 굵은 실선인 것을 볼 수 있다. 똑같이 12개의 사원 레코드를 인덱스를 통해 읽는데 매번 해시 체인 래치 획득 과정을 거쳐 무겁게 논리적 블록 읽기를 수행함을 표현한 것이다.

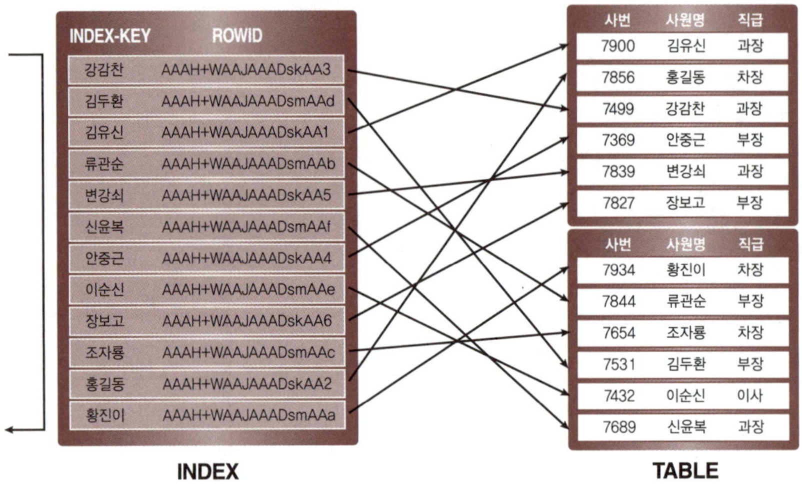

그림 1-19

그림 1-19처럼 CF가 나쁘면 최악에는 12개 레코드를 읽기 위해 Random 블록 I/O가 12번 발생한다.

버퍼 Pinning 효과를 이용하거나 인위적으로 클러스터링 팩터를 높게 만들어 튜닝하는 사례를 다음 절 후반부에 소개하므로 참조하기 바란다.

(3) 인덱스 손익분기점

앞에서 설명한 것처럼 인덱스 rowid에 의한 테이블 액세스는 생각보다 고비용 구조이고, 따라서 일정량을 넘는 순간 테이블 전체를 스캔할 때보다 오히려 더 느려진다. Index Range Scan에 의한 테이블 액세스가 Table Full Scan보다 느려지는 지점을 흔히 '손익 분기점'이라고 부른다.

인덱스에 의한 액세스가 Full Table Scan보다 더 느려지게 만드는 가장 핵심적인 두 가지 요인은 다음과 같다.

- 인덱스 rowid에 의한 테이블 액세스는 Random 액세스인 반면, Full Table Scan은 Sequential 액세스 방식으로 이루어진다. (1권 6장 2절 참조)
- 디스크 I/O 시, 인덱스 rowid에 의한 테이블 액세스는 Single Block Read 방식을 사용하는 반면, Full Table Scan은 Multiblock Read 방식을 사용한다. (1권 6장 3절 참조)

이런 요인에 의해 인덱스 손익분기점은 일반적으로 5~20%의 낮은 수준에서 결정되지만 CF에 따라 크게 달라진다. 인덱스의 CF가 나쁘면 같은 테이블 블록을 여러 번 반복 액세스하면서 논리적 I/O 개수가 증가하고 물리적 I/O 발생량도 증가하기 때문이다. 따라서 CF가 나쁘면 손익분기점은 5% 미만에서 결정되며, 심할 때는(BCHR가 매우 안 좋을 때) 1% 미만으로 떨어진다. 반대로 CF가 아주 좋을 때는 손익분기점이 90% 수준까지 올라가기도 한다.

테스트를 통해 실제 손익 분기점을 측정해 보았다(스크립트 ch1_05.txt 참조). 우선 all_objects 뷰를 이용해 100,000건 레코드가 담긴 t 테이블을 만든다. 그러고 나서 t 테이블을 이용해 똑같이 100,000건이 담긴 테이블 두 개를 더 만드는데, 하나는 아래와 같이 object_id 순으로 정렬하고 다른 하나는 dbms_random.value 함수 리턴 값을 이용해 Random하게 정렬한다.

```
create table good_cl_factor
pctfree 0
as
select t.*, lpad('x', 630) x from t
order by object_id;

create table bad_cl_factor
pctfree 0
as
select t.*, lpad('x', 630) x from t
order by dbms_random.value;
```

pctfree를 0으로 설정하고 630 바이트짜리 x 컬럼을 둔 이유는 한 블록에 평균 10개 레코드가 들어가도록 하려는 것이며, 블록 사이즈는 8,192 바이트다. 두 테이블에 통계정보를 수집하고 나서 수행한 아래 쿼리 결과를 참조하기 바란다.

```
SQL> select table_name, num_rows, blocks
  2       , avg_row_len, num_rows/blocks rows_per_block
  3  from   user_tables
  4  where  table_name in ('GOOD_CL_FACTOR', 'BAD_CL_FACTOR');

TABLE_NAME                       NUM_ROWS     BLOCKS AVG_ROW_LEN ROWS_PER_BLOCK
------------------------------ ---------- ---------- ----------- --------------
BAD_CL_FACTOR                      100000      10133         729      9.8687456
GOOD_CL_FACTOR                     100000       9952         729     10.0482315
```

이 두 테이블에 object_id를 기준으로 PK 인덱스를 만들면 good_cl_factor에 생성된 인덱스는 CF가 매우 좋을 것이고, bad_cl_factor에 생성된 인덱스는 CF가 매우 안 좋을 것이다. 아래는 실제 CF를 조회한 결과다.

```
INDEX_NAME                     CL_FACTOR   TAB_BLKS   TAB_ROWS   IND_ROWS
---------------------------- ---------- ---------- ---------- ----------
GOOD_CL_FACTOR_PK                  9809       9952     100000     100000
BAD_CL_FACTOR_PK                  99990      10133     100000     100000
```

테스트를 위한 준비가 다 끝났다. 이제 Loop 내에서 아래 :rows 변수 값을 1부터 100,000까지 일정 크기만큼씩 증가시키면서 각 쿼리의 소요시간을 측정한다. 참고로, 버퍼 히트율에 따라 결과가 왜곡되는 것을 방지하기 위해 쿼리 수행 직전에 매번 버퍼 캐시를 비우면서 측정하였다. 즉, 버퍼 히트율이 가장 안 좋을 때를 기준으로 테스트하려는 것이다.

```
alter system flush buffer_cache;

/** 인덱스 CF가 좋은 경우 */
select /*+ index(t) */ count(object_name)
from   good_cl_factor t
where  object_id between 1 and :rows;

/** 인덱스 CF가 나쁜 경우 */
select /*+ index(t) */ count(object_name)
from   bad_cl_factor t
where  object_id between 1 and :rows;

alter system flush buffer_cache;

/** Table Full Scan 하는 경우 */
select /*+ full(t) */ count(object_name)
from   bad_cl_factor t   -- Full Scan은 어느 쪽 테이블을 이용해도 상관 없음
where  object_id between 1 and :rows;
```

CF가 가장 안 좋은(= 총 레코드 개수에 근접) 인덱스를 이용하니까 그림 1-20에서 보는 것처럼 0.5% 수준에서 손익분기점이 결정되는 것을 볼 수 있다. 즉, 100,000개 레코드 중에서 500개 레코드를 넘는 순간 이미 Full Table Scan에 비해 인덱스 스캔이 더 느려졌다. ('읽은 레코드 건수'는 1,000건까지만 표시했다.)

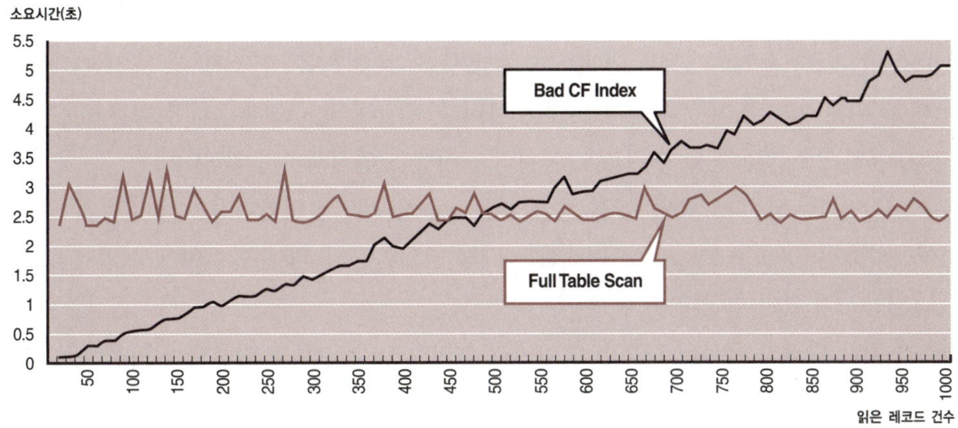

그림 1-20

CF가 가장 좋은(= 총 블록 개수에 근접) 인덱스를 이용하는 경우는 어떨까? 그림 1-21에서 보는 것처럼 100,000개 레코드 중 95,000개 레코드를 넘는 순간에 이르러서야 Full Table Scan보다 느려졌으므로, 손익분기점은 95% 수준에서 결정되었다.

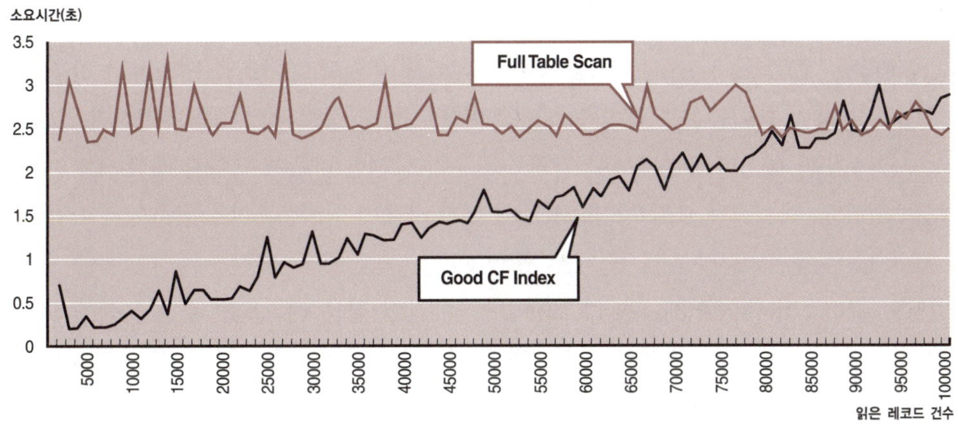

그림 1-21

그림 1-20과 1-21에서 보듯, Full Table Scan 할 때는 CF에 상관없이 양쪽 모두 평균 2.5~3초 수준에 머문다는 사실을 확인하기 바란다.

방금 보았듯이 인덱스 손익분기점은 데이터 상황에 따라 크게 달라지므로 5%, 10%, 20%처럼 정해진 수치 또는 범위를 정해 놓고 인덱스의 효용성을 판단하면 틀리기 쉽다.

오해하지 말 것은, 손익분기점은 인덱스가 항상 좋을 수 없음을 설명하려고 도입한 개념일 뿐 이를 높이기 위해 어떤 조치를 취하라는 것은 아니다. 즉, 테이블 스캔이 항상 나쁜 것은 아니며 바꿔 말해, 인덱스 스캔이 항상 좋은 것도 아니라는 사실을 인식시키기 위함이다.

물론 테이블을 Reorg 함으로써 CF를 좋게 만든다면 인덱스 손익분기점이 높아져 그 인덱스의 효용성이 증가하지만(실사례를 다음 절에서 소개함), 그런 방안은 최후의 수단이어야지 일상적인 튜닝 기법으로 남용하지 말아야 한다.

인덱스가 갖는 한계를 극복하려면 바로 이어서 설명할 DBMS 제공 기능들을 이용하거나 1권 5장에서 설명한 부분범위처리 원리를 적극 활용해야 한다. 인덱스 스캔 비효율이 없도록 잘 구성된 인덱스를 이용해 부분범위처리 방식으로 프로그램을 구현한다면 그 인덱스의 효용성은 100%가 된다. 무조건 인덱스를 사용하는 쪽이 유리하다는 것이다.

손익분기점을 극복하기 위한 기능들

손익분기점 원리에 따르면 선택도가 높은 인덱스는 효용가치가 낮지만 대용량 테이블을 Full Scan 하는 것 역시 비효율이 크다. 그럴 때 오라클이 제공하는 기능들을 잘 활용하면 인덱스의 손익분기점 한계를 극복할 수 있다.

첫 번째 기능은 IOT(Index-Organized Table)로서, 테이블을 인덱스 구조로 생성하는 것을 말한다(6절 1항 그림 1-26 참조). 테이블 자체가 인덱스 구조이므로 항상 정렬된 상태를 유지한다. 그리고 인덱스 리프 블록이 곧 데이터 블록이어서 인덱스를 수직 탐색한 다음에 테이블 레코드를 읽기 위한 추가적인 Random 액세스가 불필요하다. IOT에 대한 자세한 설명은 6절을 참조하기 바란다.

두 번째는 클러스터 테이블(Clustered Table)이다. 키 값이 같은 레코드는 같은 블록에 모이도록 저장(6절 6항 그림 1-36 참조)하기 때문에 클러스터 인덱스를 이용할 때는 테이블 Random 액세스가 키 값별로 한 번씩만 발생한다. 클러스터에 도달해서는 Sequential 방식으로 스캔하기 때문에 넓은 범위를 읽더라도 비효율이 없다. 클러스터에 대한 자세한 설명도 6절을 참조하기 바란다.

인덱스 손익분기점을 극복하기 위한 세 번째 기능은 파티셔닝이다. 읽고자 하는 데이터가 많을 때는 인덱스를 이용하지 않는 편이 낫다고 하지만, 수천만 건에 이르는 테이블을 Full Scan해야 한다면 난감하기 그지없다. 그럴 때, 대량 범위 조건으로 자주 사용되는 컬럼 기준으로 테이블을 파티셔닝한다면 Full Table Scan 하더라도 일부 파티션만 읽고 멈추도록 할 수 있다.

클러스터는 기준 키 값이 같은 레코드를 블록 단위로 모아 놓지만 파티셔닝은 세그먼트 단위로 모아 놓는 점이 다르다. 그림 1-22를 참고하기 바라고, 자세한 내용은 6장에서 설명한다.

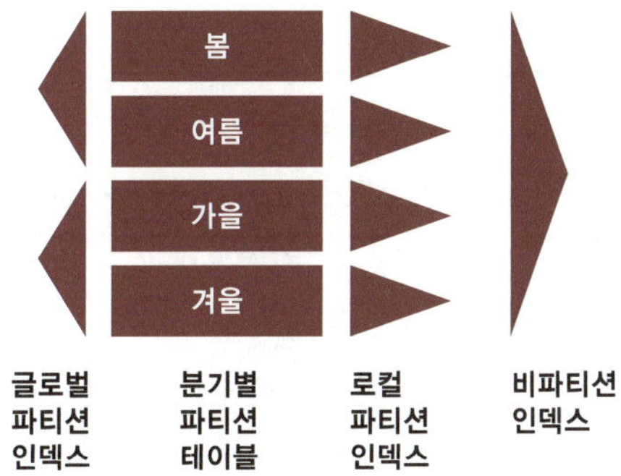

그림 1-22

05 테이블 Random 액세스 최소화 튜닝

4절에서 테이블 Random 액세스에 의한 부하 원리에 대해 자세히 설명하였다. 본 절에서는 테이블 Random 액세스 최소화를 위한 튜닝 방안과 사례를 소개한다.

(1) 인덱스 컬럼 추가

emp 테이블에 현재 PK 이외에 [deptno + job] 순으로 구성된 emp_x01 인덱스 하나만 있는 상태에서 아래 쿼리를 수행하려고 한다.

```
select /*+ index(emp emp_x01) */ *
```

```
from   emp
where  deptno = 30
and    sal >= 2000
```

그림 1-23을 보면 위 조건을 만족하는 사원이 단 한 명뿐인데, 이를 찾기 위해 테이블 액세스는 6번 발생하였다.

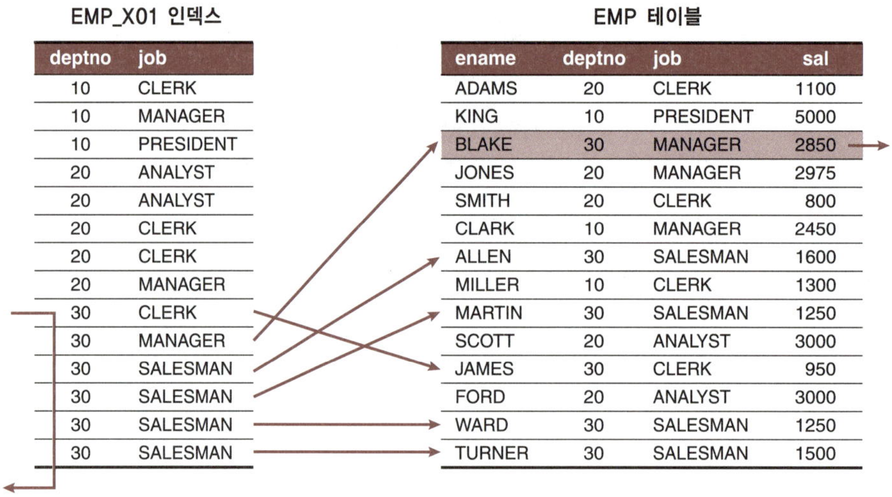

그림 1-23

인덱스 구성을 [deptno + sal] 순으로 바꿔주면 좋겠지만 실 운영 환경에서는 인덱스 구성을 함부로 바꾸기가 쉽지 않다. 기존 인덱스를 사용하는 아래와 같은 SQL이 있을 수 있기 때문이다.

```
select * from emp where deptno = 30 and job = 'CLERK'
```

할 수 없이 인덱스를 새로 만들어야겠지만 이런 식으로 인덱스를 추가해 나가다 보면 테이블마다 인덱스가 수십 개씩 달려 배보다 배꼽이 더 커지게 된다. 인덱스 관리 비용이 증가함은 물론 DML 부하에 따른 트랜잭션 성능 저하가 생길 수 있음을 쉽게 예상할 수 있다.

이럴 때, 그림 1-24처럼 기존 인덱스에 sal 컬럼을 추가하는 것만으로 큰 효과를 거둘 수 있다. 인덱스 스캔량은 줄지 않지만 테이블 Random 액세스 횟수를 줄여주기 때문이다.

EMP_X01 인덱스

deptno	job	sal
10	CLERK	1300
10	MANAGER	2450
10	PRESIDENT	5000
20	ANALYST	3000
20	ANALYST	3000
20	CLERK	800
20	CLERK	1100
20	MANAGER	2975
30	CLERK	950
30	MANAGER	2850
30	SALESMAN	1250
30	SALESMAN	1250
30	SALESMAN	1500
30	SALESMAN	1600

EMP 테이블

ename	deptno	job	sal
ADAMS	20	CLERK	1100
KING	10	PRESIDENT	5000
BLAKE	30	MANAGER	2850
JONES	20	MANAGER	2975
SMITH	20	CLERK	800
CLARK	10	MANAGER	2450
ALLEN	30	SALESMAN	1600
MILLER	10	CLERK	1300
MARTIN	30	SALESMAN	1250
SCOTT	20	ANALYST	3000
JAMES	30	CLERK	950
FORD	20	ANALYST	3000
WARD	30	SALESMAN	1250
TURNER	30	SALESMAN	1500

그림 1-24

인덱스에 컬럼을 추가해 튜닝했던 실제 사례를 살펴보자.

```
select 렌탈관리번호, 고객명, 서비스관리번호, 서비스번호, 예약접수일시
     , 방문국가코드1, 방문국가코드2, 방문국가코드3, 로밍승인번호, 자동로밍여부
from   로밍렌탈
where  서비스번호 like '010%'
and    사용여부 = 'Y'

Call     Count CPU Time Elapsed Time       Disk      Query    Current       Rows
------- ------ -------- ------------ ---------- ---------- ---------- ----------
Parse        1    0.010        0.012          0          0          0          0
Execute      1    0.000        0.000          0          0          0          0
Fetch       78   10.150       49.199      27830     266968          0       1909
------- ------ -------- ------------ ---------- ---------- ---------- ----------
Total       80   10.160       49.211      27830     266968          0       1909

Rows    Row Source Operation
------- ---------------------------------------------------------------------
   1909   TABLE ACCESS BY INDEX ROWID 로밍렌탈 (cr=266968 pr=27830 pw=0 time= …)
 266476    INDEX RANGE SCAN 로밍렌탈_N2 (cr=1011 pr=900 pw=0 time=1893462 us)OF …
```

위 SQL을 위해 '서비스번호' 하나로 구성된 단일 컬럼 인덱스(로밍렌탈_N2)가 사용됐는데, 테이블을 액세스하는 단계에서만 265,957(=266,968-1,011)개의 블록 I/O가 발생했고 이는 전체 I/O의

99.6%를 차지하는 양이다. 총 소요시간은 데이터베이스 구간에서만 49초에 이른다.

테이블을 총 266,476번(인덱스 스캔 단계 출력 개수) 방문하는 동안 블록 I/O가 265,957개 발생한 것을 보면, 인덱스 클러스터링 팩터가 아주 안 좋은 상태인 것도 알 수 있다. 데이터량이 워낙 많다 보니 서비스번호 조건을 만족하는 데이터가 뿔뿔이 흩어져 있는 것이다.

클러스터링 팩터가 나빠 Random I/O가 평균 이상으로 많이 발생하는 현상은 테이블을 Reorg 하지 않는 한 어쩔 수 없다. 문제는 테이블을 총 266,476번 방문했지만 최종 결과집합이 1,909건(테이블 액세스 단계 출력 건수)뿐이라는 데에 있다. 테이블을 방문하고서 사용여부 = 'Y' 조건을 체크하는 과정에서 대부분 버려진 것이다.

아래는 로밍렌탈_N2 인덱스에 '사용여부' 컬럼을 추가하고 나서의 SQL 트레이스 결과다.

```
Call     Count CPU Time Elapsed Time       Disk      Query    Current       Rows
------- ------ -------- ------------ ---------- ---------- ---------- ----------
Parse        1    0.000        0.001          0          0          0          0
Execute      1    0.000        0.000          0          0          0          0
Fetch       78    0.140        0.154          0       2902          0       1909
------- ------ -------- ------------ ---------- ---------- ---------- ----------
Total       80    0.140        0.156          0       2902          0       1909

Rows     Row Source Operation
-------  ---------------------------------------------------
   1909   TABLE ACCESS BY INDEX ROWID 로밍렌탈 (cr=2902 pr=0 pw=0 time= … )
   1909    INDEX RANGE SCAN 로밍렌탈_N2 (cr=1001 pr=0 pw=0 time=198557 us)OF …
```

테이블을 1,909번 방문했지만 모두 결과집합에 포함되었으므로 비효율은 전혀 없다.

(2) PK 인덱스에 컬럼 추가

단일 테이블을 PK로 액세스할 때는 단 한 건만 조회하는 것이므로 테이블 Random 액세스도 단 1회 발생한다. 하지만 NL 조인할 때 Inner쪽(=right side)에서 액세스될 때는 Random 액세스 부하가 만만치 않다. 특히 Outer 테이블에서 Inner 테이블 쪽으로 조인 액세스가 많은 상황에서 Inner 쪽 필터 조건에 의해 버려지는 레코드가 많다면 그 비효율은 매우 심각한 것일 수 있다.

아래 쿼리는 emp를 기준으로 NL 조인하고, 조인에 성공한 14건 중 loc = 'NEW YORK' 인 레코드만 취하므로 최종 결과집합은 3건뿐이다.

```
select /*+ ordered use_nl(d) */ *
from   emp e, dept d
where  d.deptno = e.deptno
and    d.loc = 'NEW YORK'

Rows     Row Source Operation
-------  ---------------------------------------------------
      3  NESTED LOOPS  (cr=25 pr=0 pw=0 time=422 us)
     14   TABLE ACCESS FULL EMP (cr=8 pr=0 pw=0 time=139 us)
      3   TABLE ACCESS BY INDEX ROWID DEPT (cr=17 pr=0 pw=0 time=568 us)
     14    INDEX UNIQUE SCAN DEPT_PK (cr=3 pr=0 pw=0 time=255 us)
```

dept_pk 인덱스에 loc 컬럼을 추가하면 불필요한 11번의 Random 액세스를 없앨 수 있지만 PK 인덱스에는 컬럼을 추가할 수가 없다. 그러다 보니 [PK 컬럼 + 필터조건 컬럼] 형태의 새로운 Non-Unique 인덱스를 추가하는 경우가 종종 있다. 그럴 때 Non-Unique 인덱스를 이용해 PK 제약을 설정한다면 인덱스 개수를 줄일 수 있다.

PK 제약에는 중복 값 확인을 위한 인덱스가 반드시 필요하다. 인덱스가 없다면 값이 입력될 때마다 테이블 전체를 읽어 중복 값 존재 여부를 체크해야 하기 때문이다. 하지만 중복 체크를 위해 반드시 Unique 인덱스가 필요한 것은 아니며, Non-Unique 인덱스로도 가능하다. Non-Unique 인덱스를 이용하면 중복 여부를 체크할 때 one-plus 스캔이 발생하는 약간의 비효율이 있기는 하지만 무시할 만하다.

PK 제약을 위해 Non-Unique 인덱스를 사용하도록 하는 방법은 다음과 같다.

```
alter table dept drop primary key;

create index dept_x01 on dept(deptno, loc);

alter table dept add
constraint dept_pk primary key(deptno) using index dept_x01;
```

아래는 위와 같이 PK 제약과 인덱스를 다시 만들고 나서 SQL을 다시 수행했을 때의 트레이스 결과다. 조인에 성공하고서 필터 조건 체크까지 완료된 3건만 dept 테이블을 액세스하였다.

```
Rows     Row Source Operation
-------  ---------------------------------------------------
```

```
   3  TABLE ACCESS BY INDEX ROWID DEPT (cr=14 pr=0 pw=0 time=302 us)
  18   NESTED LOOPS  (cr=12 pr=0 pw=0 time=1483 us)
  14    TABLE ACCESS FULL EMP (cr=8 pr=0 pw=0 time=145 us)
   3    INDEX RANGE SCAN DEPT_X01 (cr=4 pr=0 pw=0 time=220 us)
```

참고로, PK 제약을 위해 사용되는 인덱스는 PK 제약 순서와 서로 일치하지 않아도 상관없다. 중복 값 유무를 체크하는 용도이므로 PK 제약 컬럼들이 선두에 있기만 하면 된다. 예를 들어, PK 제약 컬럼 구성이 [고객번호, 상품번호, 거래일자]일 때 아래 1~3번 인덱스는 PK 제약을 위해 사용될 수 있지만 4와 같은 구성은 허용되지 않는다. 4와 같은 구성으로도 중복 값 유무를 확인할 수는 있지만 비효율적이기 때문에 허용하지 않는 것이다.

1. 거래일자 + 고객번호 + 상품번호
2. 상품번호 + 거래일자 + 고객번호 + 거래구분
3. 고객번호 + 거래일자 + 상품번호 + 매체구분 + 거래구분
4. 고객번호 + 상품번호 + 거래구분 + 거래일자

(3) 컬럼 추가에 따른 클러스터링 팩터 변화

인덱스에 컬럼을 추가함으로써 테이블 Random 액세스 부하를 줄이는 효과가 있지만 인덱스 클러스터링 팩터가 나빠지는 부작용을 초래할 수도 있다.

테스트를 위해 아래와 같이 테이블과 인덱스를 생성해 보자(스크립트 ch1_06.txt 참조).

```
SQL> create table t
  2  as
  3  select * from all_objects
  4  order by object_type ;

SQL> create index t_idx on t(object_type);

SQL> exec dbms_stats.gather_table_stats(user, 't');  ➜ 통계정보 수집

SQL> @cl_factor  ➜ 클러스터링 팩터를 조회하는 스크립트

INDEX_NAME                CL_FACTOR      TAB_BLKS        TAB_ROWS
----------------- -------------- ------------ --------------
```

```
T_IDX                          689           709          50,137
```

클러스터링 팩터가 매우 좋은 상태임을 알 수 있다. 이 인덱스를 경유해 테이블을 액세스할 때 실제 블록 I/O가 얼마나 발생하는지 확인해 보자.

```
select /*+ index(t t_idx) */ count(object_name), count(owner) from t
where  object_type > ' '

Rows     Row Source Operation
-------  ---------------------------------------------------
      1  SORT AGGREGATE (cr=829 pr=0 pw=0 time=37213 us)
  50137   TABLE ACCESS BY INDEX ROWID T (cr=829 pr=0 pw=0 time=752094 us)
  50137    INDEX RANGE SCAN T_IDX (cr=140 pr=0 pw=0 time=151867 us)
```

object_name과 owner는 null 허용 컬럼이므로 이를 읽으려고 테이블을 50,137번 방문하지만 다행히 블록 I/O는 689(=829-140)회만 발생하였다. 인덱스 클러스터링 팩터가 좋기 때문이다.

object_type과 object_name 두 조건으로 조회하는 또 다른 쿼리가 있어 성능 향상을 위해 아래와 같이 t_idx 인덱스에 object_name을 추가하기로 했다고 하자.

```
SQL> drop index t_idx;

SQL> create index t_idx on t(object_type, object_name);

-- 참고로, 10g부터는 인덱스를 생성할 때 통계정보가 자동 수집됨
SQL> exec dbms_stats.gather_index_stats(user, 't_idx');

SQL> @cl_factor

INDEX_NAME              CL_FACTOR     TAB_BLKS       TAB_ROWS
----------------- -------------- ------------ --------------
T_IDX                      33,843          709         50,137
```

그런데 컬럼을 추가하고 나니 인덱스 클러스터링 팩터가 689에서 33,843로 나빠졌다. 이유가 무엇일까?

1절에서 설명한 바와 같이 인덱스 내에서 키 값이 같은 레코드는 rowid 순으로 정렬된다. 그런데 여기에 변별력이 좋은 object_name 같은 컬럼을 추가하면 rowid 이전에 object_name 순으로

정렬되므로 클러스터링 팩터를 나쁘게 만드는 요인으로 작용한다.

실제 성능이 나빠지는지 확인하기 위해 앞서 수행한 SQL을 다시 수행해 보자. 참고로, object_name 컬럼이 추가되었으므로 count(object_name)을 위해서라면 테이블을 방문할 필요가 없지만 count(owner) 때문에 여전히 테이블을 방문해야만 한다.

```
Rows     Row Source Operation
-------  ---------------------------------------------------
      1  SORT AGGREGATE (cr=34153 pr=0 pw=0 time=148645 us)
  50137   TABLE ACCESS BY INDEX ROWID T (cr=34153 pr=0 pw=0 time=1052952 us)
  50137    INDEX RANGE SCAN T_IDX (cr=310 pr=0 pw=0 time=252653 us)
```

인덱스에 컬럼을 추가했더니 기존에 사용하던 쿼리 성능이 매우 나빠진 것을 볼 수 있다. 인덱스 스캔 단계에서의 블록 I/O 횟수가 140에서 310으로 증가하였고, 테이블 Random 액세스 단계에서의 블록 I/O 횟수는 689(=829-140)에서 33,843(=34,153-310)으로 증가하였다.

결론적으로, object_type처럼 변별력이 좋지 않은 컬럼 뒤에 변별력이 좋은 다른 컬럼을 추가할 때는 클러스터링 팩터 변화에 주의를 기울여야 한다.

(4) 인덱스만 읽고 처리

테이블을 액세스하고서 필터 조건에 의해 버려지는 레코드가 많을 때, 인덱스에 컬럼을 추가함으로써 얻는 성능 효과를 살펴보았다. 그런데 테이블 Random 액세스가 아무리 많더라도 필터 조건에 의해 버려지는 레코드가 거의 없다면 거기에 비효율은 없다. 이때는 어떻게 튜닝해야 할까?

이때는 아예 테이블 액세스가 발생하지 않도록 모든 필요한 컬럼을 인덱스에 포함시키는 방법을 고려해 볼 수 있다. MS-SQL Server에서 사용하는 용어긴 하지만 그런 인덱스를 'Covered 인덱스'라 부르고, 인덱스만 읽고 처리하는 쿼리를 'Covered 쿼리'라고 한다.

사례 1

아래 SQL 트레이스 결과를 보자.

```
Call     Count CPU Time Elapsed Time       Disk      Query    Current       Rows
------- ------ -------- ------------ ---------- ---------- ---------- ----------
Parse        1    0.050        0.048          0          4          0          0
Execute      1    0.000        0.000          0          0          0          0
```

```
Fetch        2   11.130       31.320      10358      630340          0          7
------- ------ -------- ------------ ---------- ---------- ---------- ----------
Total        4   11.180       31.369      10358      630344          0          7

Rows    Row Source Operation
------  ---------------------------------------------------
     1  INDEX RANGE SCAN COMM_CD_DTL_N2 (cr=2 pr=0 pw=0 time=52 us)
     7  SORT AGGREGATE (cr=623531 pr=10321 pw=0 time=30855289 us)
707236   PARTITION RANGE ALL PARTITION (cr=623531 pr=10321 pw=0 time= …)
707236    PARTITION LIST SINGLE PARTITION (cr=623531 pr=10321 pw=0 …)
707236     TABLE ACCESS BY LOCAL INDEX ROWID CMPGN_OBJ_CUST (cr=623531 pr=10321 …)
707236      INDEX RANGE SCAN CMPGN_OBJ_CUST_N1 PARTITION (cr=10652 pr=6737 pw=0 …)
     7  SORT AGGREGATE (cr=6773 pr=36 pw=0 time=450888 us)
  6757   PARTITION RANGE ALL PARTITION (cr=6773 pr=36 pw=0 time=107785 us)
  6757    PARTITION LIST SINGLE PARTITION (cr=6773 pr=36 pw=0 time= …)
  6757     TABLE ACCESS BY LOCAL INDEX ROWID CMPGN_OBJ_CUST PARTITION (cr=6773 … )
  6757      INDEX RANGE SCAN CMPGN_OBJ_CUST_N1 PARTITION (cr=196 pr=36 …)
     7  SORT ORDER BY (cr=630340 pr=10358 pw=0 time=31320373 us)
     7   NESTED LOOPS  (cr=34 pr=1 pw=0 time=13577 us)
     7    NESTED LOOPS OUTER (cr=18 pr=1 pw=0 time=13070 us)
     7     NESTED LOOPS  (cr=8 pr=0 pw=0 time=706 us)
     1      INDEX RANGE SCAN CONT_CHNL_LST_N1 (cr=1 pr=0 pw=0 time=35 us)
     7      TABLE ACCESS BY INDEX ROWID CMPGN_SCHD (cr=7 pr=0 pw=0 time= … )
    12       INDEX RANGE SCAN CMPGN_SCHD_N1 (cr=2 pr=0 pw=0 time=55 us)
     1     TABLE ACCESS BY INDEX ROWID ASGN_COND (cr=10 pr=1 pw=0 time=12216 us)
     1      INDEX UNIQUE SCAN ASGN_COND_PK (cr=9 pr=0 pw=0 time=244 us)O
     7    TABLE ACCESS BY INDEX ROWID CMPGN_BRIEF (cr=16 pr=0 pw=0 time= …)
     7     INDEX UNIQUE SCAN CMPGN_BRIEF_PK (cr=9 pr=0 pw=0 time=238 us)
```

SQL을 보지 않더라도 어느 부분에서 비효율이 발생하는지 알 수 있다. 총 63만개 블록 I/O가 발생했는데, 그 중 98.9%가 위쪽 cmpgn_obj_cust 테이블을 액세스하는 단계(밑줄 친 부분)에서 발생하고 있다. 실제 SQL문을 확인해 보자.

```
select * from (
  select …
        ,(select /*+ index (cmpgn_obj_cust cmpgn_obj_cust_n1) */
                 count(cmpgn_obj_num)
          from   cmpgn_obj_cust
          where  cmpgn_num = zcs.cmpgn_num
          and    strtgy_ts = zcs.strtgy_ts
          and    cont_chnl_cd = zcs.cont_chnl_cd
```

```
          and     cont_rslt_cl_cd is null
          and     csr_id is not null
          and     asgn_yn = 'Y') as utry_cnt
          ...
from      cmpgn_brief zcb
        , cmpgn_schd zcs
        , asgn_cond zac
  where   zcs.eff_end_dtm = '99991231235959'
  and     zcs.cont_chnl_cd in (select cont_chnl_cd
                               from   cont_chnl_lst
                               where  sale_org_id = 'B101010000')
  and     zcs.asgn_oper_yn = 'Y'
  and     to_char(sysdate, 'yyyymmdd') between zcs.exec_sta_dt and zcs.exec_end_dt
  and     zcs.dialing_mode_st_cd = 'V'
  and     zcb.cmpgn_num     = zcs.cmpgn_num
  and     zcb.cmpgn_st_cd in ('ST207', 'ST310')
  and     zac.cmpgn_num(+) = zcs.cmpgn_num
  and     zac.strtgy_ts(+) = zcs.strtgy_ts
  and     zac.cont_chnl_cd(+) = zcs.cont_chnl_cd
   ) zcs_1
where    (zcs_1.utry_cnt > 0) or (zcs_1.retry_cnt  > 0)
order by zcs_1.exec_sta_dt desc
```

라인 수를 줄이기 위해 쿼리 중 일부 내용을 생략하긴 했지만 트레이스에서 부하 지점으로 확인된 부분(밑줄 친 부분)은 위에서 세 번째 줄 이하 스칼라 서브쿼리와 관련 있다.

이 스칼라 서브쿼리를 위해 사용된 기존 인덱스 구성은 다음과 같다.

```
cmpgn_obj_cust_n1 : cmpgn_num + strtgy_ts + cont_chnl_cd
                  + cont_rslt_cl_cd + exec_end_dt + csr_id
```

스칼라 서브쿼리에 사용된 조건절 컬럼 중 asgn_yn만 빼고 모두 인덱스에 포함돼 있다. asgn_yn = 'Y' 조건에 의해 최종적으로 버려지는 레코드는 하나도 없었지만(즉, 비효율은 없지만) 이 값을 체크하기 위한 테이블 Random 액세스 부하가 심각하다.

기존 인덱스가 이미 6개 컬럼으로 이루어졌지만 테이블 Random 액세스가 전혀 발생하지 않도록 뒤쪽에 asgn_yn 컬럼을 하나 더 추가해 보았다.(참고로, select-list에서 count 함수에 사용된 cmpgn_obj_num 컬럼도 인덱스 구성에 포함되지 않았지만 not null 제약이 설정돼 있었다. 따라서 이 컬럼을 읽으려고 테이블을 액세스하지는 않으므로 인덱스 구성에 포함시키지 않아도 된다.)

```
Call      Count CPU Time Elapsed Time       Disk      Query    Current       Rows
------- ------ -------- ------------ ---------- ---------- ---------- ----------
Parse        1    0.050        0.045          0          4          0          0
Execute      1    0.000        0.000          0          0          0          0
Fetch        2    0.680        0.951         12      10883          0          7
------- ------ -------- ------------ ---------- ---------- ---------- ----------
Total        4    0.730        0.996         12      10887          0          7

Rows     Row Source Operation
------   ---------------------------------------------------
     1   INDEX RANGE SCAN COMM_CD_DTL_N2 (cr=2 pr=0 pw=0 time=34 us)
     7   SORT AGGREGATE (cr=10651 pr=11 pw=0 time=894540 us)
707098    PARTITION RANGE ALL PARTITION (cr=10651 pr=11 pw=0 time=708943 us)
707098     PARTITION LIST SINGLE PARTITION (cr=10651 pr=11 pw=0 time= …)
707098      INDEX RANGE SCAN CMPGN_OBJ_CUST_N1 PARTITION (cr=10651 pr=11 pw=0 …)
     7   SORT AGGREGATE (cr=196 pr=1 pw=0 time=55264 us)
  6790    PARTITION RANGE ALL PARTITION (cr=196 pr=1 pw=0 time=129616 us)
  6790     PARTITION LIST SINGLE PARTITION (cr=196 pr=1 pw=0 time= …)
  6790      INDEX RANGE SCAN CMPGN_OBJ_CUST_N1 PARTITION: KEY KEY (cr=196 pr=1 … )
     7   SORT ORDER BY (cr=10883 pr=12 pw=0 time=951229 us)
     7    NESTED LOOPS  (cr=34 pr=0 pw=0 time=1372 us)
     7     NESTED LOOPS OUTER (cr=18 pr=0 pw=0 time=903 us)

  ……    이하는 전과 동일
```

612,879(=623,531-10,652)번이나 Random I/O를 발생시키던 cmpgn_obj_cust 테이블 액세스 단계가 사라졌다. 당연히 총 블록 I/O 개수도 630,344에서 10,887개로 줄었고, 소요시간도 31초에서 0.996초로 감소하였다.

사례2

사례를 하나 더 살펴보자. 아래는 모 통신 회사에서 관리하는 전체 서비스번호 중에서 신규 가입자를 위해 사용 가능한 번호를 조회하는 쿼리로서, 전국 대리점을 통해 가장 빈번하게 수행되는 쿼리 중 하나다.

```
select  *
from (select 식별번호 || 국번호 || 라인번호 as 서비스번호, 번호사용코드
```

```
            , 번호구분코드, 관리조직id, 사용자id
            , decode(선호번호여부,'Y','예','N','아니오','') 선호번호여부
      from    서비스번호
      where   식별번호 = :식별번호
      and     라인번호 between :라인시작번호 and :라인종료번호
      and     번호상태코드 = 'AV'
      and     번호사용코드 = :번호사용코드
      and     번호구분코드 = :번호구분코드
      and     선호번호여부 = :선호번호여부
      order by 서비스번호)
where rownum <= 500
```

바인드 변수에는 값이 아래와 같이 입력되는데, 식별번호(전화번호 앞 3자리)가 '010' 이면서 라인번호(가입자개별번호, 전화번호 끝 4자리)가 2000~5000 구간에 속하는, 사용 가능한 국번호(전화번호 중간 3~4자리)를 조회하려는 것이다.

```
:식별번호       = '010'
:라인시작번호   = '2000'
:라인종료번호   = '5000'
:번호사용코드   = '01'
:번호구분코드   = 'D
:선호번호여부   = 'N'
```

이 쿼리를 위해 사용된 인덱스 구성은 다음과 같다.

```
서비스번호_N4 : 식별번호 + 번호상태코드 + 번호사용코드 + 라인번호
              + 선호번호여부 + 번호구분코드
```

아래는 위와 같이 값을 입력하고서 실행했을 때의 트레이스 결과다.

```
Call     Count CPU Time Elapsed Time       Disk      Query    Current       Rows
------- ------ -------- ------------ ---------- ---------- ---------- ----------
Parse        1    0.010        0.011          0          0          0          0
Execute      1    0.020        0.018          0          2          0          0
Fetch       21   18.780       96.381      11948     692666          0        500
------- ------ -------- ------------ ---------- ---------- ---------- ----------
Total       23   18.810       96.410      11948     692668          0        500
```

```
Rows     Row Source Operation
-------  ---------------------------------------------------
      0  STATEMENT
    500   COUNT STOPKEY (cr=692666 pr=11948 pw=0 time=96380650 us)
    500    VIEW  (cr=692666 pr=11948 pw=0 time=96380140 us)
    500     SORT ORDER BY STOPKEY (cr=692666 pr=11948 pw=0 time=96379630 us)
 691237      FILTER  (cr=692666 pr=11948 pw=0 time=65667547 us)
 691237       TABLE ACCESS BY INDEX ROWID 서비스번호 (cr=692666 pr=11948 pw=0 …)
 691237        INDEX RANGE SCAN 서비스번호_N4 (cr=7223 pr=3731 pw=0 time= …)
```

rownum 조건 때문에 최종 결과건수는 500건에 불과한데도 69만개 블록을 읽으면서 1분 36초가 소요되었다.

인덱스가 이미 6개 컬럼으로 구성돼 있지만 어쩔 수 없다. 워낙 자주 사용되는 쿼리이므로 서비스번호_N4 인덱스 뒤쪽에 아래처럼 3개 컬럼을 추가하기로 결정하였다.

```
서비스번호_N4 : 식별번호 + 번호상태코드 + 번호사용코드 + 라인번호
              + 선호번호여부 + 번호구분코드 + 국번호 + 관리조직ID + 사용자ID
```

아래는 인덱스를 다시 생성하고서 같은 SQL을 수행한 결과다.

```
Call     Count CPU Time Elapsed Time       Disk      Query    Current       Rows
------- ------ -------- ------------ ---------- ---------- ---------- ----------
Parse        1    0.000        0.000          0          0          0          0
Execute      1    0.000        0.000          0          0          0          0
Fetch       21    1.700        1.728          0       7223          0        500
------- ------ -------- ------------ ---------- ---------- ---------- ----------
Total       23    1.700        1.728          0       7223          0        500

Rows     Row Source Operation
-------  ---------------------------------------------------
      0  STATEMENT
    500   COUNT STOPKEY (cr=7223 pr=0 pw=0 time=1727339 us)
    500    VIEW  (cr=7223 pr=0 pw=0 time=1726826 us)
    500     SORT ORDER BY STOPKEY (cr=7223 pr=0 pw=0 time=1726816 us)
 691237      FILTER  (cr=7223 pr=0 pw=0 time=1381986 us)
 691237       INDEX RANGE SCAN 서비스번호_N4 (cr=7223 pr=0 pw=0 time=691026 us)
```

인덱스 컬럼이 많아지면 그만큼 DML 속도가 느려지는 측면이 있지만 위에서처럼 사용빈도를

감안해서 결정한 것이라면 잃는 것보다 얻는 것이 많다.

참고로, 쿼리를 아래와 같이 구사한다면 인덱스 컬럼을 세 개가 아니라 '국번호' 하나만 추가하고도 튜닝이 가능하다. 국번호는 order by 조건에 포함되는 컬럼이므로 반드시 추가해야 하는 반면, 관리조직ID와 사용자ID는 참조정보이므로 최종 출력 건에 대해서만 읽으면 되기 때문이다.

```
select /*+ ordered use_nl(b) no_merge(a) rowid(b) */
       b.식별번호 || b.국번호 || b.라인번호 서비스번호
     , b.번호사용코드, b.번호구분코드, b.관리조직id, b.사용자id
     , decode(b.선호번호여부,'Y','예','N','아니오','') 선호번호여부
from (select rowid rid
      from   서비스번호
      where  식별번호 = :식별번호
      and    라인번호 between :라인시작번호 and :라인종료번호
      and    번호상태코드 = 'AV'
      and    번호사용코드 = :번호사용코드
      and    번호구분코드 = :번호구분코드
      and    선호번호여부 = :선호번호여부
      order by 식별번호 || 국번호 || 라인번호) a, 서비스번호 b
where b.rowid = a.rid
and   rownum <= 500
```

대신 이 방식을 사용하면 최종 500건(rownum <= 500)에 대해 본 테이블과 rowid를 이용한 NL 조인이 발생하므로 인덱스를 3개 추가할 때보다 500개의 추가적인 Random I/O가 발생할 것이다. 지금 소개한 사례 2는 사용 빈도가 워낙 높은 쿼리여서 이 500개의 추가적인 Random I/O마저도 줄이려고 인덱스 컬럼을 3개 추가하는 방식으로 최종 결정하였다.

(5) 버퍼 Pinning 효과 활용

오라클의 경우, 한번 입력된 테이블 레코드는 절대 rowid가 바뀌지 않는다. 즉, 레코드 이동이 발생하지 않는다. 따라서 아래와 같이 미리 알고 있던 테이블 rowid 값을 이용해 레코드를 조회하는 것이 가능하다. 해당 레코드가 지워지지만 않는다면 말이다.

```
select * from emp where rowid = :rid
```

실행계획상에는 'Table Access By Index ROWID' 대신 아래와 같이 'Table Access By User

ROWID' 라고 표시된다.

```
Execution Plan
---------------------------------------------------------------------------
0      SELECT STATEMENT Optimizer=ALL_ROWS (Cost=1 Card=1 Bytes=37)
1   0    TABLE ACCESS (BY USER ROWID) OF 'EMP' (TABLE) (Cost=1 Card=1 … )
```

미리 알고 있던 rowid 값이 아니더라도 아래처럼 인라인 뷰에서 읽은 rowid 값을 이용해 테이블을 액세스하는 것도 가능하다.

```
select /*+ ordered use_nl(b) rowid(b) */ b.*
from   (select /*+ index(emp emp_pk) no_merge */ rowid rid
        from emp
        order by rowid) a, emp b
where   b.rowid = a.rid

Execution Plan
---------------------------------------------------------------------------
0      SELECT STATEMENT Optimizer=ALL_ROWS (Cost=16 Card=14 Bytes=686)
1   0    NESTED LOOPS (Cost=16 Card=14 Bytes=686)
2   1      VIEW (Cost=2 Card=14 Bytes=168)
3   2        SORT (ORDER BY) (Cost=2 Card=14 Bytes=168)
4   3          INDEX (FULL SCAN) OF 'EMP_PK' (INDEX (UNIQUE)) (Cost=1 … )
5   1      TABLE ACCESS (BY USER ROWID) OF 'EMP' (TABLE) (Cost=1 Card=1 … )
```

위 쿼리는 emp_pk 인덱스 전체를 스캔해 얻은 레코드를 rowid 순으로 정렬한 다음(→ 이 중간집합의 CF는 가장 완벽하게 좋은 상태가 됨) 한 건씩 순차적으로(→ NL 조인 방식) emp 테이블을 액세스하고 있는데, 여기서 재미있는 상상을 해 볼 수 있다. 만약 위처럼 User ROWID에 의한 테이블 액세스 시에도 버퍼 Pinning 효과가 나타난다면 어떨까?

Random 액세스 비효율은 한 건을 읽기 위해 블록을 통째로 읽기 때문에 발생하는 것인데, 위와 같은 쿼리에 버퍼 Pinning 효과까지 나타난다면 한 번 액세스로 블록 안에 있는 모든 레코드를 다 읽어 들이는 셈이 된다. CF가 가장 좋을 때 인덱스 손익분기점이 90% 이상에서 결정(그림 1-21 참조)되는 것도 그 때문이었다.

따라서 그런 효과가 나타나기만 한다면 인덱스를 통해 아무리 많은 테이블 레코드를 액세스하더라도 Random 액세스에 의한 (I/O 측면에서의) 비효율은 거의 존재하지 않게 되고, SQL 튜닝 시 가장 자주 사용되는 기법 중 하나가 될 것이다.

아래와 같이 1,000번 복제한 emp 테이블을 이용해 테스트해 보자.

```
create table emp
as
select * from scott.emp, (select rownum no from dual connect by level <= 1000)
order by dbms_random.value ;

alter table emp add constraint emp_pk primary key(no, empno);
```

아래 결과에서 보듯 10g에선 버퍼 Pinning 효과가 나타나지 않는다.

```
Rows     Row Source Operation
-------  ---------------------------------------------------
  14000  NESTED LOOPS  (cr=14036 pr=0 pw=0 time=453249 us)
  14000   VIEW  (cr=36 pr=0 pw=0 time=131234 us)
  14000    SORT ORDER BY (cr=36 pr=0 pw=0 time=47229 us)
  14000     INDEX FULL SCAN EMP_PK (cr=36 pr=0 pw=0 time=42015 us)
  14000   TABLE ACCESS BY USER ROWID EMP (cr=14000 pr=0 pw=0 time=169445 us)
```

반갑게도 11g에선 우리가 기대했던 버퍼 Pinning 효과가 나타난다. 아래 결과를 확인하기 바란다.

```
Rows     Row Source Operation
-------  ---------------------------------------------------
  14000  NESTED LOOPS  (cr=140 pr=0 pw=0 time=2316 us cost=14767 size=1816972 … )
  14000   VIEW  (cr=36 pr=0 pw=0 time=652 us cost=109 size=175836 card=14653)
  14000    SORT ORDER BY (cr=36 pr=0 pw=0 time=237 us cost=109 size=175836 … )
  14000     INDEX FULL SCAN EMP_PK (cr=36 pr=0 pw=0 time=220 us cost=37 … )
  14000   TABLE ACCESS BY USER ROWID EMP (cr=104 pr=0 pw=0 time=0 us cost=1 … )
```

참고로, 위와 같은 방식의 테이블 액세스는 DB2에서 사용하는 테이블 블록 Prefetch 원리이기도 하다. 자세한 설명은 1권 457 페이지를 참조하기 바란다.

(6) 수동으로 클러스터링 팩터 높이기

테이블에는 데이터가 무작위로 입력되는 반면, 그것을 가리키는 인덱스는 정해진 키(key) 순으로 정렬되기 때문에 대개 CF가 좋지 않게 마련이다. CF가 나쁜 인덱스를 이용해 많은 양의 데이터를 읽어야 할 때, SQL 튜닝이 가장 어렵다.

그럴 때, 해당 인덱스 기준으로 테이블을 재생성함으로써 CF를 인위적으로 좋게 만드는 방법을 생각해 볼 수 있고, 실제 해 보면 그 효과가 매우 극적이다.

주의할 것은, 인덱스가 여러 개인 상황에서 특정 인덱스를 기준으로 테이블을 재정렬하면 다른 인덱스의 CF가 나빠질 수 있다는 점이다. 다행히 두 인덱스 키 컬럼 간에 상관관계가 높다면(예를 들어, 직급과 급여) 두 개 이상 인덱스의 CF가 동시에 좋아질 수 있지만 그런 경우가 아니라면 CF가 좋은 인덱스는 테이블당 하나뿐이다.

따라서 인위적으로 CF를 높일 목적으로 테이블을 Reorg 할 때는 가장 자주 사용되는 인덱스를 기준으로 삼아야 하며, 혹시 다른 인덱스를 사용하는 중요한 쿼리 성능에 나쁜 영향을 주지 않는지 반드시 체크해 봐야 한다.

그리고 이 방법을 주기적으로 수행해야 한다면 데이터베이스 관리 비용이 증가하므로 테이블과 인덱스를 Rebuild하는 부담이 적고 효과가 확실할 때만 사용하는 것이 바람직하다.

필자가 이 방법을 사용해 별다른 부작용 없이 큰 효과를 보았던 사례를 하나 소개하려고 한다. 아래는 상품거래 테이블에 생성된 4개 인덱스의 컬럼 구성이다.

```
상품거래_PK  : 상품번호 + 거래번호 + 시장구분코드 + 매매방법구분코드 + 거래일자
상품거래_X01 : 상품번호 + 거래시각 + 거래유형코드
상품거래_X02 : 매도고객번호 + 상품번호 + 거래시각
상품거래_X03 : 매수고객번호 + 상품번호 + 거래시각
```

그리고 각 인덱스의 CF를 조사해 보니 아래와 같았다.

```
인덱스명                CL_FACTOR     TAB_BLKS        TAB_ROWS  RATIO
------------------ -------------- ------------ -------------- ------
상품거래_PK           828,719,556   85,753,629  1,780,320,000    47%
상품거래_X01          866,183,444   85,753,629  1,780,320,000    49%
상품거래_X02        1,347,355,789   85,753,629  1,780,320,000    76%
상품거래_X03        1,028,188,086   85,753,629  1,780,320,000    58%
```

가장 빈번하게 사용되는 상품거래_PK 인덱스의 CF는 8억 2천만으로서, 총 테이블 건수 17억 8천만에 대한 Ratio(=cl_factor/tab_rows x 100)가 47%이므로 평균적으로 두 개 레코드를 읽을 때마다

Random I/O가 한 번씩 일어나게 됨을 알 수 있다.

상품거래 테이블은 이 회사에서 가장 많이 조회가 일어나는 테이블이다. 조회뿐만 아니라 레코드 건수에서 알 수 있듯이 하루에만 수 백만 개 레코드가 입력되는 초대용량 테이블이다. 그래서 조회 성능과 관리의 편의성을 위해 거래일자 기준으로 일 단위 파티셔닝까지 돼 있는 상태다. (X01~X03 인덱스에 거래일자 컬럼을 두지 않은 이유다.)

문제는, 대부분 쿼리들이 상품번호를 기준으로 조회한다는 데에 있다. 이 테이블에는 거래가 일어나는 순서대로 데이터가 입력되므로 그림 1-25처럼 상품번호를 선두 키로 갖는 PK와 X01 인덱스 기준으로는 데이터가 흩어지게 마련이다. 더구나 이 회사는 관리하는 상품 개수가 많지 않은 대신 상품번호별로 하루 평균 수만 개씩 레코드가 쌓이는 구조이기 때문에 테이블 조회 시 Random 액세스 부하가 심각할 수 밖에 없다.

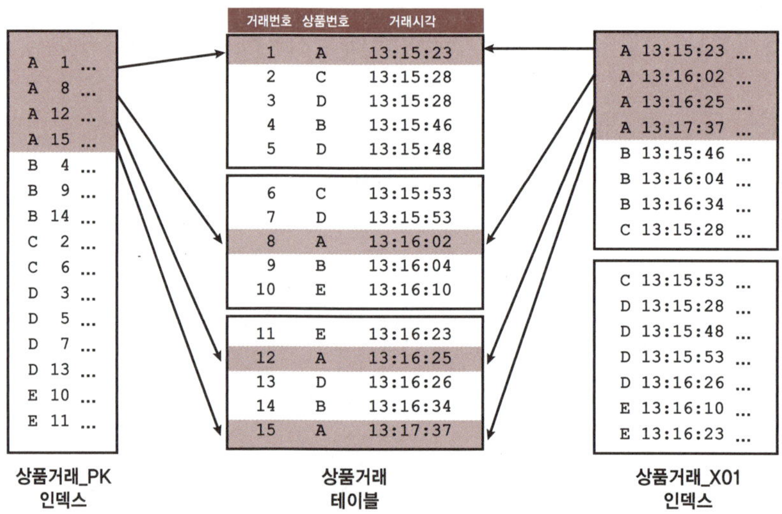

그림 1-25

개별 SQL 튜닝만으론 한계가 있고 구조적인 개선이 필요해 보인다. 뒤에서 설명할 IOT나 클러스터를 도입한다면 쿼리 성능은 분명히 개선되겠지만 insert 부하가 심각할 것이다. 어떻게 해야 할까?

이미 예상했겠지만 가장 많이 사용되는 PK 인덱스 컬럼 순으로 테이블을 정렬한다면 Random I/O 발생량을 상당히 줄일 수 있다. 게다가 인덱스 컬럼 구성 상 PK 인덱스와 X01 인덱스는 상관관계가 매우 높다(그림 1-25 참조). 거래번호와 거래시각 모두 순차적으로 증가하는 값이기 때문이다. 따라서 PK 인덱스 순으로 테이블을 정렬하면 X01 인덱스의 CF도 같이 좋아지는 일석이조의 효과가 생긴다.

또 한 가지, 테이블이 일 단위 파티셔닝 돼 있기 때문에 매일 야간에 마지막 파티션만 Reorg 할 수 있어 관리적 부담도 적다. 그리고 대부분 쿼리가 상품번호별로 과거 거래 데이터를 분석하는 용도이므로 실시간 정렬이 가능한 IOT가 요구되지도 않는다.

이런 여러 가지 상황을 종합적으로 고려해, 업무가 끝나고 야간 배치 프로그램이 수행되기 직전에 매일 테이블을 Reorg 하기로 결정했고, 그 결과 시스템 전반에 걸쳐 매우 긍정적인 효과가 나타났다. 아래는 테이블을 Reorg 하기 전 특정 쿼리의 트레이스 결과인데, 상품거래 테이블을 액세스하는 단계에서만 232,202(=241,218-9,016)번의 블록 I/O가 발생한 것을 볼 수 있다.

```
Rows     Row Source Operation
-------  ---------------------------------------------------
 940216  TABLE ACCESS BY LOCAL INDEX ROWID 상품거래 (cr=241218 pr=16
 943823   NESTED LOOPS  (cr=9016 pr=7477 pw=0 time=1038208353 us)
    517    SORT UNIQUE (cr=2887 pr=2562 pw=0 time=7638243 us)
  27614     TABLE ACCESS BY INDEX ROWID 이상거래상세 (cr=2887 … )
  27614      INDEX RANGE SCAN 이상거래상세_X01 (cr=1587 pr=1587 pw=0 … )
 943305    PARTITION RANGE ITERATOR PARTITION: KEY KEY (cr=6129 pr=4915 …
 943305     INDEX RANGE SCAN 상품거래_PK PARTITION: KEY KEY (cr=6129 …)
```

아래는 테이블을 Reorg 하고 나서의 트레이스 결과인데, 블록 I/O가 50,229(=57,501-7,272)개로 줄었다. SQL 변경 없이도 블록 I/O가 기존의 1/5 수준으로 줄어든 것이다.

```
Rows     Row Source Operation
-------  ---------------------------------------------------
 940216  TABLE ACCESS BY LOCAL INDEX ROWID 상품거래 (cr=57501 pr=532
 943823   NESTED LOOPS  (cr=7272 pr=3155 pw=0 time=24543204 us)
    517    SORT UNIQUE (cr=2887 pr=0 pw=0 time=101041 us)
  27614     TABLE ACCESS BY INDEX ROWID 이상거래상세 (cr=2887 pr=0 … )
  27614      INDEX RANGE SCAN TBSV_이상거래상세_X01 (cr=1587 pr=0 pw=0 … )
 943305    PARTITION RANGE ITERATOR PARTITION: KEY KEY (cr=4385 pr=3155 … )
 943305     INDEX RANGE SCAN 상품거래_PK PARTITION: KEY KEY (cr=4385 … )
```

특정 SQL의 I/O만 줄어든 것이 아니다. 모니터링 결과, 이 테이블을 액세스하는 쿼리마다 I/O 발생량이 기존에 비해 평균 39% 수준(상품거래 이외 테이블에 대한 I/O까지 포함)으로 감소한 것을 관찰할 수 있었다.

차세대 시스템 구축 시 주의사항

회사마다 차세대 시스템을 구축하는 목적이 다양하지만(예를 들어, 업무 프로세스 개선, 데이터 품질 개선 등) 그 중 빠지지 않는 것이 성능 개선이다. 차세대 시스템을 구축할 때는 그래서 기존보다 더 고급 사양의 하드웨어 시스템을 도입하고 SQL 튜닝도 실시해 보지만 오히려 성능이 예전만 못한 경우가 의외로 많다. 심지어 모델 변경을 최소화했는데도 말이다. 왜 그럴까?

여기에 CF와 관련해서 주목해야 할 중요한 시사점이 한 가지 있는데, 원인을 분석해 보면 과거 시스템으로부터 데이터를 이관하는 과정에서 CF가 오히려 나빠진 데서 기인한다. 기존에 운영되던 시스템은 트랜잭션이 발생하는 순서대로 데이터가 입력되는 반면 데이터를 이관할 때는 병렬 쿼리를 많이 활용하기 때문에 데이터를 무작위로 흩어놓는 경향이 있다. 이는 애플리케이션 전반에 걸쳐 테이블 Random I/O 횟수를 증가시키고, 결과적으로 디스크 I/O 발생량과 경합을 증가시키는 요인으로 작용한다.

따라서 데이터 이관 시에는 ASIS 대비 TOBE 시스템의 CF가 나빠지지 않았는지 조사하고, 그 결과에 따라 적절한 조치를 취해 주어야 한다. 모든 테이블을 대상으로 삼기는 현실적으로 어렵겠지만, 적어도 자주 사용되는 거래 데이터에 대해서는 반드시 필요한 조치라고 하겠다.

06 IOT, 클러스터 테이블 활용

(1) IOT란?

5절 (4)항에서 테이블 액세스 없이 인덱스만 읽고 처리하도록 튜닝하는 기법에 대해 살펴보았다. Random 액세스가 발생하지 않도록 테이블을 아예 인덱스 구조로 생성하면 어떨까? 실제 오라클은 그런 식으로 테이블을 생성하는 방법을 제공하는데, 이를 'IOT(Index-Organized Table)' 라고 부른다.

테이블을 찾아가기 위한 rowid를 갖는 일반 인덱스와 달리 IOT는 모든 행 데이터를 리프 블록에 저장하고 있다. 그림 1-26에서 알 수 있는 것처럼 IOT에서는 "인덱스 리프 블록이 곧 데이터 블록"인 셈이다.

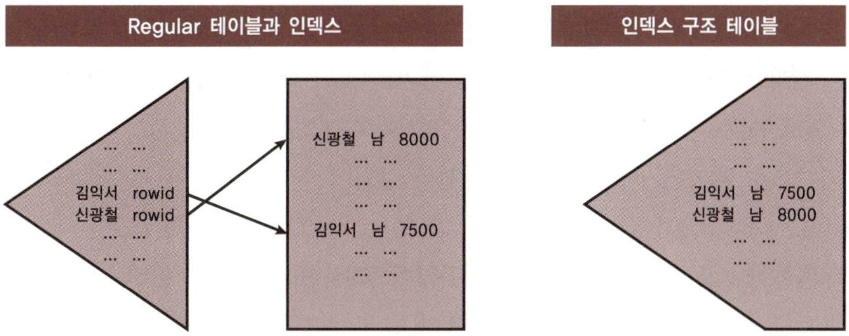

그림 1-26

테이블을 인덱스 구조로 만드는 구문은 아래와 같다.

```
create table index_org_t ( a number primary key, b varchar(10) )
organization index ;
```

우리가 일반적으로 사용하는 테이블은 '힙 구조 테이블' 이라고 부르며, 테이블 생성 시 대개 생략하지만 아래와 같이 organization 옵션을 명시할 수도 있다.

```
create table heap_org_t  ( a number primary key, b varchar(10) )
organization heap ;
```

일반적인 힙 구조 테이블로의 데이터 삽입은 Random 방식으로 이루어진다. 즉, Freelist로부터 할당 받은 블록에 정해진 순서 없이 값을 입력한다. 반면, IOT는 인덱스 구조 테이블이므로 정렬 상태를 유지하며 데이터를 삽입한다.

IOT는 SQL 서버나 Sybase에서 말하는 '클러스터형 인덱스(Clustered Index)' 와 비슷한 개념이라고 할 수 있다. 다만 오라클 IOT는 PK 컬럼 순으로만 정렬할 수 있다는 점이 다르다[10].

10) SQL 서버는 Unique하지 않은 일반 컬럼들을 정렬 기준으로 삼을 수 있는데, 그때는 내부적으로 생성한 일련번호를 함께 저장함으로써 레코드를 유일하게 식별할 수 있게 한다. 그래야 클러스터형 인덱스를 가리키는 제2의 인덱스(비클러스터형 인덱스)로부터 해당 레코드를 찾아갈 수 있기 때문이다.

IOT의 장점과 단점

IOT는 인위적으로 클러스터링 팩터를 좋게 만드는 방법 중 하나다. 같은 값을 가진 레코드들이 100% 정렬된 상태로 모여 있기 때문에 Random 액세스가 아닌 Sequential 방식으로 데이터를 액세스할 수 있고, 이 때문에 넓은 범위를 액세스할 때 유리하다.

PK 컬럼 기준으로 데이터가 모여 있더라도 선행 컬럼이 '=' 조건이 아니면 조회 대상 레코드들이 서로 흩어져(7절 1항 '비교 연산자 종류와 위치에 따른 인덱스 레코드의 군집성' 참조) 많은 스캔을 유발하지만, 적어도 테이블 Random 액세스는 발생하지 않아 빠른 성능을 낼 수 있다.

테이블을 IOT로 생성하면 PK 인덱스를 위한 별도의 세그먼트를 생성하지 않아도 돼 저장공간을 절약하는 부수적인 이점도 생긴다.

IOT의 가장 큰 단점으로는 데이터 입력 시 성능이 느리다는 점을 주로 꼽는다. 이 때문에 IOT를 기피하는 설계자 또는 DBA를 자주 만나는데, 실제 테스트해 보면 그럴 정도로 늦지는 않다. 일반 힙 구조 테이블에 PK 인덱스를 생성하지 않았을 때와 비교하면 당연히 많은 차이가 나겠지만 똑같이 PK 인덱스를 두고 비교해 보면 차이가 거의 없음을 발견할 것이다.

그럼에도 둘 간에 성능 차이가 클 때는 인덱스 분할(Split) 발생량 차이 때문이다. IOT는 인덱스 구조이므로 중간에 꽉 찬 블록에 새로운 값을 입력할 일이 종종 생기고 그럴 때 인덱스 분할(Split)이 발생한다. 그런데 IOT가 PK 이외에 많은 컬럼을 갖는다면 리프 블록에 저장해야 할 데이터량이 늘어나 그만큼 인덱스 분할 발생빈도도 높아진다. 컬럼 수가 그렇게 많은 테이블이라면 인덱스 스캔 효율 때문에라도 IOT 대상으로는 부적합하다.

IOT에 Direct Path Insert가 작동하지 않는 것도 큰 제약 중 하나이며, 이 때문에 성능이 느린 것은 어쩔 수가 없다.

(2) IOT, 언제 사용할 것인가?

IOT는 아래와 같은 상황에서 유용하다.

- 크기가 작고 NL 조인으로 반복 룩업(Lookup)하는 테이블
- 폭이 좁고 긴(=로우 수가 많은) 테이블
- 넓은 범위를 주로 검색하는 테이블
- 데이터 입력과 조회 패턴이 서로 다른 테이블

크기가 작고 NL 조인으로 반복 룩업(Lookup)하는 테이블

코드성 테이블이 주로 여기에 속한다. NL 조인에서 Inner 쪽 룩업 테이블로서 액세스되는 동안 건건이 인덱스와 테이블 블록을 다 읽는다면 비효율적이다. 따라서 그런 테이블을 IOT로 구성해 주면 적어도 테이블은 반복 액세스하지 않아도 된다.

다만, IOT 구성 시 PK 이외 속성의 크기 때문에 인덱스 높이(height)가 증가한다면 역효과가 날 수 있으므로 이를 반드시 확인하기 바란다.

폭이 좁고 긴(=로우 수가 많은) 테이블

두 테이블 간 M:M 관계를 해소하기 위한 Association(=Intersection) 테이블이 주로 여기에 속한다.

그림 1-27

그림 1-27에서 고객이나 컨텐츠 테이블은 (ERD에 표시하진 않았지만) PK 이외에도 많은 컬럼으로 구성된다. 하지만 컨텐츠방문 테이블은 PK[11] (고객ID, 컨텐츠ID, 방문일시) 이외 컬럼이 전혀 없거나 있더라도 아주 소수에 불과하다(=폭이 좁다).

PK 인덱스는 어차피 생성해야 할 테고, 그러면 테이블과 거의 중복된 데이터를 갖게 된다. 그럴 때 IOT로 구성해 주면 중복을 피할 수 있다.

넓은 범위를 주로 검색하는 테이블

주로 Between, Like 같은 조건으로 넓은 범위를 검색하는 테이블이라면, IOT 구성을 고려해 볼만하다. 특히, PK 이외 컬럼이 별로 없는 통계성 테이블에는 최적의 솔루션이라고 할 수 있다.

통계성 테이블은 주로 넓은 범위 조건으로 검색하는데다, 일반적으로 그림 1-28처럼 PK 구성

11) 바커 표기법(Barker Notation)에 익숙지 않은 독자를 위해 설명하면, 컨텐츠방문 쪽 Crow's foot(⋺, ⋹) 바로 옆에 붙은 수직 Bar(|)는 부모 테이블 식별자를 자신의 식별자로 상속받음을 의미한다. 따라서 컨텐츠방문 테이블에는 고객ID, 컨텐츠ID를 표시하지 않았지만 암묵적으로 해당 속성이 방문일시와 더불어 PK역할을 한다.

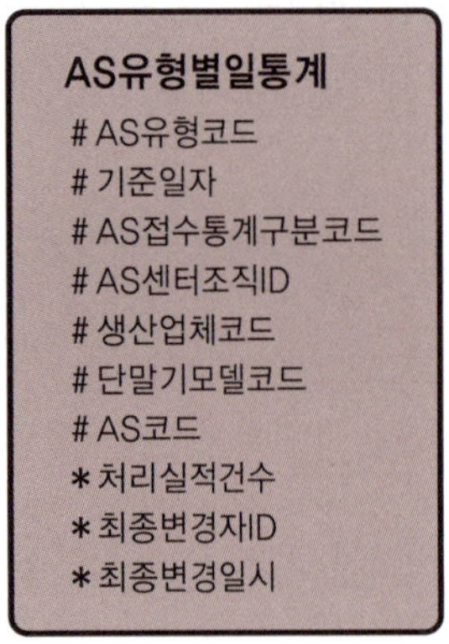

그림 1-28

컬럼은 많으면서 일반(Non-Key) 속성은 몇 개 되질 않는다. PK 구성 컬럼이 많은 만큼 분석 관점(다차원 모델링에서 말하는 dimension)과 액세스 경로가 아주 다양한데, 이를 위해 B*Tree 결합 인덱스를 계속 추가해 나가는 것은 저장 공간이나 DML 부하 측면에서 문제가 많다.

그럴 때 테이블을 IOT로 구성하면 효과적이다. 우선 PK 인덱스를 위한 별도 공간이 필요하지 않다는 점이 맘에 든다. 정렬 순서를 잘 정의하면 인덱스를 여러 개 두지 않고도 다양한 검색 조건에 대응할 수 있고, 무엇보다 테이블 Random 액세스가 전혀 발생하지 않는다는 점에서 강력하다.

정렬 순서는 어떻게 정하는 것이 좋을까? 7절과 8절에서 자세히 설명하겠지만 통계성 테이블 검색 시 항상 사용되는 일자 컬럼은 대부분 between 조건이므로 선두 컬럼으로 부적합하다. '=' 조건으로 항상 사용되는 컬럼 한두 개(그림 1-28 사례에서는 'AS유형코드')를 찾아 선두에 두고 바로 이어서 일자 컬럼이 오도록 IOT를 구성하는 것이 효과적이다. 범위검색 조건인 일자 뒤쪽에 놓인 컬럼이 '=' 조건으로 입력되더라도 스캔 범위를 줄이는 데에 큰 역할을 못해 생기는 비효율이 있긴 하지만 Random 액세스가 발생하지 않는 것만으로도 대부분 만족스러운 성능을 낼 수 있다.

데이터량이 너무 많아지면 인덱스 높이(height)가 증가하고 관리 부담이 커진다는 우려가 생길 수 있는데, 뒤에서 설명할 Partitioned IOT를 활용할 수 있으므로 걱정하지 않아도 된다.

참고로, 그림 1-28과 같은 팩트(fact)성 테이블에 대한 인덱스 구성전략을 얘기할 때면 흔히 비트맵 인덱스가 거론되곤 한다. 하지만 여러 비트맵 인덱스로 Bit-Wise 오퍼레이션을 수행한 결과 테이블 액세스량이 획기적으로 줄어드는 경우가 아니라면 즉, Random 액세스 발생량이 많다면 비트맵 인덱스는 성능 개선에 그다지 도움이 되지 못한다.

비트맵 인덱스에 대한 오해

성별처럼 Distinct Value 개수가 적은 컬럼으로 조회할 때 비트맵 인덱스를 사용하면 빠르다고 생각하는 분들이 많다. 즉, 넓은 범위를 조회할 때 B*Tree 인덱스보다 성능을 크게 향상시켜 준다는 얘긴데, 과연 그럴까?

그런 컬럼이라야 비트맵 인덱스의 저장 효율이 좋은 것은 사실이지만 조회 성능이 그다지 좋지는 않다. 테이블 Random 액세스 발생 측면에서는 B*Tree 인덱스와 똑같기 때문이며, 스캔할 인덱스 블록이 줄어드는 정도의 이점만 생긴다.

요컨대, 하나의 비트맵 인덱스 단독으로는 쓰임새가 별로 없다. 비트맵 인덱스가 가진 여러 가지 특징(특히, 용량이 작고 여러 인덱스를 동시에 사용할 수 있다는 특징) 때문에 읽기 위주의 대용량 DW 환경에 적합한 것일 뿐 대용량 데이터 조회에 유리한 것은 아님을 기억하기 바란다. 자세한 설명은 9절을 참조하기 바란다.

데이터 입력과 조회 패턴이 서로 다른 테이블

회사에 100명의 영업사원이 있다고 하자. 영업사원들의 일별 실적을 집계하는 테이블이 있는데, 한 블록에 100개 레코드가 담긴다. 그러면 매일 한 블록씩 1년이면 365개 블록이 생긴다.

이처럼 실적등록은 일자별로 진행되지만 실적조회는 주로 사원별로 이루어진다. 예를 들어, 일상적으로 아래 쿼리가 가장 많이 수행된다고 하자.

```
select substr(일자, 1, 6) 월도
     , sum(판매금액) 총판매금액, avg(판매금액) 평균판매금액
from   영업실적
where  사번 = 'S1234'
and    일자 between '20090101' and '20091231'
group by substr(일자, 1, 6)
```

그러면 인덱스를 경유해 사원마다 365개 테이블 블록을 읽어야 한다. 클러스터링 팩터가 매우 안 좋기 때문이며, 입력과 조회 패턴이 서로 달라서 생기는 현상이다. 그럴 때 아래와 같이 사번이 첫 번째 정렬 기준이 되도록 IOT를 구성해 주면, 한 블록만 읽고 처리할 수 있다.

```
create table 영업실적 ( 사번 varchar2(5), 일자 varchar2(8), ...
      , constraint 영업실적_PK primary key (사번, 일자) ) organization index;
```

(3) Partitioned IOT

수억 건에 이르는 일별상품별계좌별거래 테이블이 있다고 하자. 그리고 아래 쿼리 1처럼 넓은

범위의 거래일자를 기준으로 특정 상품을 조회하는 쿼리가 가장 자주 수행된다.

[쿼리 1]

```
select 거래일자, 지점번호, 계좌번호, sum(거래량), sum(거래금액)
from   일별상품별계좌별거래
where  상품번호 = 'P7006050009'
and    거래일자 between '20080101' and '20080630'
group by 거래일자, 지점번호, 계좌번호
```

상품별 거래건수가 워낙 많아 쿼리 1에 인덱스를 사용하면 Random 액세스 부하가 심하게 발생한다. 거래일자 기준으로 월별 Range 파티셔닝돼 있다면 인덱스를 이용하기보다 필요한 파티션만 Full Scan하는 편이 오히려 빠르겠지만 다른 종목의 거래 데이터까지 모두 읽는 비효율이 생긴다.

[상품번호+거래일자] 순으로 정렬되도록 IOT를 구성하면 읽기 성능이야 획기적으로 개선되겠지만, 수억 건에 이르는 테이블을 단일 IOT로 구성하는 것은 관리상 여간 부담스럽지 않다.

더구나, 아래 쿼리 2 때문에라도 그럴 수가 없다. 단일 IOT를 구성하면 쿼리 2는 수억 건에 이르는 데이터를 Full Scan 해야만 한다.

[쿼리 2]

```
select 상품번호, 거래일자, sum(거래량), sum(거래금액)
from   일별상품별계좌별거래
where  거래일자 between '20080101' and '20080630'
group by 상품번호, 거래일자
```

이럴 때 그림 1-29처럼 'Partitioned IOT' 를 구성하면 두 마리 토끼를 다 잡을 수 있다.

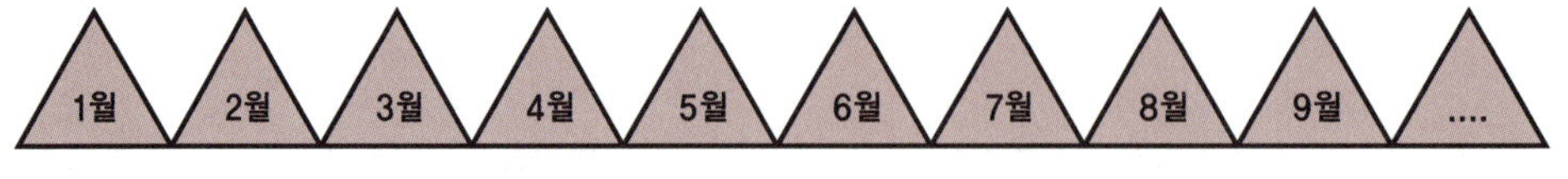

그림 1-29

- 거래일자 기준 Range 파티셔닝
- [상품번호 + 거래일자] 순으로 PK를 정의하고, IOT 구성

쿼리 1을 위해서라면 입력한 거래일자 구간에 속하는 파티션 IOT를 골라 필요한 종목 거래 데이터만 스캔하면 되고, 쿼리 2를 위해서는 검색구간에 속하는 파티션 세그먼트 전체를 Full Scan 하면 된다.

(4) Overflow 영역

앞에서 여러 차례 언급했듯이 PK 이외 컬럼이 많은 테이블일수록 IOT로 구성하기에 부적합하다. 인덱스 분할에 의한 DML 부하는 물론, 검색을 위한 스캔량도 늘어나기 때문이다.

그럼에도 성능 향상을 위해 IOT가 꼭 필요하다면 어떻게 해야 할까? 그럴 때 Overflow 기능이 도움이 될 수 있는데, 아래 사례를 보면서 설명해 보자.

```
CREATE TABLE 불공정거래적출 (
    종목코드        VARCHAR2(12) NOT NULL
  , 적출일자        VARCHAR2(8)  NOT NULL
  , 회원번호        VARCHAR2(5)  NOT NULL
  , 지점번호        VARCHAR2(5)  NOT NULL     ➡ PK 속성
  , 계좌번호        VARCHAR2(12) NOT NULL
  , 적출유형코드    VARCHAR2(2)  NOT NULL
  , 상품구분코드    VARCHAR2(1)  NOT NULL
  , 적출건수        NUMBER(15)   NOT NULL
  , 생성자ID        VARCHAR2(10) NOT NULL
  , 수정자ID        VARCHAR2(10) NOT NULL     ➡ 시스템 관리 속성
  , 생성일시        VARCHAR2(14) NOT NULL
  , 수정일시        VARCHAR2(14) NOT NULL
  , CONSTRAINT 불공정거래적출_PK PRIMARY KEY
      ( 종목코드, 적출일자, 회원번호, 지점번호, 계좌번호, 적출유형코드 )
)
ORGANIZATION INDEX
OVERFLOW TABLESPACE TBS_OVRFL01
PCTTHRESHOLD 30
INCLUDING 적출건수 ;
```

위 불공정거래적출 테이블에서 생성자ID, 수정자ID, 생성일시, 수정일시는 시스템 내부적인 필요에 의해 생겨난 관리 속성이지 업무요건에 의한 것은 아니다. 따라서 값은 저장해 두지만 출력이나 조회조건으로는 거의 사용되지 않는다.

만약 이런 컬럼들을 다른 주요 컬럼과 분리 저장할 수 있다면 IOT 활용성을 높일 수 있는데, 다행히 오라클이 그런 기능을 제공한다. 위 스크립트 하단에 지정한 옵션들이 그것이며, 각각 아래와 같은 의미를 갖는다.

- **OVERFLOW TABLESPACE** : Overflow 세그먼트가 저장될 테이블스페이스를 지정한다. (※ SYS_IOT_OVER_38645 등의 이름을 가진 세그먼트가 자동으로 생성됨)
- **PCTTHRESHOLD** : DEFAULT 값은 50이다. 예를 들어 이 값이 30이면, 블록 크기의 30%를 초과하기 직전 컬럼까지만 인덱스 블록에 저장하고 그 뒤쪽 컬럼은 모두 Overflow 세그먼트에 저장한다. 물론 로우 전체 크기가 지정된 비율 크기보다 작다면 모두 인덱스 블록에 저장한다. 테이블을 생성하는 시점에 모든 컬럼의 데이터 타입 Max 길이를 합산한 크기가 이 비율 크기보다 작다면 Overflow 세그먼트는 불필요하지만 만약 초과한다면 오라클은 Overflow Tablespace 옵션을 반드시 지정하도록 강제하는 에러를 던진다.
- **INCLUDING** : Including에 지정한 컬럼까지만 인덱스 블록에 저장하고 나머지는 무조건 Overflow 세그먼트에 저장한다.

오라클은 Pctthreshold 또는 Including 둘 중 하나를 만족하는 컬럼을 Overflow 영역에 저장한다. 즉, Including 이전에 위치한 컬럼이더라도 Pctthreshold에 지정된 비율 크기를 초과한다면 Overflow 영역에 저장된다. 반대의 경우도 마찬가지다.

반드시 기억할 것은, Overflow 영역을 읽을 때도 건건이 Random 액세스가 발생한다는 사실이다(그림 1-30 참조). 따라서 Overflow 세그먼트에 저장된 컬럼 중 일부를 자주 액세스해야 하는 상황이 발생한다면 IOT 액세스 효율은 급격히 저하된다. Pctthreshold를 신중히 선택해야 함은 물론 Including절에 어떤 컬럼을 지정하느냐가 관건이라고 하겠다.

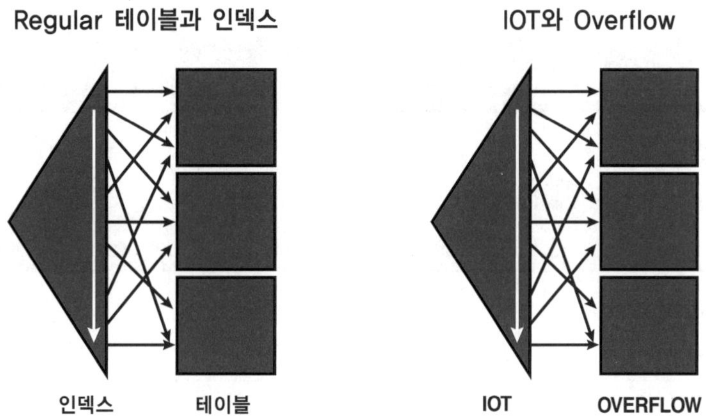

그림 1-30

다행스러운 것은, Overflow 영역에도 버퍼 Pinning 효과가 나타나기 때문에 연속적으로 같은 Overflow 블록을 읽을 때는 Random 블록 I/O를 최소화할 수 있다.

(5) Secondary 인덱스

IOT에 추가적인 secondary 인덱스를 생성할 때 고려해야 할 몇 가지 주요 이슈가 있는데, 결론부터 말하면 IOT는 secondary 인덱스 추가 가능성이 크지 않을 때만 선택하는 것이 바람직하다.

오라클 secondary 인덱스를 설명하기에 앞서 MS-SQL 서버의 비클러스터형 인덱스 진화 과정부터 살펴보자.

MS-SQL 서버의 비클러스터형 인덱스 진화 과정

SQL 서버에서 IOT처럼 인덱스 구조로 생성한 테이블을 '클러스터형 인덱스(Clustered Index)' 라 부르고, 여기에 추가로 생성한 2차 인덱스들은 '비클러스터형 인덱스(Non-Clustered Index)' 라고 부른다.

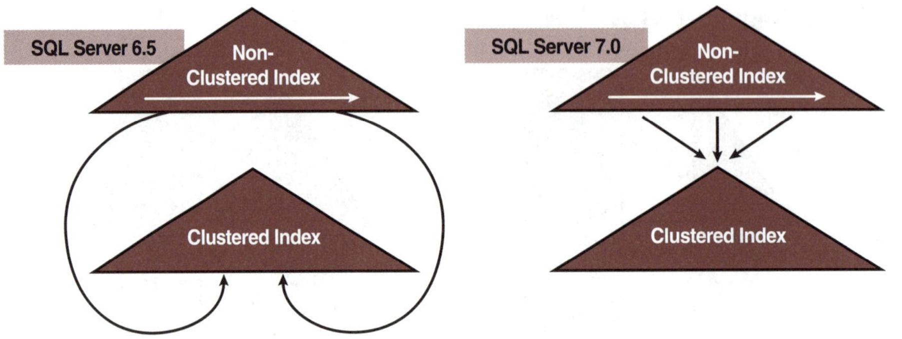

그림 1-31

SQL 서버 6.5 이전에는 그림 1-31 좌측처럼 비클러스터형 인덱스가 클러스터형 인덱스 레코드를 직접 가리키는 rowid를 갖도록 하였다. 문제는, 인덱스 분할에 의해 클러스터형 인덱스 레코드 위치가 변경될 때마다 비클러스터형 인덱스(한 개 이상일 수 있음)가 갖는 rowid 정보를 모두 갱신해 주어야 한다는 데 있다.

실제로, DML 부하가 심하다고 느낀 마이크로소프트는 7.0 버전부터 비클러스터형 인덱스가 rowid 대신 클러스터형 인덱스의 키 값을 갖도록 구조를 변경하였다. 이제 키 값을 갱신하지 않는 한, 인덱스 분할 때문에 비클러스터형 인덱스를 갱신할 필요가 없어진 것이다.

그러나 세상에 공짜는 없는 법이다. DML 부하가 줄어든 대신, 비클러스터형 인덱스를 이용할 때 이전보다 더 많은 I/O가 발생하는 부작용을 떠안게 되었다. 그림 1-31 우측처럼 비클러스터형 인덱스에서 읽히는 레코드마다 건건이 클러스터형 인덱스 수직 탐색을 반복하기 때문이다. 당연히 클러스터형 인덱스 높이(height)가 증가할수록 블록 I/O도 증가한다.

오라클 Logical Rowid

오라클은 IOT를 개발하면서 SQL 서버 6.5와 7.0 이후 버전이 갖는 두 가지 액세스 방식을 모두 사용할 수 있도록 설계하였다(그림 1-32).

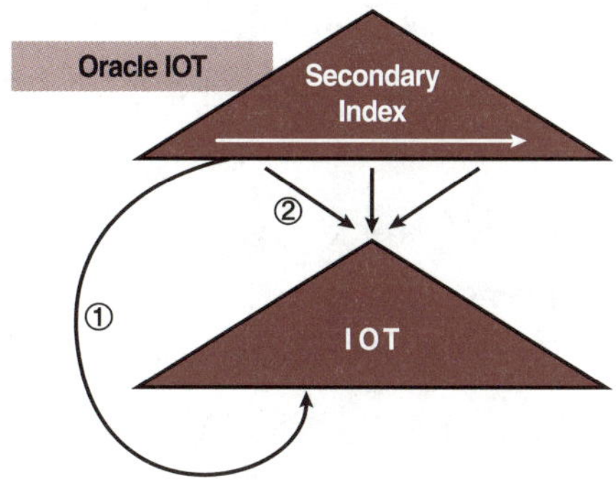

그림 1-32

IOT 레코드의 위치는 영구적이지 않기 때문에 오라클은 secondary 인덱스로부터 IOT 레코드를 가리킬 때 물리적 주소 대신 logical rowid를 사용한다. logical rowid는 PK와 physical guess로 구성된다.

```
Logical Rowid = PK + physical guess
```

physical guess는 secondary 인덱스를 "최초 생성하거나 재생성(Rebuild)한 시점"에 IOT 레코드가 위치했던 데이터 블록 주소(DBA)다. 인덱스 분할에 의해 IOT 레코드가 다른 블록으로 이동하더라도 secondary 인덱스에 저장된 physical guess 값은 갱신되지 않는다. SQL 서버 6.5에서 발생한 것과 같은 DML 부하를 없애기 위함이고, 레코드 이동이 발생하면 정확한 값이 아닐 수 있기 때문에 'guess'란 표현을 사용한 것이다.

이처럼 두 가지 정보를 다 가짐으로써 오라클은 상황에 따라 다른 방식으로 IOT를 액세스할 수 있게 하였고, 경우에 따라서는 두 가지 방식을 다 사용할 때도 있다. 그림 1-32에서 ①은 physical guess를 통해 IOT 레코드를 직접 액세스하는 것을 표현한 것이고, ②는 PK를 통해 IOT를 탐색하는 것을 표현한 것이다.

기술서적을 집필하다 보면 독자의 이해를 돕기 위해 다른 장이나 절의 내용을 참조하도록 표시하는 경우가 많다. 그럴 때, 예를 들어 "110 페이지를 참조하라"는 식으로 표시하면 독자는 편하지만 저자의 집필 과정이 무척 힘들어진다. 페이지 번호가 수시로 바뀌기 때문이며, 이것은 SQL 서버 6.5의 참조 방식이다.

반면, "1장 6절 5항을 참조하라"는 식으로 표시하면 저자는 편하지만 독자가 힘들다. 이것은

SQL 서버 7.0부터 사용하기 시작한 참조 방식에 해당한다.

만약 오라클 IOT처럼 "1장 6절 5항(110페이지)을 참조하라"고 표시하면 어떨까? 독자의 편의를 위해 페이지 번호를 제공하면서도 혹시 틀릴 경우를 대비해 두 가지 참조를 다 제공하는 방식이다.

그럴 경우, 처음에는 대부분 독자가 페이지 참조를 이용할 것이다. 이 방식의 효율성은 페이지 참조의 성공 가능성에 달렸다. 성공률이 높다면 독자가 계속 이용하겠지만 그렇지 않을 때, 신뢰가 떨어진 독자는 어느 순간부터 장/절/항 참조를 이용하게 될 것이다. 저자가 최종 교정 시 페이지 참조의 이상 여부를 얼마나 꼼꼼히 점검했느냐가 성공/실패 확률을 좌우한다.

PCT_DIRECT_ACCESS

dba/all/user_indexes 테이블을 조회하면 pct_direct_access 값을 확인할 수 있다. 이는 secondary 인덱스가 유효한 physical guess를 가진 비율(Direct 액세스 성공 비율)을 나타내는 지표로서, secondary 인덱스 탐색 효율을 결정짓는 매우 중요한 값이다.

통계정보 수집을 통해 얻어지는 이 값이 100% 미만이면 오라클은 바로 PK를 이용해 IOT를 탐색한다. 100% 일 때만 physical guess를 이용하는데, 레코드를 찾아갔을 때 해당 레코드가 다른 곳으로 이동하고 없으면(PK 값 비교를 통해 이동 여부를 알 수 있음) PK로 다시 IOT를 탐색한다. 그런 비율이 높아지면 성능은 당연히 나빠진다.

인덱스를 최초 생성하거나 재생성(Rebuild)하고 나면 (통계정보를 따로 수집해 주지 않더라도) pct_direct_access 값은 100이다. 이때는 physical guess로 바로 액세스하고, 성공률도 100%이므로 비효율이 없다.

문제는, 휘발성이 강한(→ 레코드 위치가 자주 변하는) IOT의 경우 시간이 지나면서 physical guess에 의한 액세스 실패 확률이 높아져 성능이 점점 저하된다는 데에 있다. 그럴 때는 통계정보를 다시 수집해 pct_direct_access가 실제 physical guess 성공률(100 미만)을 반영하도록 해 주어야 한다. 그때부터 오라클은 physical guess를 거치지 않고 곧바로 PK로 IOT를 탐색할 것이다.

물론 아래처럼 인덱스를 Rebuild하거나 update block references 옵션을 이용해 physical guess를 주기적으로 갱신해 준다면 가장 효과적이다.

```
alter index iot_second_idx REBUILD;
alter index iot_second_idx UPDATE BLOCK REFERENCES;
```

secondary 인덱스 physical guess를 갱신하더라도 통계정보를 재수집한 이후부터 Direct 액세스로 전환된다는 사실을 기억하기 바란다. 인덱스 분할이 발생하더라도 통계정보를 재수집한 이후부터 PK를 이용하는 것과 마찬가지다.

Direct 액세스 성공 확률이 비교적 높은 상태에서 통계정보만 재수집하는 바람에 PK 액세스로 전환하는 일이 생겨도 문제다. 통계정보를 수집하는 순간 pct_direct_access가 100 미만으로 떨어지기 때문이다.

secondary 인덱스 튜닝 방안에 대해서는 잠시 후 다시 살펴보기로 하고, 지금은 IOT에 secondary 인덱스를 만들어 실제 트랜잭션과 통계정보 수집에 따라 pct_direct_access 값이 어떻게 바뀌는지 확인해 보자(스크립트 ch1_07.txt).

```
SQL> create table t1(
  2      c1 number not null
  3    , c2 number
  4    , c3 number
  5    , c4 number
  6    , constraint  t1_pk primary key (c1) )
  7 organization index ;                  ➜ IOT 생성

SQL> create index t1_x1 on t1 (c2) ;     ➜ secondary 인덱스 생성
```

IOT를 만들고 secondary 인덱스까지 만들었다. secondary 인덱스를 처음 생성하고 나면 통계정보 수집여부와 상관없이 pct_direct_access 통계치는 100이라고 했다. 이제 이 테이블에 1,000개 레코드를 입력해 보자.

```
SQL> insert into t1
  2 select rownum, rownum, rownum, rownum
  3 from all_objects
  4 where  rownum <= 1000;

SQL> commit;

SQL> select index_name, PCT_DIRECT_ACCESS
  2 from user_indexes
  3 where index_name = 'T1_X1';
```

```
INDEX_NAME            PCT_DIRECT_ACCESS
--------------------- -----------------
T1_X1                               100
```

레코드를 입력했지만 pct_direct_access 값은 여전히 100이다. 이 상태에서 t1_x1 인덱스를 이용해 테이블을 액세스하면 physical guess가 활용될 것이다.

통계정보를 수집하고 pct_direct_access 값을 다시 확인해 보자.

```
SQL> exec dbms_stats.gather_index_stats(user, 't1_x1');

SQL> select index_name, PCT_DIRECT_ACCESS
  2  from user_indexes
  3  where index_name = 'T1_X1';

INDEX_NAME            PCT_DIRECT_ACCESS
--------------------- ------------------
T1_X1                                 64
```

64로 바뀌었고, 인덱스 분할에 의해 36% 정도 레코드가 다른 블록으로 이동했음을 의미한다. 만약 통계정보 수집 직전(pct_direct_access=100)에 t1_x1 인덱스를 이용해 테이블을 액세스해 보면 36% 정도는 Direct 액세스에 실패해 PK로 다시 IOT를 탐색했을 것이다. 이제는 pct_direct_access가 100 미만으로 떨어졌기 때문에 physical guess 활용 없이 PK로 IOT를 탐색한다.

이제 physical guess를 정확한 값으로 갱신해 보자.

```
SQL> alter index t1_x1 UPDATE BLOCK REFERENCES;

SQL> select index_name, PCT_DIRECT_ACCESS
  2  from user_indexes
  3  where index_name = 'T1_X1';

INDEX_NAME            PCT_DIRECT_ACCESS
--------------------- -----------------
T1_X1                                64
```

physical guess를 갱신했지만 통계정보 상으로 pct_direct_access는 여전히 64%다. 이 상태에서 실제 Direct 액세스 성공률은 100%이겠지만 여전히 physical guess는 활용되지 않는다.

```
SQL> exec dbms_stats.gather_index_stats(user, 't1_x1');

SQL> select index_name, PCT_DIRECT_ACCESS
  2  from user_indexes
  3  where index_name = 'T1_X1';

INDEX_NAME            PCT_DIRECT_ACCESS
--------------------- -----------------
T1_X1                               100
```

통계정보를 재수집하고 나니 pct_direct_access가 100으로 바뀐 것을 볼 수 있다. 이제 다시 t1_x1 인덱스로부터 physical guess를 이용한 Direct 액세스가 활성화된다.

PCT_DIRECT_ACCESS에 대한 오해

인덱스 통계상 pct_direct_access 값이 일정 비율 이하로 떨어지면, physical guess로 탐색했다가 PK로 다시 IOT를 스캔하는 비율이 높아져 성능이 떨어진다고 설명한 글을 본 적이 있다.

하지만 지금까지 설명한 것처럼 이 값이 100% 미만이면 오라클은 PK를 이용해 바로 IOT를 탐색한다. 오히려 휘발성 IOT에서 이 값이 100%를 가리킬 때가 더 문제일 수 있다.

비휘발성 IOT에 대한 Secondary 인덱스 튜닝 방안

비휘발성(읽기전용이거나 맨 우측 블록에만 값이 입력되어 IOT 레코드 위치가 거의 변하지 않는) 테이블이라면 Direct 액세스 성공률이 높을 것이다. 따라서 pct_direct_access 값이 100을 가리키도록 유지하는 것이 효과적인 튜닝 방안이다. 데이터가 쌓이는 양에 따라 한 달에 한 번 또는 일년에 한 번 정도만 physical guess를 갱신해 주면 된다.

읽기전용 테이블이면 pct_direct_access 값이 100을 가리키도록 한 상태에서 더 이상 통계정보를 수집하지 않으면 되겠지만, 맨 우측에 지속적으로 값이 입력되는 경우라면 통계정보 수집이 필수적이다. (뒤에서 보겠지만 Right-Growing IOT이더라도 pct_direct_access 값이 100이 아닐 수 있다.) 그럴 때는 통계정보 수집 직후에 아래 프로시저를 이용해 값을 직접 설정해 주면 된다.

```
SQL> exec dbms_stats.set_index_stats (user, 't1_x1', guessq => 100);
```

physical guess에 의한 Direct 액세스 성공률이 100%에 가깝다면 일반 테이블을 인덱스 rowid로 액세스할 때와 거의 같은 수준의 성능을 보이므로 secondary 인덱스를 추가하는 데 대한 부담을 덜 수 있다.

휘발성 IOT에 대한 Secondary 인덱스 튜닝 방안

휘발성이 강한(IOT 레코드 위치가 자주 변하는) IOT에 secondary 인덱스를 추가할 때는 각별한 주의가 필요하고, 처음 IOT를 설계할 때부터 이에 대한 고려가 있어야 한다.

휘발성이어서 physical guess에 의한 Direct 액세스 성공률이 낮다면 두 가지 선택을 할 수 있다.

첫 번째는, 주기적으로 physical guess를 정확한 값으로 갱신해 주는 것으로서, 주로 secondary 인덱스 크기가 작을 때 쓸 수 있는 방법이다.

두 번째는, 아예 physical guess가 사용되지 못하도록 pct_direct_access 값을 100 미만으로 떨어뜨리는 것으로서, 인덱스 크기가 커서 주기적으로 physical guess를 갱신해 줄 수 없을 때 쓸 수 있는 방법이다. 인덱스 분할이 어느 정도 발생한 상태에서 통계정보를 수집해 주면 된다.

두 번째 방법을 쓰면 일반 테이블을 인덱스 rowid로 액세스할 때보다 느려지겠지만 선택도가 매우 낮은 secondary 인덱스 위주로 구성해 주면 큰 비효율은 없다. 예를 들어, [상품번호 + 거래일자 + 고객번호]가 PK인 주문 테이블을 IOT로 구성한다고 하자. 「상품번호 =, 거래일자 between」 조건으로 조회할 때는 넓은 범위의 주문 데이터를 액세스할 가능성이 높으므로 IOT를 통해 큰 성능 개선을 이룰 수 있다.

「고객번호 =, 거래일자 between」 조건에 대해서는 [고객번호 + 거래일자] 순으로 secondary 인덱스를 구성하면 되고 고객별 주문량이 대개 소수이므로 액세스 과정에서 발생하는 비효율은 미미할 것이다.

Right-Growing IOT에서 pct_direct_access가 100 미만으로 떨어지는 이유

앞에서 트랜잭션과 통계정보 수집에 따라 pct_direct_access 값이 어떻게 바뀌는지 확인했는데, 강의 중에 이 테스트를 진행하고 나서 아래와 같은 질문을 받았다.

> "t1 테이블에 값을 1부터 1,000까지 차례로 입력했기 때문에 기존 레코드 위치가 바뀔 이유가 없다. 그런데 왜 secondary 인덱스의 pct_direct_access 값이 64로 떨어졌는가?"

맨 우측 블록에만 값이 입력되는 Right-Growing IOT라면 인덱스 분할이 발생하더라도 기존 레코드의 주소 값이 바뀔 이유가 없는 것이 사실이다. 새로운 인덱스 블록을 맨 우측에 추가해 거기에 값을 입력하기 때문이다. 그런데도 이를 가리키는 secondary 인덱스의 physical guess 정확도가 떨어진 이유가 무엇일까?

이것은 인덱스 높이(height)가 2단계로 증가하면서 생기는 현상인데, 그림을 보면서 설명해 보자.

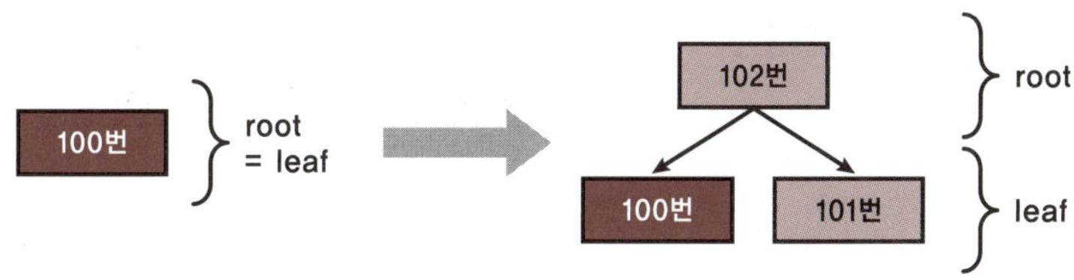

그림 1-33

최초 IOT 인덱스 블록이 단 하나인 상태에서 블록이 꽉 차면 그림 1-33처럼 기존 100번 블록을 그대로 둔 채 101번 리프 블록과 102번 루트 블록이 새로 생길 것 같다. 하지만 실제로는 그림 1-34와 같이 처리된다.

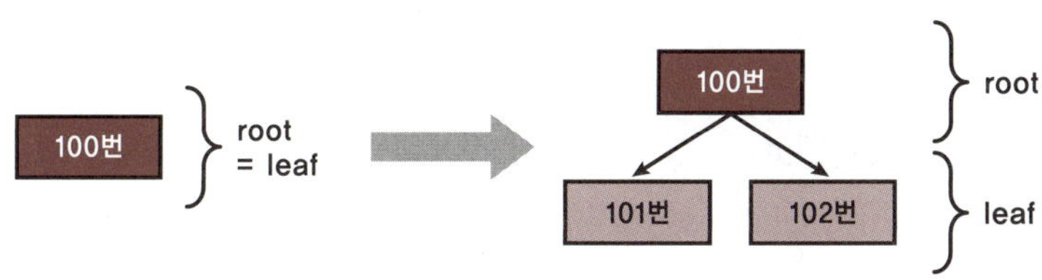

그림 1-34

100번 블록 레코드를 새로 할당한 101번 블록에 모두 복제하고 100번 블록은 루트 레벨로 올라간다. 그러고 나서 새로 추가되는 값들은 102번 리프 블록에 입력된다. 이 때문에 100번 블록을 가리키던 secondary 인덱스 physical guess가 모두 부정확해진 것이다.

이후 102번 블록 우측에 리프 블록이 계속 추가될 때는 IOT 레코드 이동이 발생하지 않는다. 우리가 기대했던 그대로다. 물론 값이 중간으로 들어와 101번 또는 102번 블록이 50:50으로 분할될 때는 레코드 이동이 발생한다.

시간이 흘러 인덱스 레벨이 한 단계 더 올라가는 순간, 아까처럼 100번 블록이 통째로 다른 블록으로 복제된다. 그림 1-35를 가지고 설명하면 100번 블록 정보를 새로 할당한 103번 블록에 모두 복제하고, 100번 블록은 다시 루트 레벨로 올라간다. 하지만 이 경우에는 105번 블록이 추가될 뿐 다른 리프 블록에는 변화가 없어 secondary 인덱스 physical guess에도 영향을 주지 않는다.

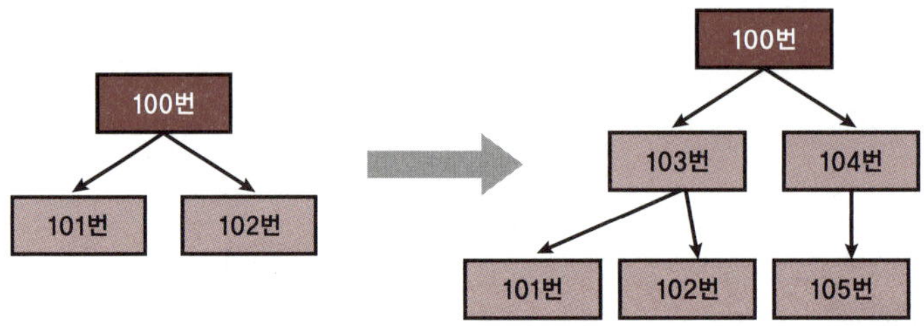

그림 1-35

오라클은 왜 이런 식으로 인덱스 레벨을 조정하는 걸까? 인덱스 루트 블록은 매우 특별한 블럭이다. 인덱스를 탐색할 때 항상(index fast full scan만 제외하고) 시작점으로 사용되기 때문이다.

Table Full Scan 시에는 매번 테이블 세그먼트 헤더로부터 익스텐트 정보를 얻고 스캔을 시작하지만 인덱스 스캔 시에는 실행계획에 담고 있는 루트 블록 주소로 곧바로 찾아간다. 따라서 루트 블록 주소가 바뀌면 해당 인덱스를 참조하는 많은 실행계획이 영향을 받게 돼 시스템에 엄청난 파급 효과를 일으킬 것이다. (물론 실행계획이 만들어지는 하드파싱 시점에는 세그먼트 헤더를 읽어 루트 블록 주소 값을 알아내지만 실행될 때마다 세그먼트 헤더를 조회하지는 않는다.)

IOT_REDUNDANT_PKEY_ELIM

secondary 인덱스에는 physical guess와 함께 PK 컬럼 값을 저장하므로 만약 PK 컬럼 개수가 많은 IOT라면 데이터 중복 때문에 저장공간을 낭비하고 스캔 과정에도 많은 비효율을 안게 된다. secondary 인덱스가 여러 개면 문제는 더 심각해진다.

PK 컬럼을 저장하기 때문에 생기는 이점도 있는데, 아래 테스트 결과를 보자(스크립트 ch1_08.txt 참조).

```
SQL> create table emp_iot
  2  ( empno, ename, job, mgr, hiredate, sal, comm, deptno
  3  , constraint pk_emp_iot primary key ( empno ) )
  4  organization index
  5  as
  6  select * from scott.emp;
```

```
SQL> create index iot_secondary_index on emp_iot( ename );

SQL> set autotrace traceonly explain
SQL> select * from emp_iot where ename = 'SMITH';

Execution Plan
----------------------------------------------------------
0    SELECT STATEMENT Optimizer=CHOOSE (Cost=3 Card=1 Bytes=87)
1  0   INDEX (UNIQUE SCAN) OF 'PK_EMP_IOT' (UNIQUE) (Cost=1 Card=1 Bytes=87)
2  1     INDEX (RANGE SCAN) OF 'IOT_SECONDARY_INDEX' (NON-UNIQUE) (Cost=1 Card=1)
```

secondary 인덱스 컬럼인 ename 조건으로 모든 컬럼(*)을 조회하니까 secondary 인덱스와 IOT를 모두 액세스했다. 이번에는 secondary 인덱스 키 컬럼(ename)과 PK 컬럼(empno)만 읽도록 해 보자.

```
SQL> select empno from emp_iot where ename = 'SMITH';

Execution Plan
----------------------------------------------------------
0    SELECT STATEMENT Optimizer=CHOOSE (Cost=1 Card=1 Bytes=20)
1  0   INDEX (RANGE SCAN) OF 'IOT_SECONDARY_INDEX' (NON-UNIQUE) (Cost=1 Card=1 … )
```

secondary 인덱스만 읽고 처리를 완료하였다. (이를 통해 secondary 인덱스에 실제 PK 컬럼이 저장돼 있음도 확인되었다.)

여기서 한 가지 의문이 생길 수 있다. 그림 1-27에 있는 컨텐츠방문 테이블을 예로 들어보자. 만약 이 테이블을 IOT로 구성하고 [컨텐츠ID + 방문일시]를 키(key)로 갖는 secondary 인덱스 '컨텐츠방문_X01'을 생성하면, 아래와 같이 컨텐츠ID, 방문일시 두 컬럼이 중복 저장될까?

인덱스명	인덱스 키	Logical Rowid
컨텐츠방문_X01	(컨텐츠ID, 방문일시)	(고객ID, 컨텐츠ID, 방문일시) + (physical guess)

오라클은 secondary 인덱스의 Logical Rowid가 인덱스 키와 중복되면, 이를 제거하고 아래와 같이 고객ID만을 저장한다.

인덱스명	인덱스 키	Logical Rowid
컨텐츠방문_X01	(컨텐츠ID, 방문일시)	(고객ID) + (physical guess)

dba/all/user_indexes를 조회하면 iot_redundant_pkey_elim 통계치를 볼 수 있는데, 이 값이 'YES'이면 secondary 인덱스 키와 PK 컬럼 간에 하나 이상 중복 컬럼이 있어 오라클이 이를 제거했음을 의미한다.

(6) 인덱스 클러스터 테이블

지금까지 테이블 Random 액세스를 줄이는 방안으로서 IOT를 소개하였고, 지금부터는 클러스터 테이블(clustered table)에 대해 설명하려고 한다. 클러스터 테이블에는 인덱스 클러스터와 해시 클러스터 두 가지가 있는데, 인덱스 클러스터부터 살펴보자.

인덱스 클러스터 테이블은 그림 1-36처럼 클러스터 키(여기서는 deptno) 값이 같은 레코드가 한 블록에 모이도록 저장하는 구조를 사용한다. 한 블록에 모두 담을 수 없을 때는 새로운 블록을 할당해 클러스터 체인으로 연결한다.

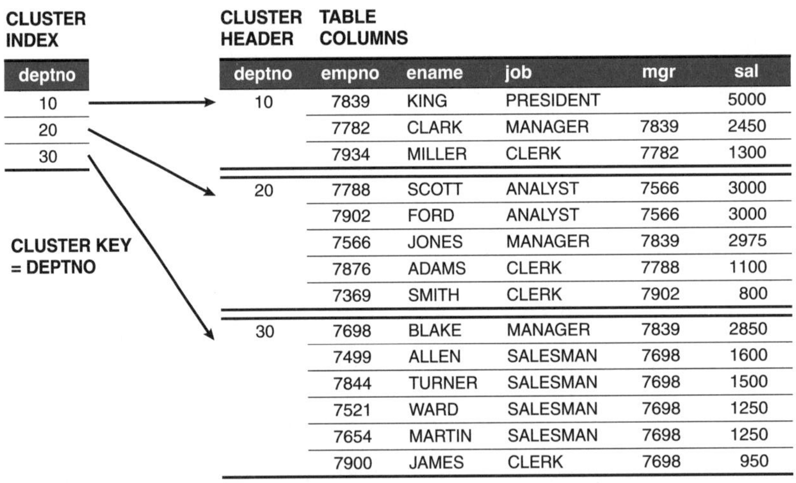

그림 1-36

심지어 여러 테이블 레코드가 물리적으로 같이 저장될 수도 있다. 여러 테이블을 서로 조인된 상태로 저장해 두는 것인데, 일반적으로는 하나의 데이터 블록이 여러 테이블에 의해 공유될 수 없음을 상기하기 바란다.

이름 때문에 SQL 서버나 Sybase에서 말하는 '클러스터형 인덱스(Clustered Index)' 와 같다고 생각할지 모르지만 클러스터형 인덱스는 오히려 IOT에 가깝다. 인덱스 클러스터는 키 값이 같은 데이터를 물리적으로 한 곳에 저장해 둘 뿐, IOT처럼 정렬하지는 않는다.

인덱스 클러스터 테이블을 구성하려면 먼저 아래와 같이 클러스터를 생성해야 한다(스크립트 ch1_09.txt 참조).

```
SQL> create cluster c_deptno# ( deptno number(2) ) index ;
```

그리고 클러스터에 테이블을 담기 전에 아래와 같이 클러스터 인덱스를 반드시 정의해야 한다. 왜냐하면, 클러스터 인덱스는 데이터 검색 용도로 사용될 뿐만 아니라 데이터가 저장될 위치를 찾을 때도 사용되기 때문이다.

```
SQL> create index i_deptno# on cluster c_deptno#;
```

클러스터 인덱스도 일반적인 B*Tree 인덱스 구조를 사용하지만, 해당 키 값을 저장하는 첫 번째 데이터 블록만을 가리킨다는 점에서 다르다.

클러스터 인덱스의 키 값은 항상 Unique(중복 값이 없음)하며, 그림 1-36에서 보듯 테이블 레코드와 1:M 관계를 갖는다. 일반 테이블에 생성한 인덱스 레코드는 테이블 레코드와 1:1 대응 관계를 갖는다고 설명한 것을 기억할 것이다.

이런 구조적 특성 때문에 클러스터 인덱스를 스캔하면서 값을 찾을 때는 Random 액세스가 (클러스터 체인을 스캔하면서 발생하는 Random 액세스는 제외하고) 값 하나당 한 번씩 밖에 발생하지 않는다. 클러스터에 도달해서는 Sequential 방식으로 스캔하기 때문에 넓은 범위를 읽더라도 비효율이 없다는 게 핵심 원리다.

인덱스 클러스터 테이블에는 아래 두 가지 유형이 있다.

- 단일 테이블 인덱스 클러스터
- 다중 테이블 인덱스 클러스터

뒤에서 계속 단일 테이블 클러스터를 기준으로 설명하므로 여기서는 다중 테이블 클러스터를 생성하는 예제를 간단히 살펴보고 넘어가자. 인덱스 클러스터와 클러스터 인덱스는 이미 앞서 정의하였으므로 여기에 테이블을 담기만 하면 된다.

```
SQL> create table emp
  2  cluster c_deptno# (deptno)
  3  as
  4  select * from scott.emp;

SQL> create table dept
  2  cluster c_deptno# (deptno)
  3  as
  4  select * from scott.dept;

SQL> select owner, table_name from dba_tables where cluster_name = 'C_DEPTNO#';

OWNER           TABLE_NAME
--------------- -------------------------
ORAKING         DEPT
ORAKING         EMP
```

앞서 생성한 c_deptno# 클러스터에 dept와 emp 두 테이블이 같이 담기도록 정의하였다. 여기서, 클러스터에 생성한 i_deptno# 인덱스를 dept와 emp가 공유한다는 사실도 기억하기 바란다. 물론 클러스터 인덱스 외에 각 테이블별로 제2, 제3의 인덱스를 생성할 수도 있다.

```
SQL> break on deptno skip 1
SQL> select d.deptno, e.empno, e.ename
  2       , dbms_rowid.rowid_block_number(d.rowid) dept_block_no
  3       , dbms_rowid.rowid_block_number(e.rowid) emp_block_no
  4  from   dept d, emp e
  5  where  e.deptno = d.deptno
  6  order by d.deptno;

 DEPTNO      EMPNO ENAME      DEPT_BLOCK_NO EMP_BLOCK_NO
------- ---------- ---------- ------------- ------------
     10       7934 MILLER               524          524
              7839 KING                 524          524
              7782 CLARK                524          524

     20       7788 SCOTT                527          527
              7566 JONES                527          527
              7369 SMITH                527          527
```

```
          7876 ADAMS                527          527
          7902 FORD                 527          527

    30    7499 ALLEN                528          528
          7521 WARD                 528          528
          7654 MARTIN               528          528
          7698 BLAKE                528          528
          7844 TURNER               528          528
          7900 JAMES                528          528

14 개의 행이 선택되었습니다.
```

위 결과를 통해 'deptno가 같은 dept, emp 레코드'가 '같은 블록'에 담긴 것을 알 수 있다.

인덱스 클러스터는 넓은 범위를 검색할 때 유리

넓은 범위 데이터를 검색할 때 클러스터 테이블이 실제 유용한지 SQL 트레이스를 통해 확인해 보자(스크립트 ch1_10.txt 참조).

```
SQL> create cluster objs_cluster# ( object_type VARCHAR2(19) ) index ;

SQL> create index objs_cluster_idx on cluster objs_cluster#;

SQL> create table objs_cluster    → 클러스터 테이블
  2 cluster objs_cluster# ( object_type )
  3 as
  4 select * from all_objects
  5 order by dbms_random.value ;

SQL> create table objs_regular    → 일반 테이블
  2 as
  3 select * from objs_cluster
  4 order by dbms_random.value;

SQL> create index objs_regular_idx on objs_regular(object_type);

SQL> alter table objs_regular modify object_name null;

SQL> alter table objs_cluster modify object_name null;
```

인덱스 클러스터 테이블(objs_cluster)과 일반 힙 구조 테이블(objs_regular)을 만들었다. 이제 SQL

트레이스를 건 상태에서 object_type = 'TABLE' 조건으로[12] 각 테이블을 조회해 보자.

```
select /*+ index(t objs_regular_idx) */ count(object_name)
from   objs_regular t
where  object_type = 'TABLE'

Rows   Row Source Operation
-----  ---------------------------------------------------
    1  SORT AGGREGATE (cr=642 pr=0 pw=0 time=5774 us)
 1763   TABLE ACCESS BY INDEX ROWID OBJS_REGULAR (cr=642 pr=0 pw=0 time=38863 us)
 1763    INDEX RANGE SCAN OBJS_REGULAR_IDX (cr=6 pr=0 pw=0 time=8922 us)
```

일반 B*Tree 인덱스와 힙 구조 테이블을 이용했더니 테이블을 1,763번 Random 액세스하는 동안 636(=642-6)개의 블록 I/O가 발생하였다.

```
select count(object_name)
from   objs_cluster t
where  object_type = 'TABLE'

Rows   Row Source Operation
-----  ---------------------------------------------------
    1  SORT AGGREGATE (cr=23 pr=0 pw=0 time=638 us)
 1763   TABLE ACCESS CLUSTER OBJS_CLUSTER (cr=23 pr=0 pw=0 time=7075 us)
    1    INDEX UNIQUE SCAN OBJS_CLUSTER_IDX (cr=1 pr=0 pw=0 time=18 us)
```

이번에는 B*Tree 클러스터 인덱스를 통해 클러스터 테이블을 액세스했더니 Random 액세스는 단 1회만 발생하였고, 클러스터를 스캔하는 동안 22(=23-1)개의 블록 I/O가 발생하였다.

클러스터 인덱스를 '=' 조건으로 액세스할 때는 항상 Unique Scan이 나타난다는 사실에도 주목하기 바란다.

클러스터 테이블과 관련한 성능 이슈

방금 본 것처럼 클러스터 테이블은 넓은 범위를 검색할 때 유리하다. 이런 장점에도 클러스터 테이블이 실무적으로 자주 활용되지 않는 이유는 DML 부하 때문이다. (사실 이보다 더 큰 이유는 클러스

12) object type = 'SYNONYM' 데이터가 가장 많지만 이 조건에 해당하는 데이터가 절반 가까이 되기 때문에 일반 테이블의 클러스터링 팩터도 좋을 수 밖에 없다. 그래서 데이터가 적당히 흩어진 조건으로 테스트한 것이다.

터 테이블 기능을 잘 모른다는 데에 있다.)

IOT에서도 설명했듯이 일반적인 힙 구조 테이블에 데이터를 입력할 때는 Freelist로부터 할당 받은 공간에 정해진 순서 없이 값을 입력한다. 반면, IOT는 정렬 상태를 유지하면서 값을 입력한다고 했다. 클러스터 테이블은 IOT처럼 정렬 상태를 유지하지는 않지만 정해진 블록을 찾아서 값을 입력해야 하기 때문에 DML 성능이 다소 떨어진다. 특히, 전에 없던 값을 입력할 때는 블록을 새로 할당 받아야 하기 때문에 더 느리다.

하지만 클러스터를 구성하지 않는 대신 인덱스를 생성할거면 DML 부하는 어차피 비슷하다고 볼 수 있다. 특히 이미 블록이 할당된 클러스터 키 값을 입력할 때는 별 차이가 없고, 만약 계속 새로운 값이 입력돼 많이 느려진다면 클러스터 키를 잘못 선정한 경우라고 할 수 있다. 클러스터 테이블을 구성하면서 기존에 사용하던 인덱스 두세 개를 없앨 수 있다면 DML 부하가 오히려 감소할 수도 있다.

수정이 자주 발생하는 컬럼은 클러스터 키로 선정하지 않는 것이 좋지만, 삭제 작업 때문에 클러스터 테이블이 불리할 것은 없다. 다만, 전체 데이터를 지우거나 테이블을 통째로 Drop할 때 성능 문제가 생길 수 있다.

전체 데이터를 지울 때는 Truncate Table 문장을 쓰는 것이 빠른데, 클러스터 테이블에는 이 문장을 쓸 수가 없다. 단일 테이블 클러스터일 때도 마찬가지다. 또한 테이블을 Drop하려 할 때도 내부적으로 건건이 delete가 수행된다는 사실을 기억할 필요가 있다. 다중 테이블 클러스터를 생각해보면 너무 당연한 사실이다.

따라서 전체 데이터를 빠르게 지우고 싶을 때는 아래와 같이 클러스터를 Truncate하거나 Drop하는 것이 가장 빠르다. 물론 다중 테이블 클러스터일 때는 클러스터링된 테이블이 모두 삭제되므로 주의해야 한다.

```
truncate cluster objs_cluster#;
drop cluster objs_cluster# including tables;
```

DML 부하 외에 클러스터 테이블과 관련해 고려해야 할 성능 이슈로는 다음과 같은 것들이 있다.

- Direct Path Loading을 수행할 수 없다.
- 파티셔닝 기능을 함께 적용할 수 없다. IOT의 경우는 Partitioned IOT가 가능하고, 이를 통해 효과적으로 성능 문제를 해결한 사례를 앞에서 보았다.

● 다중 테이블 클러스터를 Full Scan할 때는 다른 테이블 데이터까지 스캔하기 때문에 불리하다.

SIZE 옵션

클러스터 키 하나당 레코드 개수가 많지 않을 때 클러스터마다 한 블록씩 통째로 할당하는 것은 낭비다. 그래서 오라클은 하나의 블록에 여러 키 값이 같이 상주할 수 있도록 SIZE 옵션을 두었다.

SIZE 옵션은 한 블록에 여러 클러스터 키가 같이 담기더라도 하나당 가질 수 있는 최소 공간(바이트 단위)을 미리 예약하는 기능이다. 반대로 말하면, 하나의 블록에 담을 최대 클러스터 키 개수를 결정짓는다고 할 수 있다. 예를 들어, 블록 크기가 8KB일 때 SIZE 옵션으로 2000 바이트를 지정하면 한 블록당 최대 4개 클러스터 키만을 담을 수 있으며, 아래 수행 결과가 그런 사실을 잘 말해주고 있다(스크립트 ch1_11.txt 참조).

```
SQL> show parameter block_size

NAME                                 TYPE        VALUE
------------------------------------ ----------- ------
db_block_size                        integer     8192

SQL> drop cluster emp_cluster# including tables;

SQL> create cluster emp_cluster# ( empno number(4) ) pctfree 0 size 2000 index ;

SQL> create index emp_cluster_idx on cluster emp_cluster#;

SQL> create table emp
  2  cluster emp_cluster# ( empno )
  3  as
  4  select * from scott.emp;

SQL> select emp.empno, emp.ename, dbms_rowid.rowid_block_number(rowid) block_no
  3  from   emp ;

     EMPNO ENAME        BLOCK_NO
---------- ---------- ----------
      7902 FORD            68404  } 2개
      7934 MILLER          68404
```

```
     7369 SMITH          68406  ┐
     7499 ALLEN          68406  │
     7521 WARD           68406  ├ 4개
     7566 JONES          68406  ┘
     7654 MARTIN         68407  ┐
     7698 BLAKE          68407  │
     7782 CLARK          68407  ├ 4개
     7788 SCOTT          68407  ┘
     7839 KING           68408  ┐
     7844 TURNER         68408  │
     7876 ADAMS          68408  ├ 4개
     7900 JAMES          68408  ┘
```

emp 레코드 하나가 2,000 바이트에 한참 못 미치지만 각 블록당 4개의 empno를 입력하고는 새로운 블록에 담기 시작한 것을 볼 수 있다.

하나의 블록에 담을 "최대" 클러스터 키 개수를 결정짓는다는 것은 4개 미만의 키 값이 담길 수도 있다는 뜻이기도 하다. 예를 들어, 같은 empno를 가진 1,000 바이트 크기의 emp 레코드를 차례로 입력하면 아래와 같이 8개 레코드가 한 블록에 모두 담길 수 있다.

```
SQL> drop table emp purge;

SQL> create table emp
  2  cluster emp_cluster# ( empno )
  3  as
  4  select empno, ename, lpad('*', 970) data    → 한 로우가 1000 바이트쯤 되도록
  5  from   scott.emp,(select rownum no from dual connect by level <= 10)
  6  where  empno = 7900;

SQL> select empno, ename, dbms_rowid.rowid_block_number(rowid) block_no
  2  from   emp ;

     EMPNO ENAME        BLOCK_NO
---------- ---------- ----------
      7900 JAMES           68406
      7900 JAMES           68406
      7900 JAMES           68406
      7900 JAMES           68406
      7900 JAMES           68406
```

```
        7900 JAMES             68406
        7900 JAMES             68406
        7900 JAMES             68406
        7900 JAMES             68407
        7900 JAMES             68407
```

위 테스트 결과를 통해, 같은 블록 내에 공간이 있다면 (최대 클러스터 키 개수를 초과하지 않는 범위 내에서) 계속 그곳에 저장하고, 그 블록마저 차면 새로운 블록을 할당해서 계속 저장한다는 사실을 알 수 있다. SIZE 옵션은 공간을 미리 예약해 두는 것일 뿐 그 크기를 초과했다고 값을 저장하지 못하도록 하지는 않는다는 것이다.

SIZE 옵션 때문에 데이터 입력이 방해 받지는 않지만 대부분 클러스터 키 값이 한 블록씩을 초과한다면 굳이 이 옵션을 두어 클러스터 체인이 발생하도록 할 이유는 없다. 조금 전처럼 같은 값이 한꺼번에 입력된다면 클러스터 체인을 최소화할 수 있지만 그것은 운이 좋았을 뿐이다. 같은 키 값을 가진 데이터가 물리적으로 서로 모여서 저장되도록 하려고 클러스터 테이블을 사용하는 것인데, 이 옵션을 너무 작게 설정하면 그 효과가 반감된다는 사실을 기억하자.

반대로 너무 크게 설정하면 공간을 낭비할 수 있으며, 판단 기준은 클러스터 키마다의 평균 데이터 크기다. 참고로, SIZE 옵션을 지정하지 않으면 한 블록에 하나의 클러스터 키만 담긴다.

(7) 해시 클러스터 테이블

해시 클러스터 테이블은 해시 함수에서 반환된 값이 같은 데이터를 물리적으로 함께 저장하는 구조다. 클러스터 키로 데이터를 검색하고 저장할 위치를 찾을 때는 해시 함수를 사용한다. 해시 함수가 인덱스 역할을 대신하는 것이며, 해싱 알고리즘을 이용해 클러스터 키 값을 데이터 블록 주소로 변환해 준다.

해시 클러스터 테이블도 인덱스 클러스터 테이블처럼 아래 두 가지 유형이 있다.

- 단일 테이블 해시 클러스터
- 다중 테이블 해시 클러스터

해시 클러스터의 가장 큰 제약사항은 '=' 검색만 가능하다는 점이다. 따라서 거의 대부분 '=' 조건으로만 검색되는 컬럼을 해시 키로 선정해야 한다.

물리적인 인덱스를 따로 갖지 않기 때문에 해시 클러스터 키로 검색할 때는 그만큼 블록 I/O가 덜 발생한다는 이점이 생긴다. 아래 테스트가 그런 사실을 잘 말해주고 있다(스크립트 ch1_12.txt 참조).

```
SQL> create cluster username_cluster# ( username varchar2(30) )
     hashkeys 100 size 50;

SQL> create table user_cluster
     cluster username_cluster# ( username )
     as
     select * from all_users;

SQL> create table user_regular as select * from all_users;

SQL> create unique index user_regular_idx on user_regular(username)

SQL> alter table user_regular modify user_id null;
SQL> alter table user_cluster modify user_id null;

SQL> alter session set sql_trace = true;

SQL> declare
       l_user_id user_regular.user_id%type;
     begin
       for c in (select owner from objs_regular where owner <> 'PUBLIC')
       loop
         select user_id into l_user_id from user_regular where username = c.owner;
         select user_id into l_user_id from user_cluster where username = c.owner;
       end loop;
     end;
     /
```

아래는 위 스크립트를 수행할 때의 SQL 트레이스 결과다.

```
SELECT USER_ID FROM USER_REGULAR WHERE USERNAME = :B1

call     count       cpu    elapsed       disk      query    current        rows
------- ------  -------- ---------- ---------- ---------- ----------  ----------
Parse        1      0.00       0.00          0          0          0           0
Execute  30101      0.75       0.64          0          0          0           0
Fetch    30101      0.81       0.81          0      60202          0       30101
------- ------  -------- ---------- ---------- ---------- ----------  ----------
```

```
total     60203      1.56       1.45          0      60202          0       30101

Rows    Row Source Operation
-----   ---------------------------------------------------
30101   TABLE ACCESS BY INDEX ROWID USER_REGULAR (cr=60202 pr=0 pw=0 time=924994...)
30101    INDEX UNIQUE SCAN USER_REGULAR_IDX (cr=30101 pr=0 pw=0 time=383440 us)


SELECT USER_ID FROM USER_CLUSTER WHERE USERNAME = :B1

call     count       cpu    elapsed       disk      query    current        rows
------- ------  -------- ---------- ---------- ---------- ----------  ----------
Parse        1      0.00       0.00          0          0          0           0
Execute  30101      0.34       0.40          0          3          0           0
Fetch    30101      0.62       0.48          0      30101          0       30101
------- ------  -------- ---------- ---------- ---------- ----------  ----------
total    60203      0.96       0.89          0      30104          0       30101

Rows      Row Source Operation
-------   ---------------------------------------------------
  30101   TABLE ACCESS HASH USER_CLUSTER (cr=30101 pr=0 pw=0 time=410828 us)
```

(8) IOT와 클러스터 테이블을 동시에 적용한 튜닝 사례

마지막으로, IOT와 클러스터 테이블을 동시에 적용해 튜닝했던 사례를 소개하고자 한다.

```
select a.카드번호, a.고객id, a.고객명, a.발급일자
     , a.성별, a.생년월일, a.결혼기념일, a.핸드폰번호, a.전화번호
     , a.우편번호, a.우편번호주소, a.상세주소
     , a.최종구매일자, a.구매횟수, a.구매금액 구매금액1, x.구매금액 구매금액2
     , a.누적포인트, a.실사용가능포인트
from   (select x.고객id, x.관리지점, sum(구매금액) 구매금액
        from   고객별품목별구매내역 x
        where  x.관리지점 = 'A6123E'
        and    x.구매일자 between '20010101' and '20090430'
        and    x.구매지점 not in ('AAAAAA','BBBBBB')
        and    (x.품목 = '0001'  or  x.품목 = '0002')
        and    not (x.품목 = '0003'  or  x.품목 = '0004')
        group by x.고객id, x.관리지점) x
     , 고객마스터 a
```

```
where x.관리지점 = 'A6123E'
and    a.고객id = x.고객id
and    a.관리지점 = x.관리지점
and    a.전화확인 = '01'
and    a.sms거부 = 'N'
and    a.핸드폰번호 is not null

Call     Count CPU Time Elapsed Time       Disk      Query    Current       Rows
------- ------ -------- ------------ ---------- ---------- ---------- ----------
Parse        1    0.000        0.005          0          0          0          0
Execute      1    0.000        0.000          0          0          0          0
Fetch     1108   12.970      292.657      81233     121571          0      11062
------- ------ -------- ------------ ---------- ---------- ---------- ----------
Total     1110   12.970      292.662      81233     121571          0      11062

Rows   Row Source Operation
-----  ---------------------------------------------------
11062  NESTED LOOPS  (cr=121571 r=81233 w=0 time=292379730 us)
14661   VIEW  (cr=76364 r=68123 w=0 time=252514157 us)
14661    SORT GROUP BY (cr=76364 r=68123 w=0 time=252503412 us)
19099     TABLE ACCESS BY INDEX ROWID 고객별품목별구매내역 (cr=76364 r=68123 …)
75773      INDEX RANGE SCAN 고객별품목별구매내역_PK (cr=853 r=853 w=0 time= …)
11062   TABLE ACCESS BY INDEX ROWID 고객마스터 (cr=45207 r=13110 w=0 time= …)
14661    INDEX UNIQUE SCAN 고객마스터_PK (cr=30431 r=10849 w=0 time= …)
```

위 쿼리에 사용된 두 테이블 인덱스 구성은 다음과 같다.

```
고객마스터_PK : 고객ID
고객별품목별구매내역_PK : 관리지점 + 구매일자 + 품목 + 고객ID + 구매지점
고객별품목별구매내역_X01 : 고객ID + 구매일자
```

쿼리를 보면 고객마스터와 고객별품목별구매내역 모두 지점별로 데이터가 관리된다는 사실을 알 수 있다. 따라서 관리지점별로 대량의 데이터를 집계하는 경우가 많다.

그런데 관리지점별 고객 수가 수만 명에 이르고 구매일자 검색범위에 해당하는 구매내역도 수만 건에 이르기 때문에 NL 조인으로는 좋은 성능을 기대하기 어려운 상황이다.

해시 조인이나 소트 머지 조인으로 유도하더라도 마찬가지다. 관리지점 조건으로 각각 인덱스를 이용해 테이블을 액세스하는 과정에서 이미 많은 Random I/O가 발생하기 때문이다.

이런 상황에서 어떻게 튜닝하는 것이 효과적일까? 우선 고객마스터는 관리지점 기준으로 클러스터 테이블을 구성하는 것이 가장 최적의 솔루션이다.

문제는 고객별품목별구매내역 테이블에 있다. 이런 형태의 거래 테이블은 일자 컬럼 기준으로 Range 파티션을 구성하는 것이 일반적이지만, 불필요한 관리지점까지 Full Scan하는 비효율이 있다.

관리지점마다 따로 저장되도록 'Range + 리스트' 결합 파티셔닝을 생각해 볼 수 있지만 관리지점이 추가될 때마다 파티션 구성을 변경해 주어야 하는 관리 부담이 생긴다. 게다가 일 단위 파티션이 아닌 한, 검색범위에 포함되지 않는 일자까지 모두 Full Scan하는 비용도 적지 않을 것이다.

그래서 관리지점, 구매일자가 정렬 기준 선두 컬럼이 되도록 IOT를 구성하기로 결정하였다.

```
고객마스터_PK : 고객ID
고객마스터_X01 : 관리지점 (➔ 클러스터 키 인덱스)
고객별품목별구매내역_PK : 관리지점 + 구매일자 + 품목 + 고객ID + 구매지점 (➔ IOT)
고객별품목별구매내역_X01 : 고객ID + 구매일자
```

아래는 IOT와 클러스터 테이블을 구성하고 나서 SQL 트레이스를 수집한 것이다.

```
select /*+ leading(a) use_hash(x) */ ➔ 해시 조인으로 유도
       a.카드번호, a.고객id, a.고객명, a.발급일자, …
from   ( … ) x, 고객마스터 a
where  …

Call     Count CPU Time Elapsed Time       Disk      Query    Current       Rows
------- ------ -------- ------------ ---------- ---------- ---------- ----------
Parse        1    0.000        0.000          0          0          0          0
Execute      1    0.000        0.000          0          0          0          0
Fetch     1108    1.120        2.803       2995       2995          0      11062
------- ------ -------- ------------ ---------- ---------- ---------- ----------
Total     1110    1.120        2.803       2995       2995          0      11062

Rows   Row Source Operation
-----  ------------------------------------------------------
11062  HASH JOIN  (cr=2995 r=2995 w=0 time=2619887 us)
61185   TABLE ACCESS CLUSTER 고객마스터 (cr=2142 r=2142 w=0 time=1776145 us)
    1    INDEX UNIQUE SCAN 고객마스터_IDX01 (cr=1 r=1 w=0 time=647 us)
14661   VIEW  (cr=853 r=853 w=0 time=537164 us)
14661    SORT GROUP BY (cr=853 r=853 w=0 time=527150 us)
```

```
19099    INDEX RANGE SCAN 고객별품목별구매내역_PK (cr=853 r=853 w=0 time= … )
```

참고로, 레코드 건수로 봐서는 고객별품목별구매내역을 Build Input으로 삼고 고객마스터를 Probe Input으로 삼는 게 유리해 보인다. 하지만 고객마스터를 Probe Input으로 사용하면 1,108번의 Fetch Call마다 클러스터 스캔이 발생해 오히려 블록 I/O가 늘어난다. 반면, 고객별품목별구매내역은 sort group by를 거쳐 PGA에 저장된 중간 집합이므로 Fetch 시 추가적인 블록 I/O가 발생하지 않는다.

07 인덱스 스캔효율

1권 6장 1절에서 블록 단위 I/O 원리를 설명하면서 Random 액세스와 Sequential 액세스의 차이점을 자세히 설명하였다.

Sequential 액세스는 레코드간 논리적 또는 물리적인 순서를 따라 차례대로 읽어 나가는 방식을 말하고, Random 액세스는 레코드간 논리적, 물리적인 순서를 따르지 않고 한 건을 읽기 위해 한 블록씩 접근(=touch)하는 방식이라고 했다. 그리고 I/O 튜닝의 핵심 원리로서 아래 두 가지 항목을 꼽았다.

1. Sequential 액세스의 선택도를 높인다.
2. Random 액세스 발생량을 줄인다.

4절에서 테이블 Random 액세스 부하 원리에 대해 설명했고, 5절과 6절에선 부하 해소 원리를 설명했는데, 이는 2번 항목에 해당한다.

지금부터는 1번 Sequential 액세스의 선택도를 높이는 방법에 대해 설명하려고 한다. 즉, 테이블을 액세스하기 전, 인덱스를 Sequential 방식으로 스캔하는 단계에서 발생하는 비효율 해소 원리를 다룬다.

Sequential 액세스 선택도

일반적인 의미에서의 선택도는 전체 레코드 중에서 조건절에 의해 선택되는 비율을 말한다. 또한, 조나단 루이스는 그의 저서 Cost-Based Oracle Fundamentals에서 인덱스 액세스에 대한 비용 공식을 쉽게 설명하려고 아래 두 가지 용어를 도입하였으며, 4절에서 이미 소개한 바 있다.

- 유효 인덱스 선택도 : 전체 인덱스 레코드 중에서 조건절을 만족하는 레코드를 찾기 위해 스캔할 것으로 예상되는 비율(%)
- 유효 테이블 선택도 : 전체 레코드 중에서 인덱스 스캔을 완료하고서 최종적으로 테이블을 방문할 것으로 예상되는 비율(%)

조나단 루이스가 말하는 유효 테이블 선택도가 높다면 인덱스 스캔 후 테이블 Random 액세스 비율이 높은 것이므로 앞서 선택도가 높아야 효율적이라고 한 필자의 주장과 배치된다.

하지만 본 절에서 말하는 'Sequential 액세스 선택도'는 인덱스를 스캔한 건수 중 결과로 선택되는 비율을 말하는 것이며, 그 비율이 높아야 효율적이라는 의미는 같은 결과 건수를 내기 위해 적은 양을 읽어야 함을 이르는 것이다.

(1) 비교 연산자 종류와 컬럼 순서에 따른 인덱스 레코드의 군집성

인덱스 스캔의 효율성을 설명하기에 앞서 인덱스 레코드의 특성을 한 가지 이해하고 넘어갈 필요가 있다.

테이블과 달리 인덱스 레코드는 '같은 값을 갖는' 레코드들이 항상 서로 군집해 있다. 그런데 '같은 값을 갖는다'라고 하면 '=' 비교가 전제되므로, 만약 비교 연산자가 '=' 조건이 아닐 때는 인덱스 레코드도 서로 흩어진 상태일 수 있다. 그림 1-37을 보면서 이해해 보자.

선두 컬럼, 선행 컬럼

생각하기에 따라 같은 용어라고 해석될 수 있지만 서로 헷갈리지 않도록 정리해 보자. '선두 컬럼'은 인덱스 구성상 맨 앞쪽에 있는 컬럼을 지칭할 때 사용하고, '선행 컬럼'은 상대적으로 앞쪽에 놓인 컬럼을 칭할 때 사용할 것이다. 선두 컬럼은 당연히 선행 컬럼에 포함된다.

그림에서 리프 블록 아래쪽에 있는 1부터 20까지의 숫자는 설명의 편의상 부여한 일련번호다.

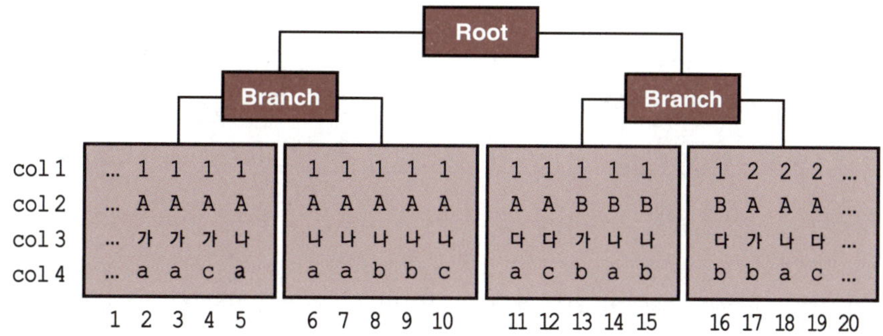

그림 1-37

아래와 같이 인덱스 구성 컬럼(col1, col2, col3, col4)이 모두 '=' 조건으로 비교될 때는 조건을 만족하는 레코드들이 모두 연속되게(5~7번까지) 모여 있는 것을 볼 수 있다.

```
where col1 = 1 and col2 = 'A' and col3 = '나' and col4 = 'a'
```

아래와 같이 선행 컬럼은 모두 '='이고 맨 마지막 컬럼만 범위검색 조건(부등호, between, like)일 때도 조건을 만족하는 레코드가 서로 모여 있다(5~10번).

```
where col1 = 1 and col2 = 'A' and col3 = '나' and col4 >= 'a'
```

만약 맨 마지막 컬럼이 아닌 중간 컬럼이 범위검색 조건일 때는 어떻게 되는지 살펴보자. 첫 번째 예로, 아래와 같이 세 번째 컬럼 col3가 범위검색 조건인 경우는 col1부터 col3까지 세 조건만을 만족하는 인덱스 레코드는 서로 모여 있지만(2~12번) col4 조건까지 만족하는 레코드는 흩어지게 된다(2,3,5,6,7,11번).

```
where col1 = 1 and col2 = 'A' and col3 between '가' and '다' and col4 = 'a'
```

두 번째 예로, 아래와 같이 두 번째 컬럼 col2가 범위검색 조건인 경우는 col1부터 col2까지 두 조건만을 만족하는 인덱스 레코드는 서로 모이지만(2~16번) col3와 col4 조건까지 만족하는 레코드는 흩어지게 된다(5,6,7,8,9,14,15번).

```
where col1 = 1 and col2 <= 'B' and col3 = '나' and col4 between 'a' and 'b'
```

여기서 우리는 한 가지 규칙을 발견할 수 있다. 선행 컬럼이 모두 '=' 조건인 상태에서 첫 번째 나타나는 범위검색 조건까지만 만족하는 인덱스 레코드는 모두 연속되게 모여 있지만, 그 이하 조건까지 만족하는 레코드는 비교 연산자 종류에 상관없이 흩어진다(우연히 모여 있을 수는 있음)는 규칙이다.

만약 아래와 같이 맨 선두 컬럼이 범위검색 조건이면 그 조건을 만족하는 레코드만 서로 모여 있고(2~19번), 나머지 조건까지 만족하는 레코드는 비교 연산자 종류에 상관없이 흩어지게 된다(5,6,7,18번).

```
where col1 between 1 and 2 and col2 = 'A' and col3 = '나' and col4 = 'a'
```

(2) 인덱스 선행 컬럼이 등치(=) 조건이 아닐 때 발생하는 비효율

Sequential 액세스 효율은 선택도에 의해 결정된다. 달리 표현하면, 같은 결과 건수를 내는데 얼마나 적은 레코드를 읽느냐로 효율성을 판단할 수 있다.

인덱스 Sequential 액세스에 따른 선택도는 인덱스 컬럼이 조건절에 모두 등치(=) 조건으로 사용될 때 가장 높다. 리프 블록을 스캔하면서 읽은 레코드는 하나도 필터링되지 않고 모두 테이블 액세스로 이어지기 때문이다. 따라서 인덱스 스캔 단계에서의 비효율은 전혀 없다.

인덱스 컬럼 중 일부가 조건절에서 생략되거나 '=' 조건이 아니더라도, 그것이 뒤쪽 컬럼일 때는 비효율이 없다. 예를 들어, 인덱스가 [아파트시세코드 + 평형 + 평형타입 + 인터넷매물] 순으로 구성됐을 때 조건절이 아래와 같은 경우를 말한다.

```
where 아파트시세코드 = :a
where 아파트시세코드 = :a and 평형 = :b
where 아파트시세코드 = :a and 평형 = :b and 평형타입 = :c
where 아파트시세코드 = :a and 평형 = :b and 평형타입 between :c and :d
```

반면, 인덱스 선행 컬럼이 조건절에 누락되거나 between, 부등호, like 같은 범위검색 조건이 사용되면 인덱스를 스캔하는 단계에서 비효율이 발생한다.

예를 들어, 인덱스가 [아파트시세코드 + 평형 + 평형타입 + 인터넷매물] 순으로 구성된 상황에서 아래 SQL을 수행하는 경우를 살펴보자.

```
select   해당층, 평당가, 입력일, 해당동, 매물구분, 연사용일수, 중개업소코드
from     매물아파트매매
where    아파트시세코드='A01011350900056'
and      평형 = '59'
and      평형타입 = 'A'
and      인터넷매물 between '1' and '2'
order by 입력일 desc
```

그림 1-38은 위 조건절을 만족하는 두 개 레코드(그림에서 음영 처리된 레코드)를 찾기 위해 인덱스를 범위 스캔하는 과정을 도식화한 것이다.

아파트시세코드	평형	평형타입	인터넷매물
A01011350800055	21	A	1
A01011350800071	15	A	0
A01011350800071	15	A	3
A01011350800088	12	B	0
A01011350900004	23	A	1
A01011350900004	23	A	2
A01011350900004	23	B	1
A01011350900004	23	B	2
A01011350900056	59	A	1
A01011350900056	59	A	2
A01011350900056	59	A	3
A01011350900056	59	D	2
A01011350900068	22	A	2
A01011351100017	32	A	2
A01011352700042	68	B	1
A01011352700042	68	B	1

그림 1-38

인터넷매물이 between 조건이지만 선행 컬럼들(아파트시세코드, 평형, 평형타입)이 모두 '=' 조건이기 때문에 전혀 비효율 없이 조건을 만족하는 2건을 빠르게 찾았다. 비효율이 전혀 없다는 것은 2건을 찾기 위해 단 3건만 스캔했음을 의미한다. 맨 마지막 스캔은 더 이상 조건을 만족하는 레코드가 없음을 확인하기 위한 one-plus 스캔이므로 불가피하다.

인덱스 선행 컬럼이 모두 '=' 조건일 때 필요한 범위만 스캔하고 멈출 수 있는 것은, 조건을 만족하는 레코드가 모두 한데 모여 있기 때문이다.

이제 인덱스 구성을 [인터넷매물 + 아파트시세코드 + 평형 + 평형타입] 순으로 바꾸고 나서 같은 SQL을 수행해 보면, 그림 1-39처럼 인덱스 스캔 범위가 넓어진다.

인터넷매물	아파트시세코드	평형	평형타입
0	A01011350800071	15	A
0	A01011350800088	12	B
1	A01011350800055	21	A
1	A01011350900004	23	A
1	A01011350900004	23	B
1	A01011350900056	59	A
1	A01011352700042	68	B
1	A01011352700042	68	B
2	A01011350900004	23	A
2	A01011350900004	23	B
2	A01011350900056	59	A
2	A01011350900056	59	D
2	A01011350900068	22	A
2	A01011351100017	32	A
3	A01011350800071	15	A
3	A01011350900056	59	A

그림 1-39

인덱스 선두 컬럼 인터넷매물에 between 연산자를 사용하면 나머지 조건(아파트시세코드 ='A01011350900056' and 평형 = '59' and 평형타입 = 'A')을 만족하는 레코드들이 인터넷매물 값(0, 1, 2, 3)별로 뿔뿔이 흩어져 있게 된다. 따라서 조건을 만족하지 않는 레코드까지 스캔하고서 버려야 하는 비효율이 생긴다.

선두 컬럼이 BETWEEN일 때 스캔 시작과 종료 지점

위 사례에서 다행히 스캔 시작점은 3번째 레코드(인터넷매물 = '1'이 시작되는 지점)가 아니라 6번째 레코드다. 인덱스 스캔 시작점을 찾는 수직적 탐색 과정에서 「인터넷매물 = '1' and 아파트시세코드 〈 'A01011350900056' and 평형 〈 '59' and 평형타입 〈 'A'」인 레코드들은 이미 필터링되었기 때문이다.

또한, between 조건의 종료 값 구간(인터넷매물 = '2')을 스캔할 때는 「아파트시세코드 〉 'A01011350900056' or 평형 〉 '59' or 평형타입 〉 'A'」인 지점에서 스캔을 멈출 수 있다. 따라서 스캔 종료지점은 밑에서 2번째 레코드(인터넷매물 = '3'이 시작되는 지점)가 아니라 밑에서 5번째 레코드가 된다.

(3) BETWEEN 조건을 IN-List로 바꾸었을 때 인덱스 스캔 효율

범위검색 컬럼이 맨 뒤로 가도록 인덱스를 [아파트시세코드 + 평형 + 평형타입 + 인터넷매물] 순으로 변경하면 좋겠지만 운영 중인 시스템에서 인덱스 구성을 바꾸기는 쉽지 않다. 이럴 때 between 조건을 아래와 같이 IN-List로 바꿔주면 가끔 큰 효과를 얻는다.

```
select   해당층, 평당가, 입력일, 해당동, 매물구분, 연사용일수, 중개업소코드
from     매물아파트매매
where    인터넷매물 in ('1', '2')
and      아파트시세코드='A01011350900056'
and      평형 = '59'
and      평형타입 = 'A'
order by 입력일 desc
```

그림 1-40은 between 조건을 IN-List로 바꾸었을 때의 스캔 과정을 도식화한 것이다.

인터넷매물	아파트시세코드	평형	평형타입
0	A01011350800071	15	A
0	A01011350800088	12	B
1	A01011350800055	21	A
1	A01011350900004	23	A
1	A01011350900004	23	B
1	A01011350900056	59	A
1	A01011352700042	68	B
1	A01011352700042	68	B
2	A01011350900004	23	A
2	A01011350900004	23	B
2	A01011350900056	59	A
2	A01011350900056	59	D
2	A01011350900068	22	A
2	A01011351100017	32	A
3	A01011350800071	15	A
3	A01011350900056	59	A

그림 1-40

왼쪽에 화살표가 두 개인 이유는 인덱스의 수직적 탐색이 두 번 발생하기 때문이며, 이때의 실행계획은 아래(INLIST ITERATOR 오퍼레이션 주목)와 같다.

```
-----------------------------------------------------------------------
| Id | Operation                       | Name              | Rows     | Bytes |
```

```
------------------------------------------------------------------------
| 0 | SELECT STATEMENT            |                 |    1 |    37 |
| 1 |  INLIST ITERATOR            |                 |      |       |
| 2 |   TABLE ACCESS BY INDEX ROWID| 매물아파트매매    |    1 |    37 |
| 3 |    INDEX RANGE SCAN         | 매물아파트매매_PK |    1 |       |
------------------------------------------------------------------------
```

인덱스를 위와 같이 두 번 탐색한다는 것은 SQL을 아래와 같이 작성한 것과 마찬가지 결과가 된다. 모든 컬럼이 '=' 조건인 것에 주목하기 바란다.

```
select  해당층, 평당가, 입력일, 해당동, 매물구분, 연사용일수, 중개업소코드
from    매물아파트매매
where   인터넷매물 = '1'
and     아파트시세코드='A01011350900056'
and     평형 = '59'
and     평형타입 = 'A'
union all
select  해당층, 평당가, 입력일, 해당동, 매물구분, 연사용일수, 중개업소코드
from    매물아파트매매
where   인터넷매물 = '2'
and     아파트시세코드='A01011350900056'
and     평형 = '59'
and     평형타입 = 'A'
order by 입력일 desc
```

실제로 RBO 모드에서는 인덱스 컬럼에 IN-List 조건절을 사용하면 아래와 같은 Concatenation 방식의 실행계획이 나타난다. 이는 쿼리가 내부적으로 union all 방식으로 변환되고 나서 실행됨을 의미한다.

```
------------------------------------------------------------------------
| Id  | Operation                    | Name              | Rows | Bytes |
------------------------------------------------------------------------
|   0 | SELECT STATEMENT             |                   |    2 |    74 |
|   1 |  CONCATENATION               |                   |      |       |
|   2 |   TABLE ACCESS BY INDEX ROWID| 매물아파트매매     |    1 |    37 |
|   3 |    INDEX UNIQUE SCAN         | 매물아파트매매_PK  |    1 |       |
|   4 |   TABLE ACCESS BY INDEX ROWID| 매물아파트매매     |    1 |    37 |
|   5 |    INDEX UNIQUE SCAN         | 매물아파트매매_PK  |    1 |       |
------------------------------------------------------------------------
```

IN-List 개수만큼 union all 브랜치가 생성되고, 각 브랜치마다 모든 컬럼을 '=' 조건으로 검색하기 때문에 앞서 선두 컬럼을 between 조건으로 비교할 때와 같은 비효율이 사라진다. 참고로, 3절에서 배운 Index Skip Scan 방식으로 유도하더라도 비슷한 효율을 얻을 수 있다.

IN-List 항목 개수가 늘거나 줄 수 있다면(예를 들어, 인터넷 매물 '1'과 '2' 사이에 다른 값 추가), 아래처럼 NL 방식의 조인문이나 서브쿼리로 구현하면 된다. 물론 IN-List 값들을 코드 테이블로 관리하고 있을 때 가능한 방식이다.

```
select   /*+ ordered use_nl(b) */ b.해당층, b.평당가, b.입력일
       , b.해당동, b.매물구분, b.연사용일수, b.중개업소코드
from     통합코드 a, 매물아파트매매 b
where    a.코드구분 = 'CD064'  -- 인터넷매물구분
and      a.코드 between '1' and '2'
and      b.인터넷매물 = a.코드
and      b.아파트시세코드 = 'A01011350900056'
and      b.평형 = '59'
and      b.평형타입 = 'A'
order by b.입력일 desc
```

between 조건을 IN-List 조건으로 바꿀 때 주의 사항

인덱스 선두 컬럼의 between 조건을 IN-List 조건으로 바꿀 때 주의할 점은, IN-List 개수가 많지 않아야 한다는 것이다. 그림 1-39처럼 필요 없는 범위를 스캔하는 비효율은 사라지겠지만 그림 1-40처럼 인덱스 수직 탐색이 여러 번 발생하기 때문이다. IN-List 개수가 많을 때는, between 조건 때문에 리프 블록을 추가로 스캔하는 비효율보다 IN-List 조건 때문에 브랜치 블록을 반복 탐색하는 비효율이 더 클 수 있고, 인덱스 높이(height)가 높을 때 특히 그렇다. (경우에 따라서는 인덱스 수직 탐색 과정에서의 일량도 상당하다. 그림 1-2와 설명 참조)

인덱스 스캔 과정에서 선택되는 레코드들이 서로 멀리 떨어져 있을 때만 유용하다는 사실도 기억하기 바란다. between 조건인 선행 컬럼 때문에 많은 인덱스 리프 블록을 스캔하지만 거기서 선택되는 레코드는 소량일 때라야 IN-List로의 변환이 효과를 낸다. 왜냐면, 많은 레코드를 스캔하는 비효율이 있을지언정 블록 I/O 측면에서는 대개 소량에 그치는 경우가 많기 때문이다. 인덱스 리프 블록에는 테이블 블록과 달리 매우 많은(8KB 블록 기준으로 대략 수백 개) 레코드가 담긴다.

(4) Index Skip Scan을 이용한 비효율 해소

3절에서 Index Skip Scan을 설명하면서 언급했듯이 인덱스 선두 컬럼이 누락됐을 때뿐만 아니라 부등호, between, like 같은 범위검색 조건일 때도 Index Skip Scan이 유용하게 사용될 수 있고, 데이터 상황에 따라서는 '=' 조건 컬럼들을 인덱스 선두에 위치시킨 것에 버금가는 효과를 얻는다.

아래와 같이 월별고객별판매집계 테이블을 생성하고 직접 테스트를 통해 확인해 보자(스크립트 ch1_13.txt 참조).

```
create table 월별고객별판매집계
as
select rownum 고객번호
     , '2008' || lpad(ceil(rownum/100000), 2, '0') 판매월
     , decode(mod(rownum, 12), 1, 'A', 'B') 판매구분
     , round(dbms_random.value(1000,100000), -2) 판매금액
from   dual
connect by level <= 1200000 ;
```

2008년 1월부터 12월까지 월별로 10만 개(총 120만 개) 판매데이터가 입력되도록 하였다. 판매구분 값별로는 'A'가 10만 개, 'B'가 110만 개다. 이 테이블을 이용해 아래와 같은 count 쿼리를 수행하려고 한다.

```
select count(*)
from   월별고객별판매집계 t
where  판매구분 = 'A'
and    판매월 between '200801' and '200812'
```

이 쿼리를 위해서라면 '=' 조건인 판매구분이 선두컬럼에 위치하도록 아래와 같이 인덱스를 구성하는 것이 가장 효과적이다.

```
create index 월별고객별판매집계_IDX1 on 월별고객별판매집계(판매구분, 판매월);
```

아래는 IDX1 인덱스를 사용할 때의 트레이스 결과로서, 인덱스를 스캔하면서 281개의 블록 I/O가 발생한 것을 볼 수 있다. 테이블 액세스는 전혀 발생하지 않는다.

```
Rows     Row Source Operation
-------  ---------------------------------------------------
      1  SORT AGGREGATE (cr=281 pr=0 pw=0 time=47753 us)
100000    INDEX RANGE SCAN 월별고객별판매집계_IDX1 (cr=281 pr=0 pw=0 time= … )
```

이번에는 between 조건인 판매월 컬럼을 선두로 갖는 아래 인덱스를 사용하는 경우를 살펴보자.

```
create index 월별고객별판매집계_IDX2 on 월별고객별판매집계(판매월, 판매구분);
```

판매구분 = 'A' 인 레코드는 그림 1-41에서 보는 것처럼 2008년 1월부터 12월까지 각 판매월 앞쪽에 위치함과 동시에, 전체에서 차지하는 비중이 8.3%에 불과하기 때문에 서로 멀리 떨어지게 된다.

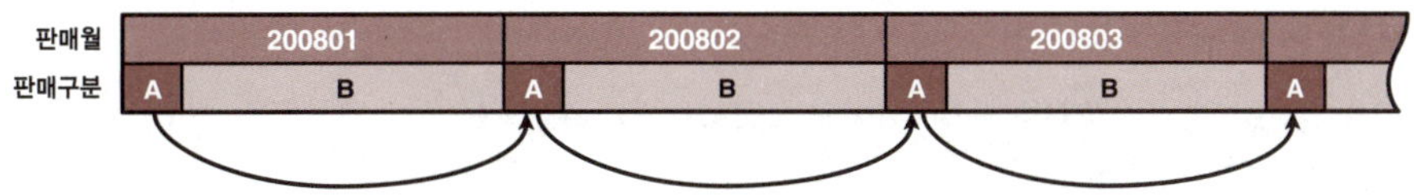

그림 1-41

아래는 방금 생성한 IDX2 인덱스를 사용할 때의 트레이스 결과로서, 인덱스를 스캔하면서 3,090개의 블록 I/O가 발생한 것을 볼 수 있다. 테이블을 전혀 방문하지 않았음에도 I/O가 많이 발생한 이유는, 인덱스 선두 컬럼이 between 조건이어서 판매구분이 'B' 인 레코드까지 모두 스캔하고서 버렸기 때문이다.

```
select /*+ index(t 월별고객별판매집계_IDX2) */ count(*)
from   월별고객별판매집계 t
where  판매구분 = 'A'
and    판매월 between '200801' and '200812'

Rows    Row Source Operation
------  ---------------------------------------------------
     1  SORT AGGREGATE (cr=3090 pr=0 pw=0 time=206430 us)
100000    INDEX RANGE SCAN 월별고객별판매집계_IDX2 (cr=3090 pr=0 pw=0 time= …)
```

앞서 설명한 튜닝 방식을 적용해 between 조건을 IN-List로 변환하고서 다시 실행해 보자.

```
select /*+ index(t 월별고객별판매집계_IDX2) */ count(*)
from   월별고객별판매집계 t
where  판매구분 = 'A'
and    판매월 in ( '200801', '200802', '200803', '200804', '200805', '200806'
                ,'200807', '200808', '200809', '200810', '200811', '200812' )

Rows    Row Source Operation
------  ---------------------------------------------------
     1  SORT AGGREGATE (cr=314 pr=0 pw=0 time=31527 us)
100000   INLIST ITERATOR  (cr=314 pr=0 pw=0 time=900030 us)
100000    INDEX RANGE SCAN 월별고객별판매집계_IDX2 (cr=314 pr=0 pw=0 time= … )
```

3,090개이던 블록 I/O 개수가 314개로 감소하였다. 인덱스 브랜치 블록을 12번 반복 탐색하는 비효율이 있긴 하지만 리프 블록을 스캔할 때의 비효율을 제거함으로써 1/10 수준으로 성능 개선을 이루었다.

마지막 시도로서, Index Skip Scan으로 유도해 보자.

```
select /*+ INDEX_SS(t 월별고객별판매집계_IDX2) */ count(*)
from   월별고객별판매집계 t
where  판매구분 = 'A'
and    판매월 between '200801' and '200812'

Rows    Row Source Operation
------  ---------------------------------------------------
     1  SORT AGGREGATE (cr=300 pr=0 pw=0 time=94282 us)
100000   INDEX SKIP SCAN 월별고객별판매집계_IDX2 (cr=300 pr=0 pw=0 time=500073 us)
```

인덱스 선두 컬럼이 between 조건임에도 큰 비효율 없이 단 300 블록만 읽고 일을 마쳤다. 아래 표는 네 가지 테스트 결과를 요약한 것인데, Index Skip Scan이 IN-List보다 오히려 낫고 [판매구분 + 판매월] 순으로 구성된 IDX1 인덱스를 사용할 때와 비교해서도 별 차이가 없다.

구분	IDX1 인덱스	Between	IN-List	Skip Scan
블록 I/O	281	3,090	314	300

선두 컬럼이 between이어서 나머지 검색 조건을 만족하는 데이터들이 서로 멀리 떨어져 있을 때가, Index Skip Scan으로써 효과를 볼 수 있는 전형적인 케이스다(불필요한 리프 블록에 대한 액세스

를 Skip하고 가능성 있는 리프 블록으로 점프하는 그림 1-10 참조).

(5) 범위검색 조건을 남용할 때 발생하는 비효율

지금까지 between을 중심으로 설명했는데, 여기서는 like 조건을 기준으로 설명을 진행하겠다. like도 between일 때와 기본 원리는 같고, 다만 스캔 범위에 약간의 차이가 생긴다. 이에 대해서는 바로 다음 항에서 설명한다.

사용자 선택에 따라 조건절이 다양하게 바뀔 때 SQL을 간편하게 작성하려고 조건절을 모두 like로 구사하는 개발팀을 종종 보는데, 해당 컬럼이 인덱스 구성 컬럼일 때는 주의가 필요하다.

예를 들어, 회사, 지역, 상품명 등을 입력함으로써 '가입상품' 테이블에서 데이터를 조회하는 프로그램이 있다고 하자. 조회 화면에서 회사(참고로, 가입접수를 받은 회사를 의미함)는 반드시 입력해야 하지만 지역은 입력하지 않을 수도 있다. 그리고 상품명은 단어 중 일부만 입력하고도 조회 가능하도록 하는 것이 업무 요건이다. 따라서 이 프로그램은 내부적으로 아래 두 쿼리 중 하나를 선택적으로 사용할 것이다.

```
# 쿼리 1 : 회사, 지역, 상품명을 모두 입력할 때
SELECT 고객ID, 상품명, 지역, ...
FROM   가입상품
WHERE  회사 = :com
AND    지역 = :reg
AND    상품명 LIKE :prod || '%'

# 쿼리 2 : 회사, 상품명만 입력할 때
SELECT 고객ID, 상품명, 지역, ...
FROM   가입상품
WHERE  회사 = :com
AND    상품명 LIKE :prod || '%'
```

인덱스는 [회사 + 지역 + 상품명] 순으로 구성되었다고 하자. 이런 상황에서 그림 1-42의 좌측은 사용자가 회사, 지역, 상품명에 각각 'C70', '02', '보급'을 입력하고 조회했을 때의 인덱스 스캔 범위를 표시한 것이고, 우측은 지역을 입력하지 않고 조회했을 때의 스캔 범위를 표시한 것이다.

회사	지역	상품명
C60	03	일반형
C70	02	고급형
C70	02	보급형1
C70	02	보급형2
C70	02	일반형
C70	02	일반형
C70	02	일반형
C70	02	일반형
C70	02	일반형
C70	03	고급형
C70	03	보급형1
C80	02	고급형

회사	지역	상품명
C60	03	일반형
C70	02	고급형
C70	02	보급형1
C70	02	보급형2
C70	02	일반형
C70	02	일반형
C70	02	일반형
C70	02	일반형
C70	02	일반형
C70	03	고급형
C70	03	보급형1
C80	02	고급형

그림 1-42

인덱스 중간 컬럼(=지역)에 대한 조건이 누락됐을 때는(쿼리2, 그림 1-42에서 우측) 어쩔 수 없이 넓은 범위를 스캔하겠지만, 이 조건이 입력됐을 때(쿼리1, 그림 1-42에서 좌측)만큼은 아주 적은 범위만 스캔하고 빠르게 결과를 출력할 수 있다.

그런데 이 프로그램을 담당한 개발자가 두 가지 상황을 모두 만족하는 하나의 SQL로 구현하려고 아래와 같이 지역 컬럼 조건절에 Like 연산자를 사용하였다면 조회 성능에 어떤 영향을 미치게 될까?

```
SELECT 고객ID, 상품명, 지역, ...
FROM   가입상품
WHERE  회사 = :com
AND    지역 LIKE :reg || '%'
AND    상품명 LIKE :prod || '%'
```

인덱스 구성이 같은 상황에서 그림 1-43의 좌측은 회사, 지역, 상품명을 모두 입력했을 때의 스캔 범위를 표시한 것이고, 우측은 지역을 입력하지 않고 조회했을 때의 스캔 범위를 표시한 것이다.

회사	지역	상품명
C60	03	일반형
C70	02	고급형
C70	02	보급형1
C70	02	보급형2
C70	02	일반형
C70	02	일반형
C70	02	일반형
C70	02	일반형
C70	02	일반형
C70	03	고급형
C70	03	보급형1
C80	02	고급형

회사	지역	상품명
C60	03	일반형
C70	02	고급형
C70	02	보급형1
C70	02	보급형2
C70	02	일반형
C70	02	일반형
C70	02	일반형
C70	02	일반형
C70	02	일반형
C70	03	고급형
C70	03	보급형1
C80	02	고급형

그림 1-43

지역을 입력 안 한 경우(우측)는 당연히 그림 1-42(우측)와 똑같겠지만, 지역을 입력한 경우(좌측)는 그림 1-42(좌측)에 비해 인덱스 스캔 범위가 늘어난 것을 볼 수 있다. 이처럼 코딩을 쉽게 하려고 인덱스 컬럼에 범위검색 조건을 남용하면 첫 번째 범위검색 조건에 의해 스캔 범위가 대부분 결정되며, 그 다음을 따르는 조건부터는 스캔 범위를 줄이는 데에 크게 기여하지 못하므로 성능상 불리해질 수 있다[13].

스캔량이 적을 때는 그 차이가 미미하지만 대량일 때는 상당한 속도차이를 보일 수 있다. 따라서 SQL을 작성할 때 주의가 요구되며, 인덱스 컬럼에 대해 비교 연산자를 신중하게 선택해야 하는 이유다.

범위검색 조건만으로 구성된 쿼리 튜닝 사례

오래 전에 콜택시 관제시스템을 튜닝한 적이 있다. 운행 중인 택시들로부터 10초마다 송신돼 온 위치정보를 데이터베이스에 저장하고 있다가 고객으로부터 콜(Call)이 오면 반경 1km 이내의 가장 가까운 택시에게 신호를 보내는 시스템이다. 이 서비스를 위해 사용된 쿼리는 아래와 같다.

```
select 위치명
from
   (select decode(sign(b.우편번호코드-40000),1,'',b.지역명1||' ')||
```

13) 첫 번째 범위검색 조건 다음에 놓인 조건들도 스캔 범위를 줄이는 데에 약간 도움을 주기는 한다. 그림 1-43 좌측에서 두 번째가 아니라 세 번째 레코드부터 스캔을 시작한 것에 주목하기 바라며, 세부적인 원리는 잠시 후 (7)항에서 설명한다.

```
            nvl(b.지역명2,'') ||' '|| a.gis_위치명 위치명,
            sqrt(power((a.gis_위도-:승객위도)*111000,2)+
                 power((a.gis_경도-:승객경도)*88000,2)) 거리
    from    gis데이터 a, 우편번호 b
    where   a.gis_위도 between :승객위도 - 1 and :승객위도 + 1
    and     a.gis_경도 between :승객경도 - 1 and :승객경도 + 1
    and     sysdate between a.gis_시작일자 and a.gis_종료일자
    and     a.gis_지역코드 = b.우편번호코드
    order by 거리)
where rownum<=1;
```

그리고 인덱스 구성은 다음과 같다.

```
gis데이터_x01 : gis_위도 + gis_경도 + gis_시작일자 + gis_종료일자
               + gis_지역코드 + gis_위치명
```

우편번호 테이블과 조인하는 부분도 비효율이 있어서 튜닝했지만, 여기서 설명하고자 하는 핵심 내용인 아래 gis데이터 쿼리 부분만 따로 떼서 분석해 보자. 여기서 쓰인 숫자 1은 1km를 의미한다.

```
select *
from   gis데이터
where  gis_위도 between :승객위도 - 1 and :승객위도 + 1
and    gis_경도 between :승객경도 - 1 and :승객경도 + 1
and    sysdate between gis_시작일자 and gis_종료일자
```

특징적인 것은, 조건절이 모두 between 범위검색 조건이라는 사실이다. 따라서 인덱스 스캔 범위는 인덱스 선두 컬럼인 'gis_위도' 컬럼에 대한 between 조건에 의해 거의 결정된다.

데이터 분포를 살펴보자. gis데이터 테이블에는 당일치만 보관(전일 데이터는 백업 후 곧바로 삭제)하므로 당일 영업이 시작되는 시점에는 조회 속도가 아주 빠르다. 하지만 시간이 흘러 밤 늦은 시간이 되면, 고객의 특정 위치 기준으로 위도상 좌우 1km 이내에 평균 100만 개 레코드가 쌓여 매우 느려진다. gis_위도 컬럼에 대한 between 조건에 의해 인덱스를 스캔해야 할 건수가 100만 건이나 되니 당연하지 않겠는가.

어떻게 튜닝하면 좋을까? 지금까지 설명한 인덱스 스캔 원리상 현재 데이터 모델로는 과도한 인덱스 스캔 범위를 줄일 방법은 없다.

여러 가지 고민을 하던 차에 필자와 같이 튜닝에 참여했던 동료 컨설턴트가 아이디어를 냈다. 반경 1km 이내를 한 번에 조회하지 말고 50m, 200m, 1km 순으로 나눠서 쿼리하자는 것이다. 어차피

가장 가까운 데 위치한 하나의 택시를 찾는 게 목적이므로 그렇게 세 구간으로 나누어 쿼리하면 대부분 첫 번째 쿼리에서 찾게 된다. 따라서 기존보다 인덱스 스캔량을 1/20로 줄일 수 있어 쿼리 성능을 그만큼 향상시킬 수 있다.

실제 적용해 보니 아주 성공적이었다. 아래는 반경 50m 이내에서 가장 가까운 곳에 위치한 택시를 찾는 쿼리다.

```
select decode(sign(b.우편번호코드 - 40000 ), 1, '', b.지역명1 || ' ' )
      || nvl(b.지역명2, '') || ' ' || a.gis_위치명 위치명
from  (select gis_지역코드, gis_위치명
            , sqrt(power((gis_위도 - :승객위도 ) * 111000 , 2) +
                   power((gis_경도 - :승객경도 ) * 88000 , 2) ) 거리
        from   gis데이터
        where  gis_위도 between :승객위도 - 0.05 and :승객위도 + 0.05
        and    gis_경도 between :승객경도 - 0.05 and :승객경도 + 0.05
        and    sysdate between gis_시작일자 and gis_종료일자
        order by 거리
        ) a, 우편번호 b
where  b.우편번호코드 = a.gis_지역코드
and    rownum <= 1;
```

반경 200m와 1km 이내에서 가장 가까운 택시를 찾을 때는 0.05를 각각 0.2와 1로 바꿔주기만 하면 된다.

우편번호와 조인하는 부분도 눈여겨볼 필요가 있는데, 최종 건수는 항상 한 건이므로 미리 조인하지 않고 최종 한 건에 대해서만 조인하도록 변경하였다.

1권 5장에서 설명했던 데이터베이스 Call 최소화 원리에 따르면 여러 개로 나누어 실행하던 SQL을 하나로 통합하는 것이 효과적이다. 하지만 여기서는 거꾸로 하나의 SQL로 처리하던 것을 두 번, 세 번 나누어 처리함으로써 성능을 개선한 재미있는 사례다.

(6) 같은 컬럼에 두 개의 범위검색 조건 사용 시 주의 사항

앞에서는 다른 컬럼에 각각 범위검색 조건을 사용하는 경우를 살펴봤는데, 같은 컬럼에 두 개의 범위검색 조건을 사용할 때도 세심한 주의가 필요하다.

도서 조회용 프로그램을 개발 중이라고 하자. 예를 들어 '오라클'을 키워드로 입력하면, '오라클'로 시작하는 모든 도서가 조회돼야 한다. 한 화면에 10개씩 출력되도록 하는 것이 업무 요건이면, 흔히 아래와 같은 패턴으로 SQL을 작성한다(스크립트 ch1_14.txt 참조).

```
select *
from (
  select rownum rnum, 도서번호, 도서명, 가격, 저자, 출판사, isbn
  from (
    select 도서번호, 도서명, 가격, 저자, 출판사, isbn
    from   도서
    where  도서명 like :book_nm || '%'
    order by 도서명
  )
  where rownum <= 100
)
where rnum >= 91  → 10 페이지만 출력
```

도서명 컬럼에 인덱스가 있다면 첫 번째 rownum 조건(rownum <= 100)에 해당하는 레코드만 읽고 멈출 수 있다. count(stopkey) 오퍼레이션이 작용하기 때문이며, 사용자들이 앞쪽 일부 레코드만 주로 본다면 위 쿼리도 만족스런 속도를 보인다. 표준적인 페이지 처리 구현 패턴으로 가장 적당하다고 하겠다.

그런데 뒤쪽 어느 페이지로 이동하더라도 빠르게 조회되도록 구현해야 한다면? 앞쪽 레코드를 스캔하지 않고 해당 페이지 레코드로 바로 찾아가도록 해야 하는데, 아래는 첫 번째 페이지를 출력하고 나서 '다음' 버튼을 누를 때의 구현 예시다.

```
select *
from (
    -- '이전' 페이지에서 출력된 마지막 레코드와 이름이 같은 도서가 있을 수 있다.
    -- 그럴 때 '현재' 페이지에는 '이전' 페이지 마지막 레코드와 이름이 같으면서
    -- rowid가 큰 도서부터 출력한다.
    -- 인덱스 키 값이 같을 때 rowid 순으로 정렬된다는 특성을 이용하는 것이다.
    select /*+ index(도서 도서명_idx) */
           rowid rid, 도서번호, 도서명, 가격, 저자, 출판사, isbn
    from   도서
    where  도서명 like :book_nm || '%'
    and    도서명 = :last_book_nm     -- 이전 페이지에서 출력된 마지막 도서명
    and    rowid  > :last_rid         -- 이전 페이지에서 출력된 마지막 도서의 rowid
    union all
    -- '이전' 페이지 마지막 레코드와 이름이 같은 도서가 출력되고 나면
    -- 다른 이름의 도서를 출력한다. 사용자가 입력한 도서명 키워드(:book_nm)는
    -- like 조건절로 계속 포함시켜야 한다.
    select /*+ index(도서 도서명_idx) */
```

```
          rowid rid, 도서번호, 도서명, 가격, 저자, 출판사, isbn
    from    도서
    where   도서명 like :book_nm || '%'
    and     도서명 > :last_book_nm     -- 이전 페이지에서 출력된 마지막 도서명
)
where   rownum <= 10

Rows     Row Source Operation
-------  ---------------------------------------------------
     10  COUNT STOPKEY (cr=382 pr=0 pw=0 time=138 us)
     10   VIEW  (cr=382 pr=0 pw=0 time=123 us)
     10    UNION-ALL  (cr=382 pr=0 pw=0 time=104 us)
      1     FILTER  (cr=4 pr=0 pw=0 time=71 us)
      1      TABLE ACCESS BY INDEX ROWID 도서 (cr=4 pr=0 pw=0 time=48 us)
      1       INDEX RANGE SCAN 도서명_IDX (cr=3 pr=0 pw=0 time=59 us)
      9     TABLE ACCESS BY INDEX ROWID 도서 (cr=378 pr=0 pw=0 time=13716 us)
      9      INDEX RANGE SCAN 도서명_IDX (cr=377 pr=0 pw=0 time=13567 us)
```

트레이스를 분석해 보면 union all 위쪽 브랜치에서 한 건, 아래쪽에서 9건을 읽었다. '이전' 페이지 마지막 레코드와 같은 이름을 가진 도서가 한 권 있었던 모양이다.

그런데 SQL에 비효율이 없어 보이는데도 union all 아래쪽 인덱스 스캔 단계에서만 377개 블록을 읽었다. 이유는, 도서명에 대한 범위검색 조건이 두 개인데 그 중 like 조건을 인덱스 액세스 조건으로 사용했기 때문이다.

예상실행계획에서 아래와 같은 Predicate 정보를 확인할 수 있다.

```
Predicate Information (identified by operation id):
---------------------------------------------------
   2 - access("도서명" LIKE :BOOK_NM||'%')
       filter("도서명" LIKE :BOOK_NM||'%' AND "도서명">:LAST_BOOK_NM)
```

사용자가 키워드로 입력한 '오라클' 도서를 처음부터 스캔하다가 :last_book_nm 보다 큰 9개 레코드를 찾고서야 멈추었고, 사용자가 뒤쪽 페이지로 많이 이동할수록 그 비효율은 점점 커진다.

해결 방안은? '도서명 〉 :last_book_nm' 조건이 인덱스 액세스 조건으로 사용되도록 하면 된다. 아래와 같이 like 조건 좌변 컬럼을 가공해 보자.

```
select *
from (
    …
    union all
    select …
    from   도서
    where  rtrim(도서명) like :book_nm || '%'
    and    도서명 > :last_book_nm
)
where   rownum <= 10

Rows     Row Source Operation
-------  ---------------------------------------------------
     10  COUNT STOPKEY (cr=7 pr=0 pw=0 time=143 us)
     10   VIEW  (cr=7 pr=0 pw=0 time=120 us)
     10    UNION-ALL  (cr=7 pr=0 pw=0 time=103 us)
      1     FILTER  (cr=4 pr=0 pw=0 time=68 us)
      1      TABLE ACCESS BY INDEX ROWID 도서 (cr=4 pr=0 pw=0 time=47 us)
      1       INDEX RANGE SCAN 도서명_IDX (cr=3 pr=0 pw=0 time=58 us)
      9     TABLE ACCESS BY INDEX ROWID 도서 (cr=3 pr=0 pw=0 time=152 us)
      9      INDEX RANGE SCAN 도서명_IDX (cr=2 pr=0 pw=0 time=80 us)
```

부등호 조건을 만족하는 첫 번째 레코드부터 스캔을 시작했기 때문에 인덱스에서 스캔한 블록 수가 단 2개로 줄었다.

OR-Expansion을 이용하는 방법과 주의 사항

아래처럼 use_concat 힌트를 사용하면 union all을 사용할 때보다 SQL 코딩량을 줄일 수 있다. OR 조건에 대한 expansion(union all 분기)이 일어나면 뒤쪽 조건절이 먼저 실행된다는 특징을 이용한 것이다.

```
select /*+ index(도서 도서명_idx) use_concat ordered_predicates */
       rowid rid, 도서번호, 도서명, 가격, 저자, 출판사, isbn
from   도서
where  도서명 like :book_nm || '%'
and    ((도서명 > :last_book_nm)
       or
       (도서명 = :last_book_nm and rowid > :last_rid) )
and    rownum <= 10
```

주의할 점은, 버전에 따라 실행되는 순서가 달라진다는 사실이다. 9i까지는 I/O 비용 모델, CPU 비용 모델을 불문하고 뒤쪽에 있는 조건 값을 먼저 실행하지만 10g CPU 비용 모델에서는 계산된 카디널리티가 낮은 쪽을 먼저 실행한다.

따라서 10g에서 값 분포에 상관없이 항상 뒤쪽에 있는 조건식이 먼저 처리되도록 하려면 ordered_predicates 힌트를 명시해야 한다[14]. 자세한 설명은 4장 12절 (3)항 '조건절 비교 순서'를 참조하기 바란다.

rowid를 concatenation하면 결과에 오류 발생

참고로, 아래처럼 작성해도 될 것 같지만 결과가 달라지므로 사용해선 안 된다.

```
select /*+ index(도서 도서명_idx) */
       rowid rid, 도서번호, 도서명, 가격, 저자, 출판사, isbn
from   도서
where  도서명 like :book_nm || '%'
and    도서명 >= :last_book_nm
and    lpad(도서명, 50) || rowid > lpad(:last_book_nm, 50) || :last_rid
and    rownum <= 10
```

굵게 표시한 부분은, '도서명 >= :last_book_nm' 조건에 의해 선택된 레코드 중 도서명이 같으면 rowid 값 비교에 의해 한 번 더 필터링이 이루어지도록 한 것인데, 이는 내부적으로 아래와 같은 형태로 변환이 일어난다.

```
and    lpad(도서명, 50) || rowidtochar(rowid) > lpad(:last_book_nm, 50) || :last_rid
```

그리고 문자형으로 변환된 rowid는 rowid 값 그대로 비교할 때와 정렬순서가 다르다. 아래 결과를 참조하기 바란다.

---

14) 상식적으로 부등호(>)보다 '=' 조건의 선택도가 낮고 카디널리티도 낮겠지만 옵티마이저가 사용하는 내부규칙에 의해 역전될 수도 있다. 예를 들어, 부등호 조건을 변수로 비교할 때는 '5% 규칙'을 사용하기 때문에 선택도가 고정된 반면 '=' 조건의 선택도는 실제 데이터 분포에 의해 결정된다. 따라서 부등호보다 '=' 조건의 선택도가 더 높게 구해질 수 있다. 자세한 설명은 3장 6절을 참고하기 바란다.

```
SQL> select greatest('AAAH+WAAJAAAHxTAA9', 'AAAH+WAAJAAAHxTAA+') from dual;

GREATEST('AAAH+WAAJAAAHXTAA9','AAAH+
------------------------------------
AAAH+WAAJAAAHxTAA9                        --> Char로 비교했을 때의 결과

SQL> select greatest( chartorowid('AAAH+WAAJAAAHxTAA9')
  2                 , chartorowid('AAAH+WAAJAAAHxTAA+') ) from dual;

GREATEST(CHARTOROW
------------------
AAAH+WAAJAAAHxTAA+                        --> ROWID로 비교했을 때의 결과
```

첫 페이지에서 출력한 마지막 rowid보다 큰 값을 조회하는데, 문자형으로 변환되는 바람에 비교되는 값들의 순서가 서로 역전된다면 쿼리 결과집합이 틀려질 수 있음을 이해하겠는가?

인덱스를 스캔하면서 rowid를 필터링할 때 발생하는 비효율

아래는 '이전' 페이지에서 출력된 마지막 레코드와 이름이 같은 도서를 찾는 쿼리(union all 위쪽 브랜치)다. 여기에는 비효율이 없는가?

```
select /*+ index(도서 도서명_idx) */
        rowid rid, 도서번호, 도서명, 가격, 저자, 출판사, isbn
from    도서
where   도서명 like :book_nm || '%'
and     도서명 = :last_book_nm     -- '이전' 페이지에서 출력된 마지막 도서명
and     rowid  > :last_rid         -- '이전' 페이지에서 출력된 마지막 도서의 rowid
```

rowid를 이용한 액세스이므로 비효율 없이 항상 완벽한 속도를 보장할 거 같지만 그렇지 않다. rowid를 가지고 '=' 조건으로 바로 액세스할 땐 어떤 액세스보다 빠르지만 인덱스를 스캔하면서 rowid를 필터링할 때는 아니다.

인덱스 rowid는 리프 블록에만 있기 때문에 이를 필터링하려면 일단 다른 액세스 조건만으로 리프 블록을 찾아가야 한다. 거기서 스캔을 시작해 rowid를 필터링해야 하므로 '도서' 테이블에 같은 도서명을 가진 레코드가 "아주" 많다면 뒤 페이지로 이동할수록 비효율도 커진다.

비효율 없는 가장 완벽한 구현을 위해서라면 도서명_idx 인덱스 뒤쪽에 도서번호(PK 컬럼)를 붙이고 쿼리를 아래와 같이 바꾸면 된다.

```
create index 도서명_idx on 도서(도서명, 도서번호) ;

select /*+ index(도서 도서명_idx) */ 도서번호, 도서명, 가격, 저자, 출판사, isbn
from   도서
where  도서명 like :book_nm || '%'
and    도서명 = :last_book_nm          -- '이전' 페이지에서 출력된 마지막 도서명
and    도서번호 > :last_book_no;       -- '이전' 페이지에서 출력된 마지막 도서번호
```

하지만 인덱스 뒤에 PK 컬럼을 붙여가며 개발하는 것이 쉽지만은 않다. 더구나 PK가 다중 컬럼으로 구성된다면 구현하기가 더 복잡해진다. 따라서 중복 값이 아주 많은 경우가 아니라면 rowid를 이용하는 방안이 현실적이다.

방금 설명한 두 방식이 얼마나 큰 성능 차이를 보이는지 비교해 볼 수 있도록 스크립트를 제공하므로 직접 테스트해 보기 바란다(스크립트 ch1_15.txt 참조).

(7) Between과 Like 스캔 범위 비교

월별로 집계된 테이블에서 2009년 1월부터 12월 데이터를 조회하고자 할 때 흔히 아래와 같이 like 연산자를 사용한다.

```
select * from 월별고객별판매집계
where 판매월 like '2009%';
```

원래 아래와 같이 between 연산자를 사용하는 것이 더 정확한 방식(예를 들어, 월 집계 테이블에 년도별 집계를 함께 관리하려고 '2009' 또는 '200900' 같은 값을 넣은 경우를 가정해 보라!)임에도 개발자들이 like를 더 선호하는 이유는 간단하다. like로 코딩하는 것이 더 단순하고 쉽기 때문이다.

```
select * from 월별고객별판매집계
where 판매월 between '200901' and '200912'
```

like와 between은 둘 다 범위검색 조건으로서, 앞에서 설명한 범위검색 조건을 사용할 때의 비효율 원리도 똑같이 적용된다. 하지만 검색을 위해 입력한 값과 테이블의 실제 데이터 상황에 따라 둘 간의 인덱스 스캔량이 다를 수 있다. 결론부터 말해, between을 사용한다면 적어도 손해 볼

일은 없다. (6장 2절에서 보겠지만 Range 파티션 테이블을 쿼리할 때도 like 보다 가급적 between 연산자를 사용하는 편이 낫다.)

그림과 예제를 통해 살펴보자. 앞서 Index Skip Scan을 이용한 비효율 해소 원리를 설명하면서 '월별고객별판매집계' 테이블을 예로 들었는데(그림 1-41), 그 테이블에 2009년 1월과 2월 판매 데이터가 추가로 입력되었다고 하자. 그림 1-44처럼 판매구분으로는 'A'와 'B' 두 개의 값이 존재하고, 각각 8.3%와 91.7%의 비중을 차지한다.

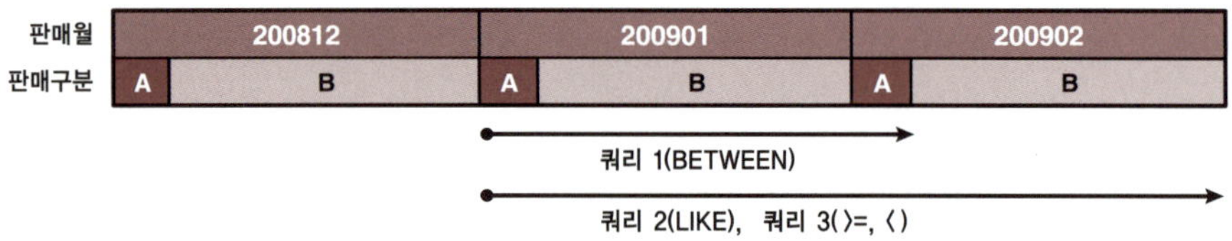

그림 1-44

그림 1-44와 같은 데이터 상황에서 아래 세 개의 쿼리를 실제 수행해 보면, 결과는 같지만 I/O 발생량에 큰 차이를 보이는 것을 관찰할 수 있다.

```
< 쿼리 1 >
select count(*)
from   월별고객별판매집계 t
where  판매월 BETWEEN '200901' and '200902'
and    판매구분 = 'A';

< 쿼리 2 >
select count(*)
from   월별고객별판매집계 t
where  판매월 LIKE '2009%'
and    판매구분 = 'A';

< 쿼리 3 >
select count(*)
from   월별고객별판매집계 t
where  판매월 >= '200901'
and    판매월 <  '200903'
and    판매구분 = 'A';
```

between 연산자를 사용한 쿼리 1은, 2009년 1월 데이터는 모두 읽더라도 2009년 2월 데이터만큼은 판매구분이 'A' 인 데이터만 읽고 멈춘다. 반면 like 연산자를 사용한 쿼리 2는 2009년 1월과 2월 데이터를 모두 읽는다.

쿼리 3처럼 조회하면 '200902' || 'A' 구간만 읽고서 멈추지 못해 결국 like를 사용한 쿼리 2와 같은 스캔량을 보인다.

이번에는 그림 1-45와 같이 'A' 와 'B' 값의 비중이 각각 91.7%와 8.3%로 역전되도록 값을 입력(스캔량에 차이를 크게 나타내 보이려고 바꾸는 것일 뿐 스캔 범위 결정 원리와는 무관)한 상태에서 판매구분이 'B' 인 레코드를 찾는 경우를 살펴보자.

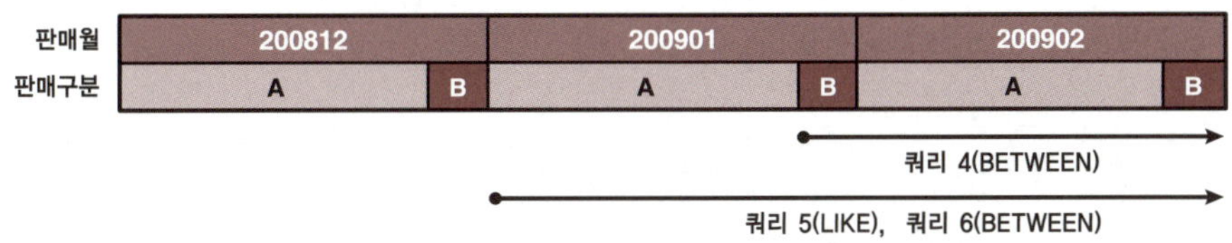

그림 1-45

아래 세 개의 쿼리를 실제 수행해 보면, 여기서도 I/O 발생량에 큰 차이를 보이는 것을 관찰할 수 있다.

```
< 쿼리 4 >
select count(*)
from   월별고객별판매집계 t
where  판매월 BETWEEN '200901' and '200902'
and    판매구분 = 'B';

< 쿼리 5 >
select count(*)
from   월별고객별판매집계 t
where  판매월 LIKE '2009%'
and    판매구분 = 'B';

< 쿼리 6 >
select count(*)
from   월별고객별판매집계 t
```

```
where  판매월 BETWEEN '200900' and '200902'
and    판매구분 = 'B';
```

between 연산자를 사용한 쿼리 4는, 2009년 2월 데이터는 모두 읽더라도 2009년 1월 데이터만큼은 판매구분이 'B'인 데이터만 읽는다. 반면 like 연산자를 사용한 쿼리 5는 2009년 1월과 2월 데이터를 모두 읽어야 한다. 쿼리 5가 1월 데이터를 모두 스캔한 이유는, 리프 블럭에 실제 없는 값('2009')으로 조회했기 때문이다.

between 이더라도 쿼리 6처럼 시작 값을 '200900'으로 입력하고 조회하면 like를 사용한 쿼리 5와 같은 스캔량을 보이게 된다.

like라고 하더라도 아래 쿼리 7과 같이 인덱스에서 실제 찾아지는 값('200901')을 입력했을 때는 스캔 범위를 줄일 수 있다(쿼리 4,5,6과 결과집합은 다름). 즉, 그림 1-45에서 2009년 1월 중 'B'인 데이터 구간만 정확히 찾아서 스캔하게 된다.

```
< 쿼리 7 >
select count(*)
from   월별고객별판매집계 t
where  판매월 LIKE '200901%'
and    판매구분 = 'B';

< 쿼리 8 >
select count(*)
from   월별고객별판매집계 t
where  판매월 = '200901'
and    판매구분 = 'B';
```

따라서 쿼리 8처럼 '=' 조건으로 조회할 때와 비교해도 전혀 비효율이 없다. 물론 같은 판매월 조건으로 「판매구분 = 'A'」를 검색할 때는 '200902' 데이터를 만나기 전까지 스캔을 멈추지 못해 like가 '=' 이나 between 조건일 때보다 비효율적이다.

범위검색 조건의 스캔 시작점 결정 원리

지금부터 설명할 인덱스 스캔 시작점 결정 원리는 이해하기 쉽지 않은 내용이다. 정확한 원리를 이해하지 못하더라도 대충 어떤 의미인지를 파악하는 것만으로 충분하다고 하겠으며, 결론부터 말하면 범위검색 조건 뒤를 따르는 조건절은 스캔 범위를 줄이는 데에 영향을 미칠 수도 있고 그렇지 않을 수도 있다. 사용자가 조건 비교를 위해 입력한 값이나 테이블의 실제 데이터 상황에 따라 달라지며, 적어도 between이 like보다 더 넓은 범위를 스캔하는 경우는 없으므로 가급적 between을 사용하기 바란다는 내용이다.

인덱스 컬럼 조건에 대해 범위검색 조건이 나타나면 이후 조건은 인덱스 스캔 범위를 줄여주지 못해 비효율이 생긴다. 하지만 방금 전에 설명했듯이 범위검색 조건 뒤에 사용된 조건들도 제한적이나마 스캔 범위를 줄이는 데에 기여할 수 있는데, 지금부터 그 원리를 살펴보자.

쿼리 2와 3에서 '200902' 구간 끝까지 읽는 이유는 설명하지 않아도 쉽게 이해하리라 믿는다. 하지만 쿼리 4,5,6 간의 스캔 시작점에 차이가 생기는 이유를 이해하는 것은 쉽지 않다.

먼저, 1절에서 설명한 인덱스 구조와 탐색 원리를 다시 한번 상기하기 바란다. 그 중에서도 그림 1-2와 그에 대한 설명을 정확히 이해해야만 스캔 시작점 결정 원리를 이해할 수 있다.

쿼리 5부터 살펴보자. 쿼리 5처럼 like 조건으로 검색할 때는 「판매월 = '2009' 이고 판매구분 = 'B'」인 레코드를 목표로 수직적 탐색이 이루어진다. 브랜치 블록에서는 뒤쪽 엔트리부터 스캔을 시작해 비교 값보다 작은 값을 만나는 순간 거기서 가리키는 하위 노드로 이동한다고 했다.

그런 식으로 내려가다 보면 그림 1-45와 같은 데이터 상황에서는 '200812' || 'B' 인 레코드가 담긴 가장 마지막 리프 블록에 도달하게 된다(그림 1-2와 설명 참조). 그렇게 도달한 리프 블록에는 '200901' || 'A' 인 첫 번째 레코드가 포함돼 있을 가능성이 높다. 만약 그 값이 포함되지 않는다면 바로 다음 리프 블록의 처음 레코드 키 값이 '200901' || 'A' 인 경우다. (실제 데이터를 그려가며 시뮬레이션해 보지 않으면 이해하기 쉽지 않은 내용이다.)

어쨌든 지금 수직 탐색 과정에서 사용한 비교 조건이 '200812' || 'B' 와 '200901' || 'A' 사이 값이므로 이 블록부터 스캔한다면 원하는 값을 모두 찾을 수 있다. 이 때문에 불필요하게 '200901' || 'A' 구간까지 읽게 되는 것이고, 결론적으로 판매구분 = 'B' 조건이 스캔 범위를 줄이는 데에 기여하지 못했다.

쿼리 4와 같이 between 일 때는 「판매월 = '200901' 이고 판매구분 = 'B'」인 레코드를 목표로(앞에서는 판매월 검색 기준이 '2009' 이었음) 수직적 탐색이 이루어진다. 여기서도 마찬가지로 브랜치 블록에서 뒤쪽 엔트리부터 스캔하다가 위 조건보다 작은 값을 만나는 순간 거기서 가리키는 하위 노드로 이동한다. 그러다 보면 그림 1-45에서 '200901' || 'B' 인 첫 번째 레코드가 담긴 리프 블록에 도달하거나, '200901' || 'A' 인 레코드가 담긴 가장 마지막 리프 블록(이 리프 블록의 가장 마지막 레코드가 '200901' || 'A' 이고, 바로 다음 리프 블록의 첫 번째 레코드가 '200901' || 'B' 인 경우일 것임)에 도달하게 된다. 따라서 판매구분 = 'B' 조건이 스캔 범위를 줄이는 데에 큰 기여를 한다.

여기서 키 포인트는 실제 테이블에 존재하는 값을 수직적 탐색 조건으로 사용했다는 점이다. 만

약 같은 between이더라도 쿼리 6과 같이 실제 테이블에 없는 데이터 값을 입력하고 조회한 경우에는 '200812' || 'B' 인 레코드가 담긴 가장 마지막 리프 블록부터 스캔을 시작하게 되므로 불필요하게 '200901' || 'A' 구간까지 읽게 된다.

반대로, like 조건이더라도 쿼리 7과 같이 실제 테이블에 있는 데이터 값을 입력하고 조회할 때는 판매구분 = 'B' 조건이 스캔 범위를 줄이는 데에 큰 역할을 하였다. 즉, '200901' || 'A' 인 구간을 생략하고 '200901' || 'B' 구간만 정확히 읽는다.

(8) 선분이력의 인덱스 스캔 효율

범위검색 조건 뒤를 잇는 또 다른 범위검색 조건도 인덱스 스캔 범위를 줄이는 역할을 일부 할 수 있지만 일반적으로 그 영향력은 크지 않다. 특히 항상 두 개의 부등호 조건을 함께 사용하는 선분이력에선[15] 데이터 특성상 두 번째 부등호 조건이 스캔 범위를 줄이는 데 전혀 도움을 주지 못한다.

두 개의 부등호 조건을 사용하는 선분이력 조회의 특성을 제대로 이해하지 못해 인덱스 구성을 자칫 잘못하면 성능이 많이 나빠질 수 있다. 그리고 어느 시점을 주로 조회하느냐에 따라서도 인덱스 스캔 효율이 많이 달라지므로 인덱스 설계 및 쿼리 작성 시 매우 세심한 주의가 필요하다.

선분이력이란?

예를 들어 고객의 변경이력을 관리할 때 이력의 시작시점만을 관리하는 것을 '점이력' 모델이라고 하고, 시작시점과 종료시점을 함께 관리하는 것을 '선분이력' 모델이라고 한다.

점이력으로 관리할 때 PK가 [고객번호 + 변경일자]로 구성된다면, 선분이력으로 관리할 때는 [고객번호 + 시작일자 + 종료일자]로 구성된다. 그리고 가장 마지막 이력의 종료일자는 항상 '99991231'(시간까지 관리할 때는 '99991231235959')로 입력해 두어야 한다.

이력을 이처럼 선분형태(예를 들어, 2009/05/01~2009/06/13)로 관리하면 무엇보다 쿼리가 간단해진다는 것이 가장 큰 장점이다. 예를 들어, 123번 고객의 2009년 5월 5일 시점 이력을 조회하고자 할 때 아래처럼 between 조인(2장에서 자세히 설명함)을 이용해 간편하게 조회할 수 있다.

15) between은 두 개의 부등호(<=, >=)를 함께 사용한 것과 같다.

```
select a.고객번호, a.고객명, a.연락처, a.주소, b.연체금액, b.연체개월수
from   고객 a, 고객별연체금액 b
where  a.고객번호 = '123'
and    b.고객번호 = a.고객번호
and    '20090505' between b.시작일 and b.종료일 ;
```

데이터를 점이력으로 관리할 때 아래처럼 서브쿼리를 이용해 복잡하게 쿼리하던 것과 비교해 보기 바란다.

```
select a.고객번호, a.고객명, a.연락처, a.주소, b.연체금액, b.연체개월수
from   고객 a, 고객별연체금액 b
where  a.고객번호 = '123'
and    b.고객번호 = a.고객번호
and    b.연체변경일자 = (select max(연체변경일자)
                        from   고객별연체금액
                        where  고객번호 = a.고객번호
                        and    변경일자 <= '20090505') ;
```

쿼리가 간단하면 아무래도 성능상 유리할 때가 많다. 대신, 이력이 추가될 때마다 기존 최종 이력의 종료일자(또는 종료일시)도 같이 변경해 주어야 하는 불편함이 있다. 이 때문에 DML 성능이 나빠질 뿐만 아니라 이력 데이터를 관리(잘못된 과거 이력 데이터를 일괄 보정하는 등)하는 프로그램이 복잡해진다.

중요한 또 한 가지 단점은, 개체 무결성을 사용자가 직접 관리해 주어야 한다는 것이다. 선분이력의 개체 무결성을 확보하려면 선분의 중복(예를 들어, 5/5~5/18, 5/15~6/23 두 개의 선분이 입력되면 5/15~5/18 구간에 중복 발생)이 없어야 한다. 점이력일 때는 PK 제약을 설정하는 것만으로 개체 무결성이 완벽히 보장되지만, 선분이력일 때는 선분이 겹치거나 끊기지 않도록 방지하는 기능을 DBMS가 제공하지 않아 개체 무결성이 보장되지 않는다. PK를 [고객번호 + 시작일자] 또는 [고객번호 + 종료일자]로 구성하면 PK 중복은 피할 수 있지만 선분의 중복은 피할 수 없다는 얘기다.

선분이력의 개체 무결성은 어차피 애플리케이션에서 구현할 수 밖에 없으므로 프로그래밍할 때 동시성 제어 기법을 철저히 적용(1권 2장 4절 참조)해야 하는 수고가 뒤따르고, 그럼에도 사용자가 직접 데이터를 입력/수정하는 과정에서 정합성이 깨지는 문제는 (트리거를 이용하지 않는 한) 근본적인 해결이 불가능하다.

RDBMS 설계 사상에 맞지 않게 PK 값이 변경된다는 사실도 잦은 시비의 대상이 되곤 한다. PK 제약만으론 개체 무결성이 보장되지 않으니 인덱스 스캔 효율이라도 높이기 위해 통상 PK 구

성에 시작일자와 종료일자가 모두 포함되도록 설계하기 때문이다. [고객번호 + 시작일자] 또는 [고객번호 + 종료일자]로 PK를 구성한 상태에서 update/insert 순서를 잘 조절하면 PK 값이 변경되지 않도록 구현할 수는 있지만, 그때는 시작일자와 종료일자를 모두 포함한 인덱스를 별도로 생성해 주어야 한다.

선분이력 모델과 관련해 이처럼 많은 이슈들이 존재하지만 본서는 모델링을 다루는 책이 아니므로 더 이상 깊이 설명하지는 않겠다.

선분이력 기본 조회 패턴

조금 전 선분이력 조회를 간단히 살펴보았는데, 선분이력에 자주 사용되는 기본 조회 패턴을 정리해 보자. 조인을 포함한 선분이력 조회와 튜닝 방안에 대해서는 2장에서 다루며, 여기서는 단일 테이블 조회만을 기준으로 설명한다.

가장 기본적인 패턴으로 과거, 현재, 미래 임의 시점을 모두 조회할 수 있도록 하려면 아래처럼 쿼리를 작성하면 된다. 예를 들어, 2004년 12월 31일치 데이터를 조회하려면 :dt 변수에 '20041231' 을 입력하면 된다.

```
select 연체개월수, 연체금액
from   고객별연체금액
where  고객번호 = '123'
and    :dt between 시작일 and 종료일
```

고객번호 = '123'에 해당하는 세 개의 이력 레코드가 각각 하나의 선분이라고 할 때, 세 개의 선분을 하나의 수평선상에 연결해 그려보면 그림 1-46과 같다. 그 중 '20041231' 값이 속한 구간은 가운데이며, between 검색을 통해 쉽게 찾아낼 수 있다.

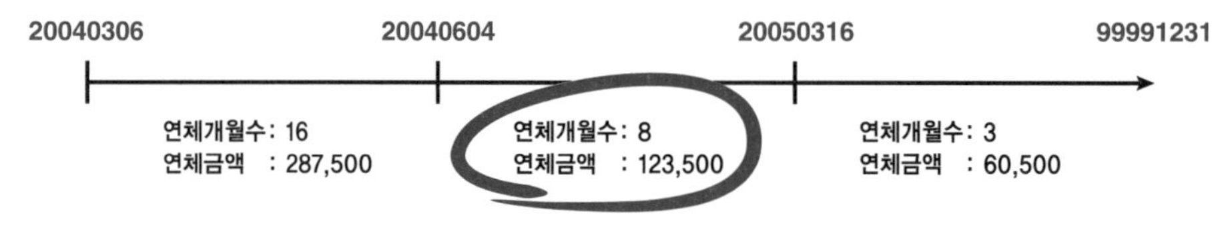

그림 1-46

현재 시점을 조회할 때는 '99991231' 상수 조건을 이용해 아래와 같이 '=' 조건으로 검색하는 것이 성능상 유리하다.

```
select 연체개월수, 연체금액
from   고객별연체금액
where  고객번호 = '123'
and    종료일 = '99991231'
```

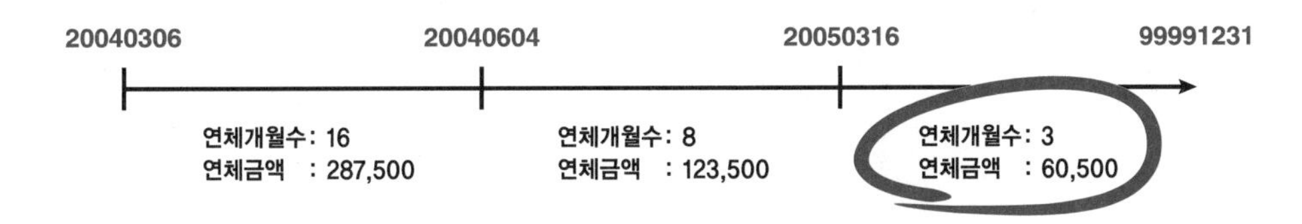

그림 1-47

물론 맨 마지막 이력 레코드는 종료일에 '99991231'을 넣는다는 약속을 전제로 하며, 선분이력이 갖는 이점을 제대로 활용하려면 꼭 그렇게 값을 넣어야만 한다.

주의할 것은, 선분이력 테이블에 정보를 미리 입력해 두는 경우가 종종 있고 그럴 때는 현재 시점을 위와 같은 식으로 조회해선 안 된다. 예를 들어, 고객별 연체변경이력을 지금 등록하지만 그 정보의 유효 시점이 내일일 때는 아래와 같이 sysdate와 between 조건을 사용해야 한다.

```
select 연체개월수, 연체금액
from   고객별연체금액
where  고객번호 = '123'
and    to_char(sysdate, 'yyyymmdd') between 시작일 and 종료일
```

선분이력을 미리 입력해 두는 더 흔한 사례는 다음과 같다. 상품 가격 정보가 익일 0시부터 바뀐다고 할 때, 가격을 변경하는 Job을 걸어 놓더라도 정확히 12시에 트리거링된다는 보장이 없다. 그뿐만 아니라 update가 시작되고 커밋되기까지 그 짧은 순간에 진행된 주문 트랜잭션은 이전 가격을 기준으로 거래돼 데이터 일관성에 문제가 생길 수 있다. 그럴 때 시작일시가 익일 0시인 선분 레코드를 미리 등록해 놓는다면 그런 현상을 미연에 방지할 수 있다.

선분이력 기본 조회 패턴에 대해 살펴봤고, 지금부터는 선분이력 인덱스의 스캔 효율을 높이는 방법에 대해 살펴보자.

[시작일 + 종료일] 구성일 때 최근 시점 조회

인덱스가 [고객번호 + 시작일 + 종료일] 순으로 구성된 상태에서 아래와 같이 특정 고객에 대한 최근 시점 연체정보를 조회한다고 하자.

```
select *
from   고객별연체금액
where  고객번호 = '123'
and    '20050131' between 시작일 and 종료일
```

위 between 조건을 부등호로 풀어 쓰면 아래와 같다.

```
where 고객번호 = '123'
and   시작일 <= '20050131'
and   종료일 >= '20050131'
```

'=' 조건인 고객번호 다음 인덱스 컬럼(시작일)이 '<=' 조건이므로 2005년 1월 31일 이전 이력 레코드를 모두 스캔해야 하며, 그림 1-48에서 시작일 컬럼에 표시한 점선이 그 범위를 나타내고 있다.

고객번호	시작일	종료일	연체금액
122	2002.01.01	9999.12.31	10000
123	2002.01.01	2002.03.15	50000
123	2002.03.16	2002.08.16	70000
123	2002.08.17	2002.12.12	90000
123	2002.12.13	2003.04.12	50000
123	2003.04.13	2003.05.24	30000
123	2003.05.25	2003.08.07	25000
123	2003.08.08	2003.10.09	20000
123	2003.10.10	2004.02.22	40000
123	2004.02.23	2004.06.29	60000
123	2004.06.30	2004.08.07	40000
123	2004.08.08	2004.12.24	30000
123	2004.12.25	2005.01.12	50000
123	2005.01.13	2005.02.27	70000
123	2005.02.28	2005.03.23	50000
123	2005.03.24	9999.12.31	30000
124	2003.05.05	9999.12.31	20000

그림 1-48

마찬가지로 종료일 컬럼에 표시한 점선이 종료일 조건을 위해 스캔해야 할 범위를 나타낸 것이고, 시작일보다 훨씬 적은 범위지만 그 선두 컬럼인 시작일 조건이 부등호(<=)이기 때문에 스캔 범위를 줄이는 데에 기여하지 못한다.

다행히 종료일이 인덱스 컬럼에 포함돼 있기 때문에 테이블 Random 액세스 없이 인덱스 내에서 필터링할 수 있다. 문제는, 종료일까지 필터링한 최종 레코드는 언제나 한 건뿐인데도 불구하고 이력 레코드가 많이 쌓인 고객일수록 그 한 건을 찾기 위해 많은 인덱스 레코드를 스캔해야 한다는 데에 있다.

그럴 때 아래와 같이 index_desc 힌트를 주고 rownum <= 1 조건을 추가해 준다면, 인덱스를 거꾸로 한 건만 스캔하고서 원하는 이력 레코드를 빠르게 찾을 수 있다.

```
select /*+ index_desc(a idx_x01) */ *
from   고객별연체금액 a
where  고객번호 = '123'
and    '20050131' between 시작일 and 종료일
and    rownum <= 1
```

만약 인덱스를 생성할 때 아예 시작일 컬럼에 desc 옵션을 준다면, rownum <= 1 조건만 사용해도 된다.

[시작일 + 종료일] 구성일 때 과거 시점 조회

인덱스 구성은 똑같이 [고객번호 + 시작일 + 종료일]인 상태에서 이번에는 아주 오래된 과거의 연체정보를 조회하는 경우를 살펴보자.

```
select *
from   고객별연체금액
where  고객번호 = '123'
and    '20020930' between 시작일 and 종료일
```

위 between 조건을 부등호로써 풀어 쓰면 아래와 같다.

```
where 고객번호 = '123'
and   시작일 <= '20020930'
and   종료일 >= '20020930'
```

'=' 조건인 고객번호 다음 인덱스 컬럼(시작일)이 '<=' 조건이지만 2002년 9월 30일 이전에 속한 레코드가 얼마 없어 그림 1-49에서 시작일 컬럼에 점선으로 표시한 만큼 소량의 레코드만 스캔하면 된다.

고객번호	시작일	종료일	연체금액
122	2002.01.01	9999.12.31	10000
123	2002.01.01	2002.03.15	50000
123	2002.03.16	2002.08.16	70000
123	2002.08.17	2002.12.12	90000
123	2002.12.13	2003.04.12	50000
123	2003.04.13	2003.05.24	30000
123	2003.05.25	2003.08.07	25000
123	2003.08.08	2003.10.09	20000
123	2003.10.10	2004.02.22	40000
123	2004.02.23	2004.06.29	60000
123	2004.06.30	2004.08.07	40000
123	2004.08.08	2004.12.24	30000
123	2004.12.25	2005.01.12	50000
123	2005.01.13	2005.02.27	70000
123	2005.02.28	2005.03.23	50000
123	2005.03.24	9999.12.31	30000
124	2003.05.05	9999.12.31	20000

그림 1-49

스캔량이 얼마 되진 않지만 아래와 같이 index_desc 힌트를 주고 rownum <= 1 조건을 추가해 준다면 스캔 범위를 단 한 건으로 줄일 수 있다.

```
select /*+ index_desc(a idx_x01) */ *
from   고객별연체금액 a
where  고객번호 = '123'
and    '20020930' between 시작일 and 종료일
and    rownum <= 1
```

[종료일 + 시작일] 구성일 때 최근 시점 조회

이번에는 인덱스 구성을 [고객번호 + 종료일 + 시작일] 순으로 바꾼 상태에서 아래와 같이 특정 고객의 최근 시점 연체정보를 조회하는 경우를 살펴보자.

```
select *
from   고객별연체금액
where  고객번호 = '123'
and    '20050131' between 시작일 and 종료일
```

위 between 조건을 부등호로 풀어 쓰면 아래와 같다.

```
where 고객번호 = '123'
and   시작일 <= '20050131'
and   종료일 >= '20050131'
```

‘=’ 조건인 고객번호 다음 인덱스 컬럼(종료일)이 ‘>=’ 조건이므로 2005년 1월 31일 이후 이력 레코드를 모두 스캔해야 하지만, 이 범위에 속한 레코드가 얼마 되지 않아 그림 1-50에서 종료일 컬럼에 점선으로 표시한 만큼만 스캔하면 된다.

고객번호	종료일	시작일	연체금액
122	9999.12.31	2002.01.01	10000
123	2002.03.15	2002.01.01	50000
123	2002.08.16	2002.03.16	70000
123	2002.12.12	2002.08.17	90000
123	2003.04.12	2002.12.13	50000
123	2003.05.24	2003.04.13	30000
123	2003.08.07	2003.05.25	25000
123	2003.10.09	2003.08.08	20000
123	2004.02.22	2003.10.10	40000
123	2004.06.29	2004.02.23	60000
123	2004.08.07	2004.06.30	40000
123	2004.12.24	2004.08.08	30000
123	2005.01.12	2004.12.25	50000
123	2005.02.27	2005.01.13	70000
123	2005.03.23	2005.02.28	50000
123	9999.12.31	2005.03.24	30000
124	9999.12.31	2003.05.05	20000

그림 1-50

스캔량이 얼마 되진 않지만 아래와 같이 rownum <= 1 조건을 추가해 준다면 스캔 범위를 단 한 건으로 줄일 수 있다.

```
select *
from   고객별연체금액 a
where  고객번호 = '123'
and    '20050131' between 시작일 and 종료일
and    rownum <= 1
```

[종료일 + 시작일] 구성일 때 과거 시점 조회

인덱스 구성은 똑같이 [고객번호 + 종료일 + 시작일]인 상태에서 이번에는 아주 오래된 과거의

연체정보를 조회하는 경우를 살펴보자.

```
select *
from   고객별연체금액
where  고객번호 = '123'
and    '20020930' between 시작일 and 종료일
```

위 between 조건을 부등호로써 풀어 쓰면 아래와 같다.

```
where 고객번호 = '123'
and   시작일 <= '20020930'
and   종료일 >= '20020930'
```

'=' 조건인 고객번호 다음 인덱스 컬럼(종료일)이 '〉=' 조건이므로 2002년 9월 30일 이후 이력 레코드를 모두 스캔해야 하며, 그림 1-51에서 종료일 컬럼에 표시한 점선이 그 범위를 나타내고 있다.

고객번호	종료일	시작일	연체금액
122	9999.12.31	2002.01.01	10000
123	2002.03.15	2002.01.01	50000
123	2002.08.16	2002.03.16	70000
123	2002.12.12	2002.08.17	90000
123	2003.04.12	2002.12.13	50000
123	2003.05.24	2003.04.13	30000
123	2003.08.07	2003.05.25	25000
123	2003.10.09	2003.08.08	20000
123	2004.02.22	2003.10.10	40000
123	2004.06.29	2004.02.23	60000
123	2004.08.07	2004.06.30	40000
123	2004.12.24	2004.08.08	30000
123	2005.01.12	2004.12.25	50000
123	2005.02.27	2005.01.13	70000
123	2005.03.23	2005.02.28	50000
123	9999.12.31	2005.03.24	30000
124	9999.12.31	2003.05.05	20000

그림 1-51

종료일 조건 때문에 스캔해야 할 범위가 아무리 넓더라도 아래와 같이 rownum 〈= 1 조건을 추가해 준다면 단 한 건만 스캔하고도 원하는 이력 레코드를 빠르게 찾을 수 있다.

```
select *
from   고객별연체금액 a
where  고객번호 = '123'
and    '20020930' between 시작일 and 종료일
and    rownum <= 1
```

중간 시점 조회

최초 이력이나 최근 이력을 조회하는 것이 아니라 중간 시점(예를 들어, 2003년 10월 10일) 이력을 조회할 때는 인덱스 구성을 어떻게 하든 그림 1-52에서 보는 것처럼 어느 정도의 비효율을 감수해야만 한다.

고객번호	시작일	종료일
122	2002.01.01	9999.12.31
123	2002.01.01	2002.03.15
123	2002.03.16	2002.08.16
123	2002.08.17	2002.12.12
123	2002.12.13	2003.04.12
123	2003.04.13	2003.05.24
123	2003.05.25	2003.08.07
123	2003.08.08	2003.10.09
123	2003.10.10	2004.02.22
123	2004.02.23	2004.06.29
123	2004.06.30	2004.08.07
123	2004.08.08	2004.12.24
123	2004.12.25	2005.01.12
123	2005.01.13	2005.02.27
123	2005.02.28	2005.03.23
123	2005.03.24	9999.12.31
124	2003.05.05	9999.12.31

고객번호	종료일	시작일
122	9999.12.31	2002.01.01
123	2002.03.15	2002.01.01
123	2002.08.16	2002.03.16
123	2002.12.12	2002.08.17
123	2003.04.12	2002.12.13
123	2003.05.24	2003.04.13
123	2003.08.07	2003.05.25
123	2003.10.09	2003.08.08
123	2004.02.22	2003.10.10
123	2004.06.29	2004.02.23
123	2004.08.07	2004.06.30
123	2004.12.24	2004.08.08
123	2005.01.12	2004.12.25
123	2005.02.27	2005.01.13
123	2005.03.23	2005.02.28
123	9999.12.31	2005.03.24
124	9999.12.31	2003.05.05

그림 1-52

하지만 중간 시점을 조회할 때도 아래처럼 rownum <= 1 조건을 활용하면 단 한 건만 스캔하고도 원하는 이력 레코드를 빠르게 찾을 수 있다.

 # 인덱스 구성이 [고객번호 + 시작일 + 종료일] 일 때

```
select /*+ index_desc(a idx_x01) */ *
from   고객별연체금액 a
where  고객번호 = '123'
and    '20031010' between 시작일 and 종료일
and    rownum <= 1
```

```
# 인덱스 구성이 [고객번호 + 종료일 + 시작일] 일 때

select *
from   고객별연체금액 a
where  고객번호 = '123'
and    '20031010' between 시작일 and 종료일
and    rownum <= 1
```

선분이력 스캔 효율을 높이는 방법 요약

복잡하다고 느낄 것이므로 지금까지 설명한 내용을 요약해 보자.

선분이력처럼 between 검색 조건이 사용될 때는 어느 시점을 주로 조회하느냐에 따라 인덱스 구성 전략을 달리 가져가야 한다. 최근 데이터를 주로 조회한다면 [종료일 + 시작일] 순으로 구성하는 것이 효과적이며, 오래된 과거 데이터를 주로 조회한다면 [시작일 + 종료일] 순으로 구성하는 것이 효과적이다.

rownum과 index_desc 힌트를 적절히 사용하면 인덱스 구성이 어떻든지 간에 항상 필요한 한 건만 스캔하도록 할 수 있다. 인덱스 구성이 [시작일 + 종료일] 일 때는 index_desc 힌트와 rownum <= 1 조건을 추가해 주고, [종료일 + 시작일]일 때는 rownum <= 1 조건만 추가해 주면 된다.

중간 시점을 조회할 때도 이 방식을 사용하면 인덱스 구성과 상관 없이 빠르게 데이터를 찾을 수 있다.

업무적으로 미래 시점 데이터를 미리 입력하는 경우가 없다면, 현재 시점 데이터(=가장 마지막 이력)를 조회할 때는 between을 사용하기보다 「종료일 = '99991231'」 조건을 사용하는 것이 효과적이다.

여기서는 단일 선분이력 테이블을 조회할 때의 스캔 효율을 높이는 방법에 대해서만 살펴봤고, 다른 테이블과 between 조인할 때 생기는 성능 이슈와 해법에 대해서는 2장 조인 원리와 활용편에서 다룬다.

(9) Access Predicate와 Filter Predicate

explain plan 명령을 통해 실행계획을 수집하고서 dbms_xplan 패키지(@?/rdbms/admin/utlxpls.sql 참조)를 통해 실행계획을 출력해 보면 아래와 같이 Predicate 정보를 확인할 수 있는데, 이는 오라클 9i부터 plan_table에 추가된 access_predicates와 filter_predicates 컬럼으로부터 가져온 값

이다. 그리고 10gR2부터는 Autotrace 명령을 통해서도 Predicate 정보를 출력해 볼 수 있다(스크립트 ch1_16.txt 참조).

```
SQL> create index emp_x01 on emp(deptno, job, sal, ename, mgr, comm);

SQL> set autotrace traceonly explain
SQL> select /*+ ordered use_nl(e) index(e emp_x01) */ *
  2  from   dept d, emp e
  3  where  d.loc = 'CHICAGO'
  4  and    e.deptno = d.deptno
  5  and    e.job like 'SALE%'
  6  and    e.job between 'A' and 'Z'
  7  and    e.sal >= 1000
  8  and    e.ename like '%A%'
  9  and    trim(e.ename) = 'ALLEN'
 10  and    e.comm >= 300
 11  and    to_char(e.hiredate, 'yyyymmdd') like '198102%' ;

---------------------------------------------------------------------------
| Id  | Operation                    | Name    | Rows  | Bytes | Cost (%CPU)|
---------------------------------------------------------------------------
|   0 | SELECT STATEMENT             |         |     1 |    57 |     6   (0)|
|*  1 |  TABLE ACCESS BY INDEX ROWID| EMP     |     1 |    37 |     2   (0)|
|   2 |   NESTED LOOPS               |         |     1 |    57 |     6   (0)|
|*  3 |    TABLE ACCESS FULL         | DEPT    |     1 |    20 |     4   (0)|
|*  4 |    INDEX RANGE SCAN          | EMP_X01 |     1 |       |     1   (0)|
---------------------------------------------------------------------------

Predicate Information (identified by operation id):
---------------------------------------------------

1 - filter(TO_CHAR(INTERNAL_FUNCTION("E"."HIREDATE"),'yyyymmdd') LIKE '198102%')
3 - filter("D"."LOC"='CHICAGO')
4 - access("E"."DEPTNO"="D"."DEPTNO" AND "E"."JOB" LIKE 'SALE%' AND
           "E"."SAL">=1000 AND "E"."COMM">=300 AND "E"."SAL" IS NOT NULL)
    filter("E"."ENAME" LIKE '%A%' AND "E"."JOB" LIKE 'SALE%' AND
           "E"."SAL">=1000 AND TRIM("E"."ENAME")='ALLEN' AND
           "E"."JOB">='A' AND "E"."JOB"<='Z' AND "E"."COMM">=300
```

인덱스를 경유해 테이블을 액세스할 때는 아래와 같이 최대 3가지 Predicate 정보가 나타날 수 있다.

1. 인덱스 단계에서의 Access Predicate (id=4 access 부분)
2. 인덱스 단계에서의 Filter Predicate (id=4 filter 부분)
3. 테이블 단계에서의 Filter Predicate (id=1 filter 부분)

인덱스를 경유하지 않고 테이블 전체를 스캔할 때는 아래와 같이 항상 Filter Predicate 단 한 가지만 나타날 수 있다.

4. 테이블 단계에서의 Filter Predicate (id=3 filter 부분)

1번 '인덱스 단계에서의 Access Predicate'는 인덱스 스캔 범위를 결정하는 데에 영향을 미치는 조건절을 의미한다. 앞에서 설명했다시피 인덱스 컬럼에 대한 조건절은, 설령 범위검색 조건을 뒤따르는 조건(위 쿼리에서 sal >= 1000)이거나 선행 컬럼이 조건절에서 누락될지라도(위 쿼리에서 comm >= 300), 액세스 범위를 결정하는 데에 기여하므로 대부분 Access Predicate에 포함된다.

아래 경우에는 인덱스 스캔 범위를 결정하는 데에 전혀 영향을 미치지 않기 때문에 Access Predicate에서 제외된다.

- 좌변 컬럼을 가공한 조건절
  : 위 쿼리에서 trim(e.ename) = 'ALLEN'
- 왼쪽 '%' 또는 양쪽 '%' 기호를 사용한 like 조건절
  : 위 쿼리에서 ename like '%A%'
- 같은 컬럼에 대한 조건절이 두 개 이상일 때, 인덱스 액세스 조건으로 선택(위 쿼리에서 job like 'SALE%')되지 못한 다른 조건절
  : 위 쿼리에서 job between 'A' and 'Z'

위와 같은 경우를 제외하면 앞에서 누차 강조했듯이, **수직적 탐색 과정에서 모든 인덱스 컬럼을 비교 조건으로 사용한다**는 사실을 반드시 기억하기 바란다. 물론 수평적 탐색 종료 지점을 결정하는 비교조건으로도 사용된다.

2번 '인덱스 단계에서의 Filter Predicate'는 테이블로의 액세스 여부를 결정짓는 조건절을 의미한다. 첫 번째 나타나는 범위검색 조건부터 이후 모든 조건절 컬럼들이 여기에 포함되며, 조건절에서 누락된 컬럼 뒤쪽에 놓인 인덱스 컬럼들도 포함한다.

'테이블 액세스 단계에서의 Filter Predicate'(인덱스를 경유한 3번이나 경유하지 않은 4번 둘 다)는 테이블을 액세스하고 나서 최종 결과집합으로의 포함여부를 결정짓는 조건절을 의미한다. 위 쿼리에서는 「to_char(e.hiredate, 'yyyymmdd') like '198102%'」와 「d.loc = 'CHICAGO'」 조건절이 여기에 해당한다.

(10) Index Fragmentation

delete 작업 때문에 인덱스가 불균형(Unbalanced) 상태에 놓일 수 있다고 설명한 자료들을 볼 수 있다. 즉 다른 리프 노드에 비해 루트 블록과의 거리가 더 멀거나 가까운 리프 노드가 생길 수 있다는 것인데, 오라클에서 이런 현상은 절대 발생하지 않는다.

B*Tree 인덱스의 'B'는 'Balanced'의 약자로서, 인덱스 루트에서 리프 블록까지 어떤 값으로 탐색하더라도 읽는 블록 수가 같음을 의미한다. 즉, 루트로부터 모든 리프 블록까지의 높이(height)가 동일하다.

불균형(Unbalanced)은 생길 수 없지만 Index Fragmentation에 의한 Index Skew 또는 Sparse 현상이 생기는 경우는 종종 있고, 이는 인덱스 스캔 효율에 나쁜 영향을 미칠 수 있다.

Index Skew

Index Skew는 인덱스 엔트리가 왼쪽 또는 오른쪽에 치우치는 현상을 말한다. 예를 들어, 아래와 같이 대량의 delete 작업을 마치고 나면 그림 1-53처럼 인덱스 왼쪽에 있는 리프 블록들은 텅 비는 반면 오른쪽 블록들은 꽉 찬 상태가 된다(스크립트 ch1_17.txt 참조).

```
SQL> create table t as select rownum no from dual connect by level <= 1000000 ;

SQL> create index t_idx on t(no) pctfree 0 ;

SQL> delete from t where no <= 500000 ;

SQL> commit;  → 이 시점에 freelist로 반환되지만 인덱스 구조는 그대로 남는다.
```

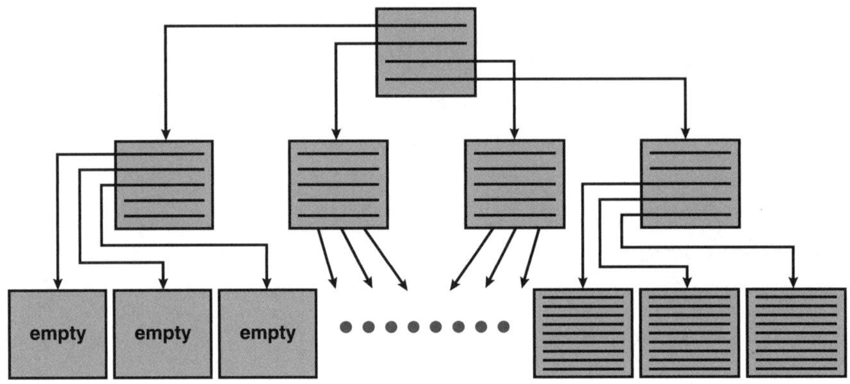

그림 1-53

텅 빈 인덱스 블록은 커밋하는 순간 freelist로 반환되지만 인덱스 구조 상에는 그대로 남는다. 상위 브랜치에서 해당 리프 블록을 가리키는 엔트리가 그대로 남아 있어 인덱스 정렬 순서상 그곳에 입력될 새로운 값이 들어오면 언제든 재사용될 수 있다. (재사용되더라도 이 경우에는 곧바로 freelist에서 제거되지 않으며 나중에 빈 블록을 찾기 위해 freelist를 스캔하는 프로세스에 의해 정리된다.)

새로운 값이 하나라도 입력되기 전 다른 노드에 인덱스 분할이 발생하면 그것을 위해서도 이들 블록이 재사용된다. 이때는 상위 브랜치에서 해당 리프 블록을 가리키는 엔트리가 제거돼 다른 쪽 브랜치의 자식 노드로 이동하고, freelist에서도 제거된다.

레코드가 모두 삭제된 블록은 이처럼 언제든 재사용 가능하지만, 문제는 다시 채워질 때까지 인덱스 스캔 효율이 낮다는 데에 있다. 아래는 위 delete문을 수행한 직후에 한 레코드를 읽기 위해 1,001개 블록을 읽게 됨을 보여준다.

```
SQL> set autotrace on statistics
SQL> select * from t where no > 0 and rownum <= 1;

        NO
----------
    500001

Statistics
----------------------------------------------------------
          0  recursive calls
          0  db block gets
```

```
      1001  consistent gets
        ...  ......
```

물론 맨 왼쪽부터 스캔하도록 조건을 주었기 때문이며, 값이 입력된 첫 번째 이후부터 스캔하도록 조건절(no > 500000)을 바꿔주면 빈 블록을 스캔하지 않아도 된다. 위와 같은 Index Skew 때문에 성능이 나빠지는 경우는 대개 Index Full Scan할 때다.

대량의 데이터를 매일 지웠다가 새로 입력하는 통계성 테이블일 때는 Index Skew가 발생하지 않도록 트랜잭션 패턴에 신경을 써야 한다. 예를 들어 보관주기가 3일인 일별고객별판매집계 테이블이 있는데, 배치 프로그램을 통해 아래 트랜잭션을 매일 밤 10시에 수행한다고 하자. PK 인덱스는 [판매일시 + 고객번호] 순으로 구성되었다.

```
delete from 일별고객별판매집계 where 판매일시 < trunc(sysdate) - 2;

insert into 일별고객별판매집계
select to_char(sysdate, 'yyyymmdd'), 고객번호, sum(판매량), sum(판매금액)
from   판매
where  판매일시 between trunc(sysdate) and trunc(sysdate+1)-1/24/60/60
group by 고객번호;

commit;
```

PK 인덱스 왼쪽에 놓인 상당수 리프 블록들이 delete문을 통해 모든 레코드가 지워지더라도 커밋하기 전까지는 freelist로 반환될 수 없다. 따라서 곧 이은 insert 과정에서 빈 블록이 많이 필요함에도 앞서 지운 블록들을 사용할 수 없어 새로운 공간을 할당받게 된다.

물론 빈 블록들은 그 다음 날 insert 과정에서 재사용되겠지만 delete문에 의해 지워지는 블록들이 새로 생긴다. 결국 인덱스 왼쪽의 많은 블록들이 항상 빈 상태로 남아 인덱스 스캔 효율을 떨어뜨리게 된다.

반면 아래와 같이 delete문 직후에 커밋을 수행하면 지워진 블록들이 곧바로 insert 과정에 재사용된다. Index Skew를 두려워해 트랜잭션을 짧게 정의하는 것이 바람직하진 않지만 이 경우는 일반 사용자가 접근하지 않는 야간에 배치 프로그램을 통해서만 관리되는 통계성 테이블이므로 아래와 같이 처리해도 무방할 것이다. (업무적인 중요도와 트랜잭션이 실패했을 때 재생 가능한지 등에 따라 판단하기 바란다.)

```
delete from 일별고객별판매집계 where 판매일시 < trunc(sysdate) - 2;

commit;

insert into 일별고객별판매집계
select to_char(sysdate, 'yyyymmdd'), 고객번호, sum(판매량), sum(판매금액)
from   판매
where  판매일시 between trunc(sysdate) and trunc(sysdate+1)-1/24/60/60
group by 고객번호;

commit;
```

필자가 방문했던 어떤 회사는 문장 단위로 커밋하는데도 아래와 같이 insert문을 먼저 수행하는 바람에 Index Skew 현상을 겪고 있었다.

```
insert into 일별고객별판매집계
select to_char(sysdate, 'yyyymmdd'), 고객번호, sum(판매량), sum(판매금액)
from   판매
where  판매일시 between trunc(sysdate) and trunc(sysdate+1)-1/24/60/60
group by 고객번호;

commit;

delete from 일별고객별판매집계 where 판매일시 < trunc(sysdate) - 2;

commit;
```

insert문에 의해 Skew가 해소되었다가 곧 이은 delete 문에 의해 왼쪽 리프 노드가 또다시 지워진다. 따라서 insert문과 delete문 수행순서를 바꾸지 않는 한 인덱스 왼쪽 리프 노드는 항상 빈 상태일 것이다.

Index Sparse

Index Sparse는 그림 1-54처럼 인덱스 블록 전반에 걸쳐 밀도(density)가 떨어지는 현상을 말한다.

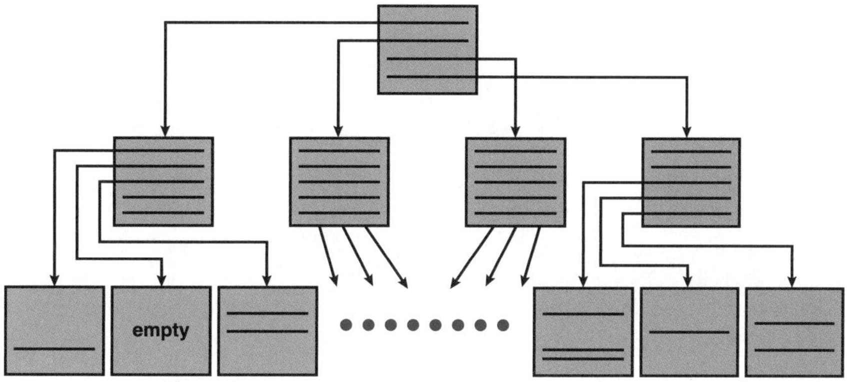

그림 1-54

예를 들어, 아래와 같은 형태로 delete 작업을 수행하고 나면 t_idx 블록의 밀도는 50% 정도 밖에 되질 않는다. 100만 건 중 50만 건을 지우고 나서도 스캔한 인덱스 블록 수가 똑같이 2,001개인 것을 확인하기 바란다(스크립트 ch1-17.txt 참조).

```
SQL> create table t as select rownum no from big_table where rownum <= 1000000 ;

SQL> create index t_idx on t(no) pctfree 0 ;

SQL> select /*+ index(t) */ count(*) from t where no > 0;

  COUNT(*)
----------
   1000000

Statistics
----------------------------------------------------------
          0  recursive calls
          0  db block gets
       2001  consistent gets
        ...  ......

SQL> delete from t where mod(no, 10) < 5 ;

500000 행이 삭제되었습니다.

SQL> commit;
```

```
SQL> select /*+ index(t) */ count(*) from t where no > 0;

  COUNT(*)
----------
    500000

Statistics
----------------------------------------------------------
          0  recursive calls
          0  db block gets
       2001  consistent gets
        …   ……
```

지워진 자리에 인덱스 정렬 순서에 따라 새로운 값이 입력되면 그 공간은 재사용되지만 위와 같은 대량의 delete 작업이 있고 난 후 한동안 인덱스 스캔 효율이 낮다는 데에 문제가 있다.

왼쪽, 오른쪽, 중간 어디든 Index Skew처럼 블록이 아예 텅 비면 곧바로 freelist로 반환돼 언제든 재사용되지만, Index Sparse는 지워진 자리에 새로운 값이 입력되지 않으면 영영 재사용되지 않을 수도 있다. 총 레코드 건수가 일정한데도 인덱스 공간 사용량이 계속 커지는 것은 대개 이런 현상에 기인한다.

Index Rebuild

Fragmentation 때문에 인덱스 크기가 계속 증가하고 스캔 효율이 나쁠 때는 아래와 같이 coalesce 명령을 수행해 주면 된다. 아래는 coalesce 명령을 수행하고 나서 조금 전 쿼리를 다시 수행한 결과다.

```
SQL> alter index t_idx coalesce;
SQL> select /*+ index(t) */ count(*) from t where no > 0;

Statistics
----------------------------------------------------------
          0  recursive calls
          0  db block gets
       1002  consistent gets
        …   ……
```

coalesce 명령을 수행하면 인덱스 분할과 반대의 작업이 일어난다. 즉, 여러 인덱스 블록을 하나로 병합(merge)하고, 그 결과로서 생긴 빈 블록들은 freelist에 반환한다[16]. coalesce 명령을 수행해도 인덱스 세그먼트에 할당된 미사용 공간(HWM 아래쪽에서 freelist에 등록된 블록과 HWM 위쪽 미사용 블록)은 반환되지 않는다. Index Fragmentation를 해소하면서 공간까지 반환하려면 아래와 같이 shrink 명령을 수행하면 된다. 단, shrink는 ASSM에서만 작동한다.

```
SQL> alter index t_idx shrink space;
```

만약 아래와 같이 compact 옵션을 지정하면 공간은 반환하지 않으므로 coalesce와 같은 명령어가 된다.

```
SQL> alter index t_idx shrink space compact;
```

coalesce나 shrink는 레코드를 건건이 지웠다가 다시 입력하는 방식을 사용하므로 작업량이 많을 때는 rebuild 명령을 사용하는 편이 나을 수 있다.

```
SQL> alter index t_idx rebuild;
SQL> alter index t_idx rebuild online;
```

위와 같은 방식으로 인덱스 구조를 슬림(slim)화하면 저장 효율이나 스캔 효율은 좋아지지만 일반적으로[17] 인덱스 블록에는 어느 정도 공간을 남겨두는 것이 좋다. 인덱스 블록에 공간이 전혀 없으면 인덱스 분할이 자주 발생해 DML 성능을 떨어뜨리기 때문이다[18].

인덱스 분할 때문에 Shared 모드 *enq: TX - index contention* 대기 이벤트가 자주 나타난다면 pctfree를 높게 설정하는 것을 고려할 수 있다. 하지만 pctfree를 높게 설정하는 것만으로는 전혀 효과가 없다. 인덱스에서의 pctfree는 인덱스를 처음 생성하거나 rebuild할 때만 적용되기 때문이다. 따라서 인덱스 분할에 의한 경합을 줄이려면 pctfree를 높이고 나서 인덱스를 rebuild 해야 한다.

---

16) 인덱스 분할은 트랜잭션 중에 동적으로 일어나지만 인덱스 병합은 명령어를 통해 수동으로만 가능하다.

17) Right-Growing 인덱스가 아닌 경우를 말한다. 맨 우측 리프 블록에만 값이 입력되는 Right-Growing 인덱스일 때는 pctfree를 0으로 설정하는 것이 좋다.

18) 1권 2장 5절 '오라클 Lock' 중 '(5) TX Lock ▶ 인덱스 분할' 참조

하지만 그 효과는 일시적이다. 언젠가 빈 공간이 다시 채워지기 때문이며, 결국 적당한 시점마다 rebuild 작업을 반복하지 않는 한 근본적인 해결책이 되지는 못한다.

인덱스를 rebuild하는 데 걸리는 시간과 부하도 무시할 수 없다. 그나마 서비스 다운타임(planned downtime)을 확보할 수 있는 상황이라면 적당한 pctfree 옵션과 함께 인덱스를 rebuild 해서 나쁠 것은 없지만, 24시간 가용성이 요구되는 시스템이라면 얘기가 다르다. 인덱스를 rebuild 하는 동안 시스템에 주는 부하가 적지 않고, online rebuild 기능(coalesce, shrink 포함)을 이용하더라도 트랜잭션에 다소 경합을 일으키기 때문이다.

인덱스 스캔 효율 측면에서 보더라도, 대량의 delete 작업이 없으면 주기적으로 rebuild 하지 않더라도 그다지 나쁘지 않다.

따라서 아래와 같이 예상효과가 확실할 때만 인덱스 rebuild를 고려하는 것이 바람직하다.

- 인덱스 분할에 의한 경합이 현저히 높을 때
- 자주 사용되는 인덱스 스캔 효율을 높이고자 할 때. 특히 NL 조인에서 반복 액세스되는 인덱스 높이(height)가 증가했을 때
- 대량의 delete 작업을 수행한 이후 다시 레코드가 입력되기까지 오랜 기간이 소요될 때
- 총 레코드 수가 일정한대도 인덱스가 계속 커질 때

인덱스 freelist

테이블에서의 pctfree와 pctused는 각각 freelist에서 제외되는 시점과 다시 등록되는 시점을 지정하는 파라미터다. 테이블은 Heap 방식으로 데이터를 입력하므로 매번 freelist를 참조해 데이터 삽입이 가능한 블록을 찾아야 한다.

반면, 인덱스는 정렬된 구조로 자료를 삽입하므로 값이 입력될 때마다 freelist를 참조하지 않아도 된다. 인덱스 구조를 탐색해 정렬 순서에 따라 정해진 곳에 레코드를 삽입하기 때문이며, 인덱스 freelist는 인덱스 분할로 빈 블록이 필요할 때만 참조한다. 이처럼 테이블과 인덱스 간에 pctfree의 의미와 작동방식이 서로 다르며, 인덱스에 pctused 파라미터가 없는 것도 특징적이다.

PCTFREE

테이블에서의 pctfree는 블록에 더 이상 insert가 발생하지 못하도록 freelist로부터 제외되는 시점을 지정하는 것이다. 그렇게 남겨진 빈 공간은 나중에 update를 위해 사용된다.

인덱스에서의 pctfree는 용도가 다르다. 인덱스가 생성되는 시점에 공간을 꽉 채워두면 나중에 인덱

스 분할이 빈번하게 발생하므로 이를 방지하려고 pctfree가 필요하다. 이 옵션은 인덱스 최초 생성 또는 재생성 시점에만 적용되며, 지정한 비율만큼 공간을 남겨 두었다가 나중에 insert를 위해 사용된다.

PCTUSED

freelist에서 제거된 테이블 블록에 빈 공간이 일정 수준 이상 확보됐을 때만 다시 freelist에 등록되도록 하기 위해 pctused 파라미터가 필요하다.

insert, delete가 자주 발생하는 테이블에 pctfree와 pctused 합이 100에 가깝다면 freelist 변경이 자주 발생하게 된다. 예를 들어, pctfree가 10이고 pctused가 80이면 freelist에서 제거된 블록에 10% 정도 delete가 발생하는 순간 해당 블록을 다시 freelist에 등록해야 한다.

반대로, delete가 적게 발생한다면 pctfree와 pctused를 100에 가깝도록 설정해야 테이블 블록 저장효율을 높일 수 있다.

인덱스에는 pctused 파라미터가 아예 없다. 이유는, 인덱스에서 빈 공간은 항상 재사용 가능하기 때문이다. 예를 들어, 1부터 10까지의 값을 입력하면 인덱스에는 1부터 10까지의 값이 정렬된 채로 입력된다. 이때 5를 지우고 commit 한 후에 5를 다시 입력하면 앞서 지워진 그 공간을 남겨둘 하등 이유가 없다. 바로 그 곳에 삽입하면 된다.

정리하면, 테이블에서의 freelist는 insert가 가능한 블록을 관리한다. 「100-pctfree」 만큼의 공간이 차면 freelist에서 제거되고, pctused만큼만 남기고 레코드가 모두 지워질 때 다시 freelist에 등록된다.

인덱스에서의 freelist는 인덱스 분할에 사용 가능한 빈 블록들을 관리한다. 기억할 점은, delete에 의해 비워진 인덱스 블록은 커밋 시점에 freelist에 반환되지만 insert 시점에 다시 값이 입력되더라도 곧바로 freelist에서 제거되지 않는다는 사실이다. freelist에 그대로 두었다가 인덱스 분할 때문에 freelist를 스캔하는 프로세스에 의해 정리된다. 즉, freelist에서 얻은 블록이 비어있지 않으면 다른 블록을 재요청하기 전에 일단 해당 블록을 freelist에서 제거하는 방식이며, 이는 커밋 시점에 수행해야 할 일량을 최소화하기 위함이다. 만약 값을 입력하고 커밋할 때마다 freelist를 관리해 주어야 한다면 'fast commit' 메커니즘에 문제가 생길지도 모른다.

08 인덱스 설계

지금까지 다양한 인덱스 스캔방식과 Random 액세스 최소화 원리, 스캔 효율화 원리에 대해 설명하였다. 이제 이들 원리를 기초로 효과적인 인덱스 설계 방안은 무엇인지 설명하려고 한다.

SQL 각각을 위해 최적화된 인덱스를 모두 생성할 수 있다면 SQL 튜닝과 인덱스 설계만큼 쉬운 것도 없다. 하지만 그런 식으로 인덱스를 생성하다 보면 테이블마다 수십 개씩 달릴 것이 불 보듯 뻔하고 관리비용뿐만 아니라 시스템 부하를 가중시키는 원인이 된다. 인덱스 설계가 어려운 이유가 여기에 있으며, 시스템 전체를 바라보는 시각에서 전략적으로 접근하려는 노력이 무엇보다 중요하다고 하겠다.

인덱스를 구성할 때의 컬럼 순서 결정 원리부터 살펴보자.

(1) 가장 중요한 두 가지 선택 기준

인덱스 스캔 방식에 여러 가지가 있지만 가장 정상적이고 일반적인 것은 Index Range Scan이라고 했다. 그리고 이를 위해서는 인덱스 선두 컬럼이 조건절에 반드시 사용되어야만 한다. 따라서 결합 인덱스를 구성할 때 첫 번째 기준은, 조건절에 항상 사용되거나, 적어도 자주 사용되는 컬럼들을 선정하는 것이다.

두 번째 기준은, 그렇게 선정된 컬럼 중 '=' 조건으로 자주 조회되는 컬럼을 앞쪽에 두어야 한다는 것이다. 그 이유에 대해서는 앞 절에서 충분히 설명하였다.

아래 두 가지 선택 기준을 공식처럼 외우기 바란다.

1. 조건절에 항상 사용되거나, 자주 등장하는 컬럼들을 선정한다.
2. '=' 조건으로 자주 조회되는 컬럼들을 앞쪽에 둔다.

(2) 인덱스 설계는 공식이 아닌 전략과 선택의 문제

앞서 제시한 두 가지 선택기준이 일반적으로 통용될 수 있는 기본 공식임은 틀림없지만 인덱스 설계가 그렇게 간단하지는 않다. 오히려 이 공식을 지키려다 보면 원칙과 기준이 없을 때처럼 인덱스 개수가 자꾸 늘어나게 됨을 느낄 것이다.

간단한 예제와 함께 설명해 보자.

간단한 설계 예제

예를 들어, 거래 테이블을 액세스하는 조건절이 아래 4가지만 있다고 가정하고 어떻게 인덱스를 구성하는 것이 효과적인지 독자 스스로 전략을 마련해 보기 바란다. 총 고객 수는 100만 명이고, 상품은 10만 개가 있다고 가정하자. 단, 거래일자 검색 범위가 아래와 같이 항상 고정적이지는 않다. 3개월 이상일 수 있고, 그 미만일 수도 있다.

```
〈 검색조건 1 〉
where  고객번호 = 1
and    거래일자 between '20090101' and '20090331'

〈 검색조건 2 〉
where  상품번호 = 'A'
and    거래일자 between '20090101' and '20090331'

〈 검색조건 3 〉
where  고객번호 = 1
and    상품번호 = 'A'
and    거래일자 between '20090101' and '20090331'

〈 검색조건 4 〉
where 거래일자 between '20090101' and '20090331'
```

모델링에 모범답안은 있어도 정답은 없다고 흔히 얘기하듯이, 인덱스 설계에도 정답은 없다. 개별 쿼리 기준으로는 어떤 인덱스가 더 좋은지 명확히 구분할 수 있지만 시스템 전체적인 관점에서의 효율은 또 다른 기준, 즉 쿼리 수행 빈도, 업무상 중요도, DML 부하, 저장 공간, 관리 비용 같은 상황적 요소까지 고려해 평가되어야 하기 때문이다.

그리고 그런 상황적 요소들을 해석하는 기준이 사람마다 다르기 때문에 설계자의 성향이나 스타일에 따라 결과물도 달라지게 마련이다. 그런 모든 요소들을 일일이 나열할 수 없으므로 독자 스스로 가정을 세워가며 설계하기 바라고, 왜 그런 선택을 했는지 판단 근거를 제시할 수 있으면 된다.

자! 설계가 끝났는가? 독자는 어떻게 설계했는지 모르겠지만 17명의 교육 수강생에게 위와 같은 상황을 제시하고 똑같은 과제를 주었더니 실제 아래 표와 같이 다양한 스타일이 도출되었다.

스타일	X1	X2	X3	X4
A (1명)	고객번호+거래일자	상품번호+거래일자	상품번호+고객번호 +거래일자	거래일자
B (3명)	고객번호+거래일자	상품번호+거래일자	거래일자	
C (1명)	고객번호+거래일자 +상품번호	상품번호+거래일자	거래일자	
D (1명)	고객번호+거래일자	상품번호+거래일자 +고객번호		
E (2명)	거래일자+상품번호 +고객번호	거래일자+고객번호 +상품번호		
F (2명)	거래일자+고객번호	거래일자+상품번호		
G (1명)	거래일자+상품번호	고객번호+상품번호 +거래일자		
H (2명)	고객번호+상품번호 +거래일자			
I (3명)	고객번호+거래일자	거래일자+상품번호 +고객번호		
J (1명)	거래일자+상품번호 +고객번호			

인덱스 설계에 정답은 없다지만 일반적인 기준과 필자의 경험을 살려 각각 아래와 같이 평가해 보았다.

- 스타일 A : '=' 조건 컬럼을 모두 선두에 둠으로써 모든 조건에 대해 인덱스 스캔 효율을 100% 달성하려는 스타일이다. DML 부하와 관리비용이 조금 증가할 것이고, 나중에 새로운 액세스 유형이 도출됐을 때 이미 많아져 버린 인덱스 개수 때문에 고민스러울 수 있다.
- 스타일 B : 고객번호별 조회(검색조건 1)와 상품번호별 조회(검색조건 2)를 둘 다 중요 액세스 경로로 판단하였다.
  검색조건 3일 때 테이블 필터링이 발생하긴 하겠지만 고객번호의 변별력이 워낙 좋아 X1 인덱스를 사용함으로써 테이블 액세스를 최소화할 수 있다고 판단한 것 같다. 아주 넓은 거래일자 조건을 입력할 때는 상품번호 필터링 때문에 다소 비효율이 생길 수 있다.
- 스타일 C : 스타일 B와 기본적으로 같은 전략으로 볼 수 있다. 다만 검색조건 3일 때도 불필

요한 테이블 액세스가 발생하지 않도록 하려고 X1 인덱스에 상품번호를 추가한 점이 다르다. 상품번호가 인덱스 필터 역할만 하지만 선두컬럼인 고객번호가 워낙 변별력이 좋아 인덱스 스캔 비효율은 아주 미미할 것으로 판단한 것 같다. 매우 좋은 전략이라고 평가할 수 있다.

- 스타일 D : 마찬가지로 스타일 B와 기본적으로 같은 전략이라고 할 수 있다. 다만 검색조건 3일 때 불필요한 테이블 액세스가 발생하지 않도록 하려고 X2 인덱스에 고객번호를 추가한 점이 다르다. 테이블 액세스는 최소화할 수 있지만 상품번호의 선택도가 고객번호보다 높아서 스타일 C와 비교해 인덱스 스캔량이 더 많을 것이다.

  검색조건 4에 대한 고려가 없는 것도 흠이지만 거래일자 검색 범위가 넓어 일부러 Full Table Scan으로 유도하려는 것일 수 있다. 또는 거래일자 기준 Range 파티셔닝을 전제로 한 것인지도 모른다.
- 스타일 E : between 조건을 최선두에 둔다면 나머지 조건은 거의 인덱스 필터 역할만 하므로 적어도 검색조건 1~4를 위해서라면 둘 중 하나는 제거해도 무방하다. 그러면 스타일 J와 같은 전략이 된다.
- 스타일 F : 검색조건 1~4를 위한 것이라면 그다지 효과적이지 못하다.
- 스타일 G : 상품번호로 조회하는 검색조건 2는 물론 고객번호로 조회하는 검색조건 1에서도 인덱스 스캔 비효율이 생긴다. 특히, 변별력이 아주 좋은 고객번호로 조회할 때의 비효율은 그만큼 더 크다고 하겠다.
- 스타일 H : 검색조건 2와 4에 대한 대비가 없고, 고객번호로 조회하는 검색조건 1에서도 인덱스 스캔 비효율이 크다.
- 스타일 I : X2 인덱스 선두에 거래일자를 둠으로써 약간의 비효율은 생기겠지만 항상 사용되는 컬럼이므로 모든 검색조건에 범용적으로 사용될 수 있다. 대신 사용빈도가 높고 변별력이 아주 좋은 고객번호가 조회 조건에 포함될 때만이라도 X1 인덱스를 효과적으로 이용하려는 의도가 엿보인다.

  어떤 검색조건에 대해서도 테이블 Random 액세스만큼은 최소화할 수 있어, 자주 입력되는 거래일자 범위가 아주 넓지만 않다면 성능이 그다지 나쁘지 않다. 모든 검색 조건을 만족하면서도 인덱스 개수를 최소화했다는 측면에서 높이 평가할 수 있다.
- 스타일 J : 인덱스 하나로 모든 조건절을 해결하려는 의도가 담긴 것 같다. 인덱스 활용성이 높고 상황에 따라서는 무리 없이 잘 운영될 수 있지만, 근본적으로 비효율을 안고 있어 신중히 선택해야 할 설계 방식이다.

효율성 비교 분석

설계 방식에 따라 실제 효율성에 얼마나 차이가 생기는지 비교 분석해 보자. 모든 스타일을 일일이 분석하기에는 지면이 부족하므로 양극에 놓인 두 개 스타일만 비교해 보이려고 한다. 하나의 인덱스로 모든 조건절을 해결하려는 스타일 J의 의도는 약간 극단적이므로 제외하고 그 위쪽 스타일 I와 100% 효율을 목표로 설계한 스타일 A를 대상으로 삼았다.

데이터 상황을 먼저 설명하면 그림 1-55와 같다.

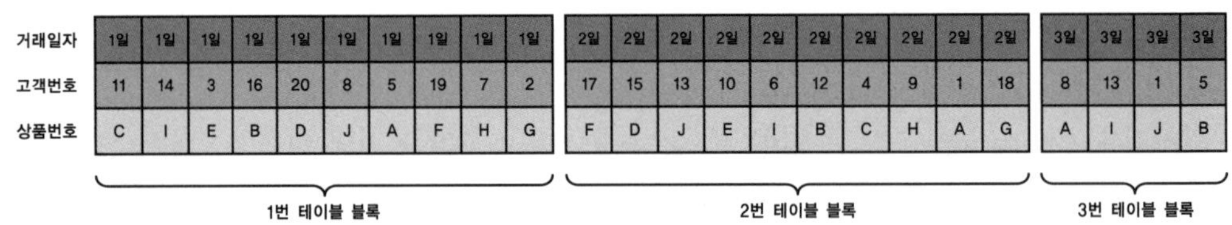

그림 1-55

거래 데이터는 거래일자 순으로 입력되므로 테이블은 아마 그림 1-55와 같은 모습일 것이다. 설명을 단순화하기 위해 하루치 거래 데이터가 한 블록에 모두 입력되도록 했다.

A부터 J까지 10개 상품이 하루에 한 번씩만 거래된다고 가정함으로써 한 블록에 하나씩만 입력되도록 표현하였고, 고객은 1~20번까지 평균적으로 이틀에 한 번씩 거래한다고 가정해 두 블록당 하나씩 입력되도록 표현한 것을 볼 수 있다. (평균 이틀에 한 번 거래하는데 1번과 13번 고객은 2일과 3일 연속 거래하였으므로 4일에는 거래가 없을 것이다.)

실 운영환경에서도(앞쪽이나 중간에 입력된 거래 데이터를 지우지만 않는다면) 거래일마다 새로운 블록을 뒤쪽에 추가하면서 데이터가 입력될 것이므로 그림 1-55와 크게 다르지 않을 것이다. 다른 점이라면 하루치 거래 데이터가 훨씬 많은 블록에 걸쳐 입력된다는 것이고, 그 때문에 고객번호와 상품번호를 기준으로 보면 데이터는 더 뿔뿔이 흩어지게 마련이다.

이제 아래 두 스타일을 놓고 각 검색 조건별로 효율성을 비교해 보자.

```
[ 전략 1 : 스타일 A ]
X1 : 고객번호 + 거래일자
X2 : 상품번호 + 거래일자
X3 : 상품번호 + 고객번호 + 거래일자
X4 : 거래일자
```

```
[ 전략 2 : 스타일 I ]
X1 : 고객번호 + 거래일자
X2 : 거래일자 + 상품번호 + 고객번호
```

- **검색조건 1 (고객번호 = 1, 거래일자 between)**
  조건에 해당하는 1번 고객의 거래 데이터가 2번과 3번 블록에 흩어져 있다. 전략 1과 2 모두 X1 인덱스를 사용하게 될 것이므로 똑같이 두 번의 테이블 Random 액세스가 발생한다.
- **검색조건 2 (상품번호 = 'A', 거래일자 between)**
  조건을 만족하는 상품 A가 1번, 2번, 3번 블록에 흩어져 있다. 따라서 전략 1에서 X2 인덱스를 사용하나 전략 2에서 X2 인덱스를 사용하나 테이블 Random 액세스는 똑같이 세 번 발생한다. 다만, 전략 2는 X2 인덱스에서 불필요한 상품번호까지 스캔하는 비효율이 있다.
- **검색조건 3 (고객번호 = 1, 상품번호 = 'A', 거래일자 between)**
  조건을 만족하는 거래 데이터는 2번 테이블 블록에 단 한 건 있다. 전략 1에서는 X3 인덱스를 사용해 그 한 건이 포함된 단 한 블록만 Random 액세스한다.
  반면, 전략 2에서 X1 인덱스를 이용하면 테이블 액세스가 두 번 발생한다. 거래일자 범위가 넓지 않다면 인덱스 스캔 비효율을 약간 감수하더라도 X2 인덱스를 사용해 불필요한 테이블 Random 액세스를 없애는 편이 나을 수도 있다.
- **검색조건 4 (거래일자 between)**
  전략 1의 X4 인덱스나 전략 2의 X2 인덱스 둘 다 1~3번 블록을 모두 읽고 테이블 Random 액세스 횟수도 똑같다. 참고로, 이런 검색 조건이 자주 사용되고 넓은 범위의 값이 입력될 가능성이 높다면 Range 파티션 구성을 고려해야 한다. 인덱스 설계 시 파티션 설계를 병행해야 하는 이유가 여기에 있다.

성능에 결정적인 영향을 미치는 테이블 Random 액세스 측면에서 보면, 검색조건 3에서 전략 2가 약간 불리하다. 하지만 고객번호가 변별력이 워낙 좋아 성능에 큰 차이가 나지 않을 수 있다. 만약 테이블 Random 액세스 부하가 심하다면 X2 인덱스를 사용하면 된다.

인덱스 스캔 효율 측면을 보면, 검색조건 2번과 3번에 대해 전략 2가 약간 비효율적이다. 그렇더라도 인덱스 블록에는 하나당 수백 개 레코드가 담기므로 그 차이가 크지는 않을 것이다.

예를 들어, 리프 블록 하나에 500개가 담긴다고 하자(설명을 단순화하기 위해 컬럼 개수 때문에 늘어나는 분량은 제외하기로 함). 1번 전략 하에서 검색조건 2를 만족하는 레코드가 500개면 이를 위해 X2 인덱스에서 읽는 리프 블록은 단 한 개뿐이다(물론 경우에 따라 두 개 블록에 걸쳐 있을 수는 있음). 따라서 500번의 테이블 Random 액세스를 거쳐 총 501개 블록을 읽게 된다.

2번 전략 하에서는 거래일자 between 조건을 만족하는 레코드가 5,000개고 상품번호 조건까지 모두 만족하는 레코드는 1번 전략에서와 똑같이 500개라고 하자. 그러면 X2 인덱스에서 10개 리프 블록을 읽을 테고, 테이블 Random 액세스는 똑같이 500번 발생한다. 따라서 총 510개의 블록을 읽게 된다.

인덱스 스캔 효율에 차이가 있다고는 하나, 최적으로 구성한 1번 전략이 인덱스 블록을 9개 정도 덜 읽는 것에 불과하다.

스캔 효율성 이외의 판단 기준

얼핏 듣기에 전략 2가 더 낫다고 설명하는 것 같지만 위와 같은 조건절 패턴 하에서 데이터 상황도 마침 위와 같다면 비효율이 생각보다 덜할 수 있음을 보여주는 것뿐이므로 오해하지 말기 바란다.

위에서는 거래일자 구간에 상수 값을 입력했고 그 구간에 속한 데이터가 일정량을 넘지 않는다고 가정하고 설명한 것이다. 따라서 실제 자주 입력되는 between 검색 구간이 매우 넓고, 그 구간에 속하는 데이터 건수가 아주 많아질 수 있다면 당연히 전략 1이 우월하다.

쿼리 수행 빈도도 중요한 판단 기준이고, NL 조인의 Inner 쪽 테이블로서 자주 액세스되는지도 중요한 판단 기준이다. 위에서 예로 든 거래 테이블을 단독으로 읽거나 NL 조인에서 드라이빙 집합으로서 액세스할 때는 인덱스 스캔 상 비효율이 있더라도 한 번에 그치지만, 아래 쿼리처럼 Inner 쪽 테이블로서 반복 탐색될 때는 그 횟수만큼 비효율이 누적되기 때문이다.

```
select /*+ ordered use_nl(b) */
       a.상품명, b.고객번호, b.거래일자, b.거래량, b.거래금액
from   상품 a, 거래 b
where  a.상품분류 = '가전'
and    b.상품번호 = a.상품번호
and    b.거래일자 between '20090101' and '20090331'
```

NL 조인에서 Inner쪽 테이블로서 자주 액세스되지 않더라도, 고객번호나 상품번호를 선두로 갖는 인덱스의 클러스터링 팩터가 의외로 좋다면 전략 1과 같은 인덱스 구성은 그만큼 더 효과적인 것이 된다.

데이터량도 중요한 판단 기준이다. 데이터량이 적다면 인덱스를 많이 만들더라도 저장 공간이

나 트랜잭션 부하 측면에서 그다지 문제될 것이 없어 인덱스 구성 전략 때문에 크게 고민할 필요가 없다. 초대용량 테이블일 때는? 전문가의 손길이 필요하며, 진정한 튜닝 전문가는 이때 빛을 발한다.

「자주 사용되는 '=' 조건」이라는 애초의 기준은 인덱스 스캔의 효율성만을 고려한 것으로서, 실제 인덱스를 설계할 때는 시스템 전체적인 관점에서의 추가적인 요소들을 고려해야 한다. 그런 요소들을 열거해 보면 다음과 같다.

- 쿼리 수행 빈도
- 업무상 중요도
- 클러스터링 팩터
- 데이터량
- DML 부하(= 기존 인덱스 개수, 초당 DML 발생량, 자주 갱신되는 컬럼 포함 여부 등)
- 저장 공간
- 인덱스 관리 비용 등

이런 상황적 요소에 대한 해석과 판단 기준이 서로 다르기 때문에 설계자의 성향이나 스타일에 따라 결과물도 크게 달라진다. 전장에서 똑같은 상황에 맞닥뜨리더라도 지휘관 스타일에 따라 전략과 전술이 달라지는 것처럼 말이다.

인덱스 설계는 공식이 아닌 전략과 선택의 문제

인덱스 설계가 어려운 이유는, 개별 쿼리 성능뿐만 아니라 그 개수를 최소화함으로써 DML 부하를 줄이는 것까지 목표로 삼아야 하기 때문이다. 따라서 시스템 전체적인 시각에서 대안 전략들을 수립하고, 그 중 최적을 선택할 수 있는 능력이 무엇보다 중요하다.

조건절 패턴이 10개 있을 때, 10개 패턴을 모두 만족하려고 인덱스를 10개나 만들 수는 없다. 그런 설계라면 몇 가지 공식만 가지고도 누구나 할 수 있다. 10개 중 최적을 달성해야 할 가장 핵심적인 액세스 경로(Critical Access Path) 한두 개를 전략적으로 선택하고, 그것을 중심으로 나머지 액세스 경로는 약간의 비효율이 있더라도 목표한 성능 수준에 도달하도록 구성해 주면 된다.

그리고 왜 그런 선택을 했는지, 전략적 판단 근거가 무엇인지 답할 수 있어야 한다. 단순한 공식에 의한 결정이 아니라 상황을 이해하고 나름의 판단 기준을 가지고 결정을 내리라는 것이다. 이것이 앞서 예시한 설계 패턴 중 스타일 C와 I를 비교적 높게 평가한 이유다.

이처럼 전략적 선택을 통해 인덱스 개수를 최소한으로 유지한다면, 사용빈도가 높거나 중요한 액세스 경로가 새로 추가됐을 때 최적의 인덱스를 제공해 줄 여유가 생긴다.

참고로, 지금까지 파티셔닝 기능은 배제한 채 설명했지만 실무적으로는 파티션 설계를 먼저 진행하거나 최소한 인덱스 설계와 병행하는 것이 바람직하다. 특히, 앞선 예시에서 4번처럼 거래일자만으로 조회하는 경우가 있을 때는 Range 파티션 활용 여부까지 함께 결정해야 인덱스 설계의 완성도를 높일 수 있다.

인덱스 전략 수립을 위한 훈련

본 장에서 설명한 인덱스 원리를 차근차근 공부한 독자라면 지금쯤 전략적인 인덱스 설계에 필요한 기본기를 어느 정도 갖추었을 것으로 믿는다. 이제 수많은 훈련을 통해 자기만의 판단 기준과 선택 능력을 기르는 일만 남았다.

앞에서도 간단한 예시를 통해 연습해 보았지만 다시 한번 아래 상황에서 '고객' 테이블에 대한 인덱스 구성 전략을 수립해 보기 바란다. 스터디 모임에서 본서를 교재로 사용하고 있다면, 상호 토론을 통해 재미있는 경험을 하게 될 것이다.

```
# 쿼리1
select * from 고객
where  고객번호 = :no ;

# 쿼리2
select * from 고객
where  연령 = :age
and    성별 = :gender
and    이름 like :name || '%';

# 쿼리3
select * from 고객
where  연령 between :age1 and :age2
and    거주지역 = :region
and    등록일 like :rdate || '%';

# 쿼리4
select /*+ ordered use_nl(b) */ * from 주문 a, 고객 b
where  a.거래일자 = :tdate
and    a.상품번호 = :good
and    b.고객번호 = a.고객번호
and    b.거주지역 = :region ;
```

고객은 100만 명이고, 거주지역으로는 15개의 값(서울, 부산, 광주, 대구, 대전, 인천, 경기, 강원, 경북, 경남, 전북, 전남, 충북, 충남, 제주)이 있으며 분포는 균일하다고 가정하자. 쿼리1과 쿼리4는 수행빈도가 매우 높고, 쿼리2와 3은 그다지 높지 않다.

다시 말하지만, 액세스 효율을 높이는 것도 중요하지만 인덱스 개수를 최소화하는 것도 중요한 목표여야 한다. 이 둘 간의 조화를 이루는 것, 설계자의 진정한 능력은 거기에 달렸다.

인덱스 설계 조정을 통한 튜닝 사례 – Right Growing 인덱스

인덱스에는 키 값 기준으로 정렬된 상태를 유지하며 값이 입력(insert)된다. 따라서 '일련번호'나 '입력일시'처럼 순차적으로 증가하는 컬럼에 생성한 인덱스는 항상 맨 우측 블록으로만 값이 입력된다.

이런 특징을 갖는 인덱스를 'right-growing 인덱스'라고 부르며, 여러 프로세스에 의한 동시 입력이 많을 때 트랜잭션 성능을 떨어뜨리는 주범이다. 입력 값이 다르므로 로우 Lock 경합은 발생하지 않지만 같은 블록을 갱신하려는 프로세스 간 버퍼 Lock 경합이 발생하기 때문이다. 이때 나타나는 대기 이벤트가 *buffer busy waits* 라고 설명한 것을 1권을 본 독자라면 기억할 것이다.

이런 인덱스 경합은 의외로 흔히 발생하는 현상으로서 RAC 환경에서 특히 심각한 성능 저하를 일으키며, *gc buffer busy* 이벤트로 관찰된다. 여러 노드가 동시에 Current 블록 하나를 서로 주고 받으며 값을 insert 해야 하기 때문이다.

해결방법으로는, Reverse Key 인덱스로 바꿔 블록이 분산되도록 하거나, 그보다 오라클이 권하는 솔루션으로서 인덱스를 해시 파티셔닝하는 방법이 있다. 해시 파티셔닝을 하면 값이 순차적으로 증가하더라도 해시 함수에서 리턴된 값에 따라 서로 다른 파티션에 입력되므로 경합을 그만큼 줄일 수 있다.

어떤 대규모 시스템의 오픈을 앞두고 통합 부하 테스트 과정에서 아래 N1 인덱스에 그림 1-56처럼 심한 경합이 발생하는 것이 확인되었다.

```
PK : 고객번호 + 변경일자 + 주요변경코드 + 일련번호
N1 : 변경일자 + 서비스변경코드
N2 : 판매부서id + 서비스변경코드 + 변경일자 + 고객번호 + 서비스코드
N3 : 고객번호 + 일련번호 + 서비스변경코드 + 서비스변경사유코드 + 주요변경코드
```

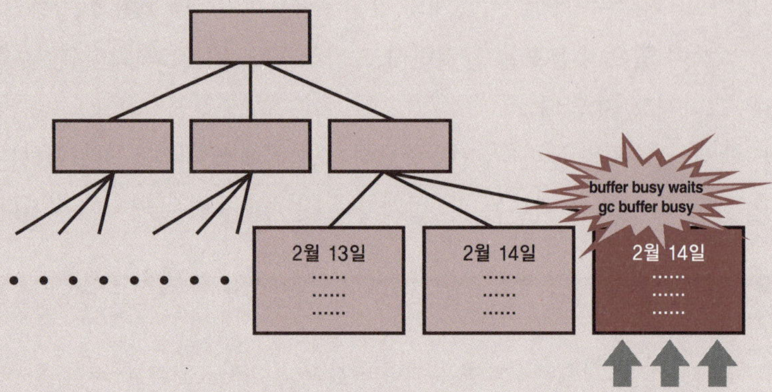

그림 1-56

N1 인덱스 구성을 보면 전형적인 right-growing 인덱스는 아니다. 변경일자에는 하루 동안 같은 일자가 계속 입력되는데, 그 뒤 서비스변경코드 컬럼에 따라 몇 개 그룹으로 나뉘어 입력이 진행될 것이기 때문이다. 하지만 그 중 특정 서비스변경코드에 값이 몰리는 상황이다.

그리고 인덱스 레코드는 키 값이 같으면 테이블 rowid 순으로 정렬되는 특징을 갖는데, 테이블도 (중간에 빈 블록들이 생기면 그 곳에 입력될 수 있지만) 대개는 맨 뒤쪽에 블록을 할당 받아 순차적으로 입력이 진행되므로 그것을 가리키는 인덱스 레코드도 rowid 값을 따라 순차적으로 입력된다. 따라서 같은 변경일자와 서비스변경코드 값이 계속 입력되면 인덱스 맨 우측 몇몇 블록에 Hot Block 경합이 생긴다. 전국적으로 서비스되는 시스템이므로 그만큼 경합 발생 가능성도 높은 상황이었다.

이 문제를 놓고 몇몇 컨설팅 업체들이 모여 이슈회의를 시작했다. 변경일자 컬럼에 대한 between 범위검색 조건이 사용될 수 있고[19], 하루 동안 이 컬럼에는 같은 값이 입력되므로 Reverse Key 인덱스는 일단 제외되었다. 결국, 대부분 컨설턴트 의견이 고객번호 기준으로 해시 파티셔닝하는 쪽으로 모아지고 있었다.

인덱스를 고객번호 기준으로 8개로 파티셔닝하면 경합도 1/8로 줄고, 16개로 파티셔닝하면 1/16로 준다. 하지만 이 테이블은 고객의 변경이력을 관리하는 테이블로서 쓰기 작업 이상으로 읽기 부하가 심한 테이블이었다. 만약 인덱스를 고객번호 기준으로 해시 파티셔닝한다면 매번 각 파티션을 다 뒤져야 하므로 I/O 부하가 더 심해진다. (고객번호가 조건절에 포함될 때는 인덱스 파티션을 하나만 읽고도 처리 가능하겠지만 그 경우에는 N1 인덱스가 아니라 PK 인덱스를 사용하므로 고객번호가 조건에 빠졌을 때를 기준으로 생각해야 한다.)

그렇더라도 블록 경합 때문에 중요한 트랜잭션 처리가 늦어지므로 어쩔 수 없다는 분위기 속에서, 함께 회의에 참석했던 필자의 소속회사 선배 컨설턴트가 좋은 의견을 제시했다. N1 인덱스 컬럼 뒤쪽에 고객번호를 추가하자는 것이었다. 인덱스 키 값이 같을 때 rowid 순으로 정렬되는데 뒤쪽에 변별력이 좋은 고객번호를 추가한다면 rowid 이전에 고객번호에 따라 여러 블록에 골고루 분산되는 효과가 나타난다는 것이다.

기막힌 아이디어였다. 모두 한껏 고무되어 실제 효과가 있는지 테스트해 보자며 회의를 마쳤다. 그 와중에 필자는 "저 인덱스가 과연 효용성이 있을까"라는 의문이 들었다. [변경일자 + 서비스변경코드] 별로 데이터가 엄청나게 많을 텐데 인덱스를 통해 액세스했을 때 제대로 속도가 나오겠는가.

자리로 돌아와 해당 인덱스를 액세스하는 쿼리들이 실제 있는지 조사해 봤다. 모든 쿼리에 Explain Plan을 주기적으로 돌려 실행계획을 수집해 놓았기 때문에, 조사하는데 그리 오랜 시간이 소요되지도 않았다. 조사 결과, 딱 하나의 쿼리에서 그 인덱스를 사용하고 있었고 '판매부서id' 조건을 강제로 추가해 N2 인덱스를 사용하도록 변경이 가능한 경우였다.

결국 인덱스를 지우는 것으로 문제가 일단락 됐다.

(3) 결합 인덱스 컬럼 순서 결정 시, 선택도 이슈

인덱스 생성 여부를 결정할 때는 선택도(selectivity)[20]가 충분히 낮은지가 중요한 판단기준임이 틀림없다. 4절에서 보았듯이 인덱스를 스캔하면서 테이블을 액세스하는 양이 일정 수준(=손익분기점)을 넘는 순간 Full Table Scan 보다 오히려 느려지기 때문이다. 따라서 선택도(결합 인덱스일 때는 결합 선택도)가 높은 인덱스는 생성해 봐야 효용가치가 별로 없다.

결합 인덱스 컬럼 간 순서를 정할 때도 선택도가 낮은, 즉 변별력이 높은 쪽을 앞에 두는 것이 유리하다고 흔히 알려져 있는데, 과연 그럴까? 결론부터 말하면, 개별 컬럼의 선택도가 고려사항은 될 수 있지만 어느 쪽이 유리한지는 상황에 따라 다르다.

선택도가 액세스 효율에 영향을 주지 않는 경우

'=' 조건으로 항상 사용되는 컬럼들을 앞쪽에 위치시켰다면, 그 중 선택도가 낮은 것을 앞쪽에 두려는 노력은 의미 없는 것이거나 오히려 손해일 수 있다.

---

19) Reverse Key 인덱스는 '=' 검색에만 사용할 수 있다.

20) 전체 레코드 중에서 조건절에 의해 선택되는 비율. 여기서는 인덱스 컬럼을 모두 '=' 로 조회할 때 평균적으로 선택되는 비율을 의미함

예를 들어, "항상 사용되는" 고객번호, 고객등급, 거래일자 중 고객번호와 고객등급은 '=' 조건으로, 거래일자는 between으로 사용된다. 그리고 거래유형과 상품번호는 항상 사용되는 조건이 아니어서 인덱스를 아래와 같이 구성했다고 가정하자.

```
IDX01 : 고객등급 + 고객번호 + 거래일자 + 거래유형 + 상품번호
```

between 조건으로 사용되는 거래일자 뒤쪽에 놓인 거래유형과 상품번호는 어차피 인덱스 필터 조건으로 사용되므로 변별력이 좋고 나쁨을 따질 이유가 없다.

그렇다면 거래일자 앞쪽에 위치한 두 컬럼은 변별력에 따라 위치를 바꿔 줄 필요가 있는 것일까? 즉, 변별력이 좋은 고객번호를 앞으로 이동시키는 것이 효과적인가?

수직적 탐색 과정에선 (몇몇 경우를 제외하고[21]) 모든 인덱스 컬럼을 비교 조건으로 사용하므로 스캔 시작 지점은 어느 것을 앞에 두더라도 동일하게 결정된다.

그리고 앞에서 여러 차례 강조했듯이 선행 컬럼이 모두 '=' 조건이면 첫 번째 범위검색 조건(여기서는 거래일자)까지의 인덱스 레코드들은 모두 한 곳에 모여 있다. 따라서 변별력이 좋지 않은 고객등급을 앞에 두더라도 수평적 탐색을 위한 스캔 범위는 최소화될 것이고, 인덱스 액세스 효율에 전혀 영향을 미치지 않는다.

선택도가 '높은 컬럼'을 앞쪽에 두는 것이 유리한 경우

오히려 고객등급을 선두에 두면 나중에 이 컬럼이 조건절에서 누락되거나 범위검색 조건으로 조회되는 일이 생기더라도 오라클 9i부터 제공되는 Index Skip Scan을 효과적으로 활용할 수 있어 유리하다. 이미 설명했듯이 Index Skip Scan은 선행 컬럼의 Distinct Value 개수가 적고, 후행 컬럼의 Distinct Value 개수가 많아야 효율적이다.

굳이 Index Skip Scan이 아니더라도 IN-List로 값을 제공함으로써 쉽게 튜닝할 여지가 생긴다. 고객번호를 선두에 두었는데 조건에서 누락되거나 범위검색 조건으로 조회된다면 그런 튜닝 기법을 적용하기가 곤란하다. (물론 좁은 범위의 고객번호를 입력하고 조회한다면 고객번호를 선두에 두는 것이 더 나을 수도 있는데, 그런 경우에 대한 유·불리는 곧이어 표를 통해 비교해 볼 것이다.)

21) 7절 (9)항 Access Predicate 설명 참조

인덱스 압축 기능을 고려하더라도 고객등급을 앞쪽에 두는 것이 유리하다. 선택도가 높은 컬럼을 앞쪽에 두어야 인덱스 압축률이 더 좋아지기 때문이다.

참고로 유명한 톰 카이트(Tom Kyte)의 설명에 의하면 변별력이 좋은 컬럼을 선두에 두는 것이 좋다는 상식은, 오라클 5 버전에서 사용하던 인덱스 압축 방식 때문에 생긴 것이고 그런 특징은 오라클 6에서 로우 단위 Lock이 구현되면서 사라졌다고 한다.

상황에 따라 유 · 불리가 바뀌는 경우

범위검색 조건 앞쪽에 놓인 두 컬럼, 예를 들어 고객등급과 고객번호가 모두 '=' 조건인 경우는 앞에서 살펴 보았다. 이제 가정을 바꿔, 대부분 '=' 조건으로 사용되지만 가끔씩(또는 혹시 모를 미래 시점에) 둘 중 하나가 조건절에서 빠지거나 범위검색 조건으로 사용될 수도 있다고 하자. 그럼에도 인덱스 개수를 최소화할 목적으로 이 두 컬럼을 인덱스 선두에 나란히 두려 한다면 어느 쪽을 앞에 두는 것이 유리할까?

상황에 따라 유 · 불리가 바뀌는데, 이해하기 쉽도록 표로써 정리해 보았다.

조건절		인덱스 구성	
고객번호	고객등급	고객번호+고객등급+거래일자	고객등급+고객번호+거래일자
>=	=	스캔 범위가 넓어져 불리하지만, 고객번호에 입력되는 값의 범위가 좁을 때는 비효율이 크지 않음. 입력 범위가 넓을 때가 문제인데, ISS 또는 IN-List 기법을 활용하지 못하는 단점 있음	유리
=	>=	유리	선택도가 높은 고객등급에 의해 스캔범위가 결정되므로 불리하지만, ISS 또는 IN-List를 활용한다면 큰 비효율 없음
>=	>=	고객번호에 입력되는 값의 범위가 좁을 때는 비효율이 크지 않음. 입력 범위가 넓을 때가 문제인데, ISS 또는 IN-List 기법을 활용 못하는 단점 있음	선택도가 높은 고객등급에 의해 스캔범위가 결정되므로 불리하지만, ISS 또는 IN-List를 활용한다면 큰 비효율 없음
=	(누락)	유리	ISS 또는 IN-List 활용 가능
(누락)	=	Full Table Scan이 유리	Full Table Scan이 유리

종합해 보면, 선택도가 높은 컬럼(예, 고객등급)을 선두에 두면 나중에 범위검색 조건이 사용되거나 아예 조건절에서 누락되더라도 Index Skip Scan 또는 IN-List를 활용할 수 있어 유리하다. 다

만, 이들 기법이 효과를 발휘할 정도로 Distinct Value 개수가 충분히 적은지가 관건이다.

선택도가 낮은 컬럼(예, 고객번호)을 선두에 두면 이를 범위검색 조건으로 조회하는 일이 생겼을 때 불리하지만, 입력 값의 범위가 좁다면 비효율이 크지 않아 Index Skip Scan이나 IN-List를 활용하지 못하더라도 오히려 유리할 수 있다.

선택도가 '낮은 컬럼'을 앞쪽에 두는 것이 유리한 경우

범위검색 조건을 사이에 둔 컬럼끼리는 선택도가 낮은 컬럼을 앞쪽에 두는 것이 유리하다. 예를 들어, 다음과 같은 조건절이 있다고 하자.

```
where 고객번호 = :a and 상품번호 = :b and 거래일자 between :c and :d
```

고객은 100만 명이고, 상품개수는 10,000개다. 이때 아래 두 인덱스 구성 전략 중 하나를 선택하라고 하면 X01을 택하는 것이 현명하다.

```
X01 : 고객번호 + 거래일자 + 상품번호
X02 : 상품번호 + 거래일자 + 고객번호
```

X01 인덱스는 중간에 놓인 거래일자가 between 조건이어서 상품번호는 인덱스 스캔 단계에서 주로 필터 역할만 한다. 그렇더라도 변별력이 좋은 고객번호에 의해 스캔 범위가 최소화되기 때문에 비효율이 크지 않다.

X02 인덱스는 변별력이 좋은 고객번호가 필터 역할을 하므로 비효율적이다. 예를 들어, X01 인덱스가 고객번호와 거래일자 조건에 의해 100개 레코드를 스캔하고서 1개 레코드를 최종 선택한다면, X02 인덱스는 상품번호와 거래일자 조건으로 10,000개 레코드를 스캔하고서 1개 레코드를 선택하게 될 것이다. 이처럼 범위검색 조건을 사이에 두고 고민할 때는 변별력이 좋은 컬럼을 앞쪽에 두는 것이 유리하다.

여기서 한 가지 생각해 볼 것이 있다. 위와 같이 거래일자를 사이에 두고 단순히 상품번호와 고객번호 간 선택도를 따져서 순서를 결정할 일이 있겠는가?

만약 위와 같은 조건절 하나뿐이라면 인덱스는 [고객번호 + 상품번호 + 거래일자] 순으로 구성하는 것이 최선이다. 그럼에도 X01처럼 설계했다면 그것은 아마 「고객번호 =, 거래일자 between」 조건을 가진 다른 SQL이 있었기 때문일 것이다. 반대로 X02처럼 설계했다면 「상품번호 =, 거래일자 between」 조건을 가진 다른 SQL이 있기 때문일 것이다.

즉, 처음 설명했던 두 가지 원칙(자주 사용되는 '=' 조건)에 의한 결정이지 선택도에 의한 결정이 아니다.

선택도가 낮은 컬럼을 '선택' 하는 것이 유리한 경우

아래와 같은 조건절 하에서 만약 거래일자를 선두에 둔 '단 하나' 의 인덱스를 생성하기로 하였고, 후행 컬럼으로서 상품번호와 고객번호 둘 중 하나만 '선택' 하라면 어느 쪽을 택하겠는가?

```
< 검색조건 1> where 거래일자 = :a and 상품번호 = :b
< 검색조건 2> where 거래일자 = :a and 고객번호 = :b
```

그야 물론 위 두 검색조건 중 어느 쪽이 더 많이 사용되는지를 보고 결정하는 것이 정답이다. 만약 사용빈도까지 똑같다면? 그때는 선택도가 낮은 고객번호를 선택하는 것이 현명하다. 선택도가 낮은 고객번호를 위해 인덱스를 사용해야 더 적은 양의 테이블 Random 액세스가 발생하기 때문이다.

하지만 이런 식으로 후행 컬럼의 선택도를 비교해 둘 중 하나를 선택하는 일은 없다. [거래일자 + 상품번호]로 구성된 인덱스를 생성하지 않았다면 그런 액세스 경로가 없거나 결합 선택도가 높아서 그런 것이지 상품번호와 고객번호 간의 개별 선택도를 따져서 결정할 문제는 아니라는 것이다.

단일 컬럼 인덱스 생성 여부를 결정할 때 해당 컬럼의 선택도만 고려할 뿐 다른 컬럼의 선택도와 비교해 가며 결정하지는 않는 것과 같은 이치다. 예를 들어, 고객 테이블에서 주민등록번호 또는 고객명으로 조회하는 기능이 있는데, 이 둘 간의 선택도를 비교해서 인덱스 생성 여부를 결정하지는 않는다. 선택도가 낮으면 둘 다 생성할 수도 있고, 선택도가 높으면 둘 다 생성하지 않을 수도 있는 일이다.

결론적으로 결합 인덱스 컬럼 간 순서를 정할 때는, 개별 컬럼의 선택도보다는 조건절에서 어떤 형태로 자주 사용되는지, 사용빈도는 어느 쪽이 높은지, 데이터를 빠르게 검색하는 데에 어느 쪽 효용성이 높은지 등이 더 중요한 판단기준이다.

(4) 소트 오퍼레이션을 생략하기 위한 컬럼 추가

인덱스는 항상 정렬 상태를 유지하므로 order by, group by를 위한 소트 연산을 생략할 수 있도록 해 준다. 따라서 조건절에 사용되지 않은 컬럼이더라도 소트 연산을 대체할 목적으로 인덱스 구성에 포함시킴으로써 성능 개선을 도모할 수가 있다.

인덱스를 이용해 소트 연산을 대체하려면, 인덱스 컬럼 구성과 같은 순서로 누락 없이(뒤쪽 컬럼이 누락되는 것은 상관없음) order by절에 기술해 주어야 한다. 단, 인덱스 구성 컬럼이 조건절에서 '=' 연산자로 비교된다면, 그 컬럼은 order by절에서 누락되거나 인덱스와 다른 순서로 기술하더라도 상관없다. 그리고 이런 규칙은 group by절에도 똑같이 적용된다.

```
create table t
as
select rownum a, rownum b, rownum c, rownum d, rownum e
from   dual
connect by level <= 100000;

create index t_idx on t(a, b, c, d);
```

예를 들어 테이블과 인덱스를 위와 같이 구성했다면, 아래 쿼리는 모두 order by 소트 오퍼레이션이 생략된다(스크립트 ch1_18.txt 참조).

```
select * from t where a = 1 order by a, b, c;

select * from t where a = 1 and b = 1 order by c, d;

select * from t where a = 1 and c = 1 order by b, d;

select * from t where a = 1 and b = 1 order by a, c, b, d;
```

아래처럼 order by절에 기술한 순서가 인덱스 순서와 일치하기만 한다면 조건절에서 어떤 연산자로 비교되더라도 정렬 작업이 생략될 수 있다.

```
select * from t
where  a between 1 and 2
and    b not in (1, 2)
and    c between 2 and 3
```

```
order by a, b, c, d;

select * from t
where  a between 1 and 2
and    c between 2 and 3
order by a, b, c;

select * from t
where  a between 1 and 2
and    b <> 3
order by a, b, c;
```

아래 경우에도 정렬 작업이 생략되긴 하지만 인덱스 선두 컬럼이 조건절에 누락됐으므로 Index Full Scan 방식으로 처리된다.

```
select /*+ index(t) */ * from t
where  b between 2 and 3
order by a, b, c, d;
```

위 쿼리들에 대해 정렬 작업을 생략할 수 있다는 것이지 옵티마이저가 항상 그런 선택을 한다는 뜻은 아니다. 통계정보를 기반으로 비용을 계산한 결과 옵티마이저가 Table Full Scan을 선택하거나 다른 인덱스를 선택한다면 정렬 작업은 별도로 수행된다.

아래는 인덱스를 이용한 소트 오퍼레이션 대체가 불가능한 경우 중 일부를 예시하고 있다.

```
select * from t where a = 1 order by c;

select * from t
where  a = 1
and    b between 1 and 2
order by c, d;

select * from t
where  a = 1
and    b between 1 and 2
order by a, c, b;
```

(5) 인덱스 설계도 작성

앞에서도 얘기했듯이 인덱스 설계 시 시스템 전체 효율을 고려해야 한다. 조화를 이룬 건축물을 짓기 위해 설계도가 필수인 것처럼 인덱스 설계 시에도 전체를 조망할 수 있는 설계도면이 필요한 이유다. 그림 1-57은 인덱스 설계도를 예시한 것이다.

인덱스 설계도

시스템명			
작성자	홍길동	작성자	2004.04.01

테이블명	매물	설명		Owner		총건수	373,679
주파티션		주파티션 키		서브파티션		서브파티션 키	

NO	인덱스명	① 변경 전 인덱스 구성	② 변경 후 인덱스 구성	비고
P	PK	물건코드	물건코드	
1	IDX01	지역대분류, 지역중분류		
2	IDX02	물건코드, 물건종류	물건종류, 지역대분류, 지역중분류, 읍면동	
3	IDX03	입력일, 아파트시세코드, 평형, 평형타입	물건종류, 도시, 구시군, 읍면동	추천매물도 추가할지 결정
4	IDX04	입력일, 추천매물, 아파트시세코드, 평형, 읍면동	물건종류, 중개업소코드	
5	IDX05	입력일, 지역대분류, 지역중분류, 마을명	물건종류, 평형	
6	IDX06	입력일, 지역대분류, 지역중분류, 읍면동		
7	IDX07	입력일, 지역대분류, 지역중분류, CO14		
8	IDX08	입력일, 지역대분류, 평형		
9	IDX09	입력일, 전철호선, 역명, 전철도보시간		
10	IDX10	입력일, 중개업소코드, 물건코드		
11	IDX11	중개업소코드, 입력일, 인터넷매물		
12	IDX12	물건종류, 수정일		
13	IDX13	입력일, 매물구분, 추천매물, 지역대분류, 지역중분류		
14	IDX14	물건종류, 중개업소코드, 입력일, 인터넷매물		

컬럼명	③ 액세스 경로																									데이터 값 분포				비고
	1	2	3	4	5	6	7	8	9	10	11	12	13	14	15	16	17	18	19	20	21	22	23	24	25	NDV	Avg	Max	Min	
물건코드	=	=																					=							
물건종류			=	=	=	=	=	=	=	=	=	=	=	=	=	=	=	=	=	=	=	=	=			11	36,865	70,446	1,394	
중개업소코드			=	=																										
아파트시세코드													=													1,820		2,752	1	NULL : 280,656
평형													=	=								=				1,122		13,959	1	NULL : 66,474
평형타입													=													47		11,246	1	NULL : 161,795
추천매물							=																							
지역대분류					=	=	=	=	=	=	=	=													=	16		245,490	109	
지역중분류						=	=	=	=	=	=	=																		
도시														=	=	=	=	=	=	=	=			=		17		249,081	113	NULL : 9
구시군															=	=	=	=	=	=	=			=	OB					
읍면동										=	=	=			=	=	=	=												
CO1																					BW									
CO2																					=									
CO9				<>	=				=	=	<>					=	<>													
CO10				=						=	=							<>		IN										
CO12																						=								
CO14								<>																						
입력일		>=	>=	>=	>=	>=	>=	>=	=			>=	>=	>=	>=	>=	>=	>=	>=	>=	>=	OB		>=	>=					
사용 인덱스 변경전	2	2	14	14	1	1	13	14	1	1	1	14	3	F	6	6	6	6	F	F	7	F	2	F	1	메모	바인드 변수 사용 시, 도시가 '서울' 또는 '경기'인 매물을 조회할 때는 FTS으로 처리되도록 실행계획 분리해야			
사용 인덱스 변경후	P	P	4	4	2	2	2	2	2	2	2	2	5	5	3	3	3	3	3	3	3	5	P	3	2					

Range, Hash, List 등
number of distinct values
order by
between
PK 인덱스 사용
full table scan

그림 1-57

그림 1-57에서 상단 좌측(①)을 보면 '변경 전 인덱스 구성' 필드가 있고, 우측(②)에는 '변경 후 인덱스 구성' 필드가 있다. 전자는 말 그대로 현재의 인덱스 구성을 데이터베이스 딕셔너리에서 읽어 기록한 것이고, 후자는 새로운 구성 전략을 기록한 것이다.

개별 SQL이 아니라 전체를 보면서 전략을 수립하려면 일단 테이블별로 실제 일어나는 액세스 유형을 모두 조사하는 과정이 필요한데, 그림 1-57 중간부터 아래쪽까지 작성된 '액세스 경로

(③)' 가 그것이다. 17번 액세스 경로를 예로 들면, 조건절에 사용된 비교 연산자가 「물건종류 =, 도시 = , 구시군 =, 읍면동 =, CO9 〈 〉, 입력일 〉=」인 것을 표시한 것이다. 그리고 그 아래쪽을 보면 현재 인덱스 구성(①) 하에서 6번 인덱스(IDX06)가 사용되지만 구성을 변경(②)하고 나면 3번(IDX3) 인덱스를 사용하게 될 것임을 표시하고 있다.

설계도 상단에 파티션 구성을 기록하는 필드를 둔 것도 주목하기 바란다. 앞서 말한 것처럼 인덱스 설계 전에 파티션 설계를 먼저 진행하거나 최소한 병행해야 제대로 된 인덱스 전략을 수립할 수 있다.

인덱스 설계도 작성을 통한 튜닝 사례

그림 1-57을 보면, 매물 테이블에 사용된 액세스 경로가 총 25개인데, 인덱스가 무려 15개나 달린 것을 볼 수 있다. 필자가 컨설팅했던 이 회사에는 이런 매물 테이블이 20여 개(아파트매매, 아파트전세, 아파트월세, 점포매매, 점포임대, 토지매매, 토지임대 등)에 이르고, 인덱스가 모두 같은 패턴으로 설계돼 있었다.

조회를 빠르게 하려고 이렇게 많은 인덱스를 만들어 놓았지만 조회해 보면 어떤 매물조회 화면이든지 수십 초에서 수분이 경과해야 결과를 볼 수 있었다. 원인이 무엇이었을까? 그림 1-57에서 현재 인덱스 구성과 액세스 경로를 잘 분석해 보기 바란다. 지금까지 본 장에서 설명한 원리를 제대로 이해했다면 쉽게 원인을 찾아낼 수 있다.

원인을 못 찾은 독자를 위해 힌트를 주면, 대부분 액세스 경로에 「입력일 〉=」 조건이 포함된 것을 확인하기 바란다. 그리고 변경 전 인덱스 구성에서 대부분 인덱스 선두 컬럼이 '입력일' 인 것도 확인하기 바란다.

상황을 더 심각하게 만든 것은, 선두컬럼 입력일 조건에 해당하는 범위가 인덱스 전체 레코드에서 95% 이상이라는 사실이다. 매물 테이블에는 최근 한달 치 데이터만 보관하는데, 과거 데이터가 정확히 커팅(cutting)되지 않아 한달 이전 매물이 함께 조회되는 것을 막으려고 입력일 조건을 대부분 쿼리에 포함시켰던 것이다. 조건절에 항상 사용되는 컬럼이 인덱스 선두로서 1순위 후보지만 '=' 조건이어야 한다는 사실을 몰랐다면 누구든 이런 식으로 설계할 수 있는 일이다.

15개나 되던 인덱스를 그림 1-57 우측 상단(②)처럼 5개로 줄이면서 입력일 컬럼을 모두 제거하는 새로운 인덱스 구성 전략을 수립하였고, 인덱스 생성 스크립트까지 작성해서 DBA팀에 넘겨주었다. 그 다음 날 아침 눈을 뜨자마자 사이트에 접속해 보니 하루 전만 하더라도 수분씩 걸리던 대부분 화면에서 검색결과가 바로바로 출력되는 것을 확인할 수 있었다. 필자가 수년간 데이터베이스 튜닝 컨설팅을 수행하면서 가장 짜릿한 희열을 느꼈던 순간이다.

09 비트맵 인덱스

인덱스는 키 값에 해당하는 테이블 레코드를 찾아갈 수 있도록 주소 정보를 제공한다. 일반적으로 사용되는 B*Tree 인덱스는 테이블 레코드를 가리키는 rowid 목록을 키 값과 함께 저장하는 구조다. 테이블에 100개 레코드가 있으면 인덱스에도 100개 rowid를 키 값과 함께 저장한다. rowid에는 중복 값이 없지만 키에는 중복 값이 있을 수 있다.

개념적으로 볼 때[22] 비트맵 인덱스는 키 값에 중복이 없고, 키 값별로 하나의 비트맵 레코드를 갖는다. 그리고 비트맵 상의 각 비트가 하나의 테이블 레코드와 매핑된다. 비트가 1로 설정돼 있으면 상응하는 테이블 레코드가 해당 키 값을 포함하고 있음을 의미한다.

(1) 비트맵 인덱스 기본 구조

그림 1-58을 보면 비트맵 인덱스 구조를 쉽게 이해할 수 있다. 그림처럼 상품 테이블에 10개 레코드가 있고, 색상으로는 RED, GREEN, BLUE가 입력돼 있다고 하자. 8번 상품에는 색상이 입력되지 않았다.

상품 테이블

상품ID	1	2	3	4	5	6	7	8	9	10
상품명	KA387	RX008	SS501	WDGS	CY690	K1EA	PO782	TQ84	UA345	OK455
색 상	GREEN	GREEN	RED	BLUE	RED	GREEN	BLUE		BLUE	RED

↓

BLUE	0	0	0	1	0	0	1	0	1	0
GREEN	1	1	0	0	0	1	0	0	0	0
RED	0	0	1	0	1	0	0	0	0	1
NULL	0	0	0	0	0	0	0	1	0	0

상품_색상_BITMAP_IDX

그림 1-58

그림 아래쪽은 색상 컬럼에 생성한 비트맵 인덱스를 표현한 것인데, 키 값이 BLUE인 첫 번째

22) 테이블 로우 수가 아주 많다면, 실제로는 키 값별로 레코드가 여러 개일 수 있다.

행을 보면 4번째, 7번째, 9번째 비트가 1로 설정돼 있다. 따라서 상응하는 테이블 레코드의 색상 값이 'BLUE' 임을 뜻한다.

블록 덤프를 통해 실제 비트맵 인덱스 내부 구조를 살펴보면, 아래와 같은 정보를 담고 있다.

```
row#0[ 8001] flag: ------, lock: 0, len=35
col 0; len 2; (4):  42 4c 55 45              → 키 값 : BLUE
col 1; len 6; (6):  01 00 9f 4c 00 00        → 시작 rowid
col 2; len 6; (6):  01 01 a4 03 01 47        → 종료 rowid
col 3; len 15; (15):  00 c0 ae bb fa 02 c1 a1 10 c1 94 19 c2 dc 07  → 비트맵
```

마지막 컬럼(col 3)은 시작 rowid와 종료 rowid 구간에 속한 테이블 레코드와 매핑되는 비트맵이다. 첫 번째 비트는 시작 rowid(col 1)가 가리키는 레코드와 매핑되고, 마지막 비트는 종료 rowid(col 2)가 가리키는 레코드와 매핑된다. 그림 1-59를 참조한다면 쉽게 이해할 것이다.

KEY	START	END	BITMAP
BLUE	1.1	134.27	0001001 ... 00010000
GREEN	1.1	134.27	1100010 ... 10001000
RED	1.1	134.27	0010100 ... 01000010
NULL	1.1	134.27	0000000 ... 00100001

그림 1-59

비트맵 인덱스는 이처럼 첫 번째와 마지막 비트의 rowid만을 갖고 있다가 테이블 액세스가 필요할 때면 각 비트가 첫 번째 비트로부터 떨어져 있는 상대적인 거리를 이용해 rowid 값을 환산한다.

비트맵 위치와 rowid 매핑

여기서 의문점이 생긴다. 데이터 블록은 한 익스텐트 내에서 연속된 상태로 저장되지만 익스텐트끼리는 서로 인접해 있지 않다. 심지어 다른 데이터 파일에 흩어져 저장되는데, 어떻게 시작 rowid와의 상대적인 거리로 정확한 레코드 위치를 알아낼 수 있을까?

오라클이 한 블록에 저장할 수 있는 최대 레코드 개수를 제한한다는 데서 힌트를 얻을 수 있다. 아래를 보면, 현재 접속한 오라클의 표준 블록 크기가 8,192 바이트다.

```
SQL> show parameter block_size

NAME                          TYPE         VALUE
----------------------------- ------------ -------
db_block_size                 integer      8192
```

따라서 1 바이트 크기의 레코드라면 한 블록에 수천 개를 저장할 수 있을 거 같지만 실제 테스트해 보면 730개를 넘지 못한다. 아래 수행 결과가 그것을 말해 준다(스크립트 ch1_19.txt 참조).

```
SQL> create table t1 ( c )
  2  pctfree 0
  3  as
  4  select 'a' from dual connect by level <= 100000;

SQL> select min(count(*)), max(count(*)), avg(count(*))
  2  from   t1
  3  group by dbms_rowid.rowid_block_number(rowid);

MIN(COUNT(*)) MAX(COUNT(*)) AVG(COUNT(*))
------------- ------------- -------------
          720           730    729.927007
```

아래와 같이 한 레코드 크기를 5 바이트로 늘려도 한 블록당 730개를 넘지 않는다.

```
SQL> create table t2 ( c )
  2  pctfree 0
  3  as
  4  select lpad('a', 5) from dual connect by level <= 100000;

SQL> select min(count(*)), max(count(*)), avg(count(*))
  2  from   t2
  3  group by dbms_rowid.rowid_block_number(rowid);

MIN(COUNT(*)) MAX(COUNT(*)) AVG(COUNT(*))
------------- ------------- -------------
          720           730    729.927007
```

확실히 오라클은 한 블록에 저장할 수 있는 최대 레코드 개수를 제한하고 있다. 이제 이 특징을 이용해 오라클이 어떻게 비트맵 위치와 rowid를 매핑하는지 살펴보자.

예를 들어, 그림 1-58에서 본 상품 테이블에 총 20개 블록이 할당되었다고 하자. 첫 번째와 두 번째 익스텐트에 각각 10개 블록이 있고, 하나의 테이블 블록이 가질 수 있는 최대 레코드 개수는 730이라고 하자.

이 테이블 색상 컬럼에 비트맵 인덱스를 만들면, 오라클은 네 개(BLUE, GREEN, RED, NULL)의 키 값에 각각 14,600(=730×20)개 비트를 할당(초기 값은 0)하고 값에 따라 비트를 설정한다. 첫 번째 키 값을 예로 들면 색상이 'BLUE'인 레코드에 해당하는 비트를 모두 1로 설정한다.

비트맵 인덱스를 스캔하면서 테이블 레코드를 찾아갈 때는? 예를 들어, 9,500번째 비트가 1로 설정돼 있으면 14번째 블록(=두 번째 익스텐트 4번째 블록) 10번째 레코드를 찾아가면 된다. 아래 계산식을 참고하기 바란다[23].

floor(9500/730) = 13 → 14번째 블록
mod(9500, 730) = 10 → 10번째 레코드

반대로, 14번째 블록 10번째 레코드의 비트를 1로 설정하려면 아래 공식으로 해당 비트를 찾아간다.

730 × 13 + 10 = 9,500

키 값의 수가 많을 때

비트맵 인덱스는 키 값별로 하나의 레코드를 갖는데, 저장할 키 값의 수가 아주 많을 때는 한 블록에 모두 담지 못한다. 비트맵을 저장하기 위해 두 개 이상 블록이 필요해지면 오라클은 그림 1-60처럼 B*Tree 인덱스 구조를 사용하며, 값의 수가 많을수록 인덱스 높이(height)도 증가한다.

---

23) Practical Oracle 8i(Jonathan Lewis/Addison-Wesley) 참조

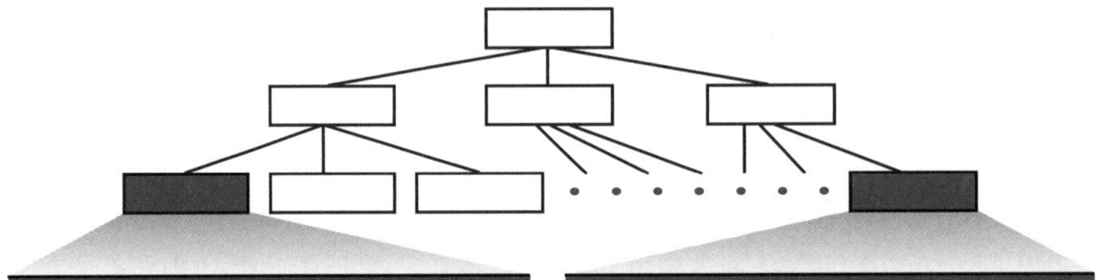

KEY	START	END	BITMAP
A00001	1.1	897.65	0100000 ... 00101000
A00002	1.1	897.65	0000000 ... 10000010
A00003	1.1	897.65	1000001 ... 00000100
...	1.1	897.65	0010000 ... 00000000

KEY	START	END	BITMAP
...	1.1	897.65	0000000 ... 00010000
Z99998	1.1	897.65	0001000 ... 00000000
Z99999	1.1	897.65	0000010 ... 01000000
NULL	1.1	897.65	0000100 ... 00000001

그림 1-60

이런 구조라면 B*Tree 인덱스보다 더 많은 공간을 차지할 수 있어 비트맵 인덱스로 부적합하다.

키 값별로 로우 수가 많을 때

한 블록 크기의 비트맵으로 표현할 수 없을 정도로 테이블 로우 수가 많을 때도 두 개 이상 블록이 필요해진다. 예를 들어, 'BLUE' 값 하나에 대한 비트맵을 저장하기 위해 2+1/2 블록만큼의 공간을 필요로 한다면 그림 1-61과 같은 구조로 저장된다.

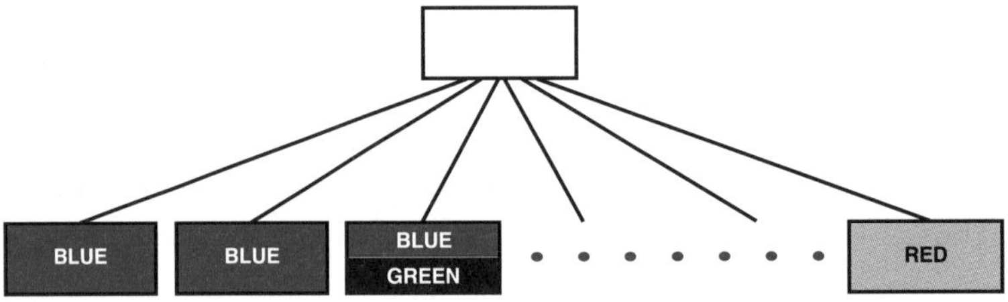

그림 1-61

그림 1-61처럼 저장한다면 한 블록이 단 하나의 비트맵 레코드로 구성될 수 있지만 실제 테스트해 보면, 한 블록에 적어도 2개 비트맵 레코드가 담기도록 잘라서 저장하는 것을 확인할 수 있다. 예를 들어, 그림 1-61 맨 왼쪽 리프 블록에는 'BLUE' 에 대한 두 개의 비트맵 레코드가 저장된다.

비트맵 압축

그림 1-59와 그림 1-60을 보면, 모든 비트맵의 시작 rowid와 종료 rowid를 같게 표현하였다.

그것은 비트맵을 압축하지 않았을 때의 모습이고, 실제로는 여러 가지 압축 알고리즘이 사용되기 때문에 서로 다른 rowid 범위를 갖는다.

그림 1-61처럼 테이블 로우 수가 아주 많고 그림 1-60처럼 키 값의 수도 많다면 완전히 0으로 채워진 비트맵 블록들이 생기는데, 오라클은 그런 블록들을 제거한다. 비트맵 뒤쪽에 0이 반복되어도 이를 제거한다. 그리고 앞, 뒤, 중간 어디든 같은 비트맵 문자열이 반복되면 checksum 비트를 두어 압축한다.

이 때문에 각 비트맵이 가리키는 rowid 구간이 서로 달라지지만 시작 rowid와 종료 rowid만 알고 있으면 비트와 매핑되는 rowid를 계산하거나 다른 비트맵과 Bitwise 연산하는 데에는 전혀 지장이 없다.

(2) 비트맵 인덱스 활용

비트맵 인덱스는 성별처럼 Distinct Value 개수가 적을 때 저장효율이 매우 좋다. 그런 컬럼이라면 B*Tree 인덱스보다 훨씬 적은 용량을 차지하므로 인덱스가 여러 개 필요한 대용량 테이블에 유용하다. 주로 다양한 분석관점(Dimension)을 가진 팩트성 테이블이 여기에 속한다. 반대로 Distinct Value가 아주 많은 컬럼이면 오히려 B*Tree 인덱스보다 많은 공간을 차지한다(그림 1-60 참조).

Distinct Value 개수가 적은 컬럼일 때 저장효율이 좋지만 테이블 Random 액세스 발생 측면에서는 B*Tree 인덱스와 똑같기 때문에 그런 컬럼을 비트맵 인덱스로 검색하면 그다지 좋은 성능을 기대하기 어렵다. 스캔할 인덱스 블록이 줄어드는 정도의 성능 이점만 얻을 수 있다.

하나의 비트맵 인덱스 단독으로는 쓰임새가 별로 없지만 여러 비트맵 인덱스를 동시에 사용할 수 있다는 특징 때문에 대용량 데이터 검색 성능을 향상시키는 데에 큰 효과를 발휘한다. 예컨대, 여러 개 비트맵 인덱스로 Bitwise 연산을 수행한 결과 테이블 액세스량이 크게 줄어든다면 극적인 성능 향상을 가져다 준다.

두 개 이상 비트맵을 이용한 Bitwise AND 연산뿐만 아니라 Bitwise OR, Bitwise Not 연산도 가능하다. 예를 들어, 상품 테이블의 '크기'와 '색상' 두 컬럼에 각각 비트맵 인덱스가 있는 상태에서 아래 쿼리를 수행한다고 하자.

```
select * from 상품
where (크기 = 'SMALL' or 크기 is null)
and    색상 = 'GREEN'
```

'크기' 컬럼 인덱스로부터 'SMALL'과 NULL에 대한 비트맵을 읽고, '색상' 인덱스로부터 'GREEN'에 대한 비트맵을 읽어 그림 1-62와 같이 나란히 놓고 Bitwise 연산을 해 보면, 2번째와 7번째가 조건절을 만족하는 레코드임을 알 수 있다. 예시에서 보듯, 비트맵 인덱스를 이용하면 null 값에 대한 검색도 가능하다.

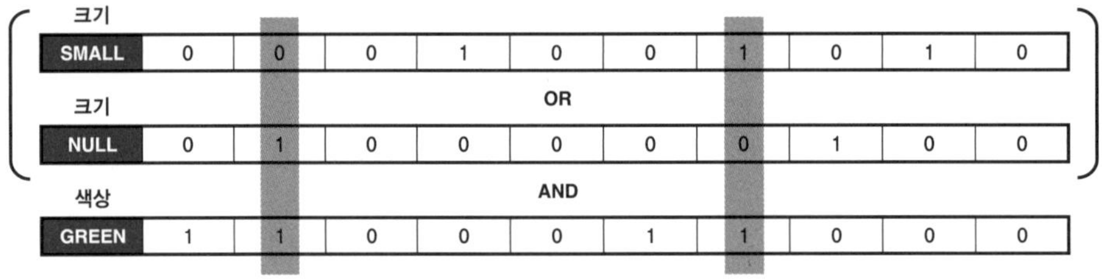

그림 1-62

비트맵 인덱스는 여러 인덱스를 동시에 활용할 수 있다는 장점 때문에 다양한 조건절이 사용되는, 특히 정형화되지 않은 임의 질의(ad-hoc query)가 많은 환경에 적합하다.

다만, 비트맵 인덱스는 lock에 의한 DML 부하가 심한 것이 단점이다. 레코드 하나만 변경되더라도 해당 비트맵 범위에 속한 모든 레코드에 lock이 걸린다. OLTP성 환경에 비트맵 인덱스를 쓸 수 없는 이유가 여기에 있다.

지금까지 설명한 특징을 고려할 때 비트맵 인덱스는 읽기 위주의 대용량 DW(특히, OLAP) 환경에 아주 적합하다.

(3) RECORDS_PER_BLOCK

오라클은 한 블록에 저장할 수 있는 최대 레코드 개수를 제한한다고 했다. 그래야 비트맵 위치와 rowid를 매핑할 수 있기 때문이다. 예를 들어 오라클이 정한 블록당 최대 레코드 개수가 730이면, 키 값마다 「블록 수 × 730」만큼의 비트를 할당한다.

그런데 실제 블록에 저장되는 평균적인 레코드 개수는 여기에 한참 못 미치므로 비트맵 인덱스에 낭비되는 공간이 많이 생긴다. 이에 오라클은 블록에 저장될 수 있는 최대 레코드 개수를 사용자가 지정할 수 있는 기능을 제공한다.

아래 테스트 스크립트를 보자(스크립트 ch1_20.txt 참조).

```
SQL> create table t ( x number, y char(1) ) pctfree 99 pctused 1;
```

```
SQL> insert into t
  2 select mod(rownum,3), 'x' from dual connect by level <= 1000000;

SQL> commit;
```

100만 개 레코드를 갖는 t 테이블을 만들었다. 아래와 같이 블록당 레코드 개수를 조사해 보면, 최대 7개가 입력된 것을 볼 수 있다.

```
SQL> select min(count(*)), max(count(*)), avg(count(*))
  2 from   t
  3 group by dbms_rowid.rowid_block_number(rowid);

MIN(COUNT(*)) MAX(COUNT(*)) AVG(COUNT(*))
------------- ------------- -------------
            1             7      6.999958
```

아래와 같이 비트맵 인덱스를 만들고 크기를 측정해 보면, 총 256개 블록이 할당돼 2MB 공간을 차지하고 있다.

```
SQL> create bitmap index t_idx on t(x);

SQL> select extents, blocks, bytes/1024 "SIZE(KB)"
  2 from   user_segments
  3 where  segment_name = 'T_IDX';

   EXTENTS     BLOCKS   SIZE(KB)
---------- ---------- ----------
        17        256       2048
```

인덱스를 지우고 아래 명령어를 수행하면 오라클은 t 테이블을 스캔함으로써 블록당 최대 레코드 개수를 조사한다.

```
SQL> drop index t_idx;
SQL> alter table t minimize records_per_block;
```

작업이 완료되는 순간부터 t 테이블에는 블록당 최대 7개 레코드만 저장될 수 있다. 따라서 여기에 비트맵 인덱스를 만들면, 오라클은 블록당 최대 7개 레코드가 담기는 것을 기준으로 키 값마다 「블록 수 × 7」만큼의 비트를 할당한다.

아래와 같이 비트맵 인덱스를 다시 만들고 크기를 측정해 보면, 이전보다 3배 이상 작아진 것을 확인할 수 있다.

```
SQL> create bitmap index t_idx on t(x);

SQL> select extents, blocks, bytes/1024 "SIZE(KB)"
  2  from   user_segments
  3  where  segment_name = 'T_IDX';

   EXTENTS     BLOCKS   SIZE(KB)
---------- ---------- ----------
        10         80        640
```

생각만큼 큰 폭으로 줄지 않은 이유는, '오라클이 처음에 정한 블록당 최대 크기'를 기준으로 비트를 할당할 때도 내부적으로 사용한 압축 알고리즘에 의해 크기가 많이 줄기 때문이다.

주의할 것은, 블록당 레코드 개수가 정상치보다 낮은 상태에서 minimize records_per_block 명령을 수행하지 말아야 한다는 사실이다. 그럴 경우, 추가로 데이터가 입력되면서 블록마다 공간이 많이 생기고, 비트맵 인덱스가 줄어드는 것 이상으로 테이블 크기가 커지는 결과를 초래한다.

Chapter 02

조인 원리와 활용

본서는 SQL 기초를 다루는 책이 아니므로 조인의 기본 개념은 설명하지 않는다. 오라클이 내부적으로 어떻게 조인을 수행하는지 원리를 설명하고, 그런 원리를 바탕으로 어떻게 쿼리 수행 성능을 향상시킬지 활용점을 밝히는 데 집중할 것이다.

01 Nested Loops 조인

(1) 기본 메커니즘

프로그래밍을 해 본 독자라면 누구나 아래 중첩 루프문(Nested Loop)의 수행 구조를 이해할 것이고, 그렇다면 Nested Loops 조인(이하 NL 조인)도 어렵지 않게 이해할 수 있다.

```
< C, JAVA >
for(i=0; i<100; i++){     -- outer loop
  for(j=0; j<100; j++){   -- inner loop
     // Do Anything ...
  }
}

< PL/SQL >
for outer in 1..100 loop
  for inner in 1..100 loop
    dbms_output.put_line(outer || ' : ' || inner);
  end loop;
end loop;
```

위 중첩 루프문과 같은 수행 구조를 사용하는 NL 조인이 실제 어떤 순서로 데이터를 액세스하는지 아래 PL/SQL문이 잘 설명해 준다(스크립트 ch2_01.txt 참조).

```
begin
  for outer in (select deptno, empno, rpad(ename, 10) ename from emp)
  loop    -- outer 루프
```

```
    for inner in (select dname from dept where deptno = outer.deptno)
    loop  -- inner 루프
      dbms_output.put_line(outer.empno||' : '||outer.ename||' : '||inner.dname);
    end loop;
  end loop;
end;
```

위 PL/SQL문은 아래 쿼리와 100% 같은 순서로 데이터를 액세스하고, 데이터 출력순서도 같다. 내부적으로(=Recursive하게) 쿼리를 반복 수행하지 않는다는 점만 다르다.

```
select /*+ ordered use_nl(d) */ e.empno, e.ename, d.dname
from   emp e, dept d
where  d.deptno = e.deptno
```

사실 뒤에서 설명하는 소트 머지 조인과 해시 조인도 각각 Sort Area와 Hash Area에 가공해 둔 데이터를 이용한다는 점만 다를 뿐 기본적인 조인 프로세싱은 다르지 않다.

(2) 힌트를 이용해 NL 조인을 제어하는 방법

```
select /*+ ordered use_nl(e) */ *
from   dept d, emp e
where  e.deptno = d.deptno
```

ordered 힌트는 from절에 기술된 순서대로 조인하라고 옵티마이저에게 지시할 때 사용하고, use_nl 힌트는 NL 방식으로 조인하라고 지시할 때 사용한다. 위에서는 ordered와 use_nl(e) 힌트를 같이 사용했으므로 dept 테이블(→ Driving 또는 Outer Table)을 기준으로 emp 테이블(→ Inner 테이블)과 조인할 때 NL 방식으로 조인하라는 뜻이 된다.

Outer 테이블, Inner 테이블

조인을 설명하려면 우선 Outer와 Inner에 대한 용어 정의를 명확히 할 필요가 있다. 아래는 scott 계정에 있는 dept와 emp 테이블을 조인하는 간단한 SQL문을 NL, 소트 머지, 해시 조인으로 각각 유도했을 때의 실행계획이다.

```
select *
from  dept d, emp e
where d.deptno = e.deptno

Execution Plan
--------------------------------------------------------------------------------
0      SELECT STATEMENT Optimizer=ALL_ROWS
1    0   NESTED LOOPS
2    1     TABLE ACCESS (FULL) OF 'DEPT' (TABLE)      → Outer / Driving
3    1     TABLE ACCESS (FULL) OF 'EMP' (TABLE)       → Inner / Driven

Execution Plan
--------------------------------------------------------------------------------
0      SELECT STATEMENT Optimizer=ALL_ROWS
1    0   MERGE JOIN
2    1     SORT (JOIN)
3    2       TABLE ACCESS (FULL) OF 'DEPT' (TABLE)    → Outer / First
4    1     SORT (JOIN)
5    4       TABLE ACCESS (FULL) OF 'EMP' (TABLE)     → Inner / Second

Execution Plan
--------------------------------------------------------------------------------
0      SELECT STATEMENT Optimizer=ALL_ROWS
1    0   HASH JOIN
2    1     TABLE ACCESS (FULL) OF 'DEPT' (TABLE)      → Outer / Build Input
3    1     TABLE ACCESS (FULL) OF 'EMP' (TABLE)       → Inner / Probe Input
```

우선, Outer와 Inner라는 용어가 Outer 조인에 사용되는 두 테이블을 지칭할 때만 사용하는 것이 아님을 이해하기 바란다. 지금 보고 있는 쿼리는 분명 Outer 조인이 아니다.

10053 트레이스 파일을 열어보면 조인방식에 상관없이 실행계획상 위쪽에 있는 dept 테이블을 Outer, 아래쪽에 있는 emp 테이블을 Inner로 표시하고 있다.

NL과 소트 머지 조인은 위쪽에 있는 dept 테이블을 스캔하면서 아래쪽 emp 테이블을 탐색하는 메커니즘이므로 각각 outer와 inner로 칭하는 것이 부자연스럽지 않다. 하지만 해시 조인의 처리 메커니즘은 아래쪽에 있는 emp 테이블을 스캔하면서 dept 테이블을 (해시 테이블을 통해) 탐색하는 방식이다. 따라서 거꾸로 정의하는 게 맞지 않는가라는 생각을 하게 되며, 이 때문에 늘 헷갈리곤 한다.

그런데 트레이스 파일에 사용된 용어가 표준 용어는 아니므로 크게 혼란스러워 할 필요는 없다. 이벤트 트레이스는 오라클 개발자들이 디버깅 용도로 개발해 사용돼 온 것이고, 가장 오래된 NL 조인의 틀에 맞추다 보니 그렇게 된 것이라고 이해하면 된다.

본서에서는 아래와 같이 정의하고 설명을 진행하기로 하겠다.

```
-----------------+-----------------------+----------------------+---------------
                 | NL 조인               | 소트 머지 조인         | 해시 조인
-----------------+-----------------------+----------------------+---------------
 실행계획상 위쪽   | Outer(=Driving) 테이블 | Outer(=First) 테이블   | Build Input
 실행계획상 아래쪽 | Inner(=Driven) 테이블  | Inner(=Second) 테이블  | Probe Input
-----------------+-----------------------+----------------------+---------------
```

참고로, 해시 조인에서도 Build Input을 드라이빙(Driving) 테이블이라고 표현하기도 하지만 소트 머지 조인에서는 그런 표현을 쓰지 않는다.

위에서는 두 개 테이블을 조인하고 있지만 세 개 이상을 조인할 때는 힌트를 아래처럼 사용하는 것이 올바른 사용법이다.

```
select /*+ ordered use_nl(B) use_nl(C) use_hash(D) */ *
from   A, B, C, D
where  ……
```

해석해 보면, A → B → C → D 순으로 조인하되, B와 조인할 때 그리고 이어서 C와 조인할 때는 NL 방식으로 조인하고, D와 조인할 때는 해시 방식으로 조인하라는 뜻이다.

ordered 대신 leading 힌트를 사용해 조인 순서를 제어할 수도 있다. 오라클 9i까지는 leading 힌트에 인자를 하나만 입력할 수 있었다. 조인할 때 가장 처음에 읽을 기준 집합(=Driving Table) 하나만 명시하는 것이다. 그러다 보니 leading 힌트만으로는 조인 순서를 세밀하게 제어할 수 없어 9i 이전 버전에서는 ordered 힌트를 주로 사용했다. from절의 테이블 순서를 일일이 바꿔주면서 말이다.

10g부터는 leading 힌트에 2개 이상 테이블을 기술할 수 있도록 기능이 개선돼, from절을 바꾸지 않고도 마음껏 순서를 제어할 수 있게 되었다. 이 때문에 ordered 힌트의 인기가 예전만 못하다.

```
select /*+ leading(C, A, D, B) use_nl(A) use_nl(D) use_hash(B) */ *
from   A, B, C, D
where  ……
```

아래는 ordered나 leading 힌트를 기술하지 않았으므로 4개 테이블을 NL 방식으로 조인하되 순서는 옵티마이저가 스스로 정하도록 맡기는 것이다.

```
select /*+ use_nl(A, B, C, D) */ *
from   A, B, C, D
where  ……
```

(3) NL 조인 수행 과정 분석

자! 이제 NL 조인의 기본 알고리즘과 이를 제어하는 힌트 사용법까지 이해했다. 그럼, 아래 조인문에서 조건절 비교 순서는 어떻게 될까? (scott 스키마의 dept 테이블에는 gb 컬럼이 없지만 NL 조인 수행 과정을 효과적으로 설명하기 위해 필자가 추가한 것이다.)

```
select /*+ ordered use_nl(e) */
       e.empno, e.ename, d.dname, e.job, e.sal
from   dept d, emp e
where  e.deptno = d.deptno     ………………… ①
and    d.loc = 'SEOUL'         ………………… ②
and    d.gb  = '2'             ………………… ③
and    e.sal >= 1500           ………………… ④
order by sal desc
```

인덱스 상황은 다음과 같다.

```
* pk_dept         : dept.deptno
* dept_loc_idx    : dept.loc
* pk_emp          : emp.empno
* emp_deptno_idx  : emp.deptno
* emp_sal_idx     : emp.sal
```

조건절 비교 순서와 함께 위 5개 인덱스 중 어떤 것이 사용될지도 고민해 보기 바란다.

```
Execution Plan
-----------------------------------------------------
0      SELECT STATEMENT
1   0    SORT ORDER BY
2   1      NESTED LOOPS
```

```
3  2        TABLE ACCESS BY INDEX ROWID DEPT
4  3          INDEX RANGE SCAN DEPT_LOC_IDX
5  2        TABLE ACCESS BY INDEX ROWID EMP
6  5          INDEX RANGE SCAN EMP_DEPTNO_IDX
```

사용되는 인덱스는 dept_loc_idx와 emp_deptno_idx 인 것을 위 실행계획을 보고 알 수 있다.

그럼 조건비교 순서는? SQL 조건절에 표시한 ② → ③ → ① → ④ 순이다.

실행계획을 해석할 때, 형제(Sibling) 노드 간에는 위에서 아래로 읽는다. 부모-자식(Parent-Child) 노드 간에는 안쪽에서 바깥쪽으로, 즉 자식 노드부터 읽는다[1]. 위 실행계획의 실행 순서를 나열하면 다음과 같다.

1. dept_loc_idx 인덱스 범위 스캔(ID = 4)
2. 인덱스 rowid로 dept 테이블 액세스(ID = 3)
3. emp_deptno_idx 인덱스 범위 스캔(ID = 6)
4. 인덱스 rowid로 emp 테이블 액세스(ID = 5)
5. sal 기준 내림차순(desc) 정렬(ID = 1)

위 실행계획을 그림으로써 표현해 보면 그림 2-1과 같다.

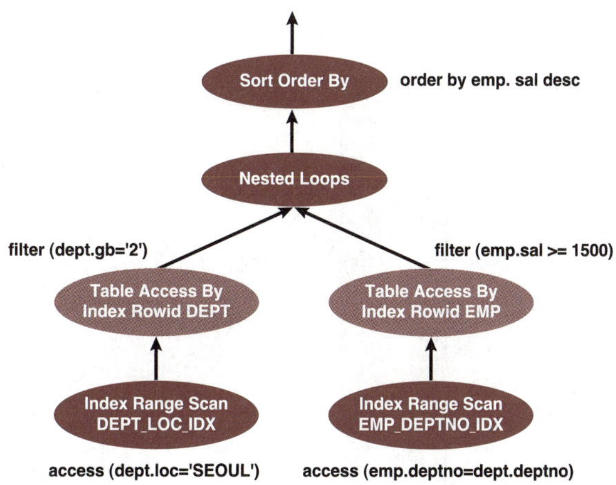

그림 2-1

1) 이 규칙을 벗어날 때도 있는데, 4장 맨 뒤쪽 퀴즈 풀이에서 보게 될 것이다.

그림 2-1을 해석할 때는, 형제 노드 간에는 좌에서 우로 읽고, 부모-자식 노드 간에는 아래에서 위쪽으로, 즉 자식 노드부터 읽는다.

1. dept.loc = 'SEOUL' 조건을 만족하는 레코드를 찾으려고 dept_loc_idx 인덱스를 범위 스캔한다.
2. dept_loc_idx 인덱스에서 읽은 rowid를 가지고 dept 테이블을 액세스해 dept.gb = '2' 필터 조건을 만족하는 레코드를 찾는다.
3. dept 테이블에서 읽은 deptno 값을 가지고 조인 조건을 만족하는 emp 쪽 레코드를 찾으려고 emp_deptno_idx 인덱스를 범위 스캔한다.
4. emp_deptno_idx 인덱스에서 읽은 rowid를 가지고 emp 테이블을 액세스해 sal >= 1500 필터 조건을 만족하는 레코드를 찾는다.
5. 1~4 과정을 통과한 레코드들을 sal 컬럼 기준 내림차순(desc)으로 정렬한 후 결과를 리턴한다.

여기서 기억할 것은, 각 단계를 완료하고 나서 다음 단계로 넘어가는 게 아니라 한 레코드씩 순차적으로 진행한다는 사실이다. 단, order by는 전체 집합을 대상으로 정렬해야 하므로 작업을 모두 완료한 후에 다음 오퍼레이션을 진행한다.

그림 2-2를 보고 나면 NL 조인의 수행 절차를 좀 더 명확히 이해할 수 있다.

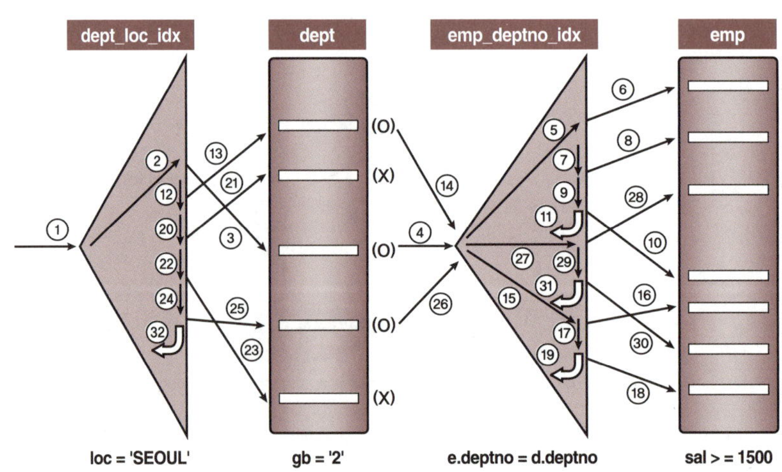

그림 2-2

⑪, ⑲, ㉛, ㉜는 스캔할 데이터가 더 있는지 확인하는 one-plus 스캔을 표시한 것이다. (O)는 테이블 필터 조건에 의해 레코드가 걸러지지 않은 것을 의미하고, 반대로 (X)는 테이블 필터 조건에 의해 걸러진 것을 의미한다.

그림 2-2를 보면서, dept_loc_idx 인덱스를 스캔하는 양에 따라 전체 일량이 좌우됨을 이해하기 바란다. 여기서는 단일 컬럼 인덱스를 '=' 조건으로 스캔했으므로 비효율 없이 6(=5+1)건을 읽었고, 그만큼 테이블 Random 액세스가 발생했다. 우선 이 부분이 NL 조인의 첫 번째 부하지점이다.

만약 dept 테이블로 많은 양의 Random 액세스가 있었는데 gb = '2' 조건에 의해 필터링되는 비율이 높다면 어떻게 해야 할까? 이미 1장에서 배웠듯이 dept_loc_idx에 gb 컬럼을 추가하는 방안을 고려해야 한다.

두 번째 부하지점은 emp_deptno_idx 인덱스를 탐색하는 부분이며, Outer 테이블인 dept를 읽고 나서 조인 액세스가 얼만큼 발생하느냐에 의해 결정된다. 이것 역시 Random 액세스에 해당하며, 그림 2-2에서는 gb = '2' 조건을 만족하는 건수만큼 3번의 조인시도가 있었다. 만약 emp_deptno_idx의 높이(height)가 3이면 매 건마다 그만큼의 블록 I/O가 발생하고(버퍼 Pinning 효과를 논외로 한다면), 리프 블록을 스캔하면서 추가적인 블록 I/O가 더해진다.

세 번째 부하지점은 emp_deptno_idx를 읽고 나서 emp 테이블을 액세스하는 부분이다. 여기서도 sal >= 1500 조건에 의해 필터링되는 비율이 높다면 emp_deptno_idx 인덱스에 sal 컬럼을 추가하는 방안을 고려해야 한다.

OLTP 시스템에서 조인을 튜닝할 때는 일차적으로 NL 조인부터 고려하는 것이 올바른 순서다. 우선, NL 조인 메커니즘을 따라 각 단계의 수행 일량을 분석해 과도한 Random 액세스가 발생하는 지점을 파악한다. 조인 순서를 변경해 Random 액세스 발생량을 줄일 수 있는 경우가 있고, 그렇지 못할 때는 인덱스 컬럼 구성을 변경하거나 다른 인덱스의 사용을 고려해야 한다.

여러 가지 방안을 검토한 결과 NL 조인이 효과적이지 못하다고 판단될 때 해시 조인이나 소트 머지 조인을 검토한다.

(4) NL 조인의 특징

오라클은 블록 단위로 I/O를 수행하며, 하나의 레코드를 읽으려고 블록을 통째로 읽는

Random 액세스 방식은 설령 메모리 버퍼에서 빠르게 읽더라도 비효율이 존재한다. 그런데 NL 조인의 첫 번째 특징이 **Random 액세스 위주**의 조인 방식이라는 점이다. 따라서 인덱스 구성이 아무리 완벽하더라도 대량의 데이터를 조인할 때 매우 비효율적이다.

두 번째 특징은, 조인을 **한 레코드씩 순차적으로 진행**한다는 점이다. 첫 번째 특징 때문에 대용량 데이터 처리 시 매우 치명적인 한계를 드러내지만, 반대로 이 두 번째 특징 때문에 아무리 대용량 집합이더라도 매우 극적인 응답 속도를 낼 수 있다. 부분범위처리가 가능한 상황에서 그렇다. 그리고 순차적으로 진행하는 특징 때문에 먼저 액세스되는 테이블의 처리 범위에 의해 전체 일량이 결정된다.

다른 조인 방식과 비교했을 때 **인덱스 구성 전략이 특히 중요**하다는 것도 NL 조인의 중요한 특징이다. 조인 컬럼에 대한 인덱스가 있느냐 없느냐, 있다면 컬럼이 어떻게 구성됐느냐에 따라 조인 효율이 크게 달라진다.

이런 여러 가지 특징을 종합할 때, NL 조인은 소량의 데이터를 주로 처리하거나 부분범위처리가 가능한 **온라인 트랜잭션 환경에 적합**한 조인 방식이라고 할 수 있다.

(5) NL 조인 튜닝 실습

지금부터 SQL 트레이스 분석을 통해 실제 튜닝하는 과정을 실습해 보자.

jobs, employees 두 테이블이 있고, 인덱스 상황은 다음과 같다.

```
* pk_jobs          :  jobs.job_id
* jobs_max_sal_ix  :  jobs.max_salary
* pk_employees     :  employees.employee_id
* emp_job_ix       :  employees.job_id
* emp_hiredate_ix  :  employees.hire_date
```

튜닝하고자 하는 쿼리는 다음과 같다.

```
select /*+ ordered use_nl(e) index(j) index(e) */
       j.job_title, e.first_name, e.last_name
     , e.hire_date, e.salary, e.email, e.phone_number
```

```
from   jobs j, employees e
where  e.job_id = j.job_id    ............................................... ①
and    j.max_salary >= 1500   ............................................... ②
and    j.job_type = 'A'       ............................................... ③
and    e.hire_date >= to_date('19960101','yyyymmdd') .............. ④
```

우선 조건절 비교 순서와 사용되는 인덱스를 분석해 보자. 앞에서 NL 조인 메커니즘을 설명하면서 보았던 예제와 흡사한데, 사용되는 인덱스는 jobs_max_sal_ix와 emp_job_ix이고, 조건비교 순서는 ② → ③ → ① → ④ 순이다.

참고로, index 힌트에 어떤 인덱스를 사용하라고 명시하지 않았으므로 emp_hiredate_ix 인덱스를 이용해 ② → ③ → ④ → ① 순으로 처리될 수도 있다. hire_date 조건으로 카디션 곱(Cartesian Product)이 만들어지고 나서 조인 조건 job_id를 필터링하는 방식이다. 이런 식으로 처리될 수도 있다는 것일 뿐, 일반적으로 ② → ③ → ① → ④ 순으로 처리되므로 이것을 기준으로 설명하겠다.

아래는 위 쿼리에 대한 SQL 트레이스 결과인데, 블록 I/O가 9개밖에 안 되므로 튜닝할 필요가 없어 보인다. (지금부터 설명하는 내용은 HR 스키마에 있는 jobs, employees 테이블을 실제 쿼리한 결과가 아니라 NL 조인 튜닝 과정을 설명하기 위해 가공한 것임을 밝힌다.)

```
call     count    cpu  elapsed  disk  query  current   rows
-------- ------  ----- -------- ----- ------ --------  -----
Parse        1   0.00     0.00     0      0        0      0
Execute      1   0.00     0.00     0      0        0      0
Fetch        2   0.00     0.01     1      9        0      5
-------- ------  ----- -------- ----- ------ --------  -----
total        4   0.00     0.01     1      9        0      5

Rows  Row Source Operation
----  ------------------------------------
   5  NESTED LOOPS
   3    TABLE ACCESS BY INDEX ROWID JOBS
   5      INDEX RANGE SCAN JOBS_MAX_SAL_IX
   5    TABLE ACCESS BY INDEX ROWID EMPLOYEES
   8      INDEX RANGE SCAN EMP_JOB_IX
```

만약 트레이스 결과가 아래와 같았다고 하자. 어디에 문제가 있어 보이는가?

```
Rows  Row Source Operation
----  ------------------------------------
   5  NESTED LOOPS
   3    TABLE ACCESS BY INDEX ROWID JOBS
 278      INDEX RANGE SCAN JOBS_MAX_SAL_IX
   5    TABLE ACCESS BY INDEX ROWID EMPLOYEES
   8      INDEX RANGE SCAN EMP_JOB_IX
```

jobs_max_sal_ix 인덱스를 스캔하고서 jobs 테이블을 액세스한 횟수가 278인데, 테이블에서 job_type = 'A' 조건을 필터링한 결과는 3건에 그친다. 불필요한 테이블 액세스를 많이 한 셈이고, 이처럼 테이블을 액세스한 후에 필터링되는 비율이 높다면 인덱스에 테이블 필터 조건 컬럼을 추가하는 것을 고려해 볼 필요가 있다.

jobs_max_sal_ix 인덱스에 job_type 컬럼을 추가하고서 트레이스를 다시 확인해 보니 아래와 같이 불필요한 테이블 액세스가 없어졌다.

```
Rows  Row Source Operation
----  ------------------------------------
   5  NESTED LOOPS
   3    TABLE ACCESS BY INDEX ROWID JOBS
   3      INDEX RANGE SCAN JOBS_MAX_SAL_IX
   5    TABLE ACCESS BY INDEX ROWID EMPLOYEES
   8      INDEX RANGE SCAN EMP_JOB_IX
```

Rows에 표시된 숫자만 보면 비효율적인 액세스가 없어 보이지만 테이블을 액세스하기 전 인덱스 스캔 단계에서의 일량을 확인하지 못했으므로 튜닝이 끝났다고 볼 수 없다.

인덱스가 [max_salary + job_type] 순이고, 조건절을 보면 인덱스 선두 컬럼이 부등호 조건이다. max_salary >= 1500 조건에 해당하는 레코드가 엄청 많다면 많은 양의 인덱스 블록을 스캔하면서 job_type = 'A' 조건을 필터링했을 것이다.

오라클 7 버전에서는 Rows 부분에 각 단계의 처리한 건수(processing count)를 보여 주었으므로 실제 스캔량을 쉽게 확인할 수 있었다. 그러다가 8i부터 조금씩 바뀌기 시작해 9i에서 완전히 출력 건수를 보여주는 방식으로 바뀌다 보니 각 단계의 처리 일량을 따로 분석해야 하는 불편함이 생겼다. (반대로, 7 버전에서는 스캔 후 출력 건수를 따로 분석해야 했다.)

그래서 9iR2부터는 아래와 같이 각 처리 단계별 논리적인 블록 요청 횟수(cr)와 디스크에서 읽은 블록 수(pr) 그리고 디스크에 쓴 블록 수(pw) 등을 표시하기 시작했다2).

```
Rows  Row Source Operation
----  -------------------------------------
   5  NESTED LOOPS (cr=1015 pr=255 pw=0 time=…)
   3    TABLE ACCESS BY INDEX ROWID JOBS (cr=1003 pr=254 pw=0 time=…)
   3      INDEX RANGE SCAN JOBS_MAX_SAL_IX (cr=1000 pr=254 pw=0 time=…)
   5    TABLE ACCESS BY INDEX ROWID EMPLOYEES (cr=12 pr=1 pw=0 time=…)
   8      INDEX RANGE SCAN EMP_JOB_IX (cr=8 pr=0 pw=0 time=…)
```

여기서 보면 jobs_max_sal_ix 인덱스로부터 3건을 리턴하기 위해 인덱스 블록을 1,000개 읽은 것을 알 수 있다.

튜닝 방법은? jobs_max_sal_ix 인덱스 컬럼 순서를 조정해 [job_type + max_salary] 순으로 구성해 주면 된다. (물론 다른 쿼리에 미치는 '영향도 분석'이 선행되어야 한다.)

이번에는 트레이스 결과가 아래와 같았다고 하자. 부하지점이 어디인가?

```
Rows  Row Source Operation
----  -------------------------------------
   5  NESTED LOOPS (cr=2732 pr=386 pw=0 time=…)
1278    TABLE ACCESS BY INDEX ROWID JOBS (cr=166 pr=2 pw=0 time=…)
1278      INDEX RANGE SCAN JOBS_MAX_SAL_IX (cr=4 pr=0 pw=0 time=…)
   5    TABLE ACCESS BY INDEX ROWID EMPLOYEES (cr=2566 pr=384 pw=0 time=…)
   8      INDEX RANGE SCAN EMP_JOB_IX (cr=2558 pr=383 pw=0 time=…)
```

jobs 테이블을 읽는 부분에서는 비효율이 없어 보인다. 인덱스에서 스캔한 블록이 4개뿐이고 테이블을 액세스하고서 필터링되는 레코드도 전혀 없다. 일량은 많지만 비효율은 없다고 볼 수 있다. 문제는 jobs 테이블을 읽고 나서 employees 테이블과의 조인 시도 횟수다. 1,278번 조인 시도를 했지만 최종적으로 조인에 성공한 결과집합은 5건뿐이다.

이럴 때는 조인순서를 바꾸는 것을 고려해 볼 수 있다. 만약 hire_date 조건절에 부합하는 레코드가 별로 없다면 튜닝에 성공할 가능성이 높다.

---

2) 오라클 9iR2에서 OS와 버전에 따라 오퍼레이션 단계별 수행 일량이 표시되지 않는 경우가 있다. 그럴 때는 statistics_level을 all로 변경해 보기 바란다. 그래도 같은 현상이 지속된다면 RBO 모드로 작동하는 것이 원인이므로 통계정보를 수집해 주거나 all_rows, first_rows, index 같은 힌트를 명시하면 된다.

하지만 그 반대의 결과가 나타날 수도 있다. 위에서 employees와 조인 후에 5건으로 줄어든 것은 jobs로부터 넘겨받는 job_id와 hire_date 두 컬럼을 조합했을 때 그런 것이지 hire_date 단독으로 조회했을 때는 데이터량이 생각보다 많을 수 있기 때문이다.

조인 순서를 바꾸어도 별 소득이 없다면 2절과 3절에서 설명할 소트 머지 조인과 해시 조인을 검토해 봐야 한다.

(6) 테이블 Prefetch

지금부터 NL 조인과 관련된 몇 가지 확장 메커니즘을 살펴보자.

우선, 오라클 9i부터 NL 조인 실행계획에 변화가 생겼다. 아래와 같이 인덱스 rowid에 의한 Inner 테이블 액세스가 Nested Loops 위쪽에 표시되곤 하는데, 이는 해당 테이블 액세스 단계에 Prefetch 기능이 적용되었음을 표현하기 위함이다[3]. 테이블 Prefetch에 대해서는 1권 6장에서 이미 설명하였다.

```
select * from dept d, emp e where e.deptno = d.deptno

Execution Plan
-------------------------------------------------------------------------------
0      SELECT STATEMENT Optimizer=ALL_ROWS (Cost=4 Card=14 Bytes=868)
1  0     TABLE ACCESS (BY INDEX ROWID) OF 'EMP' (TABLE) (Cost=1 Card=4 Bytes=128)
2  1       NESTED LOOPS (Cost=4 Card=14 Bytes=868)
3  2         TABLE ACCESS (FULL) OF 'DEPT' (TABLE) (Cost=3 Card=4 Bytes=120)
4  2         INDEX (RANGE SCAN) OF 'EMP_DEPTNO_IDX' (INDEX) (Cost=0 Card=5)
```

테이블 Prefetch를 제어하는 파라미터 중 하나인 *_table_lookup_prefetch_size*를 0으로 설정하면, 똑같은 SQL인데 아래와 같이 전통적인 방식의 NL 조인 실행계획으로 되돌아간다.

```
Execution Plan
-------------------------------------------------------------------------------
0      SELECT STATEMENT Optimizer=ALL_ROWS (Cost=4 Card=14 Bytes=868)
1  0     NESTED LOOPS (Cost=4 Card=14 Bytes=868)
2  1       TABLE ACCESS (FULL) OF 'DEPT' (TABLE) (Cost=3 Card=4 Bytes=120)
3  1       TABLE ACCESS (BY INDEX ROWID) OF 'EMP' (TABLE) (Cost=1 Card=4 Bytes=128)
4  3         INDEX (RANGE SCAN) OF 'EMP_DEPTNO_IDX' (INDEX) (Cost=0 Card=5)
```

새로운 포맷의 실행계획이 나타난다고 항상 테이블 Prefetch가 작동하는 것은 아니다. 단지 그 기능이 활성화되었음을 의미할 뿐이다. Prefetch 방식으로 디스크 블록을 읽었는데 실제 버퍼 블록 액세스로 연결되지 못한 채 메모리에서 밀려나는 비율이 높다면, 실행계획은 그대로인 채 내부적으로 기능이 비활성화되기 때문이다.

참고로, Prefetch 기능이 실제 작동할 때면 *db file sequential read* 대기 이벤트 대신 *db file parallel reads* 대기 이벤트가 나타난다.

Prefetch는 디스크 I/O와 관련 있다. 디스크 I/O를 수행하려면 비용이 많이 들기 때문에 한 번 I/O Call이 필요한 시점에, 곧이어 읽을 가능성이 큰 블록들을 캐시에 미리 적재해 두는 기능이다. 한 번의 I/O Call로써 여러 Single Block I/O를 동시에 수행한다. 이 기능에 대한 자세한 설명은 1권을 참조하기 바란다.

NL 조인에서 항상 새 포맷의 실행계획이 나타나는 것은 아니다. 기본적으로 Outer 쪽 인덱스를 Unique Scan 할 때는 작동하지 않는다. 이 경우를 제외하면 언제든 새 포맷의 실행계획이 나타날 수 있는데, 정리하면 다음과 같다.

- Inner 쪽 Non-Unique 인덱스를 Range Scan할 때는 테이블 Prefetch 실행계획이 항상 나타난다.
- Inner 쪽 Unique 인덱스를 Non-Unique 조건(모든 인덱스 구성컬럼이 '=' 조건이 아닐 때)으로 Range Scan할 때도 테이블 Prefetch 실행계획이 항상 나타난다.
- Inner 쪽 Unique 인덱스를 Unique 조건(모든 인덱스 구성컬럼이 '=' 조건)으로 액세스할 때도 테痔遣P r efetch 실행계획이 나타날 수 있다. 이때 인덱스는 Range Scan으로 액세스한다. 테이블 Prefetch 실행계획이 안 나타날 때는 Unique Scan으로 액세스한다.

세 번째 경우로써 테이블 Prefetch가 작동하는 경우는 흔치 않은데, 아래 쿼리를 통해 확인해 보자. '지분보고_PK' 인덱스는 [회사코드 + 보고서구분코드 + 최초보고일자 + 보고서id + 보고일련번호] 순으로 구성돼 있고, '지분보고내역' 으로부터 '지분보고' 로 조인할 때 PK 인덱스 컬럼이 모두 '=' 조건으로 제공되므로 PK 인덱스를 Unique Scan하고 있다.

3) 메타링크 문서ID 406966.1 참조

```
select /*+ ordered use_nl(b) cardinality(a 110) */
       max(a.최종보고일자), avg(b.주권주식수), count(*)
from   지분보고내역 a, 지분보고 b
where  b.회사코드       = a.회사코드
  and  b.보고서구분코드 = a.보고서구분코드
  and  b.최초보고일자   = a.최초보고일자
  and  b.보고서id       = a.보고서id
  and  b.보고일련번호   = a.보고일련번호
  and  a.회사코드 between '000010' and '000011'

Rows  Row Source Operation
----  ---------------------------------------------------
   1  SORT AGGREGATE (cr=1282 pr=0 pw=0 time=4779 us)
 332   NESTED LOOPS  (cr=1282 pr=0 pw=0 time=4703 us)
 332    TABLE ACCESS BY INDEX ROWID 지분보고내역 (cr=284 pr=0 pw=0 time=1042 us)
 332     INDEX RANGE SCAN 지분보고내역_PK (cr=5 pr=0 pw=0 time=368 us)
 332    TABLE ACCESS BY INDEX ROWID 지분보고 (cr=998 pr=0 pw=0 time=2987 us)
 332     INDEX UNIQUE SCAN 지분보고_PK (cr=666 pr=0 pw=0 time=1897 us)
```

위 SQL에 cardinality 힌트를 사용한 것을 볼 수 있는데, 드라이빙 집합의 카디널리티를 조금씩 증가시키며 테스트했을 때 110까지는 Inner 테이블 액세스가 전통적인 방식대로 NL 조인 아래쪽에 위치한다.

그러다가 드라이빙 집합의 카디널리티를 111로 지정하는 순간 아래와 같이 실행계획이 바뀌는 것을 관찰할 수 있다. PK 인덱스를 Range Scan 하면서 테이블을 NL 조인 위쪽에서 액세스하는 것을 확인하기 바란다.

```
select /*+ ordered use_nl(b) cardinality(a 111) */ …

Rows  Row Source Operation
----  ---------------------------------------------------
   1  SORT AGGREGATE (cr=1231 pr=0 pw=0 time=5369 us)
 332   TABLE ACCESS BY INDEX ROWID 지분보고 (cr=1231 pr=0 pw=0 time=5699 us)
 665    NESTED LOOPS  (cr=952 pr=0 pw=0 time=5985 us)
 332     TABLE ACCESS BY INDEX ROWID 지분보고내역 (cr=284 pr=0 pw=0 time=1036 us)
 332      INDEX RANGE SCAN 지분보고내역_PK (cr=5 pr=0 pw=0 time=365 us)
 332     INDEX RANGE SCAN 지분보고_PK (cr=668 pr=0 pw=0 time=2316 us)
```

이 외에도 몇 가지 다른 테스트를 통해서도, Inner 쪽 테이블을 Unique 조건으로 액세스할 때 테이블 Prefetch 실행계획이 나타나는 것을 확인할 수 있었다. 안타깝게도 정확한 규칙을 찾는 데는 실패했다.

(7) 배치 I/O[4)]

오라클 11g에서 시작된 배치 I/O 메커니즘에 대해서는 아직 공식적으로 알려진 바가 없지만, 아래 실행계획이 의미하는 바와 같이 Inner 쪽 인덱스만으로 조인(id=2)을 하고 나서 테이블과의 조인(id=1)은 나중에 일괄(batch) 처리하는 메커니즘인 것으로 추정된다.

테이블 액세스를 나중에 하지만 부분범위처리는 정상적으로 작동한다. 따라서 인덱스와의 조인을 모두 완료하고 나서 테이블을 액세스하는 것이 아니라 일정량씩(아마도 Fetch Call 단위) 나누어 처리하는 것을 알 수 있다.

```
Execution Plan
-------------------------------------------------------------------------------
0      SELECT STATEMENT Optimizer=ALL_ROWS (Cost=16 Card=14 Bytes=2K)
1   0    NESTED LOOPS
2   1      NESTED LOOPS (Cost=16 Card=14 Bytes=2K)
3   2        TABLE ACCESS (FULL) OF 'EMP' (TABLE) (Cost=2 Card=14 Bytes=1K)
4   2        INDEX (UNIQUE SCAN) OF 'PK_DEPT' (INDEX (UNIQUE)) (Cost=0 Card=1)
5   1      TABLE ACCESS (BY INDEX ROWID) OF 'DEPT' (TABLE) (Cost=1 Card=1 Bytes=30)
```

배치 I/O 방식을 표현한 위 실행계획을 풀어서 설명하면 아래와 같다[5)].

1. 드라이빙 테이블에서 일정량의 레코드를 읽어 Inner 쪽 인덱스와 조인하면서 중간 결과집합(sub-resultset)을 만든다.
2. 중간 결과집합이 일정량 쌓이면 inner 쪽 테이블 레코드를 액세스한다. 이때 테이블 블록을 버퍼 캐시에서 찾으면 바로 최종 결과집합에 담고, 못 찾으면 중간 집합에 남겨 둔다.
3. 2번 과정에서 남겨진 중간 집합에 대한 Inner 쪽 테이블 블록을 디스크로부터 읽는다. 이때

4) 공식적인 명칭은 아니며, 관련 힌트(nlj_batching, no_nlj_batching)에 착안해 필자가 붙인 이름이다.

5) 오라클에서 아직 공식적으로 밝힌 바 없으며, 필자의 경험적 사실들을 설명하려고 세운 가설임을 밝힌다.

Multiple Single Block I/O 방식을 사용한다.

4. 버퍼 캐시에 올라오면 테이블 레코드를 읽어 최종 결과집합에 담는다.
5. 모든 레코드를 처리하거나 사용자가 Fetch Call을 중단할 때까지 1~4번 과정을 반복한다.

이것은 Outer 테이블로부터 액세스되는 Inner 쪽 테이블 블록에 대한 디스크 I/O Call 횟수를 줄이기 위해, 테이블 Prefetch에 이어 추가로 도입된 메커니즘이다. 이 메커니즘이 작동하도록 유도하려면 nlj_batching 힌트를 사용하면 된다. 만약 이 방식을 원치 않을 때는 no_nlj_batching 또는 nlj_prefetch 힌트를 사용하면 된다. 그러면 테이블 Prefetch 방식으로 전환된다.

주목할 것은, 위 방식을 사용할 때 Inner 쪽 테이블 블록이 모두 버퍼 캐시에서 찾아지지 않으면(버퍼 캐시 히트율 < 100%) 즉, 실제 배치 I/O가 작동한다면 데이터 정렬 순서가 달라질 수 있다는 사실이다. 모두 버퍼 캐시에서 찾을 때는(버퍼 캐시 히트율 = 100%) 이전 메커니즘과 똑같은 정렬 순서를 보인다. 테이블 Prefetch 방식이나 전통적인 방식으로 NL 조인할 때는 디스크 I/O가 발생하든 안 하든 데이터 정렬 순서가 항상 일정하다.

(8) 버퍼 Pinning 효과

앞서 설명한 테이블 Prefetch와 배치 I/O 기능이 도입된 시점과 맞물려 버퍼 Pinning 기능에 변화가 생기다 보니 9i와 11g에서 나타난 NL 조인 실행계획 변화를 버퍼 Pinning 효과로 설명하는 자료들을 종종 볼 수 있는데, 이 둘 간에 직접적인 연관성은 없다.

8i에서 나타난 버퍼 Pinning 효과

테이블 블록에 대한 버퍼 Pinning 기능이 작동하기 시작했다. 단, 하나의 버퍼 블록만 Pinning 한다. 그리고 하나의 Fetch Call을 완료하는 순간 Pin을 해제한다. 자세한 수행 원리는 1장 4절 (2)항 후반부를 참조하기 바란다.

이 기능은 NL 조인에서 Non-Unique 조건으로 Inner 쪽 테이블을 액세스할 때도 똑같이 작용한다. 따라서 Inner 쪽 인덱스를 통해 액세스되는 테이블 블록이 계속 같은 블록을 가리키면 논리 I/O(= CR Gets)가 추가로 발생하지 않는다.

중요한 사실은, 하나의 Outer 레코드에 대한 Inner 쪽과의 조인을 마치고 다른 레코드를 읽기 위해 Outer 쪽으로 돌아오는 순간 Pin을 해제한다는 점이다. 따라서 8i에서 Pinning 기능을 정확히 테스트하려면 Inner 쪽을 한 번 액세스할 때마다 여러 개의 테이블 레코드를 읽도록 데이터를 구성해야 한다. 클러스터링 팩터가 좋아야 그 효과도 확실하며, 9i 이상 버전에서도 마찬가지다. NL 조인에서도 하나의 Fetch Call을 완료하면 Pin을 해제한다.

9i에서 버퍼 Pinning 효과

9i부터 Inner 쪽 인덱스 루트 블록에 대한 버퍼 Pinning 효과가 나타나기 시작했다. 단, 두 번째 액세스되는 순간 Pinning 한다.

테이블 블록 버퍼에 대한 Pinning도 8i와 똑같이 작동한다. 앞에서도 얘기했지만 Inner 쪽을 한 번 액세스할 때마다 Non-Unique 인덱스로 여러 개 테이블 레코드를 읽을 때라야 이 기능이 효과를 발휘한다. 9i부터 Inner 쪽이 Non-Unique 인덱스일 때는 테이블 액세스가 항상 NL 조인 위쪽에 올라가므로(→ 테이블 Prefetch 포맷) 이때는 항상 버퍼 Pinning 효과가 나타나는 셈이다.

반면, 테이블 Prefetch에서 설명했듯이 Inner 쪽 Unique 인덱스를 Unique 조건으로 액세스할 때는 테이블 액세스가 NL 조인 위쪽으로 잘 올라가지 않는다. 그리고 이때는 Unique 액세스이므로 Inner 쪽에서 한 건만 읽고 바로 Outer 테이블 쪽으로 돌아간다. 따라서 버퍼 Pinning 효과가 나타날 수가 없다.

그러다 보니 테이블 액세스가 NL 조인 위쪽으로 올라가는 9i에서의 실행계획 변화를 버퍼 Pinning 효과와 연관시켜 해석하는 오류를 범하기 쉽다.

Inner 쪽 Unique 인덱스를 Unique 조건으로 액세스할 때도 테이블 액세스가 NL 조인 위쪽으로 올라가는 경우가 있다고 했고, 그냥 지나쳐 왔지만 그때의 버퍼 Pinning 효과를 이미 앞에서 보았다. (6)항에서 테이블 Prefetch를 설명하면서 예시했던 트레이스 결과에서 '지분보고' 테이블을 NL 조인 아래쪽에서 액세스할 때보다 위쪽에서 액세스할 때 53개 블록을 덜 읽은 것을 확인하기 바란다. 총 332번 액세스하는 동안 NL 조인 아래쪽에 있을 때는 332(=998-666)개 블록을 읽었고, 위쪽에 있을 때는 279(=1,231-952)개 블록을 읽었다.

10g에서 버퍼 Pinning 효과

Inner 쪽 인덱스 루트 블록과 테이블 블록을 Pinning하는 기능이 여전히 작동하면서도 한 가지 새로운 기능이 추가되었다. Inner 쪽 테이블을 Index Range Scan을 거쳐 NL 조인 위쪽에서 액세스할 때는, 하나의 Outer 레코드에 대한 Inner 쪽과의 조인을 마치고 Outer 쪽으로 돌아오더라도 테이블 블록에 대한 Pinning 상태를 유지한다.

만약 Inner 쪽 테이블이 한 블록뿐일 때 10g에서의 새로운 버퍼 Pinning 기능이 작동한다면 NL 조인이 진행되는 동안 논리적인 블록 I/O는 단 1회만 발생할 것이다. 실제 그런지 테스트해 보자(스크립트 ch2_02.txt 참조).

```
create table dept as select * from scott.dept;

alter table dept add constraint dept_pk primary key(deptno);

create table t_emp
as
select * from scott.emp, (select rownum no from dual connect by level <= 100000)
order by dbms_random.value ;
```

dept 테이블을 scott에 있는 것과 똑같이 만들었으므로 4건뿐이고, 테이블 블록도 단 한 블록이다. 이 테이블을 여러 번 반복 액세스하려고 emp 테이블을 10만 번 복제해 140만 개 레코드를 가진 t_emp 테이블을 만들었다. 이제 SQL 트레이스를 통해 10g에서의 새로운 버퍼 Pinning 효과를 확인해 보자.

```
select /*+ ordered use_nl(d) */ count(e.ename), count(d.dname)
from   t_emp e, dept d
where  d.deptno = e.deptno

Call     Count CPU Time Elapsed Time       Disk      Query    Current       Rows
------- ------ -------- ------------ ---------- ---------- ---------- ----------
Parse        1    0.000        0.000          0          0          0          0
Execute      1    0.000        0.000          0          0          0          0
Fetch        2   47.203       47.378          0    1409213          0          1
------- ------ -------- ------------ ---------- ---------- ---------- ----------
Total        4   47.203       47.378          0    1409213          0          1

Rows     Row Source Operation
-------  ---------------------------------------------------
      1  SORT AGGREGATE (cr=1409213 pr=0 pw=0 time=47377681 us)
1400000   NESTED LOOPS  (cr=1409213 pr=0 pw=0 time=58800039 us)
1400000    TABLE ACCESS FULL T_EMP (cr=9211 pr=0 pw=0 time=4200032 us)
1400000    TABLE ACCESS BY INDEX ROWID DEPT (cr=1400002 pr=0 pw=0 time=39143015 us)
1400000     INDEX UNIQUE SCAN DEPT_PK (cr=2 pr=0 pw=0 time=15575397 us)
```

우선 인덱스 루트 블록을 버퍼 Pinning 한 사실이 쉽게 확인된다. Inner 쪽 인덱스(dept_pk)로 140만 번 액세스가 일어났는데, 논리적인 블록 I/O는 고작 2회뿐이다. 두 번째 액세스되는 순간부터 Pinning 되므로 최소한 두 블록 I/O는 일어난다. 10g까지는 루트 블록만 Pinning 대상이지만, 여기선 dept 테이블이 4건짜리 작은 테이블이므로 인덱스 루트 블록이 곧 리프 블록이다. 그래서 두 블록 외에 추가적인 I/O는 발생하지 않은 것이다.

테이블 블록은 어떤가? Inner 쪽을 액세스할 때마다 한 건씩만 읽고 Outer 쪽으로 돌아가므로 테이블 블록에는 Pinning 효과가 나타나지 않았다. 따라서 140만 번 액세스하는 동안 고스란히 140만(=1,400,002-2)번 블록 I/O를 일으켰다. 참고로, 9i에서 테스트해 봐도 위와 100% 똑같은 결과가 나타난다.

이번에는 위 SQL과 결과는 똑같으면서 Unique 인덱스를 Range Scan하도록 조건절을 아래와 같이 between으로 바꿔보자.

```
select /*+ ordered use_nl(d) */ count(e.ename), count(d.dname)
from   t_emp e, dept d
where  d.deptno between e.deptno and e.deptno + 1

Call     Count CPU Time Elapsed Time       Disk      Query    Current       Rows
------- ------ -------- ------------ ---------- ---------- ---------- ----------
Parse        1    0.000        0.000          0          0          0          0
Execute      1    0.000        0.000          0          0          0          0
Fetch        2   25.609       25.716          0       9214          0          1
------- ------ -------- ------------ ---------- ---------- ---------- ----------
Total        4   25.609       25.716          0       9214          0          1

Rows     Row Source Operation
-------  ---------------------------------------------------
      1  SORT AGGREGATE (cr=9214 pr=0 pw=0 time=25715571 us)
1400000   TABLE ACCESS BY INDEX ROWID DEPT (cr=9214 pr=0 pw=0 time=58800062 us)
2800001    NESTED LOOPS  (cr=9213 pr=0 pw=0 time=16995984 us)
1400000     TABLE ACCESS FULL T_EMP (cr=9211 pr=0 pw=0 time=4200027 us)
1400000     INDEX RANGE SCAN DEPT_PK (cr=2 pr=0 pw=0 time=15934860 us)
```

Unique 인덱스이지만 Range Scan 방식으로 액세스하였고, 테이블 액세스가 NL 조인 위쪽에 위치했다. 그리고 dept 테이블 블록은 단 하나뿐이다. 따라서 140만개 레코드를 모두 처리하는 동안 버퍼 Pinning 상태가 유지됨으로써 블록 I/O는 단 1(=9,214-9,213)회 발생하였다. 그렇지만 버퍼를 Pinning한 상태에서 내부적으로 140만 번이나 액세스했기 때문에 시간은 25초에 이른다. 9,214개 블록 I/O에 비하면 과도한 시간이다.

인덱스 루트 블록도 여전히 Pinning 한 상태로 액세스한 것을 볼 수 있다.

여기서 count 함수를 사용한 이유는, 버퍼 Pinning 효과는 하나의 데이터베이스 Call 내에서만 유효하기 때문이다. 만약 count 함수를 쓰지 않아 여러 번 Fetch Call이 발생한다면 Pin을 해제했다가 다시 Pin을 걸어야 하기 때문에 약간의 블록 I/O가 추가로 발생한다.

파라미터를 바꿔 테이블 Prefetch가 작동하지 못하도록 하면 위 쿼리의 Inner 쪽 테이블 액세스도 NL 조인 아래쪽에서 액세스한다. 따라서 '=' 조건으로 조인하던 원래 쿼리처럼, Inner 쪽을 액세스할 때마다 한 건씩만 읽고 Outer 쪽으로 돌아가므로 테이블 블록은 Pinning 효과가 나타날 수 없다.

참고로, 아래는 9i에서 테스트한 결과다. 한 블록을 반복 액세스했지만 한 건씩만 읽고 Outer 테이블로 돌아갔기 때문에 NL 조인 위쪽에 있음에도 Pinning 효과가 나타나지 않았다. (정확히 얘기하면, 9i에서도 10g와 같은 효과가 나타날 때가 있다. v$sesstat을 통해 모니터링 해 보면, *buffer is pinned count*에 전혀 변화가 없는 상태에서 *session logical reads*와 *consistent gets* 항목만 계속 변한다. 그리고 이들 항목의 증감에 영향을 주는 부분이 Inner쪽 테이블 액세스 지점인 것은 분명하다. 하지만 현상이 일관성 없게 나타나기 때문에 그것이 버퍼 Pinning 효과인지, 버그인지, 아니면 알려지지 않은 또 다른 메커니즘인지 알 수가 없다.)

```
Call     Count CPU Time Elapsed Time       Disk      Query    Current       Rows
------- ------ -------- ------------ ---------- ---------- ---------- ----------
Parse        1    0.000        0.000          0          0          0          0
Execute      1    0.000        0.000          0          0          0          0
Fetch        2   56.109       60.066       8601    1409214          0          1
------- ------ -------- ------------ ---------- ---------- ---------- ----------
Total        4   56.109       60.067       8601    1409214          0          1

Rows     Row Source Operation
-------  ---------------------------------------------------
      1  SORT AGGREGATE (cr=1409214 r=8601 w=0 time=60066461 us)
1400000   TABLE ACCESS BY INDEX ROWID DEPT (cr=1409214 r=8601 w=0 time=52257524 us)
2800001    NESTED LOOPS  (cr=9213 r=8601 w=0 time=34061892 us)
1400000     TABLE ACCESS FULL T_EMP (cr=9211 r=8601 w=0 time=6566852 us)
1400000     INDEX RANGE SCAN DEPT_PK (cr=2 r=0 w=0 time=8535225 us)
```

조인 순서를 바꿔 dept를 드라이빙하면서 t_emp 쪽 deptno에 대한 Non-Unique 인덱스로 조인한다면, 테이블 액세스가 NL 위쪽에 있든 아래쪽에 있든 8i 이후 버전에선 모두 버퍼 Pinning 효과가 나타난다. 물론 10g에서 I/O가 좀 더 줄 가능성이 있다.

11g에서 나타난 버퍼 Pinning 효과

1장 5절 (5)항에서 설명한 바와 같이 11g에서는 User Rowid로 테이블 액세스할 때도 버퍼 Pinning 효과가 나타난다.

또한 NL 조인에서 Inner 쪽 루트 아래 인덱스 블록들도 Pinning하기 시작했다. 배치 I/O 기능이 나타남과 동시에 이 기능이 추가되다 보니 11g에서의 NL 조인 실행계획 변화가 인덱스 블록 버퍼 Pinning과 관련 있다고 오해하기 쉽다.

no_nlj_batching 또는 nlj_prefetch 힌트를 사용해 테이블 Prefetch 포맷으로 실행계획을 유도해 보면 이때도 인덱스 블록 I/O가 적게 나타나는 것을 관찰할 수 있다. 즉, 인덱스 블록 버퍼 Pinning 효과는 배치 I/O 실행계획과 상관없이 나타난다.

테스트를 위해 t_emp와 t_dept 테이블을 아래와 같이 만들어 보자(스크립트 ch2_03.txt 참조).

```
create table t_emp
as
select * from scott.emp, (select rownum no from dual connect by level <= 1000)
order by no, deptno ;

create table t_dept
as
select * from scott.dept, (select rownum no from dual connect by level <= 1000);

alter table t_dept add constraint t_dept_pk primary key(no, deptno);
```

아래와 같이 인덱스 높이(height)를 조회해 보면 브랜치가 1단계이므로 리프 블록까지 총 2단계임을 알 수 있다.

```
SQL> select blevel from user_indexes where index_name  = 'T_DEPT_PK';

    BLEVEL
----------
         1
```

이제 t_emp 기준으로 t_dept 테이블과 배치 I/O 방식으로 NL 조인해 보자.

```
select /*+ ordered use_nl_with_index(d) nlj_batching(d) */
       count(e.ename), count(d.dname)
from   t_emp e, t_dept d
where  d.no = e.no
and    d.deptno = e.deptno
```

```
Call     Count CPU Time Elapsed Time       Disk      Query    Current       Rows
------- ------ -------- ------------ ---------- ---------- ---------- ----------
Parse        1    0.000        0.000          0          0          0          0
Execute      1    0.000        0.000          0          0          0          0
Fetch        2    0.328        0.336          0      14167          0          1
------- ------ -------- ------------ ---------- ---------- ---------- ----------
Total        4    0.328        0.336          0      14167          0          1

Rows     Row Source Operation
-------  ---------------------------------------------------
      1  SORT AGGREGATE (cr=14167 pr=0 pw=0 time=0 us)
  14000   NESTED LOOPS  (cr=14167 pr=0 pw=0 time=3573 us)
  14000    NESTED LOOPS  (cr=167 pr=0 pw=0 time=1898 us cost=2085 size=816 card=12)
  14000     TABLE ACCESS FULL T_EMP (cr=95 pr=0 pw=0 time=222 us cost=26 …)
  14000     INDEX UNIQUE SCAN T_DEPT_PK (cr=72 pr=0 pw=0 time=0 us cost=0 …)
  14000    TABLE ACCESS BY INDEX ROWID T_DEPT (cr=14000 pr=0 pw=0 time=0 us …)
```

Inner 쪽을 14,000번 액세스하는 동안 t_detp_pk 인덱스에 대한 블록 I/O는 72번만 발생하였다. 버퍼 Pinning 기능이 작동한 것이다.

이번에는 테이블 Prefetch 방식으로 액세스해 보자.

```
select /*+ ordered use_nl_with_index(d) nlj_prefetch(d) */
       count(e.ename), count(d.dname)
from   t_emp e, t_dept d
where  d.no = e.no
and    d.deptno = e.deptno

Rows     Row Source Operation
-------  ---------------------------------------------------
      1  SORT AGGREGATE (cr=14167 pr=0 pw=0 time=0 us)
  14000   TABLE ACCESS BY INDEX ROWID T_DEPT (cr=14167 pr=0 pw=0 time=3266 us …)
  28001    NESTED LOOPS  (cr=167 pr=0 pw=0 time=874 us cost=2085 size=816 card=12)
  14000     TABLE ACCESS FULL T_EMP (cr=95 pr=0 pw=0 time=248 us cost=26 …)
  14000     INDEX UNIQUE SCAN T_DEPT_PK (cr=72 pr=0 pw=0 time=0 us cost=0 …)
```

테이블 Prefetch 방식으로 액세스하더라도 인덱스 블록에 대한 버퍼 Pinning 효과는 똑같이 나타났다. 11g에서의 실행계획 변화(→ 배치 I/O 포맷)가 인덱스 블록에 대한 버퍼 Pinning과 관련이 없음을 알 수 있다.

이번에는 드라이빙 테이블이 아래와 같이 무순위로 정렬되도록 다시 생성해 보자. 앞에서는 조인 컬럼 no, deptno 순으로 정렬했던 것을 확인하기 바란다.

```
drop table t_emp purge;

create table t_emp
as
select * from scott.emp, (select rownum no from dual connect by level <= 1000)
order by dbms_random.value ;
```

이제 같은 SQL을 차례로 실행시켜 보자. 먼저 배치 I/O 포맷을 테스트해 보면 아래와 같이 인덱스 블록에 대한 버퍼 Pinning 효과가 사라진 것을 볼 수 있다.

```
select /*+ ordered use_nl_with_index(d) nlj_batching(d) */
       count(e.ename), count(d.dname)
from   t_emp e, t_dept d
where  d.no = e.no
and    d.deptno = e.deptno

Call     Count CPU Time Elapsed Time       Disk      Query    Current       Rows
------- ------ -------- ------------ ---------- ---------- ---------- ----------
Parse        1    0.000        0.000          0          0          0          0
Execute      1    0.000        0.000          0          0          0          0
Fetch        2    0.344        0.344          0      28098          0          1
------- ------ -------- ------------ ---------- ---------- ---------- ----------
Total        4    0.344        0.344          0      28098          0          1

Rows     Row Source Operation
-------  ---------------------------------------------------
      1  SORT AGGREGATE (cr=28098 pr=0 pw=0 time=0 us)
  14000   NESTED LOOPS  (cr=28098 pr=0 pw=0 time=3723 us)
  14000    NESTED LOOPS  (cr=14098 pr=0 pw=0 time=1987 us cost=2359 size=884 …)
  14000     TABLE ACCESS FULL T_EMP (cr=94 pr=0 pw=0 time=221 us cost=26 …)
  14000     INDEX UNIQUE SCAN T_DEPT_PK (cr=14004 pr=0 pw=0 time=0 us cost=0…)
  14000    TABLE ACCESS BY INDEX ROWID T_DEPT (cr=14000 pr=0 pw=0 time=0 us …)
```

이유가 무엇일까? 드라이빙 테이블을 무순위로 정렬한 것이 원인이다. 테이블과 마찬가지로 인덱스 블록도 버퍼 Pinning 효과가 나타나려면 같은 값으로 반복 액세스해야 한다. 아래와 같이 테이블 Prefetch 포맷을 사용하더라도 마찬가지다.

```
select /*+ ordered use_nl_with_index(d) nlj_prefetch(d) */
       count(e.ename), count(d.dname)
from   t_emp e, t_dept d
where  d.no = e.no
and    d.deptno = e.deptno

Rows     Row Source Operation
-------  ---------------------------------------------------
      1  SORT AGGREGATE (cr=28098 pr=0 pw=0 time=0 us)
  14000   TABLE ACCESS BY INDEX ROWID T_DEPT (cr=28098 pr=0 pw=0 time=3341 us …)
  28001    NESTED LOOPS  (cr=14098 pr=0 pw=0 time=870 us cost=2359 size=884 …)
  14000     TABLE ACCESS FULL T_EMP (cr=94 pr=0 pw=0 time=248 us cost=26 …)
  14000     INDEX UNIQUE SCAN T_DEPT_PK (cr=14004 pr=0 pw=0 time=0 us cost=0 …)
```

count 집계 함수를 쓰지 않고 결과집합을 출력하는 쿼리라면 아래와 같이 드라이빙 집합을 Inner 쪽 인덱스 컬럼 순으로 정렬하고 나서 NL 조인함으로써 블록 I/O를 줄일 수 있다.

```
select /*+ ordered use_nl_with_index(d) */ *
from   (select /*+ no_merge */ * from t_emp order by no, deptno) e, t_dept d
where  d.no = e.no
and    d.deptno = e.deptno
```

단, 이 경우 부분범위처리가 안 되므로, 필요하다면 아래와 같이 미리 정렬된 인덱스를 이용할 수 있다.

```
create index t_emp_idx on t_emp(no, deptno);

select /*+ ordered use_nl_with_index(d) index(e t_emp_idx) */ *
from   t_emp e, t_dept d
where  d.no = e.no
and    d.deptno = e.deptno
```

02 소트 머지 조인

(1) 기본 메커니즘

NL 조인을 효과적으로 수행하려면 조인 컬럼에 인덱스가 필요하다. 만약 적절한 인덱스가 없다면 Inner 테이블을 탐색할 때마다 반복적으로 Full Scan을 수행하므로 매우 비효율적이다. 그럴 때 옵티마이저는 소트 머지 조인이나 다음 절에서 설명할 해시 조인을 고려한다.

소트 머지 조인(Sort Merge Join)은 이름이 의미하는 것처럼 두 테이블을 각각 정렬한 다음에 두 집합을 머지(Merge)하면서 조인을 수행한다. 소트 머지 조인은 아래 두 단계로 진행된다.

1. 소트 단계 : 양쪽 집합을 조인 컬럼 기준으로 정렬한다.
2. 머지 단계 : 정렬된 양쪽 집합을 서로 머지(merge)한다.

아래는 소트 머지 조인의 처리 메커니즘을 PL/SQL 구문으로 표현한 것이며, 실제 수행 가능한 코드이므로 테스트해 보기 바란다(스크립트 ch2_01.txt 참조).

```
create table sorted_dept ( deptno primary key, dname  )
organization index
as
select deptno, dname from dept order by deptno ;

create table sorted_emp( empno , ename , deptno
  , constraint sorted_emp_pk primary key(deptno, empno)
)
organization index
as
select empno, ename, deptno from emp order by deptno ;

begin
  for outer in (select deptno, empno, rpad(ename, 10) ename from sorted_emp)
  loop    -- outer 루프
    for inner in (select dname from sorted_dept where deptno = outer.deptno)
    loop  -- inner 루프
```

```
      dbms_output.put_line(outer.empno||' : '||outer.ename||' : '||inner.dname);
    end loop;
  end loop;
end;
/
```

소트 머지 조인은 outer 루프와 inner 루프가 Sort Area에 미리 정렬해 둔 자료구조를 이용한다는 점만 다를 뿐, 실제 조인 오퍼레이션을 수행하는 과정은 NL 조인과 다르지 않다. NL 조인과 마찬가지로 outer 조인할 때 순서가 고정된다는 점도 이 사실을 방증한다.

Sort Area는 PGA 영역에 할당되므로 SGA를 경유해 인덱스와 테이블을 액세스할 때보다 훨씬 빠르다. PGA는 프로세스만을 위한 독립적인 메모리 공간이어서 데이터를 읽을 때 래치 획득 과정이 없기 때문이다(1장에 있는 그림 1-14와 설명 참조).

Outer 테이블, Inner 테이블

NL 조인에서 Outer와 Inner 테이블에 대한 개념을 설명하였다. 해시 조인과 달리 소트 머지 조인은 Outer와 Inner의 개념을 사용해도 부자연스럽지 않다. 따라서 편의상 First 테이블과 Second 테이블을 각각 Outer 테이블, Inner 테이블로 명명하기로 한다. 그리고 문맥에 따라 두 가지 방식을 혼용해 설명할 것이다.

소트 머지 조인은 use_merge 힌트를 가지고 유도할 수 있다. 아래 SQL에 사용된 힌트는, dept 테이블을 기준으로 emp 테이블과 조인할 때 소트 머지 조인 방식을 사용하라고 지시하고 있다.

```
select /*+ ordered use_merge(e) */ d.deptno, d.dname, e.empno, e.ename
from   dept d, emp e
where  d.deptno = e.deptno
```

힌트에서 지시한 대로 수행할 때의 처리과정은 다음과 같다.

1. Outer(=First) 테이블인 dept를 deptno 기준으로 정렬한다.
2. Inner(=Second) 테이블인 emp를 deptno 기준으로 정렬한다.
3. Sort Area에 정렬된 dept 테이블을 스캔하면서, 정렬된 emp 테이블과 조인한다.

그림 2-3은 3번 조인 수행 단계를 표현한 것이다.

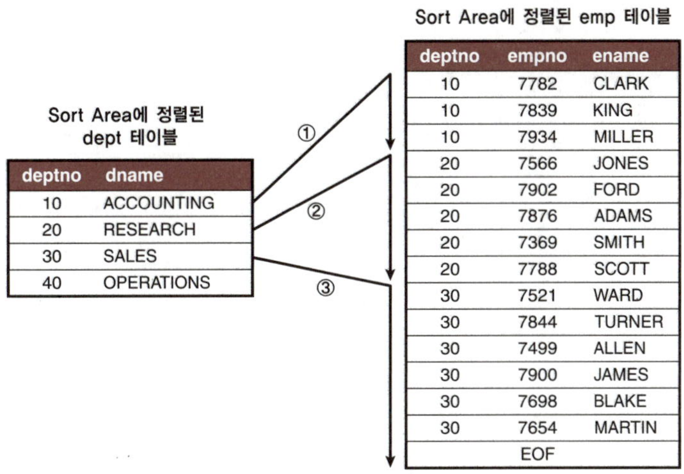

그림 2-3

그림 2-3에서 주목할 점은, emp 테이블이 정렬돼 있기 때문에 조인에 실패하는 레코드를 만나는 순간 멈출 수 있다는 사실이다. 예를 들어, deptno=10인 레코드를 찾기 위해 ①번 스캔을 진행하다가 20을 만나는 순간 멈춘다.

또 한 가지는, 정렬된 emp에서 스캔 시작점을 찾으려고 매번 탐색하지 않아도 된다는 점이다. 예를 들어, deptno=20인 레코드를 찾는 ②번 스캔은 ①번에서 스캔하다가 멈춘 지점을 기억했다가 거기서부터 시작하면 된다. Outer 테이블인 dept도 같은 순서로 정렬돼 있기 때문에 가능한 일이다.

만약 M:M 조인이라면 어떨까? 그림 2-4에서 알 수 있듯이 M:M 조인에서도 스캔 도중에 멈추는 것은 가능하지만 시작점을 찾는 작업은 단순해 보이지가 않는다.

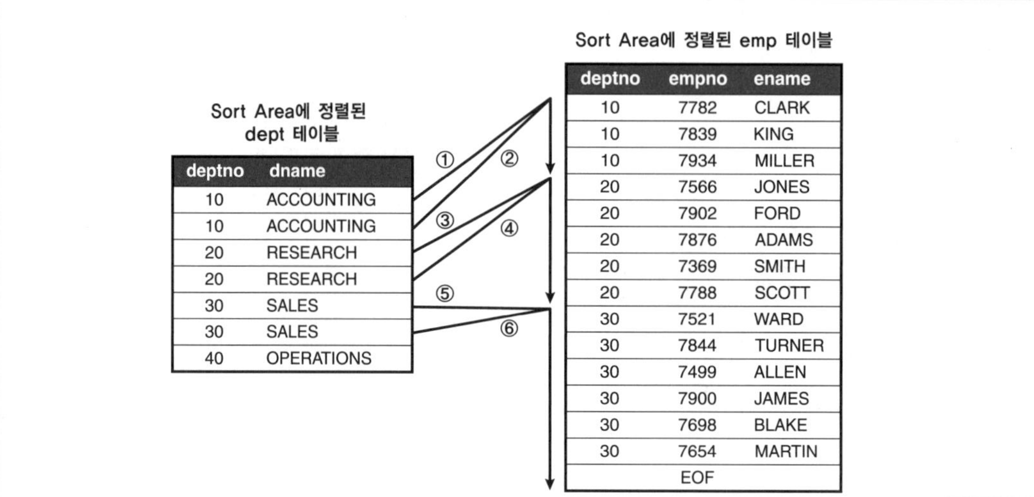

그림 2-4

두 가지 방법을 생각해 볼 수 있는데, 시작점을 찾으려고 매번 이진(binary) 탐색을 수행하는 방식과 변수를 하나 더 선언해 앞에서 스캔했던 시작점까지 기억해 두는 방식이다. 둘 중 어떤 방식이 맞는지는 증명할 길이 없다. 다만, 소트 머지 조인 시 Outer 테이블까지 정렬한다는 사실을 통해 후자일 것이라고 추측할 수는 있다. 전자의 방식을 사용한다면 굳이 Outer 테이블까지 정렬할 이유는 없기 때문이다.

(2) 소트 머지 조인의 특징

소트 머지 조인은 조인을 위해 실시간으로 인덱스를 생성하는 것과 다름없다(실제 인덱스 오브젝트를 생성하는 것은 아니지만). 양쪽 집합을 정렬한 다음에는 NL 조인과 같은 방식으로 진행하지만 PGA 영역에 저장된 데이터를 이용하기 때문에 빠르다고 설명하였다. 따라서 소트 부하만 감수한다면, 건건이 버퍼 캐시를 거치면서 조인하는 NL 조인보다 유리하다[6].

NL 조인은 조인 컬럼에 대한 인덱스 유무에 따라 크게 영향을 받지만 소트 머지 조인은 영향을 받지 않는다. (뒤에서 살펴보겠지만 인덱스가 미리 만들어져 있으면 소트 머지 조인을 좀 더 빠르게 수행할 수는 있다.)

---

6) NL 조인 시 버퍼 캐시에서 같은 블록을 반복적으로 액세스할 때 발생하는 비효율을 없애려고 Buffer Pinning 기능이 점점 확대 적용되고 있고, 이 때문에 버전이 올라갈수록 NL 조인이 조금씩 유리해지고 있다.

그리고 양쪽 집합을 개별적으로 읽고 나서 조인한다는 것도 특징이다. 따라서 조인 컬럼에 인덱스가 없는 상황에서 두 테이블을 독립적으로 읽어 조인 대상 집합을 줄일 수 있을 때 아주 유리하다.

스캔(Scan) 위주의 액세스 방식을 사용한다는 점도 소트 머지 조인의 중요한 특징이다. 하지만 모든 처리가 스캔 방식으로 이루어지는 것은 아니다. 양쪽 소스 집합에서 정렬 대상 레코드를 찾는 작업만큼은 인덱스를 이용해 Random 액세스 방식으로 처리될 수 있고, 그때 발생하는 Random 액세스량이 많다면 소트 머지 조인의 이점이 사라질 수도 있음에 유의하자. 이는 해시 조인할 때도 마찬가지다.

예를 들어, 아래 쿼리에서 loc = 'CHICAGO', job = 'SALESMAN' 이 두 조건에 해당하는 레코드를 찾을 때는 인덱스를 이용할 수 있다.

```
select /*+ use_merge(d e) */ d.deptno, d.dname, e.empno, e.ename
from   dept d, emp e
where  d.deptno = e.deptno
and    d.loc = 'CHICAGO'
and    e.job = 'SALESMAN'
```

Random 액세스 위주의 NL 조인이 대용량 처리에 한계를 보일 때마다 소트 머지 조인이 해결사로서 인기를 누리던 시절이 있었다. 하지만 다음 절에서 설명할 해시 조인의 등장으로 이제 소트 머지 조인의 위상은 예전만 못하다. 대부분 해시 조인보다 느린 성능을 보이기 때문이다.

하지만 아래와 같은 상황에서는 여전히 소트 머지 조인이 유용하다.

- First 테이블에 소트 연산을 대체할 인덱스가 있을 때
- 조인할 First 집합이 이미 정렬돼 있을 때
- 조인 조건식이 등치(=) 조건이 아닐 때

위 세 가지 상황에 대해 하나씩 살펴보자.

(3) First 테이블에 소트 연산을 대체할 인덱스가 있을 때

소트 머지 조인은 무조건 전체범위처리 방식이라고 알려졌지만 항상 그렇지는 않다. 해시 조인

과 마찬가지로, 한쪽 집합(Second 테이블)은 전체범위를 처리하고 다른 한쪽(First 테이블)은 일부만 읽고 멈추도록 할 수 있다. First 테이블 조인 컬럼에 인덱스가 있을 때 그렇다. 만약 그렇게 처리할 수 있다면 OLTP성 업무에서 소량의 테이블과 대량의 테이블을 조인할 때 소트 머지 조인을 유용하게 사용할 수 있다. 이에 대해서는 잠시 후에 살펴보기로 하고, First 테이블에 있는 인덱스로 소트 연산을 대체하는 간단한 예제부터 시작하자(스크립트 ch2_04.txt 참조).

```
create index dept_idx on dept(loc, deptno);
create index emp_idx on emp(job, deptno);
```

dept_idx는 [loc + deptno] 순으로 정렬돼 있다. 따라서 이 인덱스를 loc = 'CHICAGO' 조건으로 스캔하면서 얻어진 결과집합은 이미 deptno 순으로 정렬돼 있다. 따라서 dept 테이블이 소트 머지 조인을 위한 First 집합으로 선택된다면 소트 연산이 생략될 수 있다. 아래 실행계획에서 dept 테이블에 별도의 Sort Join 오퍼레이션을 수행하지 않은 것을 확인하기 바란다.

```
select /*+ ordered use_merge(e) */ *
from   dept d, emp e
where  d.deptno = e.deptno
and    d.loc = 'CHICAGO'
and    e.job = 'SALESMAN'
order by e.deptno

-----------------------------------------------------------------------------
| Id  | Operation                    | Name     | Rows  | Bytes | Cost (%CPU)|
-----------------------------------------------------------------------------
|   0 | SELECT STATEMENT             |          |     1 |   105 |     5  (20)|
|   1 |  MERGE JOIN                  |          |     1 |   105 |     5  (20)|
|   2 |   TABLE ACCESS BY INDEX ROWID | DEPT     |     1 |    18 |     2   (0)|
|   3 |    INDEX RANGE SCAN          | DEPT_IDX |     1 |       |     1   (0)|
|   4 |   SORT JOIN                  |          |     4 |   348 |     3  (34)|
|   5 |    TABLE ACCESS BY INDEX ROWID| EMP      |     4 |   348 |     2   (0)|
|   6 |     INDEX RANGE SCAN         | EMP_IDX  |     4 |       |     1   (0)|
-----------------------------------------------------------------------------
```

같은 원리로 [job + deptno] 순으로 정렬된 emp_idx 인덱스를 job = 'SALESMAN' 조건으로 스캔하면서 얻어지는 결과집합도 deptno 순으로 정렬된다. 따라서 emp 테이블을 다시 정렬할 필요가 없을 것 같지만 위 실행계획에서는 Sort Join 오퍼레이션이 나타났다. 소트 머지 조인에서 인덱스를 이용해 소트 연산을 대체할 수 있는 대상은 First 테이블에만 국한된다는 사실을 알 수 있다.

Second 테이블 조인 컬럼에 대한 인덱스를 이용함에도 Sort Join 오퍼레이션이 나타나지만, 이때는 소트 연산에 의한 부하가 크지 않다. 정렬된 순서대로 Sort Area에 담기 때문이며, 가장 큰 값과 비교하면서 뒤쪽에만 데이터가 쌓인다. 10032 트레이스(Dump Sort Statistics)를 걸어 확인해 보면 job 컬럼만으로 구성된 인덱스를 사용할 때보다 비교 연산(comparisons performed)이 훨씬 적게 발생하는 것을 확인할 수 있다.

결과집합이 이미 deptno 순으로 정렬돼 있기 때문에 order by를 위한 추가 Sort 오퍼레이션이 발생하지 않은 것도 눈여겨볼 필요가 있다.

위 실행계획에 표시된 순서상 dept가 First 테이블이고 emp가 Second 테이블이지만 항상 First 테이블을 먼저 읽는 것은 아니다. First 테이블은 이미 정렬된 인덱스를 사용할 것이므로 그대로 두고, 먼저 Second 집합인 emp 테이블을 읽어 정렬한 결과를 Sort Area에 담는다. 조인 연산을 진행할 때는 dept_idx 인덱스부터 읽기 시작한다.

소트 머지 조인에서의 부분범위 처리 활용

그림 2-5는 아래 쿼리의 수행 과정을 도식화한 것이다. 그림에 표시하지 않았지만 먼저 emp 테이블 정렬 결과를 Sort Area에 담는다. 그리고 dept_pk 인덱스로부터 dept 테이블을 읽고, 이어서 Sort Area에 정렬된 emp 테이블을 탐색하면서 조인하는 과정이다.

```
select /*+ ordered use_merge(e) index(d dept_pk) */
       d.dname, e.empno, e.ename
from   dept d, emp e
where  e.deptno = d.deptno;
```

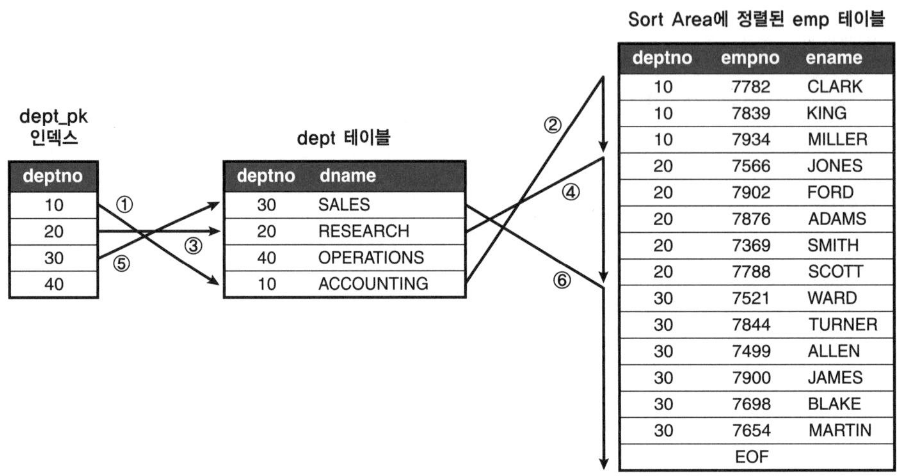

그림 2-5

그림 2-5를 유심히 살펴본 독자라면 소트 머지 조인도 부분적으로 부분범위처리가 가능하다는 것을 느꼈을 것이다. Second 테이블은 항상 정렬을 수행하므로 전체범위처리가 불가피하지만 First 테이블만큼은 중간에 읽다가 멈출 수 있다는 뜻이다.

테스트를 통해 그 효과를 확인해 보자(스크립트 ch2_05.txt 참조). 부분범위처리 원리에 의한 효과를 테스트하려는 것이므로 사용자가 명시적으로 스크롤할 때만 Fetch Call을 수행하는 쿼리 툴을 사용해야 한다. Toad, Orange, PL/SQL Developer 등이 여기에 속한다.

```
create table t_emp
as
select * from scott.emp, (select rownum no from dual connect by level <= 100000);

create index t_emp_idx on t_emp(deptno);
```

emp 테이블을 100,000번 복제한 t_emp 테이블을 만들었다. emp 테이블이 14건이므로 t_emp 테이블에는 1,400,000건이 담겼을 것이다. 그리고 dept 테이블과 조인하기 위해 deptno 컬럼에 인덱스를 만들었다.

아래는 작은 dept 테이블이 First 테이블이 되도록 소트 머지 조인을 수행한 결과다. Second 테이블은 조인 컬럼에 인덱스가 있더라도 정렬을 수행한다고 했다.

```
select /*+ leading(d) use_merge(e) full(d) full(e) */ *
from   t_emp e, dept d
where  d.deptno = e.deptno

call     count       cpu    elapsed       disk      query    current        rows
------- ------  -------- ---------- ---------- ---------- ----------  ----------
Parse        1      0.09       0.62        605         74          0           0
Execute      2      0.00       0.00          0          0          0           0
Fetch        2      3.56      18.98      27637       9211         12          11
------- ------  -------- ---------- ---------- ---------- ----------  ----------
total        5      3.65      19.60      28242       9285         12          11

Rows     Row Source Operation
-------  ---------------------------------------------------
     11  MERGE JOIN  (cr=9211 pr=27637 pw=28869 time=18980606 us)
      1   SORT JOIN (cr=7 pr=6 pw=0 time=17935 us)
      4    TABLE ACCESS FULL DEPT (cr=7 pr=6 pw=0 time=17846 us)
     11   SORT JOIN (cr=9204 pr=27631 pw=28869 time=18962638 us)
1400000    TABLE ACCESS FULL T_EMP (cr=9204 pr=8594 pw=0 time=7000038 us)
```

트레이스 결과를 보면 140만 건의 t_emp 테이블을 정렬하는 과정에서 많은 I/O를 일으켰고, 대부분 소요시간도 그 부분에서 발생한 것을 알 수 있다. 두 번 Fetch하면서 11건을 읽기 위해 총 19.6초의 수행 소요시간을 보였다. 그리고 t_emp 테이블 소트 과정에서 27,631개의 디스크 읽기와 28,869개의 디스크 쓰기가 발생한 것에도 주목하기 바란다.

이제 큰 t_emp 테이블이 First 테이블이 되도록 소트 머지 조인을 수행해 보자. 부분범위처리 효과를 얻기 위해 t_emp_idx를 이용하도록 index 힌트를 명시했다.

```
select /*+ ordered use_merge(d) full(d) index(e t_emp_idx) */ *
from   t_emp e, dept d
where  d.deptno = e.deptno

call     count       cpu    elapsed       disk      query    current        rows
------- ------  -------- ---------- ---------- ---------- ----------  ----------
Parse        1      0.00       0.00          0          0          0           0
Execute      1      0.00       0.00          0          0          0           0
Fetch        2      0.00       0.03          5         13          0          11
------- ------  -------- ---------- ---------- ---------- ----------  ----------
total        4      0.00       0.03          5         13          0          11
```

```
Rows  Row Source Operation
----  ---------------------------------------------------
  11  MERGE JOIN  (cr=13 pr=5 pw=0 time=32179 us)
  11   TABLE ACCESS BY INDEX ROWID T_EMP (cr=6 pr=5 pw=0 time=32343 us)
  11    INDEX FULL SCAN T_EMP_IDX (cr=4 pr=5 pw=0 time=31949 us)(object id 58079)
  11   SORT JOIN (cr=7 pr=0 pw=0 time=303 us)
   4    TABLE ACCESS FULL DEPT (cr=7 pr=0 pw=0 time=59 us)
```

똑같이 두 번 Fetch하면서 11건을 읽었지만 총 소요시간은 0.03초에 불과하고 총 읽은 블록 수도 13개에 불과하다.

t_emp_idx 인덱스를 이용해 정렬 연산을 생략했기 때문에 얻은 효과이며, t_emp를 First 집합으로 사용하더라도 만약 인덱스를 이용하지 않았다면 이를 Second 집합으로 사용했을 때와 같은 수행속도와 일량을 보였을 것이다.

(4) 조인할 First 집합이 이미 정렬돼 있을 때

소트 머지 조인할 때, First쪽 집합이 조인 컬럼 기준으로 이미 정렬된 상태일 수 있다. group by, order by, distinct 연산 등을 먼저 수행한 경우인데, 그때는 조인을 위해 다시 정렬하지 않아도 되므로 소트 머지 조인이 유리하다.

여기서도 First 집합이 정렬돼 있을 때만 소트 연산이 생략되며, Second 집합은 설사 정렬돼 있더라도 Sort Join 오퍼레이션을 수행한다.

아래는 Outer 테이블을 group by 하고서도 Sort Join 오퍼레이션이 나타났는데, 10gR2에서 도입된 hash group by로 처리했기 때문이다(스크립트 ch2_06.txt 참조).

```
select /*+ ordered use_merge(d) */ d.deptno, d.dname, e.avg_sal
from  (select deptno, avg(sal) avg_sal from emp group by deptno) e
    , dept d
where  e.deptno = d.deptno

-------------------------------------------------------------------------------
| Id  | Operation            | Name | Rows  | Bytes | Cost (%CPU)| Time     |
-------------------------------------------------------------------------------
|   0 | SELECT STATEMENT     |      |     3 |   117 |     8  (25)| 00:00:01 |
|   1 |  MERGE JOIN          |      |     3 |   117 |     8  (25)| 00:00:01 |
```

```
|  2 |   SORT JOIN          |      |    3 |   78 |    4  (25)| 00:00:01 |
|  3 |    VIEW              |      |    3 |   78 |    4  (25)| 00:00:01 |
|  4 |     HASH GROUP BY    |      |    3 |   21 |    4  (25)| 00:00:01 |
|  5 |      TABLE ACCESS FULL| EMP |   14 |   98 |    3   (0)| 00:00:01 |
|  6 |   SORT JOIN          |      |    4 |   52 |    4  (25)| 00:00:01 |
|  7 |    TABLE ACCESS FULL | DEPT |    4 |   52 |    3   (0)| 00:00:01 |
-------------------------------------------------------------------------------
```

아래와 같이 인라인 뷰에 order by절을 명시해 sort group by로 유도하면 First 집합에 대한 Sort Join 오퍼레이션이 사라진다. 9i에서는 order by절을 추가하지 않더라도 아래와 같이 실행된다.

```
select /*+ ordered use_merge(d) */ d.deptno, d.dname, e.avg_sal
from   (select deptno, avg(sal) avg_sal from emp group by deptno order by deptno) e
     , dept d
where  e.deptno = d.deptno

-------------------------------------------------------------------------------
| Id  | Operation            | Name | Rows  | Bytes | Cost (%CPU)| Time     |
-------------------------------------------------------------------------------
|   0 | SELECT STATEMENT     |      |     3 |   117 |     8  (25)| 00:00:01 |
|   1 |  MERGE JOIN          |      |     3 |   117 |     8  (25)| 00:00:01 |
|   2 |   VIEW               |      |     3 |    78 |     4  (25)| 00:00:01 |
|   3 |    SORT GROUP BY     |      |     3 |    21 |     4  (25)| 00:00:01 |
|   4 |     TABLE ACCESS FULL| EMP  |    14 |    98 |     3   (0)| 00:00:01 |
|   5 |   SORT JOIN          |      |     4 |    52 |     4  (25)| 00:00:01 |
|   6 |    TABLE ACCESS FULL | DEPT |     4 |    52 |     3   (0)| 00:00:01 |
-------------------------------------------------------------------------------
```

아래는 Second 집합이 group by를 통해 이미 정렬돼 있는 경우다. sort group by(6번 단계) 하고서 조인을 위한 소트 연산(4번 단계 sort join)을 한 번 더 수행하는 것을 볼 수 있다.

```
select /*+ ordered use_merge(e) */ d.deptno, d.dname, e.avg_sal
from   dept d
    , (select deptno, avg(sal) avg_sal from emp group by deptno order by deptno) e
where  e.deptno = d.deptno

-------------------------------------------------------------------------------
| Id  | Operation            | Name | Rows  | Bytes | Cost (%CPU)| Time     |
```

```
-----------------------------------------------------------------------------
|   0 | SELECT STATEMENT      |      |     3 |   117 |     9  (34)| 00:00:01 |
|   1 |  MERGE JOIN           |      |     3 |   117 |     9  (34)| 00:00:01 |
|   2 |   SORT JOIN           |      |     4 |    52 |     4  (25)| 00:00:01 |
|   3 |    TABLE ACCESS FULL  | DEPT |     4 |    52 |     3   (0)| 00:00:01 |
|   4 |   SORT JOIN           |      |     3 |    78 |     5  (40)| 00:00:01 |
|   5 |    VIEW               |      |     3 |    78 |     4  (25)| 00:00:01 |
|   6 |     SORT GROUP BY     |      |     3 |    21 |     4  (25)| 00:00:01 |
|   7 |      TABLE ACCESS FULL| EMP  |    14 |    98 |     3   (0)| 00:00:01 |
-----------------------------------------------------------------------------
```

(5) 조인 조건식이 등치(=) 조건이 아닐 때

해시 조인은 조인 조건식이 등치(=) 조건일 때만 사용할 수 있지만 소트 머지 조인은 등치 조건이 아닐 때도(between, <, <=, >, >=) 사용될 수 있다.

```
select /*+ ordered use_merge(e) */ d.deptno, d.dname, e.empno, e.ename
from   dept d, emp e
where  d.deptno <= e.deptno

-----------------------------------------------------------------------------
| Id  | Operation             | Name | Rows  | Bytes | Cost (%CPU)| Time     |
-----------------------------------------------------------------------------
|   0 | SELECT STATEMENT      |      |     3 |    78 |     8  (25)| 00:00:01 |
|   1 |  MERGE JOIN           |      |     3 |    78 |     8  (25)| 00:00:01 |
|   2 |   SORT JOIN           |      |     4 |    52 |     4  (25)| 00:00:01 |
|   3 |    TABLE ACCESS FULL  | DEPT |     4 |    52 |     3   (0)| 00:00:01 |
|   4 |   SORT JOIN           |      |    14 |   182 |     4  (25)| 00:00:01 |
|   5 |    TABLE ACCESS FULL  | EMP  |    14 |   182 |     3   (0)| 00:00:01 |
-----------------------------------------------------------------------------
```

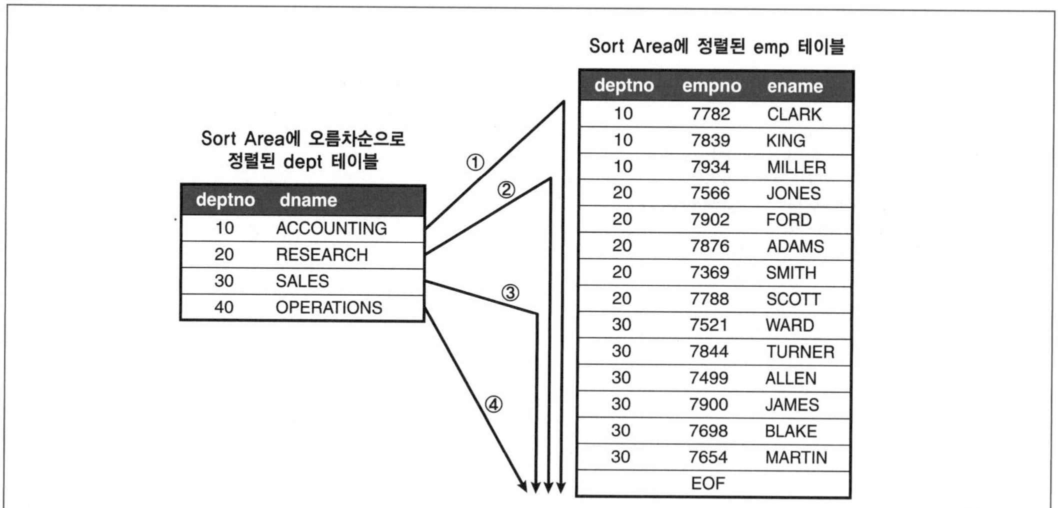

그림 2-6

위 조인문은 그림 2-6과 같이 처리되므로 dept 테이블 deptno 기준으로 오름차순(asc) 정렬하도록 order by절을 추가하더라도 sort order by 오퍼레이션이 나타나지 않는다. 반면 내림차순(desc) 정렬 또는 emp 테이블 deptno 기준으로 정렬하도록 order by절을 추가하면 sort order by 오퍼레이션 단계가 추가된다. (지면을 절약하기 위해 SQL과 실행계획을 표시하지 않지만 직접 테스트를 통해 확인하기 바란다.)

부등호 방향을 아래와 같이 바꾸면 오라클은 Sort Join을 위해 두 집합을 내림차순(desc)으로 정렬한다(그림 2-7). 쿼리를 수행했을 때 deptno가 큰 값부터 출력되는 것을 통해 이 사실을 알 수 있다.

```
select /*+ ordered use_merge(e) */ d.deptno, d.dname, e.empno, e.ename
from   dept d, emp e
where  d.deptno >= e.deptno
```

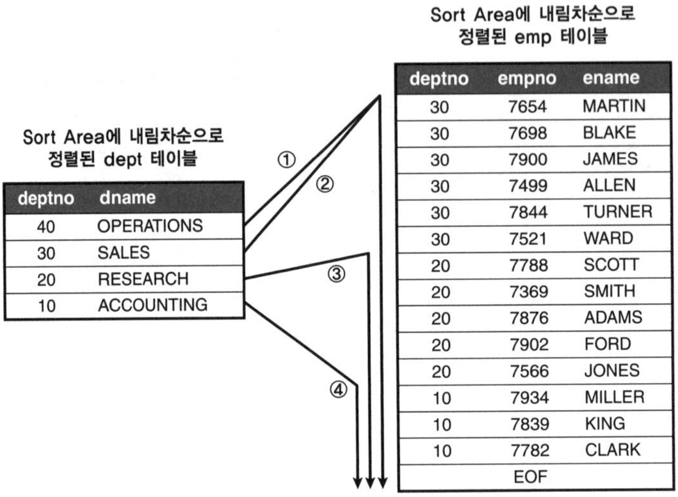

그림 2-7

따라서 dept 테이블 deptno 기준으로 내림차순 정렬하도록 order by절을 추가하더라도 sort order by 오퍼레이션이 나타나지 않는다. 반면 아래와 같이 오름차순 정렬 또는 emp 테이블 deptno 기준으로 정렬하도록 order by절을 추가하면 sort order by 오퍼레이션 단계가 추가된다.

```
select /*+ ordered use_merge(e) */ d.deptno, d.dname, e.empno, e.ename
from   dept d, emp e
where  d.deptno >= e.deptno
order by d.deptno asc

---------------------------------------------------------------------------
| Id  | Operation            | Name | Rows  | Bytes | Cost (%CPU)| Time     |
---------------------------------------------------------------------------
|   0 | SELECT STATEMENT     |      |     3 |   132 |     8  (25)| 00:00:01 |
|   1 |  SORT ORDER BY       |      |     3 |   132 |     8  (25)| 00:00:01 |
|   2 |   MERGE JOIN         |      |     3 |   132 |     8  (25)| 00:00:01 |
|   3 |    SORT JOIN         |      |     4 |    44 |     4  (25)| 00:00:01 |
|   4 |     TABLE ACCESS FULL| DEPT |     4 |    44 |     3   (0)| 00:00:01 |
|   5 |    SORT JOIN         |      |    14 |   462 |     4  (25)| 00:00:01 |
|   6 |     TABLE ACCESS FULL| EMP  |    14 |   462 |     3   (0)| 00:00:01 |
---------------------------------------------------------------------------
```

03 해시 조인

(1) 기본 메커니즘

7.3 버전에서 처음 소개된 해시 조인(Hash Join)은, 소트 머지 조인과 NL 조인이 효과적이지 못한 상황에 대한 대안으로서 개발되었다. 해시 조인은 둘 중 작은 집합(Build Input)을 읽어 Hash Area에 해시 테이블을 생성하고, 반대쪽 큰 집합(Probe Input)을 읽어 해시 테이블을 탐색하면서 조인하는 방식이다(그림 2-8).

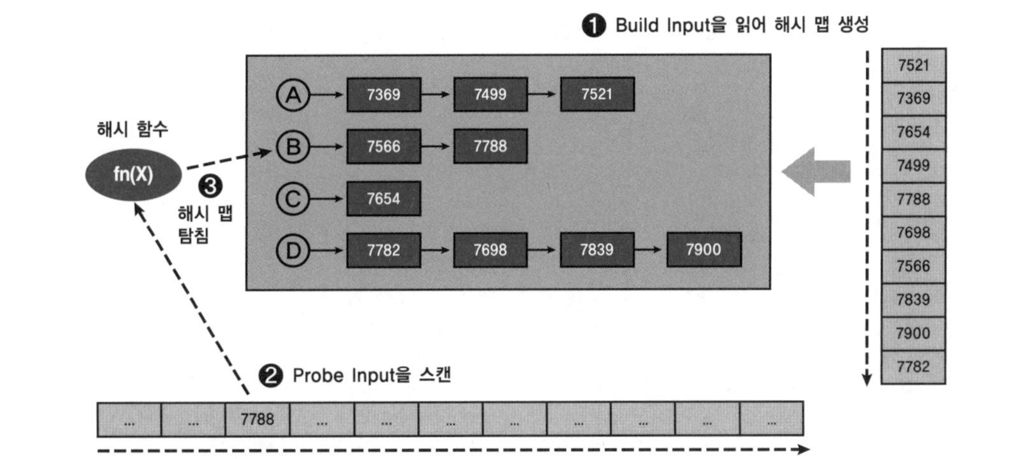

그림 2-8

해시 테이블을 생성할 때 해시 함수를 사용한다. 즉, 해시 함수에서 리턴받은 버킷 주소로 찾아가 해시 체인에 엔트리를 연결한다.

해시 테이블을 탐색할 때도 해시 함수를 사용한다. 즉, 해시 함수에서 리턴받은 버킷 주소로 찾아가 해시 체인을 스캔하면서 데이터를 찾는다.

해시 조인은, NL 조인처럼 조인 과정에서 발생하는 Random 액세스 부하가 없고[7] 소트 머지

7) 해시 조인도 양쪽 집합을 읽는 과정에서 인덱스를 이용한다면 Random 액세스가 발생한다.

조인처럼 조인 전에 미리 양쪽 집합을 정렬하는 부담도 없다. 다만, 해시 테이블을 생성하는 비용이 수반된다. 따라서 Build Input이 작을 때라야 효과적이다.

구체적으로 말해, PGA 메모리에 할당되는 Hash Area(*hash_area_size* 참조)에 담길 정도로 충분히 작아야 한다(→ In-Memory 해시 조인). 만약 Build Input이 Hash Area 크기를 초과한다면 디스크에 썼다가 다시 읽어 들이는 과정을 거치기 때문에 성능이 많이 저하된다.

Build Input으로 선택된 테이블이 작은 것도 중요하지만 해시 키 값으로 사용되는 컬럼에 중복 값이 거의 없을 때라야 효과적이다. 이유는 뒤에서 자세히 설명한다.

아래는 해시 조인의 처리 메커니즘을 PL/SQL 구문으로 표현한 것이다(스크립트 ch2_01.txt 참조).

```
create cluster h# ( bucket number ) hashkeys 16
hash is mod(bucket, 16);        → 클러스터(=버킷)를 결정하기 위해 사용할 해시 함수

create table dept_hashtable (bucket number, deptno number(2), dname varchar2(14) )
cluster h# (bucket);

insert into dept_hashtable
select mod(deptno, 16) bucket, deptno, dname from dept;

declare
  l_bucket number;
begin
  for outer in (select deptno, empno, rpad(ename, 10) ename from emp)
  loop    -- outer 루프
    l_bucket := mod(outer.deptno, 16);    → 해시 함수를 적용해 클러스터(=버킷) 확인
    for inner in (select deptno, dname from dept_hashtable
                  where  bucket = l_bucket    → 클러스터(=버킷)에서 탐색
                  and    deptno = outer.deptno)
    loop  -- inner 루프
      dbms_output.put_line(outer.empno||' : '||outer.ename||' : '||inner.dname);
    end loop;
  end loop;
end;
/
```

NL 조인과 비교하면, Inner 루프가 Hash Area에 미리 생성해 둔 해시 테이블(또는 해시 맵)을 이용한다는 점만 다르다. 해시 테이블을 만드는 단계는 전체범위처리가 불가피하지만 반대쪽 Probe Input을 스캔하는 단계는 NL 조인처럼 부분범위처리가 가능하다.

해시 조인이 인덱스 기반의 NL 조인보다 빠른 결정적인 이유는, 해시 테이블이 PGA 영역에 할

당된다는 데에 있다. NL 조인은 Outer 테이블에서 읽히는 레코드마다 Inner 쪽 테이블 버퍼 캐시 탐색을 위해 래치 획득을 반복하지만, 해시 조인은 래치 획득 과정 없이 PGA에서 빠르게 데이터를 탐색한다.

(2) 힌트를 이용한 조인 순서 및 Build Input 조정

아래는 해시 조인할 때의 실행계획이며, HASH JOIN(id=1) 자식 노드 중 위쪽(dept)이 Build Input이고, 아래쪽(emp)이 Probe Input이다.

```
select /*+ use_hash(d e) */ d.deptno, d.dname, e.empno, e.ename
from   dept d, emp e
where  d.deptno = e.deptno

-----------------------------------------------------------------------------
| Id  | Operation          | Name | Rows  | Bytes | Cost  (%CPU)| Time     |
-----------------------------------------------------------------------------
|   0 | SELECT STATEMENT   |      |    14 |   364 |     7  (15)| 00:00:01 |
|   1 |  HASH JOIN         |      |    14 |   364 |     7  (15)| 00:00:01 |
|   2 |   TABLE ACCESS FULL| DEPT |     4 |    52 |     3   (0)| 00:00:01 |
|   3 |   TABLE ACCESS FULL| EMP  |    14 |   182 |     3   (0)| 00:00:01 |
-----------------------------------------------------------------------------
```

위에서는 use_hash 힌트만을 사용했으므로 Build Input을 옵티마이저가 선택했다. dept가 선택된 이유는 통계정보상 더 작은 테이블이기 때문이다.

Build Input을 사용자가 직접 선택하고자 할 때는 아래와 같이 swap_join_inputs 힌트를 사용하면 되지만, 단 2개 테이블을 해시 조인할 때는 ordered나 leading 힌트를 사용해도 된다.

```
select /*+ use_hash(d e) swap_join_inputs(e) */ d.deptno, d.dname, e.empno …

select /*+ leading(e) use_hash(d) */ d.deptno, d.dname, e.empno, e.ename …

-----------------------------------------------------------------------------
| Id  | Operation          | Name | Rows  | Bytes | Cost  (%CPU)| Time     |
-----------------------------------------------------------------------------
|   0 | SELECT STATEMENT   |      |    14 |   364 |     7  (15)| 00:00:01 |
|   1 |  HASH JOIN         |      |    14 |   364 |     7  (15)| 00:00:01 |
|   2 |   TABLE ACCESS FULL| EMP  |    14 |   182 |     3   (0)| 00:00:01 |
```

```
|  3 |  TABLE ACCESS FULL| DEPT |    4 |    52 |    3   (0)| 00:00:01 |
-----------------------------------------------------------------------------
```

(3) 두 가지 해시 조인 알고리즘

오라클은 해시 조인을 위해 두 가지 알고리즘을 사용하는데, 둘 간의 처리 메커니즘이 어떻게 다른지 살펴보자.

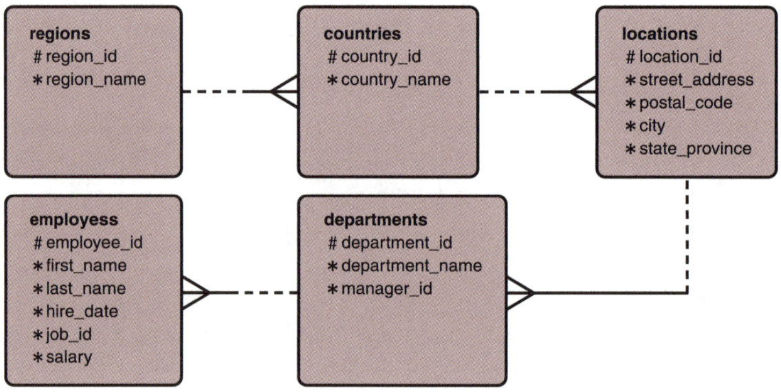

그림 2-9

그림 2-9는 오라클 설치 시 기본적으로 생성되는 HR 스키마에 있는 테이블들을 Reverse 모델링한 것이다. 아래 쿼리와 실행계획을 분석해 보자.

첫 번째 알고리즘

```
SQL> select /*+ leading(r, c, l, d, e)
                use_hash(c) use_hash(l) use_hash(d) use_hash(e) */
            e.first_name, e.last_name, d.department_name
          , l.street_address, l.city, c.country_name, r.region_name
     from   hr.regions r
          , hr.countries c
          , hr.locations l
          , hr.departments d
          , hr.employees e
     where  d.department_id = e.department_id
```

```
 11  and    l.location_id = d.location_id
 12  and    c.country_id = l.country_id
 13  and    r.region_id = c.region_id;

---------------------------------------------------------------------------
| Id  | Operation                | Name             | Rows  | Bytes | Cost (%CPU)|
---------------------------------------------------------------------------
|   0 | SELECT STATEMENT         |                  |   106 | 10706 |    15  (14)|
|   1 |  HASH JOIN               |                  |   106 | 10706 |    15  (14)|
|   2 |   HASH JOIN              |                  |    27 |  2241 |    12  (17)|
|   3 |    HASH JOIN             |                  |    23 |  1472 |     8  (13)|
|   4 |     HASH JOIN            |                  |    25 |   700 |     5  (20)|
|   5 |      TABLE ACCESS FULL| REGIONS             |     4 |    56 |     3   (0)|
|   6 |      INDEX FULL SCAN  | COUNTRY_C_ID_PK     |    25 |   350 |     1   (0)|
|   7 |     TABLE ACCESS FULL   | LOCATIONS         |    23 |   828 |     3   (0)|
|   8 |    TABLE ACCESS FULL    | DEPARTMENTS       |    27 |   513 |     3   (0)|
|   9 |   TABLE ACCESS FULL     | EMPLOYEES         |   107 |  1926 |     3   (0)|
---------------------------------------------------------------------------
```

쿼리에 사용된 힌트를 보면, "regions를 기준으로 countries → locations → departments → employees 순으로 조인하되 각각 해시 조인으로 처리하라"고 지시하고 있다. ordered나 leading 힌트는 조인 순서를 결정하기 위한 것이지 해시 조인의 Build Input을 결정하기 위한 것은 아니어서 위 실행계획을 보면 Build Input이 옵티마이저에 의해 자유롭게 결정된 것을 볼 수 있다.

위 실행계획을 따르면, 아래와 같이 네 번의 조인 과정을 거친다.

1. id 4번 해시 조인 : 「regions」를 해시 테이블로 빌드(Build)하고, countries를 읽어 해시 테이블을 탐색(Probe)하면서 조인 수행
2. id 3번 해시 조인 : 「regions와 countries」 조인 결과를 해시 테이블로 빌드하고, locations를 읽어 해시 테이블을 탐색하면서 조인 수행
3. id 2번 해시 조인 : 「regions & countries & locations」 조인 결과를 해시 테이블로 빌드하고, departments를 읽어 해시 테이블을 탐색하면서 조인 수행
4. id 1번 해시 조인 : 「regions & countries & locations & departments」 조인 결과를 해시 테이블로 빌드하고, employees를 읽어 해시 테이블을 탐색하면서 조인 수행

ordered나 leading 힌트의 역할은 조인 순서를 결정하는 데에 있지만, 처음 조인되는 두 집합

(regions와 countries) 간에 Build Input을 정하는 데에는 영향을 미친다. 1번을 제외한 나머지 2~4번(실행계획 id 1~3번)에 대한 Build Input을 사용자가 직접 조정하고자 할 때는 아래와 같이 swap_join_inputs 힌트를 사용하면 된다.

두 번째 알고리즘

```
SQL> select /*+ leading(r, c, l, d, e)
                use_hash(c) use_hash(l) use_hash(d) use_hash(e)
                swap_join_inputs(l)
                swap_join_inputs(d)
                swap_join_inputs(e) */
            e.first_name, e.last_name, d.department_name
          , l.street_address, l.city, c.country_name, r.region_name
     from   hr.regions r
          , hr.countries c
          , hr.locations l
          , hr.departments d
          , hr.employees e
     where  d.department_id = e.department_id
     and    l.location_id = d.location_id
     and    c.country_id = l.country_id
     and    r.region_id = c.region_id;

-------------------------------------------------------------------------------
| Id  | Operation               | Name             | Rows  | Bytes | Cost  (%CPU)|
-------------------------------------------------------------------------------
|   0 | SELECT STATEMENT        |                  |   106 | 10706 |    15   (14)|
|   1 |  HASH JOIN              |                  |   106 | 10706 |    15   (14)|
|   2 |   TABLE ACCESS FULL     | EMPLOYEES        |   107 |  1926 |     3    (0)|
|   3 |   HASH JOIN             |                  |    27 |  2241 |    12   (17)|
|   4 |    TABLE ACCESS FULL    | DEPARTMENTS      |    27 |   513 |     3    (0)|
|   5 |    HASH JOIN            |                  |    23 |  1472 |     8   (13)|
|   6 |     TABLE ACCESS FULL   | LOCATIONS        |    23 |   828 |     3    (0)|
|   7 |     HASH JOIN           |                  |    25 |   700 |     5   (20)|
|   8 |      TABLE ACCESS FULL  | REGIONS          |     4 |    56 |     3    (0)|
|   9 |      INDEX FULL SCAN    | COUNTRY_C_ID_PK  |    25 |   350 |     1    (0)|
-------------------------------------------------------------------------------
```

위 실행계획도 네 번의 조인 과정을 거치지만 앞에서와는 사뭇 다른 방식으로 처리되며, NL 조인처럼 순차적으로 진행하는 것이 특징이다.

1. 해시 테이블 생성 : employees, departments, locations, regions 4개 테이블에 대한 해시 테이블을 먼저 생성한다.
2. id 7번 해시 조인 : countries에서 한 건을 읽어 regions 해시 테이블을 탐색한다.
3. id 5번 해시 조인 : 2번에서 조인에 성공한 레코드는 locations 해시 테이블을 탐색한다.
4. id 3번 해시 조인 : 3번에서 조인에 성공한 레코드는 departments 해시 테이블을 탐색한다.
5. id 1번 해시 조인 : 4번에서 조인에 성공한 레코드는 employees 해시 테이블을 탐색한다.
6. 2~5번 과정을 countries 테이블(여기서는 인덱스)을 모두 스캔할 때까지 반복한다.

이 실행계획은 가장 큰 employees 테이블을 해시 테이블로 생성하였으므로 처음 옵티마이저가 선택한 실행계획보다 효율적이지 못하다.

이번에는 departments를 기준으로 employees → locations → countries → regions 순으로 조인하되, employees를 Probe Input으로 삼고 나머지는 모두 Build Input이 되도록 실행계획을 조정해 보자.

```
SQL> select /*+ leading(d, e, l, c, r)
                use_hash(e) use_hash(l) use_hash(c) use_hash(r)
                swap_join_inputs(l)
                swap_join_inputs(c)
                swap_join_inputs(r) */
            e.first_name, e.last_name, d.department_name
          , l.street_address, l.city, c.country_name, r.region_name
     from   hr.regions r
          , hr.countries c
         , hr.locations l
         , hr.departments d
         , hr.employees e
    where  d.department_id = e.department_id
    and    l.location_id = d.location_id
    and    c.country_id = l.country_id
    and    r.region_id = c.region_id;

-------------------------------------------------------------------------------
| Id  | Operation             | Name          | Rows  | Bytes | Cost  (%CPU)|
-------------------------------------------------------------------------------
|   0 | SELECT STATEMENT      |               |   106 | 10706 |    15   (14)|
|   1 |  HASH JOIN            |               |   106 | 10706 |    15   (14)|
|   2 |   TABLE ACCESS FULL   | REGIONS       |     4 |    56 |     3    (0)|
```

```
|   3 |   HASH JOIN          |                | 106 | 9222 |   12  (17)|
|   4 |    INDEX FULL SCAN   | COUNTRY_C_ID_PK |  25 |  350 |    1   (0)|
|   5 |    HASH JOIN         |                | 106 | 7738 |   10  (10)|
|   6 |     TABLE ACCESS FULL | LOCATIONS      |  23 |  828 |    3   (0)|
|   7 |     HASH JOIN        |                | 106 | 3922 |    7  (15)|
|   8 |      TABLE ACCESS FULL| DEPARTMENTS    |  27 |  513 |    3   (0)|
|   9 |      TABLE ACCESS FULL| EMPLOYEES      | 107 | 1926 |    3   (0)|
--------------------------------------------------------------------------
```

employees를 스캔하면서 departments, locations, countries, regions에 대한 해시 테이블을 차례로 탐색하면서 조인을 수행하는 것을 알 수 있다.

그림 2-9를 보면 employees가 최하위 자식 엔티티로서 가장 크고, 그 위쪽에 있는 엔티티들은 모두 작은 코드성 테이블이다. 따라서 위와 같은 알고리즘으로 수행된다면 작은 테이블로 빠르게 해시 테이블을 생성하고 나서, 큰 테이블에서 일부 레코드만 스캔하다가 조인을 멈출 수도 있다. 즉, NL 조인의 가장 큰 장점인 부분범위처리를 해시 조인에서도 갖게 되는 것이다. (물론 해시 테이블로 빌드되는 작은 테이블들은 전체범위처리가 불가피하다.)

(4) Build Input이 Hash Area를 초과할 때 처리 방식

해시 조인은 해시 테이블을 Hash Area에 담을 수 있을 정도로 Build Input이 충분히 작을 때라야 효과적이라고 했다. 만약 In-Memory 해시 조인이 불가능할 때 오라클은 어떤 방식으로 해시 조인을 처리할까?

Grace 해시 조인

In-Memory 해시 조인이 불가능할 때 오라클은 'Grace 해시 조인'이라고 알려진 조인 알고리즘을 사용하는데, 이는 아래 두 단계로 나누어 진행된다.

① 파티션 단계

조인되는 양쪽 집합(→ 조인 이외 조건절을 만족하는 레코드) 모두 조인 컬럼에 해시 함수를 적용하고, 반환된 해시 값에 따라 동적으로 파티셔닝을 실시한다. 독립적으로 처리할 수 있는 여러 개의 작은 서브 집합으로 분할함으로써 파티션 짝(pair)을 생성하는 단계다.

파티션 단계에서 양쪽 집합을 모두 읽어 디스크 상의 Temp 공간에 일단 저장해야 하므로 In-

Memory 해시 조인보다 성능이 크게 떨어지게 된다.

② 조인 단계

파티션 단계가 완료되면 각 파티션 짝(pair)에 대해 하나씩 조인을 수행한다. 이때, 각각에 대한 Build Input과 Probe Input은 독립적으로 결정된다. 즉, 파티션하기 전 어느 쪽이 작은 테이블이었는지에 상관없이 각 파티션 짝(pair)별로 작은 쪽 파티션을 Build Input으로 선택해 해시 테이블을 생성한다.

해시 테이블이 생성되고 나면 반대 쪽 파티션 로우를 하나씩 읽으면서 해시 테이블을 탐색하며, 모든 파티션 짝에 대한 처리가 완료될 때까지 이런 과정을 반복한다.

Grace 해시 조인은 한마디로, 분할 · 정복(Divide & Conquer) 방식이라고 말할 수 있다. 실제로는 벤더마다 조금씩 변형된 형태의 Hybrid 방식을 사용하지만 두 개의 큰 테이블을 해시 조인하는 기본 알고리즘은 Grace 해시 조인에 바탕을 두고 있다.

Hybrid 해시 조인

앞서 설명한 기본적인 Grace 해시 조인을 그대로 따른다면, 디스크 I/O 부하가 상당히 심할 것이다. 조인에 성공할 가능성이 없는 대상 집합까지 일단 디스크에 모두 쓰고, 나중에 디스크로부터 다시 읽어 조인해야 하기 때문이다. 이런 단점을 보완하기 위해 여러 가지로 변형된 최적화 알고리즘이 사용되는데, 오라클이 사용하는 Hybrid 해시 조인은 아래와 같은 방식이다.

1. 두 테이블 중 작은 쪽을 Build Input으로 선택하고 Hash Area에 해시 테이블을 생성하기 시작한다. 이때 두 개의 해시 함수를 적용하는데, 첫 번째 해시 값으로는 레코드를 저장할 파티션(=버킷)을 결정하고, 두 번째 해시 값은 나중(8번 단계)에 실제 조인할 때를 위해 레코드와 함께 저장해 둔다.
2. 해시 테이블을 생성하는 도중에 Hash Area가 꽉 차면 그 중 가장 큰 파티션(=버킷)을 디스크에 기록한다.
3. 해시 테이블을 완성하기 위해 Build Input을 계속 읽는 동안 이미 디스크에 기록된 파티션에 해당되는 레코드는 디스크 파티션에 기록한다.
4. 다시 Hash Area가 다 차면 이번에도 가장 큰 파티션을 디스크에 기록한다.
5. 이렇게 첫 번째 테이블에 대한 파티셔닝 단계가 끝나면 파티션 크기가 작은 순으로 메모리를 채운다. (→ 가능한 많은 파티션을 Hash Area에 담음으로써 6번 단계의 성공률을 높이기 위함이다.)

6. 이제 두 번째 테이블을 읽기 시작하는데, 이때도 두 개의 해시 함수를 사용한다. 읽혀진 레코드의 첫 번째 해시 값에 해당하는 파티션이 현재 메모리에 있다면 그 파티션을 스캔하고, 거기서 조인 레코드를 찾으면 곧바로 결과집합에 포함시킨다. 이때 첫 번째 해시 값으로 곧바로 파티션을 스캔하는 것이 아니라 뒤에서 설명할 비트-벡터 필터링을 거쳐 선택된 레코드만 파티션을 스캔하고, 선택되지 않은 레코드는 그냥 버린다.
7. 비트-벡터 필터링을 통과했지만 메모리에서 매칭되는 파티션을 찾지 못하면 Build Input을 파티셔닝할 때와 같은 방식으로 해시 파티셔닝한다. 즉, 첫 번째 해시 값으로 레코드가 저장될 파티션을 결정하고, 두 번째 해시 값과 함께 디스크로 저장된다. 여기서, 6번 단계에서 비트-벡터 필터링을 거친 레코드만 디스크에 기록하게 된다는 사실에 주목하자.
8. 7번 과정까지 마치고 나면 양쪽 테이블 모두 같은 해시 함수로써 파티셔닝했기 때문에 같은 해시 값을 갖는 레코드끼리는 같은 파티션 짝(pair)에 놓이게 되었다. 이제 각 파티션 짝에 대해 하나씩 조인을 수행하기만 하면 되는데, 앞에서 설명했듯이 각 파티션 짝(pair)별로 작은 쪽 파티션을 Build Input으로 선택해 해시 테이블을 생성한다. 이때, 1번과 7번 단계에서 저장해 둔 두 번째 해시 값이 이용된다.
9. 모든 파티션에 대해 8번 과정을 반복함으로써 해시 조인을 마친다.

Recursive 해시 조인(=Nested-loops 해시 조인)

디스크에 기록된 파티션 짝(pair)끼리 조인을 수행하려고 '작은 파티션'을 메모리에 로드하는 과정에서 또다시 가용 Hash Area를 초과하는 경우가 발생할 수 있다. 그럴 때는 추가적인 파티셔닝 단계를 거치게 되는데, 이를 'Recursive 해시 조인'이라고 한다.

Recursive 해시 조인을 'Multipass 해시 조인'이라고도 하며, 참고로 디스크 쓰기가 발생했지만 Multipass 오퍼레이션을 거치지 않는 경우를 'Onepass 해시 조인'이라고 한다. 그리고 디스크를 전혀 사용하지 않은 In-Memory 해시 조인을 'Optimal 해시 조인'이라고 한다.

비트-벡터 필터링

Hybrid 조인 5~6번 단계를 거치는 동안 가능한 메모리 상에서 조인을 완료하므로 두 번째 테이블이 디스크에 기록되는 양을 상당히 줄일 수 있다.

여기에 오라클은 비트-벡터 필터링(bit-vector filtering) 기법까지 사용하는데, 조인 성공 가능성이 없는 파티션 레코드는 아예 디스크에 기록되지 않게 하려는 것이다.

앞서 설명한 Hybrid 해시 조인 과정 중 6번 단계에서, 비트-벡터 필터링을 통해 디스크에 기록

할 필요가 있는 값인지를 알 수 있다. 좀 복잡한 내용일 수 있지만 지금부터 비트-벡터 필터링 원리에 대해 살펴보자.

오라클은 Build Input을 읽어 해시 테이블을 생성할 때 두 개의 해시 함수를 사용한다고 했는데, 특정 레코드가 저장될 해시 버킷이 결정되면 그와 동시에 그 두 해시 값에 상응하는 비트-벡터도 1로 설정한다.

그림 2-10은 비트-벡터를 표현한 것으로서 f(m) 해시 함수에 의해 다섯 개의 비트가 할당되었고 각각 A, B, C, D, E 다섯 개의 해시 값과 매핑된다. 또한 f(n) 해시 함수에 의해 세 개의 비트가 할당되었고 각각 1, 2, 3 세 개의 해시 값과 매핑된다.

f(n) \ f(m)	B_0(=A)	B_1(=B)	B_2(=C)	B_3(=D)	B_4(=E)
B_0(=1)		√			√
B_1(=2)			√		√
B_2(=3)	√	√		√	

그림 2-10

해시 테이블 생성 과정에서 특정 레코드가 f(m) 해시 함수로부터 'C', f(n) 해시 함수로부터는 '2'를 리턴받았다고 하자. 그러면 해시 값 'C'에 해당하는 버킷에 그 레코드를 저장하면서(두 번째 해시 함수로부터 얻은 값 '2'도 함께 저장), 비트-벡터 2행 3열에 있는 비트도 1(√, positive)로 설정한다.

이런 식으로 Build Input에 대한 해시 테이블을 생성하면서 파티셔닝을 완료하고 나면 두 번째 테이블을 디스크로 해시 파티셔닝해야 하는데, 그에 앞서 비트-벡터 필터링을 통해 디스크에 기록하지 않아도 될 레코드인지를 가려낼 수 있다.

예를 들어, 두 번째 테이블에서 읽은 조인 키 값을 f(m)과 f(n) 두 해시 함수에 적용해 얻은 값이 'C'와 '2'라면 2행 3열의 비트 값이 1이므로 나중에 조인에 성공할 가능성이 있다. 따라서 디스크에 기록한다.

다른 조인 키 값에 대한 해시 값이 우연히 같을 수 있다. 따라서 비트-벡터가 1로 설정돼 있다고 해서 상응하는 파티션에 실제로 조인되는 레코드가 존재한다는 것을 보장하지는 않는다[8].

반대로, 비트-벡터가 0(negative)이면 상응하는 파티션에 조인되는 레코드가 없다는 것만큼은 확신할 수 있다[9]. 예를 들어, 두 해시 함수에서 얻은 값이 각각 'D'와 2라면 2행 4열의 비트 값이

8) 이를 "잘못된 양수(false positive)는 가능하다"고 표현한다.
9) 이를 "잘못된 음수(false negative)는 불가능하다"고 표현한다.

'0' 이므로 그 레코드는 디스크에 기록하지 않아도 된다.

이런 식으로 나중에 조인 단계에서 실패할 수 밖에 없는 레코드를 디스크에 기록하지 않고 버린다면, 이를 다시 읽어 들여 조인하지 않아도 되므로 Grace Hash 조인의 성능을 크게 향상시킬 수 있다.

(5) Build Input 해시 키 값에 중복이 많을 때 발생하는 비효율

잘 알다시피 해시 알고리즘의 성능은 해시 충돌(collision)을 얼마나 최소화할 수 있느냐에 달렸으며, 이를 방지하려면 그만큼 많은 해시 버킷을 할당해야만 한다. 그림 2-8에는 개념적으로 설명하기 위해 하나의 버킷에 여러 키 값이 달리는 구조로 표현하였지만, 가능하면 오라클은 충분히 많은 개수의 버킷을 할당함으로써 버킷 하나당 하나의 키 값만 갖게 하려고 노력한다.

그런데 해시 버킷을 아무리 많이 할당하더라도 해시 테이블에 저장할 키 컬럼에 중복 값이 많다면 하나의 버킷에 많은 엔트리가 달릴 수 밖에 없다. 그러면 해시 버킷을 아무리 빨리 찾더라도 해시 버킷을 스캔하는 단계에서 많은 시간을 허비하기 때문에 탐색 속도가 현저히 저하된다.

Build Input의 해시 키 컬럼에는 중복 값이 (거의) 없어야 해시 조인이 빠르게 수행될 수 있음을 이해할 것이다. Build Input 해시 키 값에 중복이 많을 때 성능이 얼마나 저하되는지 실제 사례를 통해 살펴보자.

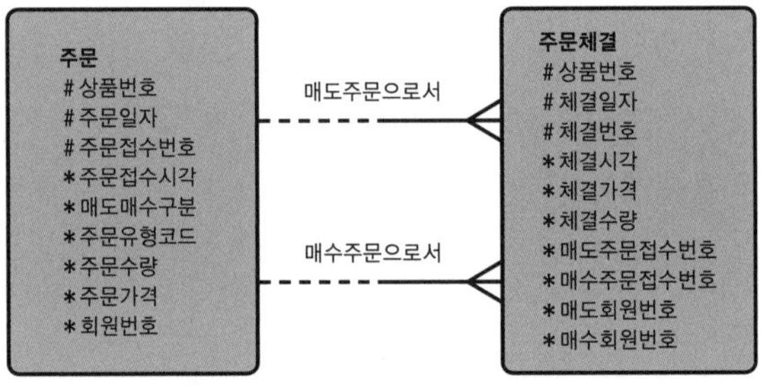

그림 2-11

그림 2-11은, 회원들이 매도주문과 매수주문을 내면 주문가격과 수량에 따라 체결이 이루어지는 업무를 처리하는 데이터 모델이다. 주문일자가 주문 테이블 PK에 속하므로 이를 상속받은 주문체결에도 (매도주문접수번호와 매수주문접수번호처럼) 매도주문일자와 매수주문일자가 포함돼야 하지만 당일주문은 당일에만 체결이 이루어지므로 체결일자로 대체할 수 있어 생략되었다.

특정 일자(:체결일자)에 체결된 특정 상품(:상품번호)의 주문과 주문체결을 조인하는 쿼리는 아래와 같다.

```
select /*+ use_hash(t o) index(t) index(o) */
       o.상품번호, o.주문접수번호, o.회원번호
     , o.매도매수구분, o.주문유형코드,
     , o.주문수량, o.주문가격
     , t.체결가격, t.체결수량,(t.체결가격 * t.체결수량) 체결금액
from   주문체결 t, 주문 o
where  t.상품번호     = :상품번호
and    t.체결일자     = :체결일자
and    o.상품번호     = t.상품번호  } 해시 키(Key)
and    o.주문일자     = t.체결일자  }
and    o.주문접수번호 in (t.매도주문접수번호, t.매수주문접수번호)
```

해시 조인에서 해시 키(Key)는 '=' 조인 컬럼만으로 결정되므로 위 쿼리에서 해시 키는 '상품번호'와 '체결일자'다. 그런데 이 두 값을 조건절로 입력 받았으므로 해시 버킷은 단 하나만 할당되고, 여기에 체인으로 연결할 특정상품의 하루 체결건수는 평균적으로 수천 건에 이른다. 아래는 위 쿼리를 수행할 때의 트레이스 결과인데, 입력한 상품번호와 체결일자에 속한 체결건수가 9,734개임을 알 수 있다.

```
Call     Count CPU Time Elapsed Time       Disk      Query    Current       Rows
------- ------ -------- ------------ ---------- ---------- ---------- ----------
Parse        1    0.000        0.000          0          0          0          0
Execute      1    0.010        0.004          0          0          0          0
Fetch     1299   66.990       71.320          0      19772          0      19468
------- ------ -------- ------------ ---------- ---------- ---------- ----------
Total     1301   67.000       71.324          0      19772          0      19468

Rows     Row Source Operation
-----  ---------------------------------------------------
19468  HASH JOIN  (cr=19772 pr=0 pw=0 time=88232919 us)
 9734   PARTITION RANGE SINGLE PARTITION: KEY KEY (cr=2409 pr=0 pw=0 time=19512 us)
 9734    TABLE ACCESS BY LOCAL INDEX ROWID 주문체결 PARTITION: KEY KEY (cr=2409 …)
 9734     INDEX RANGE SCAN 주문체결_PK PARTITION: KEY KEY (cr=77 pr=0 pw=0 …)
19468   PARTITION RANGE SINGLE PARTITION: KEY KEY (cr=17363 pr=0 pw=0 time= …)
19468    TABLE ACCESS BY LOCAL INDEX ROWID 주문 PARTITION: KEY KEY (cr=17363 …)
19468     INDEX RANGE SCAN 주문_PK PARTITION: KEY KEY (cr=1346 pr=0 pw=0 time= …)
```

블록 I/O는 양쪽 테이블 모두 합쳐 19,772개에 불과하지만 쿼리 총 소요시간은 서버 구간에서만 71초에 이른다. 디스크 I/O는 전혀 발생하지 않았는데도 말이다. 주문 테이블에서 출력된 19,468건만큼 해시 테이블을 탐색했는데, 매번 하나의 버킷에 달린 9,734개 엔트리를 스캔하면서 생긴 결과다.

같은 상품번호와 체결일자에 대해 레코드를 유일하게 식별하도록 만드는 주문접수번호가 해시 키 값으로 사용되지 못한 것이 원인인데, 맨 아래쪽 주문접수번호 조건을 아래와 같이 바꾸더라도 해시 키 값으로 사용되지 못하기는 마찬가지다.

```
and    o.주문접수번호 = decode( o.매도매수구분, '1'
                               , t.매도주문접수번호, t.매수주문접수번호)
```

상품번호가 상수 또는 변수 조건으로 입력되지 않았을 때, 즉 특정 체결일자의 전체 상품을 대상으로 조회할 때 해시 테이블이 어떤 모습일지, 성능은 얼마나 나빠질지 상상해 보기 바란다.

아래는 주문접수번호가 해시 키 값으로 사용되도록 새로 작성한 쿼리다.

```
select /*+ use_hash(t o) index(o) */
        o.상품번호, o.주문접수번호, o.회원번호, o.매도매수구분, o.주문유형코드
      , o.주문수량, o.주문가격, t.체결가격
      , t.체결수량, (t.체결가격 * t.체결수량) 체결금액
from  (select /*+ index(t) */
              상품번호, 체결일자, 체결가격, 체결수량, 매도주문접수번호 주문접수번호
       from   주문체결 t
       union all
       select /*+ index(t) */
              상품번호, 체결일자, 체결가격, 체결수량, 매수주문접수번호 주문접수번호
       from   주문체결 t) t, 주문 o
where  t.상품번호        = :상품번호
and    t.체결일자        = :체결일자
and    o.상품번호        = t.상품번호
and    o.주문일자        = t.체결일자
and    o.주문접수번호    = t.주문접수번호  → 해시 키 값으로 사용
```

주문체결 테이블을 두 번 읽었지만 아래 트레이스 결과를 보면 쿼리 수행 속도는 71초에서 0.165초로 줄었다. 튜닝 해법은 이처럼 원리를 이해하는 데에서 나오기 마련이다.

```
Call     Count CPU Time Elapsed Time       Disk      Query    Current       Rows
------- ------ -------- ------------ ---------- ---------- ---------- ----------
Parse        1    0.000        0.000          0          0          0          0
Execute      1    0.000        0.000          0          0          0          0
Fetch     1299    0.050        0.165          0      21926          0      19468
------- ------ -------- ------------ ---------- ---------- ---------- ----------
Total     1301    0.050        0.165          0      21926          0      19468

Rows    Row Source Operation
-----  ---------------------------------------------------
19468  HASH JOIN  (cr=21926 pr=0 pw=0 time=229006 us)
19468   VIEW  (cr=4818 pr=0 pw=0 time=58445 us)
19468    UNION-ALL  (cr=4818 pr=0 pw=0 time=38977 us)
 9734     PARTITION RANGE SINGLE PARTITION: KEY KEY (cr=2409 pr=0 pw=0 time= …)
 9734      TABLE ACCESS BY LOCAL INDEX ROWID 주문체결 PARTITION: KEY KEY (cr=2409 )
 9734       INDEX RANGE SCAN 주문체결_PK PARTITION: KEY KEY (cr=77 pr=0 pw=0 … )
 9734     PARTITION RANGE SINGLE PARTITION: KEY KEY (cr=2409 pr=0 pw=0 time= …)
 9734      TABLE ACCESS BY LOCAL INDEX ROWID 주문체결 PARTITION: KEY KEY (cr=2409 )
 9734       INDEX RANGE SCAN 주문체결_PK PARTITION: KEY KEY (cr=77 pr=0 pw=0 …)
19468   PARTITION RANGE SINGLE PARTITION: KEY KEY (cr=17108 pr=0 pw=0 time= …)
19468    TABLE ACCESS BY LOCAL INDEX ROWID 주문 PARTITION: KEY KEY (cr=17108 …)
19468     INDEX RANGE SCAN 주문_PK PARTITION: KEY KEY (cr=1180 pr=0 pw=0 time= …)
```

테이블을 두 번 읽는 것이 찜찜하다면 아래와 같이 복제테이블을 이용해 주문체결 데이터를 복제하는 방법을 쓸 수 있다.

```
create table 복제테이블 as select rownum 번호 from dual connect by level <= 100;

select /*+ use_hash(t o) index(o) */
       o.상품번호, o.주문접수번호, o.회원번호, o.매도매수구분, o.주문유형코드
     , o.주문수량, o.주문가격, t.체결가격, t.체결수량
     ,(t.체결가격 * t.체결수량) 체결금액
from  (select /*+ index(t) index(c) */ t.상품번호, t.체결일자, t.체결가격, t.체결수량
            , decode(c.번호, 1, t.매도주문접수번호, 2, t.매수주문접수번호) 주문접수번호
       from  주문체결 t, 복제테이블 c
       where  c.번호 <= 2
       ) t, 주문 o
where  t.상품번호      = :상품번호
and    t.체결일자      = :체결일자
and    o.상품번호      = t.상품번호
and    o.주문일자      = t.체결일자
and    o.주문접수번호  = t.주문접수번호  ➔ 해시 키 값으로 사용
```

```
Call     Count CPU Time Elapsed Time       Disk      Query    Current       Rows
------- ------ -------- ------------ ---------- ---------- ---------- ----------
Parse        1    0.000        0.000          0          0          0          0
Execute      1    0.000        0.000          0          0          0          0
Fetch     1299    0.050        0.157          0      19518          0      19468
------- ------ -------- ------------ ---------- ---------- ---------- ----------
Total     1301    0.050        0.157          0      19518          0      19468

Rows    Row Source Operation
-----   ---------------------------------------------------
19468    HASH JOIN  (cr=19518 pr=0 pw=0 time=222805 us)
19468     VIEW  (cr=2410 pr=0 pw=0 time=40424 us)
19468      MERGE JOIN CARTESIAN (cr=2410 pr=0 pw=0 time=20955 us)
    2       INDEX RANGE SCAN 복제테이블_PK (cr=1 pr=0 pw=0 time=16 us)
19468       BUFFER SORT (cr=2409 pr=0 pw=0 time=20938 us)
 9734        PARTITION RANGE SINGLE PARTITION: KEY KEY (cr=2409 pr=0 pw=0 time= …)
 9734         TABLE ACCESS BY LOCAL INDEX ROWID 주문체결 PARTITION: KEY KEY(cr=2409 … )
 9734          INDEX RANGE SCAN 주문체결_PK PARTITION: KEY KEY (cr=77 pr=0 pw=0 … )
19468     PARTITION RANGE SINGLE PARTITION: KEY KEY (cr=17108 pr=0 pw=0 time= …)
19468      TABLE ACCESS BY LOCAL INDEX ROWID 주문 PARTITION: KEY KEY (cr=17108 … )
19468       INDEX RANGE SCAN 주문_PK PARTITION: KEY KEY (cr=1180 pr=0 pw=0 time= …)
```

(6) 해시 조인 사용기준

해시 조인 성능을 좌우하는 두 가지 키 포인트는 다음과 같다.

- 한 쪽 테이블이 Hash Area에 담길 정도로 충분히 작아야 함
- Build Input 해시 키 컬럼에 중복 값이 거의 없어야 함

위 두 가지 조건을 만족할 때라야 해시 조인이 가장 극적인 성능 효과를 낼 수 있음을 앞에서 살펴보았다.

그럼, 해시 조인을 언제 사용하는 것이 효과적인지 그 선택 기준을 살펴보자.

- 조인 컬럼에 적당한 인덱스가 없어 NL 조인이 비효율적일 때
- 조인 컬럼에 인덱스가 있더라도 NL 조인 드라이빙 집합에서 Inner 쪽 집합으로의 조인 액세스량이 많아 Random 액세스 부하가 심할 때

- 소트 머지 조인하기에는 두 테이블이 너무 커 소트 부하가 심할 때
- 수행빈도가 낮고 쿼리 수행 시간이 오래 걸리는 대용량 테이블을 조인할 때

앞쪽 세 가지 사항은 앞에서 이미 설명한 내용이므로 생략하기로 하고, 마지막 항목을 강조하면서 해시 조인에 대한 설명을 마치려고 한다.

해시 조인이 등장하면서 소트 머지 조인의 인기가 많이 떨어졌다고 했는데, 그만큼 해시 조인이 빠르기 때문이다. 해시 조인이 워낙 빠르다 보니 모든 조인을 해시 조인으로 처리하려는 유혹에 빠지기 쉬운데, 이는 매우 위험한 생각이 아닐 수 없다.

수행시간이 짧으면서 수행빈도가 매우 높은 쿼리(→ OLTP성 쿼리의 특징이기도 함)를 해시 조인으로 처리한다면 어떤 일이 발생할까? NL 조인에 사용되는 인덱스는 (Drop하지 않는 한) 영구적으로 유지되면서 다양한 쿼리를 위해 공유 및 재사용되는 자료구조다. 반면, 해시 테이블은 단 하나의 쿼리를 위해 생성하고 조인이 끝나면 곧바로 소멸하는 자료구조다.

따라서 수행빈도가 높은 쿼리에 해시 조인을 사용하면 CPU와 메모리 사용률을 크게 증가시킴은 물론, *SQL memory manager workarea, row cache objects, simulator hash latch, cache buffers chains* 같은 래치 경합이 발생해 시스템 동시성을 떨어뜨리게 된다.

따라서 해시 조인은 ①수행 빈도가 낮고 ②쿼리 수행 시간이 오래 걸리는 ③대용량 테이블을 조인할 때(→ 배치 프로그램, DW, OLAP성 쿼리의 특징이기도 함) 주로 사용해야 한다. OLTP 환경이라고 해시 조인을 쓰지 못할 이유는 없지만 이 세 가지 기준(①~③)을 만족하는지 체크해 봐야 한다.

단적으로 말해, OLTP 환경에서 1초 걸리는 쿼리를 0.1초로 단축시킬 목적으로 해시 조인을 쓰는 것은 가급적 자제하라는 뜻이다. 1초 걸리는 쿼리인데 업무 요건 상 0.1초로 단축시켜 달라는 업무 담당자의 요청이 있었다면 이는 틀림없이 수행 빈도가 매우 높은 쿼리임에 틀림없다. 따라서 해시 조인으로는 부적격이다.

04 조인 순서의 중요성

조인 순서에 따라 쿼리 수행 성능이 달라질 수 있는데, 먼저 NL 조인부터 살펴보자. 10만 고객을 관리하는 '고객' 테이블과 세 종류(신용카드, 자동이체, 지로)의 납입방법을 관리하는 '납입방법' 테이블이 있다. 이 두 테이블을 조인하는 아래 SQL을 NL 방식으로 조인할 때, 어떤 테이블을 먼저 드라이빙하는 것이 유리할까? 양쪽 모두 조인 컬럼에 인덱스를 갖고 있다.

```
select /*+ use_nl(a b) */ a.납입방법명, b.*
from   납입방법 a, 고객 b
where  b.납입방법코드 = a.납입방법코드
```

필터 조건이 없을 때

NL 조인에서는 무엇보다 Random 액세스 발생량에 의해 성능이 좌우되는데, 먼저 고객 테이블을 드라이빙하는 경우를 보자.

```
select /*+ leading(b) use_nl(a) */ a.납입방법명, b.*
from   납입방법 a, 고객 b
where  b.납입방법코드 = a.납입방법코드
```

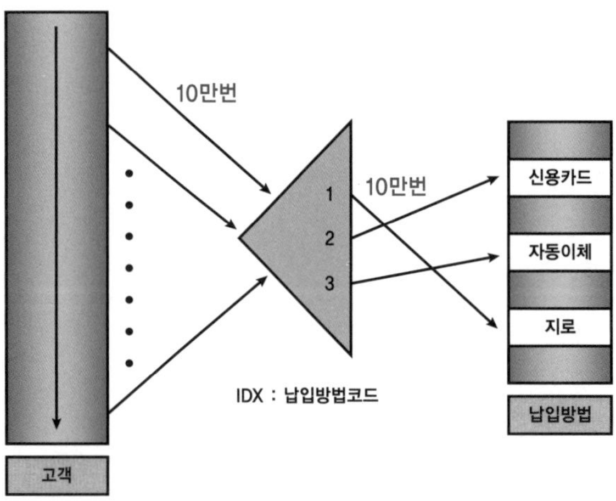

그림 2-12

그림 2-12를 보면 고객 테이블에서 납입방법코드 인덱스로 조인 액세스할 때 10만 번의 Random 액세스가 발생하고, 납입방법 테이블로 액세스할 때 다시 10만 번의 Random 액세스가 발생한다. 따라서 총 20만 번의 Random 액세스가 발생한다.

이번에는 납입방법 테이블을 먼저 드라이빙하는 경우를 보자.

```
select /*+ leading(a) use_nl(b) */ a.납입방법, b.*
from   납입방법 a, 고객 b
where  b.납입방법코드 = a.납입방법코드
```

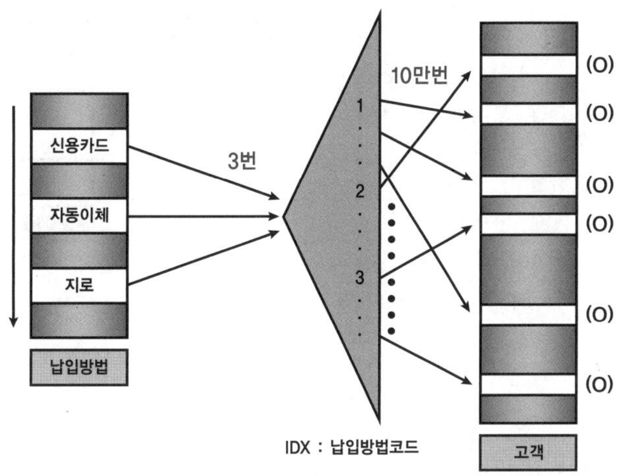

그림 2-13

그림 2-13을 보면, 납입 테이블에서 고객 쪽 납입방법코드 인덱스로 조인을 시도할 때 3번의 Random 액세스가 발생한다. 고객 테이블을 액세스할 때는 10만 번의 Random 액세스가 발생해, 총 100,003번의 Random 액세스가 발생한다.

다른 필터 조건이 없는 상황에서는 작은 쪽(=1쪽) 집합을 드라이빙하는 것이 유리함을 알 수 있다.

필터 조건이 있을 때

이번에는 거주지역이 '부산' 인 고객만을 대상으로 조회할 때의 일량을 분석해 보자. 부산지역 고객은 전체 중 10%에 해당하는 1만 명이고, 고객 테이블 거주지역 컬럼에 인덱스가 있다.

아래는 고객 테이블을 먼저 드라이빙하는 경우다.

```
select /*+ leading(b) use_nl(a) */ a.납입방법명, b.*
from   납입방법 a, 고객 b,
where  b.납입방법코드 = a.납입방법코드
and    b.거주지역 = '부산'
```

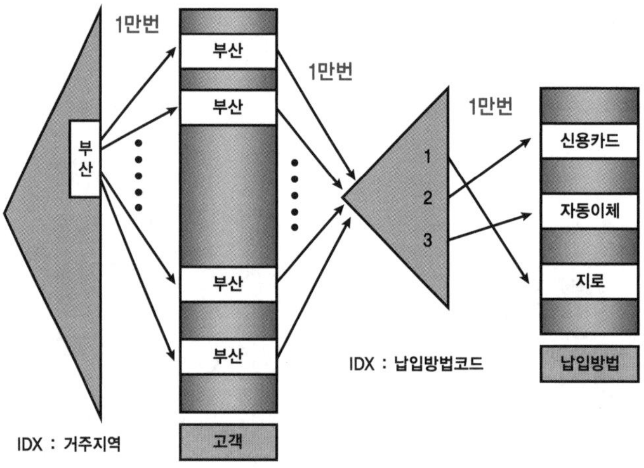

그림 2-14

그림 2-14를 보면, 거주지역 인덱스를 통해 고객 테이블을 액세스할 때 1만 번의 Random 액세스가 발생한다. 이어서 납입방법코드 인덱스로 조인 액세스할 때 1만 번의 Random 액세스가 발생하고, 납입방법 테이블을 액세스할 때도 1만 번의 Random 액세스가 발생한다. 따라서 총 3만 번의 Random 액세스가 발생한다.

똑같은 쿼리인데, 이번에는 납입방법 테이블을 먼저 드라이빙할 때를 살펴보자.

```
select /*+ leading(a) use_nl(b) */ a.납입방법명, b.*
from   납입방법 a, 고객 b
where  b.납입방법코드 = a.납입방법코드
and    b.거주지역 = '부산'
```

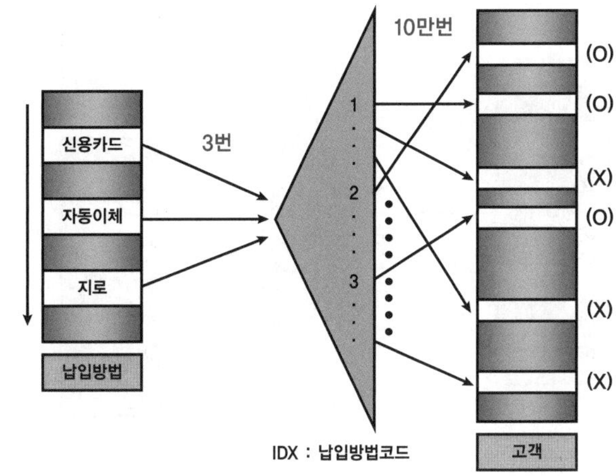

그림 2-15

그림 2-15를 보면, 그림 2-13과 똑같은 일량(100,003번의 Random 액세스)인 것을 알 수 있다. 다만, 여기서는 고객 테이블 쪽으로 많은 액세스가 있었지만 거주지역 = '부산' 조건에 의해 90% 가량이 버려지므로 비효율이 존재한다.

인덱스에 '거주지역' 컬럼을 추가해 보자.

```
select /*+ leading(a) use_nl(b) */ a.납입방법명, b.*
from   납입방법 a, 고객 b
where  b.납입방법코드 = a.납입방법코드
and    b.거주지역 = '부산'
```

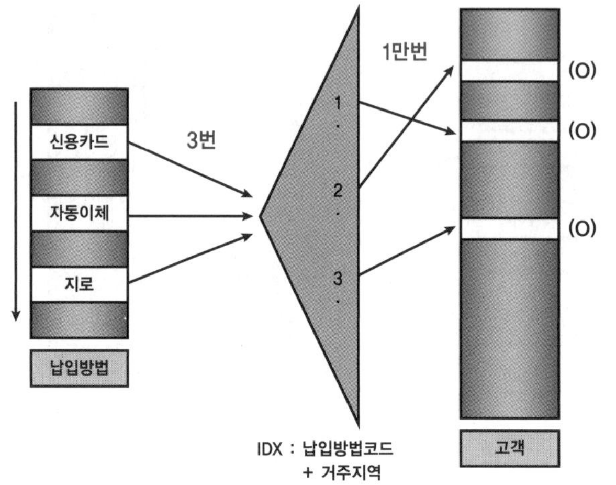

그림 2-16

그림 2-16을 보면, Random 액세스가 10,003번으로 준 것을 볼 수 있다.

이처럼 조인 조건 외에 필터 조건이 있을 때는 인덱스 구성에 따라 유·불리가 결정되며, 비효율이 없게끔 인덱스를 잘 구성해 주기만 한다면 역시 작은 쪽(=1쪽) 집합을 드라이빙하는 것이 유리하다.

NL 조인에서는 Random 액세스 발생량 외에도 Inner 쪽 인덱스 구성 및 조건절 연산자 형태에 따라 성능이 크게 좌우되는데, 1장에서 설명한 인덱스 스캔 효율에 차이가 생기기 때문이다.

소트 머지 조인과 해시 조인의 경우

NL 조인 뿐 아니라 소트 머지 조인과 해시 조인에서도 순서가 중요하다.

소트 머지 조인은 PGA상에 정렬된 집합을 통해 조인 액세스가 일어나기 때문에 Random 액세스 발생량보다는 소트 부하에 의해 성능이 결정된다. 결론만 간단히 말하면, 디스크 소트(to-disk sort)가 발생할 정도의 큰 테이블을 포함할 때는 큰 테이블을 드라이빙하는 것이 더 빠르지만, 메모리 소트(in-memory sort) 방식으로 조인할 때는 작은 쪽 테이블을 드라이빙하는 것이 조금 더 빠르다.

해시 조인은 Hash Area에 Build Input을 모두 채울 수 있느냐가 관건이므로 두말할 것도 없이 작은 쪽 테이블을 드라이빙하는 것이 유리하다.

세 개 이상 테이블에 대한 조인문 기술할 때 주의사항

조인 컬럼에 대한 상수나 변수 조건은 조인문을 타고 다른 쪽 테이블 조건으로도 전이된다(4장 5절 '조건절 이행' 참조). 하지만 조인문 자체는 그런 작용이 일어나지 않으므로 세 개 이상 테이블에 대한 조인문을 기술할 때 세심한 주의가 필요하다.

예를 들어, A와 B 간의 조인 조건, B와 C 간의 조인 조건을 이용해 A와 C 간의 조인 조건이 내부적으로 생성된다면(물론 조인 컬럼이 서로 같을 때) 조인 순서가 어떻게 결정되더라도 효과적으로 수행될 수 있다. 하지만 조인 조건은 그런 식의 전이가 이루어지지 않으므로 사용자가 최적의 조인순서를 결정하고 그 순서에 따라 조인문을 기술해 주는 것이 매우 중요하다. 자세한 설명은 4장 5절 '조건절 이행' 중에서 튜닝 사례 2(p522)를 참조하기 바란다.

05 Outer 조인

(1) Outer NL 조인

NL 조인은 그 특성상 Outer 조인할 때 방향이 한쪽으로 고정되며, Outer 기호(+)가 붙지 않은 테이블이 항상 드라이빙 테이블로 선택된다. leading 힌트를 이용해 순서를 바꿔 보려 해도 소용없다.

```
select /*+ use_nl(d e) */ *
from   dept d, emp e
where  e.deptno(+) = d.deptno

Execution Plan
--------------------------------------------------------------------------------
0      SELECT STATEMENT Optimizer=ALL_ROWS (Cost=4 Card=14 Bytes=2K)
1   0    NESTED LOOPS (OUTER) (Cost=4 Card=14 Bytes=2K)
2   1      TABLE ACCESS (FULL) OF 'DEPT' (TABLE) (Cost=3 Card=4 Bytes=120)
3   1      TABLE ACCESS (BY INDEX ROWID) OF 'EMP' (TABLE) (Cost=1 Card=4 Bytes=348)
4   3        INDEX (RANGE SCAN) OF 'EMP_DEPTNO_IDX' (INDEX) (Cost=0 Card=5)
```

4절에서 보았듯이 NL 조인이 조인 순서에 가장 큰 영향을 받는다. 조인 순서 때문에 성능이 나빠지지 않게 하려면 불필요한 Outer 조인이 발생하지 않도록 주의해야 한다.

ERD 표기를 따르는 SQL 개발의 중요성

데이터베이스 프로그래머에게는 ERD 표기법에 대한 정확한 이해가 필수적이다. ERD를 잘못 해석하면 설계 의도와 다른 데이터를 발생시킬 수 있기 때문이며, 이는 여닫이문으로 설계된 도면을 보고 미닫이문으로 시공하는 격이다. SQL을 작성할 때는 각 속성의 Null 값 허용 여부를 반드시 확인해야 하고, 엔티티 간 관계(relationshiop)를 해석할 때도 카디널리티(crow's foot, 1:1, 1:M, M:M 등)만 보지 말고 Optionality를 반드시 따져봐야 한다.

설계 의도를 잘못 해석하면 데이터 품질뿐만 아니라 쿼리 성능에도 영향을 미칠 수 있다. 예를 들어, 그림 2-17에서는 사원이 전혀 없는 유령 부서(또는 아직 부서원이 배정되지 않은 신규 부서)가 등록될 수 있다(부서 쪽 관계선이 점선). 따라서 사원 유무와 상관없이 모든 부서가 출력되도록 하려면 사원 쪽 모든 조건절에 Outer 기호(+)를 반드시 붙여 줘야 한다.

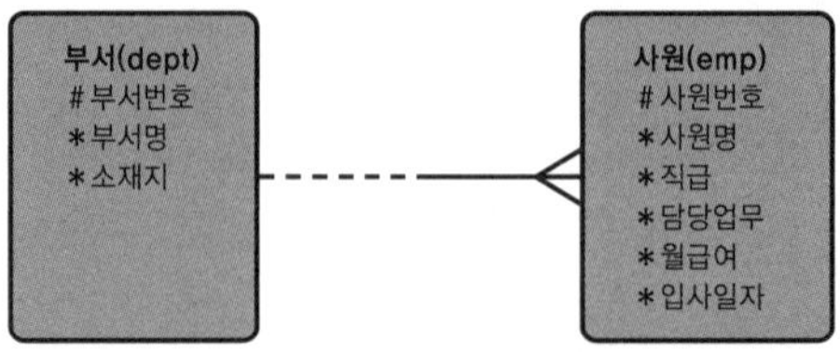

그림 2-17

하지만 그림 2-18에서는 사원 없는 부서가 등록될 수 없다(부서 쪽 관계선이 실선). 따라서 모든 부서가 출력되도록 하려고 굳이 Outer 조인할 필요가 없음에도 Outer 기호(+)를 붙인다면 성능이 나빠질 수 있는 것이다.

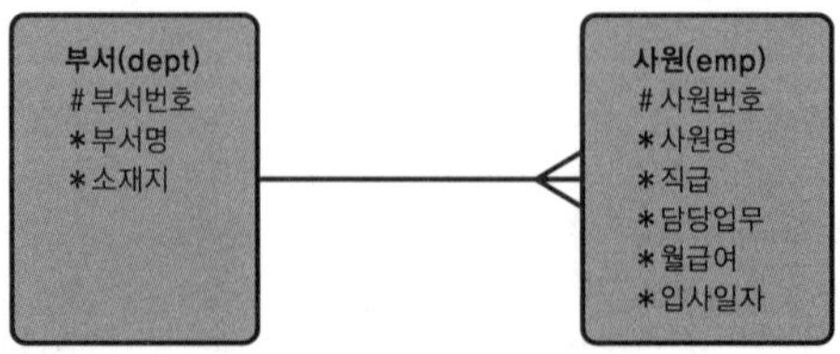

그림 2-18

그리고 그림 2-17과 2-18 모두 사원 쪽 부서번호가 필수(Mandatory) 컬럼이다. 즉, 소속 부서 없는 사원이 존재할 수 없다는 뜻이므로 테이블을 생성할 때 Not Null 제약을 두어야 한다. DBMS에 실제 Not Null 제약[10]을 생성했건 안 했건 그 컬럼에 Null 값이 들어올 수 없도록 하려는 것이 설계자의 의도이므로 프로그램도 그에 맞게 개발해야 한다.

따라서 사원을 기준으로 부서 테이블과 Outer 조인하는 것은 불필요하며, 만약 Inner 조인을 했을 때 걸러지는 사원 레코드가 있다면 조회 프로그램이 아니라 입력/수정/삭제 프로그램을 고쳐야 할 일이다. 물론 데이터 정제(cleansing) 작업도 함께 실시해야 한다. 그런데도 혹시 있을지 모를 Null 값을 두려워해 습관적으로 Outer 기호(+)를 붙인다면 성능상 불이익이 생길 수 있음을 명심하기 바란다.

(2) Outer 소트 머지 조인

소트 머지 조인은 소트된 중간 집합을 이용한다는 점만 다를 뿐 처리루틴이 NL 조인과 다르지 않다고 했다. 따라서 Outer 소트 머지 조인도 처리 방향이 한쪽으로 고정되며, Outer 기호(+)가 붙지 않은 테이블(Outer 테이블)이 항상 First 테이블로 선택된다. leading 힌트를 이용해 순서를 바꿔 보려 해도 소용없다.

```
select /*+ use_merge(d e) */ *
from   dept d, emp e
where  e.deptno(+) = d.deptno

Execution Plan
------------------------------------------------------------------------------
0      SELECT STATEMENT Optimizer=ALL_ROWS (Cost=8 Card=14 Bytes=2K)
1   0    MERGE JOIN (OUTER) (Cost=8 Card=14 Bytes=2K)
2   1      SORT (JOIN) (Cost=4 Card=4 Bytes=120)
3   2        TABLE ACCESS (FULL) OF 'DEPT' (TABLE) (Cost=3 Card=4 Bytes=120)
4   1      SORT (JOIN) (Cost=4 Card=14 Bytes=1K)
5   4        TABLE ACCESS (FULL) OF 'EMP' (TABLE) (Cost=3 Card=14 Bytes=1K)
```

---

10) ERD 상에 표시된 설계자의 의도를 무시하고 테이블 생성 시 Not Null 제약을 두지 않는 경우를 종종 보는데, 결코 바람직한 현상이 아니다. 데이터 품질이 중요하다는 것이 첫 번째 이유고, 옵티마이저에게 매우 중요한 정보로서 성능에도 영향을 준다는 것이 두 번째 이유다.

(3) Outer 해시 조인

Outer 해시 조인도 9i까지는 방향이 고정됐었다. 9i에서 Outer 해시 조인을 수행해 보면, Outer 기호(+)가 붙지 않은 테이블(Outer 테이블)이 항상 Build Input으로 선택된다.

```
select /*+ use_hash(d e) */ d.dname, e.ename
from   dept d, emp e
where  e.deptno(+) = d.deptno

Execution Plan
-----------------------------------------------------------------------------
0      SELECT STATEMENT Optimizer=ALL_ROWS (Cost=7 Card=14 Bytes=2K)
1   0    HASH JOIN (OUTER) (Cost=7 Card=14 Bytes=2K)
2   1      TABLE ACCESS (FULL) OF 'DEPT' (TABLE) (Cost=3 Card=4 Bytes=120)
3   1      TABLE ACCESS (FULL) OF 'EMP' (TABLE) (Cost=3 Card=14 Bytes=1K)
```

실행계획이 위와 같을 때 오라클은 아래와 같은 알고리즘을 사용해 Outer 해시 조인을 처리한다[11].

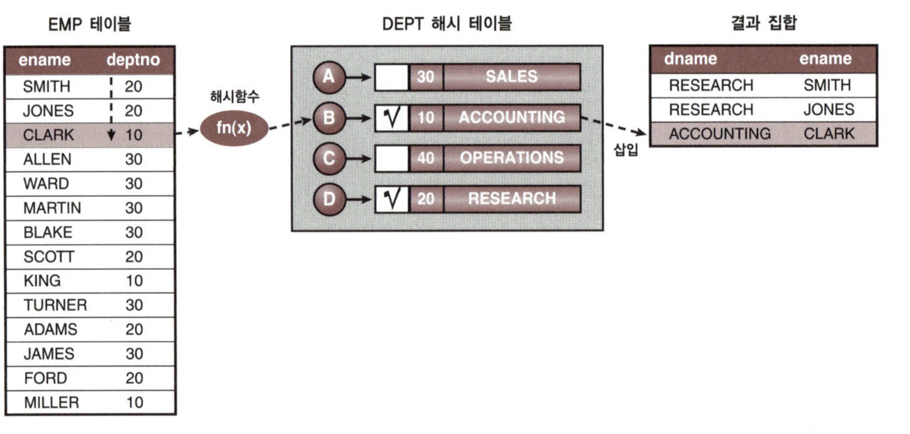

그림 2-19

11) Effetive Oracle By Design (Thomas Kyte, McGraw-Hill/Osborne) 참조

1. Outer 집합인 dept 테이블을 해시 테이블로 빌드(Build)한다.
2. Inner 집합인 emp 테이블을 읽으면서 해시 테이블을 탐색(Probe)한다.
3. 조인에 성공한 레코드는 곧바로 결과집합에 삽입하고, 조인에 성공했음을 해시 엔트리에 표시해 둔다(그림 2-19).
4. Probe 단계가 끝나면 Inner 조인과 동일한 결과집합이 만들어진 상태다. 이제 조인에 실패했던 레코드를 결과집합에 포함시켜야 하므로 해시 테이블을 스캔(PGA에서 스캔하므로 비용이 매우 낮음)하면서 체크가 없는 dept 엔트리를 결과집합에 삽입한다(그림 2-20). 그럼으로써 Outer 조인을 완성한다.

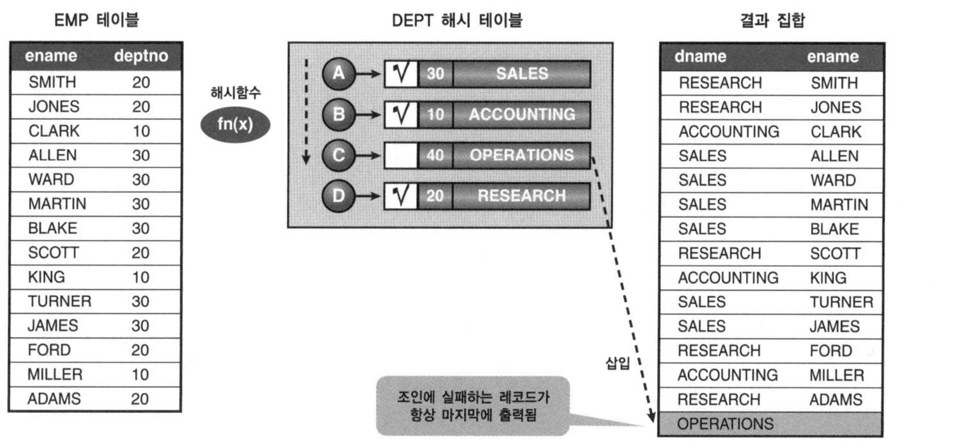

그림 2-20

해시 조인은 특히 대용량 테이블을 조인할 때 자주 사용되는데, Outer 조인할 때 이처럼 조인 순서가 고정되다 보니 자주 성능 문제를 일으키곤 했다. 예를 들어, 주문 테이블을 기준으로 고객 테이블과 Outer 조인하는 경우에 대용량 주문 테이블을 해시 테이블로 빌드해야 하는 문제가 생긴다.

Hash Area가 부족해 디스크 쓰기와 읽기가 발생할 뿐만 아니라 주문 건수가 많은 고객일수록 해시 버킷 당 엔트리 개수가 많아져 해시 테이블을 탐색하는 효율이 크게 저하된다. 이 두 가지 요인에 의해 해시 조인 성능이 얼마나 나빠지는지는 3절에서 충분히 설명하였다.

오라클은 이 문제를 해결하려고 10g에서 아래와 같은 Right Outer 해시 조인을 도입하게 되었다.

```
select /*+ use_hash(d e) swap_join_inputs(d) */ d.dname, e.ename
from   dept d, emp e
where  e.deptno = d.deptno(+)

Execution Plan
-------------------------------------------------------------------------------
   0      SELECT STATEMENT Optimizer=ALL_ROWS (Cost=9 Card=14 Bytes=280)
   1    0   HASH JOIN (RIGHT OUTER) (Cost=9 Card=14 Bytes=280)
   2    1     TABLE ACCESS (FULL) OF 'DEPT' (TABLE) (Cost=4 Card=4 Bytes=44)
   3    1     TABLE ACCESS (FULL) OF 'EMP' (TABLE) (Cost=4 Card=14 Bytes=126)
```

실행계획이 위와 같을 때 오라클은 아래와 같은 알고리즘을 사용해 Outer 해시 조인을 처리한다.

1. Inner 집합인 dept 테이블을 해시 테이블로 빌드(Build)한다.
2. Outer 집합인 emp 테이블을 읽으면서 해시 테이블을 탐색(Probe)한다.
3. Outer 조인이므로 조인 성공 여부에 상관없이 결과집합에 삽입한다.

이미 느꼈겠지만 Right Outer 해시 조인은 결국 Outer NL 조인과 같은 알고리즘을 사용한다. Outer 해시 조인을 애초에 이런 방식으로 처리할 수 있었을 텐데 오라클은 왜 10g에 와서야 이 방식을 추가로 도입한 것일까?

Right Outer 해시 조인 탄생 배경

그림 2-21

일반적으로 Outer 조인은 1쪽 집합을 기준으로 하는 경우가 많다. 예를 들면, 그림 2-21에서 고객을 기준으로 주문과 Outer 조인하거나 상품을 기준으로 주문과 Outer 조인하는 경우다. 모델상에서 보면 주문 기준으로 고객 또는 상품과 Outer 조인할 이유는 없다. '고객 없는 주문' 또는 '상품 없는 주문'을 허용하지 않도록 설계 돼 있기 때문이다.

오라클은 이런 사실을 감안해 Outer 테이블을 해시 테이블로 빌드(Build)하는 알고리즘을 애초에 선택하였다. Inner 조인하고 나서 해시 테이블을 전체적으로 한 번 더 스캔하는 비효율을 감수하면서까지 말이다. 이유는, 작은 쪽 집합을 해시 테이블로 빌드하는 게 유리하기 때문이다.

그런데 그림 2-21과 같은 일반적인 엔티티 관계(relationship) 속에서도 주문을 기준으로 고객 또는 상품과 Outer 조인해야 할 필요성이 생긴다. 모델 상으로는 부모 없는 자식 레코드가 있어선 안 되지만 FK를 설정하지 않은 채 DBMS를 운영하는 경우가 많다 보니 실제 그런 레코드들이 많이 생긴다. 그림 2-22 같은 상태가 되는 것이다.

그림 2-22

프로그램 버그일 수도 있고, 활동성 없는 고객이나 오래된 상품 레코드를 지우면서 관련된 자식 레코드(주문 등)는 지우지 않아 생기는 현상이다. 데이터 정제(Cleansing) 작업할 때 M쪽 자식 테이블을 기준으로 Outer 조인하는 쿼리가 자주 사용되는 이유다.

그럴 때 주문 같은 초대용량 테이블을 해시 테이블로 생성해야 하기 때문에 성능이 여간 나쁘지 않은데, 정제 작업이 많은 데이터 이행(Migration) 업무를 해 본 독자라면 깊이 공감할 것이다.

'고객 없는 주문', '상품 없는 주문'이 발견됐을 때 이를 정제하지 않고 데이터를 그대로 이행하는 경우도 많다. 중요한 주문 데이터를 지우면 그와 관련된 각종 집계 값들이 안 맞을 수 있어 업무 담당자 입장에서도 쉽게 결정을 내리지 못하기 때문이다. 그러다 보니 주문을 기준으로 고객과 상품 테이블을 Outer 조인한 결과를 신시스템에 그대로(정합성이 안 맞더라도) 이행하는 경우가 생기고, 그런 작업을 담당한 개발자는 성능 때문에 곤혹스런 상황에 부닥치게 된다.

이런 성능 이슈를 해결하려고 오라클은 10g부터 Inner쪽 집합을 해시 테이블로 빌드할 수 있는 알고리즘을 추가하게 되었다.

9i 이전 버전에서 Outer 해시 조인 튜닝

그럼 Right Outer 해시 조인이 도입되기 전 9i까지는 위와 같은 상황에서 어떻게 튜닝할 수 있을까?

```
select /*+ ordered index_ffs(o) full(c) full(o2) use_hash(o c) use_hash(o2)
```

```
          parallel_index(o) parallel(c) parallel(o2) */ c.*. o2.*
from   주문 o, 고객 c, 주문 o2
where  c.고객번호(+) = o.고객번호
and    o2.고객번호 = o.고객번호
and    o2.상품번호 = o.상품번호
and    o2.주문일시 = o.주문일시
```

위 쿼리를 보면, 처음 주문(o)과 고객(c) 테이블을 Outer 조인할 때는 주문 테이블에서 PK 인덱스만 빠르게 읽어 Outer 조인을 완성하고, 주문(o2) 테이블과 다시 한 번 조인하면서는 Inner 조인하도록 했다. 주문이 워낙 대용량이어서 인덱스 블록만 읽더라도 In-Memory 해시 조인은 불가능하겠지만 Build Input 크기를 줄임으로써 디스크 쓰기 및 읽기 작업을 최소화하려는 아이디어다.

하지만 이 방법은 디스크 쓰기와 읽기 작업을 줄여주는 효과는 있지만 해시 버킷 당 엔트리 개수가 많아서 생기는 문제는 피할 수가 없다.

만약 이 때문에 조인 성능이 느리다면 주문일시 구간을 나눠 쿼리를 여러 번 수행하는 방법을 생각해 볼 수 있다. 주문 테이블은 주문일시로 Range 파티셔닝 돼 있을 것이고, 일정한 주문일시 구간 내에서의 고객별 주문 건수는 많지 않을 것이기 때문에 해시 버킷 당 엔트리 개수를 최소화할 수 있다. 그러면 고객 테이블을 반복적으로 읽는 비효율에도 불구하고 더 빠르게 수행될 것이다.

(4) Full Outer 조인

테스트를 위해 우선 '입금'과 '출금' 테이블을 아래와 같이 생성해 보자(스크립트 ch2_08.txt 참조).

```
SQL> exec dbms_random.seed(150);

SQL> create table 입금
  as
  select rownum 일련번호
       , round(dbms_random.value(1, 20)) 고객ID
       , round(dbms_random.value(1000, 100000),-2) 입금액
  from dual connect by level <= 10;

SQL> create table 출금
  as
```

```
select rownum 일련번호
     , round(dbms_random.value(1, 20)) 고객ID
     , round(dbms_random.value(1000, 10000),-2) 출금액
from dual connect by level <= 10;

SQL> exec dbms_stats.gather_table_stats(user, '입금');
SQL> exec dbms_stats.gather_table_stats(user, '출금');
```

'Left Outer 조인 + Union All + Anti 조인(Not Exists 필터)' 이용

입금과 출금, 두 테이블을 Full Outer 조인해 고객별 입금액과 출금액을 같이 집계하려고 한다. 이를 위해 가장 일반적으로 사용할 수 있는 방법은 다음과 같다.

```
SQL> set autotrace on exp
SQL> select a.고객ID, a.입금액, b.출금액
from  (select 고객ID, sum(입금액) 입금액 from 입금 group by 고객ID) a
     ,(select 고객ID, sum(출금액) 출금액 from 출금 group by 고객ID) b
where  b.고객ID(+) = a.고객ID
union all
select 고객ID, null, 출금액
from  (select 고객ID, sum(출금액) 출금액 from 출금 group by 고객ID) a
where not exists (select 'x' from 입금 where 고객ID = a.고객ID) ;

고객ID       입금액       출금액
---------- ---------- ----------
        13       6800      14500
         2      23900       6200
         3      26600       2300
        19      40400       6900
         8      95700
         1      23100
         6      71000
        18      34300
         4     121900
        17                  9200
         7                  3900
        16                  7500
         9                  1300

13 개의 행이 선택되었습니다.
```

```
-------------------------------------------------------------------------------
| Id  | Operation              | Name | Rows  | Bytes | Cost (%CPU)| Time     |
-------------------------------------------------------------------------------
|   0 | SELECT STATEMENT       |      |    10 |   477 |    20  (60)| 00:00:01 |
|   1 |  UNION-ALL             |      |       |       |            |          |
|   2 |   HASH JOIN OUTER      |      |     9 |   468 |    11  (28)| 00:00:01 |
|   3 |    VIEW                |      |     9 |   234 |     5  (20)| 00:00:01 |
|   4 |     HASH GROUP BY      |      |     9 |    63 |     5  (20)| 00:00:01 |
|   5 |      TABLE ACCESS FULL| 입금  |    10 |    70 |     4   (0)| 00:00:01 |
|   6 |    VIEW                |      |     8 |   208 |     5  (20)| 00:00:01 |
|   7 |     HASH GROUP BY      |      |     8 |    48 |     5  (20)| 00:00:01 |
|   8 |      TABLE ACCESS FULL| 출금  |    10 |    60 |     4   (0)| 00:00:01 |
|   9 |   HASH GROUP BY        |      |     1 |     9 |    10  (20)| 00:00:01 |
|  10 |    HASH JOIN ANTI      |      |     1 |     9 |     9  (12)| 00:00:01 |
|  11 |     TABLE ACCESS FULL | 출금 |    10 |    60 |     4   (0)| 00:00:01 |
|  12 |     TABLE ACCESS FULL | 입금 |    10 |    30 |     4   (0)| 00:00:01 |
-------------------------------------------------------------------------------
```

ANSI Full Outer 조인

위와 같이 쿼리를 복잡하게 작성하지 않고도 Full Outer 조인할 수 있도록 오라클 9i부터 아래와 같이 ANSI 구문을 지원하기 시작했다.

```
SQL> select nvl(a.고객ID, b.고객ID) 고객ID, a.입금액, b.출금액
  2  from  (select 고객ID, sum(입금액) 입금액 from 입금 group by 고객ID) a
  3         full outer join
  4        (select 고객ID, sum(출금액) 출금액 from 출금 group by 고객ID) b
  5      on a.고객ID = b.고객ID ;

고객ID      입금액      출금액
---------- ---------- ----------
        13       6800      14500
         2      23900       6200
         3      26600       2300
        19      40400       6900
         8      95700
         1      23100
         6      71000
        18      34300
         4     121900
        17                  9200
         7                  3900
```

```
         9                    1300
        16                    7500

13 개의 행이 선택되었습니다.

---------------------------------------------------------------------------------
| Id  | Operation                  | Name | Rows  | Bytes | Cost (%CPU)| Time     |
---------------------------------------------------------------------------------
|   0 | SELECT STATEMENT           |      |    17 |   884 |    36  (12)| 00:00:01 |
|   1 |  VIEW                      |      |    17 |   884 |    36  (12)| 00:00:01 |
|   2 |   UNION-ALL                |      |       |       |            |          |
|   3 |    HASH JOIN OUTER         |      |     9 |   612 |    11  (28)| 00:00:01 |
|   4 |     VIEW                   |      |     9 |   342 |     5  (20)| 00:00:01 |
|   5 |      HASH GROUP BY         |      |     9 |    63 |     5  (20)| 00:00:01 |
|   6 |       TABLE ACCESS FULL    | 입금 |    10 |    70 |     4   (0)| 00:00:01 |
|   7 |     VIEW                   |      |     8 |   240 |     5  (20)| 00:00:01 |
|   8 |      HASH GROUP BY         |      |     8 |    48 |     5  (20)| 00:00:01 |
|   9 |       TABLE ACCESS FULL    | 출금 |    10 |    60 |     4   (0)| 00:00:01 |
|  10 |    HASH GROUP BY           |      |     8 |    48 |    25   (4)| 00:00:01 |
|  11 |     FILTER                 |      |       |       |            |          |
|  12 |      TABLE ACCESS FULL     | 출금 |    10 |    60 |     4   (0)| 00:00:01 |
|  13 |      SORT GROUP BY NOSORT|      |     1 |     3 |     4   (0)| 00:00:01 |
|  14 |       TABLE ACCESS FULL    | 입금 |     1 |     3 |     4   (0)| 00:00:01 |
---------------------------------------------------------------------------------
```

그런데 위 실행계획을 보면 내부적으로는 'Left Outer 조인 + Union All + Anti 조인(Not Exists)' 방식을 그대로 사용하고 있다. 쿼리가 간단해졌을 뿐 입금과 출금 테이블을 각각 두 번씩 액세스하는 비효율은 그대로 안고 있다.

Native Hash Full Outer 조인

이에 오라클 11g에서 'Native Hash Full Outer 조인'을 선보였고, 필요하면 10.2.0.4 버전에서도 Hidden 파라미터 *_optimizer_native_full_outer_join*를 조정해 이 기능을 사용할 수 있다.

```
SQL> select /*+ opt_param('_optimizer_native_full_outer_join', 'force') */
            nvl(a.고객ID, b.고객ID) 고객ID, a.입금액, b.출금액
     from  (select 고객ID, sum(입금액) 입금액 from 입금 group by 고객ID) a
            full outer join
           (select 고객ID, sum(출금액) 출금액 from 출금 group by 고객ID) b
        on a.고객ID = b.고객ID ;
```

```
고객ID      입금액      출금액
---------- ---------- ----------
         1      23100
         6      71000
        13       6800      14500
         2      23900       6200
         4     121900
         8      95700
         3      26600       2300
        18      34300
        19      40400       6900
        17                  9200
         7                  3900
        16                  7500
         9                  1300

13 개의 행이 선택되었습니다.

---------------------------------------------------------------------------------
| Id  | Operation             | Name      | Rows  | Bytes | Cost (%CPU)| Time     |
---------------------------------------------------------------------------------
|   0 | SELECT STATEMENT      |           |     9 |   468 |     9  (34)| 00:00:01 |
|   1 |  VIEW                 | VW_FOJ_0  |     9 |   468 |     9  (34)| 00:00:01 |
|   2 |   HASH JOIN FULL OUTER|           |     9 |   468 |     9  (34)| 00:00:01 |
|   3 |    VIEW               |           |     8 |   208 |     4  (25)| 00:00:01 |
|   4 |     HASH GROUP BY     |           |     8 |    48 |     4  (25)| 00:00:01 |
|   5 |      TABLE ACCESS FULL| 출금      |    10 |    60 |     3   (0)| 00:00:01 |
|   6 |    VIEW               |           |     9 |   234 |     4  (25)| 00:00:01 |
|   7 |     HASH GROUP BY     |           |     9 |    63 |     4  (25)| 00:00:01 |
|   8 |      TABLE ACCESS FULL| 입금      |    10 |    70 |     3   (0)| 00:00:01 |
---------------------------------------------------------------------------------
```

실행계획을 보면, 입금과 출금 테이블을 각각 한 번씩만 액세스한다는 것이 가장 큰 변화다. 입금액이 null인 레코드가 마지막에 출력된 것을 통해, 내부적으로 어떤 식으로 처리하는지 추정할 수 있다.

1. 출금 테이블을 해시 테이블로 빌드(Build)한다.
2. 입금 테이블로 해시 테이블을 탐색(Probe)하면서 조인한다.
3. 조인 성공 여부에 상관없이 결과집합에 삽입하고, 조인에 성공한 출금 레코드에는 체크 표시를 해 둔다(그림 2-19 참조).

4. Probe 단계가 끝나면 Right Outer 해시 조인한 것과 동일한 결과집합이 만들어진다. 이제 해시 테이블을 스캔하면서 체크 표시가 없는 출금 레코드를 결과집합에 삽입(그림 2-20 참조)함으로써 Full Outer 조인을 완성한다. 입금액이 null인 레코드가 마지막에 출력된 이유가 바로 이것이다.

Union All을 이용한 Full Outer 조인

아래와 같이 union all을 이용하면 버전에 상관없이 Full Outer 조인된 결과집합을 얻을 수 있다. 두 테이블을 각각 한 번씩만 액세스하였으며, 조인 대신 sort(또는 hash) group by 연산을 수행한다.

```
SQL> select 고객ID, sum(입금액) 입금액, sum(출금액) 출금액
     from (
       select 고객ID, 입금액, to_number(null) 출금액
       from   입금
       union all
       select 고객ID, to_number(null) 입금액, 출금액
       from   출금
     )
     group by 고객ID ;

고객ID       입금액       출금액
---------- ---------- ----------
         1      23100
         6      71000
        13       6800      14500
         2      23900       6200
         4     121900
         8      95700
        17                  9200
         3      26600       2300
        18      34300
         7                  3900
        19      40400       6900
         9                  1300
        16                  7500

13 개의 행이 선택되었습니다.
```

```
-------------------------------------------------------------------------------
| Id  | Operation             | Name | Rows  | Bytes | Cost (%CPU)| Time     |
-------------------------------------------------------------------------------
|   0 | SELECT STATEMENT      |      |    20 |   780 |     9  (12)| 00:00:01 |
|   1 |  HASH GROUP BY        |      |    20 |   780 |     9  (12)| 00:00:01 |
|   2 |   VIEW                |      |    20 |   780 |     8   (0)| 00:00:01 |
|   3 |    UNION-ALL          |      |       |       |            |          |
|   4 |     TABLE ACCESS FULL| 입금 |    10 |    70 |     4   (0)| 00:00:01 |
|   5 |     TABLE ACCESS FULL| 출금 |    10 |    60 |     4   (0)| 00:00:01 |
-------------------------------------------------------------------------------
```

06 스칼라 서브쿼리를 이용한 조인

(1) 스칼라 서브쿼리

쿼리에 내장된 또다른 쿼리 블록을 서브쿼리라고 하는데, 그 중에서 함수처럼 한 레코드당 정확히 하나의 값만을 리턴하는 서브쿼리를 '스칼라 서브쿼리'라고 한다. 스칼라 서브쿼리는 주로 select-list에서 사용되지만 몇 가지 예외사항을 뺀다면 컬럼이 올 수 있는 대부분 위치에서 사용 가능하다.

```
select empno, ename, sal, hiredate
     ,(select d.dname from dept d where d.deptno = e.deptno) dname
from   emp e
where  sal >= 2000
```

스칼라 서브쿼리를 사용한 위 쿼리 문장은 아래 Outer 조인문과 100% 같은 결과를 낸다. 즉, dept와 조인에 실패하는 emp 레코드가 있다면 dname으로 null 값이 출력된다.

```
select /*+ ordered use_nl(d) */ e.empno, e.ename, e.sal, e.hiredate, d.dname
from   emp e, dept d
where  d.deptno(+) = e.deptno
and    e.sal >= 2000
```

위에서 예시한 쿼리는 결과만 같은 것이 아니라 조인을 수행하는 처리 경로도 동일한데, NL 방식으로 수행되도록 힌트를 사용했기 때문이다. 다만 스칼라 서브쿼리에는 내부적으로 캐싱 기법이 작용한다는 점이 다르고, 이를 이용한 튜닝이 자주 행해진다.

(2) 스칼라 서브쿼리의 캐싱 효과

오라클은 스칼라 서브쿼리 수행횟수를 최소화하려고 그 입력 값과 출력 값을 내부 캐시(Query Execution Cache)에 저장해 둔다. 스칼라 서브쿼리가 수행될 때면 일단 '입력 값'을 캐시에서 찾아보고 거기 있으면 저장된 '출력 값'을 리턴한다. 캐시에서 찾지 못할 때만 쿼리를 수행하며, 결과는 버리지 않고 캐시에 저장해 둔다.

스칼라 서브쿼리에 있어 입력 값은, 거기서 참조하는 메인 쿼리의 컬럼 값을 말한다.

```
select empno, ename, sal, hiredate
     ,(
         select d.dname                → 출력 값 : d.dname
         from   dept d
         where  d.deptno = e.empno     → 입력 값 : e.empno
      )
from   emp e
where  sal >= 2000
```

반복 수행되는 함수 때문에 쿼리 성능이 크게 저하될 때, 아래와 같이 함수에 스칼라 서브쿼리를 덧씌움으로써 호출 횟수를 줄이는 튜닝 사례를 1권 5장 8절에서 자세히 설명하였다.

```
select empno, ename, sal, hiredate
     ,(select get_dname(deptno) from dual) dname
from   emp e
where  sal >= 2000
```

입력 값과 출력 값을 빠르게 저장하고 찾기 위해 오라클은 해싱 알고리즘을 사용한다. 필자가 번역한 '비용기반의 오라클 원리(공역, 2008)' 저자인 조나단 루이스 설명에 의하면 8i, 9i에서는 256개 엔트리를 캐싱하고, 10g에서는 입력과 출력 값 크기, *_query_execution_cache_max_size* 파라미터에 의해 캐시 사이즈가 결정된다고 한다.

그리고 해시 충돌이 발생했을 때 기존 엔트리를 밀어내고 새로 수행한 입력 값과 출력 값으로 대체할 것 같지만, 오라클은 기존 캐시 엔트리를 그대로 둔 채 스칼라 서브쿼리만 한 번 더 수행하고 만다. 따라서 해시 충돌이 발생한 입력 값이 반복적으로 입력되면 스칼라 서브쿼리도 반복 수행된다.

결론적으로, 스칼라 서브쿼리의 캐싱 효과는 입력 값의 종류가 소수여서 해시 충돌 가능성이 적은 때라야 효과가 있으며, 반대의 경우라면 캐시를 확인하는 비용 때문에 오히려 성능은 저하되고 CPU 사용률만 높게 만든다. 게다가 스칼라 서브쿼리를 사용하면 NL 조인에서 Inner 쪽 인덱스와 테이블에 나타나는 버퍼 Pinning 효과도 사라진다는 사실을 기억할 필요가 있다.

(3) 두 개 이상의 값을 리턴하고 싶을 때

아래 쿼리는 위치가 'CHICAGO'인 부서(dept)만 대상으로 급여 수준을 집계하려는 것인데, 사원(emp) 테이블 전체를 다 읽어야 하는 비효율[12]이 있다(스크립트 ch2_09.txt 참조).

```
select d.deptno, d.dname, avg_sal, min_sal, max_sal
from   dept d
     ,(select deptno, avg(sal) avg_sal, min(sal) min_sal, max(sal) max_sal
       from emp group by deptno) e
where  e.deptno(+) = d.deptno
and    d.loc = 'CHICAGO'
```

아래와 같이 바꿀 수 있으면 좋겠지만 스칼라 서브쿼리는 한 레코드당 하나의 값만 리턴한다는 특성 때문에 그럴 수가 없다.

```
select d.deptno, d.dname
     ,(select avg(sal), min(sal), max(sal) from emp where deptno = d.deptno)
from   dept d
where  d.loc = 'CHICAGO'
```

그렇다고 아래와 같이 쿼리한다면 emp에서 같은 범위를 반복적으로 액세스하는 비효율이 생긴다.

12) 11g에서 group by 절을 포함한 뷰에 대한 조인 조건(Join Predicate) Pushdown이 가능해졌고, 이에 대한 자세한 설명은 4장 4절을 참조하기 바란다.

```
select d.deptno, d.dname
     ,(select avg(sal) from emp where deptno = d.deptno) avg_sal
     ,(select min(sal) from emp where deptno = d.deptno) min_sal
     ,(select max(sal) from emp where deptno = d.deptno) max_sal
from   dept d
where  d.loc = 'CHICAGO'
```

이런 상황에서 어떻게 쿼리하는 것이 효과적일까? 우선 아래처럼 구하고자 하는 값들을 모두 결합하고서 바깥쪽 액세스 쿼리에서 substr 함수로 분리하는 방법을 생각해 볼 수 있다. (※ 10.2.0.4 버전에서 쿼리를 아래와 같이 작성하면 실행계획상 스칼라 서브쿼리가 세 번 수행되는 것처럼 보이지만 실제 SQL 트레이스로 확인해 보면 한 번만 수행되는 것을 알 수 있다.)

```
select deptno, dname
     , to_number(substr(sal, 1, 7)) avg_sal
     , to_number(substr(sal, 8, 7)) min_sal
     , to_number(substr(sal, 15))   max_sal
from (
  select d.deptno, d.dname
       ,(select lpad(avg(sal), 7) || lpad(min(sal), 7) || max(sal)
         from emp where deptno = d.deptno) sal
  from   dept d
  where  d.loc = 'CHICAGO'
)
```

두 번째는 오브젝트 TYPE을 사용하는 방식인데, TYPE을 미리 선언해 두어야 하는 불편함이 있지만 SQL은 훨씬 깔끔해진다.

```
create or replace type sal_type as object
( avg_sal number, min_sal number, max_sal number )
/

select deptno, dname
     , a.sal.avg_sal, a.sal.min_sal, a.sal.max_sal
from (
  select d.deptno, d.dname
       ,(select sal_type( avg(sal), min(sal), max(sal) )
         from emp where deptno = d.deptno) sal
  from   dept d
```

```
  where  d.loc = 'CHICAGO'
) a
/
```

07 조인을 내포한 DML 튜닝

(1) 수정 가능 조인 뷰 활용

전통적인 방식의 UPDATE

튜닝을 하다 보면 아래와 같이 작성된 update문을 종종 볼 수 있다.

```
update 고객 c
set    최종거래일시 = (select max(거래일시) from 거래
                       where  고객번호 = c.고객번호
                       and    거래일시 >= trunc(add_months(sysdate, -1)))
     , 최근거래횟수 = (select count(*) from 거래
                       where  고객번호 = c.고객번호
                       and    거래일시 >= trunc(add_months(sysdate, -1)))
     , 최근거래금액 = (select sum(거래금액) from 거래
                       where  고객번호 = c.고객번호
                       and    거래일시 >= trunc(add_months(sysdate, -1)))
where exists (select 'x' from 거래
              where  고객번호 = c.고객번호
              and    거래일시 >= trunc(add_months(sysdate, -1)))
```

만약 독자가 개발 중인 프로그램에 위와 같은 update문이 있다면 아래와 같이 고치기 바란다.

```
update 고객 c
set    (최종거래일시, 최근거래횟수, 최근거래금액) =
       (select max(거래일시), count(*), sum(거래금액)
        from   거래
```

```
        where  고객번호 = c.고객번호
        and    거래일시 >= trunc(add_months(sysdate, -1)))
where exists  (select 'x' from 거래
               where  고객번호 = c.고객번호
               and    거래일시 >= trunc(add_months(sysdate, -1)))
```

위 방식에도 비효율이 없는 것은 아니다. 한 달 이내 거래가 있던 고객을 두 번 조회하기 때문인데, 총 고객 수와 한 달 이내 거래가 발생한 고객 수에 따라 성능이 좌우된다.

총 고객 수가 아주 많다면 Exists 서브쿼리를 아래와 같이 해시 세미 조인으로 유도하는 것을 고려할 수 있다.

```
update 고객 c
set    (최종거래일시, 최근거래횟수, 최근거래금액) =
       (select max(거래일시), count(*), sum(거래금액)
        from   거래
        where  고객번호 = c.고객번호
        and    거래일시 >= trunc(add_months(sysdate, -1)))
where exists  (select /*+ unnest hash_sj */ 'x' from 거래
               where  고객번호 = c.고객번호
               and    거래일시 >= trunc(add_months(sysdate, -1)))
```

만약 한 달 이내 거래를 발생시킨 고객이 많아 update 발생량이 많다면 아래와 같이 변경하는 것을 고려할 수 있다. 하지만 모든 고객 레코드에 lock이 발생함은 물론, 이전과 같은 값으로 갱신되는 비중이 높을수록 Redo 로그 발생량이 증가해 오히려 비효율적일 수 있다.

```
update 고객 c
set    (최종거래일시, 최근거래횟수, 최근거래금액) =
       (select nvl(max(거래일시), c.최종거래일시)
             , decode(count(*), 0, c.최근거래횟수, count(*))
             , nvl(sum(거래금액), c.최근거래금액)
        from   거래
        where  고객번호 = c.고객번호
        and    거래일시 >= trunc(add_months(sysdate, -1)))
```

이처럼 다른 테이블과 조인이 필요할 때 전통적인 방식의 update문을 사용하면 비효율을 감수해야만 한다.

참고로, set절에 사용된 서브쿼리에는 캐싱 메커니즘이 작용하므로 distinct value 개수가 적은

1쪽 집합을 읽어 M쪽 집합을 갱신할 때 효과적이다. 물론 exists 서브쿼리가 NL 세미 조인이나 필터방식으로 처리된다면 거기서도 캐싱 효과가 나타난다.

수정 가능 조인 뷰

아래와 같이 수정 가능 조인 뷰를 활용하면 참조 테이블과 두 번 조인하는 비효율을 없앨 수 있다. (bypass_ujvc 힌트에 대해서는 뒤에서 설명한다.)

```
update /*+ bypass_ujvc */
( select /*+ ordered use_hash(c) */
         c.최종거래일시, c.최근거래횟수, c.최근거래금액
       , t.거래일시, t.거래횟수, t.거래금액
  from  (select 고객, max(거래일시) 거래일시, count(*) 거래횟수, sum(거래금액) 거래금액
         from   거래
         where  거래일시 >= trunc(add_months(sysdate, -1))
         group by 고객) t
       , 고객 c
  where  c.고객번호 = t.고객번호
)
set 최종거래일시 = 거래일시
  , 최근거래횟수 = 거래횟수
  , 최근거래금액 = 거래금액
```

'조인 뷰'는 from절에 두 개 이상 테이블을 가진 뷰를 가리키며, '수정 가능 조인 뷰(updatable/modifiable join view)'는 말 그대로 입력, 수정, 삭제가 허용되는 조인 뷰를 말한다. 단, 1쪽 집합과 조인되는 M쪽 집합에만 입력, 수정, 삭제가 허용된다.

아래와 같이 생성한 조인 뷰를 통해 job = 'CLERK'인 레코드의 loc를 모두 'SEOUL'로 변경하는 것을 허용하면 어떤 일이 발생할까? (스크립트 ch2_10.txt 참조)

```
SQL> create table emp  as select * from scott.emp;
SQL> create table dept as select * from scott.dept;

SQL> create or replace view EMP_DEPT_VIEW as
  2  select e.rowid emp_rid, e.*, d.rowid dept_rid, d.dname, d.loc
  3  from emp e, dept d
  4  where  e.deptno = d.deptno;

SQL> update EMP_DEPT_VIEW set loc = 'SEOUL' where job = 'CLERK';
```

아래 쿼리 결과를 보면 job = 'CLERK'인 사원이 10, 20, 30 부서에 모두 속해 있는데, 위와 같이 update를 수행하고 나면 세 부서의 소재지(loc)가 모두 'SEOUL'로 바뀔 것이다. 세 부서의 소재지가 같다고 이상할 것이 없지만 다른 job을 가진 사원의 부서 소재지까지 바뀌는 것은 원하던 결과가 아닐 수 있다.

```
SQL> select empno, ename, job, sal, deptno, dname, loc
  2  from   EMP_DEPT_VIEW
  3  order by job, deptno;

EMPNO ENAME      JOB              SAL     DEPTNO DNAME          LOC
------ ---------- --------- ---------- ---------- -------------- ---------
  7902 FORD       ANALYST        3000         20 RESEARCH       DALLAS
  7788 SCOTT      ANALYST        3000         20 RESEARCH       DALLAS
  7934 MILLER     CLERK          1300         10 ACCOUNTING     NEW YORK
  7369 SMITH      CLERK           800         20 RESEARCH       DALLAS
  7876 ADAMS      CLERK          1100         20 RESEARCH       DALLAS
  7900 JAMES      CLERK           950         30 SALES          CHICAGO
  7782 CLARK      MANAGER        2450         10 ACCOUNTING     NEW YORK
  7566 JONES      MANAGER        2975         20 RESEARCH       DALLAS
  7698 BLAKE      MANAGER        2850         30 SALES          CHICAGO
  7839 KING       PRESIDENT      5000         10 ACCOUNTING     NEW YORK
  7654 MARTIN     SALESMAN       1250         30 SALES          CHICAGO
  7844 TURNER     SALESMAN       1500         30 SALES          CHICAGO
  7521 WARD       SALESMAN       1250         30 SALES          CHICAGO
  7499 ALLEN      SALESMAN       1600         30 SALES          CHICAGO

14 rows selected.
```

아래 update문은 어떤가? 1쪽 집합(dept)과 조인되는 M쪽 집합(emp)의 컬럼을 수정하므로 문제가 없어 보인다.

```
SQL> update EMP_DEPT_VIEW set comm = nvl(comm, 0) + (sal * 0.1) where sal <= 1500;
```

하지만 실제 수행해 보면 아래와 같은 에러가 발생한다. (앞선 update문에서도 똑같은 에러가 발생한다.)

```
ORA-01779: cannot modify a column which maps to a non key-preserved table
```

아직 dept 테이블에 unique 인덱스를 생성하지 않았기 때문에 생긴 에러다. 옵티마이저 입장에서는 어느 쪽이 1집합인지 알 수 없었던 것이고, 지금 상태에서는 아래와 같은 delete 문장도 허용되지 않는다. insert문도 마찬가지다.

```
SQL> delete from EMP_DEPT_VIEW where job = 'CLERK';
1행에 오류:
ORA-01752: cannot delete from view without exactly one key-preserved table
```

아래와 같이 1쪽 집합에 PK 제약을 설정하거나 unique 인덱스를 생성해야 수정 가능 조인 뷰를 통한 입력/수정/삭제가 가능해진다.

```
SQL> alter table dept add constraint dept_pk primary key(deptno);

SQL> update EMP_DEPT_VIEW set comm = nvl(comm, 0) + (sal * 0.1) where sal <= 1500;

4 rows updated.
```

위와 같이 PK 제약을 설정하면 emp 테이블은 '키-보존 테이블(Key-Preserved Table)'이 되고, dept 테이블은 '비 키-보존 테이블(Non Key-Preserved Table)'로 남는다.

키 보존 테이블이란?

키 보존 테이블이란, 조인된 결과집합을 통해서도 중복 값 없이 Unique하게 식별이 가능한 테이블을 말한다. Unique한 1쪽 집합과 조인되는 테이블이어야 조인된 결과집합을 통한 식별이 가능하다.

앞서 생성한 EMP_DEPT_VIEW 뷰에서 rowid를 함께 출력해 보자.

```
SQL> select ROWID, emp_rid, dept_rid, empno, deptno from EMP_DEPT_VIEW;

ROWID              EMP_RID            DEPT_RID                EMPNO     DEPTNO
------------------ ------------------ ------------------ ---------- ----------
AAAMt4AAGAAAEWSAAA AAAMt4AAGAAAEWSAAA AAAMt5AAGAAAEWaAAB       7369         20
AAAMt4AAGAAAEWSAAB AAAMt4AAGAAAEWSAAB AAAMt5AAGAAAEWaAAC       7499         30
AAAMt4AAGAAAEWSAAC AAAMt4AAGAAAEWSAAC AAAMt5AAGAAAEWaAAC       7521         30
AAAMt4AAGAAAEWSAAD AAAMt4AAGAAAEWSAAD AAAMt5AAGAAAEWaAAB       7566         20
AAAMt4AAGAAAEWSAAE AAAMt4AAGAAAEWSAAE AAAMt5AAGAAAEWaAAC       7654         30
AAAMt4AAGAAAEWSAAG AAAMt4AAGAAAEWSAAG AAAMt5AAGAAAEWaAAA       7782         10
```

```
......              ......              ......              ...          ...

14 rows selected.
```

dept_rid에 중복 값이 나타나고 있다. emp_rid에는 중복 값이 없으며 뷰의 rowid와 일치한다. 단적으로 말해 '키 보존 테이블' 이란, 뷰에 rowid를 제공하는 테이블을 말한다.

아래와 같이 dept 테이블로부터 unique 인덱스를 제거하면 키 보존 테이블이 없기 때문에 뷰에서 rowid를 출력할 수 없게 된다.

```
SQL> alter table dept drop primary key;

SQL> select rowid, emp_rid, dept_rid, empno, deptno from EMP_DEPT_VIEW;
1행에 오류:
ORA-01445: cannot select ROWID from, or sample, a join view without a key-preserved
table
```

*_UPDATABLE_COLUMNS 뷰 참조

아래와 같이 수정 가능 조인 뷰를 통해 insert를 시도했지만 실패하였다.

```
SQL> alter table dept add constraint dept_pk primary key(deptno);

SQL> insert into EMP_DEPT_VIEW
  2         (empno, ename, job, mgr, hiredate, sal, comm, deptno, loc)
  3  select empno, ename, job, mgr, hiredate, sal, comm, deptno, loc
  4  from EMP_DEPT_VIEW;
1행에 오류:
ORA-01776: cannot modify more than one base table through a join view
```

실패한 원인을 *_updatable_columns 뷰를 통해 쉽게 확인할 수 있다.

```
SQL> select column_name, insertable, updatable, deletable
  2  from   user_updatable_columns
  3  where  table_name = 'EMP_DEPT_VIEW';

COLUMN_NAME                    INS UPD DEL
------------------------------ --- --- ---
EMP_RID                        YES YES YES
```

```
EMPNO                          YES YES YES
ENAME                          YES YES YES
...                            .. .. ..
DEPTNO                         YES YES YES
DEPT_RID                       NO  NO  NO
DNAME                          NO  NO  NO
LOC                            NO  NO  NO
```

dept_rid, dname, loc 컬럼에는 insert, update, delete가 허용되지 않는다고 표시돼 있는데, 모두 '비 키-보존 테이블(Non Key-Preserved Table)'로부터 온 컬럼이다. loc 컬럼을 빼고 다시 insert 해 보면 아래와 같이 정상적으로 처리된다.

```
SQL> insert into EMP_DEPT_VIEW
  2       (empno, ename, job, mgr, hiredate, sal, comm, deptno)
  3  select empno, ename, job, mgr, hiredate, sal, comm, deptno
  4  from EMP_DEPT_VIEW;

14 rows created.
```

수정가능 조인 뷰 제약 회피

아래와 같이 부서별 평균 급여를 저장할 컬럼을 dept 테이블에 추가하고, emp 테이블에서 집계한 값을 반영하려고 하자 에러가 발생하였다. deptno로 group by한 결과는 unique하기 때문에 이 집합과 조인되는 dept 테이블은 키가 보존됨에도 옵티마이저가 불필요한 제약을 가한 것이다.

```
SQL> alter table dept add avg_sal number(7,2);

SQL> update
  2  (select d.deptno, d.avg_sal d_avg_sal, e.avg_sal e_avg_sal
  3   from  (select deptno, round(avg(sal), 2) avg_sal from emp group by deptno) e
  4        , dept d
  5   where  d.deptno = e.deptno )
  6  set d_avg_sal = e_avg_sal ;

ORA-01779: cannot modify a column which maps to a non key-preserved table
```

다행히 키 보존 테이블이 없더라도 update 수행이 가능하게 하는 힌트가 있다. bypass_ujvc가 그것이고, Updatable Join View Check를 생략하라고 옵티마이저에게 지시하는 힌트다. 아래 수행 결과를 보자.

```
SQL> update /*+ bypass_ujvc */
 (select d.deptno, d.avg_sal d_avg_sal, e.avg_sal e_avg_sal
  from  (select deptno, round(avg(sal), 2) avg_sal from emp group by deptno) e
       , dept d
   where  d.deptno = e.deptno )
 set d_avg_sal = e_avg_sal ;

SQL> select * from dept;

    DEPTNO DNAME          LOC             AVG_SAL
---------- -------------- ------------- ----------
        10 ACCOUNTING     NEW YORK        2916.67
        20 RESEARCH       DALLAS             2175
        30 SALES          CHICAGO         1566.67
        40 OPERATIONS     BOSTON
```

update를 위해 참조하는 집합에 중복 레코드가 없을 때만 이 힌트를 사용해야 한다. 10g부터는 Merge Into 구문도 활용 가능한데, 이에 대해서는 곧이어 살펴볼 것이다.

(2) Merge문 활용

DW에서 가장 흔히 발생하는 오퍼레이션은, 기간계 시스템에서 가져온 신규 트랜잭션 데이터를 반영함으로써 두 시스템 간 데이터를 동기화시키는 작업이다.

예를 들어, 고객(customer) 테이블에 발생한 변경분 데이터를 DW에 반영하는 프로세스는 다음과 같다. 이 중에서 3번 데이터 적재 작업을 효과적으로 지원하기 위해 오라클 9i부터 merge into 문을 지원하기 시작했다.

1. 전일 발생한 변경 데이터를 기간계 시스템으로부터 추출(Extraction)

```
create table customer_delta
as
select * from customer
where  mod_dt between trunc(sysdate)-1and trunc(sysdate)-1/86400;
```

2. customer_delta 테이블을 DW 시스템으로 전송(Transportation)

3. DW 시스템으로 적재(Loading)

```
merge into customer t using customer_delta s on (t.cust_id = s.cust_id)
when matched then update
  set t.cust_id = s.cust_id, t.cust_nm = s.cust_nm, t.email = s.email, …
when not matched then insert
  (cust_id, cust_nm, email, tel_no, region, addr, reg_dt) values
  (s.cust_id, s.cust_nm, s.email, s.tel_no, s.region, s.addr, s.reg_dt);
```

Optional Clauses

10g부터는 아래와 같이 update와 insert를 선택적으로 처리할 수 있다.

```
merge into customer t using customer_delta s on (t.cust_id = s.cust_id)
when matched then update
  set t.cust_id = s.cust_id, t.cust_nm = s.cust_nm, t.email = s.email, … ;

merge into customer t using customer_delta s on (t.cust_id = s.cust_id)
when not matched then insert
  (cust_id, cust_nm, email, tel_no, region, addr, reg_dt) values
  (s.cust_id, s.cust_nm, s.email, s.tel_no, s.region, s.addr, s.reg_dt);
```

이 확장 기능을 통해 Updatable Join View 기능을 대체할 수 있게 되었다. 즉, bypass_ujvc 힌트가 필요할 때 아래와 같이 merge문으로 처리를 할 수도 있다.

```
merge into dept d
using (select deptno, round(avg(sal), 2) avg_sal from emp group by deptno) e
on (d.deptno = e.deptno)
when matched then update set d.avg_sal = e.avg_sal;
```

Conditional Operations

10g에서는 on절에 기술한 조인문 외에 아래와 같이 추가로 조건절을 기술할 수도 있다.

```
merge into customer t using customer_delta s on (t.cust_id = s.cust_id)
when matched then update
 set t.cust_id = s.cust_id, t.cust_nm = s.cust_nm, t.email = s.email, …
 where reg_dt >= to_date('20000101', 'yyyymmdd')
when not matched then insert
```

```
(cust_id, cust_nm, email, tel_no, region, addr, reg_dt) values
(s.cust_id, s.cust_nm, s.email, s.tel_no, s.region, s.addr, s.reg_dt)
where reg_dt < trunc(sysdate) ;
```

DELETE Clause

10g에서 제공되기 시작한 또 한 가지 확장 기능은, 이미 저장된 데이터를 조건에 따라 지우는 것이다.

```
merge into customer t using customer_delta s on (t.cust_id = s.cust_id)
when matched then
  update set t.cust_id = s.cust_id, t.cust_nm = s.cust_nm, t.email = s.email, …
  delete where t.withdraw_dt is not null   -- 탈퇴일시가 null이 아닌 레코드 삭제
when not matched then insert
  (cust_id, cust_nm, email, tel_no, region, addr, reg_dt) values
  (s.cust_id, s.cust_nm, s.email, s.tel_no, s.region, s.addr, s.reg_dt);
```

기억할 점은, 예시한 merge문에서 update가 이루어진 결과로서 탈퇴일시(withdraw_dt)가 null이 아닌 레코드만 삭제된다는 사실이다. 즉, 탈퇴일시가 null이 아니었어도 merge문을 수행한 결과가 null이면 삭제되지 않는다.

Merge Into 활용 – 1

저장하려는 레코드가 기존에 있던 것이면 update를 수행하고, 그렇지 않으면 insert 하려고 한다. 먼저, 아래와 같이 하면 SQL이 "항상 두 번씩"(select 한 번, insert 또는 update 한 번) 수행된다.

```
select count(*) into :cnt from dept where deptno = :val1;

if :cnt = 0 then
  insert into dept(deptno, dname, loc) values(:val1, :val2, :val3);
else
  update dept set dname = :val2, loc = :val3 where deptno = :val1;
end if;
```

아래와 같이 하면 SQL이 "최대 두 번" 수행된다.

```
update dept set dname = :val2, loc = :val3 where deptno = :val1;

if sql%rowcount = 0 then
  insert into dept(deptno, dname, loc) values(:val1, :val2, :val3);
end if;
```

아래와 같이 merge문을 활용하면 SQL이 "한 번만" 수행된다.

```
merge into dept a
using (select :val1 deptno, :val2 dname, :val3 loc from dual) b
on    (b.deptno = a.deptno)
when matched then
   update set dname = b.dname, loc = b.loc
when not matched then
   insert (a.deptno, a.dname, a.loc) values (b.deptno, b.dname, b.loc);
```

Merge Into 활용 - 2

청구일반내역 테이블의 인덱스 구성은 아래와 같다.

```
청구일반내역_PK  : 청구년월 + 청구생성번호 + 일련번호
청구일반내역_X01 : 청구년월 + 청구생성번호 + 청구일련번호 + 오류내역
```

아래 update문을 보면, 청구일반내역 테이블에 있는 청구일련번호를 정해진 정렬 기준에 따라 갱신하고 있다.

```
update 청구일반내역 a
set a.청구일련번호 = (
    select rnum from (
      select 청구년월, 청구생성번호, 일련번호, rownum rnum
      from (
        select 청구년월, 청구생성번호, 일련번호
        from   청구일반내역 c
        where  c.청구년월     = :청구년월
          and  c.청구생성번호 = :청구생성번호
          and  c.보류구분     = 'N'
        order by c.의료급여종별구분, c.진료과목, c.수진자주민등록번호, c.진료일자
```

```
      )
    ) b
    where b.청구년월     = a.청구년월
      and b.청구생성번호 = a.청구생성번호
      and b.일련번호     = a.일련번호 )
where a.청구년월     = :청구년월
  and a.청구생성번호 = :청구생성번호
  and a.보류구분     = 'N'
```

아래 트레이스 결과를 보면, 디스크 I/O가 전혀 발생하지 않았음에도 수천만 개의 논리 I/O 때문에 8분 7초나 소요된 것을 볼 수 있다.

```
call     count       cpu    elapsed       disk      query    current        rows
------- ------  -------- ---------- ---------- ---------- ----------  ----------
Parse        1      0.00       0.00          0          0          0           0
Execute      1    497.14     487.58          0   46958081      14438        7071
Fetch        0      0.00       0.00          0          0          0           0
------- ------  -------- ---------- ---------- ---------- ----------  ----------
total        2    497.14     487.58          0   46958081      14438        7071

 Rows     Row Source Operation
--------  ---------------------------------------------------
       0  UPDATE  청구일반내역 (cr=46958088 pr=0 pw=0 time=221794166 us)
    7071   TABLE ACCESS BY LOCAL INDEX ROWID 청구일반내역 (cr=6640 pr=0 pw=0 …)
    7071    INDEX RANGE SCAN 청구일반내역_X01 (cr=37 pr=0 pw=0 time=14217 us)
    7071   VIEW  (cr=46951440 pr=0 pw=0 time=486882590 us)
49999041    COUNT  (cr=46951440 pr=0 pw=0 time=468703300 us)
49999041     VIEW  (cr=46951440 pr=0 pw=0 time=468688020 us)
49999041      SORT ORDER BY (cr=46951440 pr=0 pw=0 time=418678277 us)
49999041       TABLE ACCESS BY LOCAL INDEX ROWID 청구일반내역 (cr=46951440 …)
49999041        INDEX RANGE SCAN 청구일반내역_X01 (cr=261627 pr=0 pw=0 time= … )
```

merge문을 이용해 아래와 같이 바꾸고 나니 1.16초 만에 수행을 마쳤다.

```
merge into 청구일반내역 a
using (select 청구년월, 청구생성번호, 일련번호
            , row_number() over (order by c.의료급여종별구분, c.진료과목
                                        , c.수진자주민등록번호, c.진료일자) 청구일련번호
       from   청구일반내역 c
```

```
        where  c.청구년월     = :청구년월
        and    c.청구생성번호 = :청구생성번호
        and    c.보류구분     = 'N' ) b
    on (b.청구년월     = a.청구년월 and
        b.청구생성번호 = a.청구생성번호 and
        b.일련번호     = a.일련번호)
  when  matched then update set a.청구일련번호 = b.청구일련번호

call     count       cpu    elapsed       disk      query    current        rows
------- ------  -------- ---------- ---------- ---------- ----------  ----------
Parse        1      0.00       0.00          0          0          0           0
Execute      1      0.41       1.15         66      28691       7235        7071
Fetch        0      0.00       0.00          0          0          0           0
------- ------  -------- ---------- ---------- ---------- ----------  ----------
total        2      0.41       1.16         66      28691       7235        7071

Rows     Row Source Operation
-------  ---------------------------------------------------
      1  MERGE  청구일반내역 (cr=28691 pr=66 pw=0 time=1152448 us)
   7071   VIEW  (cr=28691 pr=66 pw=0 time=845237 us)
   7071    NESTED LOOPS  (cr=28691 pr=66 pw=0 time=845233 us)
   7071     VIEW  (cr=6640 pr=0 pw=0 time=87492 us)
   7071      WINDOW SORT (cr=6640 pr=0 pw=0 time=80420 us)
   7071       TABLE ACCESS BY LOCAL INDEX ROWID 청구일반내역 (cr=6640 pr=0 pw=0 …)
   7071        INDEX RANGE SCAN 청구일반내역_X01 (cr=37 pr=0 pw=0 time=101 …)
   7071     TABLE ACCESS BY GLOBAL INDEX ROWID 청구일반내역 (cr=22051 pr=66 …)
   7071      INDEX UNIQUE SCAN 청구일반내역_PK (cr=14145 pr=66 pw=0 time=814853 us)
```

(3) 다중 테이블 Insert 활용

오라클 9i부터는 조건에 따라 여러 테이블에 insert하는 '다중 테이블 insert문' 도 제공된다. 기본 사용법은 오라클 매뉴얼을 참고하고, 여기서는 간단한 튜닝 사례를 살펴보기로 하자.

아래는 야간 배치 프로그램 중 일부를 발췌한 것이다.

```
insert into 청구보험당사자(당사자id,접수일자,접수순번,담보구분,청구순번, … )
select …
from   청구보험당사자_임시 a, 거래당사자 b
where  a.당사자id = b.당사자id ;
```

```
insert into 자동차사고접수당사자(당사자id,접수일자,접수순번,담보구분,청구순번, … )
select …
from    가사고접수당사자_임시 a, 거래당사자 b
where   b.당사자구분 not in ('4','5','6')
and     a.당사자id = b.당사자id ;
```

'청구보험당사자_임시'와 '가사고접수당사자_임시'는 10만 건 미만이지만 '거래당사자'는 수천만 건에 이르는 대용량 테이블이라고 하자. 그럴 때 아래와 같이 다중 테이블 insert문을 활용하면 대용량 거래당사자 테이블을 한 번만 읽고 처리할 수 있다.

```
insert first
when 구분 = 'A' then
  into 청구보험당사자(당사자id,접수일자,접수순번,담보구분,청구순번, … )
  values (당사자id,접수일자,접수순번,담보구분,청구순번, … )
when 구분 = 'B' then
  into 자동차사고접수당사자(당사자id,접수일자,접수순번,담보구분,청구순번, … )
  values (당사자id,접수일자,접수순번,담보구분,청구순번, … )
select a.구분,a.당사자id,a.접수일자,a.접수순번,a.담보구분,a.청구순번, …
from (
  select 'A' 구분, …
  from    청구보험당사자_임시
  union all
  select 'B' 구분, …
  from    가사고접수당사자_임시
  where   당사자구분 not in ('4','5','6')
  ) a, 거래당사자  b
where a.당사자id = b.당사자id ;
```

08 고급 조인 테크닉

(1) 누적 매출 구하기

우선 아래와 같이 월별지점매출 테이블을 만들어보자(스크립트 ch2_11.txt 참조).

```
create table 월별지점매출
as
select deptno "지점"
     , row_number() over (partition by deptno order by empno) "판매월"
     , round(dbms_random.value(500, 1000)) "매출"
from   emp
order by deptno ;
```

그림 2-23 좌측은 방금 만든 월별지점매출 테이블을 출력한 것이다.

	지점	판매월	매출
1	10	1	521
2	10	2	684
3	10	3	590
4	20	1	537
5	20	2	650
6	20	3	500
7	20	4	919
8	20	5	658
9	30	1	631
10	30	2	736
11	30	3	513
12	30	4	970
13	30	5	939
14	30	6	666

→ 누적매출

	지점	판매월	매출	누적매출
1	10	1	521	521
2	10	2	684	1205
3	10	3	590	1795
4	20	1	537	537
5	20	2	650	1187
6	20	3	500	1687
7	20	4	919	2606
8	20	5	658	3264
9	30	1	631	631
10	30	2	736	1367
11	30	3	513	1880
12	30	4	970	2850
13	30	5	939	3789
14	30	6	666	4455

그림 2-23

이제 월별지점매출을 이용해 그림 2-23 우측과 같은 형태의 누적매출을 구하려고 한다. 각 지점별로 판매월과 함께 증가하는 누적매출(running total)을 구하려는 것이다.

오라클 8i부터 제공되기 시작한 분석함수(Analytic Function)를 이용하면 아래와 같이 간단하게 원하는 결과를 얻을 수 있다.

```
select 지점, 판매월, 매출
     , sum(매출) over (partition by 지점 order by 판매월
            range between unbounded preceding and current row) 누적매출
from   월별지점매출
```

만약 분석함수가 지원되지 않는 오라클 버전(또는 DBMS)을 사용하고 있다면 어떻게 해야 할까?

우리는 늘 '=' 연산자를 이용한 조인에만 익숙해져 있지만 업무에 따라서는 between, like, 부등호 같은 연산자로 조인해야 할 때도 있다. 아래는 부등호 조인을 통해 그림 2-23 우측과 같은 지점별 누적매출을 구하는 방법을 예시하고 있다.

```
select t1.지점, t1.판매월, min(t1.매출) 매출, sum(t2.매출) 누적매출
from   월별지점매출 t1, 월별지점매출 t2
where  t2.지점 = t1.지점
and    t2.판매월 <= t1.판매월
group by t1.지점, t1.판매월
order by t1.지점, t1.판매월;
```

(2) 선분이력 끊기

선분이력 레코드를 가공해야 할 때가 있는데, 월말 기준으로 선분을 끊는 경우를 살펴보자. 본론으로 들어가기에 앞서, 두 선분이 겹치는 구간에 대한 시작일자 및 종료일자 선택 규칙에 대해 살펴보자.

시간을 나타내는 두 개의 선분이 서로 겹치는 모습을 표현하면 그림 2-24의 (a), (b), (c), (d)처럼 네 가지 패턴이 있다. (e), (f)는 참고로 그린 것이며, 서로 겹치지 않은 모습이다.

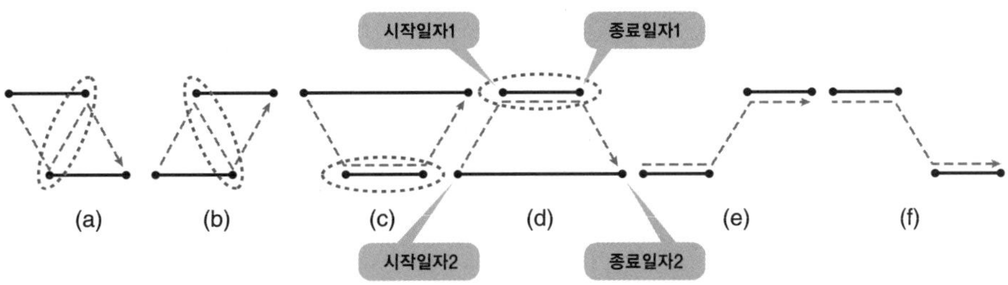

그림 2-24

표시는 두 선분이 겹치는 구간의 시작 및 종료일자를 나타낸 것이다. 그리고 점선 화살표는 시간의 진행 순서를 표시한 것이다.

(a), (b), (c), (d) 네 스타일의 특징과 겹치는 구간의 시작 및 종료일자 선택 규칙을 정리하면, 아래 표와 같다. 설명의 편의를 위해, 그림 2-24에서 상단에 있는 선분의 시작일자와 종료일자를 각각 '시작일자1'과 '종료일자1'이라고 명명하였고, 하단에 있는 선분의 시작일자와 종료일자를

각각 '시작일자2' 와 '종료일자2' 라고 명명하였다.

스타일	특징 (4개의 시점 비교)		겹치는 구간의 시작 및 종료일자	
	최소값	최대값	시작일자	종료일자
스타일 (a)	시작일자 1	종료일자 2	시작일자 2	종료일자 1
스타일 (b)	시작일자 2	종료일자 1	시작일자 1	종료일자 2
스타일 (c)	시작일자 1	종료일자 1	시작일자 2	종료일자 2
스타일 (d)	시작일자 2	종료일자 2	시작일자 1	종료일자 1

본론으로 들어가서, 그림 2-25처럼 '월도' 와 '선분이력' 두 개의 테이블이 있을 때 '선분이력' 을 '월도' 와 조인해서 맨 아래쪽 '변환된 선분이력' 과 같은 형태로 만들려고 한다. 즉, 두 개 이상 월도에 걸친 선분(⑤,⑦)을 매 월말 기준으로 끊으려는 것이다.

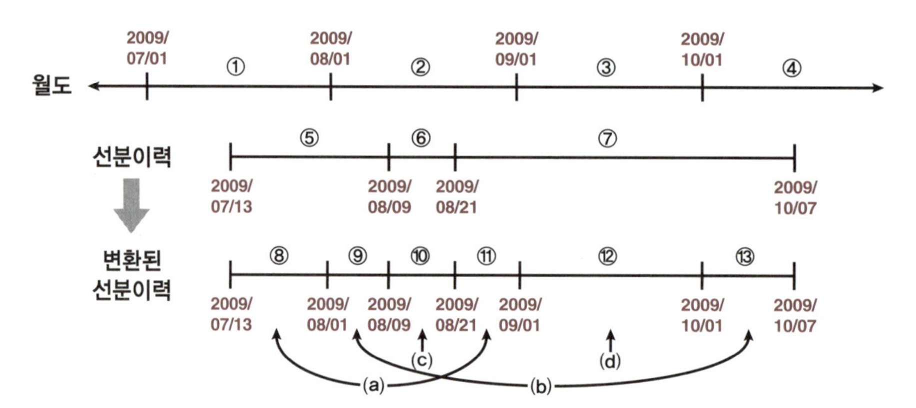

그림 2-25

'월도' 와 '선분이력' 두 테이블을 만드는 스크립트는 다음과 같다(스크립트 ch2_12.txt 참조).

```
create table 월도 (기준월, 시작일자, 종료일자)
as
select '2009/06', '2009/06/01', '2009/06/30' from dual union all
select '2009/07', '2009/07/01', '2009/07/31' from dual union all
select '2009/08', '2009/08/01', '2009/08/31' from dual union all
select '2009/09', '2009/09/01', '2009/09/30' from dual union all
select '2009/10', '2009/10/01', '2009/10/31' from dual;

create table 선분이력(상품번호, 시작일자, 종료일자, 데이터)
as
```

```
select 'A', '2009/07/13', '2009/08/08', 'A1' from dual union all
select 'A', '2009/08/09', '2009/08/20', 'A2' from dual union all
select 'A', '2009/08/21', '2009/10/07', 'A3' from dual;
```

이 두 테이블을 조인해 변환된 여섯 개의 선분을 만드는 쿼리는 아래와 같이 매우 간단하며, 여기서도 부등호 조인을 사용했다.

```
SQL> select a.기준월, b.시작일자, b.종료일자, b.상품번호, b.데이터
     from   월도 a, 선분이력 b
     where  b.시작일자 <= a.종료일자
     and    b.종료일자 >= a.시작일자
     order by a.기준월, b.시작일자 ;

기준월    시작일자     종료일자     상품번호 데이터
------- ---------- ---------- -------- ------
2009/07 2009/07/13 2009/08/08 A        A1     ------ ⑤ → ⑧
2009/08 2009/07/13 2009/08/08 A        A1     ------ ⑤ → ⑨
2009/08 2009/08/09 2009/08/20 A        A2     ------ ⑥ → ⑩
2009/08 2009/08/21 2009/10/07 A        A3     ------ ⑦ → ⑪
2009/09 2009/08/21 2009/10/07 A        A3     ------ ⑦ → ⑫
2009/10 2009/08/21 2009/10/07 A        A3     ------ ⑦ → ⑬
```

⑤번 선분은 ⑧,⑨ 두 선분으로 복제되었고, ⑦번 선분은 ⑪,⑫,⑬ 세 선분으로 복제되었다.

⑦번 선분을 기준으로 설명하면, 시작일자가 자신의 종료일자보다 작은 월도(b.종료일자 >= a.시작일자)는 ①,②,③,④번이 모두 해당되고, 종료일자가 자신의 시작일자보다 큰 월도(b.시작일자 <= a.종료일자)는 ②,③,④번이다. 따라서 두 조건을 모두 만족하는 월도는 ②,③,④번이므로 ⑦번 선분은 세 개로 복제가 이루어진다. 선분이력이 여러 개 생기더라도 기준월은 각각 다른 값을 가진다는 점에 주목하기 바란다.

이제 여섯 개 선분의 시작일자와 종료일자를 구하는 것이 숙제인데, 이를 위해 ⑧~⑬번 선분을 그림 2-24에 예시한 스타일로 분류하면 다음과 같다.

- 변환된 ⑧번과 ⑪번 선분은 스타일 (a)에 속한다.
- 변환된 ⑨번과 ⑬번 선분은 스타일 (b)에 속한다.
- 변환된 ⑩번 선분은 스타일 (c)에 속한다.
- 변환된 ⑫번 선분은 스타일 (d)에 속한다.

그림 2-24를 보면서 (a), (b), (c), (d) 스타일별로 특징을 정리했던 표를 이용하면 조금 전 쿼리에서 얻은 여섯 개 선분의 시작일자와 종료일자를 쉽게 구할 수 있다. 아래 쿼리의 수행 결과를 보면, 그림 2-25 하단에 있는 '변환된 선분이력' 과 똑같은 결과집합인 것을 알 수 있다.

```
SQL> select 상품번호
       , case when lst = 시작일자1 and gst = 종료일자2 then 시작일자2  -- 스타일 a
              when lst = 시작일자2 and gst = 종료일자1 then 시작일자1  -- 스타일 b
              when lst = 시작일자1 and gst = 종료일자1 then 시작일자2  -- 스타일 c
              when lst = 시작일자2 and gst = 종료일자2 then 시작일자1  -- 스타일 d
         end 시작일자
       , case when lst = 시작일자1 and gst = 종료일자2 then 종료일자1  -- 스타일 a
              when lst = 시작일자2 and gst = 종료일자1 then 종료일자2  -- 스타일 b
              when lst = 시작일자1 and gst = 종료일자1 then 종료일자2  -- 스타일 c
              when lst = 시작일자2 and gst = 종료일자2 then 종료일자1  -- 스타일 d
         end 종료일자, 데이터
  from ( select b.상품번호, b.데이터, a.기준월
              , a.시작일자 시작일자1, b.시작일자 시작일자2
              , a.종료일자 종료일자1, b.종료일자 종료일자2
              , least(a.시작일자, b.시작일자) lst, greatest(a.종료일자, b.종료일자) gst
    from  월도 a, 선분이력 b
    where  b.시작일자 <= a.종료일자
    and    b.종료일자 >= a.시작일자 ) ;

상품번호 시작일자    종료일자    데이터
-------- ---------- ---------- ------
A        2009/07/13 2009/07/31 A1
A        2009/08/01 2009/08/08 A1
A        2009/08/09 2009/08/20 A2
A        2009/08/21 2009/08/31 A3
A        2009/09/01 2009/09/30 A3
A        2009/10/01 2009/10/07 A3
```

그리고 그림과 표를 자세히 분석하면 좀 더 간단한 규칙을 발견할 수 있는데, 겹치는 구간의 시작일자는 두 시작일자 중 큰 값을 취하면 되고 종료일자는 두 종료일자 중 작은 값을 취하면 된다. 따라서 최종적으로는 아래와 같이 쿼리하는 것이 가장 좋다.

```
SQL> select b.상품번호
       , greatest(a.시작일자, b.시작일자) 시작일자
       , least(a.종료일자,b.종료일자) 종료일자
       , b.데이터
```

```
from   월도 a, 선분이력 b
where  b.시작일자 <= a.종료일자
and    b.종료일자 >= a.시작일자;
```

(3) 데이터 복제를 통한 소계 구하기

쿼리를 작성하다 보면 데이터 복제 기법을 활용해야 할 때가 많다. 방금 두 사례는 부등호 조인을 이용한 데이터 복제 방법이었는데, 일부러 카티션 곱(Cartesian Product)을 발생시켜 복제하기도 한다. 전통적으로 많이 쓰던 방식은 아래와 같은 복제용 테이블(copy_t)을 미리 만들어두고 이를 활용하는 것이다.

```
create table copy_t ( no number, no2 varchar2(2) );

insert into copy_t
select rownum, lpad(rownum, 2, '0') from all_tables where rownum <= 31;

alter table copy_t add constraint copy_t_pk primary key(no);
create unique index copy_t_no2_idx on copy_t(no2);
```

이제 아래 쿼리를 수행하면 emp 테이블에 있는 14개 레코드가 3개씩 총 42개로 복제된다.

```
select * from emp a, copy_t b
where  b.no <= 3;
```

오라클 9i부터는 dual 테이블을 사용하면 편하다. 아래와 같이 dual 테이블에 start with절 없는 connect by 구문을 사용하면 두 개의 집합이 자동으로 만들어진다[13].

```
SQL> select rownum no from dual connect by level <= 2;

        NO
----------
         1
         2
```

이 방법을 사용해 emp 테이블을 복제하는 방법은 아래와 같다.

13) 9i에서는 버그로 인해 아래와 같이 connect by 구문을 인라인 뷰에 담을 때만 데이터 복제가 일어난다.
select * from (select rownum no from dual connect by level <= 2);

```
SQL> select * from emp a, (select rownum no from dual connect by level <= 2) b;

......

28 개의 행이 선택되었습니다.
```

데이터 복제 기법을 활용하면 아래와 같이 단일 SQL로도 부서별 소계를 구할 수 있다(스크립트 ch2_13.txt 참조).

```
SQL> break on 부서번호
SQL> column 부서번호 format 9999
SQL> column 사원번호 format a10
SQL> select deptno 부서번호
  2       , decode(no, 1, to_char(empno), 2, '부서계') 사원번호
  3       , sum(sal) 급여합, round(avg(sal)) 급여평균
  4  from   emp a, (select rownum no from dual connect by level <= 2)
  5  group by deptno, no, decode(no, 1, to_char(empno), 2, '부서계')
  6  order by 1, 2;

부서번호 사원번호       급여합    급여평균
-------- ---------- ---------- ----------
      10 7782             2450       2450
         7839             5000       5000
         7934             1300       1300
         부서계           8750       2917
      20 7369              800        800
         7566             2975       2975
         7788             3000       3000
         7876             1100       1100
         7902             3000       3000
         부서계          10875       2175
      30 7499             1600       1600
         7521             1250       1250
         7654             1250       1250
         7698             2850       2850
         7844             1500       1500
         7900              950        950
         부서계           9400       1567
```

이처럼 group by를 잘 구사하면 우리가 원하는 데이터 집합을 자유자재로 가공해 낼 수 있다. 아래는 세 개로 복제하고서 총계까지 구하는 사례다.

```
SQL> column 부서번호 format a10
SQL> select decode(no, 3, null, to_char(deptno)) 부서번호
  2       , decode(no, 1, to_char(empno), 2, '부서계', 3, '총계') 사원번호
  3       , sum(sal) 급여합, round(avg(sal)) 급여평균
  4  from   emp a, (select rownum no from dual connect by level <= 3)
  5  group by decode(no, 3, null, to_char(deptno))
  6       , no, decode(no, 1, to_char(empno), 2, '부서계', 3, '총계')
  7  order by 1, 2;

부서번호   사원번호       급여합    급여평균
---------- ---------- ---------- ----------
10         7782             2450       2450
           7839             5000       5000
           7934             1300       1300
           부서계           8750       2917
20         7369              800        800
           7566             2975       2975
           7788             3000       3000
           7876             1100       1100
           7902             3000       3000
           부서계          10875       2175
30         7499             1600       1600
           7521             1250       1250
           7654             1250       1250
           7698             2850       2850
           7844             1500       1500
           7900              950        950
           부서계           9400       1567
           총계            29025       2073
```

물론 표준 rollup 구문을 사용하면 데이터 복제 기법을 쓰지 않고도 아래와 같이 간편하게 소계 및 총계를 구할 수 있다.

```
SQL> break on 부서번호
SQL> column 부서번호 format 9999
SQL> column 사원번호 format a10
SQL> select deptno 부서번호
  2       , case when grouping(empno) = 1 and grouping(deptno) = 1 then '총계'
  3              when grouping(empno) = 1 then '부서계'
  4              else to_char(empno) end  사원번호
  5       , sum(sal) 급여합, round(avg(sal)) 급여평균
```

```
from   emp
group by rollup(deptno, empno)
order by 1, 2;

부서번호 사원번호       급여합     급여평균
-------- -------- ---------- ----------
      10 7782           2450       2450
         7839           5000       5000
         7934           1300       1300
         부서계         8750       2917
      20 7369            800        800
         7566           2975       2975
         7788           3000       3000
         7876           1100       1100
         7902           3000       3000
         부서계        10875       2175
      30 7499           1600       1600
         7521           1250       1250
         7654           1250       1250
         7698           2850       2850
         7844           1500       1500
         7900            950        950
         부서계         9400       1567
         총계          29025       2073
```

(4) 상호배타적 관계의 조인

어떤 엔티티가 두 개 이상의 다른 엔티티의 합집합과 관계(Relationship)를 갖는 것을 '상호배타적(Exclusive OR) 관계'라고 한다. 그림 2-26에서 상품권결제 테이블과 온라인권 및 실권 테이블과의 관계가 여기에 해당하며, 관계선에 표시된 아크(Arc)를 확인하기 바란다.

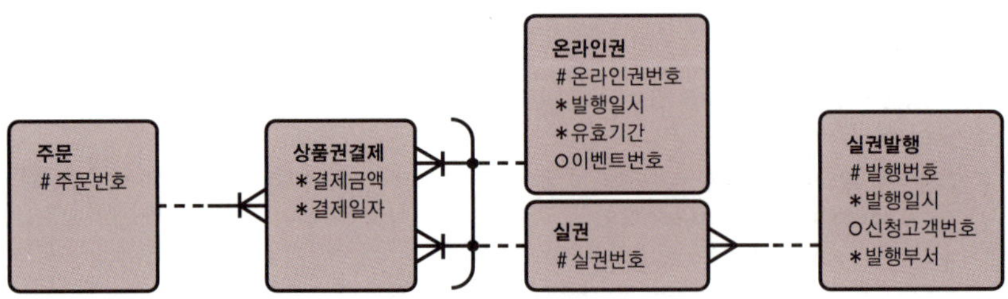

그림 2-26

그림 2-26과 같은 데이터 모델을 실제 데이터베이스로 구현할 때, 상품권결제 테이블에는 아래 두 가지 방법 중 하나를 사용한다.

1. 온라인권번호, 실권번호 두 컬럼을 따로 두고, 레코드별로 둘 중 하나의 컬럼에만 값을 입력한다.
2. 상품권구분과 상품권번호 컬럼을 두고, 상품권구분이 '1' 일 때는 온라인권번호를 입력하고 '2' 일 때는 실권번호를 입력한다.

1번처럼 설계할 때는 아래와 같이 Outer 조인으로 간단하게 쿼리를 작성할 수 있다.

```
select /*+ ordered use_nl(b) use_nl(c) use_nl(d) */
       a.주문번호, a.결제일자, a.결제금액
     , nvl(b.온라인권번호, c.실권번호) 상품권번호
     , nvl(b.발행일시, d.발행일시) 발행일시
from   상품권결제 a, 온라인권 b, 실권 c, 실권발행 d
where  a.결제일자 between :dt1 and :dt2
and    b.온라인권번호(+) = a.온라인권번호
and    c.실권번호(+) = a.실권번호
and    d.발행번호(+) = c.발행번호;
```

2번처럼 설계했을 때는 약간의 고민이 필요한데, 가장 쉽게 생각할 수 있는 방법은 아래와 같이 union all을 이용하는 것이다.

```
select x.주문번호,x.결제일자,x.결제금액,y.온라인권번호 상품권번호,y.발행일시, ......
from   상품권결제 x, 온라인권 y
where  x.상품권구분 = '1'
and    x.결제일자 between :dt1 and :dt2
and    y.온라인권번호 = x.상품권번호
union all
select x.주문번호,x.결제일자,x.결제금액,y.실권번호 상품권번호,z.발행일시, ......
from   상품권결제 x, 실권 y, 실권발행 z
where  x.상품권구분 = '2'
and    x.결제일자 between :dt1 and :dt2
and    y.실권번호 = x.상품권번호
and    z.발행번호 = y.발행번호
```

union all을 중심으로 쿼리를 위아래 두 번 수행했지만 만약 [상품권구분 + 결제일자] 순으로 구성된 인덱스를 이용한다면 읽는 범위에 중복은 없다. 하지만 [결제일자+상품권구분] 순으로 구성된 인덱스를 이용할 때는 인덱스 스캔범위에 중복이 생기고, [결제일자]만으로 구성된 인덱스를 이용한다면 상품권구분을 필터링하기 위한 테이블 Random 액세스까지 중복해서 발생할 것이다.

그럴 때는 아래와 같이 쿼리함으로써 중복 액세스에 의한 비효율을 해소할 수 있다.

```
select /*+ ordered use_nl(b) use_nl(c) use_nl(d) */
       a.주문번호, a.결제일자, a.결제금액
     , nvl(b.온라인권번호, c.실권번호) 상품권번호
     , nvl(b.발행일시, d.발행일시) 발행일시, ……
from   상품권결제 a, 온라인권 b, 실권 c, 실권발행 d
where  a.결제일자 between :dt1 and :dt2
and    b.온라인권번호(+) = decode(a.상품권구분, '1', a.상품권번호)
and    c.실권번호(+) = decode(a.상품권구분, '2', a.상품권번호)
and    d.발행번호(+) = c.발행번호
```

(5) 최종 출력 건에 대해서만 조인하기

아래는 화면 페이지 처리시 흔히 사용되는 방식이다.

```
SELECT *
FROM (
  SELECT ROWNUM NO, 등록일자, 번호, 제목
       , 회원명, 게시판유형명, 질문유형명, COUNT(*) OVER () CNT
  FROM (
    SELECT A.등록일자,A.번호,A.제목,B.회원명,C.게시판유형명,D.질문유형명
    FROM   게시판 A, 회원 B, 게시판유형 C, 질문유형 D
    WHERE  A.게시판유형 = :TYPE
    AND    B.회원번호 = A.작성자번호
    AND    C.게시판유형 = A.게시판유형
    AND    D.질문유형 = A.질문유형
    ORDER BY A.등록일자 DESC, A.질문유형, A.번호
  )
  WHERE ROWNUM <= 31
)
WHERE NO BETWEEN 21 AND 30
```

전체 게시판 데이터는 수백만 건이고, 특정 게시판 유형(게시판유형 = :TYPE)에 속하는 데이터는 평균 10만 건에 이른다. 게다가 회원, 게시판유형, 질문유형 3개 테이블과의 조인까지 수행하므로

성능이 좋을 리 없다. 인덱스 구성은 아래와 같아서 소트 오퍼레이션이 불가피하다.

≫ 게시판_X01 : 게시판유형 + 등록일자 DESC + 번호

아래 실행계획을 보면, 10만 건을 읽어 나머지 세 테이블과의 조인을 모두 완료한 후에 소트 단계에서 stopkey가 작동(id=5)하고 있다.

```
Execution Plan
-----------------------------------------------------------------------------
 0      SELECT STATEMENT Optimizer=ALL_ROWS
 1    0   VIEW
 2    1     WINDOW (BUFFER)
 3    2       COUNT (STOPKEY)
 4    3         VIEW
 5    4           SORT (ORDER BY STOPKEY)
 6    5             NESTED LOOPS
 7    6               NESTED LOOPS
 8    7                 NESTED LOOPS
 9    8                   TABLE ACCESS (BY LOCAL INDEX ROWID) OF '게시판' (TABLE)
10    9                     INDEX (RANGE SCAN) OF '게시판_X01' (INDEX (UNIQUE))
11   10                   TABLE ACCESS (BY INDEX ROWID) OF '회원' (TABLE)
12   11                     INDEX (UNIQUE SCAN) OF '회원_PK' (INDEX (UNIQUE))
13    7                 TABLE ACCESS (BY INDEX ROWID) OF '게시판유형' (TABLE)
14   13                   INDEX (UNIQUE SCAN) OF '게시판유형_PK' (INDEX (UNIQUE))
15    6               TABLE ACCESS (BY INDEX ROWID) OF '질문유형' (TABLE)
16   15                 INDEX (UNIQUE SCAN) OF '질문유형_PK' (INDEX (UNIQUE))
```

튜닝을 위해 게시판_X01 인덱스에 질문유형 컬럼을 추가하자. 인덱스 컬럼 순서를 바꾸는 결정을 하기는 쉽지 않지만 뒤쪽에 추가하는 것은 그다지 어렵지 않다.

≫ 게시판_X01 : 게시판유형 + 등록일자 DESC + 번호 + **질문유형**

위처럼 인덱스를 구성했다면 이제 게시판 테이블로부터 '게시판유형 = :TYPE' 조건에 해당하는 레코드를 찾는 작업은 인덱스 내에서 해결 가능하다. 아래처럼 인덱스만 읽도록 쿼리를 작성해 보자.

```
SELECT ROWID RID
FROM   게시판
WHERE  게시판유형 = :TYPE
ORDER BY 등록일자 DESC, 질문유형, 번호
```

읽은 레코드를 정렬하는 작업은 피할 수 없지만, 인덱스 블록만 읽으면 되기 때문에 이전보다 훨씬 빠르게 수행될 것이다.

다른 세 개 테이블과의 조인 컬럼, 그리고 select-list에서 참조되는 컬럼을 어떻게 읽어올 것인지가 문제인데, 이들 컬럼은 페이지 처리가 모두 완료돼 최종 결과집합으로 확정된 10건에 대해서만 액세스하면 된다. 그럴 목적으로 인덱스를 스캔할 때 rowid 값을 같이 읽어온 것이다. 최종적으로 완성된 쿼리는 아래와 같다.

```
SELECT /*+ ORDERED USE_NL(A) USE_NL(B) USE_NL(C) USE_NL(D) ROWID(A) */
       A.등록일자,B.번호,A.제목,B.회원명,C.게시판유형명,D.질문유형명,X.CNT
FROM (
      SELECT RID, ROWNUM NO, COUNT(*) OVER () CNT
      FROM (
            SELECT ROWID RID
            FROM   게시판
            WHERE  게시판유형 = :TYPE
            ORDER BY 등록일자 DESC, 질문유형, 번호
           )
      WHERE ROWNUM <= 31
     ) X, 게시판 A, 회원 B, 게시판유형 C, 질문유형 D
WHERE X.NO BETWEEN 21 AND 30
AND   A.ROWID = X.RID
AND   B.회원번호 = A.작성자번호
AND   C.게시판유형 = A.게시판유형
AND   D.질문유형 = A.질문유형

Execution Plan
----------------------------------------------------------------------------
 0      SELECT STATEMENT Optimizer=ALL_ROWS
 1    0   NESTED LOOPS
 2    1     NESTED LOOPS
 3    2       NESTED LOOPS
 4    3         NESTED LOOPS
 5    4           VIEW
 6    5             COUNT (STOPKEY)
 7    6               VIEW
```

```
  8    7                SORT (ORDER BY STOPKEY)
  9    8                  INDEX (RANGE SCAN) OF '게시판_X01' (INDEX (UNIQUE))
 10    4              TABLE ACCESS (BY USER ROWID) OF '게시판' (TABLE)
 11    3            TABLE ACCESS (BY INDEX ROWID) OF '회원' (TABLE)
 12   11              INDEX (UNIQUE SCAN) OF '회원_PK' (INDEX (UNIQUE))
 13    2          TABLE ACCESS (BY INDEX ROWID) OF '게시판유형' (TABLE)
 14   13            INDEX (UNIQUE SCAN) OF '게시판유형_PK' (INDEX (UNIQUE))
 15    1        TABLE ACCESS (BY INDEX ROWID) OF '질문유형' (TABLE)
 16   15          INDEX (UNIQUE SCAN) OF '질문유형_PK' (INDEX (UNIQUE))
```

게시판 테이블을 두 번 읽도록 쿼리를 작성했지만 인라인 뷰 내에서는 인덱스만 읽도록 했고, 두 번째 게시판 테이블(A)을 액세스할 때는 앞서 읽은 rowid 값으로 직접 액세스하기 때문에 인덱스를 경유해 한 번만 테이블을 액세스하는 것과 같은 일량이다. 실행계획에 'TABLE ACCESS BY **INDEX** ROWID' 가 아니라 'TABLE ACCESS BY **USER** ROWID' 로 표시된 것에 주목하자.

회원, 게시판유형, 질문유형 테이블과의 조인 컬럼인 작성자번호, 게시판유형, 질문유형이 null 허용 컬럼일 때는 결과가 달라지지 않느냐고 반문하는 독자가 있을 것이다. 예리한 질문이다.

우선, 실제 null 값이 존재하는지 확인해 봐야 한다. 업무적으로 null 값이 허용되지 않는데도 컬럼에 not null 제약을 설정하지 않는 경우가 매우 흔하기 때문이다.

두 번째는, 이들 컬럼이 null 값이라고 해서 게시판 출력 리스트에서 제외되는 것이 업무적으로 맞는지 확인해 볼 필요가 있다. 아마도 Outer 조인을 했어야 옳은데, 개발자가 간과한 경우일 수 있다. 필자가 튜닝 결과서를 개발팀에 전달하면서 확인해 보면 많은 경우가 그랬다. 그렇다면, 위 쿼리에 아래처럼 Outer 기호(+)만 붙여주면 된다.

```
WHERE X.NO BETWEEN 21 AND 30
AND   A.ROWID = X.RID
AND   B.회원번호(+) = A.작성자번호
AND   C.게시판유형(+) = A.게시판유형
AND   D.질문유형(+) = A.질문유형
```

만약 업무적으로 그런 레코드를 제외하길 원한다면, null 값을 허용하는 조인 컬럼들에 대해 인라인 뷰 안에 아래처럼 is not null 조건을 추가해 주어야 한다.

```
WHERE  게시판유형 = :TYPE
```

```
AND    작성자번호 IS NOT NULL
AND    게시판유형 IS NOT NULL
AND    질문유형 IS NOT NULL
```

조건절을 추가하는 것은 어렵지 않지만 이들 컬럼도 인덱스 구성에 포함해 주어야 하므로 추가적인 고민이 필요하다.

인덱스만 읽고 페이지 처리되도록 유도할 수 있으면 좋지만 이렇게 컬럼이 많아져 인덱스 조정이 여의치 않을 때는, 아래처럼 차선책을 택하는 것을 고려해 볼 수 있다.

```
SELECT /*+ ORDERED USE_NL(B) USE_NL(C) USE_NL(D) */
       A.등록일자, B.번호, A.제목, B.회원명, C.게시판유형명, D.질문유형명, A.CNT
FROM (
      SELECT A.*, ROWNUM NO, COUNT(*) OVER () CNT
      FROM (
            SELECT 등록일자,번호,제목,작성자번호,게시판유형,질문유형
            FROM   게시판
            WHERE  게시판유형 = :TYPE
            AND    작성자번호 IS NOT NULL
            AND    게시판유형 IS NOT NULL
            AND    질문유형 IS NOT NULL
            ORDER BY 등록일자 DESC, 질문유형, 번호
           ) A
      WHERE ROWNUM <= 31
     ) A, 회원 B, 게시판유형 C, 질문유형 D
WHERE A.NO BETWEEN 21 AND 30
AND   B.회원번호 = A.작성자번호
AND   C.게시판유형 = A.게시판유형
AND   D.질문유형 = A.질문유형
```

앞에서는 게시판 테이블을 처음 액세스할 때 인덱스 컬럼과 rowid만 읽었지만 여기서는 테이블까지 액세스하도록 했으므로 전체를 읽어 정렬하는 부하는 피할 수 없다. 하지만, 불필요한 조인 횟수를 줄이는 것만으로도 상당한 성능 개선 효과를 얻을 수 있다.

반정규화는 성능을 위한 최후의 수단

정규화된 모델로는 제대로 성능을 내기 어려울 때만 반정규화를 단행하는 것이 관계형 데이터베이스를 구현하는 정석이다. 그럼에도 성능이 좋지 않을 것을 예단하고 논리 데이터 모델링 단계

에서 미리 반정규화를 실시하는 설계자나 개발팀을 자주 본다. 더 큰 문제는, 같이 프로젝트를 한 후배 개발자들이 그것을 답습하고 으레 그렇게 설계하는 것이 정석이라고 여긴다는 사실이다.

그림 2-27

예를 들어, 그림 2-27과 같은 업무연락 메시지 게시판을 구현하기 위한 데이터 모델을 열어보면 영락없이 그림 2-28처럼 발송메시지건수, 수신인수 같은 추출(derived) 속성들이 설계돼 있다.

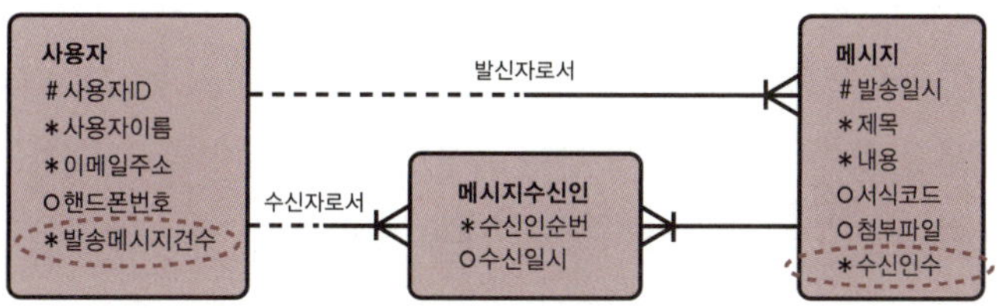

그림 2-28

만약 그림 2-27과 같은 업무를 아래와 같은 SQL 패턴으로 개발했다면 수신확인자수와 수신대상자수를 세고 새글여부를 확인하는 스칼라 서브쿼리 때문에 성능 문제를 겪었을 것이고, 이를 해결하지 못하면 그림 2-28처럼 설계하게 마련이다.

```
select …
from (
  select …
  from (
```

```
    select a.발신자ID, a.발송일시, a.제목, b.사용자이름 as 보낸이
         ,(select count(수신일시) from 메시지수신인 …) 수신확인자수
         ,(select count(*) from 메시지수신인 …) 수신대상자수
         ,(case when exists (select 'x' from 메시지수신인
                        where 발신자ID = a.발신자ID
                        and   발송일시 = a.발송일시
                        and   수신자ID = :로그인사용자ID
                        and   수신일시 is null) then 'Y' end) 새글여부
    from   메시지 a, 사용자 b
    where  b.사용자ID = a.발신자ID
    order by a.발송일시 desc) a
  where rownum <= 30
)
where no between 21 and 30
```

위와 같은 추출 속성을 도입하면 메시지를 수신할 때마다 메시지 테이블의 수신인수를 갱신해 주는 DML 프로그램도 같이 작성해야 한다. 메시지 수신은 늘 일어나는 업무이기 때문에 빠뜨리지 않고 구현하겠지만, 문제는 일상적이지 않은 업무 때문에 데이터 정합성이 훼손될 수 있다는 데에 있다. 예를 들어 사용자가 탈퇴하면 메시지 수신인수도 일괄적으로 갱신해 주어야 하는데, 그런 처리를 실수로 빠뜨리기 쉽다.

반정규화를 실시했으면 업무 규칙 누락이 생기지 않도록 꼼꼼히 점검해야 한다. 그보다는 반정규화 없이 성능 문제를 해결할 수 있다면 가장 좋다.

앞에서 설명했던 원리를 적용해 쿼리를 아래와 같이 바꾼다면 최종 출력되는 10건에 대해서만 수신 정보와 새글 여부를 확인하기 때문에 굳이 추출 속성을 두지 않고도 성능 문제를 해결할 수 있다. 데이터베이스 설계자에게 DB 성능 원리에 대한 깊이 있는 연구가 필요한 이유가 여기에 있다.

```
select a.발신자ID, a.발송일시, a.제목, b.사용자이름 as 보낸이
     ,(select count(수신일시) || '/' || count(*) from 메시지수신인 …) 수신확인
     ,(case when exists ( … ) then 'Y' end) 새글여부
from (
  select rownum no, …
  from ( select 발신자ID, 발송일시, 제목 from 메시지 order by 발송일시 desc )
  where rownum <= 30
) a, 사용자 b
where a.no between 21 and 30
and   b.사용자ID = a.발신자ID
```

(6) 징검다리 테이블 조인을 이용한 튜닝

앞서 조인에 의한 성능 저하를 두려워해 논리 데이터 모델링 단계에서 습관적으로 반정규화를 실시하는 경우를 보았는데, 오히려 from절에서 조인되는 테이블 개수를 늘려 성능을 향상시키는 사례를 보이고자 한다.

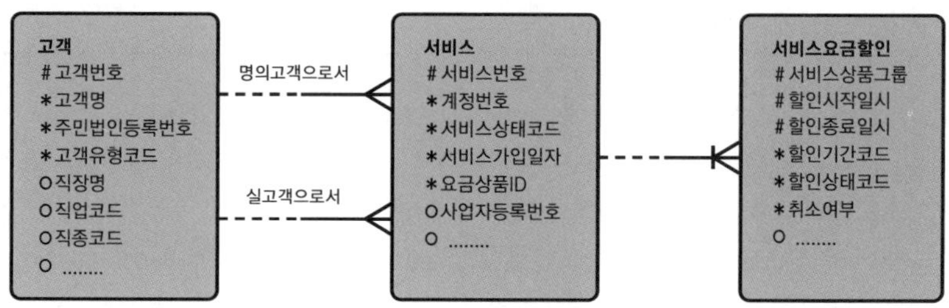

그림 2-29

아래는 그림 2-29와 같은 데이터 모델에서 고객의 할인혜택을 조회하는 쿼리다.

```
SELECT /*+ ordered use_nl(s r)  */ c.고객번호, s.서비스번호, s.서비스구분코드
     , s.서비스상태코드, s.서비스상태변경코드, r.할인시작일자, r.할인종료일자
from   고객 c, 서비스 s, 서비스요금할인 r
where  c.주민법인등록번호 = :ctz_biz_num
and    s.명의고객번호     = c.고객번호
and    r.서비스번호       = s.서비스번호
and    r.서비스상품그룹   = '3001'
and    r.할인기간코드     = '15'
order by r.할인종료일자 desc, s.서비스번호
```

인덱스 구성은 다음과 같다.

```
고객_N1            :  주민법인등록번호
서비스_N2          :  명의고객번호 + 서비스번호
서비스요금할인_PK  :  서비스번호 + 서비스상품그룹
서비스요금할인_N1  :  서비스상품그룹 + 할인기간코드
```

위 쿼리를 수행했더니 아래와 같이 서버 구간에서만 28초가 걸렸고, 블록 I/O는 226,672번이나 발생하였다.

```
Call     Count CPU Time Elapsed Time       Disk      Query    Current       Rows
------- ------ -------- ------------ ---------- ---------- ---------- ----------
Parse        1    0.000        0.002          0          0          0          0
Execute      1    0.020        0.013          0          0          0          0
Fetch        1    2.650       27.818       3736     226672          0        183
------- ------ -------- ------------ ---------- ---------- ---------- ----------
Total        3    2.670       27.832       3736     226672          0        183

Rows     Row Source Operation
-------  ---------------------------------------------------------------
    183  SORT ORDER BY (cr=226672 …)
    183   NESTED LOOPS (cr=226672 …)
  76455    NESTED LOOPS (cr=66617 …)
      2     TABLE ACCESS BY INDEX ROWID 고객 (cr=5 …)
      2      INDEX RANGE SCAN 고객_N1 (cr=3 …)OF 고객_N1 (NONUNIQUE)
  76455     TABLE ACCESS BY INDEX ROWID 서비스 (cr=66612 …)
  76455      INDEX RANGE SCAN 서비스_N2 (cr=358 …)OF 서비스_N2 (NONUNIQUE)
    183    TABLE ACCESS BY INDEX ROWID 서비스요금할인 (cr=160055 …)
   6837     INDEX UNIQUE SCAN 서비스요금할인_PK(cr=153218…)OF 서비스요금할인_PK (UNIQUE)
```

그림 2-30은 위 Row Source Operation의 처리과정을 표현한 것이고, 각 오퍼레이션 단계에서의 출력 건수와 블록 I/O 발생량을 함께 표시하였다.

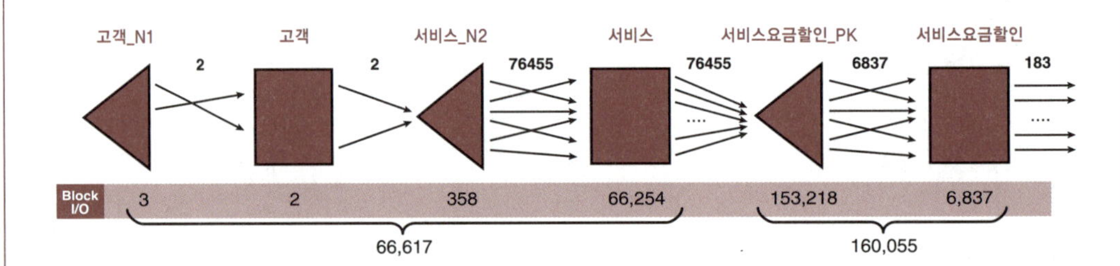

그림 2-30

최종 건수는 183건에 불과하지만, 고객 테이블을 먼저 드라이빙해 서비스 테이블과 NL 조인하는 과정에서 이미 66,617개의 블록 I/O가 발생했고, 이어서 서비스요금할인 테이블과 NL 조인하는 과정에서 160,055개의 블록 I/O가 추가로 발생했다. 총 블록 I/O 개수는 226,672이다.

조인 순서를 바꿔 서비스요금할인 테이블이 먼저 드라이빙 되도록 하면 어떨까?

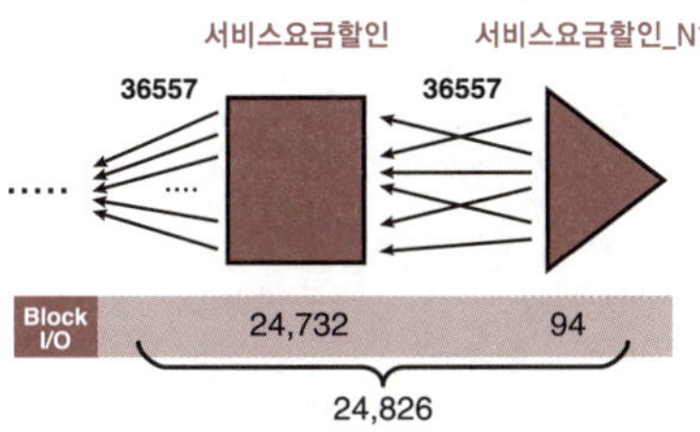

그림 2-31

그림 2-31에서 보듯 「할인기간코드 = '15' and 서비스상품그룹 = '3001'」조건에 부합하는 레코드가 36,557건이고, 이 테이블을 액세스하는 단계에서 이미 24,826개의 블록 I/O가 발생한다. 따라서 조인 순서를 바꾸더라도 조인 액세스량을 줄이기는 어려운 상황이다.

해시 조인으로 유도하더라도 91,443(=66,617 + 24,826)개의 블록 I/O가 발생할 것임을 짐작할 수 있다. 그렇게라도 하면 I/O가 절반 이상 줄기 때문에 조금은 빨라지겠지만 그다지 만족스러운 속도는 아닐 것이다.

이처럼 최종 결과 건수는 얼마 되지 않으면서, 필터 조건만으로 각 부분을 따로 읽으면 결과 건수가 아주 많을 때 튜닝하기가 가장 어렵다. NL 조인 과정에서 Random I/O 부하가 심하게 발생하기 때문이며, 어느 쪽으로 드라이빙하더라도 결과는 마찬가지다.

튜닝을 위해 서비스요금할인_N1 인덱스에 아래와 같이 '서비스번호' 컬럼을 추가해 보자.

```
서비스요금할인_N1 : 서비스상품그룹 + 할인기간코드 + 서비스번호
```

그리고 서비스와 서비스요금할인을 한 번씩 더 조인하도록 쿼리를 아래처럼 변경했다.

```
SELECT /*+ ordered use_hash(r_brdg) rowid(s) rowid(r)  */ ········ ①
       c.고객번호, s.서비스번호, s.서비스구분코드, s.서비스상태코드
     , s.서비스상태변경코드, r.할인시작일자, r.할인종료일자
from   고객 c
     , 서비스 s_brdg, 서비스요금할인 r_brdg   ······················ ②
     , 서비스 s, 서비스요금할인 r
where  c.주민법인등록번호      = :ctz_biz_num
and    s_brdg.명의고객번호     = c.고객번호
and    r_brdg.서비스번호       = s_brdg.서비스번호
and    r_brdg.서비스상품그룹   = '3001'
and    r_brdg.할인기간코드     = '15'
and    s.rowid                 = s_brdg.rowid ······················ ③
and    r.rowid                 = r_brdg.rowid ······················ ④
order by r.할인종료일자 desc, s.서비스번호
```

```
Call     Count CPU Time Elapsed Time       Disk      Query    Current       Rows
------- ------ -------- ------------ ---------- ---------- ---------- ----------
Parse        1    0.000        0.000          0          0          0          0
Execute      1    0.000        0.000          0          0          0          0
Fetch        2    0.110        0.121          0        857          0        183
------- ------ -------- ------------ ---------- ---------- ---------- ----------
Total        4    0.110        0.121          0        857          0        183

Rows     Row Source Operation
-------  ---------------------------------------------------
    183  SORT ORDER BY (cr=857 …)
    183   NESTED LOOPS (cr=857 …)
    183    NESTED LOOPS (cr=674 …)
    183     HASH JOIN (cr=491 …)
  76455      NESTED LOOPS (cr=363 …)
      2       TABLE ACCESS BY INDEX ROWID 고객 (cr=5 …)
      2        INDEX RANGE SCAN 고객_N1 (cr=3 …)OF 고객_N1 (NONUNIQUE)
  76455       INDEX RANGE SCAN 서비스_N2 (cr=358 …)OF 서비스_N2 (NONUNIQUE)
  36557      INDEX RANGE SCAN 서비스요금할인_N2 (cr=128 …)OF 서비스요금할인_N2 ...
    183     TABLE ACCESS BY USER ROWID 서비스요금할인 (cr=183 …)
    183    TABLE ACCESS BY USER ROWID 서비스 (cr=183 …)
```

튜닝 전에 226,672개 블록을 읽으면서 27.8초 걸리던 쿼리가 857개 블록을 읽으면서 0.12초 만에 수행을 완료했다.

튜닝 전 쿼리 성능이 느린 이유가 조인 부하 때문이었는데, '서비스'와 '서비스요금할인' 테이블을 한 번씩 더 조인(from절 ②번)함으로써 I/O가 줄면서 성공적으로 튜닝이 되었다. 어떻게 된 것일까?

양쪽 테이블에서 인덱스만 읽은 결과끼리 먼저 조인하고서 최종 결과집합 183건에 대해서만 테이블을 액세스하도록 한 것이 핵심 아이디어다. 그렇게 하려고 앞서 서비스요금할인_N1 인덱스에 조인 컬럼 '서비스번호'를 추가했던 것이다.

참고로 테이블 별칭(alias)으로 각각 '_brdg' 접미사를 사용했는데, 테이블 액세스량을 줄이기 위한 징검다리 조인을 추가했다는 의미에서 'bridge'의 약어를 사용한 것이다.

그림 2-32를 보면서 좀 더 자세히 설명해 보자.

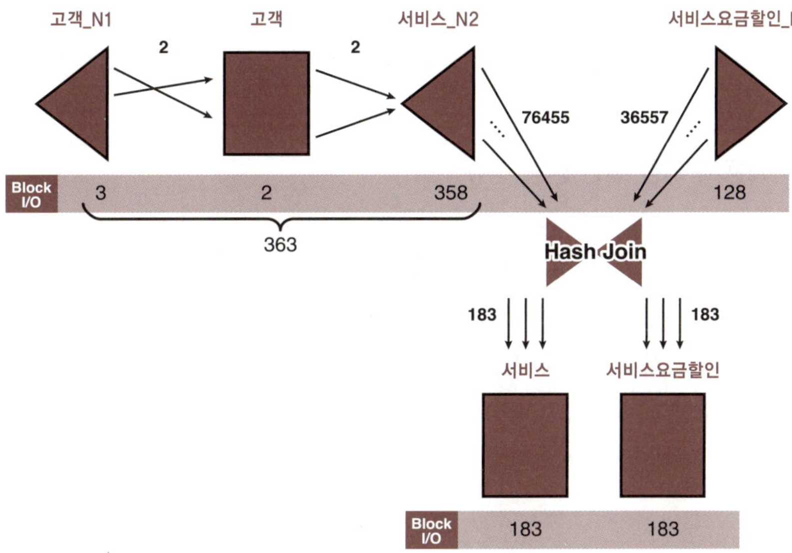

그림 2-32

고객 테이블과 서비스_N2 인덱스를 조인할 때는 블록 I/O가 총 363번 밖에 발생하지 않는다. 서비스요금할인_N1 인덱스만 읽을 때도 블록 I/O는 128개뿐이다. (94개에서 128개로 늘어난 이유는 서비스번호 컬럼을 추가했기 때문이다.)

인덱스에서 얻어진 집합끼리 조인할 때는 대량 데이터 조인이므로 해시 조인 방식을 사용했다 (쿼리에서 ①번).

인덱스에 없는 컬럼 값들을 읽으려고 테이블을 액세스할 때는 추가적인 인덱스 탐색 없이 인덱스에서 읽은 rowid 값을 가지고 직접 액세스한다(쿼리에서 ③번과 ④번). 실행계획에 'Table Access By User ROWID' 라고 표시된 것을 확인하기 바란다.

서비스와 서비스요금할인 테이블을 두 번씩 액세스하도록 쿼리를 작성했지만 실제 처리 일량은 아래처럼 한 번만 액세스한 것과 같다.

```
Rows     Row Source Operation
-------  ---------------------------------------------------
    183  SORT ORDER BY
    183   NESTED LOOPS
    183    NESTED LOOPS
      2     TABLE ACCESS BY INDEX ROWID 고객
      2      INDEX RANGE SCAN 고객_N1 OF 고객_N1 (NONUNIQUE)
```

```
   183       TABLE ACCESS BY INDEX ROWID 서비스
 76455         INDEX RANGE SCAN 서비스_N2 OF 서비스_N2 (NONUNIQUE)
   183     TABLE ACCESS BY INDEX ROWID 서비스요금할인
 36557       INDEX RANGE SCAN 서비스요금할인_N2 OF 서비스요금할인_N2 ...
```

인조 식별자 사용에 의한 조인 성능 이슈

액세스 경로(Access Path)에 대한 고려 없이 인조 식별자(Artificial Identifier 또는 Surrogate Identifier)를 설계하면, 위와 같은 조인 성능 이슈가 자주 발생한다.

그림 2-33을 보면, '주문' 테이블 식별자인 '주문일자'와 '주문순번' 컬럼을 자식 테이블 '주문상세'의 식별자로 상속시켰다. UID Bar(관계선 오른쪽 수직선)가 그것을 의미한다. 주문번호는 주문일자와 주문순번을 조합하는 규칙에 따라 출력 시점에 생성해 낸다. (인조 식별자가 조인 성능에 미치는 영향을 쉽게 설명하기 위한 예시일 뿐 이렇게 구현해야 좋다는 의미가 아님을 미리 밝힌다.)

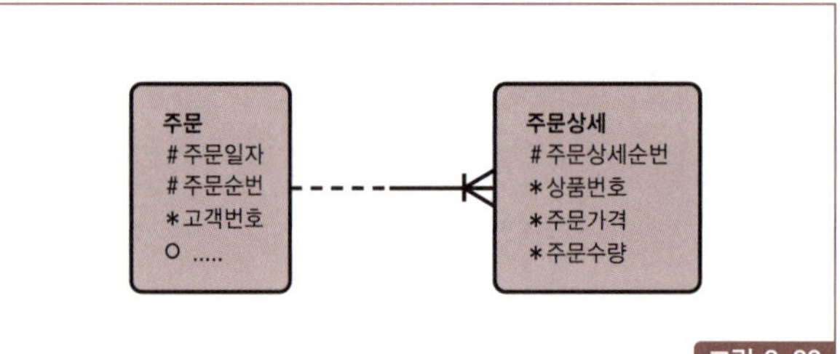

그림 2-33

데이터 발생 상황을 요약하면, 우선 주문 테이블에는 주문일자별로 평균 100,000건의 데이터가 쌓인다. 상품번호에는 1,000가지 종류가 있고, 상품번호별로 주문상세에 하루 평균 600건의 데이터가 쌓인다.

주문일자별로 600,000(=1,000×600)건이므로 주문 하나당 평균 6건의 주문상세가 쌓이는 셈이다.

데이터가 상당히 많지만 그림 2-33과 같은 모델이라면 특정 주문일자에 발생한 특정 상품의 주문금액을 집계하는 아래 쿼리에 효과적으로 대응할 수 있다.

```
select sum(주문상세.가격 * 주문상세.주문수량) 주문금액
from   주문, 주문상세
where  주문.주문일자 = 주문상세.주문일자
and    주문.주문순번 = 주문상세.주문순번
and    주문.주문일자 = '20090315'
and    주문상세.상품번호 = 'AC001'
```

주문상세 쪽 인덱스를 [상품번호 + 주문일자] 또는 [주문일자 + 상품번호] 순으로 구성해 주기만 하면 된다. (위 쿼리에서 주문일자 조건을 주문상세 쪽에 따로 기술하지 않았지만 조인문을 타고 전달된다. 옵티마이저가 내부적으로 쿼리를 변환한 것이며, 자세한 설명은 4장 5절 '조건절 이행'을 참조하기 바란다.)

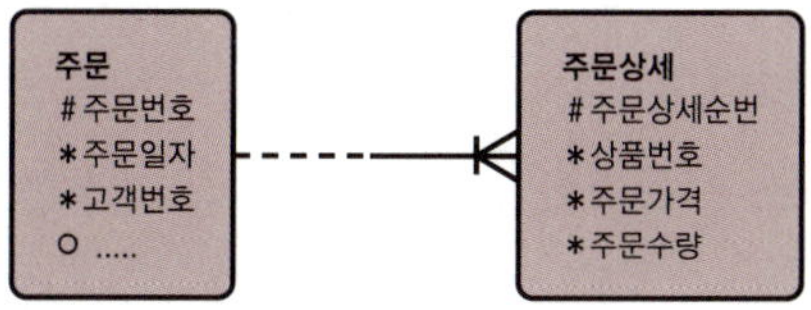

그림 2-34

반면, 그림 2-34처럼 '주문번호' 라는 인조 식별자 컬럼을 따로 둔다면 주문상세 테이블에 '주문일자' 속성이 상속되지 않음으로 말미암아 조인 과정에 큰 비효율을 일으킨다.

```
select sum(주문상세.가격 * 주문상세.주문수량) 주문금액
from   주문, 주문상세
where  주문.주문번호 = 주문상세.주문번호
and    주문.주문일자 = '20090315'
and    주문상세.상품번호 = 'AC001'
```

인덱스 구성은 다음과 같다.

```
주문_PK       : 주문번호
주문_X01      : 주문일자
주문상세_PK   : 주문번호 + 주문상세순번
주문상세_X01  : 상품번호
```

주문 테이블에서 읽은 100,000건에 대해 주문상세 쪽으로 100,000번의 조인 액세스가 일어날 텐데, 주문상세_PK 인덱스를 거쳐 주문상세 테이블을 100,000번 액세스하고서 상품번호 = 'AC001' 조건을 필터링하고 나면 최종적으로 600건 정도만 남고 모두 버려진다. 주문상세_X01 인덱스에 주문번호를 추가하고 이 인덱스를 이용하면 테이블 Random 액세스는 줄일 수 있지만 조인 시도 횟수는 줄지 않는다.

주문상세 테이블을 먼저 읽으면 상황은 더 나빠진다. 두 테이블의 보관주기가 1년이라면 상품번호당 평균 카디널리티가 219,000건(=100,000×6/1,000×365)이므로 주문 테이블 쪽으로 그만큼의 조인 액세스가 발생할 것이고, PK 인덱스를 거쳐 주문 테이블을 219,000번 액세스하고서 「주문일자 = '20090315'」 조건을 필터링하고 나면 600건 정도만 남기고 모두 버려지므로 이만저만한 비효율이 아니다.

주문_X01 인덱스에 주문번호를 추가하고 이 인덱스를 이용하면 테이블 Random 액세스는 줄일 수 있지만 조인 시도 횟수는 줄지 않는다.

해시 조인으로 유도하더라도 인덱스를 거쳐 각각 100,000건과 219,000건의 데이터를 읽는 과정에서 이미 상당량의 테이블 Random 액세스가 발생할 것이고, 조인해야 할 일량이 많아 서버 리소스(CPU, 메모리)를 많이 사용하게 된다.

앞서 소개한 튜닝 기법을 사용하면 Random 액세스를 최소화함으로써 속도를 개선할 수는 있지만 근본적인 처방이라고 할 수 없다.

지금까지 설명한 내용은 인조 식별자를 두는 것이 조인 성능에 미치는 영향을 예시하기 위한 것일 뿐 주문번호를 식별자로 두는 것이 나쁜 모델임을 강조하려는 것은 아니다. 주문 테이블이 많은 자식 엔티티와 관계를 가지거나 '주문번호' 라는 용어가 업무적으로 이미 통용되는 경우(예를 들어, 회원번호, 지점번호, 상품번호, 전표번호처럼)라면 그림 2-34처럼 설계하는 것이 자연스럽다. 그럴 때는 '주문일자' 컬럼을 주문상세 테이블로 반정규화하는 것이 가장 효과적인 해법일 것이다.

인조 식별자를 둘 때 주의 사항

인조 식별자를 두면 PK, FK가 단일 컬럼으로 구성되므로 테이블 간 연결 구조가 단순해지고, 이들 제약조건을 위해 사용되는 인덱스 저장공간이 최소화되는 장점이 있다. 그리고 다중 컬럼으로 조인할 때보다 아무래도 조인 연산을 위한 CPU 사용량이 조금 줄 수 있다.

하지만 조인 연산할 때의 CPU 사용량 감소는 아주 미미한 수준이고, 오히려 앞서 설명한 사례처럼 조인 연산 횟수와 블록 I/O 증가로 더 많은 시스템 리소스를 낭비하기 쉽다.

액세스 범위를 줄이지 못하면서 단지 조인을 위해서만 사용되는 PK 인덱스가 많이 양산될 수 있고, 데이터 모델이 이해하기 어려워진다(실질 식별자를 찾기 어려워 엔티티의 가독성이 떨어짐)는 측면도 무시할 수 없다. 그 때문에 프로그램을 잘못 개발하는 경우도 종종 있다.

업무적으로 이미 통용되는 식별자이거나 유연성/확장성을 고려(데이터 타입이나 값이 변경될 가능성에 대비)해 인조 식별자를 설계하는 경우를 제외하면 논리적인 데이터 모델링 단계에서는 가급적 인조 식별자를 두지 않는 것이 좋다. 의미상 주어에 해당하는 속성들(Natural Keys)을 그대로 식별자로 사용했다가 나중에 물리 설계 단계에서 저장 효율과 액세스 효율 등을 고려해 결정하는 것이 바람직하다.

(7) 점이력 조회

그림 2-35처럼 데이터 변경이 발생할 때마다 변경일자와 함께 새로운 이력 레코드를 쌓는 방식

을 '점이력' 이라고 흔히 말하는데, 이와 같은 모델에서 이력 레코드를 빠르게 조회하는 방법에 대해 알아보자.

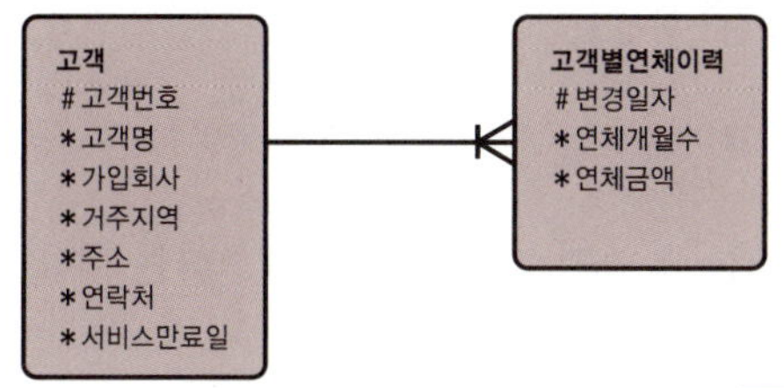

그림 2-35

점이력 모델에서 이력을 조회할 때 흔히 아래와 같이 서브쿼리를 이용한다(스크립트 ch2_14.txt 참조). 즉, 찾고자 하는 시점(서비스만료일)보다 앞선 변경일자 중 가장 마지막 레코드를 찾는 것이다.

```
select a.고객명, a.거주지역, a.주소, a.연락처, b.연체금액
from   고객 a, 고객별연체이력 b
where  a.가입회사 = 'C70'
and    b.고객번호 = a.고객번호
and    b.변경일자 = (select max(변경일자)
                     from   고객별연체이력
                     where  고객번호 = a.고객번호
                     and    변경일자 <= a.서비스만료일)

Rows  Row Source Operation
----  ---------------------------------------------------
  10  TABLE ACCESS BY INDEX ROWID 고객별연체이력 (cr=59 pr=0 pw=0 time=177 us)
  21   NESTED LOOPS  (cr=49 pr=0 pw=0 time=2162 us)
  10    TABLE ACCESS BY INDEX ROWID 고객 (cr=4 pr=0 pw=0 time=142 us)
  10     INDEX RANGE SCAN 고객_IDX01 (cr=2 pr=0 pw=0 time=53 us)
  10    INDEX RANGE SCAN 고객별연체이력_IDX01 (cr=45 pr=0 pw=0 time=681 us)
  10     SORT AGGREGATE (cr=22 pr=0 pw=0 time=464 us)
  10      FIRST ROW  (cr=22 pr=0 pw=0 time=283 us)
  10       INDEX RANGE SCAN (MIN/MAX) 고객별연체이력_IDX01 (cr=22 pr=0 pw=0 … )
```

실행계획을 보면 다행스럽게도, 서브쿼리 내에서 서비스만료일보다 작은 레코드를 모두 스캔하지 않고 오라클이 인덱스를 거꾸로 스캔하면서 가장 큰 값 하나만을 찾는 방식(7번째 라인 first row, 8번째 라인 min/max, 오라클 8 버전에서 구현된 기능)을 사용했다.

서브쿼리를 아래와 같이 바꿔줄 수 있지만 실제 수행해 보면 서브쿼리 내에서 액세스되는 인덱스 루트 블록에 대한 버퍼 Pinning 효과가 사라져 블록 I/O가 더 많이 발생한다.

```
……
and    b.변경일자 = (select /*+ index_desc(b 고객별연체이력_idx01) */ 변경일자
                     from   고객별연체이력 b
                     where  b.고객번호 = a.고객번호
                     and    b.변경일자 <= a.서비스만료일
                     and    rownum <= 1)
```

그리고 이 방식을 사용하더라도 고객별연체이력_idx01 인덱스를 두 번 액세스하는 비효율은 피할 수 없다.

index_desc 힌트와 rownum <= 1 조건 사용 시, 주의사항

이후에도 index_desc(또는 index) 힌트와 함께 rownum <= 1 조건을 사용하는 튜닝 기법을 자주 소개하므로 독자에게 미리 한 가지 주의사항을 일러두고자 한다.

이 기법을 사용했는데 나중에 인덱스 구성이 변경되면 쿼리 결과가 틀리게 될 수 있음을 반드시 기억하기 바란다. 따라서 first row(min/max) 알고리즘이 작동할 때는 반드시 min/max 함수를 사용하는 것이 올바른 선택이다.

하지만 낮은 성능 때문에 어쩔 수 없이 index(또는 index_desc) + rownum 조건을 써야만 하는 경우가 생길 수 있고, 그때는 이들 프로그램 목록을 관리했다가 인덱스 구성 변경 시 확인하는 프로세스를 반드시 거쳐야 한다.

참고로, 아래처럼 min 또는 max 함수 내에서 컬럼을 가공하면 first row 알고리즘이 작동하지 않는다.

```
where  ……
and    순번 = (select substr(max(변경일자 || 순번), 9) from 이력 where … )

--------------------------------------------------------
| Id  | Operation                          | Name        |
--------------------------------------------------------
|  …  |   ………                           | ……         |
|   5 |     INDEX RANGE SCAN               | 이력_IDX01  |
|   6 |      SORT AGGREGATE                |             |
|   7 |       INDEX RANGE SCAN             | 이력_IDX01  |
--------------------------------------------------------
```

아래는 first_row 알고리즘이 작동할 때의 실행계획이다.

```
---------------------------------------------------------------
| Id  | Operation                          | Name        |
---------------------------------------------------------------
|  … |   ………                             | ……          |
|   5 |    INDEX RANGE SCAN                | 이력_IDX01  |
|   6 |     SORT AGGREGATE                 |             |
|   7 |      FIRST ROW                     |             |
|   8 |       INDEX RANGE SCAN (MIN/MAX)   | 이력_IDX01  |
---------------------------------------------------------------
```

바로 이어서 설명할 스칼라 서브쿼리도 아래와 같이 max 함수를 사용하고 싶지만 first row 알고리즘이 작동하지 않아 부득이하게 index_desc 힌트와 rownum 조건을 사용한 경우다.

```
select …
     ,(select substr(max(변경일자 || 연체금액), 9) from … )
from 고객 a where ……
```

아래와 같이 스칼라 서브쿼리로 변환하면 인덱스를 두 번 액세스하지 않아도 되기 때문에 I/O를 그만큼 줄일 수 있다. 여기서도 인덱스 루트 블록에 대한 버퍼 Pinning 효과는 사라진 것(10번 액세스하면서 30개 블록 I/O 발생. 인덱스 height = 3)을 알 수 있다.

```
select a.고객명, a.거주지역, a.주소, a.연락처
     ,(select /*+ index_desc(b 고객별연체이력_idx01) */ 연체금액
       from   고객별연체이력 b
       where  b.고객번호 = a.고객번호
       and    b.변경일자 <= a.서비스만료일
       and    rownum <= 1) 연체금액
from    고객 a
where   가입회사 = 'C70'

Rows  Row Source Operation
----  ---------------------------------------------------
  10  COUNT STOPKEY (cr=40 pr=0 pw=0 time=476 us)
  10   TABLE ACCESS BY INDEX ROWID 고객별연체이력 (cr=40 pr=0 pw=0 time=305 us)
  10    INDEX RANGE SCAN DESCENDING 고객별연체이력_IDX01 (cr=30 pr=0 pw=0 time= …)
  10  TABLE ACCESS BY INDEX ROWID 고객 (cr=4 pr=0 pw=0 time=34 us)
  10   INDEX RANGE SCAN 고객_IDX01 (cr=2 pr=0 pw=0 time=78 us)
```

다행히 위에서는 고객별연체이력 테이블로부터 연체금액 하나만 읽기 때문에 스칼라 서브쿼리로 변경하기가 수월했다. 만약 두 개 이상 컬럼을 읽어야 한다면 아래와 같이 스칼라 서브쿼리 내에서 필요한 컬럼 문자열을 연결하고, 메인 쿼리에서 substr 함수로 잘라 쓰는 방법을 사용해야 한다.

```
select 고객명, 거주지역, 주소, 연락처
     , to_number(substr(연체, 3)) 연체금액
     , to_number(substr(연체, 1, 2)) 연체개월수
from  (select a.고객명, a.거주지역, a.주소, a.연락처
            ,(select /*+ index_desc(b 고객별연체이력_idx01) */
                     lpad(연체개월수, 2) || 연체금액
              from   고객별연체이력
              where  고객번호 = a.고객번호
              and    변경일자 <= a.서비스만료일
              and    rownum <= 1) 연체
        from   고객 a
        where  가입회사 = 'C70'
)
```

이력 테이블에서 읽어야 할 컬럼 개수가 많다면 일일이 문자열로 연결하는 작업은 여간 번거롭지 않다. 그때는 아래와 같이 스칼라 서브쿼리에서 rowid 값만 취하고 고객별연체이력을 한 번 더 조인하는 방법을 생각해 볼 수 있다.

```
select /*+ ordered use_nl(b) rowid(b) */ a.*, b.연체금액, b.연체개월수
from  (select a.고객명, a.거주지역, a.주소, a.연락처
            ,(select /*+ index_desc(b 고객별연체이력_idx01) */ rowid
              from   고객별연체이력 b
              where  b.고객번호 = a.고객번호
              and    b.변경일자 <= a.서비스만료일
              and    rownum <= 1) rid
        from   고객 a
        where  가입회사 = 'C70') a, 고객별연체이력 b
where  b.rowid = a.rid

Rows  Row Source Operation
----  ---------------------------------------------------
  10  NESTED LOOPS  (cr=44 pr=0 pw=0 time=130 us)
  10   VIEW  (cr=34 pr=0 pw=0 time=660 us)
  10    TABLE ACCESS BY INDEX ROWID 고객 (cr=4 pr=0 pw=0 time=158 us)
```

```
  10      INDEX RANGE SCAN 고객_IDX01 (cr=2 pr=0 pw=0 time=79 us)
  10   TABLE ACCESS BY USER ROWID 고객별연체이력 (cr=10 pr=0 pw=0 time=134 us)
```

고객별연체이력 테이블과의 조인을 두 번 했지만 실행계획 상으로는 조인을 한 번만 한 것과 일량이 같다. 스칼라 서브쿼리 수행부분이 'VIEW'에 감춰져 보이지 않지만, 인덱스 이외의 컬럼을 참조하지 않았으므로 인덱스만 읽었을 것이다. 그리고 거기서 얻은 rowid 값으로 바로 테이블을 액세스(Table Access By User ROWID)하기 때문에 일반적인 NL 조인과 같은 프로세스(Outer 인덱스 → Outer 테이블 → Inner 인덱스 → Inner 테이블)로 진행된다.

스칼라 서브쿼리를 이용하지 않고 아래와 같이 SQL을 구사해도 같은 방식으로 처리된다.

```
select /*+ ordered use_nl(b) rowid(b) */
       a.고객명, a.거주지역, a.주소, a.연락처, b.연체금액, b.연체개월수
from   고객 a, 고객별연체이력 b
where  a.가입회사 = 'C70'
and    b.rowid = (select /*+ index(c 고객별연체이력_idx01) */ rowid
                  from   고객별연체이력 c
                  where  c.고객번호 = a.고객번호
                  and    c.변경일자 <= a.서비스만료일
                  and    rownum <= 1)

Rows  Row Source Operation
----  ---------------------------------------------------
  10  NESTED LOOPS  (cr=44 pr=0 pw=0 time=115 us)
  10   TABLE ACCESS BY INDEX ROWID 고객 (cr=4 pr=0 pw=0 time=158 us)
  10    INDEX RANGE SCAN 고객_IDX01 (cr=2 pr=0 pw=0 time=78 us)
  10   TABLE ACCESS BY USER ROWID 고객별연체이력 (cr=40 pr=0 pw=0 time=536 us)
  10    COUNT STOPKEY (cr=30 pr=0 pw=0 time=339 us)
  10     INDEX RANGE SCAN 고객별연체이력_IDX01 (cr=30 pr=0 pw=0 time=169 us)
```

고객(a)에서 읽은 고객번호로 서브쿼리 쪽 고객별연체이력(c)과 조인하고, 거기서 얻은 rowid 값으로 고객별연체이력(b)을 곧바로 액세스한다. a와 b간에 따로 조인문을 기술하는 것은 불필요하다.

여기서도 역시 고객별연체이력을 두 번 사용했지만 실행계획 상으로는 한 번만 조인하면서 일반적인 NL 조인과 같은 프로세스(Outer 인덱스 → Outer 테이블 → Inner 인덱스 → Inner 테이블)로 진행되는 것에 주목하기 바란다.

정해진 시점 기준으로 조회

앞에서는 가입회사 = 'C70' 에 속하는 고객 수가 10명뿐이었다. 만약 가입회사별 고객수가 많아지면 서브쿼리 수행 횟수가 늘어나 Random I/O 부하도 심해질 것이다. 심지어 가입회사 조건절 없이 모든 고객을 대상으로 이력을 조회한다면?

그렇더라도 앞서 본 쿼리들은 고객 테이블로부터 읽히는 미지의 시점(서비스만료일)을 기준으로 이력을 조회하는 경우이기 때문에 위와 같이 Random 액세스 위주의 서브쿼리를 쓸 수 밖에 없다. (4장에서 설명하는 서브쿼리 Unnesting으로 유도하더라도 그다지 효과적인 실행계획이 만들어지지 않는다.)

하지만 정해진 시점을 기준으로 조회하는 경우라면 서브쿼리를 쓰지 않음으로써 Random 액세스 부하를 줄일 방법들이 몇 가지 생기는데, 간단하게 살펴보자.

```
select /*+ full(a) full(b) full(c) use_hash(a b c) no_merge(b) */
       a.고객명, a.거주지역, a.주소, a.연락처, c.연체금액, c.연체개월수
from   고객 a
     ,(select 고객번호, max(변경일자) 변경일자
       from   고객별연체이력
       where  변경일자 <= to_char(sysdate, 'yyyymmdd')
       group by 고객번호) b, 고객별연체이력 c
where  b.고객번호 = a.고객번호
and    c.고객번호 = b.고객번호
and    c.변경일자 = b.변경일자
```

가장 단순하게 작성된 위 쿼리는 고객별연체이력 테이블을 두 번 Full Scan하는 비효율이 있으므로 아래와 같이 바꿀 수 있다.

```
select a.고객명, a.거주지역, a.주소, a.연락처
     , to_number(substr(연체, 11)) 연체금액
     , to_number(substr(연체, 9, 2)) 연체개월수
from   고객 a
     ,(select 고객번호, max(변경일자 || lpad(연체개월수, 2) || 연체금액 ) 연체
       from   고객별연체이력
       where  변경일자 <= to_char(sysdate, 'yyyymmdd')
       group by 고객번호) b
where  b.고객번호 = a.고객번호
```

이력 테이블에서 읽어야 할 컬럼 개수가 많다면 위와 같이 일일이 문자열로 연결하는 작업은 여간 번거롭지 않다. 그때는 아래와 같이 분석함수를 이용하는 것이 편하고, 수행 속도 면에서도 전

혀 불리하지 않다(5장 6절 3항에서 설명할 pushed rank 메커니즘이 작동하기 때문).

```
select a.고객명, a.거주지역, a.주소, a.연락처, b.연체금액, b.연체개월수
from   고객 a
     ,(select 고객번호, 연체금액, 연체개월수, 변경일자
            , row_number() over (partition by 고객번호 order by 변경일자 desc) no
       from   고객별연체이력
       where  변경일자 <= to_char(sysdate, 'yyyymmdd')) b
where  b.고객번호 = a.고객번호
and    b.no = 1
```

참고로, 아래와 같이 max 함수를 이용할 수도 있지만 방금처럼 row_number를 이용하는 것이 더 효과적인데, 자세한 원리는 5장 6절에서 설명한다.

```
select a.고객명, a.거주지역, a.주소, a.연락처, b.연체금액, b.연체개월수
from   고객 a
     ,(select 고객번호, 연체금액, 연체개월수, 변경일자
            , max(변경일자) over (partition by 고객번호) max_dt
       from   고객별연체이력
       where  변경일자 <= to_char(sysdate, 'yyyymmdd')) b
where  b.고객번호 = a.고객번호
and    b.변경일자 = b.max_dt
```

(8) 선분이력 조인

단일 선분이력을 조회하는 기본 패턴과 인덱스 스캔 효율을 높이는 방안에 대해서는 1장에서 자세히 설명하였다. 여기서는 조인을 통해 선분이력을 조회하는 방법을 정리하고, 계속해서 선분이력 조인 튜닝 방안을 다음 항에서 설명한다.

1장에서 설명한 선분이력 조회를 상기해 보면 그다지 어렵지 않다고 느낄 것이다. 그럼에도 개발 현장에 가 보면 선분이력에 대한 어려움을 호소하는 개발자들을 자주 만난다. 쿼리가 복잡하다고 말하는데, 처음 접할 때 이해하기가 다소 어려울 뿐 쿼리 자체는 오히려 간단하다. (데이터 가공은 자못 어렵다.)

과거/현재/미래의 임의 시점 조회

개발팀에서 쿼리를 복잡하게 생각하는 경우는, 아마 2개 이상의 선분이력을 함께 조인할 때인 것 같다.

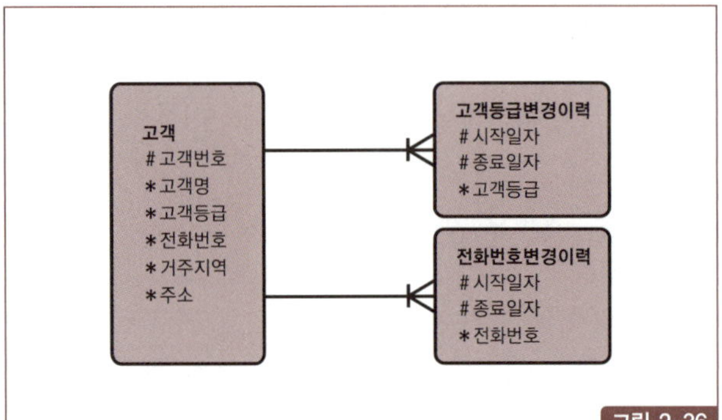

그림 2-36

그림 2-36과 같이 고객등급과 전화번호 변경이력을 관리하는 두 선분이력 테이블이 있다고 하자. 고객과 이 두 선분이력 테이블을 조인해서 2004년 9월 1일 시점 데이터를 조회할 때는 아래와 같이 쿼리하면 된다. 물론 :dt 변수에는 '20040901'(시작일자, 종료일자가 문자열 컬럼일 때)을 입력한다.

```
select c.고객번호, c.고객명, c1.고객등급, c2.전화번호
from   고객 c, 고객등급변경이력 c1, 전화번호변경이력 c2
where  c.고객번호 = 123
and    c1.고객번호 = c.고객번호
and    c2.고객번호 = c.고객번호
and    :dt between c1.시작일자 and c1.종료일자
and    :dt between c2.시작일자 and c2.종료일자
```

123번 고객의 등급과 전화번호 변경이력 레코드를 수평선상에 펼쳐 시계열적으로 표현했을 때 그림 2-37과 같다면, 위 쿼리 결과로서 고객등급은 'B', 고객전화번호는 '987-6543'으로 조회될 것이다.

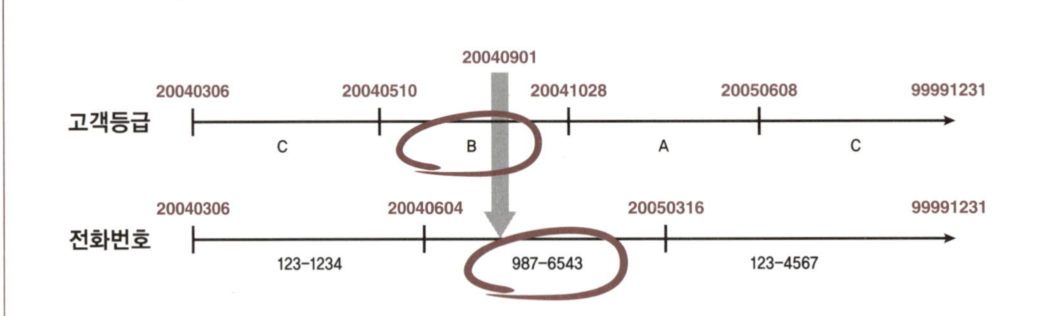

그림 2-37

현재 시점 조회

위 쿼리를 이용해 과거, 현재, 미래 어느 시점이든 조회할 수 있지만, 만약 미래 시점 데이터를 미리 입력하는 예약 기능(1장에서 설명하였으므로 참조하기 바람)이 없다면 "현재 시점(즉, 현재 유효한 시점)"

조회는 아래와 같이 '=' 조건으로 만들어 주는 것이 효과적이다. 범위검색 조건이 비효율을 일으키는 원인은 1장에서 자세히 설명하였다.

```
select c.고객번호, c.고객명, c1.고객등급, c2.전화번호
from   고객 c, 고객등급변경이력 c1, 전화번호변경이력 c2
where  c.고객번호 = 123
and    c1.고객번호 = c.고객번호
and    c2.고객번호 = c.고객번호
and    c1.종료일자 = '99991231'
and    c2.종료일자 = '99991231'
```

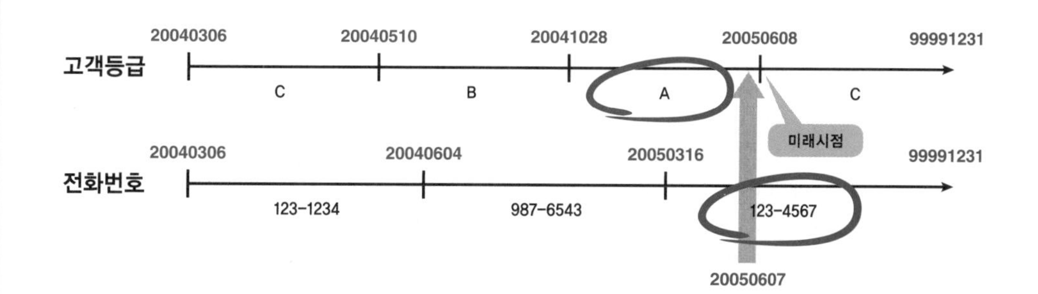

그림 2-38

현재가 2005년 6월 7일인데 그림 2-38처럼 미래 시점인 6월 8일 데이터를 미리 입력해 두는 기능이 있다면, 현재 시점을 조회할 때 아래와 같이 sysdate와 between을 사용해야만 한다.

```
select c.고객번호, c.고객명, c1.고객등급, c2.전화번호
from   고객 c, 고객등급변경이력 c1, 전화번호변경이력 c2
where  c.고객번호 = 123
and    c1.고객번호 = c.고객번호
and    c2.고객번호 = c.고객번호
and    to_char(sysdate, 'yyyymmdd') between c1.시작일자 and c1.종료일자
and    to_char(sysdate, 'yyyymmdd') between c2.시작일자 and c2.종료일자
```

Between 조인

지금까지는 선분이력 조건이 상수였다. 즉, 조회 시점이 정해져 있었다. 그림 2-39에서 만약 우측(일별종목거래 및 시세)과 같은 일별 거래 테이블로부터 읽히는 미지의 거래일자 시점으로 선분이력

(종목이력)을 조회할 때는 어떻게 해야 할까? 이때는 between 조인을 이용하면 된다.

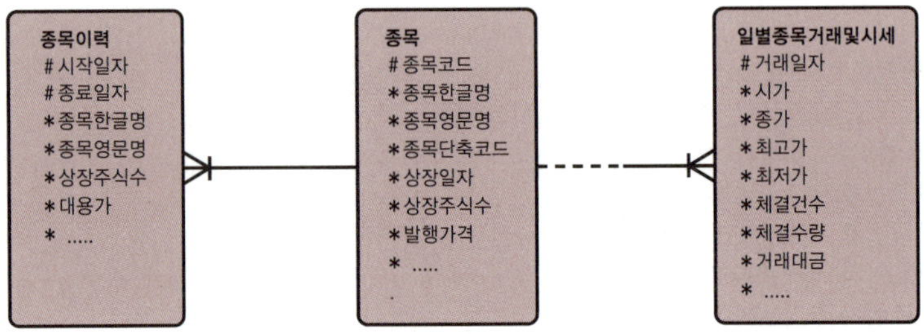

그림 2-39

아래는 주식시장에서 과거 20년 동안 당일 최고가로 장을 마친(종가=최고가) 종목을 조회하는 쿼리다. 그림 2-39의 일별종목거래및시세 테이블로부터 시가, 종가, 거래 데이터를 읽고 그 당시 종목명과 상장주식수는 종목이력으로부터 가져오는데, 조인 연산자가 '='이 아니라 between이라는 점이 특징적이다.

```
select a.거래일자, a.종목코드, b.종목한글명, b.종목영문명, b.상장주식수
     , a.시가, a.종가, a.체결건수, a.체결수량, a.거래대금
from   일별종목거래및시세 a, 종목이력 b
where  a.거래일자 between to_char(add_months(sysdate, -20*12), 'yyyymmdd')
                  and to_char(sysdate-1, 'yyyymmdd')
and    a.종가 = a.최고가
and    b.종목코드 = a.종목코드
and    a.거래일자 between b.시작일자 and b.종료일자
```

이런 식으로 조회하면 현재(=최종) 시점의 종목명을 가져오는 것이 아니라 그림 2-40에서 보는 것처럼 거래가 일어난 바로 그 시점의 종목명을 읽게 된다.

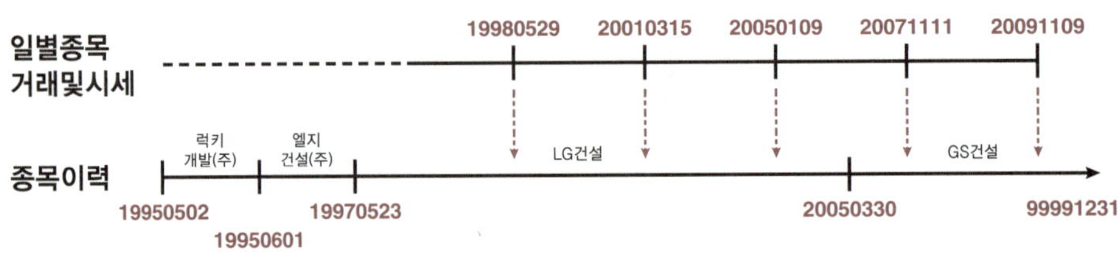

그림 2-40

거래 시점이 아니라 현재(=최종) 시점의 종목명과 상장주식수를 출력하려면 between 조인 대신 아래와 같이 상수 조건으로 입력해야 한다(그림 2-41 참조).

```
select a.거래일자, a.종목코드, b.종목한글명, b.종목영문명, b.상장주식수
     , a.시가, a.종가, a.체결건수, a.체결수량, a.거래대금
from   일별종목거래및시세 a, 종목이력 b
where  a.거래일자 between to_char(add_months(sysdate, -20*12), 'yyyymmdd')
                      and to_char(sysdate-1, 'yyyymmdd')
and    a.종가 = a.최고가
and    b.종목코드 = a.종목코드
and    to_char(sysdate, 'yyyymmdd') between b.시작일자 and b.종료일자
```

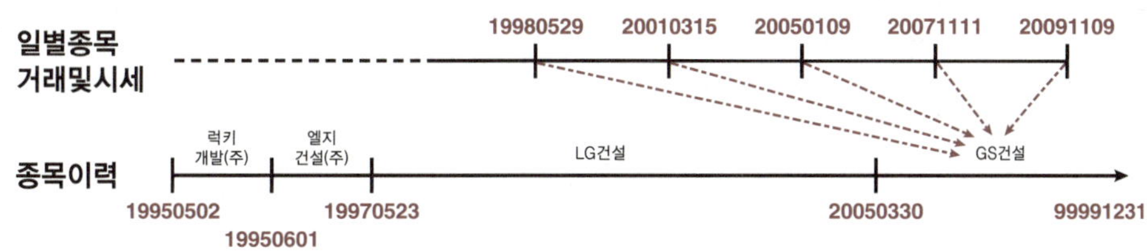

그림 2-41

물론 방금 쿼리는 종목 테이블을 종목이력과 통합해 하나로 설계했을 때 사용하는 방식이다. 그림 2-39처럼 종목과 종목이력을 따로 설계했을 때는 최종 시점을 위해 종목 테이블과 조인하면 된다.

(9) 선분이력 조인 튜닝

선분이력 테이블과 조인하는 방법에 대해 살펴보았다. 지금부터는 선분이력과 조인할 때 발생하는 성능 이슈, 그리고 이를 해결할 튜닝 방안에 대해 살펴보고자 한다. 단일 선분이력 테이블 조회 및 튜닝 방안에 대해서는 1장에서 다루었는데, 이를 건너뛰고 2장부터 읽기 시작한 독자라면 해당 부분을 먼저 학습하기 바란다.

정해진 시점을 기준으로 선분이력과 단순 조인할 때

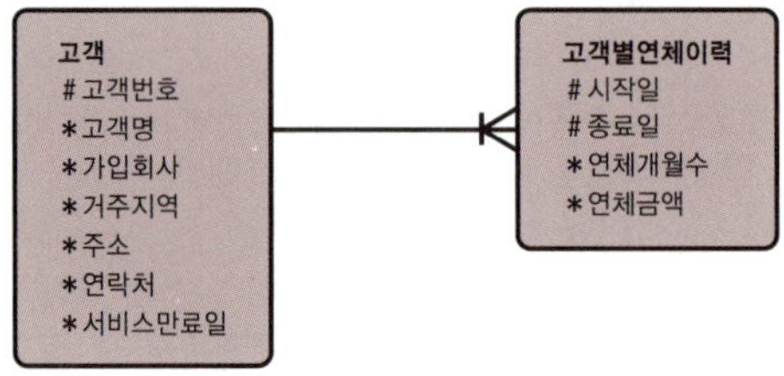

그림 2-42

그림 2-42와 같은 모델 하에서 아래처럼 특정 회사(예, 가입회사 = 'C70')를 통해 가입한 모든 고객의 연체금액을 조회하는 경우를 생각해 보자.

```
select /*+ ordered use_nl(b) */ a.고객명, a.거주지역, a.주소, a.연락처, b.연체금액
from   고객 a, 고객별연체이력 b
where  a.가입회사 = 'C70'
and    b.고객번호 = a.고객번호
and    '20050131' between b.시작일 and b.종료일
```

특정 고객 이력만 조회한다면 1장에서 본 것처럼 rownum <= 1 조건을 적용해 인덱스를 한 건만 스캔하고 멈추도록 할 수 있지만 위와 같이 다수의 고객을 조회할 때는 그럴 수가 없다.

따라서 위 쿼리를 수행해 보면, 'C70' 회사를 통해 가입한 모든 고객에 대해 시작일이 2005년 1월 31일보다 작거나 같은 이력을 모두 스캔하거나(인덱스 구성상 시작일이 종료일보다 선행 컬럼일 때), 종료일이 2005년 1월 31일보다 크거나 같은 이력을 모두 스캔(종료일이 시작일보다 선행 컬럼일 때)하게 된다.

아래와 같이 실제 테이블을 만들고 쿼리를 수행하면서 비효율 발생 원인과 튜닝 방안에 대해 살펴보자(스크립트 ch2_15.txt 참조).

```
create table 고객
as
select  empno 고객번호, ename 고객명, 'C70' 가입회사
     ,  '서울' 거주지역, '...' 주소, '123-' || empno 연락처
     ,  to_char(to_date('20050101','yyyymmdd')+rownum*20000,'yyyymmdd') 서비스만료일
from    emp
where   rownum <= 10;
```

```
create index 고객_idx01 on 고객(가입회사);

create table 고객별연체이력
as
select a.고객번호, b.시작일, b.종료일, b.연체개월수, b.연체금액
from   고객 a
      ,(select to_char(to_date('20050101', 'yyyymmdd')+rownum*2, 'yyyymmdd') 시작일
             , to_char(to_date('20050102', 'yyyymmdd')+rownum*2, 'yyyymmdd') 종료일
             , round(dbms_random.value(1, 12)) 연체개월수
             , round(dbms_random.value(100, 1000)) * 100 연체금액
        from   dual
        connect by level <= 100000) b;
```

고객 테이블에는 10명의 고객을 입력하였고, 고객별연체이력 테이블에는 (비현실적이긴 하지만 테스트 효과를 극대화하기 위해) 고객마다 10만개의 이력 레코드를 입력하였다.

```
SQL> select min(시작일) MN_시작일, max(시작일) MX_시작일 from 고객별연체이력;

MN_시작일 MX_시작일
--------- --------
20050103  25520801
```

그리고 위 쿼리 결과에서 보듯 2005년 1월 3일부터 2552년 8월 1일까지의 이력 데이터가 들어 있다.

먼저 인덱스를 [고객번호 + 종료일 + 시작일] 순으로 구성해 보자.

```
create index 고객별연체이력_idx01 on 고객별연체이력(고객번호, 종료일, 시작일);
```

아래는 SQL 트레이스를 활성화하고서 실제 쿼리를 수행한 결과다.

```
select /*+ ordered use_nl(b) */ a.고객명, a.거주지역, a.주소, a.연락처, b.연체금액
from   고객 a, 고객별연체이력 b
where  a.가입회사 = 'C70'
and    b.고객번호 = a.고객번호
and    '20050131' between b.시작일 and b.종료일
```

```
Rows   Row Source Operation
-----  ---------------------------------------------------
   10  TABLE ACCESS BY INDEX ROWID 고객별연체이력 (cr=4636 pr=4621 pw=0 time= …)
   21   NESTED LOOPS  (cr=4634 pr=4621 pw=0 time=815610 us)
   10    TABLE ACCESS BY INDEX ROWID 고객 (cr=4 pr=0 pw=0 time=351 us)
   10     INDEX RANGE SCAN 고객_IDX01 (cr=2 pr=0 pw=0 time=146 us)
   10    INDEX RANGE SCAN 고객별연체이력_IDX01 (cr=4630 pr=4621 pw=0 time= …)
```

고객 테이블에 입력돼 있는 단 10명의 연체이력을 조회하는데, 고객별연체이력_idx01 인덱스 스캔 단계(맨 하단)에서만 4,630개의 블록 I/O가 발생하였다. 고객마다 종료일이 2005년 1월 31일보다 크거나 같은 이력을 모두 스캔한 것이다.

인덱스를 아래와 같이 바꿔주면 시작일이 2005년 1월 31일보다 작거나 같은 이력을 찾을 것이고, 여기에 해당하는 데이터가 매우 소량이므로 인덱스 스캔량이 획기적으로 줄 것이다.

```
create index 고객별연체이력_IDX01 on 고객별연체이력(고객번호, 시작일, 종료일);
```

아래는 인덱스 구성을 바꾸고서 실제 쿼리한 결과다.

```
Rows   Row Source Operation
-----  ---------------------------------------------------
   10  TABLE ACCESS BY INDEX ROWID 고객별연체이력 (cr=30 pr=0 pw=0 time=109 us)
   21   NESTED LOOPS  (cr=28 pr=0 pw=0 time=962 us)
   10    TABLE ACCESS BY INDEX ROWID 고객 (cr=4 pr=0 pw=0 time=140 us)
   10     INDEX RANGE SCAN 고객_IDX01 (cr=2 pr=0 pw=0 time=61 us)
   10    INDEX RANGE SCAN 고객별연체이력_IDX01 (cr=24 pr=0 pw=0 time=205 us)
```

예상했던 대로 고객별연체이력_idx01 인덱스를 스캔하는 단계에서 블록 I/O가 24개만 발생하였다.

'C70' 회사를 통해 가입한 고객만 조회하는 것이 아니라 만약 아래와 같이 전체 고객을 대상으로 조회할 때는 Random 액세스 위주의 NL 조인보다 해시 조인을 이용하는 것이 유리하다. (예제 데이터에는 모든 고객의 가입회사가 'C70'이므로 성능 차이가 없겠지만.)

```
select /*+ ordered use_hash(b) */
       a.고객명, a.거주지역, a.주소, a.연락처, b.연체금액
from   고객 a, 고객별연체이력 b
where  b.고객번호 = a.고객번호
and    '20050131' between b.시작일 and b.종료일
```

해시 조인을 이용하면 전체 이력 레코드를 Full Scan[14] 하는 비용은 있을지언정 해시 조인 과정에서의 비효율은 없다. 고객별연체이력을 해시 테이블로 빌드(build)하더라도 각 고객별로 한 건의 이력 레코드만 해시 테이블에 담기 때문이며, 뒤에서 보겠지만 between 조인일 때는 전 구간 이력 레코드를 해시 테이블로 빌드함으로 인해 엄청난 비효율을 수반하기도 한다.

Between 조인 튜닝 – 조회 대상이 많지 않을 때

앞에서는 정해진 시점을 기준으로 선분이력과 단순 조인할 때의 튜닝 방안을 살펴보았다. 문제는, 아래와 같이 미지의 값(고객 테이블에서 실시간으로 읽히는 값)으로 between 조인하는 경우다.

```
select /*+ ordered use_nl(b) */ a.고객명, a.거주지역, a.주소, a.연락처, b.연체금액
from   고객 a, 고객별연체이력 b
where  a.가입회사 = 'C70'
and    b.고객번호 = a.고객번호
and    a.서비스만료일 between b.시작일 and b.종료일
```

고객 테이블에는 서비스만료일이 아래와 같이 '20591005' 부터 '25520801' 까지 10개의 값(고객이 단 10명뿐이므로)이 들어있다.

```
SQL> select min(서비스만료일) 최소만료일, max(서비스만료일) 최대만료일 from 고객;

최소만료일   최대만료일
------------ ------------
20591005     25520801
```

이런 상태에서 조금 전 보았던 between 조인을 수행한다면, 고객에서 읽힌 값이 '25520801' 일 때는 거의 처음부터 끝까지 스캔하고서야 조건을 만족하는 이력 데이터를 찾을 수 있다. 현재

14) 물론 시작일과 종료일(또는 종료일과 시작일)을 선두로 갖는 인덱스를 이용하면 2005년 1월 31일에 걸친 이력만 테이블 액세스하도록 할 수 있지만 전체 고객(지금 예제에서는 10명뿐이지만)이 대상이므로 Random 액세스 부하 때문에 더 느릴 수 있다.

의 인덱스 구성상 시작일자가 종료일자보다 선행컬럼이기 때문이다. 반대로, '20591005' 일 때는 스캔량이 그리 많지 않을 것이다.

아래는 실제 수행했을 때의 트레이스 결과다.

```
Rows    Row Source Operation
-----  ---------------------------------------------------
   10  TABLE ACCESS BY INDEX ROWID 고객별연체이력 (cr=2571 pr=2497 pw=0 time= …)
   21   NESTED LOOPS  (cr=2561 pr=2497 pw=0 time=949413 us)
   10    TABLE ACCESS BY INDEX ROWID 고객 (cr=4 pr=0 pw=0 time=257 us)
   10     INDEX RANGE SCAN 고객_IDX01 (cr=2 pr=0 pw=0 time=113 us)
   10    INDEX RANGE SCAN 고객별연체이력_IDX01 (cr=2557 pr=2497 pw=0 time= …)
```

10명의 연체이력을 조회하는데 고객별연체이력_idx01 인덱스 스캔 단계에서만 2,557개의 블록 I/O가 발생하였다. 인덱스를 [종료일 + 시작일] 순으로 바꾸더라도 나아질 것이 없다.

rownum과 index(또는 index_desc) 힌트를 적절히 사용할 수 있다면 인덱스 구성이 어떻든지 간에 항상 필요한 한 건만 스캔하도록 할 수 있는데, 위 형태의 일반 조인문으로는 그럴 수 없다는 것이 문제다.

이럴 때는 조인문을 스칼라 서브쿼리나 중첩된 서브쿼리(nested subquery) 형태로 바꾼다면 각 고객별로 단 하나의 이력만 읽도록 rownum <= 1 조건을 추가해 줄 수 있다. 다행히 위에서는 고객별연체이력 테이블로부터 연체금액 하나만 읽기 때문에 아래와 같이 스칼라 서브쿼리로 간단히 변경할 수 있다.

```
select a.고객명, a.거주지역, a.주소, a.연락처
     ,(select /*+ index_desc(b 고객별연체이력_IDX01) */ 연체금액
       from   고객별연체이력 b
       where  b.고객번호 = a.고객번호
       and    a.서비스만료일 between 시작일 and 종료일
       and    rownum <= 1) 연체금액
from   고객 a
where  가입회사 = 'C70'

Rows    Row Source Operation
-----  ---------------------------------------------------
   10  COUNT STOPKEY (cr=40 pr=0 pw=0 time=526 us)
   10   TABLE ACCESS BY INDEX ROWID 고객별연체이력 (cr=40 pr=0 pw=0 time=332 us)
```

```
    10     INDEX RANGE SCAN DESCENDING 고객별연체이력_IDX01 (cr=30 pr=0 pw=0 time=…)
    10   TABLE ACCESS BY INDEX ROWID 고객 (cr=4 pr=0 pw=0 time=35 us)
    10    INDEX RANGE SCAN 고객_IDX01 (cr=2 pr=0 pw=0 time=78 us)
```

위 Row Source Operation에서 보듯, 쿼리를 바꾸고 rownum <= 1 조건을 사용했더니 고객별연체이력_idx01 인덱스 스캔 단계에서 블록 I/O가 30개만 발생하였다.

만약 연체금액과 연체개월수, 두 컬럼을 읽고자 한다면 어떻게 해야 할까? 점이력 조회에서 이미 설명한 것처럼 컬럼들을 문자열로 연결하고서 바깥 쪽 액세스 쿼리에서 substr 함수로 잘라 쓰거나, 아래와 같이 스칼라 서브쿼리에서 rowid 값만 취하고 고객별연체이력을 한 번 더 조인하는 방법을 쓸 수 있다.

```
select /*+ ordered use_nl(b) rowid(b) */ a.*, b.연체금액, b.연체개월수
from  (select a.고객명, a.거주지역, a.주소, a.연락처
            ,(select /*+ index_desc(b 고객별연체이력_idx01) */ rowid
              from   고객별연체이력 b
              where  b.고객번호 = a.고객번호
              and    a.서비스만료일 between 시작일 and 종료일
              and    rownum <= 1) rid
       from   고객 a
       where  가입회사 = 'C70') a, 고객별연체이력 b
where  b.rowid = a.rid

Rows   Row Source Operation
-----  ---------------------------------------------------
   10  NESTED LOOPS  (cr=44 pr=0 pw=0 time=131 us)
   10   VIEW  (cr=34 pr=0 pw=0 time=681 us)
   10    TABLE ACCESS BY INDEX ROWID 고객 (cr=4 pr=0 pw=0 time=159 us)
   10     INDEX RANGE SCAN 고객_IDX01 (cr=2 pr=0 pw=0 time=80 us)
   10   TABLE ACCESS BY USER ROWID 고객별연체이력 (cr=10 pr=0 pw=0 time=135 us)
```

이들 방법에 대한 수행 원리는 점이력 조회에서 이미 설명했으므로 부연하지 않겠다. 여기서도 스칼라 서브쿼리 대신 아래와 같이 일반 서브쿼리로부터 읽은 rowid로 테이블을 직접 액세스하는 방법을 쓸 수 있다.

```
select /*+ ordered use_nl(b) rowid(b) */
       a.고객명, a.거주지역, a.주소, a.연락처, b.연체금액, b.연체개월수
from   고객 A, 고객별연체이력 B
where  a.가입회사 = 'C70'
and    b.rowid = (select /*+ index_desc(c 고객별연체이력_idx01) */ rowid
                  from   고객별연체이력 c
                  where  c.고객번호 = a.고객번호
                  and    a.서비스만료일 between 시작일 and 종료일
                  and    rownum <= 1)

Rows   Row Source Operation
-----  ---------------------------------------------
   10  NESTED LOOPS  (cr=44 pr=0 pw=0 time=122 us)
   10   TABLE ACCESS BY INDEX ROWID 고객 (cr=4 pr=0 pw=0 time=160 us)
   10    INDEX RANGE SCAN 고객_IDX01 (cr=2 pr=0 pw=0 time=81 us)
   10   TABLE ACCESS BY USER ROWID 고객별연체이력 (cr=40 pr=0 pw=0 time=554 us)
   10    COUNT STOPKEY (cr=30 pr=0 pw=0 time=355 us)
   10     INDEX RANGE SCAN DESCENDING 고객별연체이력_IDX01 (cr=30 pr=0 pw=0 …)
```

Between 조인 튜닝 – 조회 대상이 많지만 대상별 이력 레코드가 많지 않을 때

조금 전 사례는 'C70' 회사를 통해 가입한 고객만 조회하는 경우였다. 즉, 조회 대상이 많지 않은 between 조인이었다. 만약 전체 고객을 대상으로 한다면 Random 액세스 위주의 NL 조인보다 아래처럼 해시 조인을 이용하는 것이 효과적이다.

```
select /*+ ordered use_hash(b) */
       a.고객명, a.거주지역, a.주소, a.연락처, b.연체금액, b.연체개월수
from   고객 a, 고객별연체이력 b
where  b.고객번호 = a.고객번호
and    a.서비스만료일 between b.시작일 and b.종료일
```

경우에 따라서는 선분이력을 해시 테이블로 빌드(Build)해서 조인해야 할 때가 있다. 그럴 때 만약 조인 대상별 이력 레코드가 꽤 많다면 해시 탐색 부하 때문에 성능이 크게 저하되는데, 이에 대한 튜닝 해법은 무엇인지 고민해 보자.

Between 조인 튜닝 – 대상별 이력 레코드가 많을 때

우선, 지금까지 설명한 선분이력 조인 튜닝 방안을 요약해 보면 다음과 같다.

조인 유형	데이터 상황	튜닝 방안
정해진 시점으로 선분이력과 단순 조인	조회 대상이 많지 않을 때	인덱스 순서 조정
	조회 대상이 많을 때	해시 조인 (대상별 이력 레코드가 많더라도 Full Scan 하는 비용만 커질 뿐 조인 과정에서의 탐색 비효율 없음)
Between 조인	조회 대상이 많지 않을 때	스칼라 서브쿼리 등에 Stopkey 조건을 사용해 인덱스 한 건만 스캔하도록 구현
	조회 대상이 많지만 대상별 이력 레코드가 많지 않을 때	해시 조인 (대상별 이력 레코드가 많지 않아 해시 테이블 탐색 비용이 크지 않음)
	대상별 이력 레코드가 많을 때	? (대상별 이력 레코드가 많아 해시 테이블 탐색 비용이 매우 큼)

표에서 맨 아래쪽에 있는 '대상별 이력 레코드가 많을 때의 between 조인'이 가장 튜닝하기가 어렵다. 이럴 때 해시 테이블 탐색 비용이 큰 이유에 대해서는 3절 해시 조인 중 '(5) Build Input 해시 키 값에 중복이 많을 때 발생하는 비효율'에서 설명하였다. 거기서 다룬 내용을 선분이력에 대입해 요약해 보면, 대량의 선분이력을 해시 조인하는데 각 해시 버킷에 많은 이력 레코드가 달리는 구조라면 매번 그것들을 스캔하면서 이력을 탐색하기 때문에 비효율이 생긴다는 것이다.

이럴 때 필자가 제안하는 첫 번째 방안은, 두 개 이상 월에 걸치는 이력이 생기지 않도록 매월 말일 시점에 강제로 이력을 끊어주는 것이다. 그러면 between 조인에 의한 스캔 범위가 한 달을 넘지 않도록 새로운 조인 조건절을 추가해 줄 수 있다. 해시 체인을 스캔하는 비효율을 완전히 없앨 수는 없지만 최대 31개가 넘지 않도록 제한하려는 것이다.

그림 2-43

성능 비교를 위해 그림 2-43과 같은 형태로 테이블을 만들어 보자(스크립트 ch2_16.txt 참조).

아래 쿼리를 통해 100개 상품에 대해 총 36만 건의 상품거래 데이터가 입력된 것을 알 수 있다.

```
SQL> select count(distinct 상품번호) 상품수, count(*)
  2  from    일별상품거래;

    상품수    COUNT(*)
---------- ----------
       100     365300
```

또한 아래 결과를 통해 상품번호별 거래 데이터가 평균 3,653건임을 알 수 있다.

```
SQL> select avg(cnt)
  2  from   (select 상품번호, count(*) cnt
  3           from    일별상품거래
  4           group by 상품번호);

  AVG(CNT)
----------
      3653
```

아래 쿼리를 통해 상품이력 테이블에는 상품별로 평균 913건의 이력이 존재하는 것을 알 수 있다. 평균적으로 4일에 한 번(=3,653/913)씩 이력 데이터가 생성된 셈이다.

```
SQL> select avg(cnt)
  2  from (select 상품번호, count(*) cnt
  3         from    상품이력
  4         group by 상품번호) ;

  AVG(CNT)
----------
    913.25
```

마지막으로, 상품이력 테이블에 아래와 같이 인덱스를 만들고 통계정보를 생성했다.

```
SQL> create index 상품이력_IDX on 상품이력(상품번호, 시작일자, 종료일자);
SQL> exec dbms_stats.gather_table_stats(user, '일별상품거래');
SQL> exec dbms_stats.gather_table_stats(user, '상품이력');
```

인덱스는 NL 조인으로 수행할 때의 속도도 함께 비교하려고 만든 것이며, 과거부터 최근 이력까지 골고루 조회할 것이므로 컬럼 순서는 중요치 않다.

이제 쿼리를 실제 수행해 보자. 아래는 NL 조인 방식으로 between 조인을 수행한 결과다.

```
select /*+ leading(b) use_nl(a) index(a 상품이력_idx)*/
       sum(b.거래수량) 총거래수량
     , sum(b.거래수량 * a.판매가) 총판매금액
     , round(avg(b.거래수량 * a.판매가)) 평균판매금액
from   상품이력 a, 일별상품거래 b
where  b.상품번호 = a.상품번호
and    b.거래일자 between a.시작일자 and a.종료일자

Call     Count CPU Time Elapsed Time       Disk      Query    Current       Rows
------- ------ -------- ------------ ---------- ---------- ---------- ----------
Parse        1    0.000        0.000          0          0          0          0
Execute      1    0.000        0.000          0          0          0          0
Fetch        2   32.969       33.049          0    1900386          0          1
------- ------ -------- ------------ ---------- ---------- ---------- ----------
Total        4   32.969       33.050          0    1900386          0          1

Rows     Row Source Operation
-------  ---------------------------------------------------
      1  SORT AGGREGATE (cr=1900386 pr=0 pw=0 time=33049481 us)
 365300   TABLE ACCESS BY INDEX ROWID 상품이력 (cr=1900386 pr=0 pw=0 time= …)
 730601    NESTED LOOPS  (cr=1535086 pr=0 pw=0 time=4435362 us)
 365300     TABLE ACCESS FULL 일별상품거래 (cr=1169 pr=0 pw=0 time=1095948 us)
 365300     INDEX RANGE SCAN 상품이력_IDX (cr=1533917 pr=0 pw=0 time=29731707 us)
```

190만 개 블록을 읽으면서 33초가량 소요되었다. 참고로, 디스크 I/O가 포함되면 속도가 들쭉날쭉하기 때문에 디스크 I/O가 발생하지 않도록 몇 번 반복 수행한 상태에서 위 트레이스를 수집하였다. 따라서 실제 상황이라면 디스크 I/O 때문에 이보다 더 많은 시간이 소요될 것이다.

이번에는 stopkey 조건을 적용한 서브쿼리로부터 rowid를 읽어 직접 이력 테이블을 액세스하는 방식으로 수행해 보자.

```
select /*+ ordered use_nl(b) rowid(b) */
       sum(a.거래수량) 총거래수량
     , sum(a.거래수량 * b.판매가) 총판매금액
     , round(avg(a.거래수량 * b.판매가)) 평균판매금액
from   일별상품거래 a, 상품이력 b
where  b.rowid = (select /*+ index_desc(c 상품이력_IDX)*/ rowid
                  from   상품이력 c
                  where  상품번호 = a.상품번호
```

```
            and    a.거래일자 between c.시작일자 and c.종료일자
            and    rownum <= 1)

Call     Count CPU Time Elapsed Time       Disk      Query    Current       Rows
------- ------ -------- ------------ ---------- ---------- ---------- ----------
Parse        1    0.000        0.000          0          0          0          0
Execute      1    0.000        0.000          0          0          0          0
Fetch        2   20.078       20.119          0    1462632          0          1
------- ------ -------- ------------ ---------- ---------- ---------- ----------
Total        4   20.078       20.120          0    1462632          0          1

Rows     Row Source Operation
-------  ---------------------------------------------------
      1  SORT AGGREGATE (cr=1462632 pr=0 pw=0 time=20119433 us)
 365300   NESTED LOOPS  (cr=1462632 pr=0 pw=0 time=23014030 us)
 365300    TABLE ACCESS FULL 일별상품거래 (cr=1169 pr=0 pw=0 time=1095950 us)
 365300    TABLE ACCESS BY USER ROWID 상품이력 (cr=1461463 pr=0 pw=0 time= … )
 365300     COUNT STOPKEY (cr=1096163 pr=0 pw=0 time=11249581 us)
 365300      INDEX RANGE SCAN DESCENDING 상품이력_IDX (cr=1096163 pr=0 pw=0 … )
```

146만 개 블록을 읽으면서 20초가량 소요되었다. 하지만 이것은 SQL 트레이스 때문에 그런 것이고, SQL 트레이스를 걸지 않고 그냥 수행해 보면 불과 2.5초 만에 결과가 나온다. 아래는 Autotrace만 걸고 수행해 본 것인데, I/O 횟수까지 똑같은데 수행속도는 천양지차(20초 → 2.5초)다.

```
SQL> set timing on
SQL> set autotrace traceonly
SQL> select /*+ ordered use_nl(b) rowid(b) */
  2         sum(a.거래수량) 총거래수량
  3       , sum(a.거래수량 * b.판매가) 총판매금액
  4       , round(avg(a.거래수량 * b.판매가)) 평균판매금액
  5  from   일별상품거래 a, 상품이력 b
  6  where  b.rowid = (select /*+ index_desc(c 상품이력_IDX)*/ rowid
  7                    from   상품이력 c
  8                    where  상품번호 = a.상품번호
  9                    and    a.거래일자 between c.시작일자 and c.종료일자
 10                    and    rownum <= 1) ;

1 개의 행이 선택되었습니다.

경   과: 00:00:02.50
```

```
-------------------------------------------------------------------------------------
| Id  | Operation                        | Name       | Rows  | Bytes | Cost  (%CPU)|
-------------------------------------------------------------------------------------
|   0 | SELECT STATEMENT                 |            |     1 |    33 |  101G   (1)|
|   1 |  SORT AGGREGATE                  |            |     1 |    33 |            |
|   2 |   NESTED LOOPS                   |            |   33G| 1043G|  371K   (1)|
|   3 |    TABLE ACCESS FULL             | 일별상품   |  370K| 6513K|  272    (4)|
|   4 |    TABLE ACCESS BY USER ROWID    | 상품이력   | 91624 | 1342K|    1    (0)|
|   5 |     COUNT STOPKEY                |            |       |       |            |
|   6 |      INDEX RANGE SCAN DESCENDING| 상품이력_  |     2 |    54 |    3    (0)|
-------------------------------------------------------------------------------------

Statistics
-----------------------------------------------------------
          0  recursive calls
          0  db block gets
    1462632  consistent gets
          0  physical reads
        ...  ......
```

SQL 트레이스를 걸면 쿼리가 비정상적으로 오래 걸릴 때가 가끔 있고, 대개는 버그에 의한 것이다[15]. SQL 트레이스를 걸지 않은 정상적인 상태가 기준이어야 하므로 33초에서 2.5초로 수행 속도가 감소했다고 평가할 수 있다. (앞에서 between 조인문으로 쿼리한 경우는 SQL 트레이스를 걸지 않더라도 거의 같은 속도를 보였다.)

조금 전 쿼리가 2.5초 만에 수행될 수 있었던 것은 디스크 I/O가 전혀 발생하지 않도록 한 상태에서 측정했기 때문이다. 실제 운영 환경에서 디스크 I/O까지 수반한 Random 액세스 방식으로 146만 개 블록을 읽는다면 수십 초에서 수 분이 걸릴 수 있다.

이처럼 대량 데이터를 조인할 때 NL 조인은 비효율적이므로 이번에는 해시 조인으로 바꿔서 수행해보자.

15) 추측건대, rownum <= 1 조건에도 불구하고 같은 블록 내에서 스캔을 계속하는 것 같다. 만약 stopkey가 전혀 작동하지 않았다면 블록 I/O가 훨씬 증가했을 것이다. 9i, 10g, 11g 모두 같은 현상이 나타나는 것도 확인하였다.

```
select /*+ leading(a) use_hash(b) */
       sum(b.거래수량) 총거래수량
     , sum(b.거래수량 * a.판매가) 총판매금액
     , round(avg(b.거래수량 * a.판매가)) 평균판매금액
from   상품이력 a, 일별상품거래 b
where  b.상품번호 = a.상품번호
and    b.거래일자 between a.시작일자 and a.종료일자

Call     Count CPU Time Elapsed Time       Disk      Query    Current       Rows
------- ------ -------- ------------ ---------- ---------- ---------- ----------
Parse        1    0.000        0.000          0          0          0          0
Execute      1    0.000        0.000          0          0          0          0
Fetch        2   52.953       52.976          0       1578          0          1
------- ------ -------- ------------ ---------- ---------- ---------- ----------
Total        4   52.953       52.976          0       1578          0          1

Rows     Row Source Operation
-------  ---------------------------------------------------
      1  SORT AGGREGATE (cr=1578 pr=0 pw=0 time=52976159 us)
 365300   HASH JOIN  (cr=1578 pr=0 pw=0 time=58163616 us)
  91325    TABLE ACCESS FULL 상품이력 (cr=409 pr=0 pw=0 time=365351 us)
 365300    TABLE ACCESS FULL 일별상품거래 (cr=1169 pr=0 pw=0 time=1095943 us)
```

해시 조인을 이용했더니 52초나 걸렸다. 인덱스 기반의 between 조인할 때(33초)보다 더 오래 걸린 것이다. 이유는, 각 상품별 이력이 평균 913건이나 되기 때문이다. 즉, 해시 테이블 탐색 비용이 매우 높은 것이 원인이다.

앞서 제시한 방안에 따라 두 개 이상 월에 걸치는 이력 레코드가 없도록 '상품이력2' 테이블을 만들어 보자(스크립트 ch2_15.txt 참조).

선분 형태의 이력이지만 한 달 범위를 넘지 않도록 했기 때문에 아래와 같이 '=' 조인문을 하나 더 추가해 줄 수 있다. 상품번호 외에 월 조건까지 해시 키(key) 값으로 사용하게 되었으므로 해시 버킷에서 스캔해야 할 양은 최대 31개를 넘지 않는다.

```
select /*+ leading(a) use_hash(b) */
       sum(b.거래수량) 총거래수량
     , sum(b.거래수량 * a.판매가) 총판매금액
     , round(avg(b.거래수량 * a.판매가)) 평균판매금액
from   상품이력2 a, 일별상품거래 b
```

```
where  b.상품번호 = a.상품번호
and    b.거래일자 between a.시작일자 and a.종료일자
and    trunc(to_date(b.거래일자, 'yyyymmdd'), 'mm')    → 거래월
     = trunc(to_date(a.시작일자, 'yyyymmdd'), 'mm')    → 이력이 포함된 월

Call     Count CPU Time Elapsed Time       Disk      Query    Current       Rows
------- ------ -------- ------------ ---------- ---------- ---------- ----------
Parse        1    0.000        0.000          0          0          0          0
Execute      1    0.000        0.000          0          0          0          0
Fetch        2    1.344        1.341          0       1617          0
------- ------ -------- ------------ ---------- ---------- ---------- ----------
Total        4    1.344        1.341          0       1617          0          1

Rows     Row Source Operation
-------  ---------------------------------------------------
      1  SORT AGGREGATE (cr=1617 pr=0 pw=0 time=1341303 us)
 365300   HASH JOIN  (cr=1617 pr=0 pw=0 time=6380042 us)
 100325    TABLE ACCESS FULL 상품이력2 (cr=448 pr=0 pw=0 time=301023 us)
 365300    TABLE ACCESS FULL 일별상품거래 (cr=1169 pr=0 pw=0 time=1095954 us)
```

상품이력2 테이블에서 출력된 건수는 앞에서보다 9,000(=100,325-91,325)건 더 많아졌지만 성능은 비교할 수 없이 빨라졌다(1.34초).

두 번째 방안은, 두 개 이상 월에 걸치는 이력이 없도록 쿼리 시점에 선분이력을 변환해 주는 것이다. 그런 다음 조인하는 방법은 앞에서와 같고, 마찬가지로 해시 체인을 스캔하는 양은 최대 31개로 제한될 것이다.

예를 들어 회사의 역사가 20년 됐다고 가정하고, 먼저 아래처럼 월도 테이블을 만든다.

```
create table 월도
as
select to_char(sysdate, 'yyyymm') 기준월
     , to_char(trunc(sysdate, 'mm'), 'yyyymmdd') 시작일자, '99991231' 종료일자
from   dual
union all
select to_char(add_months(trunc(sysdate, 'mm'), -rownum), 'yyyymm')
     , to_char(add_months(trunc(sysdate, 'mm'), -rownum), 'yyyymmdd')
     , to_char(add_months(last_day(sysdate), -rownum), 'yyyymmdd')
```

```
from   dual
connect by level <= 12*20;
```

데이터는 아래와 같은 형식으로 입력돼 있다.

```
SQL> select * from 월도 order by 1;

기준월  시작일자  종료일자
------ -------- --------
198909 19890901 19890930
198910 19891001 19891031
198911 19891101 19891130
...
...
200907 20090701 20090731
200908 20090801 20090831
200909 20090901 99991231

241 개의 행이 선택되었습니다.
```

이제 아래와 같이 부등호 조건으로 '월도' 테이블과 '상품이력' 테이블을 조인하면 '(2) 선분이력 끊기'에서 자세히 설명했듯이 두 개 이상 월에 걸친 상품이력이 여러 개로 복제된다(그림 2-25 참조).

```
select a.기준월, b.시작일자, b.종료일자
from   월도 a, 상품이력 b
where  b.시작일자 <= a.종료일자
and    b.종료일자 >= a.시작일자
```

상품이력이 여러 개 생기더라도 기준월은 각각 다른 값을 가지므로 거래월과 '=' 조인할 수 있다. 예를 들어, 20090821 ~ 20091007 기간에 해당하는 상품이력이 있다면 아래 표와 같은 데이터가 만들어질 것이다.

기준월	시작일자	종료일자
200908	20090821	20091007
200909	20090821	20091007
200910	20090821	20091007

아래는 최종 완성된 쿼리다.

```
select /*+ ordered use_merge(b) use_hash(c) */
       sum(c.거래수량) 총거래수량
     , sum(c.거래수량 * b.판매가) 총판매금액
     , round(avg(c.거래수량 * b.판매가)) 평균판매금액
from   월도 a, 상품이력 b, 일별상품거래 c
where  b.시작일자 <= a.종료일자
and    b.종료일자 >= a.시작일자
and    c.상품번호 = b.상품번호
and    c.거래일자 between b.시작일자 and b.종료일자
and    a.기준월 || '01'                                     → 이력이 포함된 월
     = trunc(to_date(c.거래일자, 'yyyymmdd'), 'mm')        → 거래월

Call     Count CPU Time Elapsed Time       Disk      Query    Current       Rows
------- ------ -------- ------------ ---------- ---------- ---------- ----------
Parse        1    0.000        0.000          0          0          0          0
Execute      1    0.000        0.000          0          0          0          0
Fetch        2    3.813        3.837          0       1581          0          1
------- ------ -------- ------------ ---------- ---------- ---------- ----------
Total        4    3.813        3.837          0       1581          0          1

Rows     Row Source Operation
-------  ---------------------------------------------------
      1  SORT AGGREGATE (cr=1581 pr=0 pw=0 time=3836808 us)
 365300   HASH JOIN  (cr=1581 pr=0 pw=0 time=8823631 us)
 100325    MERGE JOIN  (cr=412 pr=0 pw=0 time=1081210 us)
    241     SORT JOIN (cr=3 pr=0 pw=0 time=1439 us)
    241      TABLE ACCESS FULL 월도 (cr=3 pr=0 pw=0 time=1254 us)
 100325     FILTER  (cr=409 pr=0 pw=0 time=497111 us)
5558600      SORT JOIN (cr=409 pr=0 pw=0 time=22327086 us)
  91325       TABLE ACCESS FULL 상품이력 (cr=409 pr=0 pw=0 time=365334 us)
 365300    TABLE ACCESS FULL 일별상품거래 (cr=1169 pr=0 pw=0 time=1095956 us)
```

미리 만들어 둔 '상품이력2' 테이블을 이용할 때보다는 느리지만 그냥 해시 조인할 때의 52초보다는 훨씬 빨라졌다.

이 방식을 사용하면 '일별상품거래'와 조인할 때는 빠르지만, '월도' 테이블과 조인하는 과정에서 오히려 병목이 생길 수 있다.

Between 조인 튜닝 요약

지금까지 본 테스트 결과를 통해, 대상별 이력 레코드가 많을 때의 between 조인은 좋은 성능을 내기가 쉽지 않음을 알 수 있다. 많은 이력을 가진 마스터 데이터와 넓은 검색 구간의 거래 데이터를 조회[16]하는 경우가 여기에 해당하며, 이것은 정보계 시스템에서 자주 사용되는 쿼리 패턴이기도 하다.

위 경우에 해당하는 마스터 테이블 이력이라면 월말 시점마다 선분을 끊어주는 것을 고려하기 바란다. 쿼리 수행 시점에 실시간으로 선분을 끊는 방법도 있지만 복제되는 양에 따라 만족할만한 성능이 안 나올 수 있고, 무엇보다 쿼리가 복잡해진다는 게 단점이다.

마스터 데이터 건수가 적으면서 변경이 잦은 경우라면 매일 전체 대상 집합을 새로 저장하는 이력 관리 방식(→ 스냅샷 형태)도 고려해 볼 수 있다. 변경이 발생하지 않은 대상 집합도 매일 새로 저장하기 때문에 데이터량은 더 많아지겠지만 대용량 조회 시 검색 효율은 오히려 좋아진다. 물론 마스터 데이터 건수가 아주 많을 때는(수백만 개의 상품, 수천만 명의 고객 등) 고려의 대상이 못 된다.

위와 같은 성능 이슈가 예상되면 차라리 점이력으로 설계하는 것이 낫지 않느냐고 반문할지 모르지만, 조회 성능 측면에선 선분이력보다 나을 게 없다. 변경일자만 관리하는 점이력에 종료일자를 하나 더 갖도록 한 것이 선분이력이라고 이해한다면 그 이유를 쉽게 설명할 수 있다.

(10) 조인에 실패한 레코드 읽기

조인에 실패했을 때, 정해진 특정 레코드에서 가져온 값으로 보여주고 싶을 때는 어떻게 쿼리해야 할까? 예를 들어, cdr_rating(CDR 과금) 테이블에 아래와 같이 국가와 지역별 요금 정보가 입력돼 있다(스크립트 ch2_17.txt 참조).

```
SQL> select 국가코드, '''' || 지역 || '''', 요금 from cdr_rating ;

국가코드 지역              요금
-------- ---------- ----------
82       'A'               100
82       'B'               200
82       'C'               500
```

16) 거래 데이터에 대한 조건절 검색구간이 좁아지면 해시 테이블로 빌드(Build)할 이력 레코드 개수로 줄어든다. 자세한 설명은 4장 5절에 설명하는 '조건절 이행이 효과를 발휘하는 사례'를 참조하기 바란다.

```
82        'D'            300
82        'E'            100
84        'A'            300
84        'B'            500
84        'C'            400
84        ' '            800
86        'A'            500
86        'B'            200
86        ' '            700
```

국가코드 82(한국)는 모든 지역에 대한 요금정보를 갖고 있다. 하지만 국가코드 84(베트남)의 경우 A, B, C가 아닌 지역에 대해서는 일괄적으로 800원을 부과하려고 위와 같이 공백문자(' ')로 입력해 둔 것이다. 국가코드 86(중국)도 A, B가 아닌 지역에 대해서는 일괄적으로 700원이 부과된다.

아래는 cdr(통화내역) 테이블에 입력된 정보를 출력한 것이다.

```
SQL> select * from cdr;

통화시간          국가코드  지역
--------------- -------- ----------
20050315 010101 82       A
20050315 020101 82       B
20050315 030101 82       C
20050315 040101 84       A
20050315 050101 84       B
20050315 060101 84       C
20050315 070101 84       D  } cdr_rating에 매칭되는 정보 없음
20050315 080101 84       E  }
20050315 090101 86       A
20050315 100101 86       B
20050315 110101 86       C  }
20050315 120101 86       D  } cdr_rating에 매칭되는 정보 없음
20050315 130101 86       E  }
20050315 140101 86       F  }
```

이제 cdr과 cdr_rating 두 테이블을 조인해 2005년 3월 15일 시점 통화내역과 요금정보를 출력하려 하는데, 일반적인 조인문을 사용하면 아래와 같이 조인에 실패한 통화내역은 출력되지 않는다.

```
SQL> select /*+ ordered use_nl(r) */
            c.통화시간, c.국가코드, c.지역, r.요금
     from   cdr c, cdr_rating r
     where  c.통화시간 like '20050315%'
     and    c.국가코드 = r.국가코드
     and    c.지역      = r.지역 ;

통화시간           국가코드  지역      요금
---------------- -------- ----- ------
20050315 010101  82         A       100
20050315 020101  82         B       200
20050315 030101  82         C       500
20050315 040101  84         A       300
20050315 050101  84         B       500
20050315 060101  84         C       400
20050315 090101  86         A       500
20050315 100101  86         B       200
```

cdr을 기준으로 Outer 조인하면 통화내역은 모두 출력되겠지만 기타지역 통화내역에 대한 요금 정보가 Null로 출력된다.

```
SQL> select /*+ ordered use_nl(r) */
            c.통화시간, c.국가코드, c.지역, r.요금
     from   cdr c, cdr_rating r
     where  c.통화시간 like '20050315%'
     and    c.국가코드 = r.국가코드(+)
     and    c.지역      = r.지역(+) ;

통화시간           국가코드  지역      요금
---------------- -------- ----- ------
20050315 010101  82         A       100
20050315 020101  82         B       200
20050315 030101  82         C       500
20050315 040101  84         A       300
20050315 050101  84         B       500
20050315 060101  84         C       400
20050315 070101  84         D
20050315 080101  84         E
20050315 090101  86         A       500
20050315 100101  86         B       200
20050315 110101  86         C
```

```
20050315 120101  86        D
20050315 130101  86        E
20050315 140101  86        F
```

어떻게 쿼리해야 조인에 실패했을 때 지역이 공백(' ')인 요금 정보를 가져올 수 있을까? 아래와 같이 쿼리하면 된다.

```
SQL> select /*+ ordered use_nl(r) */
            c.통화시간, c.국가코드, c.지역, r.요금
     from   cdr c, cdr_rating r
     where  c.통화시간 like '20050315%'
     and    (r.국가코드, r.지역) =
            (select c.국가코드, max(지역)
             from   cdr_rating
             where  국가코드 = c.국가코드
             and    지역  in (' ', c.지역) ) ;

통화시간         국가코드 지역   요금
---------------- -------- ----- ------
20050315 010101  82        A       100
20050315 020101  82        B       200
20050315 030101  82        C       500
20050315 040101  84        A       300
20050315 050101  84        B       500
20050315 060101  84        C       400
20050315 070101  84        D       800
20050315 080101  84        E       800
20050315 090101  86        A       500
20050315 100101  86        B       200
20050315 110101  86        C       700
20050315 120101  86        D       700
20050315 130101  86        E       700
20050315 140101  86        F       700
```

9i까지는 use_concat 힌트를 이용해 아래와 같이 쿼리할 수 있었다. IN-List가 concatenation(or-expansion) 방식으로 풀리면 뒤쪽에 있는 값이 먼저 실행되는 특징을 이용하는 것이다.

```
select /*+ ordered use_nl(r) index(r pk_cdr_rating) */
       c.통화시간, c.국가코드, c.지역, r.요금
from   cdr c, cdr_rating r
where  c.통화시간 like '20050315%'
and    (r.국가코드, r.지역) =
       (select /*+ use_concat */ c.국가코드, 지역
        from   cdr_rating
        where  국가코드 = c.국가코드
        and    지역  in (' ', c.지역)
        and    rownum <= 1) ;
```

아래와 같이 쿼리하면 결과가 틀리게 된다.

```
...
where  국가코드 = c.국가코드
and    지역  in (c.지역, ' ')
and    rownum <= 1) ;
```

10g부터는 일반적인 use_concat 힌트로는 OR-Expansion이 일어나지 않기 때문에 위와 같은 기법을 쓸 수가 없다. use_concat에 특별한 인자를 넣어 위와 같은 방식으로 유도할 순 있지만(4장 7절 참조) CPU 비용모델에서는 통계정보상 카디널리티가 작은 값이 먼저 실행되기 때문에 결과가 보장되질 않는다.

따라서 10g에서 위와 같은 기법을 사용하려면 아래와 같이 ordered_predicates 힌트(4장 12절 '(3) 조건절 비교 순서' 참조)를 사용하거나 no_cpu_costing 힌트를 이용해 I/O 비용 모델로 바꿔줘야 한다.

```
...
and    (r.국가코드, r.지역) =
       (select /*+ use_concat(@subq 1) qb_name(subq) ordered_predicates */ ......

--------------------------------------------------------------------------------
| Id  | Operation                      | Name         | Rows  | Bytes | Cost  (%CPU)|
--------------------------------------------------------------------------------
|   0 | SELECT STATEMENT               |              |     1 |    42 |     2    (0)|
|   1 |  NESTED LOOPS                  |              |     1 |    42 |     2    (0)|
|*  2 |   INDEX RANGE SCAN             | PK_CDR       |    14 |   266 |     1    (0)|
|   3 |   TABLE ACCESS BY INDEX ROWID| CDR_RATING   |     1 |    23 |     1    (0)|
```

```
|* 4 |     INDEX UNIQUE SCAN        | PK_CDR_RATING |     1 |       |     0   (0)|
|* 5 |      COUNT STOPKEY           |               |       |       |            |
|  6 |       CONCATENATION          |               |       |       |            |
|* 7 |        FILTER                |               |       |       |            |
|* 8 |         INDEX UNIQUE SCAN    | PK_CDR_RATING |     1 |    10 |     0   (0)|
|* 9 |        FILTER                |               |       |       |            |
|* 10 |         INDEX UNIQUE SCAN   | PK_CDR_RATING |     1 |    10 |     0   (0)|
--------------------------------------------------------------------------------

Predicate Information (identified by operation id):
---------------------------------------------------
   2 - access("C"."통화시간" LIKE '20050315%')
       filter("C"."통화시간" LIKE '20050315%')
   4 - access(("R"."국가코드","R"."지역")= (SELECT /*+ USE_CONCAT (1)
              QB_NAME ("SUBQ") */ :B1,"지역" FROM "CDR_RATING" "CDR_RATING"???)
   5 - filter(ROWNUM<=1)
   7 - filter(ROWNUM<=1)
   8 - access("국가코드"=:B1 AND "지역"=:B2)
   9 - filter(ROWNUM<=1)
  10 - access("국가코드"=:B1 AND "지역"=' ')
       filter(LNNVL("지역"=:B1))
```

아래는 인덱스를 두 번 액세스하지 않고 서브쿼리에서 얻은 rowid로 테이블을 직접 액세스하도록 최종적으로 튜닝한 것이다.

```
select /*+ ordered use_nl(r) rowid(r) */
       c.통화시간, c.국가코드, c.지역, r.요금
from   cdr c, cdr_rating r
where  c.통화시간 like '20050315%'
and    r.rowid =
      (select /*+ use_concat(@subq 1) qb_name(subq) ordered_predicates */ rowid
       from   cdr_rating
       where  국가코드 = c.국가코드
       and    지역 in (' ', c.지역)
       and    rownum <= 1
       ) ;
```

```
-------------------------------------------------------------------------------------
| Id  | Operation                    | Name           | Rows  | Bytes | Cost (%CPU)|
-------------------------------------------------------------------------------------
|   0 | SELECT STATEMENT             |                |     2 |    88 |    15   (0)|
|   1 |  NESTED LOOPS                |                |   168 |  7392 |    15   (0)|
|*  2 |   INDEX RANGE SCAN           | PK_CDR         |    14 |   266 |     1   (0)|
|   3 |   TABLE ACCESS BY USER ROWID | CDR_RATING     |    12 |   300 |     1   (0)|
|*  4 |    COUNT STOPKEY             |                |       |       |            |
|   5 |     CONCATENATION            |                |       |       |            |
|*  6 |      FILTER                  |                |       |       |            |
|*  7 |       INDEX UNIQUE SCAN      | PK_CDR_RATING  |     1 |    22 |     0   (0)|
|*  8 |      FILTER                  |                |       |       |            |
|*  9 |       INDEX UNIQUE SCAN      | PK_CDR_RATING  |     1 |    22 |     0   (0)|
-------------------------------------------------------------------------------------

Predicate Information (identified by operation id):
---------------------------------------------------

   2 - access("C"."통화시간" LIKE '20050315%')
       filter("C"."통화시간" LIKE '20050315%')
   4 - filter(ROWNUM<=1)
   6 - filter(ROWNUM<=1)
   7 - access("국가코드"=:B1 AND "지역"=:B2)
   8 - filter(ROWNUM<=1)
   9 - access("국가코드"=:B1 AND "지역"=' ')
       filter(LNNVL("지역"=:B1))
```

오라클 성능 고도화 원리와 해법 II

고성능 데이터베이스 애플리케이션 구축을 위해
필수적으로 이해하고 적용해야 할 원리와 해법

이 책은 데이터베이스 튜닝과 관련된 핵심 주제를 중심으로, 실전에서 자주 접하는 주요 성능 이슈에 대한 원리와 해법을 친절하고 상세하게 설명합니다. 1권에서 다룬 DBMS 내부수행 원리를 바탕으로 2권에서 다루는 내용은 다음과 같습니다.

- **1장** 인덱스 원리와 활용
- **2장** 조인 원리와 활용
- **3장** 옵티마이저 원리
- **4장** 쿼리 변환
- **5장** 소트 튜닝
- **6장** 파티셔닝
- **7장** 병렬 처리

데이터베이스 전문가로서 탄탄한 지식의 탑을 쌓으려면 핵심 기술에 대한 이해가 필수입니다. 데이터베이스 핵심 기술을 다지고 고급 기술을 연마하고자 하는 모든 분께 이 책은 든든한 반석과 나침반이 돼 드릴 것입니다. 특히, 아래와 같은 분께 자신 있게 권합니다.

- 고급 데이터베이스 프로그래머
- 데이터베이스 튜닝에 입문하고자 하는 개발자 및 DBA
- 이미 활동 중인 데이터베이스 튜닝 전문가
- 데이터베이스 설계자
- 애플리케이션 구조 및 공통 기술 설계자
- SQL 전문가(SQLP) 및 DA 전문가(DAP)자격증 응시자

내용문의
http://www.dbian.net
http://www.sqlp.co.kr

(주)디비안 DBian makes DB easier

오라클 성능 고도화 원리와 해법 Ⅱ

옵티마이저와
쿼리 변환

효율적이고 신뢰할 수 있는

데이터베이스 구축을 위한 실증적 방법론

조시형 지음

국가공인자격 SQL Professional CERTIFICATE SQLP

공식참고서

국가공인자격 Data Architecture Professional DAP

공식참고서

(주) 디비안
DBian
makes DB easier

Chapter 03

옵티마이저 원리

01. 옵티마이저
02. 옵티마이저 행동에 영향을 미치는 요소
03. 옵티마이저의 한계
04. 통계정보 I
05. 카디널리티
06. 히스토그램
07. 비용
08. 통계정보 II

01 옵티마이저

(1) 옵티마이저란?

이미 1권 4장에서 옵티마이저에 대한 기본적인 개념을 설명하였다. 1권에서는 주로 라이브러리 캐시 최적화 관점에서 옵티마이저를 다루었지만 본 장에선 옵티마이저를 중심 주제로 다룬다.

1권에서 설명했던 내용을 상기해 보면, 옵티마이저(Optimizer)는 사용자가 요청한 SQL을 가장 효율적이고 빠르게 수행할 수 있는 최적(최저비용)의 처리경로를 선택해 주는 DBMS의 핵심엔진이다. 구조화된 질의언어(SQL)로 사용자가 원하는 결과집합을 정의하면 이를 얻는 데 필요한 처리절차(프로시저)는 DBMS에 내장된 옵티마이저가 자동으로 생성해준다.

그림 3-1

옵티마이저에는 크게 두 가지가 있다.

- 규칙기반 옵티마이저(Rule-Based Optimizer, 이하 RBO)
- 비용기반 옵티마이저(Cost-Based Optimizer, 이하 CBO)

역사가 오래된 오라클은 RBO에서 출발하였으나 다른 상용 RDBMS는 탄생 초기부터 CBO를 채택하였다. 그리고 오라클도 10g부터 RBO에 대한 지원을 중단한다고[1] 공식적으로 선언했으므

1) 지원을 중단한다는 의미는 더 이상 기능 개선이 없고 문제가 생겨도 기술지원을 하지 않겠다는 뜻이다. 10g에서도 여전히 rule 힌트를 사용하면 RBO 모드 실행계획을 확인할 수 있다.

로 더는 둘 간의 비교 논쟁이 불필요하다. 하지만 흘러온 역사를 이해하는 것은 현재에 대한 이해를 높이는 데 도움이 되므로 RBO에 대한 개념부터 간단히 살펴보자.

(2) 규칙기반 옵티마이저

규칙기반 옵티마이저(RBO)는 다른 말로 '휴리스틱(Heuristic) 옵티마이저'라고 불리며, 미리 정해 놓은 우선순위에 따라 액세스 경로(Access Path)를 평가하고 실행계획을 선택한다. 아래 표는 RBO가 사용하는 규칙(액세스 경로별 우선순위)인데, 인덱스 구조, 연산자, 조건절 형태가 순위를 결정짓는 주요인임을 알 수 있다.

순위	액세스 경로
1	Single Row by Rowid
2	Single Row by Cluster Join
3	Single Row by Hash Cluster Key with Unique or Primary Key
4	Single Row by Unique or Primary Key
5	Clustered Join
6	Hash Cluster Key
7	Indexed Cluster Key
8	Composite Index
9	Single-Column Indexes
10	Bounded Range Search on Indexed Columns
11	Unbounded Range Search on Indexed Columns
12	Sort Merge Join
13	MAX or MIN of Indexed Column
14	ORDER BY on Indexed Column
15	Full Table Scan

OLTP 환경의 중소형 데이터베이스 시스템이라면 RBO 규칙이 어느 정도 보편 타당성을 갖는다. 하지만 데이터량, 값의 수(number of distinct value), 컬럼 값 분포, 인덱스 높이, 클러스터링 팩터 같은 데이터 특성을 고려하지 않기 때문에 RBO는 대용량 데이터를 처리하는 데 있어 합리적이지 못할 때가 많다. 예를 들어, 조건절 컬럼에 인덱스가 있으면 무조건 인덱스를 사용한다. 항상 인덱스를 신뢰하며, Full Table Scan과의 손익을 따지지 않는다. (인덱스를 경유하면서 액세스할 데이터량이 일정 수준 이상이면 오히려 Full Table Scan이 유리하다는 것은 일반적인 상식이지만 RBO는 그런 사실을 외면한다.)

또 다른 예로, 아래와 같은 문장을 수행할 때도 empno 컬럼에 인덱스가 있으면 무조건 그 인덱스를 이용해 sort order by 연산을 대체한다. 부분범위처리가 불가능한 상황이라면 Full Table Scan 하고 나서 정렬하는 편이 나은 데도 RBO 우선순위로는 인덱스 컬럼에 의한 order by(14위)가 Full Table Scan(15위)보다 한 단계 높아서 그런 선택을 하는 것이다.

```
select /*+ rule */ * from emp order by empno
```

RBO는 이처럼 예측 가능하고 일관성 있는 실행계획을 수립하며 사용자가 원하는 처리경로로 유도하기가 쉽다. 그에 반해 CBO는 같은 SQL이더라도 데이터 특성에 따라 실행계획이 달라지고 복잡한 비용 원리를 내포하고 있어 이를 정확히 이해하지 못한다면 제어가 쉽지 않다. 이 때문에 운영자 입장에서 불안한 측면이 있고 이것을 이유로 아직도 RBO를 옹호하는 분들을 종종 만나는데, 지금 같은 초대용량 데이터베이스 환경에서 더는 RBO가 대안이 될 수 없다.

다른 RDBMS와 마찬가지로 오라클도 CBO만 지원하게 되었으므로 자꾸 뒤를 돌아보는 것은 소모적이다. 이제는 CBO에 대한 더 깊이 있는 연구를 통해 그 특성을 파악하고, 데이터와 시스템 특성에 맞는 통계정보 수집 정책을 수립함으로써 옵티마이저가 스스로 최적의 결정을 할 수 있도록 돕는 쪽에 역량을 집중하는 것이 바람직하다. (옵티마이저 힌트 사용에 관한 찬반 논쟁과 혼동하지 말기 바란다. 이에 대한 논쟁은 아직도 뜨겁다.)

(3) 비용기반 옵티마이저

비용기반 옵티마이저는 말 그대로 비용을 기반으로 최적화를 수행한다. 여기서 '비용(Cost)'이란, 쿼리를 수행하는데 소요되는 일량 또는 시간을 뜻한다. 전통적인 I/O 비용 모델에서는 I/O 요청(Call) 횟수만으로 비용을 평가했지만, 최근 도입된 CPU 비용 모델에서는 CPU 연산 비용까지 감안한다. 그리고 수행 일량을 상대적인 시간 개념으로 환산해 비용을 평가한다.

CBO가 실행계획을 수립할 때 판단 기준이 되는 비용은 어디까지나 예상치다. 미리 구해놓은 테이블과 인덱스에 대한 여러 통계정보를 기초로 각 오퍼레이션 단계별 예상 비용을 산정하고, 이를 합산한 총비용이 가장 낮은 실행계획 하나를 선택한다. 비용을 산정할 때 사용되는 오브젝트 통계 항목에는 레코드 개수, 블록 개수, 평균 행 길이, 컬럼 값의 수, 컬럼 값 분포, 인덱스 높이, 클러스터링 팩터 같은 것들이 있다.

오브젝트 통계뿐만 아니라 최근에는 하드웨어적 특성을 반영한 시스템 통계정보(CPU 속도, 디스크 I/O 속도 등)까지 이용하는데, 자세한 내용은 4절에서 설명한다.

옵티마이저의 최적화 수행단계를 요약하면 다음과 같다(그림 3-2 참조).

1. 사용자가 던진 쿼리수행을 위해, 후보군이 될만한 실행계획을 찾는다.
2. 데이터 딕셔너리(Data Dictionary)에 미리 수집해 놓은 오브젝트 통계 및 시스템 통계정보를 이용해 각 실행계획의 예상비용을 산정한다.
3. 각 실행계획의 비용을 비교해서 최저비용을 갖는 하나를 선택한다.

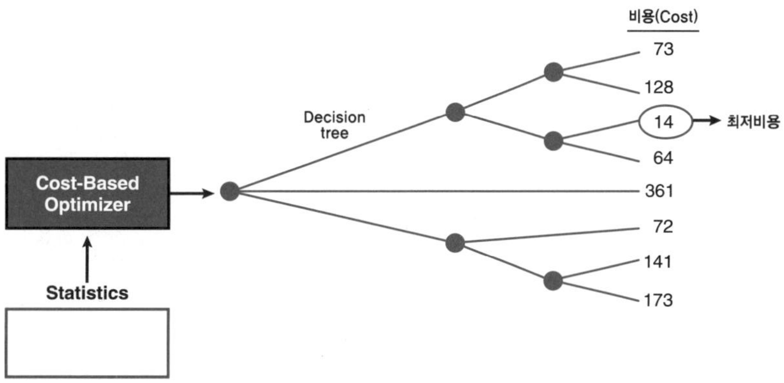

출처 : ORACLE High-Performance SQL Tuning(Donald K. Burleson, Osborne /McGraw-Hill)

그림 3-2

동적 샘플링(Dynamic Sampling)

쿼리를 최적화할 때 미리 구해놓은 통계정보를 이용한다고 했는데, 만약 테이블과 인덱스에 대한 통계정보가 없거나 너무 오래돼 신뢰할 수 없을 때 옵티마이저가 동적으로 샘플링을 수행하도록 할 수 있다.

optimizer_dynamic_sampling 파라미터로 동적 샘플링 레벨을 조정하며, 9i에서 기본 레벨이 1이던 것이 10g에서 2로 상향 조정되었다. 따라서 10g에서는 쿼리 최적화 시 통계정보 없는 테이블을 발견하면 무조건 동적 샘플링을 수행한다. 레벨을 0으로 설정해 동적 샘플링이 일어나지 않게 할 수 있으며, 9i 기본 값인 1로 설정할 때는 아래 조건을 모두 만족할 때만 동적 샘플링이 일어난다.

(1) 통계정보가 수집되지 않은 테이블이 적어도 하나 이상 있고,

(2) 그 테이블이 다른 테이블과 조인되거나 서브쿼리 또는 Non-mergeable View(4장에서 자세히 다룸)에 포함되고,

(3) 그 테이블에 인덱스가 하나도 없고,

(4) 그 테이블에 할당된 블록 수가 32개(동적 샘플링을 위한 표본 블록 수의 기본 값)보다 많을 때

레벨 설정은 최대 10까지 가능하다. 레벨이 높을수록 옵티마이저는 더 적극적인 동적 샘플링을 수행하며 샘플링에 사용되는 표본 블록 개수도 증가한다.

동적 샘플링으로 얻은 통계정보는 데이터 딕셔너리에 영구 저장되지 않는다. 통계정보가 올바르지 않은 테이블을 참조하는 쿼리는 "하드 파싱할 때마다" 동적 샘플링을 위한 Recursive SQL이 추가로 수행되므로 성능이 좋을 리 없다. 따라서 DB 관리자는 이런 현상이 발생하지 않도록 통계정보를 관리해 주어야 한다.

참고로, 동적 샘플링이 일어날 때면 SQL 트레이스에서 아래와 같은 주석을 포함한 Recursive SQL을 발견할 수 있다.

```
SELECT /* OPT_DYN_SAMP */ … FROM …
```

그림 3-3은 CBO를 기준으로 SQL 처리 절차를 요약한 것이다.

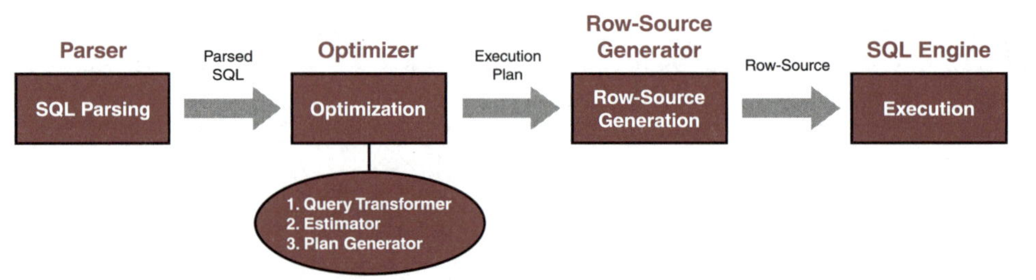

그림 3-3

SQL 파서(Parser)와 Row-Source Generator의 역할에 대해서는 1권에서 설명하였으므로 여기서는 생략하기로 하겠다. 옵티마이저를 구성하는 세 서브 엔진의 역할에 대해서도 이미 설명했지만 잠시 상기해 보기로 하자.

- Query Transformer : 사용자가 던진 SQL을 그대로 최적화하는 것이 아니라 우선 최적화하기 쉬운 형태로 변환을 시도한다. 물론 쿼리 변환 전후 결과가 동일함이 보장될 때만 그렇

게 한다.

- Estimator : 쿼리 오퍼레이션 각 단계의 선택도(Selectivity), 카디널리티(Cardinality), 비용(Cost)을 계산하고, 궁극적으로는 실행계획 전체에 대한 총 비용을 계산해 낸다. 각 단계를 수행하는데 필요한 I/O, CPU, 메모리 사용량 등을 예측하기 위해 데이터베이스 오브젝트(테이블, 인덱스 등) 통계정보와 하드웨어적인 시스템 성능 통계정보(CPU 속도, Single Block Read Time, Multiblock Read Time 등)를 이용한다.
- Plan Generator : 하나의 쿼리를 수행하는 데 있어, 후보군이 될만한 실행계획들을 생성해 내는 역할을 한다.

스스로 학습하는 옵티마이저(Self-Learning Optimizer)

vsql, vsql_plan_statistics, v$sql_plan_statistics_all, v$sql_workarea 등에 SQL별로 저장된 수많은 런타임 수행 통계를 보면 앞으로 옵티마이저의 발전 방향을 예상할 수 있다. 옵티마이저는 지금까지 오브젝트 통계와 시스템 통계로부터 산정한 '예상' 비용만으로 실행계획을 수립했지만 앞으로는 예상치가 빗나갔을 때 이들 런타임 수행 통계를 보고 실행계획을 조정할 움직임을 보이고 있다.

수년 전부터 회자되기 시작한 이른바 '스스로 학습하는 옵티마이저'를 9i와 10g에서 선보이는 듯하더니 11g부터 이를 본격화한 것이 아닌가 싶다. 1권에서 설명했던 적응적 커서 공유(Adaptive Cursor Sharing) 기법이 그런 가능성을 시사하고, 이미 9i에서 소개된 동적 실시간 최적화(Dynamic Runtime Optimizations, 다음 절에서 설명함) 개념도 그 일환이라고 말할 수 있다.

전조등 광량을 자동 조절하고, 실내 온도에 따라 에어컨 바람 세기를 스스로 조절하며, 비가 내리는 양에 따라 와이퍼(wiper) 속도를 자동 조절하는 최첨단 자동차처럼 스스로 학습하면서 SQL을 최적화하는 옵티마이저의 탄생을 보게 될 날도 머지않은 듯하다. (하지만, 정말 믿고 쓸만한 물건이 나오기까지는 꽤 오랜 시간이 걸리지 않을까? 인류가 운전까지 대신해 주는 자동차를 상상한지 꽤 오래됐지만 아직 상용화되지 못하고 테스트 수준에 머무는 것처럼 말이다.)

(4) 옵티마이저 모드

옵티마이저 모드로 선택할 수 있는 값으로는 아래 5가지가 있고, 시스템 레벨, 세션 레벨, 쿼리 레벨에서 바꿀 수 있다.

- rule
- all_rows
- first_rows
- first_rows_n
- choose

```
alter system set optimizer_mode = all_rows;      -- 시스템 레벨 변경
alter session set optimizer_mode = all_rows;     -- 세션 레벨 변경
select /*+ all_rows */ * from t where … ;        -- 쿼리 레벨 변경
```

RULE

RBO 모드를 선택하고자 할 때 사용한다.

ALL_ROWS

쿼리 최종 결과집합을 끝까지 Fetch하는 것을 전제로, 시스템 리소스(I/O, CPU, 메모리 등)를 가장 적게 사용하는 실행계획을 선택한다.

DML 문장은 일부 데이터만 가공하고 멈출 수 없으므로 옵티마이저 모드에 상관없이 항상 all_rows 모드로 작동한다. select 문장도 union, minus 같은 집합(set) 연산자나 for update절을 사용하면 all_rows 모드로 작동한다. PL/SQL 내에서 수행되는 SQL도 힌트를 사용하거나 기본 모드가 rule인 경우를 제외하면 항상 all_rows 모드로 작동한다.

FIRST_ROWS

전체 결과집합 중 일부 로우만 Fetch하다가 멈추는 것을 전제로, 가장 빠른 응답 속도를 낼 수 있는 실행계획을 선택한다. 사용자가 만약 끝까지 Fetch한다면 오히려 더 많은 리소스를 사용하고 전체 수행 속도도 느려질 수 있다.

first_rows는 비용과 규칙(=휴리스틱)을 혼합한 형태의 옵티마이저 모드다. 얼마만큼을 Fetch할지 지정하지 않았으므로 정확한 비용을 예측할 수 없고, 따라서 옵티마이저는 내부적으로 정해진 규칙을 사용한다. 예를 들어, order by 컬럼에 인덱스가 있으면 Table Full Scan 비용과 비교해 보지도 않고 무조건 그 인덱스를 이용해 sort order by 연산을 대체한다. RBO가 가졌던 바로 그 규칙(14위)이다. 규칙을 사용하긴 하지만 통계정보를 이용하므로 비용기반 옵티마이저임에는 틀림없다.

실제 사례를 보면서 first_rows 모드일 때의 CBO 작동원리를 이해해 보자(스크립트 ch3_01.txt 참조).

```
SQL> create table t_emp
  2  as
  3  select * from scott.emp, (select rownum no from dual connect by level <= 1000)
  4  order by dbms_random.value ;

SQL> alter table t_emp add constraint t_emp_pk primary key(empno, no);

SQL> begin
  2    dbms_stats.gather_table_stats(
  3      ownname => user
  4    , tabname => 't_emp'
  5    , method_opt => 'for columns sal');
  6  end;
  7  /

SQL> set autotrace traceonly exp
SQL> select /*+ all_rows */ * from t_emp
  2  where  sal >= 5000
  3  order by empno, no ;

-----------------------------------------------------------------
| Id  | Operation            | Name  | Rows  | Bytes | Cost (%CPU)|
-----------------------------------------------------------------
|   0 | SELECT STATEMENT     |       |  1000 | 41000 |    26   (8)|
|   1 |  SORT ORDER BY       |       |  1000 | 41000 |    26   (8)|
|   2 |   TABLE ACCESS FULL| T_EMP |  1000 | 41000 |    25   (4)|
-----------------------------------------------------------------
```

위에서는 all_rows 모드이므로 Table Full Scan하고 나서 소트 연산을 수행하는 실행계획이 수립되었다. first_rows로 바꾸고 다시 수행해 보자.

```
SQL> select /*+ first_rows */ * from t_emp
  2  where  sal >= 5000
  3  order by empno, no ;

----------------------------------------------------------------------------
| Id  | Operation                    | Name     | Rows  | Bytes | Cost (%CPU)|
----------------------------------------------------------------------------
|   0 | SELECT STATEMENT             |          |  1000 | 41000 | 13900   (1)|
```

```
|   1 |  TABLE ACCESS BY INDEX ROWID| T_EMP     | 1000 | 41000 | 13900   (1)|
|   2 |   INDEX FULL SCAN           | T_EMP_PK | 14000 |       |    37   (3)|
---------------------------------------------------------------------------
```

같은 SQL이지만 first_rows 모드로 바꾸자 order by 컬럼 순으로 정렬된 PK 인덱스를 사용하는 실행계획이 수립되었다. 이 실행계획을 수립하는 데에는 비용보다 규칙이 우선시되었다. Table Full Scan 비용은 26이고 Index Full Scan 비용은 13,900이지만, 사용자가 Fetch 도중에 멈출 것이란 가정 하에 이런 실행계획을 수립한 것이다.

좀 더 깊이 들어가 생각해 보자. 아래 쿼리 결과에서 보듯 최종 결과집합에 해당하는 레코드 비율은 7%밖에 되지 않는다.

```
SQL> set autotrace off
SQL> select count(*) all_emp
  2       , count(case when sal >= 5000 then 1 end) over_5000
  3       , round(count(case when sal >= 5000 then 1 end) / count(*) * 100) ratio
  4  from   t_emp ;

   ALL_EMP  OVER_5000      RATIO
---------- ---------- ----------
     14000       1000          7
```

따라서 첫 번째 Fetch 분량을 얻기까지 많은 인덱스 스캔과 테이블 액세스를 수반하므로 first_rows가 지향하는 최초 응답속도도 생각만큼 좋지 않을 수 있다. sal 조건을 만족하는 레코드가 앞쪽에 몰려 있거나(→ empno, no 값이 작을수록 sal 값이 큰 경우를 말함) ArraySize가 아주 작을 때만 이점이 있을 것이다. 그럼에도 옵티마이저는 무조건 Index Full Scan을 선택했다.

규칙의 영향을 받긴 하지만 first_rows도 CBO 모드이기 때문에 통계정보를 활용한다. 예를 들어, 위에서 컬럼 히스토그램을 생성했으므로 「sal >= 5001」인 사원이 없다는 사실만큼은 옵티마이저도 알 수 있다. 따라서 이 조건절을 사용하면 실행계획도 아래와 같이 바뀐다.

```
SQL> set autotrace traceonly exp
SQL> select /*+ first_rows */ * from t_emp
  2  where  sal >= 5001
  3  order by empno, no ;
```

```
---------------------------------------------------------------
| Id  | Operation          | Name  | Rows  | Bytes | Cost (%CPU)|
---------------------------------------------------------------
|   0 | SELECT STATEMENT   |       |     1 |    41 |    26   (8)|
|   1 |  SORT ORDER BY     |       |     1 |    41 |    26   (8)|
|   2 |   TABLE ACCESS FULL| T_EMP |     1 |    41 |    25   (4)|
---------------------------------------------------------------
```

RBO와의 차이점이 바로 여기에 있다. 같은 조건을 주고 RBO 모드로 실행해 보면 아래와 같이 여전히 Index Full Scan을 선택한다.

```
SQL> select /*+ rule */ * from t_emp
  2  where  sal >= 5001
  3  order by empno, no ;

-------------------------------------------------
| Id  | Operation                   | Name     |
-------------------------------------------------
|   0 | SELECT STATEMENT            |          |
|   1 |  TABLE ACCESS BY INDEX ROWID| T_EMP    |
|   2 |   INDEX FULL SCAN           | T_EMP_PK |
-------------------------------------------------
```

first_rows가 RBO보다 낫긴 해도 완벽한 비용에 근거하지 않기 때문에 불합리한 결정을 할 때가 종종 있다. 이를 보완하기 위해 9i부터 새로운 옵티마이저 모드 first_rows_n이 도입되었고, first_rows는 이제 과거 버전과의 호환성을 위한 용도로만 남게 되었다.

FIRST_ROWS_N

사용자가 처음 n개 로우만 Fetch하는 것을 전제로, 가장 빠른 응답 속도를 낼 수 있는 실행계획을 선택한다. n으로 지정할 수 있는 값은 1, 10, 100, 1000 네 가지며, 사용자가 지정한 n개 로우 이상을 Fetch한다면 오히려 더 많은 리소스를 사용하고 전체 수행 속도도 느려질 수 있다.

```
alter session set optimizer_mode = first_rows_100;
select /*+ first_rows(100) */ * from t where … ;
```

힌트를 사용할 때는 괄호 안에 0보다 큰 어떤 정수 값이라도 입력 가능하므로 파라미터를 이용할 때보다 더 정밀하게 제어할 수 있다.

first_rows와 달리 first_rows_n은 완전한 CBO 모드로 작동한다. 예를 들어, first_rows_100이면 100개 로우를 가장 빨리 리턴할 수 있는 최저비용의 실행계획을 선택하며, Table Full Scan 비용이 오히려 낮다면 그것을 선택한다.

앞에서 생성했던 t_emp 테이블을 가지고 테스트를 계속해 보자.

```
SQL> select count(*) all_emp
  2       , count(case when sal >= 2000 then 1 end) over_2000
  3       , round(count(case when sal >= 2000 then 1 end) / count(*) * 100) ratio
  4 from   t_emp ;

   ALL_EMP  OVER_2000      RATIO
---------- ---------- ----------
     14000       6000         43
```

위 쿼리 결과에서 보듯 sal >= 2000인 사원은 6,000명으로서 전체 중 43%를 차지하므로 일정량 이상을 Fetch하는 순간 오히려 Table Full Scan 보다 비용이 커진다. 아래 경우를 보자.

```
SQL> select /*+ first_rows(10) */ * from t_emp
  2  where  sal >= 2000
  3  order by empno, no ;

------------------------------------------------------------------------------
| Id  | Operation                    | Name     | Rows  | Bytes | Cost  (%CPU)|
------------------------------------------------------------------------------
|   0 | SELECT STATEMENT             |          |    11 |   451 |    28    (0)|
|   1 |  TABLE ACCESS BY INDEX ROWID| T_EMP    |  5999 |  240K|    28    (0)|
|   2 |   INDEX FULL SCAN            | T_EMP_PK |    26 |       |     2    (0)|
------------------------------------------------------------------------------

SQL> select /*+ first_rows(100) */ * from t_emp
  2  where  sal >= 2000
  3  order by empno, no ;

--------------------------------------------------------------------------
| Id  | Operation          | Name  | Rows  | Bytes |TempSpc| Cost  (%CPU)|
--------------------------------------------------------------------------
|   0 | SELECT STATEMENT   |       |  5999 |  240K|       |    93    (4)|
|   1 |  SORT ORDER BY     |       |  5999 |  240K|   776K|    93    (4)|
```

```
|   2 |   TABLE ACCESS FULL| T_EMP |  5999 |   240K|         |    25   (4)|
-------------------------------------------------------------------------
```

first_rows(10) 일 때는 Index Full Scan 하다가 first_rows(100) 일 때 Table Full Scan으로 바뀌었다. 비용을 고려해 실행계획을 선택했음을 알 수 있다.

CHOOSE

액세스되는 테이블 중 적어도 하나에 통계정보가 있다면 CBO, 그중에서도 all_rows 모드를 선택한다. 어느 테이블에도 통계정보가 없으면 RBO를 선택한다.

9i까지는 choose가 기본 설정이었으나 10g부터는 all_rows가 기본 옵티마이저 모드로 설정된다. 10g부터 RBO를 공식적으로 지원하지 않게 된 탓이며, 동적 샘플링 기본 레벨이 2로 바뀐 것과도 무관하지 않다. 즉, 통계정보 없는 테이블을 발견하면 무조건 동적 샘플링이 일어나기 때문에 RBO로 작동할 일이 없어진 것이다.

옵티마이저 모드 선택

일반적으로 first_rows는 OLTP 환경에서, all_rows는 DW나 배치 프로그램 등에서 사용하는 옵티마이저 모드라고 알려져 있다. 하지만 요즘과 같은 웹 애플리케이션 환경에서는 OLTP이더라도 대개 all_rows가 올바른 선택이다. 이유는 간단하다. 애플리케이션에서 수행되는 쿼리 자체가 전체범위처리를 요구하기 때문이다.

all_rows 모드는 SQL 결과 집합을 모두 Fetch하기에 가장 효율적인 실행계획을 옵티마이저에게 요구하는 것이고, first_rows는 그 중 일부만 Fetch하고 멈추는 것을 전제로 가장 효율적인 실행계획을 요구하는 옵티마이저 모드다. 따라서 DW 시스템 또는 배치 프로그램이라면 all_rows 모드를 선택하는 것이 당연하게 느껴진다. OLTP인 경우는 어떤가? OLTP일 때는 애플리케이션 아키텍처에 따라 다르다고 할 수 있다.

first_rows 모드가 효과적인 애플리케이션 아키텍처는 주로 2-Tier 환경의 클라이언트/서버 구조다. 이 애플리케이션 구조의 특징은 전체 결과집합이 아무리 많아도 사용자가 스크롤을 통해 일부만 Fetch하다가 멈춘다는 점이다. 결과집합을 끝까지 Fetch하거나 다른 쿼리를 수행하기 전까지 SQL 커서는 오픈된 상태를 유지한다.

반면, OLTP성 애플리케이션이더라도 3-Tier 구조는 클라이언트와 서버 간 연결을 지속하지 않는 환경이므로 오픈 커서를 계속 유지할 수 없어 페이지 처리 기법을 주로 사용한다. 이를 위해

rownum으로 결과집합을 10건 내지 20건으로 제한하는 쿼리를 주로 사용한다. 요지는, 대량의 데이터에서 일부만 Fetch하다 멈추는 것이 아니라 집합 자체를 소량으로 정의한다는 것이다.

바인드 변수와 연관해 테스트해 보면 좀 더 복잡한 이슈들을 발견하게 되지만 그런 불합리한 요소들은 옵티마이저 버전이 올라가면서 개선될 것으로 판단된다. 어차피 모든 SQL을 만족하게 하는 옵티마이저 모드는 현존하지 않는다. 애플리케이션 특성상 확실히 first_rows가 적합하다는 판단이 서지 않는다면 all_rows를 기본 모드로 선택하고, 필요한 쿼리 또는 세션 레벨에서 first_rows 모드로 전환할 것을 권고한다.

02 옵티마이저 행동에 영향을 미치는 요소

옵티마이저 행동의 차이는 궁극적으로 실행계획의 차이를 말하며, 실행계획에 영향을 미치는 요소로는 아래와 같은 것들이 있다.

(1) SQL과 연산자 형태
(2) 인덱스, IOT, 클러스터링, 파티셔닝, MV 등 옵티마이징 팩터
(3) 제약 설정 : PK, FK, Not Null, Check
(4) 옵티마이저 힌트
(5) 통계정보 : 오브젝트 통계, 시스템 통계
(6) 옵티마이저 관련 파라미터
(7) DBMS 버전과 종류

이들 요소에 의해 옵티마이저가 구체적으로 어떤 영향을 받는지 살펴보자.

(1) SQL과 연산자 형태

결과가 같더라도 SQL을 어떤 형태로 작성했는지 또는 어떤 연산자(=, in, like, between, 부등호 등)를

사용했는지에 따라 옵티마이저가 다른 선택을 할 수 있고, 궁극적으로 쿼리 성능에 영향을 미친다. 전자에 대해서는 4장 쿼리 변환에서 보게 될 것이고, 후자에 대해서는 1장에서 충분히 설명하였다.

(2) 인덱스, IOT, 클러스터링, 파티셔닝, MV 등 옵티마이징 팩터

쿼리를 똑같이 작성하더라도 인덱스, IOT, 클러스터링, 파티셔닝, MV 등을 구성했는지 그리고 어떤 식으로 구성했는지에 따라 실행계획과 성능이 크게 달라진다.

(3) 제약 설정

데이터베이스가 논리적으로 의미 있는 자료만을 포함하도록 하는 데이터 무결성 규칙으로는 아래 4가지가 있다.

- 개체 무결성(Entity Integrity)
- 참조 무결성(Referential Integrity)
- 도메인 무결성(Domain Integrity)
- 사용자 정의 무결성(또는 업무 제약 조건)

이들 규칙을 애플리케이션으로 구현할 수도 있지만 DBMS가 제공하는 PK, FK, Check, Not Null 같은 제약(constraint) 설정 기능을 이용해야 완벽한 데이터 무결성을 확보할 수 있다.

제약 설정은 데이터 무결성을 보장해 줄뿐만 아니라 옵티마이저가 쿼리 성능을 최적화하는 데에 매우 중요한 정보를 제공한다.

PK 제약과 옵티마이저

아래 쿼리는 가입 후 1년이 넘지 않은 고객의 지난 한 달간 주문실적을 조회하고 있다.

```
select sum(주문수량), sum(주문금액), count(*), count(distinct 고객번호)
from   주문
where  고객번호 in (select 고객번호 from 고객
```

```
                where 가입일자 >= trunc(add_months(sysdate, -12)))
and     주문일자 >= trunc(add_months(sysdate, -1))
```

서브쿼리를 Unnesting(4장 2절 참조) 하고서 고객 테이블을 기준으로 NL 조인하려 할 때, 만약 고객 테이블에 PK 제약이 없다면 고객번호 중복을 제거하는 sort unique 오퍼레이션을 먼저 수행해야 한다. 실제 고객번호에 중복 값이 없더라도 옵티마이저에게 그런 사실을 알려주지 않으면 소용이 없다.

좀 더 자세한 설명은 4장 2절 서브쿼리 Unnesting 중 '(6) 서브쿼리가 M쪽 집합이거나 Nonunique 인덱스일 때'를 참조하기 바란다.

또 다른 예로서 수정 가능 조인 뷰(Updatable Join View)를 들 수 있는데, 이 기능이 작동하려면 조인되는 1쪽 테이블에 PK 제약이 있어야 한다. 수정 가능 조인 뷰에 대해서는 2장 7절을 참조하기 바란다.

FK 제약과 옵티마이저

4장 6절에서 설명하는 조인 제거(Join Elimination) 기능을 참조하기 바란다. 이 외에도 FK 제약이 있을 때만 작동하는 기능들이 여럿 있는데, 11g에 추가된 Reference 파티셔닝(6장 1절 6항 참조)도 그 중 하나다.

Not Null 제약과 옵티마이저

아래는 부서(deptno)별 사원 수를 집계하는 쿼리다.

```
select deptno, count(*) from emp group by deptno;
```

옵티마이저가 이 쿼리를 최적화할 때 deptno 컬럼에 인덱스가 있으면 index full scan 또는 index fast full scan으로 빠르게 처리할 수 있다. 하지만 deptno 컬럼에 not null 제약이 있을 때나 가능한 얘기다. not null 제약을 설정하지 않으면 옵티마이저는 null 값이 입력될 가능성을 염두에 두고 실행계획을 수립해야 하므로 테이블 전체를 스캔한다.

업무적으로 이 컬럼에 null 값을 허용하지 않더라도 옵티마이저에게 그런 사실을 알려주지 않으면 소용없는 것이다.

Check 제약과 옵티마이저

emp 테이블 sal 컬럼에 아래와 같은 제약을 설정하면 5,000을 초과하는 값은 입력되지 않는다.

```
alter table emp modify sal check (sal <= 5000);
```

그러면 옵티마이저도 쿼리를 최적화할 때 이 정보를 이용한다. 예를 들어, 아래와 같이 급여(sal)가 5,000을 초과하는 사원을 조회할 때면 filter 조건(null is not null)을 추가해 불필요한 I/O가 수행되지 않도록 한다.

```
select * from emp where sal > 5000

Rows   Row Source Operation
-----  ---------------------------------------------------
    0  FILTER  (cr=0 pr=0 pw=0 time=9 us)
    0   TABLE ACCESS FULL EMP (cr=0 pr=0 pw=0 time=0 us)
```

6장 1절에서 보게 될 수동 파티셔닝 기능도 check 제약이 옵티마이저 행동에 미치는 영향을 설명하는 좋은 예라고 할 수 있다. 파티션 뷰에서 참조하는 테이블에 check 제약을 설정하면 파티션 pruning 기능이 작동한다.

(4) 옵티마이저 힌트

두말할 것도 없이 옵티마이저 힌트는 옵티마이저에게 매우 강한 영향력을 끼친다. 너무 강력해서 한번 그 맛을 느끼면 모든 것을 힌트로 해결하려는 유혹에 빠지기 쉽다.

새삼스럽게 힌트가 무엇이고 어떤 종류의 것들이 있는지를 여기서 다룰 생각은 없지만 옵티마이저에게 어떤 의미를 주는지는 잠깐 살펴보려고 한다.

"힌트는 강제 사항이 아니어서 옵티마이저는 자신의 선택과 비교해 더 나은 쪽을 결정한다"는 설명을 들은 적이 있다. 과연 그럴까? 옵티마이저가 가끔 사용자의 힌트를 무시하는 것을 보고 그런 생각을 갖게 됐을 것으로 짐작되지만 옵티마이저는 아래와 같은 경우가 아니면 힌트를 가장 우선적으로 따른다.

1. **문법적으로 맞지 않게 힌트를 기술**

2. **잘못된 참조 사용** : 없는 테이블이나 별칭(Alias)을 사용한 경우, 없는 인덱스명을 지정한 경우 등

3. **의미적으로 맞지 않게 힌트를 기술** : 예를 들어, 서브쿼리에 unnest와 push_subq를 같이 기술한 경우(unnest되지 않은 서브쿼리만이 push_subq 힌트의 적용 대상이며, 4장에서 자세히 설명함)

4. **논리적으로 불가능한 액세스 경로** : 조인절에 등치(=) 조건이 하나도 없는데 해시 조인으로 유도하거나, 아래처럼 null 허용컬럼에 대한 인덱스를 이용해 전체 건수를 세려고 시도하는 등
```
select /*+ index(e emp_ename_idx) */ count(*) from emp e
```

5. **버그**

5번 항목(버그)이 너무 포괄적이어서 결국 힌트를 무시하는 경우가 있다는 뜻이 돼 버리지만 여기서 강조하고자 하는 것은, 위 경우에 해당하지 않는 한 옵티마이저는 기본적으로 힌트의 내용을 먼저 따르고 남은 부분만을 자신의 판단에 따라 최적화한다는 점이다. 즉, 옵티마이저는 힌트를 선택 가능한 옵션 정도로 여기는 게 아니라 사용자로부터 주어진 명령어(directives)로 인식한다.

옵티마이저가 정말 사용자 힌트를 우선하여 반영하는지 테스트해 보자. 아래와 같이 5개 테이블을 조인하는 쿼리문을 루프 내에서 반복 수행시켜 보라. 한 번은 ordered 힌트를 주고, 다른 한 번은 힌트 없이 수행해 보면 성능 차이를 확연히 느낄 수 있다. 필자의 PC에서 테스트해 본 결과 전자는 8초, 후자는 26초의 수행속도를 보였다(스크립트 ch3_02.txt 참조).

```
create table t1 ( a number, b varchar2(100) );
create table t2 ( a number, b varchar2(100) );
create table t3 ( a number, b varchar2(100) );
create table t4 ( a number, b varchar2(100) );
create table t5 ( a number, b varchar2(100) );

alter system flush shared_pool;

declare
  l_cnt number;
begin
  for i in 1..10000
  loop
```

```
    execute immediate ' select /*+ ordered */ count(*)' ||
                      ' from t1, t2, t3, t4, t5 ' ||
                      ' where  t1.a = ' || i ||
                      ' and    t2.a = ' || i ||
                      ' and    t3.a = ' || i ||
                      ' and    t4.a = ' || i ||
                      ' and    t5.a = ' || i into l_cnt;
  end loop;
end;
/
```

이 속도의 차이가 무엇을 의미하는지 이해할 수 있겠는가? ordered 힌트를 명시하면 옵티마이저는 모든 조인 순서를 고려하지 않고 사용자가 지정한 순서로만 실행계획 후보군을 선정하고 비용을 계산한다. 그래서 훨씬 빠르게 최적화를 완료한 것이다.

이런 속도 차이 때문에 힌트를 많이 사용하자고 주장하는 게 절대 아니므로 오해하지 말기 바란다. 옵티마이저 힌트에 관한 일반적인 사용 원칙은 다음과 같다.

1. 가급적 힌트 사용을 자제하고, 옵티마이저가 스스로 좋은 선택을 할 수 있도록 돕는다.
2. 옵티마이저가 잘못된 선택을 할 때만 힌트를 사용한다.

위 기준은 일반론적인 것일 뿐, 오히려 힌트를 적극적으로 사용해야 하는 시스템 환경도 많다. 힌트를 사용하지 않으면 데이터 특성 변화에 따라 실행계획이 유연하게 바뀔 수 있는 장점이 있지만 그런 유연성이 오히려 치명적인 결과를 가져올 수 있기 때문이다. 그런 시스템이라면 힌트 사용이 불가피하고 어차피 사용할 거면 힌트를 아주 엄격하게 기술해 주어야 한다.

앞에서 RBO냐 CBO냐의 논쟁은 더 이상 불필요한 것이 돼 버렸다고 했는데, 힌트 사용에 관한 논쟁은 계속 진행 중이며 영원히(?) 끝나지 않을지도 모를 일이다.

(5) 통계정보

통계정보에 대해서는 4절과 8절에서 자세히 설명한다. 어찌 보면 3장 전체가 통계정보의 중요성을 다룬다 해도 과언이 아니다. 그만큼 통계정보는 중요하고, 옵티마이저에게 미치는 영향력이 절대적이다.

뒤에서 카디널리티와 비용 계산 원리에 대해 설명할 때 느끼겠지만 CBO의 모든 판단 기준은 통계정보에서 나온다. 통계정보가 없으면 작동하지 않는 기능들도 많다. 이에 대한 정확한 이해 없이는 데이터베이스 성능 문제를 다루는 것 자체가 불가능할 정도로 최신 옵티마이저는 통계정보를 중심으로 움직인다. 통계정보에 대해 막연한 정의만 알고 있던 독자라면 본 장을 통해 확실한 개념과 전략을 갖는 계기가 되길 바란다.

(6) 옵티마이저 관련 파라미터

SQL, 데이터, 통계정보, 하드웨어 등 모든 환경이 동일한데도 오라클 버전을 업그레이드하면 옵티마이저가 다르게 작동하는 경험을 누구나 한다. 옵티마이저의 그런 행동 변화는 대개 파라미터의 추가 또는 변경을 통해 이루어진다.

옵티마이저 모드에 대해서는 이미 살펴보았고, 그 외에도 옵티마이저 행동에 영향을 미치는 파라미터가 많다. 10g부터는 아래 쿼리를 통해 그 목록을 쉽게 얻을 수 있다.

```
select name, value, isdefault, default_value
from   v$sys_optimizer_env
```

사실 이 뷰를 통해 확인 가능한 목록은 극히 일부에 지나지 않는다. 종종 변경할 때가 있는 공식 파라미터를 주로 보여주며, 공개되지 않은 무수히 많은 Hidden 파라미터 중에서는 관리자가 기본 값을 변경한 것만 보여준다.

옵티마이저의 행동 변화는 대개 긍정적인 방향으로 작용하지만 그렇지 못한 기능들 때문에 Hidden 파라미터가 필요하다. 오라클은 새로 구현한 기능을 곧바로 적용하지 않고 Hidden 파라미터(기본적으로 off된 상태)를 함께 제공함으로써 충분한 테스트와 검증을 거치고, 문제가 없다고 판단될 때 공식적으로 발표하는 순서를 밟는다. 공식화된 후라도 문제가 생기면 파라미터로 기능을 off 시킬 수 있다.

이처럼 충분한 테스트를 거치더라도 오라클을 업그레이드하면 전에 없던 문제점들이 발생하기 마련인데, 만약 옵티마이저의 갑작스런 변화를 원치 않는다면 *optimizer_features_enable* 파라미터를 이전 버전으로 설정하면 된다.

```
alter system set optimizer_features_enable = "9.2.0.4";
```

(7) DBMS 버전과 종류

옵티마이저 관련 파라미터와 상관없이 버전에 따라 다른 실행계획을 수립하는 경우도 있다. 적용했을 때 확실히 좋은 성능을 보장해 준다면 굳이 그 기능을 off 시킬 필요가 없으므로 파라미터도 불필요하다. 또한, 당연한 얘기겠지만 같은 형태의 SQL인데도 DBMS 종류(오라클, SQL Server, Sybase, DB2)에 따라 내부적으로 처리하는 방식에 차이가 있다.

먼저 DBMS 버전에 따라 실행계획이 변하는 경우부터 살펴보자.

```
select max(empno) from emp
```

오라클 7 버전까지는 위와 같은 쿼리를 최적화하려고 아래와 같이 index_desc 힌트와 rownum 조건을 사용하곤 했다.

```
select /*+ index_desc(emp emp_pk) */ empno from emp where rownum = 1

Row    Row Source Operation
-----  ---------------------------------------------------
    1  COUNT STOPKEY (cr=1 pr=0 pw=0 time=61 us)
    1   INDEX FULL SCAN EMP_PK (cr=1 pr=0 pw=0 time=36 us)
```

하지만 오라클 8 버전부터는 그럴 필요가 없다. 아래와 같이 옵티마이저가 알아서 그런 처리를 대신해 주기 때문이다.

```
select max(empno) from emp

Rows   Row Source Operation
-----  ---------------------------------------------------
    1  SORT AGGREGATE (cr=1 pr=0 pw=0 time=98 us)
    1   INDEX FULL SCAN (MIN/MAX) EMP_PK (cr=1 pr=0 pw=0 time=59 us)
```

다만, 해당 오브젝트에 대한 통계정보가 수집돼 있어야 한다. 10g부터는 기본 동적 샘플링 레벨이 2이기 때문에 통계정보가 없더라도 위와 같은 방식으로 잘 작동한다. 9i 이전 버전에서 통계정보를 지우고 수행해 보면 아래와 같은 결과가 나타나므로 주의해야 한다.

```
select max(empno) from emp
```

```
Rows    Row Source Operation
-----   ---------------------------------------------------
    1   SORT AGGREGATE
   14    INDEX FULL SCAN EMP_PK
```

이번에는 DBMS 종류에 따라 실행계획이 다른 경우를 살펴보자.

앞서 본 쿼리에 min 함수를 추가했을 때, 인덱스 레코드를 앞에서 한 건, 뒤에서 한 건 읽으면 될 것 같지만 옵티마이저는 아래와 같이 index full scan을 선택한다. 논리적으로 전혀 불가능하지 않는데도 11g가 출시된 현재까지 개선되지 않고 있다.

```
select min(empno) mx, max(empno) mn from emp a

Rows    Row Source Operation
-----   ---------------------------------------------------
    1   SORT AGGREGATE (cr=1 pr=0 pw=0 time=0 us)
   14    INDEX FULL SCAN EMP_PK (cr=1 pr=0 pw=0 time=0 us)
```

같은 쿼리를 MS-SQL Server에서 수행해 보면, 기특하게도 아래와 같이 우리가 원했던 방식으로 동작하는 것을 확인할 수 있다.

```
select min(OrderID), max(OrderID) from Orders

'Orders' 테이블. 스캔 수 2, 논리적 읽기 수 4, 물리적 읽기 수 0, 미리 읽기 수 0.

Rows Execs StmtText
---- ----- -----------------------------------------------------------------
   1     1 select min(OrderID), max(OrderID) from Orders
   1     1   |--Nested Loops(Inner Join)
   1     1      |--Stream Aggregate(DEFINE:([Expr1002]=MIN([Orders].[OrderID])))
   1     1      |  |--Top(1)
   1     1      |     |--Clustered Index Scan(OBJECT:([Orders].[PK_Orders]), ORDERED FORWARD)
   1     1      |--Stream Aggregate(DEFINE:([Expr1003]=MAX([Orders].[OrderID])))
   1     1         |--Top(1)
   1     1            |--Clustered Index Scan(OBJECT:([dbo].[Orders].[PK_Orders]), ORDERED BACKWARD)
```

DBMS에 따라 실행계획에 차이를 보이는 또 다른 사례를 하나 더 살펴보자.

M쪽 집합을 기준으로 1쪽 집합과 Outer 조인하면 결과 건수는 M쪽 집합으로 고정된다. 따라서 조인 조건 외에 어디에도 1쪽 집합을 참조하지 않는다면 1쪽 집합과는 조인 액세스를 하지 않아도 된다. 물론 1쪽 테이블 조인 컬럼에 PK가 설정돼 있어야 가능한 일이다. (이런 기능을 'Join Elimination' 또는 'Table Elimination'이라고 부르며, 4장 6절에서 설명한다.)

하지만 10g 옵티마이저는 PK를 통해 두 집합간 카디널리티 정보를 얻을 수 있더라도 무조건 1쪽 집합과의 조인 액세스를 수행했다.

```
select e.empno, e.ename, e.sal, e.hiredate
from   emp e, dept d
where  d.deptno(+) = e.deptno

Rows     Row Source Operation
-------  ---------------------------------------------------
     14  NESTED LOOPS OUTER (cr=10 pr=0 pw=0 time=123 us)
     14   TABLE ACCESS FULL EMP (cr=5 pr=0 pw=0 time=201 us)
     14   INDEX RANGE SCAN DEPT_PK (cr=5 pr=0 pw=0 time=287 us)
```

SQL Server에서 같은 쿼리를 수행해 보면, 옵티마이저가 아래와 같이 M쪽 Outer 테이블만 액세스하는 것을 확인할 수 있다.

```
select e.empno, e.ename, e.sal, e.hiredate
  from dbo.emp e left outer join dbo.dept d
    on d.deptno = e.deptno

'Emp' 테이블. 스캔 수 1, 논리적 읽기 수 2, 물리적 읽기 수 0, 미리 읽기 수 0.

SQL Server 실행 시간 : CPU 시간 = 0ms, 경과 시간 = 0ms.

Rows  Executes   StmtText
----- -------- ---------------------------------------------
   14        1 select e.empno, e.ename, e.sal, e.hiredate
   14        1   |--Clustered Index Scan(OBJECT:([MyDB].[dbo].[Emp].[PK_Emp] AS [e]))
```

다행스럽게도, 오라클 11g에서 아래와 같이 개선되었다. (Inner 조인일 때는 fk까지 설정돼 있어야 이런 쿼리 변환이 가능하며, 10g에서 이미 구현된 상태다.)

```
select e.empno, e.ename, e.sal, e.hiredate
```

```
from   emp e, dept d
where  d.deptno(+) = e.deptno

Rows     Row Source Operation
-------  ---------------------------------------------------
     14  TABLE ACCESS FULL EMP (cr=9 pr=0 pw=0 time=0 us cost=3 size=770 card=14)
```

03 옵티마이저의 한계

앞서 옵티마이저 행동에 영향을 미치는 요소들에 대해 살펴보았는데, 강조하고자 한 핵심은 옵티마이저가 절대 완벽할 수 없다는 것이다. 옵티마이저도 결국 사람이 만든 소프트웨어 엔진에 불과하며, 모든 프로그램이 업그레이드를 통해 조금씩 개선되듯 옵티마이저도 여러 가지 제약과 한계점들을 극복하며 발전해 나가는 과정 속에 있다.

기술적으로 도저히 극복할 수 없는 한계점들이 있는가 하면, 정보를 저장할 공간과 시간 제약(특히 OLTP 환경에서 파싱에 허용되는 시간은 극히 짧음) 때문에 아직 적용하지 못하는 최적화 기법들도 있다. '자동 튜닝 옵티마이저'라 불리는 오프라인 옵티마이저가 이런 사실을 잘 말해 주는데, '튜닝 모드'에서 작동하는 이 옵티마이저는 시간에 구애받지 않고 충분한 시간 동안 동적 샘플링을 포함한 여러 기법을 활용해 튜닝을 실시하고 사용자에게 권고안을 제시한다.

자동 튜닝 옵티마이저

자동 튜닝 옵티마이저(Automatic Tuning Optimizer)를 '오프라인(offline) 옵티마이저'라고도 한다. 반대로 말해, 우리가 흔히 말하는 옵티마이저는 '온라인(Online) 옵티마이저' 또는 '런타임(Runtime) 옵티마이저'인 셈이다.

자동 튜닝 옵티마이저는 통계를 분석하고, SQL 프로파일링(Profiling)을 실시하며, 액세스 경로 및 SQL 구조 분석을 통해 SQL 튜닝을 실시한다.

튜닝 모드에서 작동하는 이 옵티마이저에게는 한 문장을 튜닝하는 데에 런타임 옵티마이저보다 훨씬 긴 시간(예를 들어, 10분)이 주어진다. 넉넉한 시간 동안 풍부한 정보를 수집 · 활용함으로써 데이터 액세스 비용과 카디널리티를 보다 정확하게 계산할 수 있다.

예를 들어, 동적 샘플링을 통해 부가적인 정보를 수집하고, 심지어 부분적인 실행을 통해 예측치(조인 카디널리티 등)를 검증함으로써 잘못된 정보를 조정하는 테크닉을 사용한다. 그렇게 각 SQL 단위로 수집된 프로파일(상관관계 있는 컬럼 간 결합 분포, 조인에 의한 테이블 간 상관관계 등 해당 SQL만을 위한 보조적인 통계정보)을 데이터 딕셔너리에 영구 저장해 런타임 옵티마이저가 참조할 수 있도록 하는 기능도 제공한다 (*sqltune_category* 파라미터 참조).

자동 튜닝 옵티마이저 기능을 활용하려면 'SQL Tuning Advisor'라 불리는 서버 유틸리티를 이용하면 된다. SQL Tuning Advisor에 SQL문을 입력하면 내부적으로 자동 튜닝 옵티마이저를 호출해 SQL 분석을 실시한다. 분석이 완료되면 SQL 성능을 높이기 위해 사용자가 취해야 할 조치사항들을 보고서 형태로 출력해 준다.

요컨대, 옵티마이저는 우리가 경험하고 있는 것보다 이미 높은 수준의 테크닉을 갖고 있지만 현실적인 제약 때문에 실 운영환경에 적용하지 못하고 있다는 뜻이다. 주로 시간과 수집해야 할 정보량이 문제이며, 구체적으로 어떤 제약들이 있는지 지금부터 살펴보자. 옵티마이저의 현실적인 어려움이 무엇인지 이해한 사용자만이 적절한 도움을 줄 수 있다.

(1) 부족한 옵티마이징 팩터

1권 6장에서 I/O 효율화 원리에 대한 설명을 마치면서 강조하였듯이, 옵티마이저는 주어진 환경에서 최선을 다할 뿐 적절한 옵티마이징 팩터를 제공하는 것은 결국 사람의 몫이다. 적절한 인덱스도 제공하지 않은 채 옵티마이저가 고성능 실행계획을 수립해 주기를 기대해선 안 된다. 이미 존재하는 길을 찾아줄 뿐 옵티마이저가 없는 길까지 만들어 낼 수는 없는 일 아닌가.

(2) 부정확한 통계

정보는 곧 비용이다. 많은 정보를 수집 · 보관한다면 그만큼 좋은 결과를 낼 수 있겠지만 현실적으로 100% 정확한 통계를 유지하기는 어렵다. 이런 현실적인 제약 때문에 샘플링 방식으로 통계를 수집하다 보니 실제 데이터와 불일치가 발생하기 마련이다.

샘플링 방식으로 통계를 수집할 때는 정확성 문제와 더불어 안정성 측면에도 관심을 기울여야 한다. 분포가 균등하지 않은 컬럼이라면 수집할 때마다 통계치가 바뀔 수 있어 실행계획을 불안정하게 만든다.

통계 수집 주기도 매우 중요하다. 특히, 어느 날 갑자기 데이터가 아주 많이 변경되거나 새로 입력됐을 때(2차 가공을 위한 임시 테이블에 흔히 발생) 곧바로 통계를 재수집해 주지 않는다면 옵티마이저가 잘못된 선택을 하더라도 나무랄 수 없다.

(3) 히스토그램의 한계

부정확한 통계의 연장선으로 볼 수 있는데, 히스토그램 버킷 개수로 254개까지만 허용된다는 점도 옵티마이저에겐 중요한 제약사항이다. 컬럼의 Distinct Value 개수가 그 이상이면 모든 값별로 빈도수를 기록해 둘 수 없고, 이때는 뒤에서 설명하겠지만 높이균형(height-balanced) 히스토그램을 사용하게 되므로 발생 빈도가 낮은 값들(non-popular value)에 대한 정확한 분포를 반영할 수 없다.

버킷 개수를 무한정 많이 가져갈 수 있으면 더 정확한 카디널리티를 구하는 데 도움이 되겠지만, 정보를 수집하는 데 소요되는 시간과 저장 공간 때문에 생기는 어쩔 수 없는 제약사항이다.

(4) 바인드 변수 사용 시 균등분포 가정

컬럼 히스토그램이 있으면 옵티마이저가 그것을 가지고 조건절에 대한 선택도를 구한다. 그런데 아무리 정확한 컬럼 히스토그램을 보유하더라도 바인드 변수를 사용한 SQL에는 무용지물[2)]이 되고 만다. 왜냐하면, 조건절에 바인드 변수를 사용하면 옵티마이저가 균등분포를 가정하고 비용을 계산하기 때문이다.

이는 옵티마이저가 가장 극복하기 어려운 난제다. 특히 OLTP 환경에선 라이브러리 캐시 부하를 피하기 위해 바인드 변수를 적극 사용하는 것이 필수 권고사항이기 때문이다. 그런 탓에 이 문

---

2) 뒤에서 설명하겠지만 높이균형 히스토그램을 가진 컬럼을 바인드 변수로 '=' 검색할 때는 옵티마이저가 미리 구해 놓은 density 값으로 선택도를 결정한다. 그리고 컬럼 히스토그램이 있으면 density가 1/num_distinct와 값이 일치하지 않는다. 따라서 바인드 변수를 사용해도 히스토그램 유무가 옵티마이저에게 영향을 미치긴 하지만 균등분포를 가정한다는 데에는 변함이 없다. 바인드 변수 Peeking 기능이 작동할 때도 컬럼 분포가 옵티마이저에게 영향을 미친다.

제에 대해선 DBMS 벤더들이 아직 완벽한 해법을 내 놓지 못하고 있다.

11g에서 적응적 커서 공유 기법을 도입하면서 문제 해결의 실마리가 약간 보이는 듯하지만 1권에서 설명했듯이 이 기능도 아직 완벽하게 문제를 해결했다고 보기 어렵다.

(5) 결합 선택도 산정의 어려움

조건절 컬럼이 서로 상관관계에 있으면 정확한 데이터 분포와 카디널리티를 산정하기 어렵다. 예를 들어 보자.

```
select * from 사원 where 직급 = '부장' and 연봉 >= 5000;
```

직급이 {부장, 과장, 대리, 사원}의 집합이고 각각 25%의 비중을 갖는다. 그리고 전체 사원이 1,000명이고 히스토그램상 '연봉 >= 5000' 조건에 부합하는 사원 비중이 10%이면, 옵티마이저는 위 쿼리 조건에 해당하는 사원 수를 25(=1000×0.25×0.1)명으로 추정한다. 하지만 잘 알다시피 직급과 연봉 간에는 상관관계가 매우 높아서, 만약 연봉이 5,000만원 이상인 사원이 모두 부장이라면 실제 위 쿼리 결과는 100(=1,000×0.1)건이다. 다른 예로서, 사원 급여와 상여금 간에도 상관관계가 매우 높다.

이런 이유 때문에 카디널리티가 잘못 계산되면 다른 집합과 여러 번 조인을 거치는 동안 카디널리티는 점점 더 부정확해지고 궁극적으로 옵티마이저가 잘못된 실행계획을 수립하는 결과를 낳는다. 모든 컬럼 간 상관관계와 결합 선택도를 미리 저장해 두면 좋겠지만 이것은 거의 불가능에 가깝다. 테이블 컬럼이 많을수록 잠재적인 컬럼 조합의 수는 기하급수적으로 증가하기 때문이다.

그 대안으로 오라클은 9i부터 동적 샘플링을 통해 이 문제를 해결하려고 시도하고 있다. 소량의 데이터 샘플링을 통해 where 조건절에 사용된 두 개 이상 컬럼의 결합 분포를 구하는 기능으로서, 동적 샘플링 레벨을 4 이상으로 설정할 때만 작동한다.

또한 11g부터는 사용자가 지정한 컬럼들에 대해 결합 선택도를 미리 수집해 두는 기능을 제공하기 시작했다. 이 두 가지 대안 기능에 대해서는 6절 (5)항에서 다룬다.

(6) 비현실적인 가정

CBO는 쿼리 수행 비용을 평가할 때 여러 가정을 사용하는데, 그 중 일부는 매우 비현실적인 것들도 있다. 대표적인 예로서, Single Block I/O와 Multiblock I/O 비용을 같게 평가한다거나 캐싱 효과를 고려하지 않는다는 점을 들 수 있다.

I/O 비용 모델 하에서의 비용은 단순히 I/O Call 횟수(논리 또는 물리적으로 읽은 블록 개수가 아닌 I/O Call 횟수)를 의미한다. 옵티마이저가 예상할 때 I/O Call 횟수가 가장 적은 실행계획을 선택하는 셈이다. 그런데 I/O 비용 모델이 사용하는 기본 가정에 따르면 Single Block Read와 Multiblock Read의 비용은 같다. 상식적으로 생각해 한 번의 I/O Call로써 한 블록을 읽는 비용이 여러 블록(예를 들어, 128 블록)을 읽는 비용보다 낮은 데도 옵티마이저는 이 둘을 구분하지 않고 동일한 하나의 시스템 Call로 간주하는 것이다.

또한 옵티마이저는 다른 세션이나 다른 쿼리문에 의해 데이터 블록들이 이미 버퍼 캐시에 캐싱돼 있을 가능성을 배제한다. 비용을 평가할 때 디스크 I/O Call 횟수만을 더한다는 것을 통해 이 사실을 알 수 있다. 다시 말해, 옵티마이저는 메모리 자원에 대한 최악의 상황을 가정하고 비용을 산정하는 것인데, 이는 DW 환경에나 적합한 가정이다.

이런 비현실적인 가정들을 보정할 수 있도록 오라클은 8i에서 아래 두 개의 파라미터를 제공하기 시작했다.

- optimizer_index_caching
- optimizer_index_cost_adj

이들 파라미터에 대해서는 7절에서 설명한다. 또한 I/O 비용 모델에서 CPU 비용 모델로 발전하면서 이들 파라미터를 이용하지 않고도 옵티마이저의 비현실적인 가정들을 완화할 수 있는 방법들이 제공되는데, 이에 대해서도 7절에서 다룬다.

(7) 규칙에 의존하는 CBO

아무리 비용기반 옵티마이저라 하더라도 부분적으로는 규칙에 의존한다. 예를 들어, 원격(remote) 테이블이나 External 테이블에 대해서는 카디널리티, 평균 행 길이, 블록 수, 그리고 각종 인덱스 관련 통계항목들에 대해 고정된 상수 값을 사용한다.

1절 '(4) 옵티마이저 모드'에서 설명했듯이 옵티마이저 모드를 first_rows로 설정했을 때 order by 소트를 대체할 인덱스가 있으면 무조건 인덱스를 사용하는 것도 좋은 예다.

또 다른 예로서, 4장에서 설명할 휴리스틱(Heuristic) 쿼리 변환을 들 수 있는데, 9i까지 옵티마이저는 뷰 또는 서브쿼리를 만나면 무조건 쿼리 블록을 풀어 메인 쿼리와 Merging하려고 시도한다. 즉, 규칙에 의해 움직이는 것이다. 물론, 10g에서 대부분(쿼리 변환이 항상 좋은 성능을 보장하는 경우를 제외하고) 쿼리 변환이 비용기반으로 개선되었다.

알파벳순 인덱스 선택 규칙

CBO가 사용하는 규칙과 관련해 꼭 기억해야 할 사항이 있는데, 두 대안 인덱스의 예상 비용이 같을 때 알파벳 순에서 앞선 것을 선택한다는 사실이다. 이는 물리 데이터베이스 설계 단계에서 인덱스 명명 규칙을 정할 때 매우 중요한 시사점을 던져 준다. 테스트를 통해 살펴보자(스크립트 ch3_03.txt).

```
SQL> create table t
  2  as
  3  select rownum a, rownum b from dual
  4  connect by level <= 10000;

SQL> create index t_x01 on t(a);

SQL> create index t_x02 on t(b);

SQL> exec dbms_stats.gather_table_stats(user, 't');
```

a, b 두 컬럼을 가진 테이블을 생성하고 100% 같은 값을 입력했다. 그리고 각 컬럼에 단일 컬럼 인덱스를 생성해 두었다.

```
SQL> set autotrace traceonly exp
SQL> select * from t where a = 1 and b = 1;

--------------------------------------------------------------------------
| Id  | Operation                    | Name  | Rows  | Bytes | Cost  (%CPU)|
--------------------------------------------------------------------------
|   0 | SELECT STATEMENT             |       |     1 |     7 |     2    (0)|
|   1 |  TABLE ACCESS BY INDEX ROWID| T     |     1 |     7 |     2    (0)|
|   2 |   INDEX RANGE SCAN           | T_X01 |     1 |       |     1    (0)|
--------------------------------------------------------------------------
```

위와 같은 조건절을 만났을 때 t_x01, t_x02 둘 중 어느 것을 선택하든 쿼리 수행 비용은 같다.

이때 옵티마이저가 t_x01 인덱스를 선택한 판단 근거는, 허무하게도 인덱스명의 알파벳 순이다. t_x01 인덱스명을 t_x03으로 바꾸고 나서 실행계획을 다시 확인하면, t_x02 인덱스가 사용되는 것을 볼 수 있다.

```
SQL> alter index t_x01 rename to t_x03;

SQL> select * from t where a = 1 and b = 1;

---------------------------------------------------------------------------
| Id  | Operation                   | Name  | Rows  | Bytes | Cost  (%CPU)|
---------------------------------------------------------------------------
|   0 | SELECT STATEMENT            |       |     1 |     7 |     2    (0)|
|   1 |  TABLE ACCESS BY INDEX ROWID| T     |     1 |     7 |     2    (0)|
|   2 |   INDEX RANGE SCAN          | T_X02 |     1 |       |     1    (0)|
---------------------------------------------------------------------------
```

CBO가 이런 단순한 규칙을 사용함으로 인해 가끔 실행계획에 문제가 생기는 것을 보게 된다. 예를 들어, 테이블명_PK, 테이블명_N01, 테이블명_N02와 같은 식으로 인덱스 명명 규칙을 정했다고 하자.

```
ORDER_PK  : 고객번호 + 주문일자
ORDER_N01 : 고객번호 + 배송일자
```

인덱스가 위와 같은 상황에서 대부분 고객이 평균적으로 두서너 달에 한 번씩 주문한다면, 아래 쿼리에 대한 PK, N01 인덱스의 예상 비용이 똑같을 수 있다. 두 인덱스 모두 카디널리티가 1 미만이기 때문이다.

```
where 고객번호 = :cust_no
and   주문일자 = :ord_dt
```

비용이 어떻든 간에 PK 구성 컬럼이 모두 등치(=) 조건으로 조건절에 사용되고 인덱스 높이도 같다면, 상식적으로 PK 인덱스를 사용하는 것이 최선의 선택이다. 그런데도 옵티마이저는 알파벳 순에 따라 N01 인덱스를 선택한다.

이때, 거의 매일 주문을 일으키는 우수 고객이 입력되면 N01 인덱스는 주문일자를 필터링하려고 엄청나게 많은 테이블 Random 액세스를 일으킬 것이다.

이처럼 두 인덱스의 예상 비용이 같아 비합리적인 인덱스 선택이 이루어지는 것은 매우 흔한 일이다. 그런 현상을 발견했을 때 인덱스명을 바꿔줄 수 있으면 좋겠지만 실제 운영 중인 시스템에서 그러기는 쉽지 않다.

적어도 Unique한 조건으로 PK 인덱스를 액세스해야 하는 상황에서 이런 일이 발생하지 않게 하려면 인덱스 명명 규칙을 PK, X01, X02와 같은 식으로 정하는 것이 좋다. 참고로, 예상 비용이 같으면 오브젝트ID가 큰 것을 우선적으로 선택하던 시절도 있었다.

(8) 하드웨어 성능 특성

옵티마이저는 기본적으로 옵티마이저 개발팀이 사용한 하드웨어 사양에 맞춰져 있다. 따라서 실제 운영 시스템의 하드웨어 사양이 그것과 다를 때 옵티마이저가 잘못된 실행계획을 수립할 가능성이 높아진다. 또한 애플리케이션 특성(I/O 패턴, 부하 정도 등)에 의해서도 하드웨어 성능은 달라진다.

사실 이 한계점은 어느 정도 해결방법을 찾은 상태다. 오라클 9i부터 시스템 통계(다음 절에서 설명)를 수집하는 기능이 도입됐기 때문이다. 하지만 컨설팅을 다니며 조사한 바에 의하면 아직 이 기능을 제대로 활용하는 시스템을 본 적이 없다. 9i는 두말할 것도 없고 CPU 비용 모델이 기본 설정인 10g에서조차 거의 대부분 오라클 설치 시 기본 값으로 설정된 NoWorkload 시스템 통계를 그대로 사용하고 있는 실정이다. NoWorkload 시스템 통계를 사용하더라도 기본 값이 아닌 실측치를 사용해야 시스템 통계로서 의미가 있다.

좋은 기능이 도입되었어도 옵티마이저는 여전히 하드웨어 성능 특성을 반영하지 못한 채 최적화를 수행하고 있는 셈이다.

동적 실시간 최적화(Dynamic Runtime Optimizations)

모든 데이터베이스의 작업 부하는 매우 가변적이다. 따라서 하드웨어 성능 특성을 반영한 실행계획을 수립하더라도 쿼리 수행 당시 시스템 부하 정도에 따라 최적이 아닐 수 있다. 정적인 통계정보와 옵티마이저 모델로는 이런 한계점을 극복하기 어려우므로 시스템 부하에 따라 실행전략을 동적으로 조정하는 최적화 기법이 도입되고 있다.

이 기능의 핵심은 쿼리가 수행되는 시점의 시스템 상태에 따라 하드웨어 리소스(CPU와 메모리)를 적절히 배분해 주는 데 있다. 대표적으로, 시스템 부하 정도에 따라 병렬 쿼리의 프로세스 개수를 오라클이 동적으로 조절해 주는 기능을 들 수 있다. 또한 9i부터 PGA 메모리 크기를 자동으로 조절해 주기 시작했고, 10g부터는 SGA를 구성하는 서브 메모리 영역을 자동으로 조절해 주는 기능도 소개되었다. 이런 기능을 통해 고정된 하드웨어 리소스와 정해진 시간 동안, 개별 SQL이 아닌 전체 SQL의 처리량을 극대화할 수 있다.

쿼리 최적화가 단일 SQL문 성능을 최적화하는 데 초점을 맞추는 반면, 동적 실시간 최적화는 수많은 SQL이 동시에 수행되는 환경에서 시스템 전체 최적화를 이루는 데 초점을 맞춘다.

04 통계정보 I

실행계획을 수립할 때 CBO는 SQL 문장에서 액세스할 데이터 특성을 고려하기 위해 통계정보를 이용한다. 따라서 최적의 실행계획을 위해서는 통계정보가 데이터 상태를 정확하게 반영하도록 관리해 주어야 한다.

옵티마이저가 참조하는 통계정보 종류로 아래 네 가지가 있다.

- 테이블 통계
- 인덱스 통계
- 컬럼 통계 (히스토그램 포함)
- 시스템 통계

(1) 테이블 통계

테이블 통계만 수집할 때는 아래 명령어를 사용하며, compute는 전수 검사, estimate는 표본 조사를 뜻한다.

```
analyze table emp compute statistics for TABLE;
analyze table emp estimate statistics sample 5000 rows for TABLE;
analyze table emp estimate statistics sample 50 percent for TABLE;
```

통계정보를 수집할 때 이제는 analyze 명령어를 사용하지 말라는 것이 오라클의 공식적인 입장이다. 그럼에도 이 명령어로 설명하는 이유는 테이블 통계, 인덱스 통계, 컬럼 통계를 따로따로 수집하는 것을 보임으로써 이들 개념을 명확히 이해하는 데 도움을 주기 위해서다. 오라클이 권장하는 dbms_stats 패키지의 자세한 사용법은 8절에서 다루며, 본 절에서는 analyze 명령어와 대비되도록 간단한 사용법만 설명하면서 넘어가려고 한다.

아래는 dbms_stats 패키지를 이용하는 예시다. 인덱스 통계가 수집되지 않도록 cascade를 false로 지정했고, 컬럼 통계가 수집되지 않도록 하려고 'for columns' 옵션에 컬럼명을 지정하지 않았다.

```
begin
  dbms_stats.gather_table_stats('scott', 'emp'
      , cascade=>false, method_opt=>'for columns');
end;
/
```

아래는 수집된 테이블 통계를 조회한 결과다. 쿼리 결과를 가로로 펼쳐 보이면 보기 어려우므로 컬럼명과 값을 세로로 표시하였다.

```
select num_rows, blocks, empty_blocks, avg_space, avg_row_len
     , avg_space_freelist_blocks, num_freelist_blocks, sample_size, last_analyzed
from   dba_tables
where  owner = 'SCOTT'
and    table_name = 'EMP';

-------------------------------------------------------
NUM_ROWS                       : 14
BLOCKS                         : 5
EMPTY_BLOCKS                   : 0
AVG_SPACE                      : 0
AVG_ROW_LEN                    : 37
AVG_SPACE_FREELIST_BLOCKS      : 0
NUM_FREELIST_BLOCKS            : 0
```

```
SAMPLE_SIZE                  : 14
LAST_ANALYZED                : 09/06/01 06:35:35
---------------------------------------------------------
```

(2) 인덱스 통계

인덱스 통계를 수집할 때는 아래 명령어를 사용한다.

```
analyze INDEX emp_pk compute statistics;
```

테이블에 속한 모든 인덱스 통계를 수집할 때는 아래 명령어를 사용한다.

```
analyze table emp compute statistics for ALL INDEXES;
```

테이블과 인덱스 통계를 함께 수집하려면 아래와 같이 한다.

```
analyze table emp compute statistics for TABLE for ALL INDEXES;
```

아래는 dbms_stats 패키지를 이용하는 방법이다.

```
-- 특정 인덱스 통계만 수집
begin
  dbms_stats.gather_index_stats
  ( ownname    => 'scott'
  , indname    => 'emp_pk');
end;
/

-- 테이블에 속한 모든 인덱스 통계도 같이 수집
begin
  dbms_stats.gather_table_stats ('scott', 'emp', cascade=>true);
end;
/
```

아래는 수집된 인덱스 통계를 조회한 결과다.

```
select blevel, leaf_blocks, clustering_factor, num_rows, distinct_keys
     , avg_leaf_blocks_per_key, avg_data_blocks_per_key
     , sample_size, last_analyzed
from   dba_indexes
where  owner = 'SCOTT'
and    table_name = 'EMP'
and    index_name = 'EMP_PK' ;

---------------------------------------------------------
BLEVEL                         : 0
LEAF_BLOCKS                    : 1
CLUSTERING_FACTOR              : 1
NUM_ROWS                       : 14
DISTINCT_KEYS                  : 14
AVG_LEAF_BLOCKS_PER_KEY        : 1
AVG_DATA_BLOCKS_PER_KEY        : 1
SAMPLE_SIZE                    : 14
LAST_ANALYZED                  : 09/06/01 06:35:35
----------------------------------------------------------
```

참고로, 인덱스를 최초 생성하거나 재생성할 때 아래와 같이 compute statistics 옵션을 주면 자동으로 인덱스 통계까지 수집된다. 인덱스는 이미 정렬돼 있으므로 통계정보 수집에 오랜 시간이 소요되지 않는다.

```
create index emp_ename_idx on emp(ename) COMPUTE STATISTICS;

alter index emp_ename_idx rebuild COMPUTE STATISTICS;
```

10g부터는 사용자가 이 옵션을 명시하지 않아도 오라클이 알아서 인덱스 통계까지 수집해 준다. (이 기능을 방지하려면 *_optimizer_compute_index_stats* 파라미터를 false로 설정하면 된다.)

(3) 컬럼 통계

아래는 테이블, 인덱스 통계는 제외하고 컬럼 통계만 수집하는 방법이다.

```
analyze table emp compute statistics for ALL COLUMNS SIZE 254;
```

size 옵션은 히스토그램의 최대 버킷 개수를 지정하는 옵션으로서, 1부터 254까지 허용된다. size를 명시하지 않으면 오라클이 75를 기본 값으로 사용하므로 히스토그램이 생성되지 않도록 하고 싶을 때는 size 옵션을 1로 명시해야 한다. 컬럼 히스토그램에 대해서는 6절에서 자세히 다룬다.

일부 컬럼에 대한 통계만 수집할 때는 아래와 같이 한다.

```
analyze table emp compute statistics for COLUMNS ENAME SIZE 10, SAL SIZE 20;
```

히스토그램 버킷 개수를 컬럼별로 지정하지 않고 똑같이 20으로 지정할 때는 아래와 같이 하면 된다.

```
analyze table emp compute statistics for COLUMNS SIZE 20 ENAME, SAL, HIREDATE;
```

물론 테이블, 인덱스, 컬럼 통계를 아래와 같이 동시에 수집할 수도 있다.

```
analyze table emp compute statistics
for table
for all indexes
for all indexed columns size 254;
```

dbms_stats 패키지로 컬럼 통계만 따로 수집하는 방법은 없다. 앞에서 '(1) 테이블 통계' 에서 보았듯이 테이블 통계와 항상 같이 수집된다.

아래는 수집된 컬럼 통계를 조회한 결과다.

```
-- 컬럼 통계 조회
select num_distinct, low_value, high_value, density, num_nulls, num_buckets
     , last_analyzed, sample_size, avg_col_len, histogram
from   dba_tab_columns
where  owner = 'SCOTT'
and    table_name = 'EMP'
and    column_name = 'DEPTNO';
```

```
----------------------------------------------------------
NUM_DISTINCT                   : 3
LOW_VALUE                      : C10B
HIGH_VALUE                     : C11F
DENSITY                        : 0.0357142857142857
NUM_NULLS                      : 0
NUM_BUCKETS                    : 3
LAST_ANALYZED                  : 09/10/24 08:16:32
SAMPLE_SIZE                    : 14
AVG_COL_LEN                    : 3
HISTOGRAM                      : FREQUENCY
----------------------------------------------------------

-- 컬럼 히스토그램 조회
select endpoint_value, endpoint_number
from   dba_histograms
where  owner = 'SCOTT'
and    table_name = 'EMP'
and    column_name = 'DEPTNO'
order by endpoint_value;

ENDPOINT_VALUE ENDPOINT_NUMBER
-------------- ---------------
            10               3
            20               8
            30              14
```

(4) 시스템 통계

시스템 통계는 I/O, CPU 성능 같은 하드웨어적 특성을 측정한 것으로서, 아래와 같은 항목들을 포함한다.

- CPU 속도
- 평균적인 Single Block I/O 속도
- 평균적인 Multiblock I/O 속도
- 평균적인 Multiblock I/O 개수
- I/O 서브시스템의 최대 처리량 (Throughput)
- 병렬 Slave의 평균적인 처리량 (Throughput)

과거에는 이들 항목이 고정된 상수였다. 즉, 옵티마이저 개발팀의 하드웨어 사양에 맞춰져 있었다. 그러다 보니 실제 오라클이 설치된 운영 시스템 사양이 그보다 좋거나 나쁠 때 옵티마이저가 잘못된 선택을 하기 쉽다.

시스템 사양뿐만 아니라 애플리케이션이 OLTP성이냐 DW성이냐에 따라서도 위 항목의 특성이 달라지므로 옵티마이저 개발팀의 테스트 환경과 다른 환경이라면 최적이 아닌 실행계획을 수립할 가능성이 높아진다.

이에 오라클은 9i부터, 제품이 설치된 하드웨어 및 애플리케이션 특성에 맞는 시스템 통계를 수집하고 이를 활용함으로써 옵티마이저가 보다 합리적으로 선택할 수 있도록 하였다.

아래는 수집된 시스템 통계정보를 조회한 결과다.

```
SQL> select sname, pname, pval1, pval2 from sys.aux_stats$ ;

SNAME            PNAME            PVAL1          PVAL2
---------------- ---------------- ------------- ------------------
SYSSTATS_INFO    STATUS                          COMPLETED
SYSSTATS_INFO    DSTART                          06-25-2008 10:28
SYSSTATS_INFO    DSTOP                           06-25-2008 11:10
SYSSTATS_INFO    FLAGS                        1
SYSSTATS_MAIN    CPUSPEEDNW          1189.15231 ┐
SYSSTATS_MAIN    IOSEEKTIM                   10 ├ NoWorkload
SYSSTATS_MAIN    IOTFRSPEED                4096 ┘
SYSSTATS_MAIN    SREADTIM                 5.253 ┐
SYSSTATS_MAIN    MREADTIM                 3.122 │
SYSSTATS_MAIN    CPUSPEED                  1149 │
SYSSTATS_MAIN    MBRC                        15 ├ Workload
SYSSTATS_MAIN    MAXTHR              1856370688 │
SYSSTATS_MAIN    SLAVETHR              21365760 ┘
```

이중 cpuspeednw, ioseektim, iotfrspeed는 10g에 추가된 NoWorkload 시스템 통계고, 아래쪽 여섯 개 항목은 9i부터 있던 Workload 시스템 통계다.

Workload 시스템 통계

9i에서 처음 도입된 Workload 시스템 통계는, 애플리케이션으로부터 일정 시간 동안 발생한 시스템 부하를 측정 · 보관함으로써 그 특성을 최적화 과정에 반영할 수 있게 한 기능이다. 통계를

수집하는 동안 애플리케이션이 I/O 집약적인 쿼리를 주로 수행했다면 통계정보에 그것이 반영될 것이므로 이를 적용한 이후 옵티마이저는 덜 I/O 집약적인 실행계획을 선택할 것이다.

Workload 시스템 통계 항목에는 아래 6가지가 있다.

통계항목	설명
cpuspeed	현재 시스템에서 단일 CPU가 초당 수행할 수 있는 표준 오퍼레이션 개수(단위 : 백만/초)
sreadtim	평균적인 Single Block I/O 속도(단위 : ms = 1/1000초)
mreadtim	평균적인 Miltiblock I/O 속도(단위 : ms = 1/1000초)
mbrc	Multiblock I/O 방식을 사용할 때 평균적으로 읽은 블록 수
maxthr	I/O 서브시스템의 최대 처리량(단위 : 바이트/초)
slavethr	병렬 Slave의 평균적인 처리량(단위 : 바이트/초)

위 설명에 따라 앞서 보았던 sys.aux_stats$ 조회결과를 해석하면 다음과 같다.

- 단일 CPU로 초당 1,149백만 개의 표준 오퍼레이션을 수행할 수 있다.
- Single Block I/O 속도는 평균적으로 5.253 ms이다.
- Multiblock I/O 속도는 평균적으로 3.122 ms이다.
- Multiblock I/O 방식을 사용할 때 평균적으로 15개 블록씩 읽는다.
- I/O 서브시스템으로부터 초당 최대 1.73GB를 읽을 수 있다.
- 평균적으로 병렬 Slave가 초당 20MB를 읽는다.

뒤에서 설명할 NoWorkload 시스템 통계는 오라클이 무작위로 I/O를 발생시켜 측정한 값인 반면 Workload 시스템 통계는 실제 애플리케이션에서 발생하는 부하를 측정한 값이다. 만약 수집 기간 동안 애플리케이션에서 Full Table Scan이 발생하지 않는다면 mreadtim와 mbrc 항목이 측정되지 않을 것이며, 병렬 쿼리가 수행되지 않는다면 slavethr 항목이 측정되지 않는다.

따라서 Workload 시스템 통계를 제대로 활용하려면 통계 수집 전략을 잘 세워야 한다. 예를 들어 차세대 시스템을 구축 중이라면, 대표성 있는 시간대를 선택해 현 운영 서버에서 실제로 수집한 시스템 통계를 테스트 서버로 Export/Import 하고서 개발을 진행하면 된다. 개발 완료 후 현재와 다른 사양을 가진 서버에서 운영할 계획이거나, 전혀 새로운 애플리케이션을 개발할 때는 그 특성이 잘 반영되도록 부하 테스트 시나리오를 만들고 시스템 통계를 수집해야 한다.

운영 서버에서 수집한 정보를 테스트 서버로 복제할 때를 기준으로 시스템 통계 수집 방법과 절차를 설명하면 다음과 같다(스크립트 ch3_04.txt 참조).

1. 시스템 통계를 담을 테이블(여기서는 mystats)을 생성한다.

```
begin
  dbms_stats.create_stat_table(
          ownname  => USER
        , stattab  => 'mystats'
        , tblspace => 'USERS'
        , global_temporary => FALSE
  );
end;
/
```

2. 시스템 통계를 수집한다.

```
< 방법1 >
begin
  dbms_stats.gather_system_stats(
             gathering_mode => 'interval',
             interval       => 720,
             stattab        => 'mystats',
             statid         => 'OLTP');
end;
/

< 방법2 >
begin
  dbms_stats.gather_system_stats(
          gathering_mode => 'start'
        , stattab        => 'mystats'
        , statid         => 'OLTP');
end;
/
```

방법1은 720분 동안 수집하고 자동으로 멈추지만 방법2를 선택했다면 정해진 시간이 지난 뒤 아래와 같이 통계 수집을 중지시켜야 한다.

```
begin
```

```
  dbms_stats.gather_system_stats(
        gathering_mode => 'stop',
        stattab => 'mystats',
        statid =>'OLTP');
end;
/
```

참고로, 새로 수집하지 않고 이미 운영 서버에 적용 중인 시스템 통계를 mystats 테이블에 담으려면 아래 명령어를 이용한다.

```
begin
  dbms_stats.export_system_stats('mystats', 'OLTP', USER);
end;
/
```

3. OS 상에서 Exp/Imp 명령어를 이용해 통계 테이블(여기서는 mystats)을 테스트 서버로 복제한다.

4. 복제한 통계 데이터를 테스트 서버에 적용한다.

```
begin
  dbms_stats.import_system_stats('mystats', 'OLTP', USER);
end;
/
```

참고로, 운영 서버에 수집된 값을 메모해 아래와 같이 수동으로 설정할 수도 있다.

```
begin
  dbms_stats.set_system_stats('CPUSPEED', 500);
  dbms_stats.set_system_stats('SREADTIM', 5.0);
  dbms_stats.set_system_stats('MREADTIM', 30.0);
  dbms_stats.set_system_stats('MBRC', 12);
end;
/
```

5. 시스템 통계를 적용하더라도 기존에 캐싱돼 있던 실행계획에는 영향을 미치지 않으므로

Shared Pool을 비운다.

```
alter system flush shared_pool;
```

NoWorkload 시스템 통계

관리자가 명시적으로 선택하지 않더라도 CPU 비용 모델이 기본 비용 모델로 사용되게 하려고 오라클 10g에서 NoWorkload 시스템 통계를 도입하였다. CPU 비용 모델은 시스템 통계가 있을 때만 활성화되기 때문이다.

NoWorkload 시스템 통계 항목과 (처음 데이터베이스를 기동할 때 설정되는) 기본 값은 다음 표와 같다.

통계항목	기본 값	설명
cpuspeednw	데이터베이스 최초 기동 시 측정된 값	NoWorkload 상태에서 측정된 CPU 속도(단위 : Millions/sec)
ioseektim	10ms	I/O Seek Time을 뜻하며, 데이터를 읽으려고 디스크 헤드(head)를 옮기는 데 걸리는 시간을 나타낸다. 대개 5~15 ms의 수치를 보이며, 디스크 회전 속도와 디스크 또는 RAID 스팩에 따라 달라진다. io seek time = seek time + latency time + operating system overhead time
iotfrspeed	4096 bytes/ms	I/O Transfer 속도를 뜻하며, 하나의 OS 프로세스가 I/O 서브 시스템으로부터 데이터를 읽는 속도를 나타낸다. 이 값은 초당 몇 MB에서 수 백 MB까지 아주 다양하다.

Workload 시스템 통계를 수집하고 반영하는 순간 NoWorkload 시스템 통계는 무시된다. Workload 시스템 통계가 수집되기 전까지는 아래 공식을 이용해 추정된 값을 사용한다.

- cpuspeed = cpuspeednw
- mbrc = *db_file_multiblock_read_count*
- sreadtim = ioseektim + *db_block_size* / iotfrspeed
- mreadtim = ioseektim + mbrc * *db_block_size* / iotfrspeed

시스템 통계를 제대로 활용하려면 Workload 시스템 통계가 바람직하지만 이를 수집하기 어려운 환경이 존재하며, 그럴 때 NoWorkload 시스템 통계를 사용한다. 예를 들어, 시스템 통계는 프로젝트 초기, 늦어도 단위 테스트 전에는 확정돼야 하는데 그 시점에 의미 있게 부하 테스트 시나리오를 만들기 어려울 때가 많다.

어떤 이유에서건 NoWorkload 시스템 통계를 이용하기로 했다면 기본 설정 값을 그대로 사용하지 말고, 적당한 부하를 준 상태에서 NoWorkload 시스템 통계를 수집해 주어야 한다. NoWorkload는 부하가 없는 상태에서 수집하는 것이라고 오해하기 쉬운데, Workload와 마찬가지로 부하를 준 상태에서 측정된 값을 사용해야 시스템 통계로서 의미가 있다.

Workload 통계와 주요 차이점은 통계를 수집하는 방식에 있다. 즉, Workload는 실제 애플리케이션에서 발생하는 부하를 기준으로 각 항목의 통계치를 측정하는 반면 NoWorkload는 모든 데이터파일 중에서 오라클이 무작위로 I/O를 발생시켜 통계를 수집한다. 따라서 시스템 부하 정도가 심할 때 NoWorkload 시스템 통계를 수집하면 구해진 값들도 달라진다.

이런 차이점을 이해한다면 Workload와 마찬가지로 NoWorkload도 시스템 부하가 어느 정도 있는 상태에서 수집되는 것이 바람직하다는 것을 알 수 있다. 시스템 통계를 도입한 취지가 최적화 과정에 시스템 특성을 반영하자는 것임을 상기하자.

NoWorkload 시스템 통계를 수집할 때는 dbms_stats.gather_system_stats 프로시저를 아무런 인자도 주지 않고 호출하거나 gathering_mode 인자를 아래와 같이 지정하면 된다.

```
begin
  dbms_stats.gather_system_stats( gathering_mode => 'NOWORKLOAD' );
end;
```

이 프로시저를 실행하는 동안 I/O 서브시스템에 약간의 부하가 발생하며, I/O 성능과 데이터베이스 크기에 따라 적게는 수 초, 길게는 수 분이 소요될 수 있다.

05 카디널리티

지금까지 옵티마이저 기본 원리와 통계정보에 대해 살펴보았다. 지금부터는 데이터 딕셔너리에 저장된 통계정보가 옵티마이저에 의해 구체적으로 어떻게 활용되는지 살펴볼 것이다.

5절(카디널리티), 6절(히스토그램), 7절(비용) 내용은 필자가 번역한 '비용기반의 오라클 원리(원제 : Cost-Based Oracle Fundamentals)'의 요약이라고 할 수 있다. 쉬운 예제와 함께 꼭 알아야 할 핵심원리만 간추렸고, 일부 내용을 덧붙였다.

사실 옵티마이저의 복잡한 비용 계산 원리를 꼭 알 필요는 없다. 그것을 아는 만큼 SQL 튜닝을 잘 할 수 있는 것도 아니다. 그럼에도 본서에서 간단하게나마 핵심원리를 설명하려는 이유는, 8절에서 설명할 통계정보 수집전략의 필요성을 느끼도록 하는 데 있다. 인덱스, 클러스터 등 옵티마이징 팩터가 동일한 상황에서 CBO 행동에 결정적 영향을 미치는 요소는 무엇보다 통계정보다. 따라서 고성능 데이터베이스를 구축하는 데 있어 정확하고 안정적인 통계정보를 제공하는 일은 무엇보다 중요하다고 하겠다.

본서에서 다루는 내용만으로 충분하다고 생각하지만 더 세부적인 비용계산 원리를 공부하고 싶다면 '비용기반의 오라클 원리'를 참조하기 바란다.

선택도를 통해 카디널리티가 구해지므로 선택도에 대한 개념부터 살펴보자.

(1) 선택도

선택도(Selectivity)는 전체 대상 레코드 중에서 특정 조건에 의해 선택될 것으로 예상되는 레코드 비율을 말한다. 선택도를 가지고 카디널리티를 구하고, 다시 비용을 구함으로써 인덱스 사용 여부, 조인 순서와 방법 등을 결정하므로 선택도는 최적의 실행계획을 수립하는 데 있어 가장 중요한 요인이라고 할 수 있다.

> 선택도 → 카디널리티 → 비용 → 액세스 방식, 조인 순서, 조인 방법 등 결정

히스토그램이 있으면 그것으로 선택도를 산정하며, 단일 컬럼에 대해서는 정확도도 비교적 높다. 히스토그램이 없거나, 있더라도 조건절에 바인드 변수를 사용하면 옵티마이저는 데이터 분포가 균일하다고 가정한 상태에서 선택도를 구한다.

히스토그램이 있을 때 선택도를 구하는 방식에 대해서는 다음 절에서 자세히 다루므로, 본 절에서는 주로 히스토그램이 없을 때를 기준으로 설명한다. 비교를 위해 필요할 때만 중간중간 히스토그램을 생성하는 경우를 예로 들 것이다.

히스토그램 없이 등치(=) 조건에 대한 선택도를 구하는 공식은 다음과 같다.

```
                    1                  1
선택도 = -------------------- = --------------
         Distinct Value 개수     num_distinct
```

히스토그램 없이 부등호, between 같은 범위검색 조건에 대한 선택도를 구하는 기본 공식은 다음과 같다. (상수 조건일 때의 공식이며, 바인드 변수를 사용할 때의 규칙은 6절 '(4) 바인드 변수 사용 시 카디널리티 계산'에서 설명한다.)

```
         조건절에서 요청한 값 범위
선택도 = ----------------------------
               전체 값 범위
```

분자, 분모에 사용된 두 개의 '값 범위'는 컬럼 통계로서 수집된 high_value, low_value, num_distinct 등을 이용해 구한다(dba_tab_col_statistics 참조).

num_rows	num_distinct	low_value	high_value
1,000,000	100	1	1,000

예를 들어, 컬럼 통계가 위 표와 같다면 부등호 조건에 대한 선택도는 아래와 같은 방식으로 구한다.

조건절	선택도
no > 500	(1,000–500) / (1,000–1) = 0.5
no >= 500	(1,000–500) / (1,000–1) + 1/100 = 0.51
no between 500 and 1000	(1,000–500) / (1,000–1) + 1/100 + 1/100 = 0.52

첫 번째 조건절(no > 500)은 아래 공식을 사용한 것이다.

```
          high_value - 비교값          1,000 - 500
선택도 = ------------------------- = ------------- = 0.5
         high_value - low_value        1,000 - 1
```

만약 500보다 작은 no을 찾는다면(no < 500) 아래 공식을 사용할 것이다.

```
             비교값 - low_value          500 - 1
선택도 = ------------------------ = ----------- = 0.499
          high_value - low_value      1,000 - 1
```

표에서 두 번째 조건절은 '500보다 크거나 같은' 로우를 선택하는 조건이므로 첫 번째 부등호 조건 선택도에 '=' 조건 선택도(1/num_distinct)를 더한 것임을 눈치챘을 것이다. 세 번째 조건절은 between이므로 '=' 조건이 두 개여서 '=' 조건 선택도를 두 번 더했다.

여기서 알 수 있듯이, 컬럼 히스토그램이 없을 때 옵티마이저는 '조건절에서 요청한 값 범위' 에 속한 값들이 '전체 값 범위' 에 고르게 분포돼 있음을 가정하고 선택도를 구한다.

(2) 카디널리티

카디널리티(Cardinality)는 특정 액세스 단계를 거치고 나서 출력될 것으로 예상되는 결과 건수를 말하며, 아래와 같이 총 로우 수에 선택도를 곱해서 구한다.

```
카디널리티 = 총 로우 수 × 선택도
```

컬럼 히스토그램이 없을 때 '=' 조건에 대한 선택도가 1/num_distinct이므로 카디널리티는 아래와 같이 구해진다.

```
카디널리티 = 총 로우 수 × 선택도 = num_rows / num_distinct
```

예를 들어, 어떤 컬럼의 Distinct Value 개수가 10이면 선택도는 0.1(=1/10)이고, 총 로우 수가 1,000일 때 카디널리티는 100이 된다.

num_rows는 테이블 통계에서, num_distinct는 컬럼 통계에서 확인할 수 있다.

- 테이블 통계 : dba_tables, dba_tab_statistics
- 컬럼 통계 : dba_tab_columns, dba_tab_col_statistics

선택도 및 카디널리티 계산식 테스트

옵티마이저가 실제로 위 공식에 따라 선택도와 카디널리티를 구하는지 테스트하기 위해 t_emp 테이블을 만들어 보자. emp 테이블에서 10개 레코드만 가져와 100번 복제해 1,000개 레코드를 갖도록 하였다(스크립트 ch3_05.txt 참조).

```
SQL> create table t_emp
  2  as
  3  select b.no, a.*
  4  from  (select * from scott.emp where rownum <= 10) a
  5       ,(select rownum no from dual connect by level <= 100) b ;

-- 통계정보 수집(size를 1로 설정했으므로 히스토그램은 생성하지 않는다.)
SQL> begin
  2    dbms_stats.gather_table_stats( user, 't_emp'
  3          , method_opt => 'for all columns size 1');
  4  end;
  5  /

SQL> select job, count(*) from t_emp group by job order by job  ;

JOB                  COUNT(*)
------------------ ----------
ANALYST                   100
CLERK                     100
MANAGER                   300
PRESIDENT                 100
SALESMAN                  400
```

먼저 'CLERK'과 'SALESMAN'의 레코드 개수를 확인하고(각각 100과 400), 컬럼 히스토그램을 생성하지 않은 상태에서 옵티마이저가 이 두 값의 카디널리티를 어떻게 추정하는지 살펴보자.

```
SQL> explain plan for
  2  select * from t_emp where job = 'CLERK';

SQL> @?/rdbms/admin/utlxpls

-------------------------------------------------------------------------------
| Id  | Operation          | Name  | Rows  | Bytes | Cost  (%CPU)| Time     |
-------------------------------------------------------------------------------
|   0 | SELECT STATEMENT   |       |   200 |  8200 |     4   (0)| 00:00:01 |
```

```
|   1 |  TABLE ACCESS FULL| T_EMP |    200 |  8200 |     4   (0)| 00:00:01 |
---------------------------------------------------------------------------

SQL> explain plan for
  2  select * from t_emp where job = 'SALESMAN' ;

SQL> @?/rdbms/admin/utlxpls

---------------------------------------------------------------------------
| Id  | Operation         | Name  | Rows  | Bytes | Cost  (%CPU)| Time     |
---------------------------------------------------------------------------
|   0 | SELECT STATEMENT  |       |   200 |  8200 |     4   (0)| 00:00:01 |
|   1 |  TABLE ACCESS FULL| T_EMP |   200 |  8200 |     4   (0)| 00:00:01 |
---------------------------------------------------------------------------
```

'CLERK'과 'SALESMAN' 모두 카디널리티(=Rows)를 200으로 추정하였다. 히스토그램이 없으므로 평균적인 컬럼 분포를 가정해 정해진 계산식에 따라 선택도와 카디널리티를 구한 것이다. 아래와 같이 테이블 통계 num_rows와 컬럼 통계 num_distinct를 조회해 앞서 본 공식대로 카디널리티를 계산해 보면, 옵티마이저가 예상한 것과 같은 값을 얻을 수 있다.

```
SQL> select t.num_rows, c.num_nulls, c.num_distinct
  2       , 1/c.num_distinct selectivity
  3       , num_rows/c.num_distinct cardinality
  4  from   user_tables t, user_tab_columns c
  5  where  t.table_name = 'T_EMP'
  6  and    c.table_name = t.table_name
  7  and    c.column_name = 'JOB' ;

  NUM_ROWS  NUM_NULLS NUM_DISTINCT SELECTIVITY CARDINALITY
---------- ---------- ------------ ----------- -----------
      1000          0            5          .2         200
```

히스토그램이 있는 경우 카디널리티 계산 방식에 대해서는 다음 절에서 설명하지만 여기서 그 효과를 잠시 살펴보고 넘어가자.

```
SQL> begin
  2    dbms_stats.gather_table_stats( user, 't_emp'
```

```
  3          , method_opt => 'for all columns size 5');  -- 도수분포 히스토그램
  4 end;
  5 /

SQL> explain plan for
  2 select * from t_emp where job = 'CLERK';

SQL> @?/rdbms/admin/utlxpls

-----------------------------------------------------------------------------
| Id  | Operation          | Name  | Rows  | Bytes | Cost  (%CPU)| Time     |
-----------------------------------------------------------------------------
|   0 | SELECT STATEMENT   |       |   100 |  4100 |     7   (0)| 00:00:01 |
|   1 |  TABLE ACCESS FULL| T_EMP |   100 |  4100 |     7   (0)| 00:00:01 |
-----------------------------------------------------------------------------

SQL> explain plan for
  2 select * from t_emp where job = 'SALESMAN' ;

SQL> @?/rdbms/admin/utlxpls

-----------------------------------------------------------------------------
| Id  | Operation          | Name  | Rows  | Bytes | Cost  (%CPU)| Time     |
-----------------------------------------------------------------------------
|   0 | SELECT STATEMENT   |       |   400 | 16400 |     7   (0)| 00:00:01 |
|   1 |  TABLE ACCESS FULL| T_EMP |   400 | 16400 |     7   (0)| 00:00:01 |
-----------------------------------------------------------------------------
```

각각 100과 400으로 예측하였고, 앞에서 count 쿼리로 확인한 값과 일치한다. 공식에 의존하지 않고 미리 구해놓은 히스토그램을 이용한 결과다.

히스토그램을 생성했더라도 아래처럼 바인드 변수를 사용하면 평균적인 분포를 가정해 카디널리티를 구한다. (여기서는 도수분포 히스토그램이어서 1/num_distinct를 이용했지만, 높이균형 히스토그램일 때는 미리 구해 놓은 density 값을 이용한다. 뒤에서 다시 설명한다.)

```
SQL> explain plan for
  2 select * from t_emp where job = :job ;

SQL> @?/rdbms/admin/utlxpls
```

```
---------------------------------------------------------------------------
| Id  | Operation          | Name  | Rows  | Bytes | Cost (%CPU)| Time     |
---------------------------------------------------------------------------
|   0 | SELECT STATEMENT   |       |   200 |  8200 |     7   (0)| 00:00:01 |
|   1 |  TABLE ACCESS FULL| T_EMP |   200 |  8200 |     7   (0)| 00:00:01 |
---------------------------------------------------------------------------
```

(3) NULL 값을 포함할 때

조건절 컬럼이 Null 값을 포함할 때는 카디널리티를 어떻게 구할까? 이를 테스트하기 위해 no <= 50인 500개 레코드의 job을 Null로 치환해 보자.

```
SQL> update t_emp set job = NULL where no <= 50;

500 행이 갱신되었습니다.

SQL> commit;
```

이제 아래 조건식에 의한 결과 건수는 500개일 것이다.

```
select * from t_emp where job is null ;
```

아래와 같은 조건식은 어떤가?

```
select * from t_emp where job = null ;
```

등치(=) 조건으로 비교할 때 양쪽 값이 모두 Null이면 '참(true)'을 반환하도록 옵션을 제공하는 DBMS도 있지만 오라클은 이를 허용하지 않는다. 따라서 위 쿼리 결과는 항상 공집합이다.

따라서 아래와 같은 조건식일 때 바인드 변수에 어떤 값이 입력되든(Null 값이 입력되더라도) job이 Null인 레코드는 결과집합에서 제외된다.

```
select * from t_emp where job = :job
```

'=' 조건에 대한 선택도를 구할 때 이런 특성을 반영하려면 기존 공식에 Null 값이 아닌 로우 비중을 곱하고, 분모인 Distinct Value 개수에서 Null 값을 제외시키면 된다.

통계정보를 다시 생성하고 job 컬럼의 통계치를 확인해 보면, 아래와 같이 num_nulls가 0에서 500으로 바뀌었지만 num_distinct는 그대로 5다. Null 값은 원래부터 값의 종류로 간주하지 않았음을 알 수 있고, 따라서 Null 값이 아닌 로우 비중을 곱해 주기만 하면 된다.

```
SQL> begin
  2    dbms_stats.gather_table_stats( user, 't_emp'
  3           , method_opt => 'for all columns size 1');  -- 히스토그램 제거
  4  end;
  5  /

SQL> select num_nulls, num_distinct
  2  from   user_tab_columns
  3  where  table_name = 'T_EMP' and column_name = 'JOB';

 NUM_NULLS NUM_DISTINCT
---------- ------------
       500            5
```

Null 값을 고려해 조정된 선택도 공식은 다음과 같다.

```
                       1                   Null 값을 제외한 로우 수
 선택도  =  -------------------- × -------------------------
             Distinct Value 개수                총 로우 수

                     1             (num_rows - num_nulls)
         =  -------------- × ------------------------
              num_distinct                num_rows

              1 - (num_nulls / num_rows)
         =  ----------------------------
                     num_distinct
```

t_emp 테이블과 job 컬럼에 대해 수집된 통계정보를 공식에 대입해 보면, '=' 조건에 대한 선택도와 카디널리티는 아래와 같이 구해진다.

```
             1 - ( 500 / 1000 )
선택도  =  --------------------  =  0.1
                    5

카디널리티 = 1000 × 0.1 = 100
```

옵티마이저가 구한 카디널리티와 정확히 일치함을 아래 실행계획을 보고 알 수 있다.

```
SQL> explain plan for
  2  select * from t_emp where job = :job ;

SQL> @?/rdbms/admin/utlxpls

-----------------------------------------------------------------------------
| Id  | Operation          | Name  | Rows  | Bytes | Cost (%CPU)| Time     |
-----------------------------------------------------------------------------
|   0 | SELECT STATEMENT   |       |   100 |  3700 |     4   (0)| 00:00:01 |
|   1 |  TABLE ACCESS FULL| T_EMP |   100 |  3700 |     4   (0)| 00:00:01 |
-----------------------------------------------------------------------------
```

(4) 조건절이 두 개 이상일 때

조건절이 두 개 이상일 때의 카디널리티 구하는 공식은 간단하다. 각 컬럼의 선택도와 전체 로우 수를 곱해 주기만 하면 된다.

```
SQL> select c.column_name, t.num_rows, c.num_nulls, c.num_distinct
  2        ,(1-c.num_nulls/t.num_rows)/c.num_distinct selectivity
  3  from   user_tables t, user_tab_columns c
  4  where  t.table_name = 'T_EMP'
  5  and    c.table_name = t.table_name
  6  and    c.column_name in ('DEPTNO', 'JOB') ;

COLUMN_NAME           NUM_ROWS  NUM_NULLS NUM_DISTINCT SELECTIVITY
------------------- ---------- ---------- ------------ -----------
JOB                       1000        500            5          .1
DEPTNO                    1000          0            3  .333333333
```

job과 deptno 컬럼의 선택도가 각각 0.1과 0.33이므로 옵티마이저가 구한 카디널리티는 33(=1000×0.1×0.33)일 것이다. 실제 그런지 확인해 보자.

```
SQL> explain plan for
  2  select * from t_emp where job = :job and deptno = :deptno;

SQL> @?/rdbms/admin/utlxpls

-------------------------------------------------------------------------------
| Id  | Operation          | Name  | Rows  | Bytes | Cost  (%CPU)| Time     |
-------------------------------------------------------------------------------
|   0 | SELECT STATEMENT   |       |    33 |  1221 |     4    (0)| 00:00:01 |
|   1 |  TABLE ACCESS FULL| T_EMP |    33 |  1221 |     4    (0)| 00:00:01 |
-------------------------------------------------------------------------------
```

(5) 범위검색 조건일 때

범위검색 조건일 때는 선택도를 아래와 같은 식으로 구한다고 (1)항에서 설명하였다.

```
            조건절에서 요청한 값 범위
  선택도 = ---------------------------
                전체 값 범위
```

공식에서 알 수 있듯이 옵티마이저는 조건절에서 요청한 범위에 속한 값들이 전체 값 범위에 고르게 분포돼 있음을 가정한다.

범위검색 조건일 때, 구해진 선택도를 가지고 어떻게 카디널리티를 계산해 내는지 간단히 테스트해 보자. 우선 아래와 같이 t 테이블을 만든다. 컬럼 히스토그램은 생성하지 않았다.(스크립트 ch3_05.txt 참조)

```
create table t
as
select rownum no1
     , case when rownum <= 1000 or rownum > 9000 then rownum else 5000 end no2
from   dual
connect by level <= 10000 ;
```

```
begin
  dbms_stats.gather_table_stats(user, 't', method_opt => 'for all columns size 1');
end;
/
```

no1, no2 모두 low_value와 high_value는 각각 1과 10,000이다. no1 컬럼에는 1부터 10,000까지 값이 고르게 분포돼 있지만 no2 컬럼은 그렇지 않다. 1~1,000, 9,001~10,000 구간은 각 한 건씩 고르게 분포하지만 1,001~9,000 구간에 속한 8,000개 레코드는 값이 모두 5,000이다.

그런데도 아래 두 쿼리에서 상수 값을 1,000부터 9,000까지 증가시키면서 실행계획을 확인해 보면, 두 쿼리의 카디널리티가 항상 똑같이 계산된다.

```
select * from t where no1 > {상수};

select * from t where no2 > {상수};
```

심지어 no2에는 값이 전혀 없는 예를 들어, 3,000~4,000 구간을 조회할 때도 아래와 같이 1,010건으로 계산되는 것을 볼 수 있다.

```
select * from t where no2 between 3000 and 4000

-----------------------------------------------------------------------------
| Id  | Operation          | Name | Rows  | Bytes | Cost (%CPU)| Time     |
-----------------------------------------------------------------------------
|   0 | SELECT STATEMENT   |      |  1010 |  7070 |    13   (8)| 00:00:01 |
|   1 |  TABLE ACCESS FULL| T    |  1010 |  7070 |    13   (8)| 00:00:01 |
-----------------------------------------------------------------------------
```

아래와 같이 컬럼 히스토그램을 만들고 나면 거의 근사치(Card=5)로 카디널리티를 계산해 낸다. (버킷 개수가 254개뿐이므로 지금처럼 값의 종류가 많을 때는 정확한 카디널리티를 추정해 내는 데에 한계가 있다.)

```
begin
  dbms_stats.gather_table_stats(user, 't'
    , method_opt => 'for all columns size 254');
end;
/
```

(6) cardinality 힌트를 이용한 실행계획 제어

옵티마이저가 계산한 카디널리티가 부정확할 때는 힌트를 이용해 사용자가 직접 카디널리티 정보를 제공할 수 있다.

아래 쿼리를 수행하면 dept의 카디널리티가 4이고, emp의 카디널리티가 14이므로 해시 조인을 위한 Build Input으로서 dept가 선택된다. 만약 dept의 실제 카디널리티가 16이라면, 그래서 emp 테이블을 Build Input으로 삼고 싶다면 어떻게 해야 할까?

```
select /*+ use_hash(d e) */ * from dept d, emp e
where  d.deptno = e.deptno
```

leading이나 swap_join_inputs 힌트가 있지만 아래와 같이 cardinality 힌트를 이용할 수도 있다.

```
select /*+ use_hash(d e) cardinality(d 16) */ *
from   dept d, emp e
where  d.deptno = e.deptno

---------------------------------------------------------------------------
| Id  | Operation          | Name | Rows  | Bytes | Cost (%CPU)| Time     |
---------------------------------------------------------------------------
|   0 | SELECT STATEMENT   |      |    56 |  2912 |     7  (15)| 00:00:01 |
|   1 |  HASH JOIN         |      |    56 |  2912 |     7  (15)| 00:00:01 |
|   2 |   TABLE ACCESS FULL| EMP  |    14 |   448 |     3   (0)| 00:00:01 |
|   3 |   TABLE ACCESS FULL| DEPT |    16 |   320 |     3   (0)| 00:00:01 |
---------------------------------------------------------------------------
```

참고로, 10g부터는 opt_estimate를 이용할 수도 있다. 아래는 옵티마이저가 예상한 카디널리티(=4)에 4를 곱하라는 뜻이며, 바로 위 실행계획과 똑같은 결과를 가져다준다.

```
select /*+ use_hash(d e) opt_estimate(table, d, scale_rows=4) */ *
from   dept d, emp e
where  d.deptno = e.deptno
```

06 히스토그램

(1) 히스토그램 유형

지금까지는 히스토그램이 없는 상황에서 옵티마이저가 선택도와 카디널리티를 구하는 원리를 주로 설명하였는데, 히스토그램이 있으면 더 정확한 카디널리티를 구할 수 있다. 특히, 분포가 균일하지 않은 컬럼으로 조회할 때 효과를 발휘한다.

오라클이 사용하는 히스토그램으로는 아래 두 가지 유형이 있다.

- 높이균형(Height-Balanced) 히스토그램
- 도수분포(Frequency) 히스토그램

히스토그램을 생성하려면 컬럼 통계 수집 시 버킷 개수를 2 이상으로 지정(예 : for columns SIZE 10 col1, col2, col3)하면 된다.

히스토그램 정보는 dba_histograms 또는 dba_tab_histograms 뷰를 통해 확인할 수 있다. 특히, 10g에서는 dba_tab_columns 뷰에 histogram 컬럼이 추가되면서 히스토그램 유형을 쉽게 파악할 수 있게 되었다. 아래는 이 컬럼에 표시되는 값을 설명한 것이다.

- FREQUENCY : 값별로 빈도수를 저장하는 도수분포 히스토그램(값의 수 = 버킷 개수)
- HEIGHT-BALANCED : 각 버킷의 높이가 동일한 높이균형 히스토그램(값의 수 > 버킷 개수)
- NONE : 히스토그램을 생성하지 않은 경우

두 히스토그램 유형을 설명할 예제 테이블로서 아래와 같이 회원(member) 테이블을 생성하자(스크립트 ch3_06.txt 참조).

```
create sequence seq ;

create table member( memb_id number, age number(2) );

exec dbms_random.seed(0);
```

```
insert into member(memb_id, age)
select seq.nextval, dbms_random.value( 1,19) from dual connect by level <= 50;
insert into member(memb_id, age)
select seq.nextval, dbms_random.value(20,29) from dual connect by level <= 270;
insert into member(memb_id, age)
select seq.nextval, dbms_random.value(30,39) from dual connect by level <= 330;
insert into member(memb_id, age)
select seq.nextval, 40 from dual connect by level <= 1000;    → popular value
insert into member(memb_id, age)
select seq.nextval, dbms_random.value(41,49) from dual connect by level <= 200;
insert into member(memb_id, age)
select seq.nextval, dbms_random.value(50,59) from dual connect by level <= 100;
insert into member(memb_id, age)
select seq.nextval, dbms_random.value(60,99) from dual connect by level <= 50 ;
```

2,000명의 회원을 입력하였고, 그 중 40세 연령을 가진 회원은 1,000명으로서 50% 비중을 차지하도록 하였다. 입력한 데이터를 연령대별로 그룹핑해 보면 아래 표와 같다.

연령대	인원수
10대 이하	50
20대	270
30대	330
40대	1200
50대	100
60대 이상	50

(2) 도수분포 히스토그램

'value-based 히스토그램' 으로도 불리며, 그림 3-4처럼 값별로 빈도수(frequency number)를 저장하는 히스토그램을 말한다.

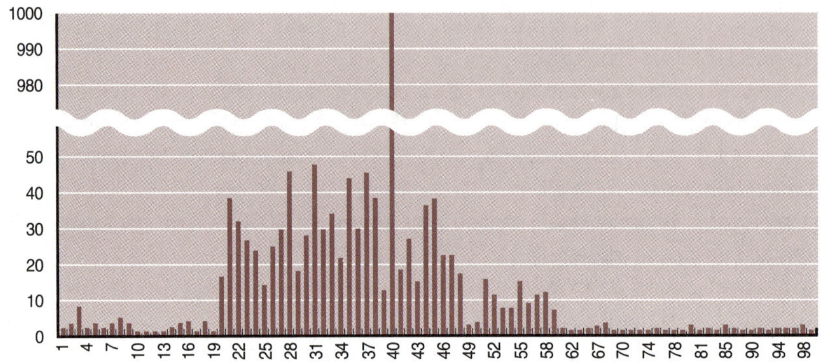

그림 3-4

도수분포(frequency) 히스토그램은 컬럼 값마다 하나의 버킷을 할당(값의 수 = 버킷 개수)한다. 사용자가 요청한 버킷 개수가 컬럼이 가진 값의 수보다 많거나 같을 때 사용되며, 최대 254개의 버킷만 허용하므로 값의 수가 254개를 넘는 컬럼에는 이 히스토그램을 사용할 수 없다.

```
SQL> select count(*), count(distinct age) from member;

  COUNT(*) COUNT(DISTINCTAGE)
---------- ------------------
      2000                 89
```

위 쿼리에서 보듯 age 컬럼이 갖는 값의 수는 89개다. 254개에 못 미치므로 아래와 같이 도수분포 히스토그램을 생성할 수 있다.

```
SQL> begin
  2    dbms_stats.gather_table_stats(user, 'member'
  3      , method_opt=>'for all columns size 100');
  4  end;
  5  /

SQL> select num_distinct, num_buckets, histogram
  2  from   user_tab_col_statistics
  3  where  table_name = 'MEMBER'
  4  and    column_name = 'AGE';
```

```
NUM_DISTINCT NUM_BUCKETS HISTOGRAM
------------ ----------- ---------------
          89          89 FREQUENCY
```

쿼리 결과에서 보듯, 도수분포 히스토그램에서는 컬럼 값의 수(NDV, number of distinct values)와 버킷 개수가 항상 일치한다. 컬럼 값마다 단일 버킷을 할당하기 때문이다.

그리고 100개의 버킷을 요청했는데 89개만 생성된 것은 실제 값의 종류가 89개뿐이기 때문이다. 254개를 요청하더라도 값의 수만큼만 버킷을 할당하므로 정확한 히스토그램을 위해서라면 항상 254개를 요청하는 것이 좋다.

히스토그램 정보를 조회할 수 있는 dba/all/user_histograms 뷰에는 아래 두 컬럼이 있다.

- endpoint_value : 버킷에 할당된 컬럼 값
- endpoint_number : endpoint_value로 정렬했을 때, 최소 값부터 현재 값까지의 누적수량

endpoint_number가 누적수량을 의미하므로 바로 앞 endpoint_value까지의 누적수량을 차감함으로써 해당 버킷의 값 빈도수를 알 수 있다.

아래는 endpoint_value 값별로 빈도수(frequency)을 구하고서 member 테이블에서 구한 연령별 실제 인원수와 비교하는 쿼리인데, 값이 서로 일치하는 것을 볼 수 있다.

```
SQL> select t.age "연령", t.cnt "인원수(명)"
  2       , nvl2(h.prev, h.running_total-h.prev, h.running_total) frequency
  3       , h.running_total
  4  from   (select age, count(*) cnt from member group by age) t
  5       , (select endpoint_value age, endpoint_number running_total
  6               , lag(endpoint_number) over (order by endpoint_value) prev
  7          from   user_histograms
  8          where  table_name = 'MEMBER'
  9          and    column_name = 'AGE') h
 10  where  h.age = t.age ;

 연령 인원수(명)  FREQUENCY RUNNING_TOTAL
----- ---------- ---------- -------------
    1          2          2             2
    2          3          3             5
```

```
  3        8        8       13
 ..     ....     ....     ....
 ..     ....     ....     ....
 38       39       39      638
 39       12       12      650
 40     1000     1000     1650
 41       19       19     1669
 42       27       27     1696
 ..     ....     ....     ....
 ..     ....     ....     ....
 98        3        3     1999
 99        1        1     2000

89 개의 행이 선택되었습니다.
```

도수분포 히스토그램은 값별로 빈도수를 미리 계산해 두는 방식이기 때문에 조건절을 만족하는 카디널리티를 쉽고 정확하게 구할 수 있다. 하지만 시스템 자원에 한계가 있으므로(1,000만 고객명을 도수분포 히스토그램으로 관리하는 경우를 상상해 보라!) 컬럼 값의 빈도수를 모두 이런 식으로 저장할 수는 없다. 그래서 값의 수가 많을 때는 높이균형 히스토그램을 사용한다.

(3) 높이균형 히스토그램

'equi-depth 히스토그램' 으로도 불린다. 컬럼이 가진 값의 수보다 적은 버킷을 요청할 때 만들어진다. 높이균형(height-balanced) 히스토그램에서는 버킷 개수보다 값의 수가 많기 때문에 하나의 버킷이 여러 개 값을 담당한다. 예를 들어, 값의 수가 100개인데 10개의 버킷을 요청하면 하나의 버킷이 평균적으로 10개의 값을 대표한다. 요청할 수 있는 최대 버킷 개수는 254개이므로 값의 수가 254개를 넘으면 무조건 이 히스토그램이 만들어진다.

높이균형 히스토그램에서는 말 그대로 각 버킷의 높이가 같다. 각 버킷은 {1/(버킷 개수) × 100}%의 데이터 분포를 갖는다. 따라서 각 버킷(→ 값이 아니라 버킷)이 갖는 빈도수는 {(총 레코드 개수) / (버킷 개수)}로써 구할 수 있다. 앞에서 생성한 예제 테이블에는 총 2,000건이 입력돼 있고, 이를 높이균형 히스토그램으로 표현한 그림 3-5를 보면 버킷이 20개이므로 각 버킷마다 100(=2,000/20)개 레코드에 해당하는 높이(=빈도수)를 갖는다. 분포는 각 5%씩이다.

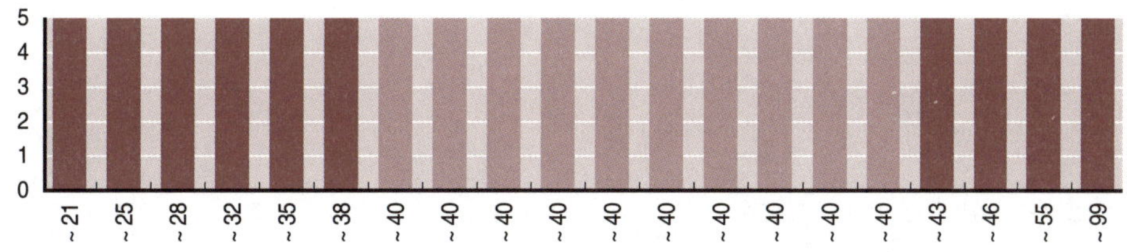

그림 3-5

빈도 수가 많은 값(popular value)을 포함할 때는 두 개 이상의 버킷이 할당된다. 예제 데이터에는 age = 40인 레코드 비중이 50%이므로 그림 3-5에서 총 20개 중 10개 버킷을 차지하는 것을 볼 수 있다.

그림 3-5와 같은 높이균형 히스토그램을 만들기 위해 아래와 같이 컬럼 값의 수(89)보다 적은 20개 버킷을 요청해 보자.

```
SQL> begin
  2    dbms_stats.gather_table_stats(user, 'member'
  3      , method_opt=>'for all columns size 20');
  4  end;
  5  /

SQL> select num_distinct, num_buckets, histogram
  2  from   user_tab_col_statistics
  3  where  table_name = 'MEMBER'
  4  and    column_name = 'AGE';

NUM_DISTINCT NUM_BUCKETS HISTOGRAM
------------ ----------- ---------------
          89          20 HEIGHT BALANCED
```

user_tab_col_statistics에는 사용자가 요청한 대로 20개 버킷이 생성된 것으로 조회된다. 그런데 실제 히스토그램을 보면 아래와 같이 버킷이 11개뿐(12개 값을 연결하려면 11개 선분이 필요. 높이균형 히스토그램일 때 endpoint_number = 0인 첫 번째 레코드는 최소값을 의미)이다. 이는 오라클이 popular value를 압축해서 저장하기 때문이다.

```
SQL> select endpoint_number, endpoint_value
  2  from   user_histograms
  3  where  table_name = 'MEMBER'
  4  and    column_name = 'AGE'
  5  order by 1;

ENDPOINT_NUMBER ENDPOINT_VALUE
--------------- --------------
              0              1  <== 첫 번째 레코드는 버킷이 아니라 '최소 값'을 표현하는 용도
              1             21
              2             25
              3             28
              4             32
              5             35
              6             38
             16             40  <== popular value
             17             43
             18             46
             19             55
             20             99

12 개의 행이 선택되었습니다.
```

popular value를 설명하기에 앞서 높이균형 히스토그램일 때 endpoint_number와 endpoint_value가 의미하는 바를 설명하면 다음과 같다.

- endpoint_number : 버킷 번호
- endpoint_value : 버킷이 담당하는 가장 큰 값

예컨대, endpoint_number=1 버킷은 1~21 연령대 구간을, endpoint_number=20 버킷은 56~99 연령대 구간을 대표한다.

endpoint_number는 버킷 번호이므로 1씩 증가하지만 위 쿼리 결과에서 39~40 연령대 구간의 버킷 번호는 6에서 16으로 10칸을 건너 뛰었다. 이처럼 2칸 이상을 건너 뛰는 버킷은 popular value를 포함함을 의미하며, 여기서는 10칸을 건너 뛰었으므로 해당 연령대가 10개 버킷만큼의 비중을 차지함을 압축해서 표현하고 있다.

만약 7~16까지 10개의 버킷을 하나로 압축하지 않았다면 아래와 같을 것이다.

```
ENDPOINT_NUMBER ENDPOINT_VALUE
--------------- --------------
              0              1
              1             21
              2             25
              3             28
              4             32
              5             35
              6             38
              7             40
              8             40
              9             40
             10             40
             11             40
             12             40
             13             40
             14             40
             15             40
             16             40
             17             43
             18             46
             19             55
             20             99

21 개의 행이 선택되었습니다.
```

압축해서 표현하더라도 연령대별 비중(ratio)과 인원수를 구하는 데는 지장이 없으며, 아래 쿼리를 참고하기 바란다.

```
SQL> select '~' || age "연령대", endpoint_number, diff
       , round( 100 * diff / sum(diff) over()) "RATIO(%)"
       , round(t.num_rows * diff / sum(diff) over()) "인원수(명)"
  from (select table_name
             , endpoint_value age, endpoint_number
             , endpoint_number-lag(endpoint_number) over
                                      (order by endpoint_value) diff
             , lag(endpoint_number) over (order by endpoint_value) prev
        from   user_histograms
        where  table_name = 'MEMBER'
        and    column_name = 'AGE') h, user_tables t
```

```
where  h.endpoint_number > 0
and    t.table_name = h.table_name
order by 1 ;

연령대          ENDPOINT_NUMBER       DIFF RATIO(%) 인원수(명)
-------------- --------------- ---------- -------- ----------
~21                          1          1        5        100
~25                          2          1        5        100
~28                          3          1        5        100
~32                          4          1        5        100
~35                          5          1        5        100
~38                          6          1        5        100
~40                         16         10       50       1000
~43                         17          1        5        100
~46                         18          1        5        100
~55                         19          1        5        100
~99                         20          1        5        100

11 개의 행이 선택되었습니다.
```

연령별 인원수(카디널리티)를 실제로도 위와 같이 구한다면 39세와 40세가 각각 500명으로 계산될 것이다. 하지만 오라클은 popular value(40)에 대한 카디널리티를 구할 때만 버킷에 의한 계산식을 사용하고 나머지(non-popular value)는 미리 구해 놓은 density 값을 이용한다.

popular value와 non-popular value로 나눠서 생각해 보자.

popular value에 대한 선택도/카디널리티 계산

조건절 값이 두 개 이상 버킷을 가진 popular value이면 아래 공식을 따른다.

```
선택도 = (조건절 값의 버킷 개수) / (총 버킷 개수)
```

즉, 조건절 값의 버킷 개수가 총 버킷 개수(히스토그램 뷰에서 조회되는 가장 큰 endpoint_number 값)에서 차지하는 비중을 가지고 선택도를 구한다. 예제 데이터에서 popular value 40은 총 20개 버킷 중 10개를 사용하므로 선택도는 1/2(=50%)이다.

```
카디널리티 = 총 로우 수 × 선택도
           = (총 로우 수) × (조건절 값의 버킷 개수) / (총 버킷 개수)
           = 2,000 × 10 / 20 = 1,000
```

총 로우 수 2,000을 곱하면 카디널리티가 1,000으로 계산되는데, 이는 아래 실행계획에서 볼 수 있는 Rows와 정확히 일치한다.

```
SQL> select * from member where age = 40;

-----------------------------------------------------------------------------
| Id  | Operation          | Name    | Rows  | Bytes | Cost (%CPU)| Time     |
-----------------------------------------------------------------------------
|   0 | SELECT STATEMENT   |         |  1000 |  6000 |     3   (0)| 00:00:01 |
|   1 |  TABLE ACCESS FULL| MEMBER  |  1000 |  6000 |     3   (0)| 00:00:01 |
-----------------------------------------------------------------------------
```

non-popular value에 대한 선택도/카디널리티 계산

non-popular value일 때는 미리 구해 놓은 density 값을 이용한다.

```
카디널리티 = 총 로우 수 × 선택도 = 총 로우 수 × density
```

컬럼 통계로서 미리 구해 놓은 density 값을 확인해 보자.

```
SQL> select 1/num_distinct, density, round(density*2000) cardinality
  2  from   user_tab_col_statistics
  3  where  table_name = 'MEMBER'
  4  and    column_name = 'AGE' ;

1/NUM_DISTINCT    DENSITY CARDINALITY
-------------- ---------- -----------
    .011235955   .2567285         513
```

density가 0.2567285이므로 총 로우 수 2,000을 곱한 카디널리티는 513이다. 실제 non-popular value를 조회하는 조건절에 대한 실행계획을 보면, 아래와 같이 Rows가 513으로 구해지는 것을 확인할 수 있다.

```
SQL> select * from member where age = 39;
```

```
--------------------------------------------------------------------------------
| Id  | Operation           | Name    | Rows  | Bytes | Cost (%CPU)| Time     |
--------------------------------------------------------------------------------
|   0 | SELECT STATEMENT  |         |   513 |  3078 |     3   (0)| 00:00:01 |
|   1 |  TABLE ACCESS FULL| MEMBER |   513 |  3078 |     3   (0)| 00:00:01 |
--------------------------------------------------------------------------------
```

density

컬럼 통계를 보면 density 값을 볼 수 있는데, 해당 컬럼을 '=' 조건으로 검색할 때의 선택도를 미리 구해 놓은 값으로 이해하면 된다. 히스토그램이 없거나, 있더라도 100% 균일한 분포를 갖는다면 density 값은 항상 1/num_distinct와 일치하지만 그렇지 않은 상황에서는 다른 값을 가질 수도 있다.

오라클이 density를 구하는 공식은 다음과 같다[3].

- 히스토그램이 없을 때

  density = 1/num_distinct

- 높이균형 히스토그램일 때

$$density = \frac{\Sigma(\text{모든 non-popular value 빈도수})^2}{(\text{null을 제외한 총 로우 수}) \times \Sigma(\text{모든 non-popular value 빈도수})}$$

- 도수분포 히스토그램일 때

  density = 1 / (2 × (null을 제외한 총 로우 수))

복잡한데다 꼭 알아야 하는 내용도 아니므로 굳이 공식을 이해하려고 노력할 필요는 없다. 다만, '=' 조건 조회 시 옵티마이저가 어떤 때는 1/num_distinct를 이용하고 어떤 때는 미리 구해 놓은 density 값을 이용한다는 사실만큼은 기억할 필요가 있다.

density를 이용한다면 카디널리티는 아래와 같은 식으로써 구해진다.

카디널리티 = 총 로우 수 × 선택도 = num_rows × density

3) Histograms – Myths And Facts(Wolfgang Breitling) 참조

(4) 바인드 변수 사용 시 카디널리티 계산

바인드 변수를 사용하면, 최초 수행할 때 최적화를 거친 실행계획을 캐시에 적재하고 실행시점에는 그것을 그대로 가져와 값만 다르게 바인딩하면서 반복 재사용하게 된다. 여기서, 변수를 바인딩하는 시점이 (최적화 시점보다 나중인) 실행시점이라는 사실이 중요하다. 즉, SQL을 최적화하는 시점에 조건절 컬럼의 데이터 분포를 활용하지 못하는 문제점을 갖는다. (바인드 변수를 사용하면 통계정보를 사용하지 못한다고 흔히 말하는데, 정확히 표현하면 컬럼 히스토그램 정보를 사용하지 못하는 것이다. 히스토그램을 제외한 다른 통계정보들은 충분히 활용한다.)

따라서 바인드 변수를 사용할 때 옵티마이저는 평균 분포를 가정한 실행계획을 생성한다. 컬럼 분포가 균일할 때는 문제될 것이 없지만 그렇지 않을 때는 실행 시점에 바인딩되는 값에 따라 최적이 아닌 실행계획일 수 있어 문제다. 특히 부등호, Between 같은 범위검색 조건을 사용할 때가 문제인데, 먼저 '=' 조건인 경우부터 살펴보자.

'=' 조건일 때

바인드 변수로 '=' 검색할 때 선택도는 아래와 같이 구해진다.

- 히스토그램이 없을 때 : 1/num_distinct 사용
- 도수분포 히스토그램일 때 : 1/num_distinct 사용
- 높이균형 히스토그램일 때 : density 사용

범위검색 조건일 때

범위검색 조건이 사용되면 옵티마이저는 고정된 규칙으로 선택도를 추정하는데, 운이 좋아 그 값이 맞을 수 있지만 십중팔구 틀릴 가능성이 크다. 좀 더 구체적으로 말해, 아래 1~4번은 선택도(Selectivity)를 5%로 계산하고, 5~8번까지는 0.25%로 계산한다.

번호	조건절	번호	조건절
1	번호 〉 :no	5	번호 between :no1 and :no2
2	번호 〈 :no	6	번호 〉 :no1 and 번호 〈= :no2
3	번호 〉= :no	7	번호 〉= :no1 and 번호 〈 :no2
4	번호 〈= :no	8	번호 〉 :no1 and 번호 〈 :no2

따라서 테이블에 1,000개 로우가 있을 때 옵티마이저는 1~4번 조건절에 대해서는 50개 로우가

출력될 것으로 예상하고, 5~8번 조건절에 대해서는 3개 로우가 출력될 것으로 예상한다. 아래 테스트 결과에서 이런 사실을 쉽게 확인할 수 있다(스크립트 ch3_06.txt 참조).

```
SQL> create table t
  2  as
  3  select rownum no from dual connect by level <= 1000;

SQL> begin
  2    dbms_stats.gather_table_stats(user, 't'
  3      , method_opt=>'for all columns size 254');
  4  end;
  5  /

SQL> explain plan for select * from t where no <= :no ;

SQL> select * from table(dbms_xplan.display(null, null, 'basic rows')) ;

------------------------------------------
| Id  | Operation          | Name | Rows  |
------------------------------------------
|   0 | SELECT STATEMENT   |      |    50 |
|   1 |  TABLE ACCESS FULL| T    |    50 |
------------------------------------------

SQL> explain plan for select * from t where no between :no1 and :no2 ;

SQL> select * from table(dbms_xplan.display(null, null, 'basic rows')) ;

-------------------------------------------
| Id  | Operation           | Name | Rows  |
-------------------------------------------
|   0 | SELECT STATEMENT    |      |     3 |
|   1 |  FILTER             |      |       |
|   2 |   TABLE ACCESS FULL| T    |     3 |
-------------------------------------------
```

바인드 변수를 사용했을 때 옵티마이저는 각각 50개와 3개의 카디널리티(rows)를 예상하였다. 사용자가 실제 입력한 값과 전혀 맞지 않는 결과일 수 있지만 옵티마이저로서는 어쩔 수 없는 선택을 한 것이다.

이처럼 바인드 변수를 사용하면 정확한 컬럼 히스토그램에 근거하지 않고 카디널리티를 구하는 정해진 계산식에 기초해 비용을 계산하므로 최적이 아닌 실행계획을 수립할 가능성이 커진다.

아래처럼 상수 조건식(no <= 100, no between 500 and 600)을 사용할 때는 거의 정확한 카디널리티를 계산해 낸다.

```
SQL> explain plan for select * from t where no <= 100 ;

SQL> select * from table(dbms_xplan.display(null, null, 'basic rows'));

-----------------------------------------
| Id  | Operation          | Name | Rows  |
-----------------------------------------
|   0 | SELECT STATEMENT   |      |    97 |
|   1 |  TABLE ACCESS FULL| T    |    97 |
-----------------------------------------

SQL> explain plan for select * from t where no between 500 and 600 ;

SQL> select * from table(dbms_xplan.display(null, null, 'basic rows'));

-----------------------------------------
| Id  | Operation          | Name | Rows  |
-----------------------------------------
|   0 | SELECT STATEMENT   |      |    98 |
|   1 |  TABLE ACCESS FULL| T    |    98 |
-----------------------------------------
```

좋은 실행계획을 위해서라면 DW, OLAP, 배치 프로그램(Loop 내에서 수행되는 쿼리 제외)에서 수행되는 쿼리는 바인드 변수보다 상수를 사용하는 것이 좋고, 날짜 컬럼처럼 부등호, between 같은 범위 조건으로 자주 검색되는 컬럼일 때 특히 그렇다. OLTP성 쿼리이더라도 값의 종류가 적고 분포가 균일하지 않을 때는 상수 조건을 쓰는 것이 유용할 수 있다.

참고로, 파티션 테이블을 쿼리할 때 파티션 레벨 통계정보를 이용하지 못하는 것도 바인드 변수의 대표적인 부작용 중 하나다. 파티션 레벨 통계보다 다소 부정확한 테이블 레벨 통계를 이용함으로써 옵티마이저가 가끔 잘못된 실행계획을 수립한다.

(5) 결합 선택도

아무리 히스토그램을 많이 만들어 두어도 두 개 이상 컬럼에 대한 결합 선택도를 구할 때는 정확성이 떨어진다. 특히 '3절 옵티마이저의 한계'에서 설명한 바와 같이 조건절 컬럼 간에 상관관계가 있을 때 그렇다. '(5) 결합 선택도 산정의 어려움' 부분을 상기하기 바란다.

동적 샘플링(Dynamic Sampling)

오라클은 9i부터 동적 샘플링을 통해 이 문제를 해결하려고 시도하고 있다. 소량의 데이터 샘플링을 통해 where 조건절에 사용된 두 개 이상 컬럼의 결합 분포를 구하는 기능으로서, 동적 샘플링 레벨을 4 이상으로 설정할 때만 작동한다.

아래 테스트 결과는 동적 샘플링의 유용성을 잘 말해주고 있다(스크립트 ch3_06.txt 참조).

```
SQL> create table 사원
  2  as
  3  select empno 사원번호, ename 사원명, sal 급여, sal*0.1 상여 from emp;
```

급여에 일괄적으로 0.1을 곱해 상여를 구했으므로 두 컬럼 간에 상관관계가 매우 높지만 옵티마이저는 그런 사실을 모른다. 히스토그램 버킷 개수를 최대치(254)로 주더라도 단일 컬럼 분포만 저장하기 때문에 어쩔 수 없다.

```
SQL> begin
  2    dbms_stats.gather_table_stats(
  3       user, '사원'
  4     , method_opt=>'for columns 급여 size 254 상여 size 254' );
  5  end;
  6  /

SQL> set autotrace on explain;
SQL> select * from 사원
  2  where  급여 >= 2000
  3  and    상여 >= 200 ;

  사원번호 사원명              급여       상여
---------- ---------- ---------- ----------
      7566 JONES            2975      297.5
      7698 BLAKE            2850        285
      7782 CLARK            2450        245
      7788 SCOTT            3000        300
      7839 KING             5000        500
      7902 FORD             3000        300

6개의 행이 선택되었습니다.
```

```
------------------------------------------------------------------------------
| Id  | Operation          | Name | Rows  | Bytes | Cost  (%CPU)| Time     |
------------------------------------------------------------------------------
|   0 | SELECT STATEMENT   |      |     2 |    34 |     3   (0)| 00:00:01 |
|   1 |  TABLE ACCESS FULL| 사원  |     2 |    34 |     3   (0)| 00:00:01 |
------------------------------------------------------------------------------
```

옵티마이저는 카디널리티(=Rows)를 2로 예상했지만 실제 수행결과는 6건이다.

이제 동적 샘플링 레벨을 4로 설정하고 다시 수행해 보면, 아래와 같이 옵티마이저가 카디널리티를 정확히 6으로 계산하는 것을 볼 수 있다.

```
SQL> select /*+ dynamic_sampling(4) */ * from 사원
  2  where  급여 >= 2000
  3  and    상여 >= 200 ;

------------------------------------------------------------------------------
| Id  | Operation          | Name | Rows  | Bytes | Cost  (%CPU)| Time     |
------------------------------------------------------------------------------
|   0 | SELECT STATEMENT   |      |     6 |   102 |     3   (0)| 00:00:01 |
|   1 |  TABLE ACCESS FULL| 사원  |     6 |   102 |     3   (0)| 00:00:01 |
------------------------------------------------------------------------------

Note
-----
   - dynamic sampling used for this statement
```

다중 컬럼 통계(Multi-column Statistics)

다행스럽게도 11g에서는 '확장형 통계(extended statistics)' 라고 불리는 기능을 통해 다중 컬럼에 대한 히스토그램도 생성할 수 있게 되었다. 이 기능을 사용하려면 아래와 같이 컬럼 그룹을 생성하면 된다.

```
 var ret varchar2(30);
exec :ret := dbms_stats.create_extended_stats(user, '사원', '(급여, 상여)');
print ret;
```

컬럼 그룹을 지우는 방법은 다음과 같다.

```
exec dbms_stats.drop_extended_stats(user, '사원', '(급여, 상여)');
```

아래와 같이 dbms_stats 패키지의 gather_table_stats 프로시저 method_opt 인자를 통해서도 확장형 통계를 수집할 수 있다.

```
begin
  dbms_stats.gather_table_stats(user, '사원'
     , method_opt=>'for all columns size skewonly for columns (급여,상여) size 254'
  );
end;
/
```

어떤 방법을 쓰든 똑같은 확장형 통계가 생성되며, dba_stat_extensions 뷰에서 확인할 수 있다.

```
select extension_name, extension
from   dba_stat_extensions
where  owner = user
and    table_name='사원';
```

아래와 같은 방법으로도 컬럼 그룹명을 확인할 수 있고, 이 값은 위 쿼리에서의 extension_name과 일치한다.

```
select dbms_stats.show_extended_stats_name(user,'사원','(급여,상여)') group_name
from   dual;

COL_GROUP_NAME
--------------------------------------------------------------------------------
SYS_STU5RQ9BZ2FE#O59QYNL$VC960
```

위에서 얻은 컬럼 그룹명을 가지고 아래와 같이 다중 컬럼의 히스토그램을 조회해 볼 수 있다.

```
select * from dba_histograms
where  owner = user
and    table_name = '사원'
and    column_name = 'SYS_STU5RQ9BZ2FE#O59QYNL$VC960'
```

```
order by endpoint_number;
```

07 비용

오라클 옵티마이저가 사용하는 비용 모델에는 I/O 비용 모델과 CPU 비용 모델 두 가지가 있다. I/O 비용 모델은 예상되는 I/O 요청(Call) 횟수만을 쿼리 수행 비용으로 간주해 실행계획을 평가하는 반면 CPU 비용 모델은 여기에 시간 개념을 더해 비용을 산정한다.

비용 모델을 선택할 때 사용하는 파라미터는 *_optimizer_cost_model*이고, 아래 세 가지 옵션이 제공된다.

- IO : I/O 비용 모델
- CPU : CPU 비용 모델
- CHOOSE : 시스템 통계가 있으면 CPU 비용 모델, 없으면 I/O 비용 모델(*optimizer_mode*를 choose로 설정했을 때 오브젝트 통계가 있으면 CBO, 없으면 RBO로 동작하는 것과 같은 개념)

기본 값은 choose이고, 9i에서는 기본적으로 시스템 통계를 갖지 않으므로 관리자가 시스템 통계를 생성해 줄 때만 CPU 비용 모델 방식으로 작동한다. 10g에서는 관리자가 Workload 시스템 통계를 생성하지 않더라도 CPU 비용 모델이 선택되도록 하려고 NoWorkload 시스템 통계를 추가로 도입하였다.

참고로, 아래 두 힌트를 이용하면 쿼리 레벨로도 비용 모델을 선택할 수 있다.

- cpu_costing
- no_cpu_costing

(1) I/O 비용 모델

I/O 비용 모델에서의 비용은 디스크 I/O Call 횟수(논리적/물리적으로 읽은 블록 개수가 아닌 I/O Call 횟수)를 의미한다[4].

인덱스를 경유한 테이블 액세스 비용

인덱스를 경유한 테이블 액세스 시에는 Single Block I/O 방식이 사용된다. 이는 디스크에서 한 블록을 읽을 때마다 한 번의 I/O Call을 일으키는 방식이므로 읽게 될 물리적 블록 개수가 액세스 비용(=I/O Call 횟수)과 일치한다[5]. 아래 실행계획을 보자(스크립트 ch3_07.txt 참조).

```
SQL> create table t as select * from all_objects;

SQL> create index t_owner_idx on t(owner);

SQL> begin
  2    dbms_stats.gather_table_stats(user, 'T'
  3      , method_opt=>'for all columns size 1');
  4  end;
  5  /

SQL> alter session set "_optimizer_cost_model" = io;

SQL> set autotrace traceonly exp;
SQL> select /*+ index(t) */ * from t where owner = 'SYS';

-------------------------------------------------------------------------
| Id  | Operation                   | Name        | Rows  | Bytes | Cost  |
-------------------------------------------------------------------------
|   0 | SELECT STATEMENT            |             |  2385 |  216K|    70 |
|   1 |  TABLE ACCESS BY INDEX ROWID| T           |  2385 |  216K|    70 |
|   2 |   INDEX RANGE SCAN          | T_OWNER_IDX |  2385 |       |     6 |
-------------------------------------------------------------------------
```

4) 예를 들어, 64개 블록을 16개씩 Multiblock I/O 한다면 I/O Call은 4번 발생한다. Single Block I/O와 Multiblock I/O에 대한 개념이 부족하다면 1권 6절을 참조하기 바란다.

5) 옵티마이저는 모든 블록 읽기가 디스크 I/O를 일으킨다고 가정한다.

옵티마이저가 산정한 쿼리 수행 비용은 인덱스 스캔 단계에서 6, 테이블 액세스 단계까지 포함해 70이다. 이는 인덱스 스캔 단계에서 6번, 테이블 액세스 단계에서 64(=70-6)번의 Single Block I/O Call이 발생할 것으로 옵티마이저가 예상했다는 뜻이다. 인덱스 단계에서 Rows(=카디널리티)가 2,385이므로 그만큼 테이블 Random 액세스가 발생할 텐데 I/O Call이 64번뿐인 이유는 클러스터링 팩터가 비용 계산식에 고려되었기 때문이다.

1장 4절에서 클러스터링 팩터와 함께 잠시 언급했듯이 인덱스를 이용한 테이블 액세스 비용은 아래와 같은 공식에 의해 구해진다.

```
비용 = blevel +                                -- 인덱스 수직적 탐색 비용
       (리프 블록 수 × 유효 인덱스 선택도) +    -- 인덱스 수평적 탐색 비용
       (클러스터링 팩터 × 유효 테이블 선택도)   -- 테이블 Random 액세스 비용
```

- blevel은 브랜치 레벨을 의미하며, 리프 블록에 도달하기 전에 읽게 될 브랜치 블록 개수임
- 유효 인덱스 선택도 : 전체 인덱스 레코드 중에서 조건절을 만족하는 레코드를 찾기 위해 스캔할 것으로 예상되는 비율(%). 리프 블록에는 인덱스 레코드가 정렬된 상태로 저장되므로 이 비율이 곧, 방문할 리프 블록 비율
- 유효 테이블 선택도 : 전체 레코드 중에서 인덱스 스캔을 완료하고서 최종적으로 테이블을 방문할 것으로 예상되는 비율(%). 클러스터링 팩터는 인덱스를 경유해 전체 로우를 액세스할 때 읽힐 것으로 예상되는 테이블 블록 개수이므로 여기에 유효 테이블 선택도를 곱함으로써 조건절에 대해 읽힐 것으로 예상되는 테이블 블록 개수를 구할 수 있음

공식에 사용된 두 선택도의 의미를 1장 7절 (9)항에 설명한 Access Predicate, Filter Predicate와 연관시키면 아래와 같다.

- 유효 인덱스 선택도 : 인덱스 Access Predicate에 의해 결정
- 유효 테이블 선택도 : 인덱스 Access Predicate와 Filter Predicate에 의해 결정

테이블 액세스 후 최종 선택도는 테이블 Filter Predicate까지 포함한 모든 조건절에 의해 결정된다.

- (최종) 테이블 선택도 : 테이블 Filter Predicate까지 포함한 모든 조건절에 의해 결정

조건절이 아래와 같은 형태가 아니라면, 인덱스 컬럼에 대한 조건절은 모두 '인덱스 Access Predicate'에 포함된다고 1장에서 설명했다. 바꿔 말하면, 아래 경우에만 '인덱스 Access Predicate'와 '인덱스 Filter Predicate'가 다르다.

- 좌변 컬럼을 가공한 조건절
- 왼쪽 '%' 또는 양쪽 '%' 기호를 사용한 like 조건절
- 같은 컬럼에 대한 조건절이 두 개 이상일 때, 인덱스 액세스 조건으로 선택되지 못한 다른 조건절

선택도는 각 조건절 컬럼의 선택도를 곱해서 구하므로 결론적으로, SQL이 위 조건절을 포함하는 경우를 제외하면 유효 인덱스 선택도와 유효 테이블 선택도는 항상 같다.

5절에서 설명했듯이 선택도는 num_distinct 컬럼 통계를 이용해 구한다. 그리고 브랜치 레벨과 리프 블록 수, 클러스터링 팩터는 모두 인덱스 통계에서 얻을 수 있다.

이들 값을 조회해 위 비용식에 대입함으로써 실행계획에서 보았던 인덱스 스캔 비용(=6)과 총 테이블 액세스 비용(=70)을 구해보자.

```
SQL> select i.blevel, i.leaf_blocks, c.num_distinct, i.clustering_factor
  2       , 1 + (i.leaf_blocks * 1/c.num_distinct) "인덱스 스캔 비용"
  3       , 1 + (i.leaf_blocks * 1/c.num_distinct)
  4           + (i.clustering_factor * 1/c.num_distinct) "총 테이블 액세스 비용"
  5 from   user_indexes i, user_tab_col_statistics c
  6 where  i.index_name = 'T_OWNER_IDX'
  7 and    c.table_name = i.table_name
  8 and    c.column_name = 'OWNER';

                                    CLUSTERING    인덱스    총 테이블
    BLEVEL LEAF_BLOCKS NUM_DISTINCT _FACTOR       스캔비용 액세스 비용
---------- ----------- ------------ ---------- ----------- -----------
         1         116           21       1337      6.5238     70.1905
```

CBO가 내부적으로 사용하는 반올림 규칙 때문에 버전마다 약간씩 다를 수 있지만 대개 위와 같이 비슷한 값이 구해진다.

Full Scan에 의한 테이블 액세스 비용

테이블을 Full Scan할 때는 HWM 아래쪽 블록을 순차적으로 읽어 들이는 과정에서 발생하는 I/O Call 횟수로 비용을 계산한다. Full Scan할 때는 한 번의 I/O Call로써 여러 블록을 읽어 들이는 Multiblock I/O 방식을 사용하므로 이론적으로는 총 블록 수를 *db_file_multiblock_read_count* 파라미터로 나눈 만큼 I/O Call이 발생해야 한다. 하지만 내부적으로 조정된 값으로 비용을 계산하기 때문에 실제 테스트해 보면 우리의 예상치와 정확히 일치하진 않는다.

그렇더라도 Multiblock I/O 단위를 증가시킬수록 I/O Call 횟수가 줄고 예상비용도 준다는 사실은 쉽게 확인할 수 있다. 실제 그런지 테스트해 보자.

```
SQL> select blocks from user_tables where table_name = 'T';

    BLOCKS
----------
       709
```

먼저 테이블에서 읽을 총 블록 수를 확인해 보니 709개였다.

```
SQL> alter session set db_file_multiblock_read_count = 2;

SQL> select /*+ full(t) */ * from t where owner = 'SYS';

-----------------------------------------------------------
| Id  | Operation          | Name | Rows  | Bytes | Cost  |
-----------------------------------------------------------
|   0 | SELECT STATEMENT   |      |  2385 |  216K|   269 |
|   1 |  TABLE ACCESS FULL| T    |  2385 |  216K|   269 |
-----------------------------------------------------------
```

db_file_multiblock_read_count 파라미터를 2로 설정한 상태에서 비용을 측정했더니 269로 나타났고, 이는 709개 블록을 읽기 위해 Multiblock I/O Call이 그만큼 발생할 것으로 옵티마이저가 예상했다는 뜻이다.

아래는 *db_file_multiblock_read_count* 파라미터를 2부터 128까지 증가시키면서 I/O 비용을 측정한 결과인데, 앞서 설명했듯이 cost가 계속 감소하는 것을 확인할 수 있다.

db_file_multiblock_read_count	rows	bytes	cost
2	2,385	216K	269
4	2,385	216K	171
8	2,385	216K	109
16	2,385	216K	70
32	2,385	216K	45
64	2,385	216K	29
128	2,385	216K	19

I/O 비용 모델의 비현실적인 가정

디스크 I/O Call 횟수로써 테이블 액세스 비용을 평가한다는 데에는 아래 두 가지 중요한 의미가 내포돼 있다.

- Single Block I/O와 Multiblock I/O는 비용이 같다.
- 캐싱 효과를 전혀 고려하지 않는다.

한 번에 한 블록씩 읽는 비용과 128 블록씩 읽는 비용이 같다거나 모든 블록을 디스크에서 읽는다는 것은 매우 비현실적인 가정이다. 따라서 이를 보정하기 위한 아래 두 파라미터가 오라클 8 버전부터 제공되기 시작하였다.

optimizer_index_cost_adj

이 파라미터는 인덱스 탐색 비용을 조정하고자 할 때 사용하며, 설정할 수 있는 값의 범위는 1~10,000이다. 기본 값으로 설정된 100이란 수치는, 한 번의 I/O Call을 통해 Single Block Read 방식으로 한 블록을 읽는 비용과 Multiblock Read 방식으로 여러 블록을 읽는 비용을 같게 평가하라는 뜻이다. 만약 이 값을 25로 변경하면 옵티마이저는 Single Block Read 방식의 I/O Call 비용을 Multiblock Read 방식의 I/O Call 비용의 25%로 간주한다.

일반적으로 Single Block Read는 인덱스를 경유한 테이블 액세스 시에 사용되고, Multiblock Read는 Full Table Scan시 사용한다. 따라서 이 파라미터는 인덱스를 경유할 때의 물리적 I/O 비용을 Full Table Scan할 때의 물리적 I/O 비용과 대비한, 다시 말해 상대적 비용을 표현한 것이라고 할 수 있다.

이 값을 낮게 설정할수록 옵티마이저는 테이블 스캔보다 인덱스를 이용한 테이블 액세스를 선호하게 된다.

optimizer_index_caching

옵티마이저는 NL 조인 시 Inner 테이블 쪽 인덱스 블록을 매번 디스크에서 읽는다고 가정(optimizer_index_caching = 0)하지만 이는 비현실적이다. 특히 작은 테이블일 때는 대부분 캐싱된 블록을 읽게 된다. *optimizer_index_caching*은 NL 조인에서 inner 쪽 인덱스 블록이 캐싱돼 있을 가능성을 옵티마이저에게 알려주는 파라미터이며, IN-List Iterator 방식으로 인덱스를 탐색할 때 읽게 되는 인덱스 블록 액세스 비용에도 영향을 미친다.

설정할 수 있는 값의 범위는 0~100이며, 이 값을 높게 설정할수록 옵티마이저는 인덱스를 이용한 NL 조인을 선호하게 된다.

(2) CPU 비용 모델

모든 데이터베이스 오퍼레이션은 CPU를 사용하며, 경우에 따라서는 I/O보다 성능에 더 큰 영향을 끼치기도 한다. 아래는 블록 I/O가 소량인데도 쿼리 수행 시간이 상당히 오래 걸리는 경우다.

- 해시 조인할 때, 해시 체인에 달린 레코드가 많아 해시 체인을 스캔하는 부하가 심할 때(2장에서 자세히 설명하였음)
- 캐싱된 블록을 반복적으로 읽는데, 한 블록 내에서 매번 비효율적으로 많은 레코드를 스캔할 때(예를 들어, NL 조인 Inner쪽 인덱스 선두 컬럼이 between 조건일 때)
- 버퍼를 Pin한 상태에서 같은 블록을 반복 액세스할 때
- 다량의 레코드를 읽으면서 건건이 여러 개의 사용자 정의 함수를 반복 호출할 때
- 메모리 소트를 반복할 때

아래와 같은 경우에도 CPU 사용량이 다소 증가한다.

- 조건절 개수가 아주 많을 때
- 조건절이나 select-list에 연산 집약적인 작업을 많이 포함할 때

이에 오라클은 쿼리 수행에 필요한 I/O뿐만 아니라 예상되는 CPU 리소스 사용량까지 비용 계산식에 포함하는 새로운 비용 모델, 이른바 'CPU 비용 모델'을 9i에서 선보였고, 이로써 CBO가 이전보다 더 나은 실행계획을 수립할 수 있게 되었다.

CPU 비용 모델에서의 비용계산식은 다음과 같다[6].

```
Cost = (  #SRds * sreadtim +
          #MRds * mreadtim +
          #CPUCycles / cpuspeed
        ) / sreadtim
```

- #SRds – Single Block I/O 요청 횟수
- #MRds – Multiblock I/O 요청 횟수
- #CPUCycles – 쿼리 수행에 필요한 CPU 사이클 수
- sreadtim – Single Block I/O에 소요되는 시간(ms)
- mreadtim – Multiblock I/O에 소요되는 시간(ms)
- cpuspeed – 초당 처리할 수 있는 CPU 사이클 수

sreadtim, mreadtim, cpuspeed는 mbrc와 함께 시스템 통계 수집 시 미리 측정해 둔 값이다. 4절 통계정보 I 에서 '(4) 시스템 통계'를 참조하기 바란다.

cpuspeed의 의미를 오라클 매뉴얼에서 찾아보면 'CPU 속도를 초당 사이클 수로 표현한 것'이라고 단순하게 설명돼 있다. 이에 대한 좀 더 구체적인 설명을 Jonathan Lewis의 저서 'Cost-Based Oracle Fundamentals'에서 찾을 수 있는데, 이 책에서 소개한 Christian Antognini의 주장에 따르면 '사용자의 플랫폼에서 오라클이 수행해 본 몇 가지 표준 오퍼레이션의 초당 수행 횟수를 표현한 것'이라고 한다.

I/O 비용

공식에서 알 수 있는 것처럼 Single Block I/O 요청 횟수(#SRds)와 Multiblock I/O 요청 횟수

6) Oracle9i Database Performance Tuning Guide and Reference

(#MRds)에, 미리 측정해 놓은 평균 소요시간(sreadtim, mreadtim)을 각각 곱함으로써 I/O 일량을 시간으로 표현하였다. 그럼으로써 인덱스 스캔에 의한 테이블 액세스 비용과 테이블 스캔 비용 간에 상대적인 시간 차이가 있음을 계산식에 포함시켰다.

CPU 비용

I/O 비용뿐만 아니라 CPU 비용을 계산식에 포함하고 있다(4장 12절 3항 '조건절 비교 순서' 참고). CPU 비용은 '예상 CPU 사이클 수(#CPUCycles)'를 '초당 처리할 수 있는 CPU 사이클 수(cpuspeed)'로 나눈 값으로 계산한다. 쿼리 수행에 필요한 '예상 CPU 사이클 수'에는 순수한 CPU 연산 비용과 버퍼 캐시에서 데이터를 읽는 CPU 비용까지를 포함한다.

이처럼 I/O 시간과 CPU 연산 시간을 더한 시간 개념을 빌어 쿼리 수행 비용을 평가한다는 것이 CPU 비용 모델의 핵심이다. 또 한 가지 주목할만한 사실은, 이렇게 I/O 시간과 CPU 연산 시간을 더한 값을 Single Block I/O 평균 소요 시간(sreadtim)으로 나눔으로써 Single Block I/O에 소요되는 시간과의 상대적인 시간 비용으로 표현했다는 것이다.

결론적으로 CPU 비용 모델에서 말하는 비용은, 쿼리의 예상 총 수행 시간을 Single Block I/O 시간 단위로 표현한 것이라고 할 수 있다. 예컨대, 비용이 10으로 계산됐다면 10번의 Single Block I/O를 수행하는 만큼의 시간이 걸릴 것임을 의미한다.

비용에 시간 개념을 더한 것에 그치지 않고 오라클은 캐싱 효과를 비용 계산식에 포함하려는 움직임을 보이고 있다. 10g에서 아래 쿼리를 수행해 보면 테이블별로 캐싱된 블록 수와 캐시 히트율을 보여주는데, 이 값이 언제부터 어떻게 활용될지는 아직 알 수 없다.

```
select table_name, avg_cached_blocks, avg_cache_hit_ratio
from   user_tab_statistics;
```

08 통계정보 II

(1) 전략적인 통계수집 정책의 중요성

지금까지 설명한 카디널리티와 비용 계산식의 세부적인 사항을 항상 기억할 필요는 없다. 다만, 그 원리를 이해함으로써 통계정보 수집이 얼마나 중요한지 깨닫는 것은 매우 중요하다.

4절 '통계정보 I'이 개발자로서의 독자에게 통계정보의 기본 개념을 설명한 것이라면, 본 절은 실제 통계정보를 수집하고 관리해야 할 DB 관리자들이 효과적인 통계정보 수집 전략을 세울 수 있도록 돕는 데에 목적이 있다.

CBO 능력을 최대한 끌어 올리는 핵심 요소

본서는 오라클 성능 문제를 주로 개발자 중심으로 설명하고 있다. 1권에서 아키텍처를 다룰 때도 개발자에게 필요한 내용 위주로 구성했음을, 읽어 본 독자라면 이해할 것이다. 그럼에도 본 절에서 통계정보를 관리적인 수준까지 좀 더 깊이 다루려는 것은 통계정보가 CBO에게 미치는 영향력이 그만큼 절대적이기 때문이다.

'비용기반의 오라클 원리'를 번역하면서 역자 서문에 "옵티마이저가 그 능력을 최대한 발휘할 수 있도록 환경을 조성해 주어야 한다"고 밝혔는데, 90%는 통계정보를 염두에 두고 한 말이다. 부정확한 통계정보를 옵티마이저에게 제공하고는 똑똑하지 못한 옵티마이저를 탓하는 일이 얼마나 많은가? "좋은 인덱스가 있는데도 엉뚱한 인덱스를 탄다", "해시 조인이 나은데 NL 조인을 한다" 등등.

그런데 많은 경우 그 원인이 통계정보 이상(異常)에 있음을 이해할 수 있겠는가? 1권 마지막 장 I/O 효율화 원리에서 통계정보의 중요성을 강조하면서 아래와 같이 언급한 것을 상기하기 바란다.

> " 전쟁에서 효과적으로 싸우려면 정보력이 뒷받침되어야 한다. 정보가 불충분하면 적군의 수효가 10만 명에 이르는데 불과 20~30명 소대원을 이끌고 무모하게 돌격 명령을 내리는 소대장이 나올 수 있다."

DB 관리자의 핵심 역할은 통계정보 관리

독자가 DBA 역할을 맡고 있다면 본 절에서 설명하는 내용에 대해 지금까지 충분한 이해가 있었는지 돌이켜봐야 한다. 개발자라면 현재 개발 중인 DB에 접속해 가장 마지막 통계정보 수집일자가 언제인지 확인해 보기 바란다. 만약 중요한 거래 테이블들의 마지막 통계 수집일자가 대부분 오래된 상태라면, 성능 문제 때문에 수많은 밤을 지샌 원인이 통계정보에 있을 가능성이 있으므로 DBA에게 본 절의 내용을 소개해 주기 바란다.

DBA라고 하면 흔히 오브젝트 생성 관리, 백업 & 복구, 트러블 슈팅 등을 떠올리지만 CBO 환경에서 그 이상으로 중요한 역할은 통계정보 수집 정책을 세우고 그에 따라 통계정보를 안정적으로 운영 · 관리하는 데에 있다. 문제없던 쿼리가 어느 날 갑자기 악성 SQL로 돌변했다면 가장 먼저 해당 테이블 통계정보에 이상이 없는지 확인해 보라. 십중팔구 통계정보에서 비롯된 문제일 것이다.

통계정보 수집 시 고려사항

통계정보를 수집할 때 고려해야 할 중요한 네 가지 요소는 다음과 같다.

- 시간 : 부하가 없는 시간대에 가능한 빠르게 수집을 완료해야 함
- 샘플 크기 : 가능한 적은 양의 데이터를 읽어야 함
- 정확성 : 전수 검사할 때의 통계치에 근접해야 함
- 안정성 : 데이터에 큰 변화가 없는데 매번 통계치가 바뀌지 않아야 함

가장 짧은 시간 내에 꼭 필요한 만큼만 데이터를 읽어 충분한 신뢰수준을 갖춘 안정적인 통계정보를 옵티마이저에게 제공하려면 치밀한 전략이 있어야 한다. 자신이 관리하는 시스템 여건에 맞는 전략이 필요한 것이다.

어떤 테이블은 여러 파티션에 골고루 갱신이 이루어지는가 하면, 어떤 테이블은 특정 파티션에만 갱신이 이루어지기도 한다. 유지보수를 위한 서비스 다운타임(planned downtime)이 매일 확보되는 시스템이 있는가 하면 24시간 가용성이 요구되는 시스템도 있다. OLTP냐 DW냐에 따라서도 다른 전략을 사용해야 한다. 또한 데이터 자체 특성에 따라서도 다른 전략이 필요한데, 만약 샘플 크기를 최소화하더라도 정확성, 안정성을 확보할 수 있다면 시간을 크게 줄일 수 있지만 그렇지 않다면 시간이 오래 걸리더라도 전수 검사를 해야만 한다.

주기적으로 통계 수집하면서 안정적이어야 최적

통계정보의 중요성은 무엇보다 좋은 실행계획을 통해 쿼리 성능을 높이는 데 있다. 따라서 정확성이 무엇보다 중요하며, 특히 OLAP처럼 비정형(ad-hoc) 쿼리들이 많은 시스템에선 시스템 성능을 결정짓는 가장 중요한 변수로 작용한다.

하지만 절대적인 최적의 성능을 구현하기보다 안정적인 운영을 바라는 OLTP Production 시스템 관리자 입장에서는 통계정보의 안정성이 더 중요할 수 있다. 그런 연유로, 통계정보 수집을 꺼리는 DB 관리자들도 상당수 있다.

실제 통계정보를 수집하지 않고 오라클을 운영하는 고객사를 두 군데 경험한 적이 있는데, 한 곳은 원래 통계정보를 수집했으나 몇 번 장애를 경험하고는 어느 순간부터 수집을 멈춘 경우였다. 다른 한 곳은 초기부터 아예 통계정보 없이 운영을 시작한 경우였다. 오라클 버전은 둘 다 9i 였다.

이 두 회사의 공통점은 개발팀의 SQL 힌트 구사 능력이 웬만한 전문가 수준 이상이라는 점이다. 힌트 없이는 제대로 된 실행계획을 기대하기 어려운 지경에 이르렀고, 이제라도 통계정보를 수집하자고 하면 어떤 사태가 벌어질지 몰라 손사래를 치는 형국이다.

두 번째 회사의 경우 최근에 방문해보니 조만간 RAC를 도입하면서 10g 버전으로 업그레이드할 계획이라는 얘기를 들었다. 놀라운 것은, 10g에서도 계속해서 통계정보 없이 운영할 생각을 갖고 있더라는 사실이다. 필자가 우려를 표시했음에도 지금껏 통계정보 없이 운영하던 터라 불안해서 어쩔 수 없다는 것이다.

안정성이 중요하더라도 CBO를 사용하는 한 통계정보를 수집하지 않을 수 없다는 사실을 기억하기 바란다. 통계정보를 주기적으로 수집하면서도 안정적으로 운영되는 시스템이야말로 최적이라고 할 수 있으며, 이를 위해선 시스템 환경에 맞는 전략적인 통계수집 정책이 반드시 필요하다.

통계 수집 정책 수립은 필수

몇 가지 운영전략을 소개하면, 통계를 수집할 필요가 없는 오브젝트에 대해서는 Lock 옵션으로 통계정보를 고정할 수 있다. 그리고 통계정보에 영향을 받아선 안 되는 중요한 일부 핵심 프로그램에 대해선 옵티마이저 힌트를 적용해 실행계획을 고정시키는 것이 최선이다.

운영 DB에서 수집한 통계정보를 개발 DB에도 반영한 상태에서 개발을 진행해야 하며, 프로그램을 운영 서버에 배포하기 전 충분한 테스트를 거쳐야 한다. 운영 서버와 테스트 서버 간에는 오브젝트 통계뿐만 아니라 시스템 통계까지 일치시켜야 하며, 당연히 옵티마이저 관련 파라미터도 일치시켜야 한다.

통계정보 변화 때문에 애플리케이션 성능에 심각한 문제가 발생했을 때를 대비해 가장 안정적이었던 최근 통계정보를 항상 백업해 두기 바란다. 그래야 정상적이던 이전 상태로 빠르게 되돌릴 수 있다.

전략을 세우는 가장 세부 단계에서는 아래 표에 예시한 것처럼 오브젝트별 통계수집 주기와 샘플링 비율 등을 표로써 정리해 두어야 한다.

테이블명	레코드 개수	I / 일	U / 일	D / 일	통계수집 주기	Sample %
T1	394,412	0	0	0	고정	N/A
T2	28,778,984	20	134	0	년	5%
T3	10,838,916	15	280	0	분기	20%
T4	230,792	0	7,065	0	월	100%
T5	103,417	7,268	13,616	5,916	일	100%
...	...	...	...	...	...	...

주) 파티션 테이블일 때는 global 통계(테이블 레벨 통계)를 어떤 주기로 어떻게 수집할지를 별도로 기록해야 하지만 지면에 모두 표시할 수 없어 생략했다.

테이블 정의서에 기록하든 별도 산출물을 이용하든 데이터베이스 설계 시 주요 태스크로 진행해야 하고[7], 이를 기준으로 스크립트를 작성해 시스템 오픈 전에 적정성 여부를 반드시 테스트해야 한다. 뒤에서 설명할 자동 수집 기능을 이용하더라도 그 안에 이 같은 전략을 담고 있어야지, 모든 걸 자동 기능에 의존한다면 시스템 운명을 오라클에 내맡기는 것과 다름 없다.

이런 사전 준비와 테스트 과정 없이 시스템을 오픈하는 경우가 얼마나 많은가? 다시 강조하지만 시스템 여건과 오브젝트 특성에 맞는 통계수집 정책을 마련하지 않고는 안정적인 고성능 데이터베이스 구축은 요원한 일이다.

지금부터 시스템 환경에 따라 최적의 통계수집 정책을 수립하기 위해 어떤 옵션을 선택할 수 있는지 자세히 살펴보자.

(2) DBMS_STATS

통계정보 수집을 위해 오랫동안 사용돼 온 Analyze 명령어를 버리고 이제는 dbms_stats 패지키를 사용하는 것이 바람직하다. dbms_stats가 더 정교하게 통계를 계산해 내기 때문이며, 특히 파티션 테이블/인덱스일 때는 반드시 dbms_stats를 사용해야 한다.

7) 이미 운영 중인 시스템이라면 DBA팀 역할이라고 보는 것이 자연스럽지만 신 시스템을 설계하고 구축 중이라면 어느 팀 역할이라고 단정하기 어렵다. 기본 정책은 DBA팀이 수립하겠지만 그에 따라 오브젝트별 통계 수집 주기를 설계하는 일은 프로젝트 규모와 역할 정의에 따라 다를 수 있다. DBA, DA 누가 담당하든 데이터 발생 주기를 잘 아는 개발팀 또는 현업 담당자의 도움이 필요하며, 고성능 데이터베이스 구축을 위해서는 공동의 노력 하에 반드시 거쳐야 할 매우 중요한 태스크라는 인식을 공유해야 한다.

아직 deprecated되지 않은 Analyze 명령어

Analyze 문장이 deprecated 된 것은 아니며, 아래와 같은 정보 수집을 위해 여전히 필요하다.

- freelist 블록 정보 수집 : avg_space_freelist_blocks, num_freelist_blocks
  (ASSM이 아닌 테이블스페이스에 생성된 테이블일 때만 해당)
- 체인이 발생한 로우 개수 확인 : chain_cnt
- list chained rows : 로우 체인 또는 마이그레이션이 발생한 로우 식별

```
SQL> analyze table emp list chained rows into chained_rows;
```

- validate : 정합성이 깨진 데이터 블록이나 로우가 있는지 검증

```
SQL> analyze table emp validate structure;
```

요즘 대부분 ASSM을 사용하므로 freelist 블록 정보는 필요 없다지만 테이블별로 로우 체인(또는 로우 마이그레이션) 발생 현황은 주기적으로 진단할 필요가 있다. 그런데 아쉽게도 dbms_stats 패키지는 이 항목을 측정하지 않는다. 옵티마이저 관련 통계가 아니기 때문이다.

dbms_stats 패키지로 통계정보를 수집할 때, 기존에 chain_cnt 항목이 구해져 있으면 그대로 두고 null 값이면 0으로 입력한다. 따라서 dba/user/all_tables 뷰에서 이 항목이 0으로 조회된다고 해서 체인이 전혀 발생하지 않았다고 판단해선 안 된다.

아래 쿼리를 통해 체인에 의한 로우 액세스 발생 현황을 주기적으로 점검하다가 계속 수치가 증가한다고 판단될 때는 analyze 문장의 list chained rows 기능을 이용해 체인이 많이 발생한 테이블들을 찾아내야 한다.

```
select * from v$sysstat
where  name in ('table fetch by rowid', 'table fetch continued row');
```

dbms_stats.gather_table_stats 프로시저의 인자를 표로 정리해 보면 다음과 같다. 참고로 버전마다 옵션 리스트와 기본 선택 값이 조금씩 다르며, 여기서는 10g를 기준으로 설명하겠다.

인자	설명
ownname	테이블이 속한 스키마명
tabname	테이블명
partname	파티션명

estimate_percent	샘플링 크기를 퍼센트(%)로 지정 ● 0.000001에서 100까지 지정 가능 ● null은 전수 검사(compute)를 의미 ● dbms_stats.auto_sample_size를 지정하면 오라클이 적당한 샘플링 크기를 결정
block_sample	true면 블록 단위 샘플링, false면 로우 단위 샘플링. 블록 단위 샘플링이 더 효율적이지만 정확성은 떨어짐. 기본 값은 false. 참고로, compute 모드(estimate_percent => null)에서는 이 옵션을 지정해도 무시됨
method_opt	컬럼 통계 및 히스토그램과 관련한 옵션 지정 ● for all columns size 75 ● for columns col1 size 10, col2 size 20 ● for columns size 20 col1, col2 size에는 히스토그램 개수를 지정하는 정수 값(1~254) 외에도 다음과 같은 옵션을 지정할 수 있다. size {integer | repeat | auto | skewonly} ● repeat : 히스토그램이 기존에 생성돼 있던 컬럼에만 히스토그램 수집 ● skewonly : 데이터 분포를 분석해 균일하지 않을 때만 히스토그램을 생성 ● auto : 컬럼이 조건절에 사용되는 비중(sys.col_usage$ 뷰를 통해 확인)과 데이터 분포를 기준으로 오라클이 결정 기본 값은 for all columns size auto
degree	병렬도(DOP)를 지정함으로써 여러 프로세스가 동시에 통계정보를 수집하도록 함
granularity	파티션 테이블일 때, 통계 수집 레벨을 결정 ● global : 글로벌 통계만 ● partition : 파티션 레벨 통계만 ● subpartition : 서브파티션 레벨 통계만 ● global and partition : 글로벌과 파티션 레벨 통계만 ● all : 글로벌, 파티션, 서브파티션 모두 ● auto : 파티셔닝 유형에 따라 오라클이 결정
cascade	테이블에 속한 모든 인덱스에도 통계를 수집함. 각 인덱스마다 gather_index_stats 프로시저를 따로 수행하는 것과 일량은 같음
no_invalidate	라이브러리 캐시에 캐싱된 커서를 무효화할지를 결정 ● true : 연관된 커서를 무효화하지 않음 ● false : 연관된 커서를 무효화 9i에서는 false, 10g에서는 true가 기본 값임

(3) 컬럼 히스토그램 수집

히스토그램을 가지면 더 나은 실행계획을 수립하는 데 도움이 되지만 이를 수집하고 관리하는 비용이 만만치 않다. 따라서 필요한 컬럼에만 히스토그램을 수집해야 하며, 조건절에 자주 사용되면서 편중된(skewed) 데이터 분포를 갖는 컬럼이 주 대상이다.

흔히 인덱스 컬럼에만 히스토그램이 필요하다고 생각하기 쉬운데, 그렇지 않다. 테이블을 액세스하고 나서의 최종 선택도를 계산할 때는 인덱스가 없는 조건절 컬럼의 선택도도 인자로 사용되고, 그렇게 구해진 선택도에 따라 다른 집합과의 조인 순서 및 조인 방식이 결정되기 때문에 히스토그램이 필요하다. 인덱스 컬럼 조건에 대한 선택도를 가지고 인덱스 사용 여부를 결정하게 되므로 인덱스 컬럼에는 두말할 것도 없이 히스토그램이 중요하다.

아래와 같은 컬럼에는 히스토그램이 불필요하다.

- 컬럼 데이터 분포가 균일
- Unique하고 항상 등치조건으로만 검색되는 컬럼
- 항상 바인드 변수로 검색되는 컬럼

dbms_stats.gather_table_stats에서 컬럼 히스토그램 수집과 관련된 인자는 method_opt이다. 8i와 9i에서의 기본 값은 'for all columns size 1' 이었는데 이는 모든 컬럼에 대해 히스토그램을 수집하지 말라는 의미다.

그런데 10g부터 기본 값이 'for all columns size auto'로 바뀌었고 이는 오라클이 모든 컬럼에 대해 skew 여부를 조사해서 버킷 개수를 결정하라는 뜻이다. auto가 skewonly와 다른 점은 해당 컬럼이 조건절에 사용되는 비중까지 고려해서 결정한다는 점이다. 이를 위해 오라클은 sys.col_usage$ 뷰를 참조한다.

10g에서 dbms_stats의 기본 동작 방식이 바뀐 사실을 모른 채 시스템을 업그레이드했다가 낭패를 보는 경우가 종종 발생하므로 주의하기 바란다.

없던 히스토그램이 생기면서 주요 SQL의 실행계획이 오히려 나쁜 쪽으로 바뀌는 예도 있거니와 통계정보 수집 시간이 늘어나는 문제도 간과할 수 없다. 특히, 큰 테이블일수록 디스크 소트 부하 때문에 시간이 오래 걸린다. (그나마 auto는 조건절 사용 비중까지 고려해 히스토그램 생성 컬럼을 결정하므로 skewonly보다 조금 빠르다.)

통계수집에 걸리는 시간이 짧은 테이블은 기본 값으로 둬도 상관없지만[8] 대용량 테이블일 때는 관리자가 직접 히스토그램 수집 컬럼을 아래와 같이 지정해 주는 것이 바람직하다.

```
method_opt => 'for columns col1 size 20 col2 size 254 col3 size 100'
```

10g부터는 기본 값을 table-driven 방식으로 관리하므로 만약 dbms_stats 기본 동작 방식이 문제를 일으킨다면 dbms_stats.set_param 프로시저를 통해 기본 값을 이전처럼 돌려 놓을 수 있다.

(4) 데이터 샘플링

샘플링 비율을 높일수록 통계정보의 정확도는 높아지지만 통계정보를 수집하는 데 더 많은 시간이 소요된다. 반대로 샘플링 비율을 낮추면 정확도는 다소 떨어지지만 더 효율적이고 빠르게 통계를 수집할 수 있다.

샘플링 비율

dbms_stats 패키지에서 샘플링 비율을 조정하기 위해 estimate_percent 인자를 사용한다. 이 값을 무작정 크게 한다고 정확도가 선형적으로 증가하는 것은 아니며, 일정 비율 이상이면 대개 충분한 신뢰수준에 도달한다. 따라서 각 테이블별로 적정 샘플링 비율을 조사할 필요가 있는데, 모든 테이블을 조사 대상으로 삼기는 쉽지 않으므로 가장 큰 몇몇 테이블만 그렇게 하더라도 상당한 효과를 얻을 수 있다. 5%(→ 대개 이 정도면 충분한 신뢰 수준을 보임)에서 시작해 값을 늘려가며 두세 번만 통계를 수집해 보면 적정 크기를 결정할 수 있다.

블록 단위 샘플링

block_sample 인자를 통해 블록 단위 샘플링을 할지 로우 단위 샘플링을 할지 결정한다. 블록 단위 샘플링이 더 빠르고 효율적이긴 하지만 데이터 분포가 고르지 않을 때 정확도가 많이 떨어진다. 기본 값은 로우 단위 샘플링이다.

안정적인 통계정보의 필요성

전수 검사할 때는 그런 일이 없겠지만 샘플링 방식을 사용하면 매번 통계치가 다르게 구해질 수

---

8) 조건절 사용 빈도가 충분히 수집되지 않은 상태에서 size auto 옵션을 사용하면, 분포가 편중된 컬럼인데도 히스토그램이 수집되지 않을 수 있으므로 주의해야 한다.

있고 이는 실행계획에 영향을 미쳐 SQL 성능을 불안정하게 만든다.

특히 컬럼에 Null 값이 많거나 데이터 분포가 고르지 않을 때 그렇다. 선택도 구하는 공식의 세 가지 구성요소가 Null 값을 제외한 로우 수, Distinct Value 개수, 총 레코드 개수인 것을 상기하기 바란다. 특히, 총 레코드 개수에 비해 나머지 두 통계치는 컬럼 분포가 고르지 않을 때 샘플링 비율에 의해 영향을 크게 받는다.

해시 기반 알고리즘으로 NDV 계산 – 11g

컬럼 히스토그램을 사용할 수 없을 때는 NDV(the number of distinct values)를 가지고 선택도를 계산하므로 이 값의 정확도가 매우 중요하다. 그런데 방금 얘기했듯이 분포가 고르지 않은 상황에서 샘플링 방식을 사용하면 이 값이 매번 다르게 구해질 수 있어 안정적인 실행계획을 기대하기 어렵다.

그래서 오라클 11g는 해시 기반의 새로운 알고리즘을 고안해 냈고, 대용량 파티션 또는 테이블 전체를 스캔하더라도 기존에 샘플링 방식을 사용할 때보다 오히려 빠른 속도를 낼 수 있게 되었다. 소트를 수행하지 않기 때문이며, 전체를 대상으로 NDV를 구하므로 정확도는 당연히 100%에 가깝다. 빠르고, 정확하면서도 안정적인 통계정보를 구현할 수 있게 된 것이다.

(5) 파티션 테이블 통계 수집

파티션 테이블일 때 오라클은 테이블 레벨 통계('global 통계' 라고 함)와 파티션 레벨 통계를 따로 관리한다.

- 파티션 레벨 통계 : Static Partition Pruning이 작동할 때 사용된다. 결합 파티션일 때는 서브파티션 레벨로 통계를 관리할 수도 있다.
- 테이블 레벨 통계 : Dynamic Partition Pruning이 작동할 때 사용된다. 쿼리에 바인드 변수가 사용됐거나, 파티션 테이블이 NL 조인에서 Inner 쪽 테이블이면 액세스해야 할 대상 파티션 목록을 쿼리 최적화 시점에 정할 수 없기 때문이다. 또한 파티션 키에 대한 조건절이 없을 때도 테이블 레벨 통계가 사용된다.

analyze 명령을 이용해 통계정보를 구하는 것은 deprecated 된 기능이라고 설명했는데, 파티션 테이블일 때 특히 그렇다. dbms_stats은 global 통계를 위한 쿼리를 별도로 수행하는 반면,

analyze는 파티션 통계를 가지고 global 통계를 유추하므로 부정확하다.

dbms_stats 패키지를 이용해 파티션 테이블의 통계를 수집할 때는 granularity 옵션을 신중하게 잘 선택해 줘야 하며, 아래와 같은 값들이 선택 가능하다.

- global : 테이블 레벨 통계 수집
- partition : 파티션 레벨 통계 수집
- subpartition : 서브 파티션 레벨 통계 수집
- global and partition : 테이블과 파티션 레벨 통계 수집
- all : 테이블, 파티션, 서브 파티션 레벨 통계 수집
- auto : 파티션 유형에 따라 오라클이 결정

'global' 은 테이블 레벨 통계를 수집하고, 'partition' 은 파티션 레벨 통계를 수집한다. 파티션 레벨 통계를 수집할 때 테이블 레벨 통계가 미리 수집돼 있으면 그대로 두지만, 그렇지 않을 때는 파티션 레벨 통계로부터 추정된 값으로 테이블 레벨 통계를 설정한다.

참고로, dba/all/user_tables에서 볼 수 있는 항목 중 global_stats은 테이블 레벨 통계 수치들이 어떻게 구해졌는지를 알려준다. 즉, 테이블 레벨 통계를 따로 수집했다면 'YES' , 파티션 통계를 이용해 추정했다면 'NO' 로 표시된다.

테이블 통계와 파티션 통계를 같이 수집하려면 'global and partition' 을 선택하면 된다. 내부적으로 global 통계를 위한 쿼리를 한 번 더 수행하므로 각각 수집할 때와 비교해 속도 차이는 없다.

쿼리를 한 번 더 수행할 필요 없이 파티션 통계를 이용해 테이블 전체 통계를 구하면 될 것 같은데 오라클이 그렇게 하지 않는 이유는 NDV 때문이다. 예를 들어, 어떤 컬럼의 NDV가 파티션 P1과 P2에서 각각 10개와 20개일 때 테이블 레벨 NDV는 몇 개인지 추정할 수 있겠는가? 물론 20과 30 사이의 값이라는 것쯤은 추정할 수 있지만 그 중 하나를 선택할 수는 없다.

- 20 : P2에 있는 어떤 컬럼 값의 집합(Domain)이 P1의 값 집합을 완전히 포함할 때
- 30 : 어떤 컬럼 값의 집합이 P1, P2 간에 완전히 배타적일 때

그림 3-6에 예시한 케이스 1은 테이블 레벨 NDV가 20이고, 케이스 2는 26이다.

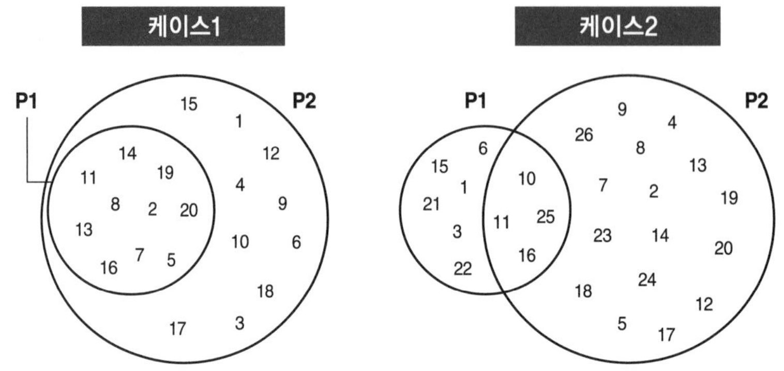

그림 3-6

Range 파티션 테이블은 대개 새 파티션을 추가하면 그 곳에만 데이터가 입력되는데, 통계를 수집하려고 대용량 파티션 테이블 전체를 두 번 스캔하는 것은 문제가 있어 보이지 않는가? 그렇다고 데이터가 입력되는 파티션만 통계정보를 계속 갱신한다면 테이블 통계는 어느 순간부터 매우 부정확한 상태에 놓이게 된다. NDV는 물론 low_value/high_value와 히스토그램이 특히 그렇다.

실제 이 문제로 골머리를 앓는 DBA가 많고, 파티션 테이블에 대한 통계 관리 소홀로 시스템 장애가 발생하는 예도 잦다. 대용량 파티션 테이블에 대한 통계 수집 효율성을 높일 방안과 전략이 필요해 보인다.

10g 이하 버전을 사용하고 있다면, 아래처럼 최근 파티션만 통계를 수집하고 나서 테이블 전체 통계를 한 번 더 수행하는 방식을 사용하는 것이 효과적이다. 테이블마다 프로시저를 두 번 호출하도록 스크립트를 작성하는 것이 성가시더라도 어쩔 수 없다. (10.2.0.4에서 dbms_stats.copy_table_stats 프로시저를 이용하거나 바로 이어서 설명할 Incremental Global 통계 수집 기능을 이용하지 않는다면 말이다.)

```
begin
  dbms_stats.gather_table_stats('ods', 'order'
  , partname => 'order_part_200912'
  , granularity => 'partition'
  , estimate_percent => 20
  ) ;
end;

begin
  dbms_stats.gather_table_stats('ods', 'order'
  , granularity => 'global'
```

```
  , estimate_percent => 20
  ) ;
end;
```

NDV를 제외한 Incremental Global 통계 – 10.2.0.4

10.2.0.4 버전[9]에서 granularity 인자에 선택할 수 있는 값으로서, 'approx_global and partition'이 추가되었다. 이 옵션이 'global and partition'과 다른 점은, 테이블 통계를 위한 쿼리를 따로 수행하지 않고 파티션 레벨 통계로부터 집계한다는 데에 있다. 테이블 레벨 컬럼 히스토그램도 파티션 레벨로부터 집계한다. 단, 컬럼 NDV와 인덱스의 Distinct Key 개수는 제외된다.

아래는 이 옵션을 이용해 파티션과 테이블 레벨 통계를 함께 구하는 예시다.

```
begin
  dbms_stats.gather_table_stats('ods', 'order'
  , partname => 'order_200911'  -- 2009년 11월 파티션
  , granularity => 'approx_global and partition'
  ) ;
end;
```

이와 같이 하면 2009년 11월 파티션만 통계를 수집하고(이때 해시 기반 NDV 계산 기능이 효과를 발휘함), NDV를 제외한 나머지 테이블 레벨 통계는 방금 수집한 새 파티션 통계와 다른 파티션의 기존 통계를 이용해 구한다.

기본적으로 테이블 레벨 NDV는 갱신하지 않고 그대로 두지만 경우에 따라서는 갱신이 이루어지기도 한다. 파티션 통계로부터 이 값을 정확히 구할 수 있는 경우로서, Unique 인덱스를 가진 컬럼이나 파티션 키 컬럼이 여기에 해당한다. Unique 인덱스를 가진 컬럼은 전체 레코드 개수가 NDV와 일치하고, 파티션 키 컬럼은 파티션 레벨 NDV를 더한 값과 테이블 레벨 NDV가 일치한다.

이 두 경우를 제외한 다른 컬럼의 테이블 레벨 NDV는 어떻게 해야 할까? NDV가 그렇게 자주 바뀌는 통계치는 아니므로 매번 갱신해 주지 않더라도 대개 문제는 없다. 새로운 값이 계속 입력되는 일련번호나 날짜 컬럼일 때는 NDV도 같이 바뀌지만, 이들 컬럼은 값의 수가 워낙 많아 약간의 오차가 있더라도 실행계획에 영향을 미치지는 않는다.

어쨌든 오차가 커지지 않도록 관리해야 하므로 좀 더 넓은 주기로 테이블 레벨 통계를 수집하거

9) 패치(patch 8413548)를 적용해야 함

나 테이블 전반에 많은 양의 추가/갱신이 일어날 때마다 한 번씩 수집해 주어야 한다. (이때 해시 기반 NDV 계산 기능이 효과를 발휘한다.)

새로운 값이 계속 입력되는 컬럼은 NDV보다 주로 low_value/high_value 때문에 문제가 발생한다. 통계정보에 저장된 low_value/high_value를 초과하는 값으로 조회하면 카디널리티가 무조건 1(계산된 값이 0이더라도 1로 계산함)로 계산되기 때문이다.

따라서 이들 컬럼의 low_value/high_value는 매일 갱신해 주어야 하는데, 다행히 이 두 통계치는 기존 파티션 통계와 추가된 파티션 통계로부터 정확한 테이블 레벨 통계를 구할 수 있다.

NDV를 포함한 완벽한 Incremental Global 통계 – 11g

앞에서, 전체 데이터를 읽지만 소트 없이 해시 방식으로 빠르게 NDV를 구하는 11g 신기능을 소개했는데, 11g에선 파티션 레벨 NDV를 이용해 Global NDV를 정확히 구할 수 있는 방법까지 제공하기 시작했다.

파티션 레벨 NDV로부터 테이블 레벨 NDV를 구하는 것이 불가능하다고 설명했는데, 어떻게 11g에서 가능해 진 것일까? 오라클은 'NDV를 포함한 Incremental Global 통계 수집' 기능을 제공하려고 파티션 레벨 컬럼별로 'synopsis' 라고 하는 별도의 메타 데이터를 관리(sysaus 테이블스페이스에 저장)하기로 하였다.

synopsis는 Distinct Value에 대한 샘플(그림 3-6에 표현된 각 원소)이라고 생각하면 된다. 모든 파티션마다 각 컬럼이 갖는 값의 집합(Domain)을 보관했다가 이를 머지(merge)함으로써 Global NDV를 구한다.(기존에는 집합 개수만 보관했기 때문에 불가능했던 것이다.)

이 기능은 기본적으로 비활성화돼 있으며, 아래와 같이 프로시저를 호출해 필요한 테이블(또는 스키마)별로 활성화한다. (Statistics Preference 기능에 대해서는 잠시 후 설명한다.)

```
begin
  dbms_stats.set_table_prefs('ods', 'order', 'incremental', 'true');
end;
```

그런 다음 아래와 같이 파티션 테이블에 대한 통계를 수집하면 된다. granularity 인자는 생략해도 된다.

```
begin
  dbms_stats.gather_table_stats('ods', 'order'
```

```
  , granularity => 'global and partition'
  , estimate_percent => 20
  ) ;
end;
```

기존 방식대로 'global and partition' 옵션을 지정했지만 테이블 전체를 두 번 읽지는 않으며, 통계정보가 누락되었거나 stale 상태에 있는 파티션만 통계를 수집한다. 그러고 나서 (NDV를 제외한) 파티션 레벨 통계와 (NDV를 위한) synopsis를 이용해 테이블 레벨 Global 통계를 갱신한다.

사실 Incremental Global 통계 수집 기능은 당연히 제공됐어야 할 기능이다. 그렇지 못한 상태에서 오라클 10g부터 자동 통계 수집 기능(뒤에서 설명함)이 기본으로 설정된 것을 보고 적잖은 우려가 됐었다. 현재 기업들이 보유한 엄청난 데이터량을 감안하면 매번 대용량 파티션 테이블을 두 번씩 읽는 기존 방식의 문제점을 쉽게 예상할 수 있다.

실제 이 옵션을 그대로 받아들인 시스템들이 긴 통계 수집 시간 때문에 곤혹을 치렀고, 곳곳에서 아우성 하니까 부랴부랴 10.2.0.4에서 패치를 통해 'NDV를 제외한 Incremental 방식'을 제공하게 된 것이다. 늦긴 했지만 11g에서 'NDV까지 포함한 Incremental Global 통계'를 수집할 수 있도록 개선한 것은 무척 다행스럽고, 이제는 자동 통계 수집 기능을 이용해 볼 만하다는 생각이 든다.

(6) 인덱스 통계 수집

테이블 통계를 수집하면서 cascade 옵션을 true로 설정하면 테이블에 속한 모든 인덱스 통계도 같이 수집된다. 통계를 같이 수집한다고 해서 더 빠른 것은 아니며, 인덱스마다 gather_index_stats 프로시저를 따로 수행하는 것과 일량은 같다.

문제는, 대용량 테이블이어서 샘플링 비율을 지정하면 인덱스 통계까지도 같은 비율이 적용된다는 데에 있다. 인덱스는 통계 수집에 걸리는 시간은 매우 짧아 굳이 샘플링 방식을 사용할 필요가 없는데도 말이다. (테이블 통계 수집에는 소트 연산이 발생하지만 인덱스는 이미 정렬된 상태여서 소트 연산이 불필요하기 때문에 빠르다.)

그럴 때는 아래와 같이 테이블 통계만 샘플링 방식을 사용하고, 인덱스는 전수 검사하도록 각기 통계를 수집해 주는 것이 좋다.

```
begin
  -- 테이블 통계는 estimate mode
  dbms_stats.gather_table_stats( user, 'big_table', cascade=>false
                               , estimate_percent=>10);
  -- 인덱스 통계는 compute mode
  dbms_stats.gather_index_stats( user, 'big_table_pk', estimate_percent=>100 );
  dbms_stats.gather_index_stats( user, 'big_table_x1', estimate_percent=>100 );
end;
/
```

참고로, 10g부터는 인덱스를 처음 생성하거나 재생성(rebuild)할 때 인덱스 통계가 자동 수집되며, *_optimizer_compute_index_stats* 파라미터를 통해 설정(기본 값은 true)을 변경할 수 있다.

(7) 캐싱된 커서 Invalidation

no_invalidate 옵션을 어떻게 지정하느냐에 따라 통계를 수집한 테이블과 관련된 SQL 커서의 무효화 시점이 달라진다.

- false: 통계정보 변경 시 관련된 SQL 커서들이 즉시 무효화된다. 따라서 곧이어 첫 번째 수행하는 세션에 의해, 새로 갱신된 통계정보를 이용한 실행계획이 로드(하드파싱)된다.
- true : 통계정보 변경 시 관련된 SQL 커서들을 무효화하지 않는다. SQL 커서가 자동으로 Shared Pool에서 밀려났다가 다시 로드될 때 비로소 새로 갱신된 통계정보를 사용한다.
- dbms_stats.auto_invalidate : 통계정보 변경 시 관련된 SQL 커서들을 한꺼번에 무효화하지 않고 정해진 시간(invalidation time window) 동안 조금씩 무효화한다. 무효화된 수많은 커서가 동시에 수행되면서 하드파싱에 의한 라이브러리 캐시 경합이 발생하는 현상을 방지하려고 10g에서 도입된 기능이다.

중요한 것은, 9i에서 false이던 기본 값이 10g에서 dbms_stats.auto_invalidate로 바뀌었다는 사실이다. 따라서 기존 통계 수집 스크립트를 그대로 사용하면 관련 SQL 커서들이 곧바로 무효화되지 않는 현상이 발생한다.

이 기능을 제어하는 파라미터는 *_optimizer_invalidation_period*이고, 기본 값은 18,000초다. 즉, 늦어도 5시간 이내에는 관련 SQL 커서가 무효화된다.

(8) 자동 통계 수집

오라클 10g부터 기본적으로 매일 밤 10시부터 다음날 아침 6시까지 모든 사용자 오브젝트에 대한 통계를 자동 수집하도록 Job이 등록돼 있다. 이 기능은 gather_stats_job에 의해 자동 수행되며, 통계정보가 없거나 통계정보 수집 후 DML이 많이 발생(*_tab_statistics 뷰에서 stale_stats 컬럼 참조)한 모든 오브젝트를 대상으로 한다.

GATHER_STATS_JOB

gather_stats_job은 데이터베이스 생성 시 자동으로 등록되며, Maintenance 윈도우 그룹(maintenance_window_group)에 등록된 윈도우가 열릴 때마다 스케쥴러에 의해 수행된다. 아래 쿼리는 gather_stats_job의 등록 상태를 보여 준다(스크립트 ch3_08.txt 참조).

```
select schedule_name, j.program_owner, j.program_name
     , p.program_action, p.number_of_arguments
     , cast(j.last_start_date as timestamp with local time zone) last_start_date
     , last_run_duration, stop_on_window_close
from   dba_scheduler_jobs j, dba_scheduler_programs p
where  j.job_name = 'GATHER_STATS_JOB'
and    p.program_name = j.program_name ;
```

위 쿼리 수행결과를 가로로 펼치면 보기 어려우므로 아래와 같이 각 컬럼명과 값을 세로로 표시해 보았다.

```
SCHEDULE_NAME                : MAINTENANCE_WINDOW_GROUP
PROGRAM_OWNER                : SYS
PROGRAM_NAME                 : GATHER_STATS_PROG
PROGRAM_ACTION               : dbms_stats.gather_database_stats_job_proc
NUMBER_OF_ARGUMENTS          : 0
LAST_START_DATE              : 2009/06/18 22:00:01.264857
LAST_RUN_DURATION            : +000000000 07:59:59.551862
STOP_ON_WINDOW_CLOSE         : TRUE
```

위 쿼리 결과에서 stop_on_window_close 컬럼이 true인 것을 볼 수 있다. 이는 Maintenance 윈도우가 닫힐 때 해당 Job도 멈추도록 지정되었음을 의미한다.

Maintenance 윈도우 그룹에는 아래 두 개 윈도우가 등록돼 있다.

- weeknight_window : 월요일부터 금요일까지 5일 동안, 매일 밤 10시부터 다음 날 아침 6시까지 8시간 동안 열림
- weekend_window : 토요일 새벽 0시부터 2일 동안 열림

Maintenance 윈도우 그룹의 등록 상태는 아래 쿼리를 이용해 확인할 수 있다.

```
select w.window_name, w.repeat_interval, w.duration
     , cast(w.last_start_date as timestamp with local time zone) last_start_date
     , cast(w.next_start_date as timestamp with local time zone) next_start_date
from   dba_scheduler_wingroup_members m
     , dba_scheduler_windows w
where  m.window_group_name = 'MAINTENANCE_WINDOW_GROUP'
and    w.window_name = m.window_name;
```

자동 통계 수집 기능을 사용하지 않으려면 스케줄러 Job을 제거하면 된다.

통계정보 갱신 대상 식별

오라클은 통계정보 수집이 필요한 오브젝트인지를 판별하기 위해 테이블 모니터링 기능을 제공한다. 9i에서는 nomonitoring 옵션이 기본이었고 필요한 테이블에만 관리자가 아래와 같이 monitoring 옵션을 지정했지만 10g에서는 이 옵션이 아예 deprecated 돼 모든 사용자 테이블이 모니터링되고 있다.

```
alter table emp monitoring;
```

statistics_level이 typical 또는 all일 때 오라클은, monitoring 옵션이 지정된 테이블에 발생하는 DML 발생량을 모니터링한다. 수집된 테이블별 DML 발생량은 *_ tab_modifications 뷰를 통해 조회해 볼 수 있으며, inserts, updates, deletes 컬럼에 표시된 수치는 마지막 통계정보가 수집된 이후의 DML 발생량이다.

오라클은 모니터링 대상 테이블에 10% 이상 변경이 발생했을 때 해당 테이블을 stale 상태(*_tab_statistics 뷰에서 stale_stats = 'YES')로 바꾼다. 그러고 나서 gather_database_stats 또는 gather_schema_stats 프로시저를 호출하면서 option 인자에 'gather stale' 또는 'gather auto'를 지정하면 stale 상태인 테이블들에 대해 통계정보를 새로 수집한다. 참고로, 11g에서는

stale 상태로 바뀌는 임계치를 오브젝트별로 조정할 수 있다.

실제 테스트해 보면 테이블에 10% 이상 변경을 가하더라도 *_ tab_modifications과 *_tab_statistics 뷰 stale_stats 컬럼에 변화가 생기지 않는 것을 발견한다. 이는 모니터링 결과를 Shared Pool에 모았다가 SMON이 주기적으로(대략 3시간) 데이터 딕셔너리에 반영하기 때문이다. 현재까지의 변경사항이 딕셔너리에 바로 반영되도록 하려면 dbms_stats.flush_database_monitoring_info 프로시저를 호출하면 된다.

자동 통계 수집 기능 활용 가이드

평소 관심을 두지 않다가 일 년에 한두 번쯤 생각날 때만 통계 정보를 수집하는 DBA팀을 종종 보는데, 그런 경우라면 오라클이 제공하는 자동 수집 기능에라도 의존하는 것이 나을 수 있다. (10g에서 자동 통계 수집 기능이 활성화된 사실을 모르고 매일 새벽 수동으로 통계정보를 수집하는 경우도 본 적이 있는데, 결과적으로 통계정보를 두 번씩 수행하는 셈이다.)

하지만 중대형급 이상 데이터베이스를 관리한다면 10g에서 제공하는 자동 통계 수집 기능은 사용하지 않는 편이 좋겠다. 특히, Maintenance 윈도우 이내에 통계 수집이 완료되지 않는 경우가 생기면 시스템을 불안정한 상태에 빠뜨릴 수 있으므로 주의해야 한다. 될 수 있으면 앞에서 설명한 것처럼 오브젝트별 전략을 세우고 가장 짧은 시간 내에 정확하고 안정적인 통계정보를 수집할 수 있도록 별도의 스크립트를 준비하는 것이 좋다.

11g에서는, 앞서 소개한 여러 기능과 바로 이어서 설명할 Statistics Preference 기능 때문에 자동 통계 수집 기능이 꽤 쓸만해 졌다. 그렇더라도 오브젝트별 수집 전략은 여전히 필요하며, 과거에 스크립트를 직접 작성하던 것이 이제 파라미터 driven 방식으로 바뀐 것에 불과하다. 개별 오브젝트별 선택사양을 입력해 두면 자동 수집 기능이 작동할 때 오라클이 그 내용에 따라 통계정보를 수집해 준다.

(9) Statistics Preference

지금까지 설명한 몇 가지 이유 때문에 오라클 10g에서는 자동 통계 수집 기능을 그대로 사용하기에 무리가 따른다. gather_stats_job을 제거하고 시스템 환경과 애플리케이션 특성에 맞게 설계된 별도의 프로시저를 작성해서 job에 등록해 주는 것이 바람직하다.

오브젝트별로 일일이 스크립트를 작성하는 게 귀찮아 자동 통계 수집 기능을 그대로 사용하고 싶다면, 기본 설정을 적용하고 싶지 않은 오브젝트에만 lock을 설정(dbms_stats.lock_table_stats 프로시저 참조)한 상태에서 전체 통계를 수집하는 방법을 생각해 볼 수 있다. 전체 통계 수집이 끝나면 lock을 설정했던 오브젝트에 lock을 풀고 통계를 수집하는, 별도의 job을 수행하면 된다.

관리자들의 그런 불편을 모를 리 없는 오라클이 11g에서 매우 유용한 기능을 선보였다. 'Statistics Preference' 라고 불리는 기능으로서 gather_stats_job을 그대로 활성화한 상태에서 테이블 또는 스키마별로 통계 수집 방식을 따로 설정할 수 있게 한 것이다. 그러면 자동 통계 수집 기능이 작동할 때 해당 테이블 또는 스키마에 대해서는 기본 설정 값을 무시하고 사용자 지시사항에 따라 통계정보를 수집한다.

이제 시스템 여건과 테이블 특성에 맞는 통계수집 정책을 자동 통계 수집 기능에 반영할 수 있게 되었고, 이 기능과 Incremental Global 통계 기능을 이용함으로써 11g에서 자동 통계 수집 기능의 활용 가능성이 훨씬 높아졌다.

아래는 특정 테이블에 대해 Statistics Preference를 설정하는 방법을 예시하고 있다. 특정 owner에 속한 모든 테이블에 Statistics Preference를 설정하려면 set_schema_prefs 프로시저를 사용하면 된다.

```
-- 아래와 같이 한 번만 설정
begin
  dbms_stats.set_table_prefs('ods', 'order', 'method_opt', 'for all indexed columns size auto');
  dbms_stats.set_table_prefs('ods', 'order', 'estimate_percent', dbms_stats.auto_sample_size);
  dbms_stats.set_table_prefs('ods', 'order', 'granularity', 'auto');
  dbms_stats.set_table_prefs('ods', 'order', 'publish', 'true');
  dbms_stats.set_table_prefs('ods', 'order', 'incremental', 'true');
  dbms_stats.set_table_prefs('ods', 'order', 'stale_percent', 20);

  dbms_stats.set_table_prefs('ods', 'customer', 'method_opt', 'for all columns size auto');
  dbms_stats.set_table_prefs('ods', 'customer', 'estimate_percent', '20');
  dbms_stats.set_table_prefs('ods', 'customer', 'granularity', 'global and partition');
  ...
  ...
end;
/

-- Schema 레벨에서 통계정보 수집
exec dbms_stats.gather_schema_stats('ods');
```

아래 뷰를 통해 테이블별로 preference가 어떻게 설정돼 있는지 조회해 볼 수 있다.

```
select * from dba_tab_stat_prefs;
```

Chapter 04

쿼리 변환

01 쿼리 변환이란?

```
SELECT DISTINCT S.SNAME
FROM   S, SP
WHERE  S.S# = SP.S#
AND    SP.P# = 'P2'
```

C.J. Date 박사는 그의 유명한 저서 'An Introduction to Database Systems'에서 위와 같은 간단한 SQL문 하나를 가지고도 52개의 다른 SQL문으로 표현이 가능하다는 것을 보여 주었다. 아래는 그 중 일부를 발췌한 것이다.

```
SELECT DISTINCT S.SNAME FROM S
WHERE  S.S# IN ( SELECT SP.S# FROM SP WHERE  SP.P# = 'P2' );

SELECT DISTINCT S.SNAME FROM S WHERE EXISTS
    ( SELECT * FROM SP WHERE  SP.S# = S.S# AND SP.P# = 'P2');

SELECT DISTINCT S.SNAME FROM S, SP
WHERE  S.S# = SP.S#
GROUP  BY S.SNAME, SP.P#
HAVING SP.P# = 'P2';

SELECT DISTINCT S.SNAME FROM S
WHERE  S.S# =ANY ( SELECT SP.S# FROM SP WHERE  SP.P# = 'P2' );

SELECT DISTINCT S.SNAME FROM S
WHERE  (SELECT COUNT(*) FROM SP WHERE  SP.S# = S.S# AND SP.P# = 'P2') > 0;

SELECT DISTINCT S.SNAME FROM S, SP
WHERE  SP.P# = 'P2'
GROUP BY S.S#, S.SNAME, SP.S#
HAVING SP.S# = S.S#;

.........
```

그런데 결과가 동일하더라도 SQL문을 어떤 형태로 작성하느냐에 따라 성능에 차이가 생길 수 있다. 예를 들어, 아래 두 쿼리도 결과는 같지만 수행 속도는 다를 수 있다. 단, 본 장에서 설명하는 쿼리 변환이 작동하지 않는다면 말이다.

```
< 쿼리 1 >
select *
from   dept d
where not exists
   (select 'x'
    from emp
    where deptno = d.deptno)

< 쿼리2 >
select d.*
from   dept d, emp e
where  e.deptno(+) = d.deptno
and    e.rowid is null
```

애초에 가장 좋은 성능을 낼 수 있는 형태로 쿼리를 작성하면 좋겠지만 쿼리 최적화 원리를 그만큼 잘 아는 개발자는 흔치 않다. 그래서 최근의 비용기반 옵티마이저는 사용자 SQL을 최적화에 유리한 형태로 재작성하는 작업을 먼저 한다. 비용기반 옵티마이저의 서브 엔진으로서 Query Transformer, Estimator, Plan Generator가 있다고 설명했는데, 이 중 Query Transformer가 그런 역할을 담당한다(그림 4-1).

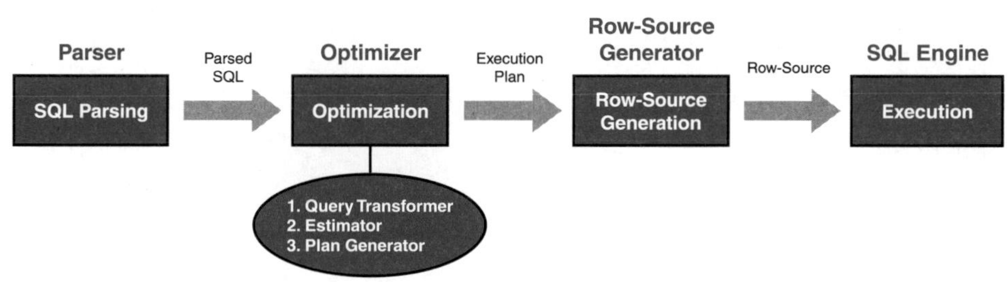

그림 4-1

쿼리 변환(Query Transformation)은, 쿼리 옵티마이저가 SQL을 분석해 의미적으로 동일(→ 같은 결과를 리턴)하면서도 더 나은 성능이 기대되는 형태로 재작성하는 것을 말한다. 본격적으로 최적화를 하기에 앞서 사전 정지(整地) 작업을 하는 것이라고 말할 수 있다. 그런 의미에서 쿼리 변환을 '논리적 최적화(Logical Optimization)', 그 이후 단계를 '물리적 최적화(Physical Optimization)' 라고 부르기도 한다[1].

DBMS 버전이 올라갈수록 쿼리 변환의 종류가 다양해짐은 물론 더 적극적인 시도가 이루어지고 있다. 예를 들어, 오라클 8i에서는 복합 뷰(Complex View) Merging[2]을 사용자 힌트에 의해서만 소극적으로 수행하다가 9i에 와서는 결과가 보장될 수 있는 형태라면 무조건 변환을 시도한다. 보다 적극적으로 쿼리 변환을 시행하는 것이다. 10g부터는 좀 더 완벽한 CBO 모드로 동작하기 시작했다. 즉, 복합 뷰(Complex View) Merging한 결과가 더 나은 성능을 낼 것으로 판단될 때만 그것을 사용한다. 서브쿼리 Unnesting[3]도 같은 진화과정을 거쳐왔다.

단순하고 기초적인 형태의 쿼리 변환만 이루어지던 8 버전에서는 쿼리 변환을 그다지 중요한 개념으로 다루지 않았다. 하지만 9i부터 옵티마이저의 핵심적인 변화가 대부분 쿼리 변환을 중심으로 진행되고 있어 이제 SQL 튜닝을 논할 때 빼놓을 수 없는 중심 주제가 되었다. 그리고 이에 대한 정확한 이해를 통해서만 세밀한 실행계획 제어가 가능하기 때문에 중요하다.

쿼리 변환의 종류로는 아래와 같은 것들이 있다.

1. 서브쿼리 Unnesting
2. 뷰 Merging
3. 조건절 Pushing
4. 조건절 이행
5. 공통 표현식 제거
6. Outer 조인을 Inner 조인으로 변환
7. 실체화 뷰 쿼리로 재작성
8. Star 변환
9. Outer 조인 뷰에 대한 조인 조건 Pushdown
10. OR-expansion

---

1) Cost-Based Query Transformation in Oracle(Rafi Ahmed, Allison Lee, Andrew Witkowski, Dinesh Das, Hong Su, Mohamed Zait, Thierry Cruanes / Oracle USA) 참조

2) 복잡한 뷰 쿼리 블록을 풀어 메인 쿼리와 Merging하는 것을 말함

3) 서브쿼리 블록을 풀어 일반 조인문 형태로 변환하는 것을 말함

위 분류는 2002년 2월에 발표된 오라클 백서(White Paper) 'Query Optimization in Oracle9i'와 2005년 6월에 발표된 'Query Optimization in Oracle Database10g Release 2'를 참고한 것이다.

쿼리 변환은 크게 다음 두 가지 방식으로 작동한다.

- **휴리스틱(Heuristic) 쿼리 변환** : 결과만 보장된다면 무조건 쿼리 변환을 수행한다. 일종의 규칙 기반(Rule-based) 최적화 기법이라고 할 수 있으며, 경험적으로 (최소한 동일하거나) 항상 더 나은 성능을 보일 것이라는 옵티마이저 개발팀의 판단이 반영된 것이다.
- **비용기반(Cost-based) 쿼리 변환** : 변환된 쿼리의 비용이 더 낮을 때만 그것을 사용하고, 그렇지 않을 때는 원본 쿼리 그대로 두고 최적화를 수행한다.

오라클 9i 기준으로 볼 때, 앞서 열거한 10가지 쿼리 변환 중 1~6까지는 휴리스틱 쿼리 변환에 해당하고, 7~10은 비용기반 쿼리 변환에 해당한다. 10g부터는 서브쿼리 Unnesting과 뷰 Merging이 비용기반 쿼리 변환으로 전환되었다. 조건절(Predicate) Pushing 중 조인 조건(Join Predicate) Pushdown도 비용기반 쿼리 변환으로 전환되었다. 나머지는 변환된 쿼리가 항상 더 나은 성능을 제공하므로 비용기반으로의 전환이 불필요하다. 결론적으로 말해, 필요한 부분에 대해선 이미 비용기반으로 모두 개선이 이루어진 셈이다.

버전이 올라가면서 이 외에도 조인을 제거(Join Elimination)하고 집계 서브쿼리를 분석함수로 변환하고(Aggregate Subquery Elimination) 집합 연산을 조인으로 변환(Set Join Conversion)하는 등의 새로운 쿼리 변환 기능이 추가되었고, 이름이 알려지지 않은 것들도 여럿 발견되고 있다. 또한 11g에서 주목할 만한 신기능이 많이 추가됐음을 발견할 수 있는데, 이를 모두 연구하고 정리하기까지 많은 시간이 필요하므로 본서에서는 다루지 않기로 하겠다.

02 서브쿼리 Unnesting

(1) 서브쿼리의 분류

서브쿼리(Subquery)는 하나의 SQL 문장 내에서 괄호로 묶인 별도의 쿼리 블록(Query Block)을 말한다. 즉 쿼리에 내장된 또 다른 쿼리다. 서브쿼리를 DBMS마다 조금씩 다르게 분류하는데, 오라클 매뉴얼에는 아래 3가지로 분류돼 있다.

1. **인라인 뷰(Inline View)** : from 절에 나타나는 서브쿼리를 말한다.

2. **중첩된 서브쿼리(Nested Subquery)** : 결과집합을 한정하기 위해 where절에 사용된 서브쿼리를 말한다. 특히, 서브쿼리가 메인쿼리에 있는 컬럼을 참조하는 형태를 '상관관계 있는(Correlated) 서브쿼리' 라고 부른다.

3. **스칼라 서브쿼리(Scalar Subquery)** : 한 레코드당 정확히 하나의 컬럼 값만을 리턴하는 것이 특징이다. 주로 select-list에서 사용되지만 몇 가지 예외사항을 뺀다면 컬럼이 올 수 있는 대부분 위치에서 사용 가능하다.

이들 서브쿼리를 참조하는 메인 쿼리도 하나의 쿼리 블록(Query Block)이며, 옵티마이저는 쿼리 블록 단위로 최적화를 수행한다. 즉, 쿼리 블록 단위로 최적의 액세스 경로(Access Path)와 조인 순서(Join Order), 조인 방식(Join Method)을 선택하는 것을 목표로 한다.

그런데 각 서브쿼리를 최적화했다고 해서 쿼리 전체가 최적화됐다고 말할 수는 없다. 팀을 나눠 부문별로 작품을 만들 때, 각각은 최상일지 몰라도 전체적인 관점에서 부조화 상태일 수 있는 것과 마찬가지다. 옵티마이저가 숲을 바라보는 시각으로 쿼리를 이해하려면 먼저 서브쿼리를 풀어내야만 한다.

서브쿼리를 풀어내는 두 가지 쿼리 변환 중 '서브쿼리 Unnesting' 은 중첩된 서브쿼리(Nested Subquery)와 관련 있고, 다음 절에서 설명하는 '뷰 Merging'은 인라인 뷰와 관련 있다. (뷰 Merging은 인라인 뷰 뿐만 아니라 '저장된 뷰' 에도 작동한다.)

(2) 서브쿼리 Unnesting의 의미

'nest'의 사전적 의미를 찾아보면, "상자 등을 차곡차곡 포개넣다"라는 설명이 있다. 즉, '중첩'의 의미를 갖는다. 여기에 '부정' 또는 '반대'의 의미가 있는 접두사 'un-'을 붙인 'unnest'는 "중첩된 상태를 풀어낸다"는 뜻이 된다. 따라서 '서브쿼리 Unnesting'은 중첩된 서브쿼리(Nested Subquery)를 풀어내는 것을 말하며, 풀어내지 않고 그대로 두는 것은 '서브쿼리 No-Unnesting'이라고 말할 수 있다.

아래는 하나의 쿼리에 서브쿼리가 이중삼중으로 중첩(nest)될 수 있음을 보여준다.

```
select * from emp a
where exists (
  select 'x' from dept
  where deptno = a.deptno
  )
and sal >
  (select avg(sal) from emp b
   where exists (
     select 'x' from salgrade
     where b.sal between losal and hisal
     and grade = 4)
  )
```

위 쿼리의 논리적인 포함관계를 상자로 표현하면 그림 4-2와 같다.

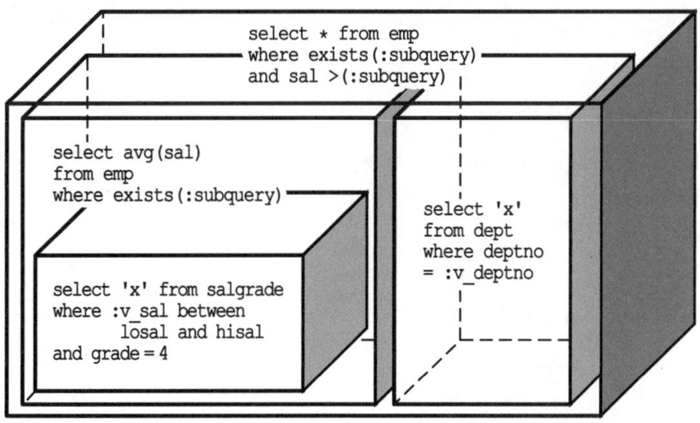

그림 4-2

위 쿼리와 그림에서 알 수 있듯이 '중첩된 서브쿼리(nested subquery)'는 메인쿼리와 부모와 자식이라는 종속적이고 계층적인 관계가 존재한다. 따라서 논리적인 관점에서 그 처리과정은 IN, Exists를 불문하고 필터 방식이어야 한다. 즉, 메인 쿼리에서 읽히는 레코드마다 서브쿼리를 반복 수행하면서 조건에 맞지 않는 데이터를 골라내는 것이다.

하지만 서브쿼리를 처리하는 데 있어 필터 방식이 항상 최적의 수행속도를 보장하지 못하므로 옵티마이저는 아래 둘 중 하나를 선택한다.

1. 동일한 결과를 보장하는 조인문으로 변환하고 나서 최적화한다. 이를 일컬어 **'서브쿼리 Unnesting'** 이라고 한다.
2. 서브쿼리를 Unnesting하지 않고 원래대로 둔 상태에서 최적화한다. 메인쿼리와 서브쿼리를 별도의 서브플랜(Subplan)으로 구분해 각각 최적화를 수행하며, 이때 서브쿼리에 필터(Filter) 오퍼레이션이 나타난다.

1번 서브쿼리 Unnesting은 메인과 서브쿼리 간의 계층구조를 풀어 서로 같은 레벨(flat한 구조)로 만들어 준다는 의미에서 **'서브쿼리 Flattening'** 이라고도 부른다. 이렇게 쿼리 변환이 이루어지고 나면 일반 조인문처럼 다양한 최적화 기법을 사용할 수 있게 된다.

2번처럼, Unnesting하지 않고 쿼리 블록별로 최적화할 때는 각각의 최적이 쿼리문 전체의 최적을 달성하지 못할 때가 많다. 그리고 Plan Generator가 고려대상으로 삼을만한 다양한 실행계획을 생성해 내는 작업이 매우 제한적인 범위 내에서만 이루어진다.

서브쿼리의 또 다른 최적화 기법

서브쿼리를 위해 오라클 옵티마이저가 사용하는 최적화 기법이 한 가지 더 있다. where 조건절에 사용된 서브쿼리가 ①메인쿼리와 상관관계에 있지 않으면서(Non-Correlated, 서브쿼리에서 메인 쿼리를 참조하지 않음) ②단일 로우를 리턴(single-row subquery)하는 아래와 같은 형태의 서브쿼리를 처리할 때 나타나는 방식이다. (첫 번째는 스칼라 서브쿼리지만 두 번째는 두 개 컬럼을 리턴하므로 스칼라 서브쿼리가 아니다.)

```
select * from tab1 where key1 = (select avg(col1) from tab2);

select * from tab1 where (key1, key2) =
    (select col1, col2 from tab2 where col3 >= 5000 and rownum = 1);
```

위와 같은 형태의 서브쿼리는 Fetch가 아닌 Execute 시점에 먼저 수행한다. 그리고 그 결과 값을 메인 쿼리에 상수로 제공하는, 아래와 같은 방식으로 수행한다.

```
select * from tab1 where key1 = :value1;

select * from tab1 where (key1, key2) = (:value1, :value2);
```

조건절에서 서브쿼리를 'in'이 아닌 '=' 조건으로 비교한다는 것은 서브쿼리가 단일 로우를 리턴하게 됨을 의미하므로 이런 방식을 사용할 수 있는 것이다. 만약 이들 서브쿼리가 2개 이상의 로우를 리턴한다면 ORA-01427(single-row subquery returns more than one row) 에러가 발생하므로 대개 rownum <= 1 같은 stopkey 조건이나 min, max, avg 등 집계함수가 사용된다.

(3) 서브쿼리 Unnesting의 이점

서브쿼리를 메인쿼리와 같은 레벨로 풀어낸다면 다양한 액세스 경로와 조인 메소드를 평가할 수 있다. 특히 옵티마이저는 많은 조인테크닉을 가지기 때문에 조인 형태로 변환했을 때 더 나은 실행계획을 찾을 가능성이 높아진다.

이런 이점 때문에 옵티마이저는 서브쿼리 Unnesting을 선호한다. 그래서 오라클 9i에서는 정확히 같은 결과집합임이 보장된다면 무조건 서브쿼리를 Unnesting 하려고 시도한다. 즉, 휴리스틱 쿼리 변환 방식으로 작동한다.

10g부터는 서브쿼리 Unnesting이 비용기반 쿼리 변환 방식으로 전환되었다. 따라서 변환된 쿼리의 예상 비용이 더 낮을 때만 Unnesting된 버전을 사용하고, 그렇지 않을 때는 원본 쿼리 그대로 필터 방식으로 최적화한다.

서브쿼리 Unnesting과 관련한 힌트로는 아래 두 가지가 있다.

- unnest : 서브쿼리를 Unnesting 함으로써 조인방식으로 최적화하도록 유도한다.
- no_unnest : 서브쿼리를 그대로 둔 상태에서 필터 방식으로 최적화하도록 유도한다.

(4) 서브쿼리 Unnesting 기본 예시

실제 서브쿼리 Unnesting이 어떤 식으로 작동하는지 살펴보자. 아래처럼 IN 서브쿼리를 포함하는 SQL문이 있다(스크립트 ch4_01.txt 참조).

```
select * from emp
where  deptno in (select deptno from dept)
```

이 SQL문을 Unnesting하지 않고 그대로 최적화한다면 옵티마이저는 아래와 같이 필터 방식의 실행계획을 수립한다.

```
select * from emp
where  deptno in (select /*+ no_unnest */ deptno from dept)

-----------------------------------------------------------------
| Id  | Operation          | Name    | Rows  | Bytes | Cost (%CPU)|
-----------------------------------------------------------------
|   0 | SELECT STATEMENT   |         |     3 |    99 |     3   (0)|
|*  1 |  FILTER            |         |       |       |            |
|   2 |   TABLE ACCESS FULL| EMP     |    10 |   330 |     3   (0)|
|*  3 |   INDEX UNIQUE SCAN| DEPT_PK |     1 |     2 |     0   (0)|
-----------------------------------------------------------------

Predicate Information (identified by operation id):
---------------------------------------------------
   1 - filter( EXISTS (SELECT 0 FROM "DEPT" "DEPT" WHERE "DEPTNO"=:B1))
   3 - access("DEPTNO"=:B1)
```

옵티마이저가 서브쿼리 Unnesting을 선호하므로 이를 방지하려고 no_unnest 힌트를 사용해 실행계획을 유도하였다. Predicate 정보를 보면 필터 방식으로 수행된 서브쿼리의 조건절이 바인드 변수로 처리된 부분(DEPTNO = :B1)이 눈에 띄는데, 이것을 통해 옵티마이저가 서브쿼리를 별도의 서브플랜(Subplan)으로 최적화한다는 사실을 알 수 있다. 메인 쿼리도 하나의 쿼리 블록이므로 서브쿼리를 제외한 상태에서 별도로 최적화가 이루어졌다. (아무 조건절이 없으므로 Full Table Scan이 최적이다.)

이처럼, Unnesting하지 않은 서브쿼리를 수행할 때는 메인 쿼리에서 읽히는 레코드마다 값을 넘기면서 서브쿼리를 반복 수행한다. (Unnesting 하지 않았지만 내부적으로 IN 서브쿼리를 Exists 서브쿼리로 변환한다는 사실도 Predicate 정보를 통해 알 수 있다.)

unnest 힌트를 사용하거나 옵티마이저가 스스로 Unnesting을 선택한다면, 변환된 쿼리는 아래와 같은 조인문 형태가 된다. (사용자가 발행한 SQL 텍스트를 변환하는 것은 아니며, 파서(Parser)에 의해 생성된 파싱트리 내에서 변환한다.)

```
select *
from  (select deptno from dept) a, emp b
where  b.deptno = a.deptno
```

그리고 이것은 다시 다음 절에서 설명하는 뷰 Merging 과정을 거쳐 최종적으로 아래와 같은 형태가 된다.

```
select emp.* from dept, emp
where  emp.deptno = dept.deptno
```

아래는 서브쿼리에 unnest 힌트를 주고 실행계획을 확인한 결과다. 서브쿼리인데도 일반적인 Nested Loop 조인 방식으로 수행된 것을 볼 수 있다. 위 조인문을 수행할 때와 정확히 같은 실행계획이다.

```
select * from emp
where deptno in (select /*+ unnest */ deptno from dept)

---------------------------------------------------------------------------------
| Id  | Operation                    | Name          | Rows  | Bytes | Cost (%CPU)|
---------------------------------------------------------------------------------
|   0 | SELECT STATEMENT             |               |    10 |   350 |     2   (0)|
|   1 |  TABLE ACCESS BY INDEX ROWID| EMP           |     3 |    99 |     1   (0)|
|   2 |   NESTED LOOPS               |               |    10 |   350 |     2   (0)|
|   3 |    INDEX FULL SCAN           | DEPT_PK       |     4 |     8 |     1   (0)|
|*  4 |    INDEX RANGE SCAN          | EMP_DEPTNO_IDX |    3 |       |     0   (0)|
---------------------------------------------------------------------------------

Predicate Information (identified by operation id):
---------------------------------------------------
   4 - access("DEPTNO"="DEPTNO")
```

(5) Unnesting된 쿼리의 조인 순서 조정

여기서 주목할 점은, Unnesting에 의해 일반 조인문으로 변환된 후에는 emp, dept 어느 쪽이든 드라이빙 집합으로 선택될 수 있다는 사실이다. 선택은 옵티마이저의 몫이며, 판단 근거는 데이터 분포를 포함한 통계정보에 있다.

서브쿼리 쪽 dept 테이블이 먼저 드라이빙되었을 때의 실행계획은 위에서 보았고, 아래는 메인 쿼리 쪽 emp 테이블이 드라이빙된 경우다(스크립트 ch4_02.txt 참조).

```
--------------------------------------------------------------------------------
| Id  | Operation           | Name     | Rows  | Bytes | Cost  (%CPU)| Time     |
--------------------------------------------------------------------------------
|   0 | SELECT STATEMENT    |          |    14 |   560 |     3    (0)| 00:00:01 |
|   1 |  NESTED LOOPS       |          |    14 |   560 |     3    (0)| 00:00:01 |
|   2 |   TABLE ACCESS FULL| EMP      |    14 |   518 |     3    (0)| 00:00:01 |
|*  3 |   INDEX UNIQUE SCAN| DEPT_PK  |     1 |     3 |     0    (0)| 00:00:01 |
--------------------------------------------------------------------------------

Predicate Information (identified by operation id):
---------------------------------------------------
   3 - access("DEPTNO"="DEPTNO")
```

이 실행계획은 순서가 다르게 결정될 수 있음을 보이기 위해 힌트를 사용해 유도한 것이며, 힌트에 의해 조정될 수 있다는 것은 데이터 분포에 따라 옵티마이저도 같은 선택을 할 수 있다는 뜻이다.

Unnesting된 쿼리의 조인 순서를 조정하는 방법에 대해 살펴보자. 메인 쿼리 집합을 먼저 드라이빙하는 것은 쉽다. 아래처럼 leading(emp) 힌트를 사용하면 된다.

```
select /*+ leading(emp) */ * from emp
where deptno in (select /*+ unnest */ deptno from dept)
```

서브쿼리 쪽 집합을 드라이빙하는 경우를 보자. 서브쿼리에서 메인 쿼리에 있는 테이블을 참조할 수는 있지만 메인 쿼리에서 서브쿼리 쪽 테이블을 참조하지는 못하므로 아래와 같은 방식을 사용할 수 없다. (이상한 일이지만 10g부터는 아래와 같이 하더라도 조인 순서가 조정된다.)

```
select /*+ leading(dept) */ * from emp
```

```
where deptno in (select /*+ unnest */ deptno from dept)
```

그럴 때는 leading 힌트 대신 아래와 같이 ordered 힌트를 사용하면 서브쿼리 쪽 테이블을 직접 참조하지 않아도 되므로 원하는 대로 조인 순서를 유도할 수 있다. 이것을 통해, Unnesting 된 서브쿼리가 from절에서 앞쪽에 위치함을 알 수 있다.

```
select /*+ ordered */ * from emp
where deptno in (select /*+ unnest */ deptno from dept)
```

10g부터는 쿼리 블록(Query Block)마다 이름을 지정할 수 있는 qb_name 힌트가 제공되므로 아래처럼 쉽고 정확하게 제어할 수 있다.

```
select /*+ leading(dept@qb1) */ * from emp
where deptno in (select /*+ unnest qb_name(qb1) */ deptno from dept)
```

(6) 서브쿼리가 M쪽 집합이거나 Nonunique 인덱스일 때

지금까지 본 예제는 메인 쿼리의 emp 테이블과 서브쿼리의 dept 테이블이 M:1 관계이기 때문에 일반 조인문으로 바꾸더라도 쿼리 결과가 보장된다. 옵티마이저는 dept 테이블 deptno 컬럼에 PK 제약이 설정된 것을 통해 dept 테이블이 1쪽 집합이라는 사실을 알 수 있다. 따라서 안심하고 쿼리 변환을 실시한다.

만약 서브쿼리 쪽 테이블이 조인 컬럼에 PK/Unique 제약 또는 Unique 인덱스가 없다면, 일반 조인문처럼 처리했을 때 어떻게 될까?

〈 사례1 〉

```
select * from dept
where deptno in (select deptno from emp)
```

위 쿼리는 1쪽 집합을 기준으로 M쪽 집합을 필터링하는 형태이므로 당연히 서브쿼리 쪽 emp 테이블 deptno 컬럼에는 Unique 인덱스가 없다. dept 테이블이 기준 집합이므로 결과집합은 이 테이블의 총 건수를 넘지 않아야 한다. 그런데 옵티마이저가 임의로 아래와 같은 일반 조인문으로 변환한다면 M쪽 집합인 emp 테이블 단위의 결과집합이 만들어지므로 결과 오류가 생긴다.

```
select *
from  (select deptno from emp) a, dept b
where  b.deptno = a.deptno
```

〈 사례2 〉

```
select * from emp
where  deptno in (select deptno from dept)
```

위 쿼리는 M쪽 집합을 드라이빙해 1쪽 집합을 서브쿼리로 필터링하도록 작성되었으므로 조인문으로 바꾸더라도 결과에 오류가 생기지는 않는다. 하지만 dept 테이블 deptno 컬럼에 PK/Unique 제약 또는 Unique 인덱스가 없다면 옵티마이저는 emp와 dept 간의 관계를 알 수 없고, 결과를 확신할 수 없으니 일반 조인문으로의 쿼리 변환을 시도하지 않는다. (만약 SQL 튜닝 차원에서 위 쿼리를 사용자가 직접 조인문으로 바꿨는데, 어느 순간 dept 테이블 deptno 컬럼에 중복 값이 입력되면서 결과에 오류가 생기더라도 옵티마이저에게는 책임이 없다.)

이럴 때 옵티마이저는 두 가지 방식 중 하나를 선택하는데, Unnesting 후 어느 쪽 집합이 먼저 드라이빙 되느냐에 따라 달라진다.

- 1쪽 집합임을 확신할 수 없는 서브쿼리 쪽 테이블이 드라이빙된다면, 먼저 sort unique 오퍼레이션을 수행함으로써 1쪽 집합으로 만든 다음에 조인한다.
- 메인 쿼리 쪽 테이블이 드라이빙된다면 세미 조인(Semi Join) 방식으로 조인한다. 이것이 세미 조인(Semi Join)이 탄생하게 된 배경이다.

Sort Unique 오퍼레이션 수행

dept 테이블에서 PK 제약을 제거하고, deptno 컬럼에 Nonunique 인덱스를 생성하고 나서 실행계획을 다시 확인해 보자(스크립트 ch4_03.txt 참조).

```
alter table dept drop primary key;

create index dept_deptno_idx on dept(deptno);
```

```
select * from emp
where  deptno in (select deptno from dept);

-----------------------------------------------------------------------
| Id  | Operation                    | Name            | Rows  | Bytes |
-----------------------------------------------------------------------
|   0 | SELECT STATEMENT             |                 |    11 |   440 |
|   1 |  TABLE ACCESS BY INDEX ROWID| EMP             |     4 |   148 |
|   2 |   NESTED LOOPS               |                 |    11 |   440 |
|   3 |    SORT UNIQUE               |                 |     4 |    12 |
|   4 |     INDEX FULL SCAN          | DEPT_DEPTNO_IDX |     4 |    12 |
|*  5 |    INDEX RANGE SCAN          | EMP_DEPTNO_IDX  |     5 |       |
-----------------------------------------------------------------------

Predicate Information (identified by operation id):
---------------------------------------------------
   5 - access("DEPTNO"="DEPTNO")
```

실제로 dept 테이블은 Unique한 집합이지만 옵티마이저는 이를 확신할 수 없어 sort unique 오퍼레이션을 수행하였다. 아래와 같은 형태로 쿼리 변환이 일어난 것이다[4].

```
select b.*
from   (select /*+ no_merge */ distinct deptno from dept order by deptno) a, emp b
where  b.deptno = a.deptno
```

직접 테스트해 보는 과정에서 위와 같은 실행계획이 안 나타난다면(즉, 옵티마이저가 세미 조인 방식을 선택한다면) 아래와 같이 힌트를 사용해 유도할 수 있다. Unnesting한 다음에 서브쿼리 쪽 테이블이 드라이빙 집합으로 선택되도록 하는 것이다.

```
-- 오라클 9i
select /*+ ordered use_nl(emp) */ * from emp
where  deptno in (select /*+ unnest */ deptno from dept)
```

4) 10gR2에서 order by를 생략하면 hash unique 방식으로 수행된다(5장 2절 4항 참조).

```
-- 오라클 10g 이후
select /*+ leading(dept@qb1) use_nl(emp) */ * from emp
where deptno in (select /*+ unnest qb_name(qb1) */ deptno from dept)
```

세미 조인 방식으로 수행

아래는 세미 조인 방식으로 수행될 때의 실행계획이다.

```
select * from emp
where  deptno in (select deptno from dept)

---------------------------------------------------------------------
| Id  | Operation            | Name      | Rows  | Bytes | Cost (%CPU)|
---------------------------------------------------------------------
|   0 | SELECT STATEMENT     |           |    10 |   350 |      3   (0)|
|   1 |  NESTED LOOPS SEMI   |           |    10 |   350 |      3   (0)|
|   2 |   TABLE ACCESS FULL| EMP       |    10 |   330 |      3   (0)|
|*  3 |   INDEX RANGE SCAN | DEPT_IDX |     4 |     8 |      0   (0)|
---------------------------------------------------------------------

Predicate Information (identified by operation id):
---------------------------------------------------
   3 - access("DEPTNO"="DEPTNO")
```

NL 세미 조인으로 수행할 때는 sort unique 오퍼레이션을 수행하지 않고도 결과집합이 M쪽 집합으로 확장되는 것을 방지하는 알고리즘을 사용한다. 기본적으로 NL 조인과 동일한 프로세스로 진행하지만, Outer(=Driving) 테이블의 한 로우가 Inner 테이블의 한 로우와 조인에 성공하는 순간 진행을 멈추고 Outer 테이블의 다음 로우를 계속 처리하는 방식이다. 아래 pseudo 코드를 참고한다면 어렵지 않게 이해할 수 있다.

```
for(i=0; ; i++) {          // outer loop
    for(j=0; ; j++) {      // inner loop
        if(i==j) break;
    }
}
```

만약 옵티마이저가 세미 조인 방식을 선택하지 않는다면 아래와 같이 힌트를 사용해 유도할 수 있다. Unnesting한 다음에 메인 쿼리 쪽 테이블이 드라이빙 집합으로 선택되도록 하는 것이다.

```
select /*+ leading(emp) */ * from emp
where  deptno in (select /*+ unnest nl_sj */ deptno from dept)
```

세미 조인 방식으로 변환할 때의 장점은, NL 세미 조인뿐만 아니라 해시 세미 조인, 소트머지 세미 조인도 가능하다는 데에 있다. 사용자가 직접 유도할 때는 unnest 힌트와 함께 각각 hash_sj, merge_sj 힌트를 사용하면 된다.

(7) 필터 오퍼레이션과 세미조인의 캐싱 효과

옵티마이저가 쿼리 변환을 수행하는 이유는, 전체적인 시각에서 더 나은 실행계획을 수립할 가능성을 높이는 데에 있다. 서브쿼리를 Unnesting해 조인문으로 바꾸고 나면 NL 조인은 물론 해시 조인, 소트 머지 조인 방식을 선택할 수 있고, 조인 순서도 자유롭게 선택할 수 있음을 앞에서 살펴보았다.

서브쿼리를 Unnesting하지 않으면 쿼리를 최적화하는 데 있어 선택의 폭이 넓지 않아 불리하다. 메인 쿼리를 수행하면서 건건이 서브쿼리를 반복 수행하는 단순한 필터 오퍼레이션을 사용할 수 밖에 없기 때문이다. 대량의 집합을 기준으로 이처럼 Random 액세스 방식으로 서브쿼리 집합을 필터링한다면 결코 빠른 수행 속도를 얻을 수 없다.

다행히 오라클은 필터 최적화 기법을 한 가지 갖고 있는데, 서브쿼리 수행 결과를 버리지 않고 내부 캐시에 저장하고 있다가 같은 값이 입력되면 저장된 값을 출력하는 방식이다. 2장 6절에서 스칼라 서브쿼리의 캐싱 효과를 설명했는데, 그것과 같다.

조나단 루이스 설명에 의하면, 오라클은 8i와 9i에서 256개, 10g에서 1,024개 해시 엔트리를 캐싱한다고 한다. 테스트 결과를 기반으로 추측된 값이라고도 밝혔다. 실제 캐싱할 수 있는 엔트리 개수가 몇 개이건 간에 서브쿼리와 조인되는 컬럼의 Distinct Value 개수가 캐시 상한선을 초과하지만 않는다면 필터 오퍼레이션은 매우 효과적인 수행방식일 것이다.

테스트를 위해 아래와 같이 emp 테이블을 100번 복제한 t_emp 테이블을 생성해 보자(스크립트 ch4_04.txt 참조).

```
create table t_emp
as
select *
from   emp
     ,(select rownum no from dual connect by level <= 100);
```

이제 t_emp 테이블은 1,400개 로우를 갖는다. 아래는 방금 생성한 t_emp 테이블을 기준으로 dept 테이블에 대한 서브쿼리 필터링을 수행하는 쿼리다. no_unnest 힌트를 이용해 필터 방식으로 수행되도록 하였다.

```
select count(*) from t_emp t
where exists (select /*+ no_unnest */ 'x' from dept
              where deptno = t.deptno and loc is not null)

Call     Count CPU Time Elapsed Time       Disk      Query    Current       Rows
------- ------ -------- ------------ ---------- ---------- ---------- ----------
Parse        1    0.000        0.000          0          0          0          0
Execute      1    0.000        0.000          0          0          0          0
Fetch        2    0.000        0.003          0         18          0          1
------- ------ -------- ------------ ---------- ---------- ---------- ----------
Total        4    0.000        0.003          0         18          0          1

Rows     Row Source Operation
-------  ---------------------------------------------------
      1  SORT AGGREGATE (cr=18 pr=0 pw=0 time=2854 us)
   1400   FILTER  (cr=18 pr=0 pw=0 time=25325 us)
   1400    TABLE ACCESS FULL T_EMP (cr=12 pr=0 pw=0 time=7049 us)
      3    TABLE ACCESS BY INDEX ROWID DEPT (cr=6 pr=0 pw=0 time=122 us)
      3     INDEX UNIQUE SCAN DEPT_PK (cr=3 pr=0 pw=0 time=55 us)(Object ID 57571)
```

수행 결과, dept 테이블에 대한 필터링을 1,400번 수행했음에도 읽은 블록 수는 인덱스에서 3개, 테이블에서 3개, 총 6개뿐이다. 그리고 거기서 리턴된 결과 건수도 3개에 그치는 것을 볼 수 있다. t_emp 테이블 deptno에는 10, 20, 30 세 개의 값만 있기 때문에 서브쿼리를 3번만 수행했고, 그 결과를 캐시에 저장한 상태에서 반복적으로 재사용했음을 잘 보여주고 있다.

NL 세미 조인에서도 이런 캐싱 효과가 가능하지 않을까? 물론 가능하다. 하지만 9i까지는 캐싱 효과가 나타나지 않았다. 아래는 9i에서 NL 세미 조인으로 수행했을 때의 결과다.

```
select count(*) from t_emp t
where exists (select /*+ unnest nl_sj */ 'x' from dept
              where deptno = t.deptno and loc is not null)
```

```
call     count       cpu    elapsed       disk      query    current        rows
------- ------  -------- ---------- ---------- ---------- ----------  ----------
Parse        1      0.00       0.00          0          0          0           0
Execute      1      0.00       0.00          0          0          0           0
Fetch        2      0.05       0.05          0       1414          0           1
------- ------  -------- ---------- ---------- ---------- ----------  ----------
total        4      0.05       0.05          0       1414          0           1

Rows     Row Source Operation
-------  ---------------------------------------------------
      1  SORT AGGREGATE (cr=1414 r=0 w=0 time=52907 us)
   1400   NESTED LOOPS SEMI (cr=1414 r=0 w=0 time=46453 us)
   1400    TABLE ACCESS FULL T_EMP (cr=12 r=0 w=0 time=6613 us)
   1400    TABLE ACCESS BY INDEX ROWID DEPT (cr=1402 r=0 w=0 time=20490 us)
   1400     INDEX UNIQUE SCAN DETP_PK (cr=2 r=0 w=0 time=6948 us)(object id 39130)
```

필터 캐싱 효과가 없어 1,400번 서브쿼리가 수행된 것을 알 수 있다. 서브쿼리를 수행하는 단계에서는 블록 I/O가 1,402개 발생하였고, 리턴된 결과 건수도 1,400건이다. 그리고 NL 조인에서 Inner 쪽 인덱스 루트 블록에 대한 버퍼 Pinning 효과는 여기서도 나타난다. 위 Row Source Operation에서 dept_pk 인덱스에 대한 탐색이 1,400번 일어났지만 cr은 단 2개에 그친 것을 확인하기 바란다. (앞서 본 필터 방식에서 이 효과가 안 나타난 것도 확인하기 바란다.)

10g부터는 아래에서 보듯 NL 세미 조인도 캐싱 효과를 갖는다. 그동안 캐싱 효과를 앞세워 명맥을 유지하던 필터 오퍼레이션이 설 자리를 잃게 되었다.

```
select count(*) from t_emp t
where exists (select /*+ unnest nl_sj */ 'x' from dept
              where deptno = t.deptno and loc is not null)

Call     Count CPU Time Elapsed Time       Disk      Query    Current       Rows
------- ------ -------- ------------ ---------- ---------- ---------- ----------
Parse        1    0.000        0.000          0          0          0          0
Execute      1    0.000        0.000          0          0          0          0
Fetch        2    0.000        0.001          0         17          0          1
------- ------ -------- ------------ ---------- ---------- ---------- ----------
Total        4    0.000        0.001          0         17          0          1
```

```
Rows     Row Source Operation
-------  ---------------------------------------------------
      1  SORT AGGREGATE (cr=17 pr=0 pw=0 time=849 us)
   1400   NESTED LOOPS SEMI (cr=17 pr=0 pw=0 time=15464 us)
   1400    TABLE ACCESS FULL T_EMP (cr=12 pr=0 pw=0 time=4220 us)
      3    TABLE ACCESS BY INDEX ROWID DEPT (cr=5 pr=0 pw=0 time=73 us)
      3     INDEX UNIQUE SCAN DEPT_PK (cr=2 pr=0 pw=0 time=31 us)(Object ID 57571)
```

(8) Anti 조인

not exists, not in 서브쿼리도 Unnesting 하지 않으면 아래와 같이 필터 방식으로 처리된다(스크립트 ch4_05.txt 참조).

```
select * from dept d
where  not exists
  (select /*+ no_unnest */ 'x' from emp where deptno = d.deptno);

-----------------------------------------------------------------------------
| Id  | Operation          | Name           | Rows  | Bytes | Cost (%CPU)|
-----------------------------------------------------------------------------
|   0 | SELECT STATEMENT   |                |     3 |    60 |     5   (0)|
|   1 |  FILTER            |                |       |       |            |
|   2 |   TABLE ACCESS FULL| DEPT           |     4 |    80 |     3   (0)|
|   3 |   INDEX RANGE SCAN | EMP_DEPTNO_IDX |     2 |     6 |     1   (0)|
-----------------------------------------------------------------------------
```

기본 처리루틴은 exists 필터와 동일하며, 조인에 성공하는 레코드가 하나도 없을 때만 결과집합에 포함시킨다는 점이 다르다.

- exists 필터 : 조인에 성공하는 (서브) 레코드를 만나는 순간 결과집합에 담고 다른 (메인) 레코드로 이동한다.
- not exists 필터 : 조인에 성공하는 (서브) 레코드를 만나는 순간 버리고 다음 (메인) 레코드로 이동한다. 조인에 성공하는 (서브) 레코드가 하나도 없을 때만 결과집합에 담는다.

똑같은 쿼리를 Unnesting 하면 아래와 같이 Anti 조인 방식으로 처리된다.

```
select * from dept d
where  not exists
  (select /*+ unnest nl_aj */'x' from emp where deptno = d.deptno);

-----------------------------------------------------------------------------
| Id  | Operation          | Name            | Rows  | Bytes | Cost (%CPU)|
-----------------------------------------------------------------------------
|   0 | SELECT STATEMENT   |                 |     1 |    23 |     3   (0)|
|   1 |  NESTED LOOPS ANTI |                 |     1 |    23 |     3   (0)|
|   2 |   TABLE ACCESS FULL| DEPT            |     4 |    80 |     3   (0)|
|   3 |   INDEX RANGE SCAN | EMP_DEPTNO_IDX  |     9 |    27 |     0   (0)|
-----------------------------------------------------------------------------

select * from dept d
where  not exists
  (select /*+ unnest merge_aj */ 'x' from emp where deptno = d.deptno);

---------------------------------------------------------------------------------------
| Id  | Operation                    | Name            | Rows  | Bytes | Cost (%CPU)|
---------------------------------------------------------------------------------------
|   0 | SELECT STATEMENT             |                 |     1 |    23 |     4  (25)|
|   1 |  MERGE JOIN ANTI             |                 |     1 |    23 |     4  (25)|
|   2 |   TABLE ACCESS BY INDEX ROWID| DEPT            |     4 |    80 |     2   (0)|
|   3 |    INDEX FULL SCAN           | DEPT_PK         |     4 |       |     1   (0)|
|   4 |   SORT UNIQUE                |                 |    14 |    42 |     2  (50)|
|   5 |    INDEX FULL SCAN           | EMP_DEPTNO_IDX  |    14 |    42 |     1   (0)|
---------------------------------------------------------------------------------------

select * from dept d
where  not exists
  (select /*+ unnest hash_aj */ 'x' from emp where deptno = d.deptno);

-----------------------------------------------------------------------------
| Id  | Operation          | Name            | Rows  | Bytes | Cost (%CPU)|
-----------------------------------------------------------------------------
|   0 | SELECT STATEMENT   |                 |     1 |    23 |     5  (20)|
|   1 |  HASH JOIN ANTI    |                 |     1 |    23 |     5  (20)|
|   2 |   TABLE ACCESS FULL| DEPT            |     4 |    80 |     3   (0)|
|   3 |   INDEX FULL SCAN  | EMP_DEPTNO_IDX  |    14 |    42 |     1   (0)|
-----------------------------------------------------------------------------
```

NL Anti 조인과 머지 Anti 조인은 기본 처리루틴이 not exists 필터와 같지만, 해시 Anti 조인은 조금 다르다. 해시 Anti 조인으로 수행할 때는, 먼저 dept를 해시 테이블로 빌드한다. emp를 스캔하면서 해시 테이블을 탐색하고, 조인에 성공한 엔트리에만 표시를 한다. 마지막으로, 해시 테이블을 스캔하면서 표시가 없는 엔트리만 결과집합에 담는 방식이다(2장 5절 그림 2-19, 2-20과 설명 참조).

(9) 집계 서브쿼리 제거

집계 함수(Aggregate Function)를 포함하는 서브쿼리를 Unnesting 하고, 이를 다시 분석 함수(Analytic Function)로 대체하는 쿼리 변환이 10g에서 도입되었다.

```
select d.deptno, d.dname, e.empno, e.ename, e.sal
from   emp e, dept d
where  d.deptno = e.deptno
and    e.sal >= (select avg(sal) from emp where deptno = d.deptno)
```

위 쿼리를 Unnesting하면 1차적으로 아래와 같은 쿼리가 만들어진다(스크립트 ch4_06.txt 참조).

```
select d.deptno, d.dname, e.empno, e.ename, e.sal
from   (select deptno, avg(sal) avg_sal from emp group by deptno) x, emp e, dept d
where  d.deptno = e.deptno
and    e.deptno = x.deptno
and    e.sal >= x.avg_sal
```

옵티마이저는 한 번 더 쿼리 변환을 시도해 인라인 뷰를 Merging하거나 그대로 둔 채 최적화할 수 있다. (서브쿼리에 /*+ unnest merge */ 와 /*+ unnest no_merge */ 힌트를 추가함으로써 이 두 가지 경우를 테스트해 볼 수 있다.)

10g부터 옵티마이저가 선택할 수 있는 옵션이 한 가지 더 추가되었는데, 서브쿼리로부터 전환된 인라인 뷰를 제거하고 아래와 같이 메인 쿼리에 분석 함수를 사용하는 형태로 변환하는 것이다. 이 기능은 *_remove_aggr_subquery* 파라미터에 의해 제어되며, 비용기반으로 작동한다.

```
select deptno, dname, empno, ename, sal
from (
  select d.deptno, d.dname, e.empno, e.ename, e.sal
       ,(case when e.sal >= avg(sal) over (partition by d.deptno)
         then e.rowid end) max_sal_rowid
```

```
  from   emp e, dept d
  where  d.deptno = e.deptno
)
where  max_sal_rowid is not null
```

아래는 10g에서 집계 서브쿼리 제거(Aggregate Subquery Elimination) 기능이 작동했을 때의 실행계획이다. 쿼리에선 emp 테이블을 두 번 참조했지만 실행계획상으로는 한 번만 액세스했고, 대신 window buffer 오퍼레이션 단계가 추가되었다.

```
select d.deptno, d.dname, e.empno, e.ename, e.sal
from   dept d, emp e
where  d.deptno = e.deptno
and    e.sal = (select max(sal) from emp where deptno = d.deptno) ;

-----------------------------------------------------------------------------
| Id  | Operation                    | Name             | Rows  | Bytes |
-----------------------------------------------------------------------------
|   0 | SELECT STATEMENT             |                  |    14 |   938 |
|*  1 |  VIEW                        | VW_WIF_1         |    14 |   938 |
|   2 |   WINDOW BUFFER              |                  |    14 |   574 |
|   3 |    NESTED LOOPS              |                  |    14 |   574 |
|   4 |     TABLE ACCESS BY INDEX ROWID| EMP            |    14 |   420 |
|   5 |      INDEX FULL SCAN         | EMP_DEPTNO_IDX   |    14 |       |
|   6 |     TABLE ACCESS BY INDEX ROWID| DEPT           |     1 |    11 |
|*  7 |      INDEX UNIQUE SCAN       | DEPT_PK          |     1 |       |
-----------------------------------------------------------------------------

Predicate Information (identified by operation id):
---------------------------------------------------

   1 - filter("VW_COL_6" IS NOT NULL)
   7 - access("D"."DEPTNO"="E"."DEPTNO")
```

아래는 집계 서브쿼리 제거 기능이 작동하지 못하도록 파리미터를 변경할 때의 실행계획이다.

```
alter session set "_remove_aggr_subquery" = false;
select d.deptno, d.dname, e.empno, e.ename, e.sal
from   dept d, emp e
where  d.deptno = e.deptno
and    e.sal = (select max(sal) from emp where deptno = d.deptno) ;
```

```
----------------------------------------------------------------------------
| Id  | Operation                          | Name           | Rows  | Bytes |
----------------------------------------------------------------------------
|   0 | SELECT STATEMENT                   |                |     1 |    56 |
|*  1 |  TABLE ACCESS BY INDEX ROWID       | EMP            |     1 |    17 |
|   2 |   NESTED LOOPS                     |                |     1 |    56 |
|   3 |    NESTED LOOPS                    |                |     3 |   117 |
|   4 |     VIEW                           | VW_SQ_1        |     3 |    78 |
|   5 |      HASH GROUP BY                 |                |     3 |    21 |
|   6 |       TABLE ACCESS BY INDEX ROWID| EMP            |    14 |    98 |
|   7 |        INDEX FULL SCAN             | EMP_DEPTNO_IDX |    14 |       |
|   8 |     TABLE ACCESS BY INDEX ROWID    | DEPT           |     1 |    13 |
|*  9 |      INDEX UNIQUE SCAN             | DEPT_PK        |     1 |       |
|* 10 |    INDEX RANGE SCAN                | EMP_DEPTNO_IDX |     5 |       |
----------------------------------------------------------------------------

Predicate Information (identified by operation id):
---------------------------------------------------
   1 - filter("E"."SAL"="VW_COL_1")
   9 - access("DEPTNO"="D"."DEPTNO")
  10 - access("D"."DEPTNO"="E"."DEPTNO")
```

(10) Pushing 서브쿼리

앞에서 설명한 것처럼 Unnesting 되지 않은 서브쿼리는 항상 필터 방식으로 처리되며, 대개 실행계획 상에서 맨 마지막 단계에 처리된다. 만약 서브쿼리 필터링을 먼저 처리했을 때 다음 수행 단계로 넘어가는 로우 수를 크게 줄일 수 있다면 성능은 그만큼 향상된다. Pushing 서브쿼리는 이처럼 실행계획 상 가능한 앞 단계에서 서브쿼리 필터링이 처리되도록 강제하는 것을 말하며, 이를 제어하기 위해 사용하는 옵티마이저 힌트가 push_subq이다. (인라인 뷰 안에 조건절을 밀어 넣는 '조건절(Predicate) Pushing'과 헷갈리지 말기 바란다. 조건절 Pushing은 4절에서 다룬다.)

Pushing 서브쿼리는 Unnesting 되지 않은 서브쿼리에만 작동한다는 사실을 기억할 필요가 있다. 따라서 push_subq 힌트는 항상 no_unnest 힌트와 같이 기술하는 것이 올바른 사용법이다. 만약 옵티마이저가 서브쿼리를 Unnesting 하기로 결정한다면 push_subq 힌트는 무용지물이 되기 때문이다.

push_subq 힌트가 잘 작동하지 않는다는 질문을 종종 받는데, 대개 no_unnest 힌트를 같이 사용하지 않은 경우였다. 그리고 9i와 10g 사이에 push_subq 힌트를 기술하는 위치가 바뀐 것에도 기인한다. 아래 예시를 참조하기 바란다.

```
-- 오라클 9i에서 push_subq 힌트 사용하기
select /*+ PUSH_SUBQ leading(e1) use_nl(e2) */ sum(e1.sal), sum(e2.sal)
from   emp1 e1, emp2 e2
where  e1.no = e2.no
and    e1.empno = e2.empno
and    exists (select /*+ NO_UNNEST */ 'x' from dept
          where deptno = e1.deptno
          and  loc = 'NEW YORK')

-- 오라클 10g에서 push_subq 힌트 사용하기
select /*+ leading(e1) use_nl(e2) */ sum(e1.sal), sum(e2.sal)
from   emp1 e1, emp2 e2
where  e1.no = e2.no
and    e1.empno = e2.empno
and    exists (select /*+ NO_UNNEST PUSH_SUBQ */ 'x' from dept
          where deptno = e1.deptno
          and  loc = 'NEW YORK')
```

서브쿼리가 여러 개일 때 push_subq 힌트를 서브쿼리에 직접 기술해야 세밀한 제어가 가능하므로 10g에서 바뀐 것이다.

Pushing 서브쿼리를 통해 얼만큼 성능 개선 효과가 나타나는지 테스트해 보자(스크립트 ch4_06.txt 참조). 테스트를 위해 아래와 같이 emp 테이블을 1,000번 복제한 emp1과 emp2 두 개 테이블을 생성해 보자. 이제 이 두 테이블은 각각 14,000개 로우를 갖는다.

```
create table emp1 as
select * from emp, (select rownum no from dual connect by level <= 1000);

create table emp2 as select * from emp1;

alter table emp1 add constraint emp1_pk primary key(no, empno);

alter table emp2 add constraint emp2_pk primary key(no, empno);
```

아래는 emp1과 emp2 테이블을 조인하고 나서 서브쿼리 필터링을 수행할 때의 트레이스 결과다.

```
select /*+ leading(e1) use_nl(e2) */ sum(e1.sal), sum(e2.sal)
from   emp1 e1, emp2 e2
where  e1.no = e2.no
and    e1.empno = e2.empno
and    exists (select /*+ NO_UNNEST NO_PUSH_SUBQ */ 'x'
          from dept where deptno = e1.deptno
          and  loc = 'NEW YORK')

Call     Count CPU Time Elapsed Time       Disk      Query    Current       Rows
------- ------ -------- ------------ ---------- ---------- ---------- ----------
Parse        1    0.000        0.000          0          0          0          0
Execute      1    0.000        0.000          0          0          0          0
Fetch        2    0.484        0.493          0      28103          0          1
------- ------ -------- ------------ ---------- ---------- ---------- ----------
Total        4    0.484        0.493          0      28103          0          1

Rows     Row Source Operation
-------  ---------------------------------------------------
      1  SORT AGGREGATE (cr=28103 pr=0 pw=0 time=493306 us)
   3000   FILTER  (cr=28103 pr=0 pw=0 time=486253 us)
  14000    NESTED LOOPS  (cr=28097 pr=0 pw=0 time=602032 us)
  14000     TABLE ACCESS FULL EMP1 (cr=95 pr=0 pw=0 time=42023 us)
  14000     TABLE ACCESS BY INDEX ROWID EMP2 (cr=28002 pr=0 pw=0 time=404323 us)
  14000      INDEX UNIQUE SCAN EMP2_PK (cr=14002 pr=0 pw=0 time=164606 us)
      1    TABLE ACCESS BY INDEX ROWID DEPT (cr=6 pr=0 pw=0 time=78 us)
      3     INDEX UNIQUE SCAN DEPT_PK (cr=3 pr=0 pw=0 time=36 us)
```

아래는 emp2 테이블과 조인하기 전에 서브쿼리 필터링을 먼저 수행할 때의 트레이스 결과다. 앞에서는 emp2 테이블과의 조인 시도 횟수가 14,000번이었지만 여기서는 서브쿼리를 필터링한 결과 건수가 3,000건이므로 emp2 테이블과의 조인 횟수도 3,000번으로 줄었다. 읽은 블록 수도 28,103개에서 6,103개로 줄었다.

```
select /*+ leading(e1) use_nl(e2) */ sum(e1.sal), sum(e2.sal)
from   emp1 e1, emp2 e2
where  e1.no = e2.no
and    e1.empno = e2.empno
and    exists (select /*+ NO_UNNEST PUSH_SUBQ */ 'x'
          from dept where deptno = e1.deptno
          and  loc = 'NEW YORK')
```

```
Call     Count CPU Time Elapsed Time       Disk      Query    Current       Rows
------- ------ -------- ------------ ---------- ---------- ---------- ----------
Parse        1    0.000        0.000          0          0          0          0
Execute      1    0.000        0.000          0          0          0          0
Fetch        2    0.125        0.129          0       6103          0          1
------- ------ -------- ------------ ---------- ---------- ---------- ----------
Total        4    0.125        0.129          0       6103          0          1

Rows     Row Source Operation
-------  ---------------------------------------------------
      1  SORT AGGREGATE (cr=6103 pr=0 pw=0 time=128934 us)
   3000   NESTED LOOPS  (cr=6103 pr=0 pw=0 time=153252 us)
   3000    TABLE ACCESS FULL EMP1 (cr=101 pr=0 pw=0 time=18230 us)
      1     TABLE ACCESS BY INDEX ROWID DEPT (cr=6 pr=0 pw=0 time=135 us)
      3      INDEX UNIQUE SCAN DEPT_PK (cr=3 pr=0 pw=0 time=63 us)
   3000    TABLE ACCESS BY INDEX ROWID EMP2 (cr=6002 pr=0 pw=0 time=100092 us)
   3000     INDEX UNIQUE SCAN EMP2_PK (cr=3002 pr=0 pw=0 time=41733 us)
```

서브쿼리가 조인으로 풀릴 때 서브쿼리에서 참조하는 테이블이 먼저 드라이빙되도록 제어할 목적으로 push_subq 힌트를 사용한다고 잘못 알고 있는 분들을 자주 만난다. 서브쿼리가 조인으로 풀린다는 것은 Unnesting 되었다는 뜻인데, 다시 말하지만 Pushing 서브쿼리는 Unnesting 되지 않은 서브쿼리의 처리 순서를 제어하는 기능이다. Unnesting된 서브쿼리의 조인 순서를 조정하는 방법에 대해서는 앞에서(5항) 이미 살펴보았다.

퀴즈

서브쿼리 Unnesting과 Pushing 서브쿼리에 대해 자세히 살펴보았고, 이들 기능의 작동여부에 따라 실행계획이 조금씩 달라지는 것을 보았다. 이에 대한 원리를 정확히 이해했는지 확인하기 위해 독자 스스로 아래 퀴즈를 풀어보기 바란다.

```
< 쿼리1 >
select * from dept d
where  …
and    exists (
   select 'x'
   from   emp
   where  deptno = d.deptno
   and    … ) ;
```

```
< 쿼리2 >
select * from dept d
where deptno = (select … from emp where and  … ) ;
```

위 두 쿼리에 조건절을 추가하고 인덱스 구성을 달리하면서 아래와 같은 10개의 실행계획을 재현해 보기 바란다. 실행계획을 재현해 낼 수 있다면 각 실행계획이 내부적으로 어떻게 처리되는지를 정확히 이해하고 있다는 뜻이 된다. 정답은 본 장 끝부분에 있지만, 반드시 직접 시도해 본 후에 확인하기 바란다. 참고로, 1~6번까지는 쿼리1을 이용하였고, 7~10번까지는 쿼리2를 이용하였다.

1

```
Execution Plan
----------------------------------------------------------
0      SELECT STATEMENT Optimizer=ALL_ROWS (Cost=263 Card=1 Bytes=18)
1    0   FILTER
2    1     TABLE ACCESS (BY INDEX ROWID) OF 'DEPT' (Cost=207 Card=1 Bytes=18)
3    2       INDEX (RANGE SCAN) OF 'DEPT_X01' (NON-UNIQUE) (Cost=7 Card=1)
4    1     TABLE ACCESS (BY INDEX ROWID) OF 'EMP' (Cost=56 Card=1 Bytes=12)
5    4       INDEX (RANGE SCAN) OF 'EMP_X01' (NON-UNIQUE) (Cost=2 Card=1)
```

2

```
Execution Plan
----------------------------------------------------------
0      SELECT STATEMENT Optimizer=ALL_ROWS (Cost=209 Card=1 Bytes=18)
1    0   FILTER
2    1     TABLE ACCESS (BY INDEX ROWID) OF 'DEPT' (Cost=207 Card=1 Bytes=18)
3    2       INDEX (RANGE SCAN) OF 'DEPT_X01' (NON-UNIQUE) (Cost=7 Card=1)
4    1     INDEX (RANGE SCAN) OF 'EMP_X01' (NON-UNIQUE) (Cost=2 Card=1 Bytes=9)
```

3

```
Execution Plan
----------------------------------------------------------
0      SELECT STATEMENT Optimizer=ALL_ROWS (Cost=18 Card=1 Bytes=18)
1    0   TABLE ACCESS (BY INDEX ROWID) OF 'DEPT' (Cost=18 Card=1 Bytes=18)
2    1     INDEX (RANGE SCAN) OF 'DEPT_X01' (NON-UNIQUE) (Cost=8 Card=1)
3    2       TABLE ACCESS (BY INDEX ROWID) OF 'EMP' (Cost=56 Card=1 Bytes=12)
4    3         INDEX (RANGE SCAN) OF 'EMP_X01' (NON-UNIQUE) (Cost=2 Card=1)
```

4

```
Execution Plan
----------------------------------------------------------
0      SELECT STATEMENT Optimizer=ALL_ROWS (Cost=18 Card=1 Bytes=18)
```

```
1    0   TABLE ACCESS (BY INDEX ROWID) OF 'DEPT' (Cost=18 Card=1 Bytes=18)
2    1     INDEX (RANGE SCAN) OF 'DEPT_X01' (NON-UNIQUE) (Cost=8 Card=1)
3    2       INDEX (RANGE SCAN) OF 'EMP_X01' (NON-UNIQUE) (Cost=2 Card=1 Bytes=9)
```

5

```
Execution Plan
-----------------------------------------------------------
0       SELECT STATEMENT Optimizer=ALL_ROWS (Cost=207 Card=1 Bytes=18)
1    0   TABLE ACCESS (BY INDEX ROWID) OF 'DEPT' (Cost=207 Card=1 Bytes=18)
2    1     INDEX (RANGE SCAN) OF 'DEPT_X01' (NON-UNIQUE) (Cost=7 Card=1)
3    1     TABLE ACCESS (BY INDEX ROWID) OF 'EMP' (Cost=56 Card=1 Bytes=12)
4    3       INDEX (RANGE SCAN) OF 'EMP_X01' (NON-UNIQUE) (Cost=2 Card=1)
```

6

```
Execution Plan
-----------------------------------------------------------
0       SELECT STATEMENT Optimizer=ALL_ROWS (Cost=207 Card=1 Bytes=18)
1    0   TABLE ACCESS (BY INDEX ROWID) OF 'DEPT' (Cost=207 Card=1 Bytes=18)
2    1     INDEX (RANGE SCAN) OF 'DEPT_X01' (NON-UNIQUE) (Cost=7 Card=1)
3    1     INDEX (RANGE SCAN) OF 'EMP_X01' (NON-UNIQUE) (Cost=10 Card=5 Bytes=10)
```

7

```
Execution Plan
-----------------------------------------------------------
0       SELECT STATEMENT Optimizer=ALL_ROWS (Cost=1 Card=1 Bytes=18)
1    0   TABLE ACCESS (BY INDEX ROWID) OF 'DEPT' (Cost=1 Card=1 Bytes=18)
2    1     INDEX (UNIQUE SCAN) OF 'DEPT_PK' (UNIQUE)
3    2       TABLE ACCESS (BY INDEX ROWID) OF 'EMP' (Cost=787 Card=3 Bytes=36)
4    3         INDEX (RANGE SCAN) OF 'EMP_X01' (NON-UNIQUE) (Cost=25 Card=13)
```

8

```
Execution Plan
-----------------------------------------------------------
0       SELECT STATEMENT Optimizer=ALL_ROWS (Cost=1 Card=1 Bytes=18)
1    0   TABLE ACCESS (BY INDEX ROWID) OF 'DEPT' (Cost=1 Card=1 Bytes=18)
2    1     INDEX (UNIQUE SCAN) OF 'DEPT_PK' (UNIQUE)
3    2       INDEX (RANGE SCAN) OF 'EMP_X01' (NON-UNIQUE) (Cost=25 Card=13 Bytes=65)
```

9

```
Execution Plan
-----------------------------------------------------------
0       SELECT STATEMENT Optimizer=ALL_ROWS (Cost=1 Card=1 Bytes=18)
1    0   TABLE ACCESS (BY INDEX ROWID) OF 'DEPT' (Cost=1 Card=1 Bytes=18)
```

```
2    1      INDEX (UNIQUE SCAN) OF 'DEPT_PK' (UNIQUE)
3    2        SORT (AGGREGATE)
4    3          TABLE ACCESS (BY INDEX ROWID) OF 'EMP' (Cost=787 Card=3 Bytes=36)
5    4            INDEX (RANGE SCAN) OF 'EMP_X01' (NON-UNIQUE) (Cost=25 Card=13)

10
Execution Plan
------------------------------------------------------------
0       SELECT STATEMENT Optimizer=ALL_ROWS (Cost=1 Card=1 Bytes=18)
1    0    TABLE ACCESS (BY INDEX ROWID) OF 'DEPT' (Cost=1 Card=1 Bytes=18)
2    1      INDEX (UNIQUE SCAN) OF 'DEPT_PK' (UNIQUE)
3    2        SORT (AGGREGATE)
4    3          INDEX (RANGE SCAN) OF 'EMP_X01' (NON-UNIQUE) (Cost=25 Card=13 Bytes=65)
```

03 뷰 Merging

(1) 뷰 Merging 이란?

```
< 쿼리1 >
select *
from  (select * from emp  where job = 'SALESMAN') a
    , (select * from dept where loc = 'CHICAGO') b
where  a.deptno = b.deptno
```

위 〈쿼리1〉과 같이 습관적으로 인라인 뷰를 많이 사용하는 분들을 종종 볼 수 있는데, 그렇게 작성하는 것이 더 읽기 편하기 때문이다. 서브쿼리도 마찬가지다. 서브쿼리로 표현하면 아무래도 조인문보다 더 직관적으로 읽힌다.

그런데 사람의 눈으로 볼 때는 쿼리를 블록화하는 것이 더 읽기 편할지 모르지만 최적화를 수행하는 옵티마이저의 시각에서는 더 불편하다. 그런 탓에 옵티마이저는 가급적 〈쿼리2〉처럼 쿼리 블록을 풀어내려는 습성을 갖는다.(옵티마이저 개발팀이 그렇게 만들었다.)

```
< 쿼리2 >
select *
from   emp a, dept b
where  a.deptno = b.deptno
and    a.job = 'SALESMAN'
and    b.loc = 'CHICAGO'
```

따라서 위에서 본 〈쿼리1〉의 뷰 쿼리 블록은 액세스 쿼리 블록(뷰를 참조하는 쿼리 블록)과의 머지(merge) 과정을 거쳐 〈쿼리2〉와 같은 형태로 변환되는데, 이를 '뷰 Merging'이라고 한다. 이처럼 뷰 Merging을 거친 쿼리라야 옵티마이저가 더 다양한 액세스 경로(Access Path)를 조사 대상으로 삼을 수 있게 된다. 이 기능을 제어하는 힌트로는 merge와 no_merge가 있다.

〈쿼리1〉처럼 뷰를 사용하면 쿼리 성능이 더 느려진다는 속설이 있는데, 과연 그럴까? 〈쿼리1〉과 〈쿼리2〉는 뷰 Merging을 통해 100% 같은 실행계획으로써 수행되며, 쿼리 성능에 하등 차이가 없다.

뷰 Merging과 다음 절에서 설명하는 조건절(Predicate) Pushing이 불가능한 형태의 뷰를 사용했을 때 성능이 느려지기도 하므로 뷰 때문에 쿼리 성능이 느려진다는 말도 전혀 틀린 말은 아니다. 하지만 막연한 경험치를 가지고 뷰 사용을 꺼리는 것보다는 옵티마이저의 쿼리 변환 원리를 정확히 이해함으로써 적절한 때에 뷰를 사용할 수 있어야 한다.

(2) 단순 뷰(Simple View) Merging

조건절과 조인문만을 포함하는 단순 뷰(Simple View)는 no_merge 힌트를 사용하지 않는 한 언제든 Merging이 일어난다. 반면 group by절이나 distinct 연산을 포함하는 복합 뷰(Complex View)는 파라미터 설정(*_complex_view_merging* = true / 9i부터는 기본 값이 true) 또는 힌트 사용에 의해서만 뷰 Merging이 가능하다. 또한 집합(set) 연산자, connect by, rownum 등을 포함하는 복합 뷰(Non-mergeable Views)는 아예 뷰 Merging이 불가능하다.

아래는 조건절 하나만을 가진 단순 뷰(Simple View)의 예시다(스크립트 ch4_08.txt 참조).

```
create or replace view emp_salesman
as
```

```
select empno, ename, job, mgr, hiredate, sal, comm, deptno
from   emp
where  job = 'SALESMAN' ;
```

위 단순 뷰와 조인하는 간단한 조인문을 작성해 보자.

```
select e.empno, e.ename, e.job, e.mgr, e.sal, d.dname
from   emp_salesman e, dept d
where  d.deptno = e.deptno
and    e.sal >= 1500 ;
```

위 쿼리를 뷰 Merging 하지 않고 그대로 최적화한다면 아래와 같은 실행계획이 만들어진다.
(단순 뷰는 항상 Merging 되므로 no-merge 힌트로 유도하였다.)

```
Execution Plan
------------------------------------------------------------------------------------
0      SELECT STATEMENT Optimizer=ALL_ROWS (Cost=3 Card=2 Bytes=156)
1    0   NESTED LOOPS (Cost=3 Card=2 Bytes=156)
2    1     VIEW OF 'EMP_SALESMAN' (VIEW) (Cost=2 Card=2 Bytes=130)
3    2       TABLE ACCESS (BY INDEX ROWID) OF 'EMP' (TABLE) (Cost=2 Card=2 …)
4    3         INDEX (RANGE SCAN) OF 'EMP_SAL_IDX' (INDEX) (Cost=1 Card=7)
5    1     TABLE ACCESS (BY INDEX ROWID) OF 'DEPT' (TABLE) (Cost=1 Card=1 Bytes=13)
6    5       INDEX (UNIQUE SCAN) OF 'DEPT_PK' (INDEX (UNIQUE)) (Cost=0 Card=1)
```

뷰 Merging이 작동한다면 변환된 쿼리는 아래와 같은 모습일 것이다.

```
select e.empno, e.ename, e.job, e.mgr, e.sal, d.dname
from   emp e, dept d
where  d.deptno = e.deptno
and    e.job = 'SALESMAN'
and    e.sal >= 1500
```

그리고 그때의 실행계획은 다음과 같이 일반 조인문을 처리하는 것과 똑같은 형태가 된다.

```
Execution Plan
----------------------------------------------------------------------------------
0       SELECT STATEMENT Optimizer=ALL_ROWS (Cost=3 Card=2 Bytes=84)
1    0    NESTED LOOPS (Cost=3 Card=2 Bytes=84)
2    1      TABLE ACCESS (BY INDEX ROWID) OF 'EMP' (TABLE) (Cost=2 Card=2 Bytes=58)
3    2        INDEX (RANGE SCAN) OF 'EMP_SAL_IDX' (INDEX) (Cost=1 Card=7)
4    1      TABLE ACCESS (BY INDEX ROWID) OF 'DEPT' (TABLE) (Cost=1 Card=1 Bytes=13)
5    4        INDEX (UNIQUE SCAN) OF 'DEPT_PK' (INDEX (UNIQUE)) (Cost=0 Card=1)
```

(3) 복합 뷰(Complex View) Merging

아래 항목을 포함하는 복합 뷰(Complex View)는 *_complex_view_merging* 파라미터를 true로 설정할 때만 Merging이 일어난다.

- group by 절
- select-list에 distinct 연산자 포함

8i에서는 *_complex_view_merging* 파라미터의 기본 값이 false 이므로 기본적으로 복합 뷰 Merging이 작동하지 않는다. 복합 뷰 Merging을 원할 때는 merge 힌트를 사용해야만 한다.

9i부터는 이 파라미터가 기본적으로 true로 설정돼 있으므로 동일한 결과가 보장되는 한 복합 뷰 Merging이 항상 일어난다. 뷰를 Merging하면 더 나은 실행계획을 생산할 가능성이 높다고 믿기 때문에 그렇게 하는 것이며, 휴리스틱(Heuristic 또는 Rule-based) 쿼리 변환의 전형이라고 할 수 있다. 이를 막고자 할 때 no_merge 힌트를 사용한다. (뷰 안에 rownum을 넣어도 된다.)

10g에서도 복합 뷰 Merging을 일단 시도하지만, 원본 쿼리에 대해서도 비용을 같이 계산해 Merging 했을 때의 비용이 더 낮을 때만 그것을 채택한다(→ 비용기반 쿼리 변환). 10g에서도 뷰 Merging을 강제하고 싶을 때는 merge 힌트를 사용하면 된다.

참고로, 앞 절에서 설명한 서브쿼리 Unnesting도 뷰 Merging과 똑같은 진화과정을 거쳐 비용기반 쿼리 변환 방식으로 작동하게 되었다.

_complex_view_merging 파라미터를 true로 설정하더라도 아래 항목들을 포함하는 복합 뷰는 Merging 될 수 없다(→ **Non-mergeable Views**).

- 집합(set) 연산자(union, union all, intersect, minus)
- connect by절
- ROWNUM pseudo 컬럼
- select-list에 집계 함수(avg, count, max, min, sum) 사용 : group by 없이 전체를 집계하는 경우를 말함
- 분석 함수(Analytic Function)

아래는 복합 뷰를 포함한 쿼리 예시다.

```
select d.dname, avg_sal_dept
from   dept d
     ,(select deptno, avg(sal) avg_sal_dept
       from emp
       group by deptno) e
where  d.deptno = e.deptno
and    d.loc = 'CHICAGO'
```

뷰 쿼리 블록을 액세스 쿼리 블록과 Merging하고 나면 아래와 같은 형태가 된다.

```
select d.dname, avg(sal)
from   dept d, emp e
where  d.deptno = e.deptno
and    d.loc = 'CHICAGO'
group by d.rowid, d.dname
```

뷰 Merging이 일어난다면 두 쿼리는 똑같이 아래 실행계획을 사용한다.

```
Execution Plan
-------------------------------------------------------------------------------
 0      SELECT STATEMENT Optimizer=ALL_ROWS (Cost=5 Card=1 Bytes=28)
 1   0    HASH (GROUP BY) (Cost=5 Card=1 Bytes=28)
 2   1      TABLE ACCESS (BY INDEX ROWID) OF 'EMP' (TABLE) (Cost=1 Card=5 Bytes=25)
 3   2        NESTED LOOPS (Cost=4 Card=5 Bytes=140)
 4   3          TABLE ACCESS (FULL) OF 'DEPT' (TABLE) (Cost=3 Card=1 Bytes=23)
 5   3          INDEX (RANGE SCAN) OF 'EMP_IDX' (INDEX) (Cost=0 Card=5)
```

위 쿼리가 뷰 Merging을 통해 얻을 수 있는 이점은, dept.loc = 'CHICAGO' 인 데이터만 선택해서 조인하고, 조인에 성공한 집합만 group by 한다는 데에 있다. 만약 뷰를 Merging하지 않는다면 emp 테이블에 있는 모든 데이터를 group by 해서 조인하고 나서야 loc = 'CHICAGO' 조건을 필터링하게 되므로 emp 테이블을 스캔하는 과정에서 불필요한 레코드 액세스가 많이 발생하게 된다.

(4) 비용기반 쿼리 변환의 필요성

9i에서 복합 뷰(Complex View)를 무조건 Merging 하도록 구현한 것은, 옵티마이저 개발팀의 경험과 테스트 결과에 비추어 볼 때 보편적으로 더 나은 성능을 보였기 때문일 것이다. 그런데 다른 쿼리 변환은 대개 더 나은 성능을 제공하지만, 복합 뷰 Merging은 그렇지 못할 때가 많다.

예를 들어, 앞서 보았던 쿼리를 뷰 Merging 했을 때의 성패는 loc = 'CHICAGO' 조건에 달렸다. 이 조건에 의해 선택된 deptno가 emp 테이블에서 많은 비중을 차지한다면 오히려 Table Full Scan을 감수하더라도 group by로 먼저 집합을 줄이고 나서 조인하는 편이 더 나을 것이다. 9i 환경에서 튜닝할 때, no_merge 힌트를 사용하거나 뷰 안에 rownum을 넣어주는 튜닝 기법을 자주 사용하게 되는 이유가 여기에 있다.

그래서 10g부터는 비용기반 쿼리 변환 방식으로 전환하게 되었고, 이 기능을 제어하기 위한 파라미터가 *_optimizer_cost_based_transformation*이다. 설정 가능한 값으로는 아래 5가지가 있다.

- on
- off
- exhaustive
- linear
- iterative

비용기반 서브쿼리 Unnesting도 이 파라미터에 의해 영향을 받는다. 참고로, 바로 다음 절에서 설명하는 조건절(Predicate) Pushing도 비용기반 쿼리 변환 방식으로 전환되었지만 이 기능은 별도의 파라미터(*_optimizer_push_pred_cost_based*)로 제어된다. 그리고 오라클 10.2.0.2에서 *_optimizer_connect_by_cost_based* 파라미터가 추가된 것을 통해 connect by도 비용기반 하에 쿼리 변환이 일어나게 되었음을 알 수 있다.

비용기반 쿼리 변환이 휴리스틱 쿼리 변환보다 고급 기능이긴 하지만 파싱 과정에서 더 많은 일을 수행해야만 한다. 약간의 하드 파싱 부하를 감수하더라도 더 나은 실행계획을 얻으려는 것이므로 이들 파라미터를 off 시키는 것은 바람직하지 않다.

각 쿼리 변환마다 제어할 수 있는 힌트가 따로 있고, 필요하다면 opt_param 힌트(10gR2부터 제공)를 이용해 아래와 같이 쿼리 레벨에서 파라미터를 변경할 수도 있다.

```
select /*+ opt_param('_optimizer_push_pred_cost_based', 'false') */ from …
```

실제로 10g에서 조인 조건(Join Predicate) Pushdown(4절에서 설명함) 기능이 비용기반 쿼리 변환으로 바뀌면서 쿼리 성능이 느려지는 경우가 자주 발생한다. 이때는 문제가 되는 쿼리 레벨에서 위와 같이 힌트를 이용해 파라미터를 false로 변경하면 된다.

(5) Merging 되지 않은 뷰의 처리방식

뷰 Merging을 시행했을 때 오히려 비용이 더 증가한다고 판단되거나(10g부터) 부정확한 결과집합이 만들어질 가능성이 있을 때 옵티마이저는 뷰 Merging을 포기한다. 어떤 이유에서건 뷰 Merging이 이루어지지 않았을 땐 2차적으로 조건절 Pushing(다음 절에서 설명함)을 시도한다. 하지만 이마저도 실패한다면 뷰 쿼리 블록을 개별적으로 최적화하고, 거기서 생성된 서브플랜(Subplan)을 전체 실행계획을 생성하는 데 사용한다. 실제 쿼리를 수행할 때도 뷰 쿼리의 수행 결과를 액세스 쿼리에 전달하는 방식을 사용한다.

아래는 단순 뷰(Simple View)를 참조하므로 버전에 상관없이 항상 뷰 Merging이 일어난다(스크립트 ch4_09.txt 참조).

```
select /*+ leading(e) use_nl(d) */ *
from   dept d
     ,(select * from emp) e
where  e.deptno = d.deptno

Call     Count CPU Time Elapsed Time       Disk      Query    Current       Rows
------- ------ -------- ------------ ---------- ---------- ---------- ----------
Parse        1    0.016        0.000          0          0          0          0
```

```
Execute      1    0.000      0.000         0        0        0        0
Fetch        2    0.000      0.001         0       20        0       14
------- ------ -------- ------------ ---------- ---------- ---------- ----------
Total        4    0.016      0.001         0       20        0       14

Rows     Row Source Operation
-------  ---------------------------------------------------
     14  NESTED LOOPS  (cr=20 pr=0 pw=0 time=146 us)
     14   TABLE ACCESS FULL EMP (cr=4 pr=0 pw=0 time=240 us)
     14   TABLE ACCESS BY INDEX ROWID DEPT (cr=16 pr=0 pw=0 time=622 us)
     14    INDEX UNIQUE SCAN DEPT_PK (cr=2 pr=0 pw=0 time=257 us)
```

아래는 no_merge 힌트를 사용해 뷰 Merging을 방지했을 때의 SQL 트레이스 결과다.

```
select /*+ leading(e) use_nl(d) */ *
from   dept d
     ,(select /*+ NO_MERGE */ * from emp) e
where  e.deptno = d.deptno

Call     Count CPU Time Elapsed Time       Disk      Query    Current       Rows
------- ------ -------- ------------ ---------- ---------- ---------- ----------
Parse        1    0.000      0.000          0          0          0          0
Execute      1    0.000      0.000          0          0          0          0
Fetch        2    0.000      0.001          0         20          0         14
------- ------ -------- ------------ ---------- ---------- ---------- ----------
Total        4    0.000      0.001          0         20          0         14

Rows     Row Source Operation
-------  ---------------------------------------------------
     14  NESTED LOOPS  (cr=20 pr=0 pw=0 time=129 us)
     14   VIEW  (cr=4 pr=0 pw=0 time=270 us)
     14    TABLE ACCESS FULL EMP (cr=4 pr=0 pw=0 time=222 us)
     14   TABLE ACCESS BY INDEX ROWID DEPT (cr=16 pr=0 pw=0 time=314 us)
     14    INDEX UNIQUE SCAN DEPT_PK (cr=2 pr=0 pw=0 time=132 us)
```

여기서 오해하지 말 것은, 실행계획에 'VIEW' 라고 표시된 오퍼레이션 단계가 추가되었다고 해서 다음 단계로 넘어가기 전에 중간집합을 생성하는 것은 아니라는 점이다. 따라서 실행계획이 위와 같더라도 완전한 부분범위 처리가 가능하다.

아래처럼 뷰가 NL 조인에서 Inner 테이블로서 액세스될 때는 어떻게 처리될 것으로 예상하는가?

```
select /*+ leading(d) use_nl(e) */ *
from   dept d
     ,(select /*+ NO_MERGE */ * from emp) e
where  e.deptno = d.deptno

Call      Count CPU Time Elapsed Time       Disk      Query    Current       Rows
------- ------ -------- ------------ ---------- ---------- ---------- ----------
Parse        1    0.000        0.000          0          0          0          0
Execute      1    0.000        0.000          0          0          0          0
Fetch        2    0.000        0.000          0         17          0         14
------- ------ -------- ------------ ---------- ---------- ---------- ----------
Total        4    0.000        0.000          0         17          0         14

Rows     Row Source Operation
-------  ---------------------------------------------------
     14  NESTED LOOPS  (cr=17 pr=0 pw=0 time=122 us)
      4   TABLE ACCESS FULL DEPT (cr=4 pr=0 pw=0 time=80 us)
     14   VIEW  (cr=13 pr=0 pw=0 time=198 us)
     56    TABLE ACCESS FULL EMP (cr=13 pr=0 pw=0 time=241 us)
```

이때도 VIEW 처리 단계에서 중간집합을 생성하지는 않는다. 따라서 드라이빙 테이블 dept에서 읽은 건수만큼 emp 테이블에 대한 Full Scan을 반복한다. emp 테이블을 Full Scan하는 단계에서 읽은 블록 개수(=13)와 출력된 결과 건수(=56)가 이를 잘 말해주고 있다.

아래처럼 인라인 뷰에 order by 절을 추가하고 다시 수행해보자.

```
select /*+ leading(d) use_nl(e) */ *
from   dept d
     ,(select /*+ NO_MERGE */ * from emp ORDER BY ENAME) e
where  e.deptno = d.deptno

Call      Count CPU Time Elapsed Time       Disk      Query    Current       Rows
------- ------ -------- ------------ ---------- ---------- ---------- ----------
Parse        1    0.000        0.002          0          0          0          0
Execute      1    0.000        0.000          0          0          0          0
```

```
Fetch        2    0.000         0.000          0          7          0         14
------- ------ -------- ----------- ---------- ---------- ---------- ----------
Total        4    0.000         0.003          0          7          0         14

Rows     Row Source Operation
-------  ---------------------------------------------------
     14  NESTED LOOPS  (cr=7 pr=0 pw=0 time=169 us)
      4   TABLE ACCESS FULL DEPT (cr=4 pr=0 pw=0 time=87 us)
     14   VIEW  (cr=3 pr=0 pw=0 time=208 us)
     56    SORT ORDER BY (cr=3 pr=0 pw=0 time=255 us)
     14     TABLE ACCESS FULL EMP (cr=3 pr=0 pw=0 time=61 us)
```

emp 테이블 액세스 단계에서 14건만 리턴하고 블록 I/O도 3개로 줄어들었다. 즉, emp 테이블은 한 번만 Full Scan 했고, 소트 수행 후 PGA에 저장된 중간집합을 반복 액세스한 것을 알 수 있다. 따라서 추가적인 블록 I/O가 발생하지 않았다.

04 조건절 Pushing

뷰를 액세스하는 쿼리를 최적화할 때 옵티마이저는 1차적으로 뷰 Merging을 고려한다. 하지만 아래와 같은 이유로 뷰 Merging에 실패할 수 있다.

- 복합 뷰(Complex View) Merging 기능이 비활성화
- 사용자가 no_merge 힌트 사용
- Non-mergeable Views : 뷰 Merging 시행하면 부정확한 결과 가능성
- 비용기반 쿼리 변환이 작동해 No Merging 선택(10g 이후)

어떤 이유에서건 뷰 Merging에 실패했을 때, 옵티마이저는 포기하지 않고 2차적으로 조건절(Predicate) Pushing을 시도한다. 이는 뷰를 참조하는 쿼리 블록의 조건절을 뷰 쿼리 블록 안으로 Pushing하는 기능을 일컫는다.

조건절이 가능한 빨리 처리되도록 뷰 안으로 밀어 넣는다면, 뷰 안에서의 처리 일량을 최소화(group by 등 연산 작업 최소화, 인덱스 액세스 조건으로 사용)하게 됨은 물론 리턴되는 결과 건수를 줄임으로써 다음 단계에서 처리해야 할 일량을 줄일 수 있다.

조건절 Pushing 종류

오라클은 조건절 Pushing과 관련해 다음과 같은 기술을 사용한다.

- 조건절(Predicate) Pushdown : 쿼리 블록 밖에 있는 조건들을 쿼리 블록 안쪽으로 밀어 넣는 것을 말함
- 조건절(Predicate) Pullup : 쿼리 블록 안에 있는 조건들을 쿼리 블록 밖으로 내오는 것을 말하며, 그것을 다시 다른 쿼리 블록에 Pushdown 하는 데 사용함(→ Predicate Move Around)
- 조인 조건(Join Predicate) Pushdown : NL 조인 수행 중에 드라이빙 테이블에서 읽은 값을 건건이 Inner 쪽(=right side) 뷰 쿼리 블록 안으로 밀어 넣는 것을 말함

관련 힌트와 파라미터

조건절 Pushdown과 Pullup은 항상 더 나은 성능을 보장하므로 별도의 힌트를 제공하지 않는다. 하지만, 조인 조건 Pushdown은 NL 조인을 전제로 하기 때문에 성능이 더 나빠질 수도 있다. 따라서 오라클은 조인 조건 Pushdown을 제어할 수 있도록 push_pred와 no_push_pred 힌트를 제공한다.

그런데 조인 조건 Pushdown 기능이 10g에서 비용기반 쿼리 변환으로 바뀌었고[5], 이 때문에 9i에서 빠르게 수행되던 쿼리가 10g로 이행하면서 오히려 느려지는 현상이 종종 나타나고 있다. 이때는 문제가 되는 쿼리 레벨에서 아래와 같이 힌트를 이용해 파라미터를 false로 변경하면 된다.

```
select /*+ opt_param('_optimizer_push_pred_cost_based', 'false') */ * from …
```

10g에서 시스템 환경에 따라 이 기능이 문제를 일으켜 쿼리 결과가 틀리는 문제도 발생하는 것으로 보고되고 있는데, 그때는 패치를 적용하거나 아래와 같이 시스템 레벨 변경이 불가피하다.

5) Outer 조인 뷰에 대한 조인 조건 Pushdown은 9i에서도 비용기반으로 작동하였다.

```
alter system set "_optimizer_push_pred_cost_based" = false;
```

Non-pushable View

뷰 안에 rownum을 사용하면 Non-mergeable View가 된다고 앞 절에서 설명했는데, 동시에 Non-pushable View가 된다는 사실도 기억하기 바란다. 왜냐하면, rownum은 집합을 출력하는 단계에서 실시간 부여되는 값인데, 조건절 Pushing이 작동하면 기존에 없던 조건절이 생겨 같은 로우가 다른 값을 부여받을 수 있기 때문이다. 어떤 경우에도 옵티마이징 기법에 따라 쿼리 결과가 달라지는 일이 발생해선 안 된다.

분석함수(Analytic Function)를 사용해도 Non-mergeable, Non-pushable View가 되므로 주의하기 바란다.

지금부터 조건절 Pushdown, 조건절 Pullup, 조인 조건 Pushdown에 대해 자세히 살펴보자.

(1) 조건절 Pushdown

GROUP BY 절을 포함한 뷰에 대한 조건절 Pushdown

group by절을 포함한 복합 뷰(Complex View) Merging에 실패했을 때, 쿼리 블록 밖에 있는 조건절을 쿼리 블록 안쪽에 밀어 넣을 수 있다면 group by 해야 할 데이터량을 줄일 수 있다. 인덱스 상황에 따라서는 더 효과적인 인덱스 선택이 가능해지기도 한다.

아래 쿼리는 group by절을 포함한 복합 뷰 사례인데, 9i 이후로는 복합 뷰 Merging이 기본적으로 활성화되므로 뷰 Merging이 발생할 것이다. 이를 막도록 *_complex_view_merging* 파라미터를 false로 바꾸거나 no_merge 힌트를 사용할 때의 실행계획을 확인해 보자(스크립트 ch4_10.txt 참조).

```
alter session set "_complex_view_merging"= false;

select deptno, avg_sal
from  (select deptno, avg(sal) avg_sal from emp group by deptno) a
where  deptno = 30
```

```
-----------------------------------------------------------------------------
| Id  | Operation                      | Name           | Rows  | Bytes |
-----------------------------------------------------------------------------
|   0 | SELECT STATEMENT               |                |     1 |    26 |
|   1 |  VIEW                          |                |     1 |    26 |
|   2 |   SORT GROUP BY NOSORT         |                |     1 |     7 |
|   3 |    TABLE ACCESS BY INDEX ROWID| EMP            |     6 |    42 |
|*  4 |     INDEX RANGE SCAN           | EMP_DEPTNO_IDX |     6 |       |
-----------------------------------------------------------------------------

Predicate Information (identified by operation id):
---------------------------------------------------
   4 - access("DEPTNO"=30)
```

뷰 Merging에 실패했지만 옵티마이저가 조건절을 뷰 안쪽으로 밀어 넣음(pushdown)으로써, emp_deptno_idx 인덱스를 사용한 것을 볼 수 있다. 조건절 Pushing이 작동 안 했다면 emp 테이블을 Full Scan 하고서 group by 이후에 deptno = 30 조건을 필터링했을 것이다.

이번에는 조인문으로 테스트해 보자.

```
select /*+ no_merge(a) */
       b.deptno, b.dname, a.avg_sal
from  (select deptno, avg(sal) avg_sal from emp group by deptno) a
     , dept b
where  a.deptno = b.deptno
and    b.deptno = 30

-----------------------------------------------------------------------------
| Id  | Operation                       | Name           | Rows  | Bytes |
-----------------------------------------------------------------------------
|   0 | SELECT STATEMENT                |                |     1 |    39 |
|   1 |  NESTED LOOPS                   |                |     1 |    39 |
|   2 |   TABLE ACCESS BY INDEX ROWID   | DEPT           |     1 |    13 |
|*  3 |    INDEX UNIQUE SCAN            | DEPT_PK        |     1 |       |
|   4 |   VIEW                          |                |     1 |    26 |
|   5 |    SORT GROUP BY                |                |     1 |     7 |
|   6 |     TABLE ACCESS BY INDEX ROWID| EMP            |     6 |    42 |
|*  7 |      INDEX RANGE SCAN           | EMP_DEPTNO_IDX |     6 |       |
-----------------------------------------------------------------------------
```

```
Predicate Information (identified by operation id):
---------------------------------------------------
   3 - access("B"."DEPTNO"=30)
   7 - access("DEPTNO"=30)
```

이것은 뒤에서 설명하는 '조인 조건 Pushdown'과 구분되어야 한다. NL 조인을 수행하는 동안 dept 테이블에서 읽은 조인 컬럼(deptno) 값을 건건이 뷰 쿼리 블록에 pushdown 한 것이 아니기 때문이다.

여기서는 인라인 뷰 자체적으로 사전에 deptno = 30 조건절을 적용해 데이터량을 줄이고, group by를 하고 나서 조인에 참여하였다. deptno = 30 조건이 인라인 뷰에 pushdown 될 수 있었던 이유는, 다음 절에서 설명하는 '조건절 이행'이 먼저 일어났기 때문이다. b.deptno = 30 조건이 조인 조건을 타고 a쪽에 전이됨으로써 아래와 같이 a.deptno = 30 조건절이 내부적으로 생성된 것이다.

```
select /*+ no_merge(a) */
       b.deptno, b.dname, a.avg_sal
from   (select deptno, avg(sal) avg_sal from emp group by deptno) a
     , dept b
where  a.deptno = b.deptno
and    b.deptno = 30
and    a.deptno = 30
```

이 상태에서 a.deptno = 30 조건절이 인라인 뷰 안쪽으로 Pushing 된 것이므로 일반적인 조건절 Pushing으로 이해해야 한다.

UNION 집합 연산자를 포함한 뷰에 대한 조건절 Pushdown

union 집합 연산자를 포함한 뷰는 Non-mergeable View에 속하므로 복합 뷰(Complex View) Merging 기능을 활성화하더라도 뷰 Merging에 실패한다. 따라서 조건절 Pushing을 통해서만 최적화가 가능하며, 아래는 그 사례를 보이고 있다(스크립트 ch4_11.txt 참조).

```
create index emp_x1 on emp(deptno, job);

select *
from  (select deptno, empno, ename, job, sal, sal * 1.1 sal2, hiredate
       from emp
       where  job = 'CLERK'
       union all
       select deptno, empno, ename, job, sal, sal * 1.2 sal2, hiredate
       from emp
       where  job = 'SALESMAN' ) v
where  v.deptno = 30

---------------------------------------------------------------------------
| Id  | Operation                     | Name   | Rows  | Bytes | Cost (%CPU)|
---------------------------------------------------------------------------
|   0 | SELECT STATEMENT              |        |     2 |   148 |     4   (0)|
|   1 |  VIEW                         |        |     2 |   148 |     4   (0)|
|   2 |   UNION-ALL                   |        |       |       |            |
|   3 |    TABLE ACCESS BY INDEX ROWID| EMP    |     1 |    33 |     2   (0)|
|*  4 |     INDEX RANGE SCAN          | EMP_X1 |     2 |       |     1   (0)|
|   5 |    TABLE ACCESS BY INDEX ROWID| EMP    |     1 |    33 |     2   (0)|
|*  6 |     INDEX RANGE SCAN          | EMP_X1 |     2 |       |     1   (0)|
---------------------------------------------------------------------------

Predicate Information (identified by operation id):
---------------------------------------------------
   4 - access("DEPTNO"=30 AND "JOB"='CLERK')
   6 - access("DEPTNO"=30 AND "JOB"='SALESMAN')
```

emp_x1 인덱스는 [deptno + job] 순으로 구성된 결합 인덱스고, 인덱스 선두컬럼인 deptno 조건이 뷰 쿼리 블록 안쪽에 기술되지 않았음에도 이 인덱스가 정상적인 Range Scan을 보이고 있다. 조건절 Pushing이 일어났기 때문이며, 실행계획 아래쪽 Predicate 정보를 통해서도 deptno 조건이 인덱스 액세스 조건으로 사용되었음을 알 수 있다.

아래는 조인 조건을 타고 전이된 상수 조건이 뷰 쿼리 블록에 Pushing된 경우다.

```
select /*+ ordered use_nl(e) */ d.dname, e.*
from   dept d
     ,(select deptno, empno, ename, job, sal, sal * 1.1 sal2, hiredate from emp
```

```
       where  job = 'CLERK'
       union all
       select deptno, empno, ename, job, sal, sal * 1.2 sal2, hiredate from emp
       where  job = 'SALESMAN' ) e
where  e.deptno = d.deptno
and    d.deptno = 30

--------------------------------------------------------------------------------
| Id  | Operation                      | Name    | Rows  | Bytes | Cost (%CPU)|
--------------------------------------------------------------------------------
|   0 | SELECT STATEMENT               |         |     2 |   174 |     5   (0)|
|   1 |  NESTED LOOPS                  |         |     2 |   174 |     5   (0)|
|   2 |   TABLE ACCESS BY INDEX ROWID  | DEPT    |     1 |    13 |     1   (0)|
|*  3 |    INDEX UNIQUE SCAN           | DEPT_PK |     1 |       |     0   (0)|
|   4 |   VIEW                         |         |     2 |   148 |     4   (0)|
|   5 |    UNION-ALL                   |         |       |       |            |
|   6 |     TABLE ACCESS BY INDEX ROWID| EMP     |     1 |    33 |     2   (0)|
|*  7 |      INDEX RANGE SCAN          | EMP_X1  |     2 |       |     1   (0)|
|   8 |     TABLE ACCESS BY INDEX ROWID| EMP     |     1 |    33 |     2   (0)|
|*  9 |      INDEX RANGE SCAN          | EMP_X1  |     2 |       |     1   (0)|
--------------------------------------------------------------------------------

Predicate Information (identified by operation id):
---------------------------------------------------

   3 - access("D"."DEPTNO"=30)
   7 - access("DEPTNO"=30 AND "JOB"='CLERK')
   9 - access("DEPTNO"=30 AND "JOB"='SALESMAN')
```

(2) 조건절 Pullup

조건절을 쿼리 블록 안으로 밀어 넣을 뿐만 아니라 안쪽에 있는 조건들을 바깥 쪽으로 끄집어 내기도 하는데, 이를 '조건절(Predicate) Pullup'이라고 한다. 그리고 그것을 다시 다른 쿼리 블록에 Pushdown 하는 데 사용한다(→ Predicate Move Around). 아래 실행계획을 보자(스크립트 ch4_12.txt 참조).

```
select * from
  (select deptno, avg(sal) from emp where deptno = 10 group by deptno) e1
 ,(select deptno, min(sal), max(sal) from emp group by deptno) e2
where  e1.deptno = e2.deptno
```

```
----------------------------------------------------------------------------
| Id  | Operation                          | Name            | Rows  | Bytes |
----------------------------------------------------------------------------
|   0 | SELECT STATEMENT                   |                 |     1 |    65 |
|*  1 |  HASH JOIN                         |                 |     1 |    65 |
|   2 |   VIEW                             |                 |     1 |    26 |
|   3 |    HASH GROUP BY                   |                 |     1 |     5 |
|   4 |     TABLE ACCESS BY INDEX ROWID| EMP             |     5 |    25 |
|*  5 |      INDEX RANGE SCAN              | EMP_DEPTNO_IDX  |     5 |       |
|   6 |   VIEW                             |                 |     1 |    39 |
|   7 |    HASH GROUP BY                   |                 |     1 |     5 |
|   8 |     TABLE ACCESS BY INDEX ROWID| EMP             |     5 |    25 |
|*  9 |      INDEX RANGE SCAN              | EMP_DEPTNO_IDX  |     5 |       |
----------------------------------------------------------------------------

Predicate Information (identified by operation id):
---------------------------------------------------
   1 - access("E1"."DEPTNO"="E2"."DEPTNO")
   5 - access("DEPTNO"=10)
   9 - access("DEPTNO"=10)
```

인라인 뷰 e2에는 deptno = 10 조건이 없지만 Predicate 정보를 보면 양쪽 모두 이 조건이 emp_deptno_idx 인덱스의 액세스 조건으로 사용된 것을 볼 수 있다. 아래와 같은 형태로 쿼리 변환이 일어난 것이다.

```
select * from
  (select deptno, avg(sal) from emp where deptno = 10 group by deptno) e1
 ,(select deptno, min(sal), max(sal) from emp where deptno = 10 group by deptno) e2
where  e1.deptno = e2.deptno
```

아래는 Predicate Move Around 기능이 작동하지 않았을 때 어떤 비효율이 발생하는지를 보여준다. opt_param 힌트를 이용해 이 기능을 비활성화시켰고, 이 때문에 9번 단계에서 Index Full Scan이 나타난 것을 확인하기 바란다. (상황에 따라 Full Table Scan이 나타날 수도 있다.)

```
select /*+ opt_param('_pred_move_around', 'false') */ * from
  (select deptno, avg(sal) from emp where deptno = 10 group by deptno) e1
 ,(select deptno, min(sal), max(sal) avg_sal from emp group by deptno) e2
where  e1.deptno = e2.deptno
```

```
----------------------------------------------------------------------------
| Id  | Operation                      | Name            | Rows  | Bytes |
----------------------------------------------------------------------------
|   0 | SELECT STATEMENT               |                 |     1 |    65 |
|*  1 |  HASH JOIN                     |                 |     1 |    65 |
|   2 |   VIEW                         |                 |     1 |    26 |
|   3 |    HASH GROUP BY               |                 |     1 |     5 |
|   4 |     TABLE ACCESS BY INDEX ROWID| EMP             |     5 |    25 |
|*  5 |      INDEX RANGE SCAN          | EMP_DEPTNO_IDX  |     5 |       |
|   6 |   VIEW                         |                 |     3 |   117 |
|   7 |    HASH GROUP BY               |                 |     3 |    15 |
|   8 |     TABLE ACCESS BY INDEX ROWID| EMP             |    14 |    70 |
|   9 |      INDEX FULL SCAN           | EMP_DEPTNO_IDX  |    14 |       |
----------------------------------------------------------------------------

Predicate Information (identified by operation id):
---------------------------------------------------
   1 - access("E1"."DEPTNO"="E2"."DEPTNO")
   5 - access("DEPTNO"=10)
```

(3) 조인 조건 Pushdown

'조인 조건(Join Predicate) Pushdown'은 말 그대로 조인 조건절을 뷰 쿼리 블록 안으로 밀어 넣는 것으로서, NL 조인 수행 중에 드라이빙 테이블에서 읽은 조인 컬럼 값을 Inner 쪽(=right side) 뷰 쿼리 블록 내에서 참조할 수 있도록 하는 기능이다.

조인 조건 Pushdown은 조건절 Pushdown의 일종이지만 이를 따로 분류한 이유를 앞에서 잠시 언급하였다. 지금까지 보았던 조인문에서의 조건절 Pushdown은 상수 조건이 조인 조건을 타고 전이된 것을 Pushing하는 기능이었던 반면, 지금 설명하는 조인 조건 Pushdown은 조인을 수행하는 중에 드라이빙 집합에서 얻은 값을 뷰 쿼리 블록 안에 실시간으로 Pushing하는 기능이다.

아래 예제 SQL을 보자(스크립트 ch4_13.txt 참조).

```
select /*+ no_merge(e) push_pred(e) */ *
from   dept d, (select empno, ename, deptno from emp) e
where  e.deptno(+) = d.deptno
and    d.loc = 'CHICAGO'
```

```
-----------------------------------------------------------------------------
| Id  | Operation                        | Name          | Rows  | Bytes |
-----------------------------------------------------------------------------
|   0 | SELECT STATEMENT                 |               |     4 |   220 |
|   1 |  NESTED LOOPS OUTER              |               |     4 |   220 |
|*  2 |   TABLE ACCESS FULL              | DEPT          |     1 |    20 |
|   3 |   VIEW PUSHED PREDICATE          |               |     1 |    35 |
|   4 |    TABLE ACCESS BY INDEX ROWID| EMP           |     5 |    60 |
|*  5 |     INDEX RANGE SCAN             | EMP_DEPTNO_IDX |     5 |       |
-----------------------------------------------------------------------------

Predicate Information (identified by operation id):
---------------------------------------------------

   2 - filter("D"."LOC"='CHICAGO')
   5 - access("DEPTNO"="D"."DEPTNO")
```

위 쿼리의 실행계획과 Predicate 정보를 보면, 인라인 뷰 내에서 메인 쿼리에 있는 d.deptno 컬럼을 참조할 수 없음에도 옵티마이저가 이를 참조하는 조인 조건을 뷰 안쪽에 생성해준 것을 알 수 있다. 조인 조건 Pushdown이 일어난 것이며, 실행계획상에 'VIEW PUSHED PREDICATE' 오퍼레이션이 나타나는 것을 통해서도 이를 알 수 있다.

조인 조건 Pushdown을 제어하는 힌트로는 아래 두 가지가 있다.

- push_pred : 조인 조건 Pushdown을 유도한다.
- no_push_pred : 조인 조건 Pushdown을 방지한다.

그리고 이를 제어하는 파라미터로는 아래 세 가지가 있다.

- *_push_join_predicate* : 뷰 Merging에 실패한 뷰 안쪽으로 조인 조건을 Pushdown하는 기능을 활성화한다. union 또는 union all을 포함하는 Non-mergeable 뷰에 대해서는 아래 두 파라미터가 따로 제공된다.
- *_push_join_union_view* : union all을 포함하는 Non-mergeable View 안쪽으로 조인 조건을 Pushdown하는 기능을 활성화한다.

- *_push_join_union_view2* : union을 포함하는 Non-mergeable View 안쪽으로 조인 조건을 Pushdown하는 기능을 활성화한다.

위 항목은 10g 기준이며, 9i에서는 *_push_join_union_view2* 파라미터가 없다. 9i에서 union all을 포함한 뷰에 대한 조인 조건 Pushdown은 작동하지만 union에는 작동하지 않는다는 뜻이다.

GROUP BY 절을 포함한 뷰에 대한 조인 조건 Pushdown

가장 질문을 많이 받는 사항 중 하나인데, 아래처럼 group by를 포함하는 뷰에 대한 조인 조건 Pushdown 기능은 11g에 와서야 제공되기 시작했다.

아래는 10g 실행계획이며, 조인 조건 Pushdown이 작동하지 않아 emp 쪽 인덱스를 full scan하는 것을 확인하기 바란다(스크립트 ch4_14.txt 참조). dept 테이블에서 읽히는 deptno마다 emp 테이블 전체를 group by 하고 있다.

```
select /*+ leading(d) use_nl(e) no_merge(e) push_pred(e) */
       d.deptno, d.dname, e.avg_sal
from   dept d
     ,(select deptno, avg(sal) avg_sal from emp group by deptno) e
where  e.deptno(+) = d.deptno

-----------------------------------------------------------------------------
| Id  | Operation                      | Name          | Rows  | Bytes |
-----------------------------------------------------------------------------
|   0 | SELECT STATEMENT               |               |     4 |   148 |
|   1 |  NESTED LOOPS OUTER            |               |     4 |   148 |
|   2 |   TABLE ACCESS FULL            | DEPT          |     4 |    44 |
|*  3 |   VIEW                         |               |     1 |    26 |
|   4 |    SORT GROUP BY               |               |     3 |    21 |
|   5 |     TABLE ACCESS BY INDEX ROWID| EMP           |    14 |    98 |
|   6 |      INDEX FULL SCAN           | EMP_DEPTNO_IDX |   14 |       |
-----------------------------------------------------------------------------

Predicate Information (identified by operation id):
---------------------------------------------------
   3 - filter("E"."DEPTNO"(+)="D"."DEPTNO")
```

아래는 11g에서 확인한 실행계획이다. 'VIEW PUSHED PREDICATE' 오퍼레이션(id=3)이 나타났고, emp_deptno_idx 인덱스를 통해 emp 테이블을 액세스한다. 즉, dept 테이블로부터 넘겨진 deptno에 대해서만 group by 하는 것이다.

```
select /*+ leading(d) use_nl(e) no_merge(e) push_pred(e) index(e (deptno)) */
       d.deptno, d.dname, e.avg_sal
from   dept d
     ,(select deptno, avg(sal) avg_sal from emp group by deptno) e
where  e.deptno(+) = d.deptno

-------------------------------------------------------------------------------
| Id  | Operation                    | Name             | Rows  | Bytes |
-------------------------------------------------------------------------------
|   0 | SELECT STATEMENT             |                  |     4 |   116 |
|   1 |  NESTED LOOPS OUTER          |                  |     4 |   116 |
|   2 |   TABLE ACCESS FULL          | DEPT             |     4 |    64 |
|   3 |   VIEW PUSHED PREDICATE      |                  |     1 |    13 |
|*  4 |    FILTER                    |                  |       |       |
|   5 |     SORT AGGREGATE           |                  |     1 |     7 |
|   6 |      TABLE ACCESS BY INDEX ROWID| EMP           |     5 |    35 |
|*  7 |       INDEX RANGE SCAN       | EMP_DEPTNO_IDX   |     5 |       |
-------------------------------------------------------------------------------

Predicate Information (identified by operation id):
---------------------------------------------------

   4 - filter(COUNT(*)>0)
   7 - access("DEPTNO"="D"."DEPTNO")
```

이 기능은 부분범위처리가 필요한 상황에서 특히 유용한데, 10g까지 이 기능이 제공되지 않아 아쉬움이 많았다. 10g 이하 버전이라면 어떻게 해야 할까? 다행히 여기서는 집계함수가 하나뿐이므로 아래처럼 스칼라 서브쿼리로 쉽게 변환할 수 있다.

```
select d.deptno, d.dname
     ,(select avg(sal) from emp where deptno = d.deptno)
from   dept d

-------------------------------------------------------------------------------
| Id  | Operation                    | Name             | Rows  | Bytes |
-------------------------------------------------------------------------------
|   0 | SELECT STATEMENT             |                  |     4 |    44 |
```

```
|   1 |  SORT AGGREGATE              |               |     1 |     7 |
|   2 |   TABLE ACCESS BY INDEX ROWID| EMP           |     5 |    35 |
|   3 |    INDEX RANGE SCAN          | EMP_DEPTNO_IDX |     5 |       |
|   4 |  TABLE ACCESS FULL           | DEPT          |     4 |    44 |
--------------------------------------------------------------------------
```

집계함수가 두 개 이상일 때가 문제인데, 2장 6절에서 설명한 것처럼 필요한 컬럼 값들을 모두 결합하고서 바깥쪽 액세스 쿼리에서 substr 함수로 다시 분리하거나, 오브젝트 TYPE을 사용하는 방식을 고려해 볼 수 있다(스크립트 ch4_14.txt 참조).

UNION 집합 연산을 포함한 뷰에 대한 조인 조건 Pushdown

union 또는 union all을 포함한 뷰 쿼리 블록에 대한 조인 조건 Pushdown은 10g 이전부터 제공되던 기능이다. union all은 8.1.6부터, union은 10.1.0부터다. 아래 SQL과 실행계획을 보자(스크립트 ch4_15.txt 참조).

```
create index dept_idx on dept(loc);
create index emp_idx on emp(deptno, job);

select /*+ push_pred(e) */ d.dname, e.*
from   dept d
     ,(select deptno, empno, ename, job, sal, sal * 1.1 sal2, hiredate from emp
       where  job = 'CLERK'
       union all
       select deptno, empno, ename, job, sal, sal * 1.2 sal2, hiredate from emp
       where  job = 'SALESMAN' ) e
where  e.deptno = d.deptno
and    d.loc = 'CHICAGO'

---------------------------------------------------------------------
| Id  | Operation                      | Name     | Rows  | Bytes |
---------------------------------------------------------------------
|   0 | SELECT STATEMENT               |          |     2 |   200 |
|   1 |  NESTED LOOPS                  |          |     2 |   200 |
|   2 |   TABLE ACCESS BY INDEX ROWID  | DEPT     |     1 |    20 |
|*  3 |    INDEX RANGE SCAN            | DEPT_IDX |     1 |       |
|   4 |   VIEW                         |          |     1 |    80 |
|   5 |    UNION ALL PUSHED PREDICATE  |          |       |       |
|   6 |     TABLE ACCESS BY INDEX ROWID| EMP      |     1 |    36 |
```

```
|*  7 |        INDEX RANGE SCAN          | EMP_IDX  |      2 |       |
|   8 |      TABLE ACCESS BY INDEX ROWID| EMP      |      1 |    36 |
|*  9 |        INDEX RANGE SCAN          | EMP_IDX  |      2 |       |
-----------------------------------------------------------------

Predicate Information (identified by operation id):
---------------------------------------------------
   3 - access("D"."LOC"='CHICAGO')
   7 - access("DEPTNO"="D"."DEPTNO" AND "JOB"='CLERK')
   9 - access("DEPTNO"="D"."DEPTNO" AND "JOB"='SALESMAN')
```

emp_idx 인덱스는 [deptno + job] 순으로 구성된 결합 인덱스고, 인덱스 선두컬럼인 deptno 조건이 뷰 쿼리 블록 안쪽에 기술되지 않았음에도 이 인덱스가 정상적인 Range Scan을 보이고 있다. loc = 'CHICAGO' 조건에 해당하는 dept 테이블을 스캔하면서 얻은 deptno 값을 뷰 쿼리 블록 안에 제공했기 때문이며, 실행계획 아래쪽 Predicate 정보를 통해서도 deptno 조건이 인덱스 액세스 조건으로 사용되었음을 알 수 있다.

union all pushed predicate 오퍼레이션 단계(id=5)가 눈에 띈다. 참고로, 9i에서는 'union-all partition' 이라고 표시되는데, 이는 파티션 뷰(Partitioned View)에 대한 Pruning 기능이 작동할 때 보던 것이어서 의미가 상통한다. (union all을 이용해 뷰를 정의함으로써 수동으로 파티션 기능을 구현하는 것을 '파티션 뷰' 라고 하며, 6장에서 설명함)

9i에서 use_nl 힌트를 push_pred와 함께 사용하면 조인 조건 Pushdown 기능이 작동하지 않는 현상이 나타나므로 주의하기 바란다. 이때는 push_pred 힌트만을 사용해야 하며, 조인 조건 Pushdown은 NL 조인을 전제로 하므로 굳이 use_nl 힌트를 사용할 필요는 없다.

Outer 조인 뷰에 대한 조인 조건 Pushdown

Outer 조인에서 Inner 쪽 집합이 뷰 쿼리 블록일 때, 뷰 안에서 참조하는 테이블 개수에 따라 옵티마이져는 다음 2가지 방법 중 하나를 선택한다.

1. 뷰 안에서 참조하는 테이블이 단 하나일 때, 뷰 Merging을 시도한다.
2. 뷰 내에서 참조하는 테이블이 두 개 이상일 때, 조인 조건식을 뷰 안쪽으로 Pushing하려고 시도한다.

아래는 뷰에서 두 개 테이블을 참조하는 경우를 예시하고 있다(스크립트 ch4_16.txt 참조).

```
select /*+ push_pred(b) */
       a.empno, a.ename, a.sal, a.hiredate, b.deptno, b.dname, b.loc, a.job
from   emp a
     ,(select e.empno, d.deptno, d.dname, d.loc
       from   emp e, dept d
       where  d.deptno = e.deptno
       and    e.sal >= 1000
       and    d.loc in ( 'CHICAGO', 'NEW YORK' ) ) b
where  b.empno(+) = a.empno
and    a.hiredate >= to_date('19810901', 'yyyymmdd')

---------------------------------------------------------------------------
| Id  | Operation                        | Name             | Rows  | Bytes |
---------------------------------------------------------------------------
|   0 | SELECT STATEMENT                 |                  |    14 |   952 |
|   1 |  NESTED LOOPS OUTER              |                  |    14 |   952 |
|   2 |   TABLE ACCESS BY INDEX ROWID    | EMP              |    14 |   476 |
|*  3 |    INDEX RANGE SCAN              | EMP_HIREDATE_IDX |    14 |       |
|   4 |   VIEW PUSHED PREDICATE          |                  |     1 |    34 |
|   5 |    NESTED LOOPS                  |                  |     1 |    35 |
|*  6 |     TABLE ACCESS BY INDEX ROWID| EMP              |     1 |    15 |
|*  7 |      INDEX UNIQUE SCAN           | EMP_PK           |     1 |       |
|*  8 |     TABLE ACCESS BY INDEX ROWID| DEPT             |     2 |    40 |
|*  9 |      INDEX UNIQUE SCAN           | DEPT_PK          |     1 |       |
---------------------------------------------------------------------------

Predicate Information (identified by operation id):
---------------------------------------------------
3 - access("A"."HIREDATE">=TO_DATE('1981-09-01 00:00:00', 'yyyy-mm-dd hh24:mi:ss'))
6 - filter("E"."SAL">=1000)
7 - access("E"."EMPNO"="A"."EMPNO")
8 - filter("D"."LOC"='CHICAGO' OR "D"."LOC"='NEW YORK')
9 - access("D"."DEPTNO"="E"."DEPTNO")
```

뷰 안에서 참조하는 테이블이 단 하나일 때도 no_merge 힌트를 사용해 뷰 Merging를 방지하면 위와 같이 조인 조건 Pushdown이 작동한다.

참고로, 앞에서 설명한 'UNION 집합 연산자를 포함한 뷰에 대한 조인 조건 Pushdown'은 10g부터 비용기반으로 작동하기 시작했지만 지금 설명한 Outer 조인 뷰에 대한 기능은 9i에서도 비용기반이었다. 'GROUP BY 절을 포함한 뷰에 대한 조인 조건 Pushdown'은 11g에 도입되면서부터 비용기반으로 작동한다.

05 조건절 이행

'조건절 이행(Transitive Predicate Generation, Transitive Closure)' 이라고 불리는 이 쿼리 변환을 한마디로 요약하면, 「(A = B)이고 (B = C)이면 (A = C)이다」는 추론을 통해 새로운 조건절을 내부적으로 생성해 주는 쿼리변환이다. 「(A 〉 B)이고 (B 〉 C)이면 (A 〉 C)이다」와 같은 추론도 가능하다.

예를 들어, A 테이블에 사용된 필터 조건이 조인 조건절을 타고 반대편 B 테이블에 대한 필터 조건으로 이행(移行)될 수 있다. 한 테이블 내에서도 두 컬럼 간 관계정보(예를 들어, col1 〉= col2)를 이용해 조건절이 이행된다.

```
select * from dept d, emp e
where  e.job = 'MANAGER'
and    e.deptno = 10
and    d.deptno = e.deptno
```

위 쿼리에서 deptno = 10은 emp 테이블에 대한 필터 조건이다(스크립트 ch4_17.txt 참조). 하지만 아래 실행계획에 나타나는 Predicate 정보를 확인해 보면, dept 테이블에도 같은 필터 조건이 추가된 것을 볼 수 있다.

```
---------------------------------------------------------------------------
| Id  | Operation                   | Name    | Rows  | Bytes | Cost (%CPU)|
---------------------------------------------------------------------------
|   0 | SELECT STATEMENT            |         |     1 |    57 |     2   (0)|
|   1 |  NESTED LOOPS               |         |     1 |    57 |     2   (0)|
|   2 |   TABLE ACCESS BY INDEX ROWID| DEPT   |     1 |    20 |     1   (0)|
|*  3 |    INDEX UNIQUE SCAN        | DEPT_PK |     1 |       |     0   (0)|
|   4 |   TABLE ACCESS BY INDEX ROWID| EMP    |     1 |    37 |     1   (0)|
|*  5 |    INDEX RANGE SCAN         | EMP_IDX |     1 |       |     0   (0)|
---------------------------------------------------------------------------

Predicate Information (identified by operation id):
---------------------------------------------------

   3 - access("D"."DEPTNO"=10)
   5 - access("E"."DEPTNO"=10 AND "E"."JOB"='MANAGER')
```

「e.deptno = 10」이고 「e.deptno = d.deptno」이므로 「d.deptno = 10」으로 추론된 것이다. 이런 조건절 이행(transitive)을 통해 쿼리가 아래와 같은 형태로 변환된 것이다.

```
select * from dept d, emp e
where  e.job = 'MANAGER'
and    e.deptno = 10
and    d.deptno = 10
```

위와 같이 변환한다면, 해시 조인 또는 소트 머지 조인을 수행하기 전에 emp와 dept 테이블에 각각 필터링을 적용함으로써 조인되는 데이터량을 줄일 수 있다. 그리고 dept 테이블 액세스를 위한 인덱스 사용을 추가로 고려할 수 있게 돼 더 나은 실행계획을 수립할 가능성이 커진다.

참고로, 새로운 필터 조건이 추가되면서 기존에 있던 e.deptno = d.deptno 조인조건이 제거된 것을 눈여겨볼 필요가 있다. 이는 쿼리 수행 시 예상 비용을 더 정확히 계산하기 위해 행해진 조치다. 필터 또는 조인 조건이 하나씩 추가될 때마다 카디널리티 예상치가 감소하고 그만큼 전체 쿼리 수행 비용도 낮게 평가된다는 뜻이다. 그런데 「e.deptno = d.deptno」과 「d.deptno = 10」은 같은 조건식으로 봐야 하므로 이를 비용 계산식에 중복 산정하는 것을 방지하기 위해 옵티마이저가 그렇게 처리하는 것이다. 9i에서는 사용자가 의도적으로 e.deptno = d.deptno 조인문을 한 번 더 기술하면 이 조인문이 다시 나타났는데, 10g부터는 아무리 여러 번 기술하더라도 그런 현상이 생기지 않는다.

만약 조건절 이행이 작용해 조인 조건이 사라지고 이로 인해 비용이 잘못 계산되는 문제가 생긴다면, 사용자가 명시적으로 d.deptno = 10 조건을 추가하거나 조인문을 아래와 같이 가공하는 방법을 사용해 볼 수 있다.

```
select * from dept d, emp e
where e.job = 'MANAGER'
and   e.deptno = 10
and   d.deptno = e.deptno + 0
```

그러면 조건절이 사라지지 않고 그대로 남게 되며, 계산된 비용도 달라진다.

조건절 이행이 효과를 발휘하는 사례

사실 우리가 주의 깊게 관찰하지 않아서 그렇지 내부적으로 조건절 이행이 여러 곳에서 일어나고 있으며, 아래가 좋은 사례가 될 것이다.

```
select *
from   상품이력 a, 주문 b
where  b.거래일자 between '20090101' and '20090131'
and    a.상품번호 = b.상품번호
and    b.거래일자 between a.시작일자 and a.종료일자
```

2009년 1월 1일부터 1월 31일까지의 주문 데이터를 조회하면서 선분이력으로 설계된 상품이력 테이블을 Between 조건으로 조인하는 쿼리다. 1장과 2장에서 자세히 설명했듯이 선분 이력을 Between 조건으로 조회할 때는 인덱스 구성과 검색 범위에 따라 인덱스 스캔 효율에 많은 차이가 생긴다. 따라서 가급적 검색 범위를 제한해 주는 것이 도움이 되는데, 위 쿼리에서는 검색 범위가 주문 테이블에만 주어졌다. 하지만 조건절을 잘 분석해 보면 선분이력 조건(b.거래일자 between a.시작일자 and a.종료일자)에도 범위를 더 제한적으로 줄 수 있는 방법이 있다.

그림 4-3처럼 A, B, C, D, E 5개 상품이력이 있다고 하자. 각 상품이 등록된 시점이 다르고, 속성이 바뀌어 이력 레코드가 쌓인 시점도 다르다.

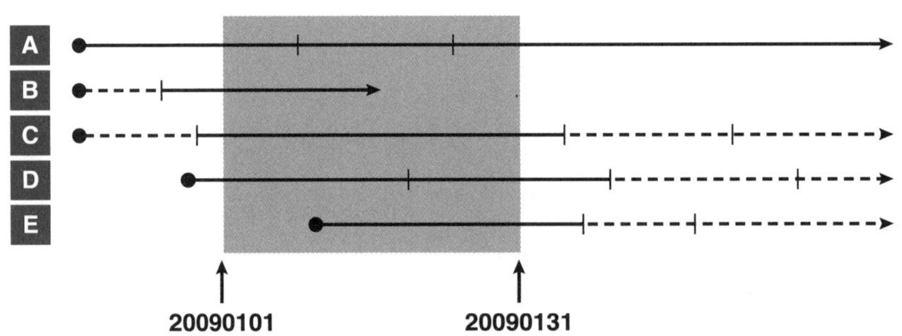

그림 4-3

현재 사용자가 수행하고자 하는 쿼리는 2009년 1월 1일부터 1월 31일 사이에 발생한 주문 데이터만 조회하는 것이므로 상품이력에서도 그 기간에 해당하는 이력 레코드만 읽으면 된다. 그림 4-3에서 사각형 박스 안에 걸쳐 있는 이력 레코드(실선으로 표시함)가 여기에 해당한다.

이 구간에 속하는 이력 레코드의 공통점은, 시작일자가 '20090131' 보다 작고, 종료일자가

'20090101' 보다 크다는 것이다. 따라서 이 조건절을 명시적으로 넣어주면 상품이력에서 읽는 데이터량을 줄일 수 있다.

- 상품이력.시작일자 <= '20090131'
- 상품이력.종료일자 >= '20090101'

그림 4-3을 보면 이 조건절을 추가하더라도 A 상품은 3개 이력 레코드를 다 읽지만, 나머지 상품은 일부만 읽으면 되는 것을 알 수 있다.

실제로 예전에는 이런 조건절을 명시적으로 추가해 줌으로써 SQL을 튜닝하곤 했다. 하지만 9i부터는 옵티마이저가 이들 조건을 묵시적으로 추가하고 최적화를 수행한다. 아래 Predicate 정보를 확인하기 바란다.

```
-----------------------------------------------------------------------------
| Id  | Operation           | Name | Rows  | Bytes | Cost (%CPU)| Time     |
-----------------------------------------------------------------------------
|   0 | SELECT STATEMENT    |      |     1 |   162 |     5  (20)| 00:00:01 |
|*  1 |  HASH JOIN          |      |     1 |   162 |     5  (20)| 00:00:01 |
|*  2 |   TABLE ACCESS FULL| 상품 |     1 |    71 |     2   (0)| 00:00:01 |
|*  3 |   TABLE ACCESS FULL| 주문 |     1 |    91 |     2   (0)| 00:00:01 |
-----------------------------------------------------------------------------

Predicate Information (identified by operation id):
---------------------------------------------------
   1 - access("A"."상품번호"="B"."상품번호")
       filter("B"."거래일자">="A"."시작일자" AND "B"."거래일자"<="A"."종료일자")
   2 - filter("A"."종료일자">='20090101' AND "A"."시작일자"<='20090131')
   3 - filter("B"."거래일자">='20090101' AND "B"."거래일자"<='20090131')
```

이처럼 상품이력에 추가적인 조건절을 생성해 줄 수 있는 것은, 조인문에 사용된 조건절(b.거래일자 between a.시작일자 and b.종료일자) 때문이다.

필자도 이런 쿼리 변환이 일어난다는 사실을 최근에서야 발견했다. 신입 컨설턴트를 교육하면서 Between 조인 시 위와 같이 조건절을 추가해 튜닝하는 방법이 있음을 알려주었는데, 실제 해보니 전혀 개선 효과가 나타나지 않았다. 확인 결과, 옵티마이저가 이미 그렇게 처리하고 있었던 것이다. 8i 버전을 사용하고 있다면 위와 같은 조건절을 명시적으로 추가해 주는 튜닝 기법이 여전히 유효하다.

튜닝 사례 1

1장에서 설명한 것처럼 부등호나 Between 같은 범위검색 조건이 둘 이상 사용된다면 이들 조건만으로 인덱스 스캔 범위를 효과적으로 줄일 수 없다. 그런데 어떤 회사에 방문했을 때 아래와 같은 쿼리를 튜닝하게 되었다.

```
SELECT IP주소, IP연결일자, 시작IP주소, 종료IP주소
     , ISP명, IP등록일자, IP사용기관ID, IP사용기관명, IP사용시도명
     , 사용기관주소, 사용기관우편번호, IP책임자명, IP책임자전화번호
FROM   IP주소목록
WHERE  시작IP주소 >= :strtIpAddr
AND    종료IP주소 <= :endIpAddr
```

자사 웹사이트에 접속해서 거래를 일으키는 2,000만개 IP주소목록을 관리하는 테이블이 있다. 각 IP주소가 속한 서브넷을 관리하기 위해 시작IP주소와 종료IP주소 컬럼을 따로 두고 있으며, 특정 서브넷에 속한 IP목록을 조회할 때 위와 같은 쿼리를 이용한다.

바인드 변수에는 아래와 같은 값이 입력된다. 192.168.000 서브넷에 속한 IP주소목록을 가져오는 것이다.

```
:strtIpAddr := '192.168.000.001'
:endIpAddr  := '192.168.000.255'
```

인덱스 상황은 아래와 같다.

- IP주소목록_PK : IP주소
- IP주소목록_X01 : 시작IP주소

위와 같이 값을 입력했을 때 쿼리 수행결과는 아래와 같다.

```
Call     Count CPU Time Elapsed Time       Disk      Query    Current       Rows
------- ------ -------- ------------ ---------- ---------- ---------- ----------
Parse        1    0.000        0.000          0          0          0          0
Execute      1    0.000        0.001          0          0          0          0
Fetch        9   32.820     1922.797     341291    6940276          0        106
```

```
------- ------ -------- ------------ ---------- ---------- ---------- ----------
Total       11   32.820      1922.798     341291    6940276          0        106

Rows     Row Source Operation
-------  ---------------------------------------------------
    106  TABLE ACCESS BY INDEX ROWID IP주소목록 (cr=6940276 pr=341291 pw=0 … )
8362619   INDEX RANGE SCAN IP주소목록_X01 (cr=27980 pr=27968 pw=0 time=33450495 us)
```

인덱스를 읽고 테이블을 액세스한 회수가 무려 8,362,619회에 이르고, 그 과정에서 6,912,296(=6,940,276-27,980)번의 테이블 Random 액세스가 발생하였다. 만약 시작IP주소 입력 값이 '192.168'로 시작하지 않고 '001.001'로 시작했다면 이보다 훨씬 많은 블록 I/O가 발생했을 것이다.

우선 IP주소목록_X01 인덱스에 '종료IP주소' 컬럼을 추가하는 방안을 고려할 수 있다. 이 쿼리를 32분(=1,922초)씩이나 걸리게 만든 핵심 부하 요인이 과도한 테이블 Random 액세스에 있으므로 종료IP주소 조건을 인덱스에서 필터링 하는 것만으로도 상당한 성능개선 효과가 있을 것이다.

그런데 인덱스를 스캔하는 과정에서 이미 27,980개 I/O가 발생하였고, 여기에 '종료IP주소' 컬럼까지 추가하면 (크기가 증가하므로) 스캔량은 더 늘어날 것이다. 게다가 사용자가 바인드 값을 아래와 같이 입력한다면 인덱스 스캔량 자체도 무시 못할 정도로 늘어난다.

```
:strtIpAddr := '001.001.001.001'
:endIpAddr  := '001.001.001.255'
```

어떻게 튜닝할 수 있을까? 옵티마이저는 모르고 우리만 아는 정보가 한 가지 있다. IP주소목록 테이블에 입력된 종료IP주소가 시작IP주소보다 크다는 사실(→ 각 IP주소가 속한 서브넷 범위 정보이므로)이다. 이 정보를 추가해주면 인덱스 스캔량을 획기적으로 줄일 수 있다.

```
SELECT …
FROM   IP주소목록
WHERE  시작IP주소 >= :strtIpAddr      …………… ①
AND    종료IP주소 <= :endIpAddr       …………… ②
AND    시작IP주소 <= 종료IP주소        …………… ③
```

①,②,③ 세 조건을 조합하면 아래와 같은 관계가 성립한다.

```
:strtIpAddr <= 시작IP주소 <= 종료IP주소 <= :endIpAddr
```

이를 시작IP주소와 종료IP주소 컬럼 기준으로 다시 분해하면, 아래와 같은 조건식이 만들어진다.

```
WHERE 시작IP주소 BETWEEN :strtIpAddr AND :endIpAddr
AND   종료IP주소 BETWEEN :strtIpAddr AND :endIpAddr
```

앞에서 사용자가 입력했던 바인드 값을 대입해 보면, 아래처럼 시작IP주소만으로도 검색 범위를 크게 줄일 수 있음을 알 수 있다.

```
WHERE 시작IP주소 BETWEEN '192.168.000.001' AND '192.168.000.255'
AND   종료IP주소 BETWEEN '192.168.000.001' AND '192.168.000.255'
```

조건절을 아래와 같이 변경한 후 쿼리 수행 결과를 살펴보자.

```
SELECT IP주소, IP연결일자, 시작IP주소, 종료IP주소
     , ISP명, IP등록일자, IP사용기관ID, IP사용기관명, IP사용시도명
     , 사용기관주소, 사용기관우편번호, IP책임자명, IP책임자전화번호
FROM   IP주소목록
WHERE  시작IP주소 BETWEEN :strtIpAddr AND :endIpAddr
AND    종료IP주소 BETWEEN :strtIpAddr AND :endIpAddr

Call     Count CPU Time Elapsed Time       Disk      Query    Current       Rows
-------- ------ -------- ------------ ---------- ---------- ---------- ----------
Parse        1    0.000        0.000          0          0          0          0
Execute      1    0.000        0.000          0          0          0          0
Fetch        9    0.000        0.001          0         55          0        106
-------- ------ -------- ------------ ---------- ---------- ---------- ----------
Total       11    0.000        0.001          0         55          0        106
```

```
Rows     Row Source Operation
-------  ---------------------------------------------------
      0  STATEMENT
    106   FILTER  (cr=55 pr=0 pw=0 time=37 us)
    106    TABLE ACCESS BY INDEX ROWID IP주소목록 (cr=55 pr=0 pw=0 time=34 us)
    106     INDEX RANGE SCAN IP주소목록_X01 (cr=12 pr=0 pw=0 time=654 us)
```

32분 이상 걸리던 쿼리가 조건절을 살짝 바꿔준 것만으로 0.001초 만에 수행되었다. 불필요한 테이블 Random 액세스가 전혀 발생하지 않았으므로 IP주소목록_X01 인덱스에 '종료IP주소' 컬럼을 추가할 필요도 없어졌다.

여기서 주목할 점이 있다. 위와 같이 직접 between으로 풀어서 기술할 필요없이 '종료IP주소'가 '시작IP주소'보다 크다는 사실만 옵티마이저에게 알려줘도 된다는 사실이다. 그러면 우리가 유추해 낸 것과 같은 조건절을 옵티마이저가 내부적으로 생성해 낸다. 아래 SQL과 실행계획에 표시된 Predicate 정보를 확인하기 바란다.

```
SELECT …
FROM   IP주소목록
WHERE  시작IP주소 >= :strtIpAddr
AND    종료IP주소 <= :endIpAddr
AND    시작IP주소 <= 종료IP주소

Predicate Information (identified by operation id):
---------------------------------------------------
   1 - filter(:ENDIPADDR>=:STRTIPADDR)
   2 - filter("종료IP주소"<=:ENDIPADDR AND "종료IP주소">=:STRTIPADDR
              AND "시작IP주소"<="종료IP주소")
   3 - access("시작IP주소">=:STRTIPADDR AND "시작IP주소"<=:ENDIPADDR)
```

조인 조건은 아니지만 컬럼 간 관계 정보를 통해 추가적인 조건절이 생성되었다. 옵티마이저에게 많은 정보를 제공할수록 SQL 성능이 더 좋아짐을 알 수 있는 좋은 사례라고 하겠다.

튜닝 사례 2

지금 설명할 내용도 우리가 흔히 접하는 튜닝 사례 중 하나다. 데이터 모델은 그림 4-4와 같다.

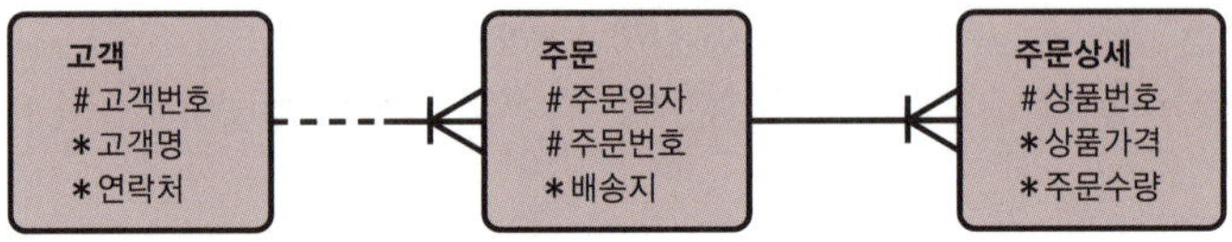

그림 4-4

아래 쿼리에서 주문상세 테이블에만 상수 조건식이 제공된 것을 볼 수 있다. 여기서, 조건절 이행을 통해 이 조건식이 주문 테이블에도 제공될 것임을 짐작할 수 있겠는가?

```
select /*+ ordered use_nl(o) use_nl(d) index(o) index(d) */
       c.고객명,o.주문일자,o.주문번호,o.배송지,d.상품번호,d.상품가격,d.주문수량
from   고객 c, 주문 o, 주문상세 d
where  o.고객번호 = c.고객번호
and    d.고객번호 = o.고객번호
and    d.주문일자 = o.주문일자
and    d.주문번호 = o.주문번호
and    d.주문일자 = to_char(sysdate, 'yyyymmdd')

Call     Count CPU Time Elapsed Time       Disk      Query    Current       Rows
------- ------ -------- ------------ ---------- ---------- ---------- ----------
Parse        1    0.000        0.000          0          0          0          0
Execute      1    0.000        0.000          0          0          0          0
Fetch     1001    0.125        0.084          0      15098          0      10000
------- ------ -------- ------------ ---------- ---------- ---------- ----------
Total     1003    0.125        0.084          0      15098          0      10000

Rows    Row Source Operation
------  ---------------------------------------------------
 10000  TABLE ACCESS BY INDEX ROWID 주문상세 (cr=15098 pr=0 pw=0 time=280245 us)
 11001   NESTED LOOPS  (cr=5098 pr=0 pw=0 time=99435 us)
  1000    NESTED LOOPS  (cr=2035 pr=0 pw=0 time=20134 us)
    10     TABLE ACCESS FULL 고객 (cr=16 pr=0 pw=0 time=156 us)
  1000     TABLE ACCESS BY INDEX ROWID 주문 (cr=2019 pr=0 pw=0 time=14212 us)
  1000      INDEX RANGE SCAN 주문_PK (cr=1019 pr=0 pw=0 time=6140 us)    ········· ①
 10000    INDEX RANGE SCAN 주문상세_PK (cr=3063 pr=0 pw=0 time=66267 us)   ······ ②
```

사전 실행계획을 보면, 실제 ①번과 ②번 오퍼레이션 단계(Row Source Operation 맨 아래쪽 두 줄)에 아래와 같은 Predicate 정보가 나타나는 것을 볼 수 있다.

```
① access(O.주문일자=TO_CHAR(SYSDATE@!,'YYYYMMDD') AND O.고객번호=C.고객번호)
② access(D.주문일자=TO_CHAR(SYSDATE@!,'YYYYMMDD') AND D.고객번호=O.고객번호
         AND D.주문번호=O.주문번호)
```

이처럼 상수 및 변수에 대한 조건절은 조인문을 타고 다른 쪽 테이블로 전이된다. 하지만 조인문 자체는 전이되지 않는데, 아래 경우가 그것을 말해준다.

```
select /*+ ordered use_nl(o) use_nl(d) index(o) index(d) */
       c.고객명,o.주문일자,o.주문번호,o.배송지,d.상품번호,d.상품가격,d.주문수량
from   고객 c, 주문 o, 주문상세 d
where  d.고객번호 = c.고객번호
and    d.고객번호 = o.고객번호
and    d.주문일자 = o.주문일자
and    d.주문번호 = o.주문번호
and    d.주문일자 = to_char(sysdate, 'yyyymmdd')

Call     Count CPU Time Elapsed Time       Disk      Query    Current       Rows
------- ------ -------- ------------ ---------- ---------- ---------- ----------
Parse        1    0.000        0.000          0          0          0          0
Execute      1    0.000        0.000          0          0          0          0
Fetch     1001    0.188        0.220          0      25052          0      10000
------- ------ -------- ------------ ---------- ---------- ---------- ----------
Total     1003    0.188        0.220          0      25052          0      10000

Rows     Row Source Operation
------   -----------------------------------------------------
 10000   TABLE ACCESS BY INDEX ROWID 주문상세 (cr=25052 pr=0 pw=0 time=210132 us)
 20001    NESTED LOOPS  (cr=15052 pr=0 pw=0 time=260362 us)
 10000     NESTED LOOPS  (cr=2422 pr=0 pw=0 time=150064 us)
    10      TABLE ACCESS FULL 고객 (cr=16 pr=0 pw=0 time=74 us)
 10000      TABLE ACCESS BY INDEX ROWID 주문 (cr=2406 pr=0 pw=0 time=90156 us)
 10000       INDEX RANGE SCAN 주문_PK (cr=1046 pr=0 pw=0 time=30093 us)   ········ ①
 10000     INDEX RANGE SCAN 주문상세_PK (cr=12630 pr=0 pw=0 time=167571 us) ······ ②
```

고객번호에 대한 두 조인 조건식을 잘 따져보면, 고객과 주문상세가 연결됐고, 주문과 주문상세도 연결됐다. 그런데 NL 조인 순서는 ordered 힌트에 따라 고객 → 주문 → 주문상세 순으로 결정된다. 따라서 고객과 주문을 먼저 조인하는 단계에서는 고객번호를 연결 조건으로 사용하지 못하는 문제가 생긴다.

아래 Predicate 정보 ①에서, 고객번호에 대한 조인 조건식은 없고 주문상세 테이블 조건으로부터 전이된 주문일자 조건만 있는 것을 확인하기 바란다. 고객 테이블 고객번호에 대한 조인은 주문상세_PK 인덱스를 액세스하는 단계에서 모두 이루어지고 있다.

```
① access(O.주문일자=TO_CHAR(SYSDATE@!,'YYYYMMDD'))

② access(D.주문일자=TO_CHAR(SYSDATE@!,'YYYYMMDD') AND
          D.고객번호=O.고객번호 AND D.주문번호=O.주문번호)
   filter(D.고객번호=C.고객번호)
```

이 때문에 주문 테이블과 조인하고 나서 9,000개나 더 많은 레코드가 출력되었고, 그만큼 주문상세_PK 인덱스를 여러 번 탐색하면서 10,000개 가량의 블록I/O도 추가로 발생했다.

만약 아래처럼 사용자가 기술한 ①②번 조인문을 통해 내부적으로 ③번 조인문이 생성되었더라면 위와 같은 문제는 발생하지 않았을 것이다.

```
where  d.고객번호 = c.고객번호 ········ ①
and    d.고객번호 = o.고객번호 ········ ②
and    o.고객번호 = c.고객번호 ········ ③
```

이처럼 조인조건은 상수와 변수 조건처럼 전이되지 않으므로 최적의 조인순서를 결정하고 그 순서에 따라 조인문을 기술해 주는 것이 매우 중요하다.

06 조인 제거

1:M 관계인 두 테이블을 조인하는 쿼리문에서 조인문을 제외한 어디에서도 1쪽 테이블을 참조하지 않는다면, 쿼리 수행 시 1쪽 테이블은 읽지 않아도 된다. 결과집합에 영향을 미치지 않기 때문이다. 옵티마이저는 이 특성을 이용해 M쪽 테이블만 읽도록 쿼리를 변환하는데, 이를 '조인 제거(Join Elimination)' 또는 '테이블 제거(Table Elimination)' 라고 한다.

```
select e.empno, e.ename, e.deptno, e.sal, e.hiredate
from   dept d, emp e
where  d.deptno = e.deptno

Rows     Row Source Operation
-------  ---------------------------------------------------
     14  TABLE ACCESS FULL EMP (cr=8 pr=0 pw=0 time=58 us)
```

위 쿼리에서 조인 조건식을 제외하면 1쪽 집합인 dept에 대한 참조가 전혀 없다(스크립트 ch4_18.txt 참조). 따라서 emp 테이블만 액세스한 것을 볼 수 있다. 이러한 쿼리 변환이 오라클의 경우 10g부터 작동하기 시작했지만 SQL Server 등에서는 이미 오래 전부터 적용돼 온 기능이다.

이 기능을 제어하는 파라미터는 아래와 같고, eliminate_join, no_eliminate_join 힌트를 통해 쿼리 레벨에서 제어할 수도 있다.

```
alter session set "_optimizer_join_elimination_enabled" = true ;
```

조인 제거(Join Elimination) 기능이 작동하려면 아래와 같이 PK와 FK 제약이 설정돼 있어야만 한다. 이는 옵티마이저가 쿼리 변환을 수행하기 위한 지극히 당연한 조건이다. 만약 PK가 없으면 두 테이블 간 조인 카디널리티를 파악할 수 없고, FK가 없으면 조인에 실패하는 레코드가 존재할 수도 있어 옵티마이저가 함부로 쿼리 변환을 수행할 수가 없다.

```
SQL> alter table dept add
  2  constraint deptno_pk primary key(deptno);

SQL> alter table emp add
  2  constraint fk_deptno foreign key(deptno)
  3  references dept(deptno);
```

FK가 설정돼 있더라도 emp의 deptno 컬럼이 Null 허용 컬럼이면 결과가 틀리게 될 수 있다. 조인 컬럼 값이 Null인 레코드는 조인에 실패해야 정상인데, 옵티마이저가 조인문을 함부로 제거하면 그 레코드들이 결과집합에 포함되기 때문이다. 그런 오류를 방지하기 위해 옵티마이저가 내부적으로 e.deptno is not null 조건을 추가해 준다.

이상한 일이지만, 아래처럼 Outer 조인할 때도 조인 제거가 가능한데 10g까지 구현되지 않았었다. Outer 조인일 때는 not null 제약이나 is not null 조건은 물론, FK 제약조차 필요없는 데도 말이다.

```
select e.empno, e.ename, e.sal, e.hiredate
from   emp e, dept d
where  d.deptno(+) = e.deptno  -- Outer 조인

Rows     Row Source Operation
-------  ---------------------------------------------------
     15  NESTED LOOPS OUTER (cr=10 pr=0 pw=0 time=119 us)
     15   TABLE ACCESS FULL EMP (cr=8 pr=0 pw=0 time=255 us)
     14   INDEX UNIQUE SCAN DEPT_PK (cr=2 pr=0 pw=0 time=265 us)(Object ID 58557)
```

늘 궁금하던 차에 11g에서 테스트해 보니 아래와 같이 정상적으로 작동하는 것을 확인할 수 있었다.

```
select e.empno, e.ename, e.sal, e.hiredate
from emp e, dept d
where d.deptno(+) = e.deptno  -- Outer 조인

Rows     Row Source Operation
-------  ---------------------------------------------------
     14  TABLE ACCESS FULL EMP (cr=8 pr=0 pw=0 time=0 us cost=3 size=770 card=14)
```

11g부터 PK와 FK 제약이 설정돼 있으면 아래와 같은 in 또는 exists 서브쿼리도 일반 조인문처럼 제거된다. 똑같이 *_optimizer_join_elimination_enabled* 파라미터에 의해 영향을 받고, eliminate_join, no_eliminate_join 힌트를 통한 제어도 가능하다.

```
select * from emp e
where  deptno in (select /*+ eliminate_join(dept) */ deptno from dept);

select * from emp e
where  exists
   (select /*+ eliminate_join(dept) */ 'x' from dept where deptno = e.deptno);
```

07 OR-Expansion

(1) OR-Expansion 기본

아래 쿼리가 그대로 수행된다면 OR 조건이므로 Full Table Scan으로 처리될 것이다. 아니면 Index Combine(1장 3절 참조)이 작동할 수도 있다(스크립트 ch4_19.txt 참조).

```
select * from emp
where  job = 'CLERK' or deptno = 20
```

만약 job과 deptno에 각각 생성된 인덱스를 사용하고 싶다면 아래와 같이 union all 형태로 바꿔주면 된다.

```
select * from emp
where  job = 'CLERK'
union all
select * from emp
where  deptno = 20
and    LNNVL(job='CLERK')
```

사용자가 쿼리를 직접 바꿔주지 않아도 옵티마이저가 그런 작업을 대신해 주는 경우가 있는데, 이를 'OR-Expansion'이라고 한다. 아래는 OR-Expansion 쿼리 변환이 일어났을 때의 실행계획과 Predicate 정보다.

```
-------------------------------------------------------------------------------
| Id  | Operation                     | Name           | Rows  | Bytes |
-------------------------------------------------------------------------------
|   0 | SELECT STATEMENT              |                |     7 |   224 |
|   1 |  CONCATENATION                |                |       |       |
|   2 |   TABLE ACCESS BY INDEX ROWID| EMP            |     3 |    96 |
|*  3 |    INDEX RANGE SCAN           | EMP_JOB_IDX    |     3 |       |
|*  4 |   TABLE ACCESS BY INDEX ROWID| EMP            |     4 |   128 |
|*  5 |    INDEX RANGE SCAN           | EMP_DEPTNO_IDX |     5 |       |
-------------------------------------------------------------------------------
```

```
Predicate Information (identified by operation id):
---------------------------------------------------
   3 - access("JOB"='CLERK')
   4 - filter(LNNVL("JOB"='CLERK'))
   5 - access("DEPTNO"=20)
```

job과 deptno 컬럼을 선두로 갖는 두 인덱스가 각각 사용되었고, union all 위쪽 브랜치는 job = 'CLERK' 인 집합을 읽고 아래쪽 브랜치는 deptno = 20인 집합만을 읽는다.

분기된 두 쿼리가 각각 다른 인덱스를 사용하긴 하지만, emp 테이블 액세스가 두 번 일어난다. 따라서 중복 액세스되는 영역 (deptno=20이면서 job='CLERK')의 데이터 비중이 작을수록 효과적이고, 그 반대의 경우라면 오히려 쿼리 수행 비용이 증가한다. OR-Expansion 쿼리 변환이 처음부터 비용기반으로 작동한 것도 이 때문이다.

중복 액세스되더라도 결과집합에는 중복이 없게 하려고 union all 아래쪽에 오라클이 내부적으로 LNNVL 함수를 사용한 것을 확인하기 바란다. job 〈 〉 'CLERK' 이거나 job is null인 집합만을 읽으려는 것이며, 이 함수는 조건식이 false 이거나 알 수 없는(Unknown) 값일 때 true를 리턴한다.

OR-Expansion을 제어하기 위해 사용하는 힌트로는 use_concat과 no_expand 두 가지가 있다. use_concat은 OR-Expansion을 유도하고자 할 때 사용하고, no_expand는 이 기능을 방지하고자 할 때 사용한다.

```
select /*+ USE_CONCAT */ * from emp
where  job = 'CLERK' or deptno = 20;

select /*+ NO_EXPAND */ * from emp
where  job = 'CLERK' or deptno = 20;
```

OR-Expansion 기능을 아예 작동하지 못하도록 막으려면 아래와 같이 *_no_or_expansion* 파라미터를 true로 설정하면 되고, 그럴 경우 use_concat 힌트를 사용하더라도 OR-Expansion이 일어나지 않는다. 기본 값은 false다.

```
alter session set "_no_or_expansion" = true;
```

(2) OR-Expansion 브랜치별 조인 순서 최적화

OR-Expansion에 의해 분기된 브랜치마다 각기 다른 조인 순서를 가질 수 있음은 매우 중요한 사실이다. 아래 쿼리를 보자(스크립트 ch4_20.txt 참조).

```
select /*+ NO_EXPAND */ * from emp e, dept d
where  d.deptno = e.deptno
and    e.sal >= 2000
and   (e.job = 'SALESMAN' or d.loc = 'CHICAGO');

---------------------------------------------------------------------
| Id  | Operation                    | Name        | Rows  | Bytes |
---------------------------------------------------------------------
|   0 | SELECT STATEMENT             |             |     4 |   200 |
|   1 |  NESTED LOOPS                |             |     4 |   200 |
|   2 |   TABLE ACCESS BY INDEX ROWID| EMP         |    11 |   352 |
|*  3 |    INDEX RANGE SCAN          | EMP_SAL_IDX |    11 |       |
|*  4 |   TABLE ACCESS BY INDEX ROWID| DEPT        |     1 |    18 |
|*  5 |    INDEX UNIQUE SCAN         | DEPT_PK     |     1 |       |
---------------------------------------------------------------------

Predicate Information (identified by operation id):
---------------------------------------------------
   3 - access("SAL">=2000)
   4 - filter("E"."JOB"='SALESMAN' OR "D"."LOC"='CHICAGO')
   5 - access("D"."DEPTNO"="E"."DEPTNO")
```

no_expand 힌트를 사용해 OR-Expansion하지 못하도록 막았으므로 sal >= 2000 조건으로 emp 테이블을 먼저 읽어 조인한 후에 dept 테이블을 액세스하는 단계에서 「e.job = 'SALESMAN' or d.loc = 'CHICAGO'」 조건 필터링이 이루어지고 있다. 만약 드라이빙 조건(sal >= 2000)의 변별력이 나빠 조인 액세스 건수가 많고 오히려 최종 필터되는 OR로 묶인 두 조건의 변별력이 좋다면, 위 실행계획은 매우 비효율적이다.

emp 테이블 job과 deptno 컬럼, dept 테이블 loc 컬럼에 각각 인덱스를 만들고 아래와 같이 OR-Expansion이 일어나도록 유도해 보자.

```
select /*+ USE_CONCAT */ * from emp e, dept d
where  d.deptno = e.deptno
and    e.sal >= 2000
and   (e.job = 'SALESMAN'or d.loc = 'CHICAGO');
```

```
-------------------------------------------------------------------------
| Id  | Operation                        | Name            | Rows  | Bytes |
-------------------------------------------------------------------------
|   0 | SELECT STATEMENT                 |                 |     6 |   300 |
|   1 |  CONCATENATION                   |                 |       |       |
|*  2 |   TABLE ACCESS BY INDEX ROWID    | EMP             |     4 |   128 |
|   3 |    NESTED LOOPS                  |                 |     4 |   200 |
|   4 |     TABLE ACCESS BY INDEX ROWID| DEPT            |     1 |    18 |
|*  5 |      INDEX RANGE SCAN            | DEPT_LOC_IDX    |     1 |       |
|*  6 |     INDEX RANGE SCAN             | EMP_DEPTNO_IDX  |     5 |       |
|   7 |   NESTED LOOPS                   |                 |     2 |   100 |
|*  8 |    TABLE ACCESS BY INDEX ROWID   | EMP             |     2 |    64 |
|*  9 |     INDEX RANGE SCAN             | EMP_JOB_IDX     |     3 |       |
|* 10 |    TABLE ACCESS BY INDEX ROWID   | DEPT            |     1 |    18 |
|* 11 |     INDEX UNIQUE SCAN            | DEPT_PK         |     1 |       |
-------------------------------------------------------------------------

Predicate Information (identified by operation id):
---------------------------------------------------
   2 - filter("E"."SAL">=2000)
   5 - access("D"."LOC"='CHICAGO')
   6 - access("D"."DEPTNO"="E"."DEPTNO")
   8 - filter("E"."SAL">=2000)
   9 - access("E"."JOB"='SALESMAN')
  10 - filter(LNNVL("D"."LOC"='CHICAGO'))
  11 - access("D"."DEPTNO"="E"."DEPTNO")
```

loc = 'CHICAGO' 인 집합을 생성하는 쿼리(위쪽 브랜치)와 job = 'SALESMAN' 인 집합을 생성하는 쿼리(아래쪽 브랜치)가 각기 다른 인덱스와 조인 순서를 가지고 실행되었다. 위쪽 브랜치는 dept가 먼저 드라이빙되고 아래쪽 브랜치는 emp가 먼저 드라이빙된 것을 확인하기 바란다. 여기서도 두 쿼리의 교집합이 두 번 출력되는 것을 방지하려고 LNNVL 함수가 사용되었다. (실제 위와 같은 실행계획이 나오지 않으면 스크립트 파일에 있는 힌트를 써서 유도할 수 있다.)

(3) 같은 컬럼에 대한 OR-Expansion

아래 두 쿼리는 내용적으로 100% 같은 쿼리다(스크립트 ch4_21.txt 참조).

```
< 쿼리1 >
select * from emp
where  (deptno = 10 or deptno = 30)
and    ename = :ename

< 쿼리2 >
select * from emp
where  deptno in (10, 30)
and    ename = :ename
```

따라서 이들 쿼리도 아래와 같이 OR-Expansion 처리가 가능하다.

```
select * from emp
where  deptno = 30
and    ename = :ename
union all
select * from emp
where  deptno = 10
and    ename = :ename

-------------------------------------------------------------------------
| Id  | Operation                    | Name            | Rows  | Bytes |
-------------------------------------------------------------------------
|   0 | SELECT STATEMENT             |                 |     2 |    74 |
|   1 |  CONCATENATION               |                 |       |       |
|*  2 |   TABLE ACCESS BY INDEX ROWID| EMP             |     1 |    37 |
|*  3 |    INDEX RANGE SCAN          | EMP_DEPTNO_IDX  |     5 |       |
|*  4 |   TABLE ACCESS BY INDEX ROWID| EMP             |     1 |    37 |
|*  5 |    INDEX RANGE SCAN          | EMP_DEPTNO_IDX  |     5 |       |
-------------------------------------------------------------------------

Predicate Information (identified by operation id):
---------------------------------------------------
   2 - filter("ENAME"=:ENAME)
   3 - access("DEPTNO"=30)
   4 - filter("ENAME"=:ENAME)
   5 - access("DEPTNO"=10)
```

실제로 9i까지는 위와 같은 형태 즉, 같은 컬럼에 대한 OR 조건이나 IN-List도 OR-Expansion이 작동할 수 있었지만 10g부터는 기본적으로 아래와 같이 IN-List Iterator 방식으로만 처리된다.

```
---------------------------------------------------------------------------
| Id  | Operation                      | Name           | Rows  | Bytes |
---------------------------------------------------------------------------
|   0 | SELECT STATEMENT               |                |     1 |    32 |
|   1 |  INLIST ITERATOR               |                |       |       |
|*  2 |   TABLE ACCESS BY INDEX ROWID| EMP            |     1 |    32 |
|*  3 |    INDEX RANGE SCAN            | EMP_DEPTNO_IDX |     9 |       |
---------------------------------------------------------------------------

Predicate Information (identified by operation id):
---------------------------------------------------
   2 - filter("ENAME"=:ENAME)
   3 - access("DEPTNO"=10 OR "DEPTNO"=30)
```

만약 억지로 OR-Expansion으로 유도하려면 use_concat 힌트에 아래와 같은 인자를 제공하면 되지만, IN-List Iterator에 비해 나은 점이 없으므로 굳이 그렇게 할 이유는 없다.

```
select /*+ QB_NAME(MAIN) use_concat(@MAIN 1) */  * from emp
where  (deptno = 10 or deptno = 30)
and    ename = :ename ;

select /*+ QB_NAME(MAIN) use_concat(@MAIN 1) */  * from emp
where  deptno in (10, 30)
and    ename = :ename ;
```

주의할 사항이 한 가지 있다. 9i까지는 OR 조건이나 IN-List를 힌트를 이용해 OR-Expansion으로 유도하면 뒤쪽에 놓인 값(위 쿼리에서는 30)이 항상 먼저 출력됐었다. 하지만 10g CPU 비용 모델에서는 위와 같이 OR-Expansion으로 유도했을 때 통계적으로 카디널리티가 작은 값이 먼저 출력된다. 9i 이전처럼 뒤쪽에 놓인 값이 먼저 출력되도록 하려면 12절 (3)항 '조건절 비교 순서'에서 설명하는 ordered_predicates 힌트를 사용하거나 IO 비용 모델로 바꿔주어야 한다.

10g 이후 버전이더라도 비교 연산자가 '=' 조건이 아닐 때는 일반적인 use_concat 힌트만으로도 같은 컬럼에 대한 OR-Expansion이 잘 작동한다.

```
select /*+ use_concat */ * from emp
where  deptno = 10 or deptno >= 30
```

```
-----------------------------------------------------------------------
| Id  | Operation                      | Name          | Rows  | Bytes |
-----------------------------------------------------------------------
|   0 | SELECT STATEMENT               |               |     7 |   259 |
|   1 |  CONCATENATION                 |               |       |       |
|   2 |   TABLE ACCESS BY INDEX ROWID| EMP           |     3 |   111 |
|*  3 |    INDEX RANGE SCAN            | EMP_DEPTNO_IDX |     3 |       |
|   4 |   TABLE ACCESS BY INDEX ROWID| EMP           |     4 |   148 |
|*  5 |    INDEX RANGE SCAN            | EMP_DEPTNO_IDX |     6 |       |
-----------------------------------------------------------------------

Predicate Information (identified by operation id):
---------------------------------------------------
   3 - access("DEPTNO"=10)
   5 - access("DEPTNO">=30)
       filter(LNNVL("DEPTNO"=10))
```

(4) nvl/decode 조건식에 대한 OR-Expansion

1권 4장에서도 설명했듯이 사용자가 선택적으로 입력하는 조건절에 대해 nvl 또는 decode 함수를 이용할 수 있다. 아래 쿼리는 deptno 검색 조건을 사용자가 선택적으로 입력할 수 있는 경우에 대비하기 위한 것이다(스크립트 ch4_22.txt 참조).

```
select * from emp
where  deptno = nvl(:deptno, deptno)
and    ename  like :ename || '%'
```

오라클 9i부터 쿼리를 위와 같이 작성하면, 아래와 같은 형태로 OR-Expansion 쿼리 변환이 일어난다.

```
select * from emp
where  :deptno is null
and    deptno is not null
and    ename  like :ename || '%'
union all
select * from emp
```

```
where  :deptno is not null
and    deptno = :deptno
and    ename  like :ename || '%'
```

:deptno 변수 값의 null 여부에 따라 위 또는 아래쪽 브랜치만 수행하는 것이다. 아래와 같이 decode 함수를 사용하더라도 같은 처리가 일어난다.

```
select * from emp
where  deptno = decode(:deptno, null, deptno, :deptno)
and    ename  like :ename || '%'
```

옵티마이저에 의해 자동으로 OR-Expansion이 일어났을 때 실행계획은 아래와 같다.

```
-------------------------------------------------------------------------
| Id  | Operation                      | Name           | Rows  | Bytes |
-------------------------------------------------------------------------
|   0 | SELECT STATEMENT               |                |     3 |   111 |
|   1 |  CONCATENATION                 |                |       |       |
|   2 |   FILTER                       |                |       |       |
|   3 |    TABLE ACCESS BY INDEX ROWID| EMP            |     2 |    74 |
|   4 |     INDEX RANGE SCAN           | EMP_ENAME_IDX  |     2 |       |
|   5 |   FILTER                       |                |       |       |
|   6 |    TABLE ACCESS BY INDEX ROWID| EMP            |     1 |    37 |
|   7 |     INDEX RANGE SCAN           | EMP_DEPTNO_IDX |     5 |       |
-------------------------------------------------------------------------
```

무엇보다 중요한 것은 :deptno 변수 값 입력 여부에 따라 다른 인덱스를 사용한다는 사실이다. 실행계획을 보면 :deptno 변수에 null 값을 입력했을 때 사용되는 위쪽 브랜치는 emp_ename_idx 인덱스를 사용했고, null 값이 아닌 값을 입력했을 때 사용되는 아래쪽 브랜치는 emp_deptno_idx 인덱스를 사용했다.

이 유용한 기능을 제어하는 파라미터는 *_or_expand_nvl_predicate* 이다. 오래전부터 SQL 튜너들이 union all을 이용해 위와 같은 튜닝 기법을 많이 사용해 왔는데, 이제는 옵티마이저가 스스로 그런 처리를 함으로써 많이 편리해진 것은 사실이다. 하지만 nvl 또는 decode를 여러 컬럼에 대해 사용했을 때는 그 중 변별력이 가장 좋은 컬럼 기준으로 한 번만 분기가 일어난다. 옵션 조건이 복잡할 때는 이 방식에만 의존하기 어려운 이유가 여기에 있고, 그럴 때는 여전히 수동으로 union all 분기를 해 줘야만 한다.

08 공통 표현식 제거

같은 조건식이 여러 곳에서 반복 사용될 경우, 오라클은 해당 조건식이 각 로우당 한 번씩만 평가되도록 쿼리를 변환하는데, 이를 '공통 표현식 제거(Common subexpression elimination)'라고 하며 *_eliminate_common_subexpr* 파라미터를 통해 제어한다.

```
select /*+ no_expand */ * from emp e, dept d
where (e.deptno = d.deptno and e.job = 'CLERK' and d.loc = 'DALLAS')
       or
      (e.deptno = d.deptno and e.job = 'CLERK' and e.sal >= 1000)
```

예를 들어, 위와 같이 deptno에 대한 조인 조건과 job 컬럼에 대한 필터 조건을 중복 기술하면 이에 대한 비교 연산도 두 번씩 일어난다. 이를 피하려고 옵티마이저는 쿼리를 아래와 같은 형태로 변환한다.

```
select * from emp e, dept d
where e.deptno = d.deptno
and   e.job = 'CLERK'
and   (d.loc = 'DALLAS' or e.sal >= 1000)
```

비교 연산을 덜 하게 된 것도 의미 있지만, 새로운 인덱스 액세스 조건이 만들어졌다는 사실이 더 중요하다. 아래와 같이 job = 'CLERK' 조건을 인덱스 액세스 조건으로 사용할 수 있게 된 것에 주목하기 바란다(스크립트 ch4_23.txt 참조).

```
create index emp_job_idx on emp(job);
```

```
select * from emp e, dept d
where (e.deptno = d.deptno and e.job = 'CLERK' and d.loc = 'DALLAS')
      or
      (e.deptno = d.deptno and e.job = 'CLERK' and e.sal >= 1000)

-----------------------------------------------------------------
| Id  | Operation                    | Name        | Rows  | Bytes |
-----------------------------------------------------------------
|   0 | SELECT STATEMENT             |             |     3 |   150 |
|   1 |  NESTED LOOPS                |             |     3 |   150 |
|   2 |   TABLE ACCESS BY INDEX ROWID| EMP         |     3 |    96 |
|*  3 |    INDEX RANGE SCAN          | EMP_JOB_IDX |     3 |       |
|*  4 |   TABLE ACCESS BY INDEX ROWID| DEPT        |     1 |    18 |
|*  5 |    INDEX UNIQUE SCAN         | DEPT_PK     |     1 |       |
-----------------------------------------------------------------

Predicate Information (identified by operation id):
---------------------------------------------------

   3 - access("E"."JOB"='CLERK')
   4 - filter("D"."LOC"='DALLAS' OR "E"."SAL">=1000)
   5 - access("E"."DEPTNO"="D"."DEPTNO")
```

이 기능이 작동하지 못하도록 *_eliminate_common_subexpr* 파라미터를 false로 바꾸면 어떻게 실행되는지 살펴보자.

옵티마이저는 두 가지 선택이 가능한데, 그 중 하나는 OR-Expansion 쿼리 변환을 수행하는 것이다. 그러면 job = 'CLERK' 조건으로 emp 테이블을 두 번 읽고 dept 테이블과의 조인도 두 번 하게 된다. 한 번은 sal >= 1000인 사원을 찾기 위함이고, 또 한 번은 loc = 'DALLAS' 인 부서를 찾기 위함이다. 아래 실행계획을 통해 확인하자. (만약 실행계획이 아래와 같이 풀리지 않는다면 use_concat 힌트를 사용하면 된다. 참고로, 인덱스 구성에 따라 dept 테이블이 먼저 실행되는 경우가 생길 수도 있다.)

```
alter session set "_eliminate_common_subexpr" = false;

select * from emp e, dept d
where (e.deptno = d.deptno and e.job = 'CLERK' and d.loc = 'DALLAS')
      or
      (e.deptno = d.deptno and e.job = 'CLERK' and e.sal >= 1000)
```

```
-----------------------------------------------------------------------
| Id  | Operation                     | Name          | Rows   | Bytes |
-----------------------------------------------------------------------
|   0 | SELECT STATEMENT              |               |      4 |   200 |
|   1 |  CONCATENATION                |               |        |       |
|   2 |   NESTED LOOPS                |               |      3 |   150 |
|*  3 |    TABLE ACCESS BY INDEX ROWID| EMP           |      3 |    96 |
|*  4 |     INDEX RANGE SCAN          | EMP_JOB_IDX   |      3 |       |
|   5 |    TABLE ACCESS BY INDEX ROWID| DEPT          |      1 |    18 |
|*  6 |     INDEX UNIQUE SCAN         | DEPT_PK       |      1 |       |
|   7 |   NESTED LOOPS                |               |      1 |    50 |
|   8 |    TABLE ACCESS BY INDEX ROWID| EMP           |      3 |    96 |
|*  9 |     INDEX RANGE SCAN          | EMP_JOB_IDX   |      3 |       |
|* 10 |    TABLE ACCESS BY INDEX ROWID| DEPT          |      1 |    18 |
|* 11 |     INDEX UNIQUE SCAN         | DEPT_PK       |      1 |       |
-----------------------------------------------------------------------

Predicate Information (identified by operation id):
---------------------------------------------------
   3 - filter("E"."SAL">=1000)
   4 - access("E"."JOB"='CLERK')
   6 - access("E"."DEPTNO"="D"."DEPTNO")
   8 - filter(LNNVL("E"."SAL">=1000))     ➔ 위아래 집합 간 중복 제거
   9 - access("E"."JOB"='CLERK')
  10 - filter("D"."LOC"='DALLAS')
  11 - access("E"."DEPTNO"="D"."DEPTNO")
```

두 번째 선택은, emp와 dept 테이블을 모두 Full Scan 하는 것이다. OR 연산자로 묶인 조건식을 제외하면 인덱스 액세스에 활용할 만한 조건식이 아예 없기 때문이다.

```
alter session set "_eliminate_common_subexpr" = false;

select /*+ NO_EXPAND */ * from emp e, dept d
where (e.deptno = d.deptno and e.job = 'CLERK' and d.loc = 'DALLAS')
      or
      (e.deptno = d.deptno and e.job = 'CLERK' and e.sal >= 1000) ;

----------------------------------------------------------------
| Id  | Operation          | Name | Rows  | Bytes | Cost (%CPU)|
----------------------------------------------------------------
|   0 | SELECT STATEMENT   |      |     5 |   285 |     8   (0)|
```

```
|   1 |  NESTED LOOPS        |      |     5 |    285 |      8   (0)|
|   2 |   TABLE ACCESS FULL| DEPT |     4 |     80 |      3   (0)|
|   3 |   TABLE ACCESS FULL| EMP  |     1 |     37 |      1   (0)|
-----------------------------------------------------------------
```

09 Outer 조인을 Inner 조인으로 변환

Outer 조인문을 작성하면서 일부 조건절에 Outer 기호(+)를 빠뜨리면 Inner 조인할 때와 같은 결과가 나온다. 이럴 때 옵티마이저는 Outer 조인을 Inner 조인문으로 바꾸는 쿼리 변환을 시행한다. 아래 Predicate 정보를 확인하기 바란다(스크립트 ch4_24.txt 참조).

```
select *
from   emp e, dept d
where  d.deptno(+) = e.deptno
and    d.loc = 'DALLAS'
and    e.sal >= 1000

-------------------------------------------------------------------------
| Id  | Operation                      | Name           | Rows  | Bytes |
-------------------------------------------------------------------------
|   0 | SELECT STATEMENT               |                |     5 |   250 |
|*  1 |  TABLE ACCESS BY INDEX ROWID   | EMP            |     5 |   160 |
|   2 |   NESTED LOOPS                 |                |     5 |   250 |
|   3 |    TABLE ACCESS BY INDEX ROWID| DEPT           |     1 |    18 |
|*  4 |     INDEX RANGE SCAN           | DEPT_LOC_IDX   |     1 |       |
|*  5 |    INDEX RANGE SCAN            | EMP_DEPTNO_IDX |     5 |       |
-------------------------------------------------------------------------

Predicate Information (identified by operation id):
---------------------------------------------------

   1 - filter("E"."SAL">=1000)
   4 - access("D"."LOC"='DALLAS')
   5 - access("D"."DEPTNO"="E"."DEPTNO")
```

옵티마이저가 굳이 이런 쿼리 변환을 시행하는 이유는 조인 순서를 자유롭게 결정하기 위해서다. Outer NL 조인, Outer 소트 머지 조인 시 드라이빙 테이블은 항상 Outer 기호가 붙지 않은 쪽으로 고정된다. Outer 해시 조인의 경우, 10g부터 자유롭게 조인 순서가 바뀌도록 개선되었지만 9i까지는 해시 조인도 순서가 고정적이었다. 이처럼 조인 순서를 자유롭게 결정하지 못하는 것이 쿼리 최적화에 큰 걸림돌일 수 있다(2장 4절과 5절 참조).

만약 위 쿼리에서 sal >= 1000 조건에 부합하는 사원 레코드가 매우 많고, loc = 'DALLAS' 조건에 부합하는 부서에 속한 사원이 매우 적다면 dept 테이블을 먼저 드라이빙하는 것이 유리하다. 그럼에도 Outer 조인 때문에 항상 emp 테이블을 드라이빙해야 한다면 불리한 조건에서 최적화하는 것이 된다. SQL을 작성할 때 불필요한 Outer 조인을 삼가야 하는 이유가 여기에 있다.

Outer 조인을 써야 하는 상황이라면 Outer 기호를 정확히 구사해야 올바른 결과집합을 얻을 수 있음에 유념하자. ANSI Outer 조인문일 때는 Outer 기호 대신 조건절 위치에 신경을 써야 한다. Outer 조인에서 Inner쪽 테이블에 대한 필터 조건을 아래처럼 where절에 기술한다면 Inner 조인할 때와 같은 결과집합을 얻게 된다. 따라서 옵티마이저가 Outer 조인을 아예 Inner 조인으로 변환해 버린다.

```
select *
from  dept d left outer join emp e on d.deptno = e.deptno
where e.sal > 1000
```

제대로 된 Outer 조인 결과집합을 얻으려면 sal > 1000 조건을 아래와 같이 on절에 기술해 주어야 한다.

```
select *
from  dept d left outer join emp e on d.deptno = e.deptno and e.sal > 1000
```

ANSI Outer 조인문에서 where절에 기술한 Inner쪽 필터 조건이 의미 있게 사용되는 경우는 아래처럼 is null 조건을 체크하는 경우뿐이며, 조인에 실패하는 레코드를 찾고자 할 때 흔히 사용되는 SQL이다.

```
select *
from  dept d left outer join emp e on d.deptno = e.deptno
where e.empno is null
```

Outer 쪽 필터조건은 on절에 기술하든 where절에 기술하든 결과집합이나 성능에 하등 차이가 없다.

10 실체화 뷰 쿼리로 재작성

일반적인 뷰는 하나 또는 그 이상의 테이블에 기초해 논리적으로 정의한 테이블로서, '저장된 쿼리' 또는 '가상의 테이블'이라고 불린다. 테이블이 사용될 수 있는 대부분 위치에 뷰를 사용할 수 있고, 뷰에 기초해 또 다른 뷰를 생성할 수도 있다.

정의에서도 알 수 있듯이 뷰는 쿼리만 저장하고 있을 뿐 자체적으로 데이터를 갖지는 않는다. 반면, 실체화 뷰(Materialized View, 이하 MV)는 'materialize'가 의미하는 것처럼 물리적으로 실제 데이터를 갖는다.

MV는 과거에 분산 환경에서 실시간 또는 일정 주기로 데이터를 복제하는 데 사용하던 Snapshot 기술을 DW 분야에 적응시킨 것이며, 여전히 데이터 복제 용도로 사용할 수 있다. DW 분야에서는 주로 두 개 이상의 테이블을 미리 조인해 두거나(→ Join View) 대량의 테이블을 미리 group by 해서 집계해 두는 형태(→ Aggregate View)로 많이 활용되고 있다. MV를 활용하는 이유는 기준 테이블이 그만큼 대용량이기 때문인데 Join View는 같은 데이터를 중복 저장하는 비효율이 있어 활용도가 낮고, 주로 Aggregate View 형태로 활용되는 편이다.

아래는 MV를 사용하게 만드는 가장 중요한 두 가지 특징이다.

- Refresh 옵션을 이용해 오라클이 집계 테이블을 자동 관리하도록 할 수 있다.
- 옵티마이저에 의한 Query Rewrite가 지원된다.

사용자가 직접 관리하는 일반 집계 테이블과 비교할 때 MV의 가장 큰 장점은, 자동으로 쿼리가 재작성(Rewrite)된다는 점이다. 일반 집계 테이블은, 쿼리 작성자가 그런 집계 테이블이 있음을 미리 인지한 상태에서 직접 그 테이블을 참조하도록 쿼리를 작성해야만 한다. 하지만 MV는 사용자가 집계 테이블의 존재를 몰라도 된다. 사용자는 기준(Base) 테이블을 쿼리하지만 옵티마이저가 알아서 MV를 액세스하도록 쿼리를 변환해 주기 때문이다.

쿼리 재작성(Query Rewrite) 기능이 작동하려면 MV를 정의할 때 enable query rewrite 옵션을 지정해 주어야 하고, 세션 또는 시스템 레벨에서 아래와 같이 파라미터도 변경해 주어야 한다. 9i까지는 기본 설정이 false였지만 10g부터는 true로 바뀌었다.

```
alter session set query_rewrite_enabled = true;
```

MV의 쿼리 재작성 기능이 어떤 식으로 작동하는지 테스트를 통해 확인해 보자(스크립트 ch4_25.txt 참조).

```
create table 상품
as
select rownum 상품ID, dbms_random.string('u', 10) 상품명
from   dual connect by level <= 10;

create table 고객
as
select rownum 고객ID, dbms_random.string('a', 10) 고객명
from   dual connect by level <= 100;

create table 판매
as
select 상품ID, 고객ID, 판매일련번호
     , to_char(to_date('20081231', 'yyyymmdd')+ 상품ID, 'yyyymmdd') 판매일자
     , round(dbms_random.value(1, 100)) 판매수량
     , round(dbms_random.value(1000, 100000), -2) 판매금액
from  상품, 고객, (select rownum 판매일련번호 from dual connect by level <= 100);
```

테스트를 위해 위와 같이 상품, 고객, 판매 세 개의 테이블을 만든다.

```
create materialized view log on 판매
with sequence, rowid(상품ID, 고객ID, 판매일자, 판매수량, 판매금액)
including new values;

create materialized view 월고객상품별_MV
build immediate           -- 바로 MV 데이터 생성
refresh fast on commit    -- 커밋 시점에 MV에 실시간 반영
enable query rewrite      -- query rewrite 활성화
as
select 상품ID, 고객ID, substr(판매일자, 1, 6) 판매월
     , sum(판매수량) 판매수량, sum(판매금액) 판매금액
from   판매
group by 상품ID, 고객ID, substr(판매일자, 1, 6);
```

기준(Base) 테이블에 발생한 트랜잭션을 실시간 반영할 수 있도록 MV 로그를 생성하였고, refersh fast on commit 옵션을 가진 MV를 정의하였다. MV를 정의하면서 데이터도 곧바로 만들어지도록(select문 수행 결과가 MV에 저장됨) build immediate 옵션도 주었다. 이제 쿼리를 수행해 보자.

```
select p.상품명, c.고객명, substr(s.판매일자, 1, 6) 판매월
     , sum(s.판매수량) 판매수량, sum(s.판매금액) 판매금액
from   판매 s, 상품 p, 고객 c
where  s.상품ID = p.상품ID
and    s.고객ID = c.고객ID
group by p.상품명, c.고객명, substr(s.판매일자, 1, 6)

call     count       cpu    elapsed       disk      query    current        rows
------- ------  -------- ---------- ---------- ---------- ----------  ----------
Parse        1      0.00       0.00          0          0          0           0
Execute      1      0.00       0.00          0          0          0           0
Fetch       11      0.00       0.01          0         12          0        1000
------- ------  -------- ---------- ---------- ---------- ----------  ----------
total       13      0.00       0.01          0         12          0        1000

Rows   Row Source Operation
----   ---------------------------------------------------
1000   HASH GROUP BY (cr=12 pr=0 pw=0 time=13075 us)
1000    HASH JOIN  (cr=12 pr=0 pw=0 time=40047 us)
 100     TABLE ACCESS FULL 고객 (cr=3 pr=0 pw=0 time=594 us)
1000     HASH JOIN  (cr=9 pr=0 pw=0 time=22386 us)
```

```
  10      TABLE ACCESS FULL 상품 (cr=3 pr=0 pw=0 time=87 us)
1000      MAT_VIEW REWRITE ACCESS FULL 월고객상품별_MV (cr=6 pr=0 pw=0 time=5030 us)
```

사용자는 판매 테이블을 쿼리했지만 옵티마이저에 의해 월고객상품별_MV가 액세스되었고, 그 단계에서 6개 블록만 읽은 것을 볼 수 있다.

아래는 no_rewrite 힌트를 이용해 쿼리 재작성 기능을 방지한 상태에서 수행한 결과다. 판매 테이블을 직접 액세스하면서 419개의 블록 I/O가 발생한 것을 볼 수 있다.

```
select /*+ no_rewrite */ p.상품명, c.고객명, substr(s.판매일자, 1, 6) 판매월
     , sum(s.판매수량) 판매수량, sum(s.판매금액) 판매금액
from   판매 s, 상품 p, 고객 c
where  s.상품ID = p.상품ID
and    s.고객ID = c.고객ID
group by p.상품명, c.고객명, substr(s.판매일자, 1, 6)

call     count       cpu    elapsed       disk      query    current        rows
------- ------  -------- ---------- ---------- ---------- ----------  ----------
Parse        1      0.00       0.00          0          0          0           0
Execute      1      0.00       0.00          0          0          0           0
Fetch       11      0.26       0.26          0        425          0        1000
------- ------  -------- ---------- ---------- ---------- ----------  ----------
total       13      0.26       0.26          0        425          0        1000

Rows     Row Source Operation
------   ---------------------------------------------------
  1000   HASH GROUP BY (cr=425 pr=0 pw=0 time=270053 us)
100000    HASH JOIN  (cr=425 pr=0 pw=0 time=2903057 us)
    10     TABLE ACCESS FULL 상품 (cr=3 pr=0 pw=0 time=158 us)
100000     HASH JOIN  (cr=422 pr=0 pw=0 time=1601620 us)
   100      TABLE ACCESS FULL 고객 (cr=3 pr=0 pw=0 time=637 us)
100000      TABLE ACCESS FULL 판매 (cr=419 pr=0 pw=0 time=400036 us)
```

11 집합 연산을 조인으로 변환

Intersect나 Minus 같은 집합(Set) 연산을 조인 형태로 변환하는 것을 말한다.

아래는 deptno = 10에 속한 사원들의 job, mgr을 제외시키고, 나머지 job, mgr 집합만을 찾는 쿼리다(스크립트 ch4_26.txt 참조).

```
SQL> set autotrace traceonly exp
SQL> select job, mgr from emp
  2  minus
  3  select job, mgr from emp
  4  where  deptno = 10 ;

---------------------------------------------------------------------------
| Id  | Operation            | Name | Rows  | Bytes | Cost (%CPU)| Time     |
---------------------------------------------------------------------------
|   0 | SELECT STATEMENT     |      |    14 |   362 |     8  (63)| 00:00:01 |
|   1 |  MINUS               |      |       |       |            |          |
|   2 |   SORT UNIQUE        |      |    14 |   266 |     4  (25)| 00:00:01 |
|   3 |    TABLE ACCESS FULL| EMP  |    14 |   266 |     3   (0)| 00:00:01 |
|   4 |   SORT UNIQUE        |      |     3 |    96 |     4  (25)| 00:00:01 |
|*  5 |    TABLE ACCESS FULL| EMP  |     3 |    96 |     3   (0)| 00:00:01 |
---------------------------------------------------------------------------

Predicate Information (identified by operation id):
---------------------------------------------------

   5 - filter("DEPTNO"=10)
```

각각 Sort Unique 연산을 수행한 후에 Minus 연산을 수행하는 것을 볼 수 있다. 아래와 같이 *_convert_set_to_join* 파라미터를 true로 설정하고 다시 실행계획을 확인해 보자.

```
SQL> alter session set "_convert_set_to_join" = true;
SQL> select job, mgr from emp
  2  minus
  3  select job, mgr from emp
  4  where  deptno = 10 ;
```

```
-----------------------------------------------------------------------------
| Id  | Operation            | Name | Rows  | Bytes | Cost  (%CPU)| Time     |
-----------------------------------------------------------------------------
|   0 | SELECT STATEMENT     |      |    13 |   663 |     8  (25)| 00:00:01 |
|   1 |  HASH UNIQUE         |      |    13 |   663 |     8  (25)| 00:00:01 |
|*  2 |   HASH JOIN ANTI     |      |    13 |   663 |     7  (15)| 00:00:01 |
|   3 |    TABLE ACCESS FULL| EMP  |    14 |   266 |     3   (0)| 00:00:01 |
|*  4 |    TABLE ACCESS FULL| EMP  |     3 |    96 |     3   (0)| 00:00:01 |
-----------------------------------------------------------------------------

Predicate Information (identified by operation id):
---------------------------------------------------

   2 - access(SYS_OP_MAP_NONNULL("JOB")=SYS_OP_MAP_NONNULL("JOB") AND
              SYS_OP_MAP_NONNULL("MGR")=SYS_OP_MAP_NONNULL("MGR"))
   4 - filter("DEPTNO"=10)
```

해시 Anti 조인을 수행하고 나서 중복 값을 제거하기 위한 Hash Unique 연산을 수행하는 것을 볼 수 있다. 아래와 같은 형태로 쿼리 변환이 일어난 것이다.

```
SQL> select distinct job, mgr from emp e
  2  where  not exists (
  3    select 'x' from emp
  4    where  deptno = 10
  5    and    sys_op_map_nonnull(job) = sys_op_map_nonnull(e.job)
  6    and    sys_op_map_nonnull(mgr) = sys_op_map_nonnull(e.mgr)
  7  ) ;

-----------------------------------------------------------------------------
| Id  | Operation            | Name | Rows  | Bytes | Cost  (%CPU)| Time     |
-----------------------------------------------------------------------------
|   0 | SELECT STATEMENT     |      |    13 |   663 |     8  (25)| 00:00:01 |
|   1 |  HASH UNIQUE         |      |    13 |   663 |     8  (25)| 00:00:01 |
|*  2 |   HASH JOIN ANTI     |      |    13 |   663 |     7  (15)| 00:00:01 |
|   3 |    TABLE ACCESS FULL| EMP  |    14 |   266 |     3   (0)| 00:00:01 |
|*  4 |    TABLE ACCESS FULL| EMP  |     3 |    96 |     3   (0)| 00:00:01 |
-----------------------------------------------------------------------------

Predicate Information (identified by operation id):
---------------------------------------------------

   2 - access(SYS_OP_MAP_NONNULL("JOB")=SYS_OP_MAP_NONNULL("E"."JOB")
              AND SYS_OP_MAP_NONNULL("MGR")=SYS_OP_MAP_NONNULL("E"."MGR"))
   4 - filter("DEPTNO"=10)
```

sys_op_map_nonnull 함수는 비공식적인 함수지만 가끔 유용하게 사용할 수 있다. null 값끼리 '=' 비교(null = null)하면 false이지만 가끔 true가 되도록 처리해야 하는 경우가 있고, 그럴 때 sys_op_map_nonnull 함수를 사용하면 된다. 위에서는 job과 mgr이 null 허용 컬럼이기 때문에 위와 같은 처리가 일어났다.

12 기타 쿼리 변환

지금까지 설명한 것 외에도 이름이 밝혀지지 않은 많은 쿼리 변환이 작동하고 있다. 그 중 몇 가지 중요한 쿼리 변환만을 소개하고자 한다.

(1) 조인 컬럼에 IS NOT NULL 조건 추가

```
select count(e.empno), count(d.dname)
from   emp e, dept d
where  d.deptno = e.deptno
and    sal <= 2900
```

위와 같은 조인문을 처리할 때 조인 컬럼 deptno가 null인 데이터는 조인 액세스가 불필요하다. 어차피 조인에 실패하기 때문이다. 따라서 아래와 같이 필터 조건을 추가해 주면 불필요한 테이블 액세스 및 조인 시도를 줄일 수 있어 쿼리 성능 향상에 도움이 된다.

```
select count(e.empno), count(d.dname)
from   emp e, dept d
where  d.deptno = e.deptno
and    sal <= 2900
and    e.deptno is not null
and    d.deptno is not null
```

테스트를 위해 emp 테이블을 1,000번 복제한 t_emp 테이블을 만들어 보자(스크립트 ch4_27.txt 참조).

```
create table t_emp
as
select *
from   scott.emp
    , (select rownum no from dual connect by level <= 1000);

alter table t_emp modify deptno null; ➜ CTAS 수행 결과, deptno가 not null일 때만 수행

update t_emp set deptno = null;

commit;

create index t_emp_idx on t_emp(sal);
```

14건을 갖는 emp 테이블을 1,000번 복제했으므로 총 건수는 14,000이고, 모든 레코드의 deptno를 null 값으로 갱신했다. 아래 쿼리를 sal <= 2900 조건으로 드라이빙하려고 emp 테이블 sal 컬럼에 인덱스를 생성했고, 아직 테이블 및 컬럼 통계는 생성하지 않은 상태다.

```
select /*+ ordered use_nl(d) index(e t_emp_idx) index(d dept_pk) */
       count(e.empno), count(d.dname)
from   t_emp e, dept d
where  d.deptno = e.deptno
and    e.sal <= 2900

---------------------------------------------------------------------
| Id  | Operation                    | Name       | Rows  | Bytes |
---------------------------------------------------------------------
|   0 | SELECT STATEMENT             |            |     1 |    50 |
|   1 |  SORT AGGREGATE              |            |     1 |    50 |
|   2 |   NESTED LOOPS               |            |     1 |    50 |
|   3 |    TABLE ACCESS BY INDEX ROWID| T_EMP     |  9165 |   349K|
|*  4 |     INDEX RANGE SCAN         | T_EMP_IDX  |  9165 |       |
|   5 |    TABLE ACCESS BY INDEX ROWID| DEPT      |     1 |    11 |
|*  6 |     INDEX UNIQUE SCAN        | DEPT_PK    |     1 |       |
---------------------------------------------------------------------
```

```
Predicate Information (identified by operation id):
---------------------------------------------------
   4 - access("SAL"<=2900)
   6 - access("D"."DEPTNO"="E"."DEPTNO")
```

위 Predicate 정보를 볼 때 아직 옵티마이저에 의해 추가된 필터 조건은 없다.

t_emp 테이블을 만든 원본 테이블 emp에는 sal <= 2900인 사원 레코드가 10개다. emp 테이블을 1,000번 복제했으므로 t_emp 테이블에는 sal <= 2900인 사원 레코드가 10,000개 존재할 것이다. 실제 수행해 보면, 아래와 같이 t_emp_idx 인덱스를 스캔하면서 10,000번의 테이블 액세스가 발생하는 것을 알 수 있다.

```
Rows   Row Source Operation
-----  ---------------------------------------------------
    1   SORT AGGREGATE (cr=841 pr=0 pw=0 time=231035 us)
    0    NESTED LOOPS  (cr=841 pr=0 pw=0 time=231014 us)
10000     TABLE ACCESS BY INDEX ROWID T_EMP (cr=841 pr=0 pw=0 time=150041 us)
10000      INDEX RANGE SCAN T_EMP_IDX (cr=22 pr=0 pw=0 time=30293 us)
    0     TABLE ACCESS BY INDEX ROWID DEPT (cr=0 pr=0 pw=0 time=185631 us)
    0      INDEX UNIQUE SCAN DEPT_PK (cr=0 pr=0 pw=0 time=74223 us)
```

여기서, t_emp 테이블에서 10,000개 레코드를 읽었지만 dept 테이블과의 조인 액세스가 전혀 발생하지 않은 것(cr=0)에 주목하자. is null 조건을 따로 기술하지 않더라도 읽은 값이 null일 때는 조인 액세스를 하지 않는다는 뜻이며, 이는 매우 중요한 사실이 아닐 수 없다. (만약 버퍼 Pinning 효과 때문이라면 적어도 dept_pk 인덱스를 두 번은 읽었을 것이다.)

이해할 수 없는 일이지만 Inner 테이블을 Full Table Scan으로 액세스할 때는 아래처럼 조인 액세스가 발생하며, 11g에서 테스트하더라도 마찬가지다. (10,000번 탐색했으므로 한 번 액세스할 때마다 3개 블록씩 읽었다.)

```
select /*+ ordered use_nl(d) index(e t_emp_idx) full(d) */
       count(e.empno), count(d.dname)
from   t_emp e, dept d
where  d.deptno = e.deptno
and    e.sal <= 2900
```

```
Rows     Row Source Operation
-----  ---------------------------------------------------
    1  SORT AGGREGATE (cr=30841 pr=0 pw=0 time=177677 us)
    0   NESTED LOOPS  (cr=30841 pr=0 pw=0 time=177656 us)
10000    TABLE ACCESS BY INDEX ROWID T_EMP (cr=841 pr=0 pw=0 time=150040 us)
10000     INDEX RANGE SCAN T_EMP_IDX (cr=22 pr=0 pw=0 time=30301 us)
    0    TABLE ACCESS FULL DEPT (cr=30000 pr=0 pw=0 time=126322 us)
```

드라이빙 테이블에서 읽은 값이 null 일 때도 상황에 따라 조인 액세스가 일어날 수 있다는 뜻인데, 아예 e.deptno is not null 조건을 명시적으로 추가해 준다면 염려할 필요가 없다.

다행히, 컬럼 통계를 수집하고 나면 옵티마이저가 그런 조건절을 자동으로 추가해 준다. 단, 조인 컬럼의 null 값 비중이 5% 이상일 때만 이 기능이 작동한다. 아래와 같이 통계정보를 생성하고 다시 수행해 보자.

```
begin
  dbms_stats.gather_table_stats(user, 't_emp'
       , method_opt=>'for all columns', no_invalidate=>false);
end;
/

select /*+ ordered use_nl(d) index(e t_emp_idx) full(d) */
       count(e.empno), count(d.dname)
from   t_emp e, dept d
where  d.deptno = e.deptno
and    e.sal <= 2900

Rows   Row Source Operation
-----  ---------------------------------------------------
    1  SORT AGGREGATE (cr=841 pr=0 pw=0 time=7836 us)
    0   NESTED LOOPS  (cr=841 pr=0 pw=0 time=7815 us)
    0    TABLE ACCESS BY INDEX ROWID T_EMP (cr=841 pr=0 pw=0 time=7803 us)
10000     INDEX RANGE SCAN T_EMP_IDX (cr=22 pr=0 pw=0 time=30305 us)
    0    TABLE ACCESS FULL DEPT (cr=0 pr=0 pw=0 time=0 us)
```

dept 테이블을 10,000번 Full Scan하면서 발생하던 30,000개의 블록 I/O가 사라졌다. 예상실행계획과 함께 출력되는 Predicate 정보를 보면 옵티마이저에 의해 e.deptno is not null 조건이 추가되었음을 알 수 있다.

```
Predicate Information (identified by operation id):
---------------------------------------------------
   3 - filter("E"."DEPTNO" IS NOT NULL)
   4 - access("SAL"<=2900)
   5 - filter("D"."DEPTNO"="E"."DEPTNO")
```

t_emp 테이블을 액세스하면서 발생한 블록 I/O는 통계정보를 수집하기 전과 똑같이 841개다. 추가된 is not null 조건을 필터링하려면 어차피 테이블을 방문해야 하기 때문이다.

아래와 같이 t_emp_idx 인덱스에 deptno 컬럼을 추가하고 다시 수행하면 블록 I/O가 841에서 23으로 확연히 준다.

```
drop index t_emp_idx;

create index t_emp_idx on t_emp(sal, deptno);

select /*+ ordered use_nl(d) index(e t_emp_idx) */
       count(e.empno), count(d.dname)
from   t_emp e, dept d
where  d.deptno = e.deptno
and    e.sal <= 2900

Rows     Row Source Operation
-------  ---------------------------------------------------
      0  STATEMENT
      1   SORT AGGREGATE (cr=23 pr=0 pw=0 time=3932 us)
      0    NESTED LOOPS  (cr=23 pr=0 pw=0 time=3896 us)
      0     TABLE ACCESS BY INDEX ROWID T_EMP (cr=23 pr=0 pw=0 time=3878 us)
      0      INDEX RANGE SCAN T_EMP_IDX (cr=23 pr=0 pw=0 time=3858 us)
      0     TABLE ACCESS FULL DEPT (cr=0 pr=0 pw=0 time=0 us)
```

이처럼 조인 컬럼에 is not null 조건을 추가해 주면 NL 조인뿐만 아니라 해시 조인, 소트 머지 조인 시에도 효과를 발휘한다. 우선, 해시 조인을 위해 Build Input을 읽어 해시 맵을 만들 때 더 적은 메모리를 사용한다. Probe Input을 읽을 때도 null 값인 레코드를 제외함으로써 해시 맵 탐색 횟수를 줄일 수 있다. 양쪽 모두 null 값 비중이 클수록 효과도 커진다.

소트 머지 조인할 때도 양쪽 테이블에서 조인 컬럼이 null인 레코드를 제외한다면 소트 및 비교 연산 횟수를 줄일 수 있다.

이런 여러 가지 사실에 비추어 볼 때, 조인 컬럼에 대한 is not null 조건을 추가한다고 손해 볼 일은 전혀 없다. 그런데도 옵티마이저는 null 값 비중이 5%를 넘을 때만 이런 쿼리 변환을 시행한다. 따라서 필요하다면 옵티마이저 기능에 의존하지 말고 사용자가 직접 위와 같은 조건을 추가해 줌으로써 불필요한 액세스를 줄일 수 있다.

그리고 조인 컬럼에 null 값 비중이 많을 때 임의의 Default 값(0, 'x' 등)으로 채우는 방식으로 설계하면 조인 성능을 떨어뜨릴 수 있다는 사실도 기억하기 바란다.

(2) 필터 조건 추가

아래와 같이 바인드 변수로 between 검색하는 쿼리가 있다고 하자(스크립트 ch4_28.txt 참조). 쿼리를 수행할 때 사용자가 :mx보다 :mn 변수에 더 큰 값을 입력한다면 쿼리 결과는 공집합이다.

```
select * from emp
where  sal between :mn and :mx
```

사전에 두 값을 비교해 알 수 있음에도 쿼리를 실제 수행하고서야 공집합을 출력한다면 매우 비합리적이다. 잦은 일은 아니겠지만 초대용량 테이블을 조회하면서 사용자가 값을 거꾸로 입력하는 경우를 상상해 보라.

그럴 경우 8i까지는 사용자가 한참을 기다려야만 했다. 9i부터는 이를 방지하기 위해 옵티마이저가 임의로 필터 조건식을 추가한다. 아래 실행계획에서 1번 오퍼레이션 단계에 사용된 Filter Predicate 정보를 확인하기 바란다.

```
-------------------------------------------------------------------
| Id  | Operation            | Name       | Rows  | Bytes | Cost  |
-------------------------------------------------------------------
|   0 | SELECT STATEMENT     |            |     1 |    32 |     2 |
|*  1 |  FILTER              |            |       |       |       |
|*  2 |   TABLE ACCESS FULL  | EMP        |     1 |    32 |     2 |
-------------------------------------------------------------------

Predicate Information (identified by operation id):
---------------------------------------------------
   1 - filter(TO_NUMBER(:MN)<=TO_NUMBER(:MX))
   2 - filter("EMP"."SAL">=TO_NUMBER(:MN) AND "EMP"."SAL"<=TO_NUMBER(:MX))
```

아래는 :mn에 5000, :mx에 100을 입력하고 실제 수행했을 때의 결과인데, 블록 I/O가 전혀 발생하지 않은 것을 볼 수 있다.

```
Statistics
----------------------------------------------------------
          0  recursive calls
          0  db block gets
          0  consistent gets
          0  physical reads
         ..  .....
```

실행계획 상으로는 Table Full Scan을 수행하고 나서 필터 처리가 일어나는 것 같지만 실제로는 Table Full Scan 자체를 생략한 것이다.

바인드 변수 대신 상수 값으로 조회할 때도 filter 조건이 추가되는데, 아래와 같은 9i와 10g에서 조금 다르게 처리하고 있다.

- 9i : filter(5000<=100)
- 10g 이상 : filter(NULL IS NOT NULL)

9i에서 오브젝트 통계가 없으면 RBO 모드로 작동해 위와 같은 쿼리 변환이 일어나지 않는다. 10g는 통계정보가 없어도 항상 CBO 모드로 작동하므로 쿼리 변환이 잘 일어나지만 *optimizer_features_enable* 파라미터를 8.1.7로 바꾸고 테스트해 보면 아래와 같이 불필요한 I/O를 수행한다.

```
alter session set optimizer_features_enable = '8.1.7';

select * from emp
where  sal between :mn and :mx

---------------------------------------------------------------------
| Id  | Operation            | Name       | Rows  | Bytes | Cost  |
---------------------------------------------------------------------
|   0 | SELECT STATEMENT     |            |       |       |       |
|*  1 |  TABLE ACCESS FULL   | EMP        |       |       |       |
---------------------------------------------------------------------
```

```
Predicate Information (identified by operation id):
---------------------------------------------------
   1 - filter("SAL">=TO_NUMBER(:MN) AND "SAL"<=TO_NUMBER(:MX))

Statistics
----------------------------------------------------------
          0  recursive calls
          0  db block gets
          3  consistent gets
          0  physical reads
        ..   .....
```

(3) 조건절 비교 순서

A	...	1	1	1	1	1	1	1	1	1	1	1	1	...
B	...	990	991	992	993	994	995	996	997	998	999	1000	1001	...

위 데이터를 아래 SQL문으로 검색하면 B 컬럼에 대한 조건식을 먼저 평가하는 것이 유리하다. 왜냐하면, 대부분 레코드가 B = 1000 조건을 만족하지 않아 A 컬럼에 대한 비교 연산을 수행하지 않아도 되기 때문이다.

```
SELECT * FROM T
WHERE  A = 1
AND    B = 1000 ;
```

반대로 A = 1 조건식을 먼저 평가한다면, A 컬럼이 대부분 1이어서 B 컬럼에 대한 비교 연산까지 그만큼 수행해야 하므로 CPU 사용량이 늘어날 것이다.

아래와 같은 조건절을 처리할 때도 부등호(>) 조건을 먼저 평가하느냐 like 조건을 먼저 평가하느냐에 따라 일량에 차이가 생긴다.

```
select /*+ full(도서) */ 도서번호, 도서명, 가격, 저자, 출판사, isbn
from   도서
where  도서명 > :last_book_nm
and    도서명 like :book_nm || '%'
```

이에 옵티마이저는, 테이블 전체를 스캔하거나 인덱스를 수평적으로 스캔할 때의 Filter 조건식(Filter Predicates)을 평가할 때 선택도가 낮은 컬럼을 먼저 처리하도록 순서를 조정한다(인덱스 수직적 탐색을 위한 조건절에는 영향 없음).

이런 쿼리 변환이 작동하려면 9i, 10g를 불문하고 옵티마이저에게 시스템 통계를 제공함으로써 CPU Costing 모델을 활성화해야 한다. I/O Costing 모델에서는 where절에 기술된 순서대로 조건식 비교가 일어난다. RBO 모드에서는 where절에 기술된 반대 순서로 조건식 비교가 일어난다. 정리하면 아래 표와 같다.

옵티마이저 모드	조건절 비교 순서
RBO	where절에 기술된 반대 순서로
CBO (I/O Costing 모드)	where절에 기술된 순서대로
CBO (CPU Costing 모드)	비교 연산해야 할 일량을 고려해 옵티마이저가 결정. 선택도가 낮은 조건식부터 평가

테스트를 위해 아래와 같이 t 테이블을 생성하고, 통계정보를 생성하였다(스크립트 ch4_29.txt 참조). 10g 환경이므로 기본적으로 CPU Costing 모드가 활성화된 상태다.

```
SQL> create table t
  2  nologging
  3  as
  4  select 1 a, rownum b from dual connect by level <= 1000000 ;

SQL> exec dbms_stats.gather_table_stats(user, 't', no_invalidate=>false);
```

아래와 같이 a와 b 컬럼에 대한 조건식을 서로 바꿔 가면서 테스트 해 보았지만 선택도가 낮은 b 컬럼이 항상 먼저 처리되는 것을 볼 수 있다.

```
SQL> set autotrace traceonly exp
SQL> select * from t
  2  where  a = 1
  3  and    b = 1000 ;

-------------------------------------------------------------------------------
| Id  | Operation          | Name | Rows  | Bytes | Cost (%CPU)| Time     |
-------------------------------------------------------------------------------
|   0 | SELECT STATEMENT   |      |     1 |     6 |   433   (7)| 00:00:06 |
|*  1 |  TABLE ACCESS FULL| T    |     1 |     6 |   433   (7)| 00:00:06 |
-------------------------------------------------------------------------------

Predicate Information (identified by operation id):
---------------------------------------------------
   1 - filter("B"=1000 AND "A"=1)

SQL> select * from t
  2  where  b = 1000
  3  and    a = 1 ;

-------------------------------------------------------------------------------
| Id  | Operation          | Name | Rows  | Bytes | Cost (%CPU)| Time     |
-------------------------------------------------------------------------------
|   0 | SELECT STATEMENT   |      |     1 |     6 |   433   (7)| 00:00:06 |
|*  1 |  TABLE ACCESS FULL| T    |     1 |     6 |   433   (7)| 00:00:06 |
-------------------------------------------------------------------------------

Predicate Information (identified by operation id):
---------------------------------------------------
   1 - filter("B"=1000 AND "A"=1)
```

아래와 같이 ordered_predicates 힌트를 사용하면 CPU Costing 모드에서도 조건절 비교 순서를 제어할 수 있다. 이 힌트를 사용하면 where절에 기술된 순서대로 비교가 일어난다. 옵티마이저의 판단을 무시하고 아래와 같이 힌트를 썼더니 예상 비용이 433에서 440으로 증가한 사실에 주목하기 바란다. I/O뿐만 아니라 CPU 연산 시간까지 비용 계산식에 포함하고 있음을 알 수 있다(3장 7절 2항 'CPU 비용 모델' 참조).

```
SQL> select /*+ ORDERED_PREDICATES */ * from t
  2  where  a = 1
  3  and    b = 1000 ;
```

```
---------------------------------------------------------------------------
| Id  | Operation          | Name | Rows  | Bytes | Cost  (%CPU)| Time     |
---------------------------------------------------------------------------
|   0 | SELECT STATEMENT  |      |     1 |     6 |   440   (9)| 00:00:06 |
|*  1 |  TABLE ACCESS FULL| T    |     1 |     6 |   440   (9)| 00:00:06 |
---------------------------------------------------------------------------

Predicate Information (identified by operation id):
---------------------------------------------------
   1 - filter("A"=1 AND "B"=1000)
```

아래와 같이 9i에서 시스템 통계를 지우거나 10g에서 I/O 비용 모델로 전환한 상태에서 같은 테스트를 수행해 보면, where절에 기술된 순서대로 조건 비교가 일어난다.

```
SQL> exec dbms_stats.delete_system_stats;              -- 9i일 때
SQL> alter session set "_optimizer_cost_model" = io;  -- 10g일 때
```

아래와 같이 RBO 모드로 바꾼 상태에서 테스트해 보면, where절에 기술된 반대 순서로 조건 비교가 일어난다.

```
SQL> alter session set optimizer_mode = rule;
```

ordered_predicates 힌트의 또 다른 용도

10g에서 OR 또는 IN-List 조건에 대한 OR-Expansion이 일어날 때 실행 순서를 제어할 목적으로 ordered_predicates 힌트를 사용할 수도 있다. 예를 들어, 9i까지는 I/O 비용 모델, CPU 비용 모델을 불문하고 IN-List를 OR-Expansion(=Concatenation) 방식으로 처리할 때 뒤쪽에 있는 값을 먼저 실행한다. 하지만 10g CPU 비용 모델 하에서는 계산된 카디널리티가 낮은 쪽을 먼저 실행한다.

실제 그런지 10g에서 테스트해 보자. 7절에서 설명한 것처럼 10g에서 같은 컬럼에 대한 OR 또는 IN-List 조건에 OR-Expansion이 작동하도록 하려면 use_concat 힌트에 아래와 같은 인자를 사용해야 한다.

```
SQL> set autotrace traceonly exp
SQL> select /*+ use_concat(@subq 1) qb_name(subq) index(e) */ *
  2  from   emp e
  3  where  deptno in (10,30)  ;

-------------------------------------------------------------------------------
| Id  | Operation                    | Name         | Rows  | Bytes | Cost (%CPU)|
-------------------------------------------------------------------------------
|   0 | SELECT STATEMENT             |              |     9 |   333 |     4   (0)|
|   1 |  CONCATENATION               |              |       |       |            |
|   2 |   TABLE ACCESS BY INDEX ROWID| EMP          |     3 |   111 |     2   (0)|
|*  3 |    INDEX RANGE SCAN          | EMP_DEPTNO_I|     3 |       |     1   (0)|
|   4 |   TABLE ACCESS BY INDEX ROWID| EMP          |     6 |   222 |     2   (0)|
|*  5 |    INDEX RANGE SCAN          | EMP_DEPTNO_I|     6 |       |     1   (0)|
-------------------------------------------------------------------------------

Predicate Information (identified by operation id):
---------------------------------------------------
   3 - access("DEPTNO"=10)
   5 - access("DEPTNO"=30)
```

30을 IN-List 뒤쪽에 기술했음에도, Predicate 정보를 보면 통계정보 상 카디널리티가 낮은 10이 위쪽으로 올라가는 것을 볼 수 있다. 실제 수행해 봐도 10이 먼저 출력된다.

아래와 같이 ordered_predicates 힌트를 사용하면 9i 이전 버전처럼 IN-List 뒤쪽에 있는 값을 먼저 실행한다.

```
SQL> select /*+ use_concat(@subq 1) qb_name(subq) index(e) ordered_predicates */ *
  2  from   emp e
  3  where  deptno in (10, 30);

-------------------------------------------------------------------------------
| Id  | Operation                    | Name         | Rows  | Bytes | Cost (%CPU)|
-------------------------------------------------------------------------------
|   0 | SELECT STATEMENT             |              |     9 |   333 |     4   (0)|
|   1 |  CONCATENATION               |              |       |       |            |
|   2 |   TABLE ACCESS BY INDEX ROWID| EMP          |     6 |   222 |     2   (0)|
|*  3 |    INDEX RANGE SCAN          | EMP_DEPTNO_I|     6 |       |     1   (0)|
|   4 |   TABLE ACCESS BY INDEX ROWID| EMP          |     3 |   111 |     2   (0)|
|*  5 |    INDEX RANGE SCAN          | EMP_DEPTNO_I|     3 |       |     1   (0)|
-------------------------------------------------------------------------------
```

```
Predicate Information (identified by operation id):
---------------------------------------------------
   3 - access("DEPTNO"=30)
   5 - access("DEPTNO"=10)
```

또는 *_optimizer_cost_model* 파라미터를 'IO'로 설정하거나 아래와 같이 no_cpu_costing 힌트를 사용해 IO 비용 모델로 변경해도 IN-List 뒤쪽부터 실행한다.

```
SQL> select /*+ use_concat(@subq 1) qb_name(subq) index(e) no_cpu_costing */ *
  2  from   emp e
  3  where  deptno in (10, 30)  ;
```

퀴즈 풀이

쿼리 변환에 대한 설명을 마치기 전에, 2절 뒷부분에 퀴즈로 제시했던 10개의 실행계획을 같이 재현해 보자. 퀴즈를 위해 사용한 두 테이블은 scott 계정에 있는 dept와 emp 테이블이며, PK는 각각 아래와 같이 구성돼 있다(스크립트 ch4_30.txt 참조).

```
dept.dept_pk : deptno
emp.emp_pk   : empno
```

1

〈 인덱스 구성 〉

```
dept_x01 : dname + deptno
emp_x01  : deptno + job
```

〈 SQL과 실행계획 〉

```
select /*+ index(d dept_x01) */ * from dept d
where  dname = 'SALES'
and    exists (
   select /*+ no_unnest no_push_subq */ 'x'
   from   emp
   where  deptno = d.deptno
   and    job = 'SALESMAN'
   and    sal > 1000)

Execution Plan
----------------------------------------------------------
   0      SELECT STATEMENT Optimizer=ALL_ROWS (Cost=263 Card=1 Bytes=18)
   1    0   FILTER
   2    1     TABLE ACCESS (BY INDEX ROWID) OF 'DEPT' (Cost=207 Card=1 Bytes=18)
   3    2       INDEX (RANGE SCAN) OF 'DEPT_X01' (NON-UNIQUE) (Cost=7 Card=1)
   4    1     TABLE ACCESS (BY INDEX ROWID) OF 'EMP' (Cost=56 Card=1 Bytes=12)
   5    4       INDEX (RANGE SCAN) OF 'EMP_X01' (NON-UNIQUE) (Cost=2 Card=1)
```

메인 쿼리에서 dname = 'SALES' 조건을 위해 사용된 dept_x01 인덱스에 deptno 컬럼이 포함돼 있으므로 dept 테이블을 액세스하기 전 인덱스 레벨에서 서브쿼리 필터링이 가능하다. 하지만 no_push_subq 힌트를 사용했기 때문에 테이블 액세스 이후에 필터링이 이루어지고 있다.

(dept_x01 인덱스에 deptno 컬럼이 없으면 no_push_subq 힌트 없이도 같은 실행계획이 수립된다.)

2

〈 인덱스 구성 〉

```
dept_x01 : dname + deptno
emp_x01  : deptno + job
```

〈 SQL과 실행계획 〉

```
select /*+ index(d dept_x01) */ * from dept d
where  dname = 'SALES'
and    exists (
   select /*+ no_unnest no_push_subq */ 'x'
   from   emp
   where  deptno = d.deptno
   and    job = 'SALESMAN')

Execution Plan
----------------------------------------------------------
   0      SELECT STATEMENT Optimizer=ALL_ROWS (Cost=209 Card=1 Bytes=18)
   1    0   FILTER
   2    1     TABLE ACCESS (BY INDEX ROWID) OF 'DEPT' (Cost=207 Card=1 Bytes=18)
   3    2       INDEX (RANGE SCAN) OF 'DEPT_X01' (NON-UNIQUE) (Cost=7 Card=1)
   4    1     INDEX (RANGE SCAN) OF 'EMP_X01' (NON-UNIQUE) (Cost=2 Card=1 Bytes=9)
```

인덱스 상황과 힌트, 모두 1번과 똑같지만 서브쿼리에서 sal 〉 1000 조건을 제거했기 때문에 테이블 액세스없이 emp_x01 인덱스만으로 서브쿼리 필터링이 이루어지고 있다. (dept_x01 인덱스에 deptno 컬럼이 없으면 no_push_subq 힌트 없이도 같은 실행계획이 수립된다.)

3

〈 인덱스 구성 〉

```
dept_x01 : dname + deptno
emp_x01  : deptno + job
```

〈 SQL과 실행계획 〉

```
select /*+ index(d dept_x01) */ * from dept d
where  dname = 'SALES'
and    exists (
   select /*+ no_unnest push_subq */ 'x'
   from   emp
   where  deptno = d.deptno
   and    job = 'SALESMAN'
   and    sal >= 1000)

Execution Plan
----------------------------------------------------------
   0      SELECT STATEMENT Optimizer=ALL_ROWS (Cost=18 Card=1 Bytes=18)
   1    0   TABLE ACCESS (BY INDEX ROWID) OF 'DEPT' (Cost=18 Card=1 Bytes=18)
   2    1     INDEX (RANGE SCAN) OF 'DEPT_X01' (NON-UNIQUE) (Cost=8 Card=1)
   3    2       TABLE ACCESS (BY INDEX ROWID) OF 'EMP' (Cost=56 Card=1 Bytes=12)
   4    3         INDEX (RANGE SCAN) OF 'EMP_X01' (NON-UNIQUE) (Cost=2 Card=1)
```

1번과 쿼리뿐 아니라 인덱스 상황까지 동일하지만 push_subq 힌트를 사용했다. 따라서 가능한 빠른 단계에서 서브쿼리를 실행하기 위해 dept_x01 인덱스를 액세스(2번 단계)하고 나서 곧바로 서브쿼리를 필터링(3~4번 단계)하고 있다. 서브쿼리에서 필터링되지 않은 레코드만 dept 테이블을 액세스(1번 단계)한다.

실행계획 각 단계의 Indent를 주의 깊게 관찰하기 바란다. emp 테이블 필터 처리가 dept_x01 인덱스의 자식 노드로 표현되고 있다.

4

〈 인덱스 구성 〉

```
dept_x01  : dname + deptno
emp_x01   : deptno + job
```

〈 SQL과 실행계획 〉

```
select /*+ index(d dept_x01) */ * from dept d
where  dname = 'SALES'
and    exists (
   select /*+ no_unnest push_subq */ 'x'
   from   emp
```

```
    where   deptno = d.deptno
    and     job = 'SALESMAN')

Execution Plan
----------------------------------------------------------
   0      SELECT STATEMENT Optimizer=ALL_ROWS (Cost=18 Card=1 Bytes=18)
   1    0   TABLE ACCESS (BY INDEX ROWID) OF 'DEPT' (Cost=18 Card=1 Bytes=18)
   2    1     INDEX (RANGE SCAN) OF 'DEPT_X01' (NON-UNIQUE) (Cost=8 Card=1)
   3    2       INDEX (RANGE SCAN) OF 'EMP_X01' (NON-UNIQUE) (Cost=2 Card=1 Bytes=9)
```

3번과 인덱스 상황이 동일하고 힌트도 똑같지만 서브쿼리에서 sal 〉 1000 조건을 제거했기 때문에 테이블 액세스없이 emp_x01 인덱스만으로 서브쿼리 필터링이 이루어지고 있습니다.

5

〈 인덱스 구성 〉

```
dept_x01  : dname
emp_x01   : deptno + job
```

〈 SQL과 실행계획 〉

```
select /*+ index(d dept_x01) */ * from dept d
where  dname = 'SALES'
and    exists (
   select /*+ no_unnest push_subq  */ 'x'
   from   emp
   where  deptno = d.deptno
   and    job = 'SALESMAN'
   and    sal > 1000)

Execution Plan
----------------------------------------------------------
   0      SELECT STATEMENT Optimizer=ALL_ROWS (Cost=207 Card=1 Bytes=18)
   1    0   TABLE ACCESS (BY INDEX ROWID) OF 'DEPT' (Cost=207 Card=1 Bytes=18)
   2    1     INDEX (RANGE SCAN) OF 'DEPT_X01' (NON-UNIQUE) (Cost=7 Card=1)
   3    1     TABLE ACCESS (BY INDEX ROWID) OF 'EMP' (Cost=56 Card=1 Bytes=12)
   4    3       INDEX (RANGE SCAN) OF 'EMP_X01' (NON-UNIQUE) (Cost=2 Card=1)
```

1번과 3번에서는 dept_x01 인덱스에 deptno 컬럼이 포함돼 있으므로 dept 테이블을 액세스하기 이전 인덱스 레벨에서 서브쿼리 필터링이 가능했다. 하지만 여기서는 dept_x01 인덱스가 dname 컬럼만으로 구성됐기 때문에 인덱스 레벨에서 서브쿼리 필터링이 불가능하다. 따라서 push_subq 힌트를 사용하지 않았다면 1번과 같은 실행계획이 수립됐을 것입니다.

그런데 필요없는 push_subq 힌트를 의도적으로 사용했기 때문에 1번과 다른 형태의 실행계획이 나오게 된 것이다. 하지만 이것은 표현상의 문제일 때 실제 처리과정은 1번 실행계획과 다르지 않다.

1번 실행계획보다 emp 테이블에 대한 필터처리가 한 칸 더 안쪽으로 들어가면서 dept 테이블에 대한 자식노드로 표현된 것에 주목하기 바란다. 테이블 레벨 필터링이 분명하다. 인덱스 레벨에서 필터링이 이루어지는 3번 실행계획에서는 서브쿼리 필터링이 dept_x01 인덱스의 자식노드로 표현된 것과도 대비해 보기 바란다.

같은 쿼리 과정에 대해 1번과 5번 두 가지 표현방식이 다 필요한 이유는, 메인 쿼리에서 제3의 테이블과의 조인이 있을 때 조인 전에 서브쿼리 필터링이 먼저 이루어지는 경우를 표현하기 위해서일 것이다. 아래 실행계획을 참고하기 바란다.

```
Execution Plan
-----------------------------------------------------------------------------------
   0      SELECT STATEMENT Optimizer=ALL_ROWS (Cost=6 Card=1 Bytes=50)
   1    0   TABLE ACCESS (BY INDEX ROWID) OF 'CUST' (TABLE) (Cost=2 Card=5 Bytes=160)
   2    1     NESTED LOOPS (Cost=4 Card=1 Bytes=50)
   3    2       TABLE ACCESS (BY INDEX ROWID) OF 'DEPT' (TABLE) (Cost=2 Card=1 Bytes=18)
   4    3         INDEX (RANGE SCAN) OF 'DEPT_X01' (INDEX) (Cost=1 Card=1)
   5    3         TABLE ACCESS (BY INDEX ROWID) OF 'EMP' (TABLE) (Cost=2 Card=1 Bytes=12)
   6    5           INDEX (RANGE SCAN) OF 'EMP_X01' (INDEX) (Cost=1 Card=2)
   7    2       INDEX (RANGE SCAN) OF 'CUST_X01' (INDEX) (Cost=1 Card=5)
```

6

〈 인덱스 구성 〉

```
dept_x01 : dname
emp_x01  : deptno + job
```

〈 SQL과 실행계획 〉

```
select /*+ index(d dept_x01) */ * from dept d
where  dname = 'SALES'
and    exists (
   select /*+ no_unnest push_subq  */ 'x'
   from   emp
   where  deptno = d.deptno
   and    job = 'SALESMAN')

Execution Plan
---------------------------------------------------------
   0      SELECT STATEMENT Optimizer=ALL_ROWS (Cost=207 Card=1 Bytes=18)
   1    0   TABLE ACCESS (BY INDEX ROWID) OF 'DEPT' (Cost=207 Card=1 Bytes=18)
   2    1     INDEX (RANGE SCAN) OF 'DEPT_X01' (NON-UNIQUE) (Cost=7 Card=1)
   3    1     INDEX (RANGE SCAN) OF 'EMP_X01' (NON-UNIQUE) (Cost=10 Card=5 Bytes=10)
```

5번과 기본적으로 동일한 실행계획이지만 서브쿼리 필터링을 위해 인덱스만 액세스하는 경우를 표현하기 위해 sal 〉 1000 조건을 제거했다.

아래는 5번에서 예시한 것처럼 메인 쿼리가 또 다른 제3의 테이블과의 조인이 있는 경우이며, 조인 전에 인덱스만으로 서브쿼리 필터링이 먼저 이루어지고 있다.

```
Execution Plan
---------------------------------------------------------------------------
   0      SELECT STATEMENT Optimizer=ALL_ROWS (Cost=4 Card=1 Bytes=50)
   1    0   TABLE ACCESS (BY INDEX ROWID) OF 'CUST' (TABLE) (Cost=1 Card=1 Bytes=32)
   2    1     NESTED LOOPS (Cost=3 Card=1 Bytes=50)
   3    2       TABLE ACCESS (BY INDEX ROWID) OF 'DEPT' (TABLE) (Cost=2 Card=1 Bytes=18)
   4    3         INDEX (RANGE SCAN) OF 'DEPT_X01' (INDEX) (Cost=1 Card=1)
   5    3         INDEX (RANGE SCAN) OF 'EMP_X01' (INDEX) (Cost=1 Card=1 Bytes=9)
   6    2       INDEX (RANGE SCAN) OF 'CUST_X01' (INDEX) (Cost=0 Card=2)
```

7

〈 인덱스 구성 〉

```
dept_pk  : deptno
emp_x01  : sal + deptno
```

〈 SQL과 실행계획 〉

```
select  * from dept d
where  deptno = (
   select /*+ index(e emp_x01) */ deptno
   from  emp e
   where sal >= 5000
   and   job = 'PRESIDENT')

Execution Plan
----------------------------------------------------------
   0      SELECT STATEMENT Optimizer=ALL_ROWS (Cost=1 Card=1 Bytes=18)
   1    0   TABLE ACCESS (BY INDEX ROWID) OF 'DEPT' (Cost=1 Card=1 Bytes=18)
   2    1     INDEX (UNIQUE SCAN) OF 'DEPT_PK' (UNIQUE)
   3    2       TABLE ACCESS (BY INDEX ROWID) OF 'EMP' (Cost=787 Card=3 Bytes=36)
   4    3         INDEX (RANGE SCAN) OF 'EMP_X01' (NON-UNIQUE) (Cost=25 Card=13)
```

where 조건절에 사용된 서브쿼리가 ① 메인쿼리와 상관관계에 있지 않으면서(Non-Correlated, 서브쿼리에서 메인 쿼리를 참조하지 않음) ② 단일 로우를 리턴(single-row subquery)하는 경우로서, 아래와 같은 형태에 속한다.

```
select * from tab1 where key1 = (select avg(col1) from tab2);

select * from tab1 where (key1, key2) =
    (select col1, col2 from tab2 where col3 >= 5000 and rownum = 1);
```

2절 (2)항 보충설명(p468 '서브쿼리의 또 다른 최적화 기법')에서 설명한 바와 같이, 위와 같은 형태의 서브쿼리를 만나면 옵티마이저는 서브쿼리를 Fetch가 아닌 Execute 시점에 먼저 수행해 그 결과 값을 메인 쿼리에 상수로 제공하는, 아래와 같은 방식으로 처리한다.

```
select * from tab1 where key1 = :value1;

select * from tab1 where (key1, key2) = (:value1, :value2);
```

실제 그렇게 처리되는지는 아래 SQL 트레이스 결과를 보면 확인할 수 있다.

```
call     count       cpu    elapsed       disk      query    current        rows
------- ------  -------- ---------- ---------- ---------- ----------  ----------
Parse        1      0.00       0.02          0          0          0           0
Execute      1      0.00       0.00          0          2          0           0
Fetch        2      0.01       0.00          0          2          0           1
------- ------  -------- ---------- ---------- ---------- ----------  ----------
total        4      0.01       0.02          0          4          0           1

Rows     Row Source Operation
-------  ---------------------------------------------------
      1  TABLE ACCESS BY INDEX ROWID DEPT (cr=4 pr=0 pw=0 time=147 us)
      1   INDEX UNIQUE SCAN DEPT_PK (cr=3 pr=0 pw=0 time=115 us)(object id 52878)
      1    TABLE ACCESS BY INDEX ROWID EMP (cr=2 pr=0 pw=0 time=85 us)
      1     INDEX RANGE SCAN EMP_X01 (cr=1 pr=0 pw=0 time=42 us)(object id 52889)
```

총 4블록을 읽었는데, 그 중 2개 블록은 Execute 단계에서 읽었다. emp 테이블을 필터링하는 부분(실행계획 맨 아래쪽 두 단계)이 여기에 해당한다. 참고로, 9i에서는 아래쪽 두 단계가 Row Source Operation에 표시되지 않는다.

조건절에서 서브쿼리를 'in'이 아닌 '=' 조건으로 비교한다는 것은 서브쿼리가 단일 로우를 리턴하게 됨을 의미하고, 만약 이들 서브쿼리가 2개 이상의 로우를 리턴한다면 ORA-01427(single-row subquery returns more than one row) 에러가 발생한다. 이를 방지하려고 아래처럼 서브쿼리에서 rownum = 1 같은 stopkey 조건절이 넣어주거나, select-list에 min, max, avg 등 집계함수를 사용하는 경우가 일반적이다.

```
select  * from dept d
where  deptno = (
   select /*+ index(e emp_x01) */ deptno
   from  emp e
   where sal >= 5000
   and   job = 'PRESIDENT'
   and   rownum <= 1)
```

```
Execution Plan
-----------------------------------------------------------
   0      SELECT STATEMENT Optimizer=ALL_ROWS (Cost=1 Card=1 Bytes=18)
   1    0   TABLE ACCESS (BY INDEX ROWID) OF 'DEPT' (Cost=1 Card=1 Bytes=18)
   2    1     INDEX (UNIQUE SCAN) OF 'DEPT_PK' (UNIQUE)
   3    2       COUNT (STOPKEY)
   4    3         TABLE ACCESS (BY INDEX ROWID) OF 'EMP' (Cost=71 Card=1 Bytes=12)
   5    4           INDEX (RANGE SCAN) OF 'EMP_X01' (NON-UNIQUE) (Cost=4 Card=1)
```

7번 실행계획은 3번 Filter 실행계획과 서로 대비되도록 하려고 rownum =1 조건을 생략한 채 의도적으로 만들어 낸 것이다. 따라서 3번 실행계획과 헷갈리는 경우는 실제로 생기지 않을 것이다.

8

〈 인덱스 구성 〉

```
dept_pk  : deptno
emp_x01  : sal + deptno
```

〈 SQL과 실행계획 〉

```
select  * from dept d
where  deptno = (
   select /*+ index(e emp_x01) */ deptno
   from    emp e
   where   sal >= 5000  )
```

```
Execution Plan
-----------------------------------------------------------
   0      SELECT STATEMENT Optimizer=ALL_ROWS (Cost=1 Card=1 Bytes=18)
   1    0   TABLE ACCESS (BY INDEX ROWID) OF 'DEPT' (Cost=1 Card=1 Bytes=18)
   2    1     INDEX (UNIQUE SCAN) OF 'DEPT_PK' (UNIQUE)
   3    2       INDEX (RANGE SCAN) OF 'EMP_X01' (NON-UNIQUE) (Cost=25 Card=13 Bytes=65)
```

7번과 같은 상황이지만 서브쿼리에서 테이블 액세스가 발생하지 않는 경우를 보이고 있다. 4번 실행계획과 대비해 보기 바란다.

7번과 마찬가지로 서브쿼리를 Fetch가 아닌 Execute 시점에 먼저 수행해 그 결과 값을 메인 쿼리에 상수로 제공하는 방식으로 처리한다. 실제 그렇게 처리되는지는 아래 SQL 트레이스 결과를 보면 확인할 수 있다.

```
call     count       cpu    elapsed       disk      query    current        rows
------- ------  -------- ---------- ---------- ---------- ----------  ----------
Parse        1      0.00       0.00          0          0          0           0
Execute      1      0.00       0.00          0          1          0           0
Fetch        2      0.00       0.00          0          2          0           1
------- ------  -------- ---------- ---------- ---------- ----------  ----------
total        4      0.00       0.00          0          3          0           1

Rows     Row Source Operation
-------  ---------------------------------------------------
      1  TABLE ACCESS BY INDEX ROWID DEPT (cr=3 pr=0 pw=0 time=107 us)
      1   INDEX UNIQUE SCAN DEPT_PK (cr=2 pr=0 pw=0 time=71 us)(object id 52878)
      1    INDEX RANGE SCAN EMP_X01 (cr=1 pr=0 pw=0 time=41 us)(object id 52889)
```

총 3블록을 읽었는데, 그 중 1개 블록은 Execute 단계에서 읽었다. emp 테이블을 필터링하는 부분(실행계획 맨 아래쪽 한 단계)이 여기에 해당한다. 참고로, 9i에서는 아래쪽 한 단계가 Row Source Operation에 표시되지 않는다.

7번과 마찬가지로 아래처럼 stopkey 조건이 붙는 경우가 더 일반적이다.

```
select  * from dept d
where  deptno = (
   select /*+ index(e emp_x01) */ deptno
   from   emp e
   where  sal >= 5000
   and    rownum <= 1)

Execution Plan
-------------------------------------------------------------
   0      SELECT STATEMENT Optimizer=ALL_ROWS (Cost=1 Card=1 Bytes=18)
   1    0   TABLE ACCESS (BY INDEX ROWID) OF 'DEPT' (Cost=1 Card=1 Bytes=18)
   2    1     INDEX (UNIQUE SCAN) OF 'DEPT_PK' (UNIQUE)
   3    2       COUNT (STOPKEY)
   4    3         INDEX (RANGE SCAN) OF 'EMP_X01' (NON-UNIQUE) (Cost=4 Card=1 Bytes=5)
```

9

〈 인덱스 구성 〉

```
dept_pk   : deptno
emp_x01   : sal + deptno
```

〈 SQL과 실행계획 〉

```
select  * from dept d
where  deptno = (
   select /*+ index(e emp_x01) */ max(deptno)
   from   emp e
   where  sal >= 5000
   and    job = 'PRESIDENT')

Execution Plan
-----------------------------------------------------------
   0      SELECT STATEMENT Optimizer=ALL_ROWS (Cost=1 Card=1 Bytes=18)
   1    0   TABLE ACCESS (BY INDEX ROWID) OF 'DEPT' (Cost=1 Card=1 Bytes=18)
   2    1     INDEX (UNIQUE SCAN) OF 'DEPT_PK' (UNIQUE)
   3    2       SORT (AGGREGATE)
   4    3         TABLE ACCESS (BY INDEX ROWID) OF 'EMP' (Cost=787 Card=3 Bytes=36)
   5    4           INDEX (RANGE SCAN) OF 'EMP_X01' (NON-UNIQUE) (Cost=25 Card=13)
```

7번처럼 서브쿼리에서 stopkey 조건을 사용하지 않는다면 여기처럼 max 등의 집계함수를 사용하는 경우가 일반적이다. 이 실행계획도 3번 실행계획과 대비해 보기 바란다.

여기서도 max 값을 구하는 서브쿼리가 Execute 단계에서 실행되는지 확인해 보자.

```
call     count       cpu    elapsed       disk      query    current        rows
------- ------  -------- ---------- ---------- ---------- ----------  ----------
Parse        1      0.00       0.00          0          0          0           0
Execute      1      0.00       0.00          0          2          0           0
Fetch        2      0.00       0.00          0          2          0           1
------- ------  -------- ---------- ---------- ---------- ----------  ----------
total        4      0.00       0.00          0          4          0           1
```

```
Rows     Row Source Operation
-------  ---------------------------------------------------
      1  TABLE ACCESS BY INDEX ROWID DEPT (cr=4 pr=0 pw=0 time=196 us)
      1   INDEX UNIQUE SCAN DEPT_PK (cr=3 pr=0 pw=0 time=161 us)(object id 52878)
      1    SORT AGGREGATE (cr=2 pr=0 pw=0 time=128 us)
      1     TABLE ACCESS BY INDEX ROWID EMP (cr=2 pr=0 pw=0 time=86 us)
      1      INDEX RANGE SCAN EMP_X01 (cr=1 pr=0 pw=0 time=44 us)(object id 52889)
```

9i에서는 아래쪽 세 단계가 Row Source Operation에 표시되지 않는다.

10

〈 인덱스 구성 〉

```
dept_pk  : deptno
emp_x01  : sal + deptno
```

〈 SQL과 실행계획 〉

```
select  * from dept d
where  deptno = (
   select /*+ index(e emp_x01) */ max(deptno)
   from   emp e
   where  sal >= 5000 )

Execution Plan
-----------------------------------------------------------
   0      SELECT STATEMENT Optimizer=ALL_ROWS (Cost=1 Card=1 Bytes=18)
   1    0   TABLE ACCESS (BY INDEX ROWID) OF 'DEPT' (Cost=1 Card=1 Bytes=18)
   2    1     INDEX (UNIQUE SCAN) OF 'DEPT_PK' (UNIQUE)
   3    2       SORT (AGGREGATE)
   4    3         INDEX (RANGE SCAN) OF 'EMP_X01' (NON-UNIQUE) (Cost=25 Card=13 ...)
```

9번과 같은 상황이지만 서브쿼리에서 테이블 액세스가 발생하지 않는 경우를 보이고 있다. 4번 실행계획과 대비해 보기 바란다.

9i에서는 SQL 트레이스 Row Source Operation에서 아래쪽 세 단계가 Row Source Operation에 표시되지 않는다.

오라클 성능 고도화 원리와 해법 II

고성능 데이터베이스 애플리케이션 구축을 위해

필수적으로 이해하고 적용해야 할 원리와 해법

이 책은 데이터베이스 튜닝과 관련된 핵심 주제를 중심으로, 실전에서 자주 접하는 주요 성능 이슈에 대한 원리와 해법을 친절하고 상세하게 설명합니다. 1권에서 다룬 DBMS 내부수행 원리를 바탕으로 2권에서 다루는 내용은 다음과 같습니다.

- 1장 인덱스 원리와 활용
- 2장 조인 원리와 활용
- 3장 옵티마이저 원리
- 4장 쿼리 변환
- 5장 소트 튜닝
- 6장 파티셔닝
- 7장 병렬 처리

데이터베이스 전문가로서 탄탄한 지식의 탑을 쌓으려면 핵심 기술에 대한 이해가 필수입니다. 데이터베이스 핵심 기술을 다지고 고급 기술을 연마하고자 하는 모든 분께 이 책은 든든한 반석과 나침반이 돼 드릴 것입니다. 특히, 아래와 같은 분께 자신 있게 권합니다.

- 고급 데이터베이스 프로그래머
- 데이터베이스 튜닝에 입문하고자 하는 개발자 및 DBA
- 이미 활동 중인 데이터베이스 튜닝 전문가
- 데이터베이스 설계자
- 애플리케이션 구조 및 공통 기술 설계자
- SQL 전문가(SQLP) 및 DA 전문가(DAP)자격증 응시자

내용문의
http://www.dbian.net
http://www.sqlp.co.kr

㈜디비안 DBian makes DB easier

오라클 성능 고도화 원리와 해법 II

소트 튜닝,
파티션과
병렬 처리

효율적이고 신뢰할 수 있는

데이터베이스 구축을 위한 실증적 방법론

조시형 지음

국가공인자격 SQL Professional CERTIFICATE SQLP

공식참고도서

국가공인자격 Data Architecture Professional DAP

공식참고도서

㈜디비안 DBian makes DB easier

Chapter 05

소트 튜닝

SQL 튜닝에서 빠질 수 없는 요소가 소트 튜닝이다. 소트 오퍼레이션은 수행과정에서 CPU와 메모리를 많이 사용하고, 데이터량이 많을 때는 디스크 I/O까지 일으킨다. 많은 서버 리소스를 사용하는 것도 문제지만 부분범위처리를 불가능하게 해 OLTP 환경에서 애플리케이션 성능을 저하시키는 주요인으로 작용하기도 한다.

01 소트 수행 원리

(1) 소트 수행 과정

SQL 수행 도중 데이터 정렬이 필요할 때면 오라클은 PGA 메모리에 Sort Area를 할당하는데, 그 안에서 처리를 완료할 수 있는지 여부에 따라 소트를 두 가지 유형으로 나눈다.

- 메모리 소트(in-memory sort) : 전체 데이터의 정렬 작업을 메모리 내에서 완료하는 것을 말하며, 'Internal Sort'라고도 한다.
- 디스크 소트(to-disk sort) : 할당받은 Sort Area 내에서 정렬을 완료하지 못해 디스크 공간까지 사용하는 경우를 말하며, 'External Sort'라고도 한다.

그림 5-1은 디스크 소트 과정을 표현한 것이다.

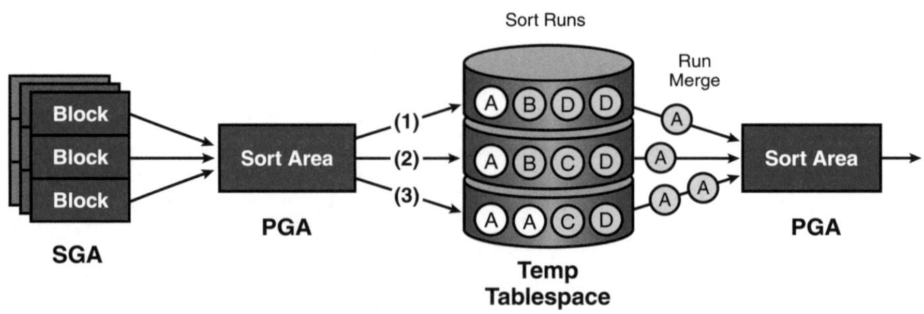

그림 5-1

Sort Area 내에서 데이터 정렬을 마무리하는 것이 최적이지만(→ **optimal 소트**), 양이 많을 때는 정렬된 중간 결과집합을 Temp 테이블스페이스의 Temp 세그먼트에 임시 저장한다. Sort Area가 찰 때마다 Temp 영역에 저장해 둔 중간 단계의 집합을 'Sort Run'이라고 부른다. 그림 5-1에서 표현하고 있듯이 Sort Run 생성을 마쳤으면, 이를 다시 Merge해야 정렬된 최종 결과집합을 얻게 된다.

이처럼, 정렬된 결과를 Temp 영역에 임시 저장했다가 다시 읽어들이는 디스크 소트가 발생하는 순간 SQL 수행 성능은 크게 나빠진다. Sort Area가 각 Sort Run으로부터 하나의 청크(Chunk)씩 읽어 들일 정도의 크기가 된다면 추가적인 디스크 I/O가 발생하지 않아 그나마 다행이다(→ **onepass 소트**). 만약 그 정도의 크기도 못 된다면 Sort Run으로부터 읽은 데이터를 다시 디스크에 썼다가 읽어 들이는 과정을 여러 번 반복하게 되므로 성능은 극도로 나빠진다(→ **multipass 소트**).

- Optimal 소트 : 소트 오퍼레이션이 메모리 내에서만 이루어짐
- Onepass 소트 : 정렬 대상 집합이 디스크에 한 번만 쓰임
- Multipass 소트 : 정렬 대상 집합이 디스크에 여러 번 쓰임

(2) 소트 오퍼레이션 측정

소트 오퍼레이션이 AutoTrace에서 어떻게 측정되는지 살펴보자(스크립트 ch5_01.txt 참조).

```
SQL> create table t_emp
  2  as
  3  select *
  4  from  emp, (select rownum no from dual connect by level <= 100000);

SQL> alter session set workarea_size_policy = manual;

SQL> alter session set sort_area_size = 1048576;
```

emp 테이블을 10만 번 복제한 t_emp 테이블을 생성했다. 디스크 소트가 발생하도록 유도하려고 *workarea_size_policy*를 manual로 변경하고, *sort_area_size*는 1MB로 낮게 설정하였다.

```
SQL> set autotrace on
SQL> select *
  2  from (
  3    select no, empno, ename, job, mgr, sal
  4         , avg(sal) over (partition by to_char(no), deptno) avg_sal
  5    from   t_emp
  6  )
  7  where  no = 1
  8  order by sal desc ;

......

14 개의 행이 선택되었습니다.

-----------------------------------------------------------------------------
| Id  | Operation            | Name  | Rows  | Bytes |TempSpc| Cost  (%CPU)|
-----------------------------------------------------------------------------
|   0 | SELECT STATEMENT     |       | 1377K|   102M|       | 63308    (1)|
|   1 |  SORT ORDER BY       |       | 1377K|   102M|   253M| 63308    (1)|
|*  2 |   VIEW               |       | 1377K|   102M|       | 32708    (1)|
|   3 |    WINDOW SORT       |       | 1377K|   102M|   253M| 32708    (1)|
|   4 |     TABLE ACCESS FULL| T_EMP | 1377K|   102M|       |  2108    (4)|
-----------------------------------------------------------------------------

Predicate Information (identified by operation id):
---------------------------------------------------

   2 - filter("NO"=1)

Statistics
----------------------------------------------------------
        241  recursive calls
         90  db block gets
       9293  consistent gets
      33003  physical reads
          0  redo size
       1275  bytes sent via SQL*Net to client
        385  bytes received via SQL*Net from client
          2  SQL*Net roundtrips to/from client
          1  sorts (memory)
          1  sorts (disk)
         14  rows processed
```

두 번의 소트 오퍼레이션(실행계획에 나타난 sort order by, window sort)이 발생했는데 그 중 한 번은 메모리 내에서 처리를 완료했고('sorts (memory)' 항목), 다른 한 번은 디스크 소트('sorts (disk)' 항목)가 발생했다. 소트해야 할 데이터량을 감안할 때, 전자는 1번 오퍼레이션 단계(ID=1)에 해당하고(no = 1 조건으로 필터링된 결과집합만 정렬하므로), 후자는 3번 오퍼레이션 단계(ID=3)에 해당한다.

디스크 I/O 시 버퍼캐시를 경유하므로 일반적으로 디스크 블록 I/O 개수가 메모리 블록 I/O 개수를 초과할 수 없다. 그런데 여기서는 physical reads 값(33,003)이 consistent gets와 db block gets를 합한 값(9,383)보다 훨씬 크다. 디스크 소트 과정에서 발생한 디스크 I/O까지 *physical reads*에 포함됐기 때문이다. 또한 SQL을 최초 수행했으므로 하드 파싱 과정에서 발생한 디스크 I/O도 여기에 포함됐을 것이다.

SQL 트레이스에는 소트 수행 과정이 어떻게 표시되는지 살펴보자.

```
call     count       cpu    elapsed       disk      query    current        rows
------- ------  -------- ---------- ---------- ---------- ----------  ----------
Parse        1      0.00       0.00          0          0          0           0
Execute      1      0.00       0.00          0          0          0           0
Fetch        2     10.73      28.92      23785       9204         90          14
------- ------  -------- ---------- ---------- ---------- ----------  ----------
total        4     10.73      28.92      23785       9204         90          14

Rows     Row Source Operation
-------  ---------------------------------------------------
     14  SORT ORDER BY (cr=9204 pr=23785 pw=23784 time=28923191 us)
     14   VIEW  (cr=9204 pr=23785 pw=23784 time=17573914 us)
1400000    WINDOW SORT (cr=9204 pr=23785 pw=23784 time=39973641 us)
1400000     TABLE ACCESS FULL T_EMP (cr=9204 pr=0 pw=0 time=5600071 us)

Elapsed times include waiting on following events:
  Event waited on                             Times   Max. Wait  Total Waited
  ----------------------------------------   Waited  ----------  ------------
  SQL*Net message to client                       2        0.00          0.00
  direct path write temp                       6217        0.17          2.76
  direct path read temp                       20264        0.23         15.65
  SQL*Net message from client                     2        0.10          0.10
```

위 결과는 SQL을 2~3번 반복 수행하고 나서의 측정치다. t_emp 테이블을 Full Scan하는 동안 디스크 읽기가 전혀 발생하지 않게 하려 한 것이다(Row Source Operation 맨 아래 full scan 단계 pr=0). 따라서 Call 통계에 나타난 23,785번의 디스크 읽기는 전량 소트 과정에서 발생한 것이다.

window sort 오퍼레이션 단계에서 실제 23,785개의 블록을 읽었고, 23,784개의 블록을 Temp 세그먼트에 저장한 것을 확인하기 바란다.

이벤트 발생 현황을 보면, 소트 과정에서 발생한 I/O Call은 Read와 Write 각각 20,264번과 6,217번이었다. 1권 6장에서도 설명했듯이 소트 과정에서 발생하는 디스크 I/O는 Direct Path I/O 방식을 사용하므로 버퍼 캐시를 경유하는 일반적인 디스크 I/O에 비해 무척 가볍다.

AutoTrace, SQL Trace 외에도 v$sysstat/v$sesstat/v$mystat, v$sort_segment, v$sort_usage, v$temp_extent_pool 같은 뷰를 통해 소트 작업과 관련한 다양한 수행 통계를 확인할 수 있다.

(3) Sort Area

데이터 정렬을 위해 사용되는 Sort Area는 소트 오퍼레이션이 진행되는 동안 공간이 부족해질 때마다 청크(Chunk) 단위(*db_block_size* 파라미터로 결정)로 조금씩 할당된다. 세션마다 사용할 수 있는 최대 크기를 예전에는 *sort_area_size* 파라미터로 설정하였으나, 9i부터는 새로 생긴 *workarea_size_policy* 파라미터를 auto(기본 값)로 설정하면 오라클이 내부적으로 결정한다. (자세한 설명은 7절을 참조하기 바란다.)

SORT_AREA_RETAINED_SIZE

*sort_area_retained_size*는 데이터 정렬을 끝내고 나서 결과집합을 모두 Fetch할 때까지(또는 쿼리의 다음 수행단계로 모두 전달할 때까지) 유지할 Sort Area 크기를 지정한다.

이 크기를 초과한 데이터는 Temp 세그먼트에 저장했다가 Fetch 과정에서 다시 읽어들인다. 따라서 *sort_area_size*가 충분히 커서 메모리 소트 방식으로 처리했더라도 이 파라미터가 정렬된 결과집합보다 작다면 디스크 I/O가 발생한다.

참고로, 0으로 설정하면 정렬 후 곧바로 Sort Area를 모두 해제하겠다는 의미로 이해하기 쉽지만, 그와는 반대로 Fetch가 완료될 때까지 Sort Area 크기를 그대로 유지하겠다는 의미다.

그럼 Sort Area는 어떤 메모리 영역에 할당될까? 이를 이해하려면 먼저 PGA, UGA, CGA 개념을 알아야만 한다.

PGA

각 오라클 서버 프로세스는 자신만의 PGA(Process/Program/Private Global Area) 메모리 영역을 할당받고, 이를 프로세스에 종속적인 고유 데이터를 저장하는 용도로 사용한다. PGA는 다른 프로세스와 공유되지 않는 독립적인 메모리 공간으로서, 래치 메커니즘이 필요 없어 똑같은 개수의 블록을 읽더라도 SGA 버퍼 캐시에서 읽는 것보다 훨씬 빠르다.

UGA

전용 서버(Dedicated Server) 방식으로 연결할 때는 프로세스와 세션이 1:1 관계를 갖지만, 공유 서버(Shared Server 또는 MTS) 방식으로 연결할 때는 1:M 관계를 갖는다. 즉, 세션이 프로세스 개수보다 많아질 수 있는 구조로서, 하나의 프로세스가 여러 개 세션을 위해 일한다. 따라서 각 세션을 위한 독립적인 메모리 공간이 필요해지는데, 이를 'UGA(User Global Area)' 라고 한다.

오라클이 UGA를 사용하게 된 배경을 설명했는데, 그렇다고 전용 서버 방식에서 UGA를 사용하지 않는 것은 아니다. UGA는 서버 프로세스와의 연결 방식에 따라 그 위치가 달라지는데, 전용 서버 방식으로 연결할 때는 PGA에, 공유 서버 방식으로 연결할 때는 SGA에 할당된다. 후자 방식에서는 구체적으로, Large Pool이 설정됐을 때는 Large Pool에, 그렇지 않을 때는 Shared Pool에 할당된다.

그림 5-2는 방금 설명한 프로세스, 세션, PGA, UGA, SGA의 관계를 쉽게 이해할 수 있도록 ERD로 표현해 본 것이다.

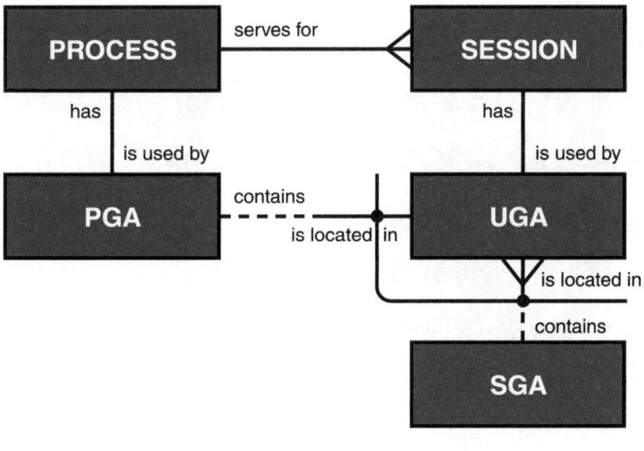

그림 5-2

기억해야 할 주요사항만 요약해 보자.

- 하나의 프로세스는 하나의 PGA를 갖는다.
- 하나의 세션은 하나의 UGA를 갖는다.
- PGA에는 세션과 독립적인 프로세스만의 정보를 관리한다.
- UGA에는 프로세스와 독립적인 세션만의 정보를 관리한다.
- 거의 대부분 전용 서버 방식을 사용하므로 세션과 프로세스는 1:1 관계고, 따라서 UGA도 PGA 내에 할당된다고 이해하면 쉽다.

CGA

PGA에 할당되는 메모리 공간으로는 CGA(Call Global Area)도 있다. 오라클은 하나의 데이터베이스 Call을 넘어서 다음 Call까지 계속 참조되어야 하는 정보는 UGA에 담고, Call이 진행되는 동안에만 필요한 데이터는 CGA에 담는다. CGA는 Parse Call, Execute Call, Fetch Call마다 매번 할당받는다. Call이 진행되는 동안 Recursive Call이 발생하면 그 안에서도 Parse, Execute, Fetch 단계별로 CGA가 추가로 할당된다. CGA에 할당된 공간은 하나의 Call이 끝나자마자 해제돼 PGA로 반환된다.

- CGA : Call이 진행되는 동안만 필요한 정보 저장
- UGA : Call을 넘어서 다음 Call까지 계속 참조되는 정보 저장

Sort Area 할당 위치

이제 Sort Area가 어디에 할당되는지 설명할 준비가 되었다. 결론부터 말하면, Sort Area가 할당되는 위치는 SQL문 종류와 소트 수행 단계에 따라 다르다[1].

DML 문장은 하나의 Execute Call 내에서 모든 데이터 처리를 완료하며, Execute Call이 끝나는 순간 자동으로 커서가 닫힌다. 따라서 DML 수행 도중 정렬한 데이터를 Call을 넘어서까지 참조할 필요가 없으므로 Sort Area를 CGA에 할당한다.

SELECT문에서의 데이터 정렬은 상황에 따라 다르다. SELECT 문장이 수행되는 가장 마지막

1) 유명한 Oracle8i Internal Services의 저자 Steve Adams가 운영하는 Ixora 사이트에서 얻은 정보 (http://www.ixora.com.au/newsletter/2000_11.htm)임을 밝힌다.

단계에서 정렬된 데이터는 계속 이어지는 Fetch Call에서 사용되어야 한다. 따라서 *sort_area_retained_size* 제약이 없다면(0 또는 *sort_area_size*와 같은 값이면) 그 마지막 소트를 위한 Sort Area는 UGA에 할당한다. 반면 마지막보다 앞선 단계에서 정렬된 데이터는 첫 번째 Fetch Call 내에서만 사용되므로[2] Sort Area를 CGA에 할당한다.

예를 들어, 아래 실행계획에서 네 번의 소트 오퍼레이션이 수행되는데, 맨 위쪽에 있는 sort order by만 UGA에서 수행되고 나머지는 CGA에서 수행될 것이다.

```
select /*+ ordered use_merge(e) */
       d.deptno, d.dname, e.ename, e.sal, e.job
     , rank() over (partition by d.deptno order by e.sal) sal_rank
from   dept d, emp e
where  d.deptno = e.deptno
order by e.sal desc

---------------------------------------------------------------------
| Id  | Operation              | Name | Rows  | Bytes | Cost  (%CPU)|
---------------------------------------------------------------------
|   0 | SELECT STATEMENT       |      |    14 |   448 |    10   (40)|
|   1 |  SORT ORDER BY         |      |    14 |   448 |    10   (40)| → UGA
|   2 |   WINDOW SORT          |      |    14 |   448 |    10   (40)| → CGA
|   3 |    MERGE JOIN          |      |    14 |   448 |     8   (25)|
|   4 |     SORT JOIN          |      |     4 |    44 |     4   (25)| → CGA
|   5 |      TABLE ACCESS FULL| DEPT |     4 |    44 |     3    (0)|
|*  6 |     SORT JOIN          |      |    14 |   294 |     4   (25)| → CGA
|   7 |      TABLE ACCESS FULL| EMP  |    14 |   294 |     3    (0)|
---------------------------------------------------------------------
```

SELECT문 마지막 단계더라도 *sort_area_retained_size* 제약이 있으면(0보다 크고 *sort_area_size*보다 작다면), 소트 작업은 CGA에서 수행하고 이 제약만큼의 공간을 UGA에 할당해 소트된 결과를 그곳에 옮겨 담는다. 그럼으로써 이후 발생하는 Fetch Call을 통해 조금씩 결과집합을 전송할 수 있도록 한다. 물론 마지막 단계에서 실제 사용한 CGA 공간(최대 *sort_area_size*의 크기일 것임)이 *sort_area_retained_size*로 지정한 값보다 크다면 모두 옮겨 담을 수 없으므로 일부를 Temp 세그먼트에 저장한다.

---

2) 처음 데이터를 Fetch하기 전 단계에서의 데이터 가공(group by, order by 등)은 Execute Call 내에서 처리될 것이라는 믿음과 달리, 실제로는 첫 번째 Fetch Call에서 이루어진다. 1권 5장 1절을 참조하기 바란다.

마지막보다 앞선 단계에서 정렬을 수행할 때도 *sort_area_retained_size* 제약이 있다면 다음 단계로 넘어가기 전에 이 값을 초과한 분량을 Temp 세그먼트에 저장하고, 초과한 만큼의 CGA 메모리는 반환한다.

지금까지 설명한 내용을 요약하면 다음과 같다.

1. DML 문장 수행 시 발생하는 소트는 CGA에서 수행
2. SELECT 문장 수행 시
   (1) 쿼리 중간 단계의 소트
      CGA에서 수행. *sort_area_retained_size* 제약이 있다면 다음 단계로 넘어가기 전에 이 값을 초과하는 CGA 영역을 반환
   (2) 결과집합을 출력하기 직전 단계에서 수행하는 소트
      ① *sort_area_retained_size* 제약이 있다면, CGA에서 소트 수행.
         이 제약만큼의 UGA를 할당해 정렬된 결과를 담았다가 이후 Fetch Call에서 Array 단위로 전송
      ② *sort_area_retained_size* 제약이 없다면, 곧바로 UGA에서 소트 수행

CGA에 할당된 Sort Area는 하나의 Call이 끝나자마자 PGA에 반환된다. UGA에 할당된 Sort Area는 마지막 로우가 Fetch 될 때 비로소 UGA Heap에 반환되고, 거의 대부분 그 부모 Heap(전용 서버 방식에서는 PGA, 공유 서버 방식에서는 SGA)에도 즉각 반환된다.

(4) 소트 튜닝 요약

소트 오퍼레이션은 메모리 집약적(Memory-intensive)일뿐만 아니라 CPU 집약적(CPU-intensive)이기도 하며, 데이터량이 많을 때는 디스크 I/O까지 발생시키므로 쿼리 성능을 좌우하는 가장 중요한 요소다. 특히, 부분범위처리를 할 수 없게 만들어 OLTP 환경에서 성능을 떨어뜨리는 주요인으로 작용한다. 따라서 될 수 있으면 소트가 발생하지 않도록 SQL을 작성해야 하고, 소트가 불가피하다면 메모리 내에서 수행을 완료할 수 있도록 해야 한다.

앞으로 설명할 소트 튜닝 방안을 요약하면 다음과 같다.

- 데이터 모델 측면에서의 검토
- 소트가 발생하지 않도록 SQL 작성

- 인덱스를 이용한 소트 연산 대체
- Sort Area를 적게 사용하도록 SQL 작성
- Sort Area 크기 조정

3절 이하부터 이들 내용을 중심으로 설명할 텐데, 그 전에 소트를 발생시키는 오퍼레이션에 어떤 것들이 있는지부터 살펴보자.

02 소트를 발생시키는 오퍼레이션

(1) Sort Aggregate

sort aggregate는 아래처럼 전체 로우를 대상으로 집계를 수행할 때 나타나는데, 'sort' 라는 표현을 사용하지만 실제 소트가 발생하지는 않는다.

```
SQL> select sum(sal), max(sal), min(sal) from emp;

-----------------------------------------------------------------------------
| Id  | Operation           | Name | Rows  | Bytes | Cost (%CPU)| Time     |
-----------------------------------------------------------------------------
|   0 | SELECT STATEMENT    |      |     1 |     4 |     3   (0)| 00:00:01 |
|   1 |  SORT AGGREGATE     |      |     1 |     4 |            |          |
|   2 |   TABLE ACCESS FULL| EMP  |    14 |    56 |     3   (0)| 00:00:01 |
-----------------------------------------------------------------------------

......
0  sorts (memory)
0  sorts (disk)
......
```

(2) Sort Order By

데이터 정렬을 위해 order by 오퍼레이션을 수행할 때 나타난다.

```
SQL> set autotrace traceonly
SQL> select * from emp order by sal desc;

-----------------------------------------------------------------------------
| Id  | Operation           | Name | Rows  | Bytes | Cost (%CPU)| Time     |
-----------------------------------------------------------------------------
|   0 | SELECT STATEMENT    |      |    14 |   518 |     4  (25)| 00:00:01 |
|   1 |  SORT ORDER BY      |      |    14 |   518 |     4  (25)| 00:00:01 |
|   2 |   TABLE ACCESS FULL| EMP  |    14 |   518 |     3   (0)| 00:00:01 |
-----------------------------------------------------------------------------

......
1  sorts (memory)
0  sorts (disk)
......
```

(3) Sort Group By

sort group by는 소팅 알고리즘을 사용해 그룹별 집계를 수행할 때 나타난다.

```
SQL> select deptno, job, sum(sal), max(sal), min(sal)
  2  from   emp
  3  group by deptno, job
  4  order by deptno, job ;

  DEPTNO JOB         SUM(SAL)   MAX(SAL)   MIN(SAL)
-------- --------- ---------- ---------- ----------
      10 CLERK           1300       1300       1300
      10 MANAGER         2450       2450       2450
      10 PRESIDENT       5000       5000       5000
      20 ANALYST         6000       3000       3000
      20 CLERK           1900       1100        800
      20 MANAGER         2975       2975       2975
      30 CLERK            950        950        950
      30 MANAGER         2850       2850       2850
      30 SALESMAN        5600       1600        125

-----------------------------------------------------------------------------
| Id  | Operation           | Name | Rows  | Bytes | Cost (%CPU)| Time     |
-----------------------------------------------------------------------------
|   0 | SELECT STATEMENT    |      |    11 |   165 |     4  (25)| 00:00:01 |
```

```
|   1 |  SORT GROUP BY      |      |    11 |   165 |     4  (25)| 00:00:01 |
|   2 |   TABLE ACCESS FULL| EMP  |    14 |   210 |     3   (0)| 00:00:01 |
--------------------------------------------------------------------------

......
1  sorts (memory)
0  sorts (disk)
......
```

Hash Group By와 비교

10gR2에서 hash group by 방식이 도입되면서, order by절을 함께 명시하지 않으면 대부분 hash group by 방식으로 처리된다.

```
SQL> select deptno, job, sum(sal), max(sal), min(sal)
  2  from   emp
  3  group by deptno, job ;

  DEPTNO JOB          SUM(SAL)   MAX(SAL)   MIN(SAL)
-------- --------- ---------- ---------- ----------
      20 CLERK           1900       1100        800
      30 SALESMAN        5600       1600       1250
      20 MANAGER         2975       2975       2975
      30 CLERK            950        950        950
      10 PRESIDENT       5000       5000       5000
      30 MANAGER         2850       2850       2850
      10 CLERK           1300       1300       1300
      10 MANAGER         2450       2450       2450
      20 ANALYST         6000       3000       3000

--------------------------------------------------------------------------
| Id  | Operation           | Name | Rows  | Bytes | Cost  (%CPU)| Time     |
--------------------------------------------------------------------------
|   0 | SELECT STATEMENT    |      |    11 |   165 |     4  (25)| 00:00:01 |
|   1 |  HASH GROUP BY      |      |    11 |   165 |     4  (25)| 00:00:01 |
|   2 |   TABLE ACCESS FULL| EMP  |    14 |   210 |     3   (0)| 00:00:01 |
--------------------------------------------------------------------------

......
0  sorts (memory)
0  sorts (disk)
......
```

hash group by는 정렬을 수행하지 않고 해싱 알고리즘을 사용해 데이터를 그룹핑한다. 읽는 로우마다 group by 컬럼의 해시 값으로 해시 버킷을 찾아 그룹별로 집계항목(max, min, avg 등)을 갱신하는 방식이다.

sort group by라고 해서 모든 데이터를 정렬하고 나서 집계하는 것은 아니며, hash group by와 마찬가지로 읽는 로우마다 그룹별로 집계항목을 갱신한다. 다만, 그룹을 찾아가는 방식이 해싱 알고리즘이냐 소팅 알고리즘이냐의 차이만 있을 뿐이다. 집계할 대상 로우가 아무리 많아도 그룹 개수(즉, group by 기준 컬럼의 distinct value 개수)가 소수일 때는 두 방식 모두 디스크 소트가 전혀 발생하지 않는 것을 통해 이를 알 수 있다.

참고로, hash group by 기능을 비활성화하고 싶으면 아래와 같이 하면 된다.

```
alter system  set "_gby_hash_aggregation_enabled" = false;
```

Group By 결과의 정렬 순서

10gR2에서 hash group by가 도입되면서 정렬 순서를 보장하지 않게 되었다고 많은 분들이 알고 있지만, 사실 오라클은 9i부터 이미 group by 결과가 보장되지 않는다고 여러 문서를 통해 공식적으로 밝히고 있다. (심지어 그 이전에도 보장한 적은 없다고 말한다.)

그런데 "문서 상으로만 그렇게 공표했을 뿐 sort group by일 때는 결과가 보장된다"고 믿는 분들이 많다. 아래는 9i에서 수행한 것인데, 20번 부서의 job이 정렬되지 않은 상태(CLERK → ANALYST → MANAGER)인 것을 확인하기 바란다. 같은 쿼리를 8i에서 수행해 보면 정렬된 결과를 보인다.

```
SQL> select deptno, job, sum(sal), max(sal), min(sal)
  2  from   emp
  3  group by deptno, job ;

  DEPTNO JOB                  SUM(SAL)   MAX(SAL)   MIN(SAL)
-------- ------------------ ---------- ---------- ----------
      10 CLERK                    1300       1300       1300
      10 MANAGER                  2450       2450       2450
      10 PRESIDENT                5000       5000       5000
      20 CLERK                    1900       1100        800
      20 ANALYST                  6000       3000       3000
      20 MANAGER                  2975       2975       2975
```

```
        30 CLERK                       950          950          950
        30 MANAGER                    2850         2850         2850
        30 SALESMAN                   5600         1600         1250

9 개의 행이 선택되었습니다.

Execution Plan
----------------------------------------------------------
0       SELECT STATEMENT Optimizer=CHOOSE (Cost=4 Card=11 Bytes=132)
1    0    SORT (GROUP BY) (Cost=4 Card=11 Bytes=132)
2    1      TABLE ACCESS (FULL) OF 'EMP' (Cost=2 Card=14 Bytes=168)
```

그래도 믿기 힘들다면 아래 쿼리도 수행해 보고, 정렬되지 않은 결과를 직접 확인하기 바란다.

```
alter system  set "_gby_hash_aggregation_enabled" = false;  -- 10g 이상일 때

select owner, object_type, count(*)
from   all_objects
group by owner, object_type
```

소팅 알고리즘을 사용해 sort group by된 결과집합은 논리적인 정렬 순서를 따라 포인터로 서로 연결돼 있을 것이다. 하지만 물리적인 순서는 논리적 순서와 다를 수 있고, order by를 명시하지 않았을 때는 논리적 순서를 무시하고 물리적 순서에 따라 결과를 출력하기 때문에 정렬을 보장하지 않는 것이라고 짐작해 볼 수 있다.

요컨대, 실행계획에서 "sort group by"의 의미는 "소팅 알고리즘을 사용해 값을 집계한다"는 뜻일 뿐 결과의 정렬을 의미하지는 않는다. 물론 쿼리에 order by절을 명시하면 정렬 순서가 보장(→ 논리적 정렬 순서를 따라 결과 출력)되지만, 이때도 실행계획은 똑같이 "sort group by"로 표시된다.

8i에서도 group by가 정렬 순서를 보장하지 않는 사례가 있다. 예를 들어, emp 테이블에서 deptno, job별로 평균 급여를 구한다고 하자. 그런데 [job + deptno] 순으로 구성된 인덱스가 있고 옵티마이저가 이 인덱스를 이용해 group by를 수행하기로 했다면 결과집합은 어떤 정렬 순서를 보일까? 아래 수행 결과를 보자.

```
SQL> set autotrace on exp
SQL> create index emp_idx on emp(job, deptno);

SQL> select /*+ index(emp emp_idx) */ deptno, job, avg(sal)
  2  from   emp
  3  where  deptno is not null
  4  group by deptno, job ;

    DEPTNO JOB           AVG(SAL)
---------- --------- ----------
        20 ANALYST         3000
        10 CLERK           1300
        20 CLERK            950
        30 CLERK            950
        10 MANAGER         2450
        20 MANAGER         2975
        30 MANAGER         2850
        10 PRESIDENT       5000
        30 SALESMAN        1400

-----------------------------------------------------------------------------
| Id  | Operation                    | Name    | Rows  | Bytes | Cost (%CPU)|
-----------------------------------------------------------------------------
|   0 | SELECT STATEMENT             |         |    11 |   165 |     2   (0)|
|   1 |  SORT GROUP BY NOSORT        |         |    11 |   165 |     2   (0)|
|   2 |   TABLE ACCESS BY INDEX ROWID| EMP     |    14 |   210 |     2   (0)|
|   3 |    INDEX FULL SCAN           | EMP_IDX |    14 |       |     1   (0)|
-----------------------------------------------------------------------------
```

쿼리 출력 결과가 group by 기준 컬럼과 다른 정렬 순서를 보이는 것을 확인하기 바란다. 컬럼 순서가 다르더라도 group by를 위해 emp_idx 인덱스가 사용될 수 있는 것은, 인덱스에서 같은 값을 갖는 레코드는 서로 군집해 있기 때문이다. 위 실행계획은 10g에서 수집한 것이지만 8i에서 수행하더라도 마찬가지 결과가 나타난다.

결론적으로 말해 **정렬된 group by 결과를 얻고자 한다면, 실행계획에 설령 'sort group by' 라고 표시되더라도 반드시 order by를 명시해야 한다.**

참고로, 아래는 order by절을 사용하지 않았는데도 10gR2에서 sort group by가 나타나는 경우다.

```
SQL> select deptno, job, count(distinct ename)
  2  from   emp
  3  group by deptno, job ;

  DEPTNO JOB                 COUNT(DISTI
-------- ------------------ ------------
     ... ...                         ...
      10 PRESIDENT                     1
      20 CLERK                         2
      20 ANALYST                       2
      20 MANAGER                       1
      30 CLERK                         1
     ... ...                         ...

-----------------------------------------------------------------------------
| Id  | Operation          | Name | Rows  | Bytes | Cost (%CPU)| Time     |
-----------------------------------------------------------------------------
|   0 | SELECT STATEMENT   |      |    11 |   187 |     4  (25)| 00:00:01 |
|   1 |  SORT GROUP BY     |      |    11 |   187 |     4  (25)| 00:00:01 |
|   2 |   TABLE ACCESS FULL| EMP  |    14 |   238 |     3   (0)| 00:00:01 |
-----------------------------------------------------------------------------
```

distinct count 연산을 하려면 deptno, job, ename으로 정렬하고서 deptno, job별로 Unique한 ename 개수를 세야 한다. 그런데 해싱 알고리즘은 정렬을 하지 않는 구조여서 deptno, job이 같아도 ename에 따라 서로 다른 해시 버킷으로 흩어지므로 distinct count 연산에 쓰일 수 없다. 따라서 오라클은 distinct count를 만났을 땐 항상 sort group by 방식으로 수행한다. 여기서도 결과는 정렬되지 않았음을 확인할 수 있다.

한 가지 첨언하자면, "group by만 기술한 기존 쿼리에 order by를 추가하면 성능이 나빠질 텐데도 무책임하게 어느 날 갑자기 결과를 보장하지 않는다는 공식 입장을 발표했다"며 오라클을 비판하는 글을 본 적이 있는데, 그것은 오해다. 이미 설명한 것처럼 group by를 위해 내부적으로 사용하는 알고리즘이 바뀔 뿐이며, order by절을 추가한다고 해서 정렬 작업이 두 번 일어나지는 않는다. 물론 알고리즘 차이 때문에 생기는 성능 저하는 있을 수 있다.

(4) Sort Unique

Unnesting된 서브쿼리가 M쪽 집합이거나 Unique 인덱스가 없다면, 그리고 세미 조인으로 수행되지도 않는다면 메인 쿼리와 조인되기 전에 sort unique 오퍼레이션이 먼저 수행된다(4장 2절 서브쿼리 Unnesting 참조).

```
SQL> select /*+ ordered use_nl(dept) */ * from dept
  2  where  deptno in (select /*+ unnest */ deptno
  3                    from emp where job = 'CLERK') ;

-------------------------------------------------------------------------------
| Id  | Operation                     | Name        | Rows  | Bytes | Cost  (%CPU)|
-------------------------------------------------------------------------------
|   0 | SELECT STATEMENT              |             |     3 |    87 |     4   (25)|
|   1 |  NESTED LOOPS                 |             |     3 |    87 |     4   (25)|
|   2 |   SORT UNIQUE                 |             |     3 |    33 |     2    (0)|
|   3 |    TABLE ACCESS BY INDEX ROWID| EMP         |     3 |    33 |     2    (0)|
|   4 |     INDEX RANGE SCAN          | EMP_JOB_IDX |     3 |       |     1    (0)|
|   5 |   TABLE ACCESS BY INDEX ROWID | DEPT        |     1 |    18 |     1    (0)|
|   6 |    INDEX UNIQUE SCAN          | DEPT_PK     |     1 |       |     0    (0)|
-------------------------------------------------------------------------------

......
1  sorts (memory)
0  sorts (disk)
......
```

만약 PK/Unique 제약 또는 Unique 인덱스를 통해, Unnesting된 서브쿼리의 Uniqueness가 보장된다면 sort unique 오퍼레이션은 생략된다.

union, minus, intersect 같은 집합(set) 연산자를 사용할 때도 아래와 같이 sort unique 오퍼레이션이 나타난다.

```
SQL> select job, mgr from emp where deptno = 10
  2  union
  3  select job, mgr from emp where deptno = 20;

---------------------------------------------------------------------------
| Id  | Operation            | Name | Rows  | Bytes | Cost  (%CPU)| Time     |
```

```
--------------------------------------------------------------------------------
|  0 | SELECT STATEMENT     |      |   10 |   150 |     8  (63)| 00:00:01 |
|  1 |  SORT UNIQUE         |      |   10 |   150 |     8  (63)| 00:00:01 |
|  2 |   UNION-ALL          |      |      |       |            |          |
|  3 |    TABLE ACCESS FULL| EMP   |    5 |    75 |     3   (0)| 00:00:01 |
|  4 |    TABLE ACCESS FULL| EMP   |    5 |    75 |     3   (0)| 00:00:01 |
--------------------------------------------------------------------------------

......
1  sorts (memory)
0  sorts (disk)
......

SQL> select job, mgr from emp where deptno = 10
  2  minus
  3  select job, mgr from emp where deptno = 20;

--------------------------------------------------------------------------------
| Id  | Operation            | Name | Rows  | Bytes | Cost (%CPU)| Time     |
--------------------------------------------------------------------------------
|  0 | SELECT STATEMENT     |      |    5 |   150 |     8  (63)| 00:00:01 |
|  1 |  MINUS               |      |      |       |            |          |
|  2 |   SORT UNIQUE        |      |    5 |    75 |     4  (25)| 00:00:01 |
|  3 |    TABLE ACCESS FULL| EMP   |    5 |    75 |     3   (0)| 00:00:01 |
|  4 |   SORT UNIQUE        |      |    5 |    75 |     4  (25)| 00:00:01 |
|  5 |    TABLE ACCESS FULL| EMP   |    5 |    75 |     3   (0)| 00:00:01 |
--------------------------------------------------------------------------------

......
2  sorts (memory)
0  sorts (disk)
......
```

distinct 연산을 위해서도 sort unique 오퍼레이션이 사용된다.

```
SQL> select distinct deptno from emp order by deptno;

--------------------------------------------------------------------------------
| Id  | Operation            | Name | Rows  | Bytes | Cost (%CPU)| Time     |
--------------------------------------------------------------------------------
```

```
|   0 | SELECT STATEMENT    |      |    3 |     9 |     5  (40)| 00:00:01 |
|   1 |  SORT UNIQUE        |      |    3 |     9 |     4  (25)| 00:00:01 |
|   2 |   TABLE ACCESS FULL| EMP  |   14 |    42 |     3   (0)| 00:00:01 |
---------------------------------------------------------------------------

......
1  sorts (memory)
0  sorts (disk)
......
```

오라클 10gR2부터는 group by처럼 distinct 연산에서도 order by를 생략하면 hash unique 방식으로 수행된다.

```
SQL> select distinct deptno from emp;

---------------------------------------------------------------------------
| Id  | Operation          | Name | Rows  | Bytes | Cost (%CPU)| Time     |
---------------------------------------------------------------------------
|   0 | SELECT STATEMENT    |      |    3 |     9 |     4  (25)| 00:00:01 |
|   1 |  HASH UNIQUE        |      |    3 |     9 |     4  (25)| 00:00:01 |
|   2 |   TABLE ACCESS FULL| EMP  |   14 |    42 |     3   (0)| 00:00:1 |
---------------------------------------------------------------------------

......
0  sorts (memory)
0  sorts (disk)
......
```

참고로, 10gR2에서 아래처럼 *_convert_set_to_join* 파라미터를 true로 설정하면 minus, intersect 같은 집합(set) 연산에 hash unique 오퍼레이션을 사용한다. 즉, 조인을 통해 두 집합을 연결하고 나서 중복을 제거하는 방식이다(4장 11절 '집합 연산을 조인으로 변환' 참조).

```
alter session set "_convert_set_to_join" = true;
```

(5) Sort Join

sort join 오퍼레이션은 소트 머지 조인을 수행할 때 나타난다.

```
SQL> select /*+ ordered use_merge(e) */ *
  2  from   dept d, emp e
  3  where  d.deptno = e.deptno ;

--------------------------------------------------------------------------------
| Id  | Operation            | Name | Rows  | Bytes | Cost  (%CPU)| Time     |
--------------------------------------------------------------------------------
|   0 | SELECT STATEMENT     |      |    14 |   770 |     8   (25)| 00:00:01 |
|   1 |  MERGE JOIN          |      |    14 |   770 |     8   (25)| 00:00:01 |
|   2 |   SORT JOIN          |      |     4 |    72 |     4   (25)| 00:00:01 |
|   3 |    TABLE ACCESS FULL| DEPT |     4 |    72 |     3    (0)| 00:00:01 |
|   4 |   SORT JOIN          |      |    14 |   518 |     4   (25)| 00:00:01 |
|   5 |    TABLE ACCESS FULL| EMP  |    14 |   518 |     3    (0)| 00:00:01 |
--------------------------------------------------------------------------------

......
2  sorts (memory)
0  sorts (disk)
......
```

2장 조인 원리와 활용에서 소트 머지 조인에 대해 설명한 것처럼 outer 테이블인 dept의 deptno 컬럼 인덱스를 이용할 때는 sort가 한 번만 발생한다.

```
--------------------------------------------------------------------------------
| Id  | Operation                    | Name    | Rows  | Bytes | Cost  (%CPU)|
--------------------------------------------------------------------------------
|   0 | SELECT STATEMENT             |         |    14 |   770 |     6   (17)|
|   1 |  MERGE JOIN                  |         |    14 |   770 |     6   (17)|
|   2 |   TABLE ACCESS BY INDEX ROWID| DEPT    |     4 |    72 |     2    (0)|
|   3 |    INDEX FULL SCAN           | DEPT_PK |     4 |       |     1    (0)|
|   4 |   SORT JOIN                  |         |    14 |   518 |     4   (25)|
|   5 |    TABLE ACCESS FULL         | EMP     |    14 |   518 |     3    (0)|
--------------------------------------------------------------------------------

......
1  sorts (memory)
0  sorts (disk)
......
```

(6) Window Sort

window sort는 분석함수(Analytic Function)를 수행할 때 나타난다.

```
SQL> select empno, ename, job, mgr, sal
  2       , avg(sal) over (partition by deptno)
  3  from emp ;

-----------------------------------------------------------------------------
| Id  | Operation          | Name | Rows  | Bytes | Cost  (%CPU)| Time     |
-----------------------------------------------------------------------------
|   0 | SELECT STATEMENT   |      |    14 |   406 |     4  (25)| 00:00:01 |
|   1 |  WINDOW SORT       |      |    14 |   406 |     4  (25)| 00:00:01 |
|   2 |   TABLE ACCESS FULL| EMP  |    14 |   406 |     3   (0)| 00:00:01 |
-----------------------------------------------------------------------------

......
1  sorts (memory)
0  sorts (disk)
......
```

지금까지 소트를 발생시키는 오퍼레이션 종류에 대해 살펴봤고, 이제 본격적으로 소트 튜닝 방안에 대해 살펴보기로 하자.

03 데이터 모델 측면에서의 검토

불합리한 데이터 모델이 소트 오퍼레이션을 유발하는 경우를 흔히 접할 수 있다. 튜닝 과정에서 조사된 SQL에 group by, union, distinct 같은 연산자가 불필요하게 많이 사용되는 패턴을 보인다면 대개 데이터 모델이 잘 정규화되지 않았음을 암시한다. 데이터 모델 이상(異常)으로 발생한 데이터 중복을 제거하려다 보니 소트 오퍼레이션을 수행하게 되는 것이다.

사례 1

M:M 관계(Relationship)를 갖도록 테이블을 설계한 경우가 대표적이다. 그림 5-3에 있는 ERD를 보자.

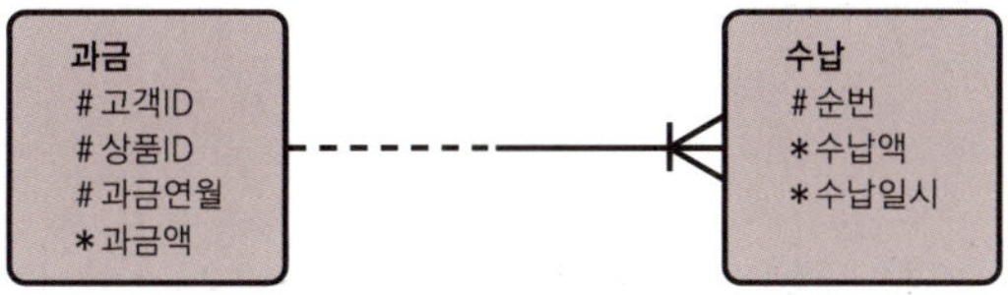

그림 5-3

과금은 매달 한 번씩 발생하고, 하나의 과금에 대해 고객이 여러 번에 걸쳐 입금할 수 있기 때문에 수납과는 1:M 관계에 놓인다. 이 때문에 그림 5-3과 같이 수납 테이블 PK 속성 그룹에는 순번 컬럼이 필요하다. 고객ID, 상품ID, 과금연월은 과금 테이블로부터 상속받는다[3].

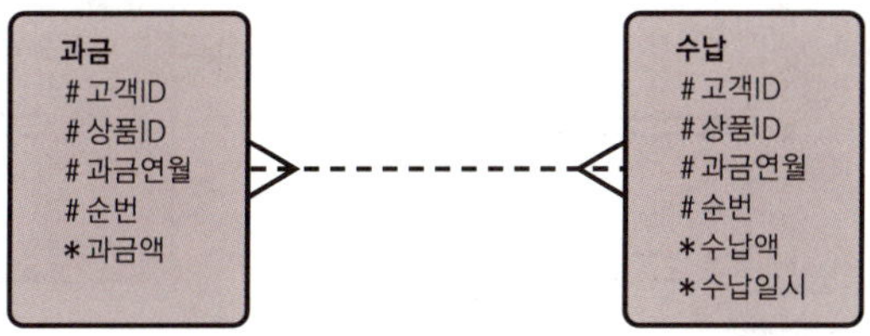

그림 5-4

그런데 필자가 방문한 모 회사는 그림 5-4와 같이 M:M 관계로 설계돼 있었다. 과금 테이블에 있는 순번은 수납 쪽 순번과 독립적으로 부여되는 속성이다. 따라서 과금과 수납 내역을 조회하려면, 매번 아래처럼 과금 테이블을 먼저 group by 해야만 한다.

```
select a.상품id, a.과금액, b.수납액, b.수납일시
from  (select 고객id, 상품id, 과금연월, sum(과금액) 과금액
       from   과금
       where  과금연월 = :과금연월
```

3) 바커 표기법(Barker Notation)에 익숙지 않은 독자를 위해 설명하면, 수납 쪽 Crow's foot(<) 바로 왼쪽에 붙은 수직 Bar(|)는 부모 테이블 식별자를 자신의 식별자로 상속받음을 의미한다. 따라서 수납 테이블에 고객ID, 상품ID, 과금연월을 표시하지 않았지만 암묵적으로 해당 속성이 순번과 더불어 PK 역할을 한다.

```
        and     고객 id = :고객id
        group by 고객id, 상품id, 과금연월) a
      , 수납 b
where   b.고객id(+)   = a.고객id
and     b.상품id(+)   = a.상품id
and     b.과금연월(+) = a.과금연월
order by a.상품id, b.순번
```

튜닝 과정에서 업무 담당자를 통해 확인한 결과, 정상적으로는 1:M 관계가 맞지만 과거 데이터 이관(Migration) 시 발생한 예외 케이스 때문에 M:M 모델이 되었다고 한다. 실제 데이터를 조회해 본 결과, 그림 5-5에 표현한 것처럼 불과 0.09%에 해당하는 14,979건만 M:M 관계에 놓여 있었다.

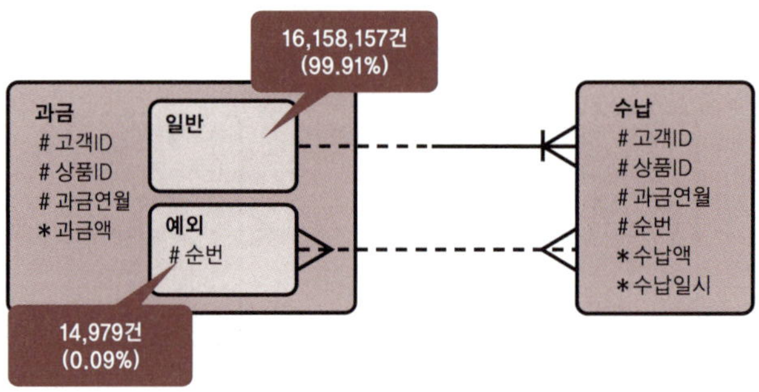

그림 5-5

업무 담당자 및 개발팀과 협의한 끝에 데이터를 정제(Cleasing)하고 그림 5-3과 같이 정상적인 1:M 관계를 갖도록 모델을 수정하였다. 그 결과, 불필요한 group by 연산을 제거할 수 있어 쿼리가 아래와 같이 간단해졌음은 물론 성능도 전반적으로 향상되었다.

```
select a.상품id, a.과금액, b.수납액, b.수납일시
from   과금 a, 수납 b
where  a.과금연월      = :과금연월
and    a.고객 id       = :고객id
and    b.고객id(+)     = a.고객id
and    b.상품id(+)     = a.상품id
and    b.과금연월(+)   = a.과금연월
order by a.상품id, b.순번
```

사례 2

두 번째 사례를 살펴보자. 정상적인 데이터 모델은 그림 5-6과 같다.

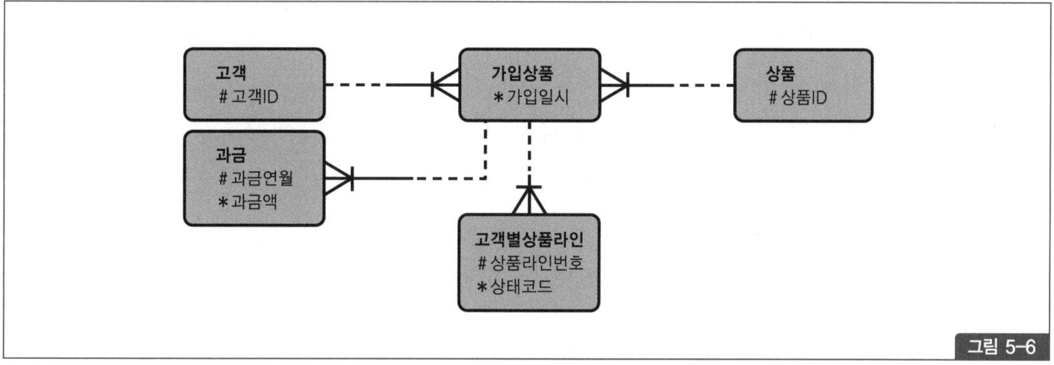

그림 5-6

PK 외에 관리할 속성이 아예 없거나 그림 5-6의 '가입상품' 처럼 소수(여기서는 가입일시 하나뿐임)일 때, 테이블 개수를 줄인다는 이유로 자식 테이블에 통합시키는 경우를 종종 볼 수 있다. '가입상품' 테이블을 없애고 그림 5-7처럼 '고객별상품라인' 에 통합하는 식이다.

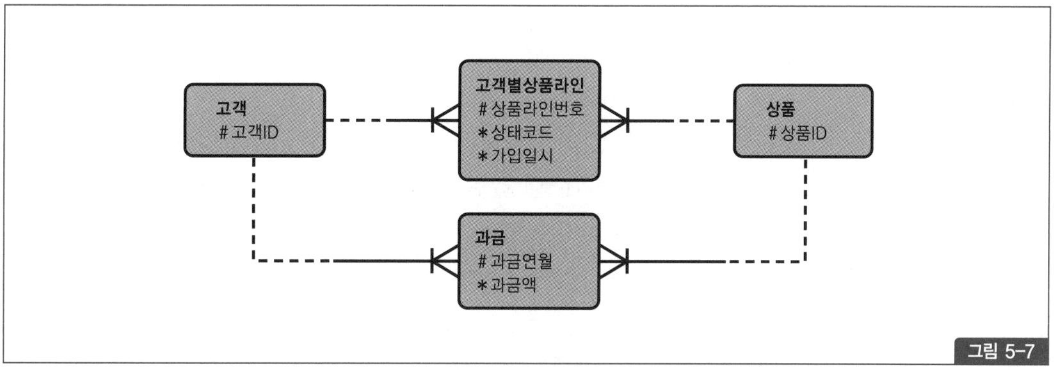

그림 5-7

정보 누락이 없고, 가입일시는 최초 입력 후 변경되지 않는 속성이므로 정합성에도 문제가 안 생기겠지만 이 회사는 고객별 가입상품 레벨의 데이터 조회가 매우 빈번하게 발생한다. 그때마다 아래처럼 '고객별상품라인' 테이블을 group by 해야 한다면 성능이 좋을 리 없다.

```
select 과금.고객id, 과금.상품id, 과금.과금액, 가입상품.가입일시
from   과금,
      (select 고객id, 상품id, min(가입일시) 가입일시
```

```
        from    고객별상품라인
        group by 고객id, 상품id) 가입상품
where   과금.고객id(+)     = 가입상품.고객id
and     과금.상품id(+)     = 가입상품.상품id
and     과금.과금연월(+)   = :yyyymm
```

만약 그림 5-6처럼 잘 정규화된 데이터 모델을 사용했다면 쿼리도 아래처럼 간단해지고 시스템 전반의 성능 향상에도 도움이 된다.

```
select 과금.고객id, 과금.상품id, 과금.과금액, 가입상품.가입일시
from    과금, 가입상품
where   과금.고객id(+)     = 가입상품.고객id
and     과금.상품id(+)     = 가입상품.상품id
and     과금.과금연월(+)   = :yyyymm
```

이 외에도 데이터 모델 때문에 소트 부하를 일으키는 사례는 무궁무진하지만 한 가지만 더 살펴보기로 하자.

사례 3

순번(seq) 컬럼을 증가시키면서 순서대로 데이터를 적재하는 점이력 모델은 선분이력에 비해 DML 부하를 최소화할 수 있는 장점이 있지만, 대량 집합의 이력을 조회할 때 소트를 많이 발생시키는 단점이 있다. 특히, 마지막 이력만 조회하는 업무가 대부분일 때 비효율이 크다.

여러 이력 테이블로부터 최근 데이터만을 읽어 조인하는 아래 쿼리를 보자.

```
select   ...
from  (
  select ...
  from    소송심급피해대상     a
        , 소송대상청구         b
        , 소송심급             c
        , 소송                 d
        , 소송결재             e
        , 민원마스터           f
        , VOC유형코드          g
        ,(select ...
```

```
       from  (select ..., rank() over (partition by ... order by 종결년도 desc, 종결순번 desc) rank
              from  소송심급대상종결 A  )
       where  rank = 1 )    h
     ,(select  ...
       from  (select ..., rank() over (partition by ... order by 마감일자 desc) rank
              from  피해청구 A )
       where  rank = 1 )    i
     ,(select ...
       from  (select ..., rank() over (partition by ... order by A.판결년도 desc, A.순번 desc) rank
              from  판결 a, 소송피해내용 b, 소송금 c, 소송소득내용 d,
                   (select  ...
                    from  (select ..., rank() over (partition by ... order by 순번 desc) rank
                           from  소송결재
                           where  ... )
                    where  rank = 1 ) E
              where  a.판결년도 =  b.판결년도
              and    a.판결순번 =  b.판결순번
              and    ... )
       where  rank = 1 )    j
     ,(select ...
       from  (select ..., rank() over (partition by ... order by a.특인차수 desc, b.순번 desc) rank
              from  특인 a, 특인결재 b
              where  a.특인년도 =  b.특인년도
              and    a.특인순번 =  b.특인순번
              and    ... )
       where  rank = 1 )    k
     ,(select ...
       from  (select ..., rank() over (partition by ... order by a.소송심급피해대상순번 desc) rank
              from  소송대상청구 a, 소송심급피해대상 b, 소송심급 d, 소송 d
              where  ... )
       where  rank = 1 )    l
  where  ...
);
```

이력 조회하는 모든 부분을 인라인 뷰로 감싸고, 분석함수를 이용해 순번상 가장 큰 값을 갖는 레코드만을 추출하고 있다. 이 쿼리뿐만 아니라 대부분 쿼리가 이런 형태를 띠고 있다면 다른 대안 모델을 고려해 봄 직하다.

예를 들어, 순번 컬럼을 999로 입력하거나 플래그(flag) 컬럼을 둔다면 소트를 일으키지 않고도 마지막 레코드를 쉽게 추출할 수 있다. 또한, 선분이력 모델을 채택한다면 더 큰 유연성을 얻을 수 있다.

이들 대안 모델을 채택하면 새로운 이력이 쌓일 때마다 기존 값을 갱신해야 하는 부담이 생긴다. 하지만 한 번의 갱신으로 수백 번의 조회를 빠르게 할 수 있다면 그것이 더 나은 선택일 것이다. 현재(=최종) 데이터만 주로 조회한다면, 데이터 중복이 있더라도 마스터 테이블을 이력 테이블과 별도로 관리하는 것도 좋은 방안이다.

방금 전 사례를 두고 모델이 잘못됐다고 말할 수는 없지만 어떤 데이터 모델을 선택하느냐에 따라 성능에 차이가 생길 수 있음을 잘 보여준다. (데이터 모델은 다각적인 측면에서 평가가 이루어져야지 단순히 소트가 많이 발생한다고 해서 잘못된 모델이라고 얘기해선 안 된다. 소트 발생량 때문에 업무가 틀렸다고 말할 수 없는 것처럼 말이다.)

04 소트가 발생하지 않도록 SQL 작성

데이터 모델 측면에선 이상이 없는데, 불필요한 소트가 발생하도록 SQL을 작성하는 경우가 있다. 예를 들어, 아래처럼 union을 사용하면 옵티마이저는 상단과 하단의 두 집합 간 중복을 제거하려고 sort unique 연산을 수행한다.

```
SQL> select empno, job, mgr from emp where deptno = 10
  2  union
  3  select empno, job, mgr from emp where deptno = 20;

--------------------------------------------------------------------------------
| Id  | Operation            | Name | Rows  | Bytes | Cost  (%CPU)| Time      |
--------------------------------------------------------------------------------
|   0 | SELECT STATEMENT     |      |    10 |   190 |      8  (63)| 00:00:01 |
|   1 |  SORT UNIQUE         |      |    10 |   190 |      8  (63)| 00:00:01 |
|   2 |   UNION-ALL          |      |       |       |             |          |
|   3 |    TABLE ACCESS FULL| EMP  |     5 |    95 |      3   (0)| 00:00:01 |
|   4 |    TABLE ACCESS FULL| EMP  |     5 |    95 |      3   (0)| 00:00:01 |
--------------------------------------------------------------------------------
```

하지만 PK 컬럼인 empno를 select-list에 포함하므로 두 집합간에는 중복 가능성이 전혀 없다. 따라서 union all을 사용해야 한다. union all은 중복을 확인하지 않고 두 집합을 단순히 결합하므로 소트 부하가 없기 때문이다. (select-list에 empno가 없다면 10번과 20번 부서에 job, mgr이 같은 사원이 있을 수 있어 union과 union all의 의미가 달라진다.)

그럼에도 위와 같이 union을 즐겨 사용하는 개발자를 종종 볼 수 있다. 둘 중 하나에 속하는데, union과 union all 처리 방식의 차이를 모르거나 집합 개념이 부족해 혹시 중복이 발생할지도 모른다는 불안감 때문에 그렇게 하는 경우다.

distinct를 사용하는 경우도 매우 흔한데, 대부분 exists 서브쿼리로 대체함으로써 소트 연산을 없앨 수 있다. 가장 흔한 사례를 하나 들어보기로 하자.

아래는 특정 지역(:reg)에서 특정월(:yyyymm) 이전에 과금이 발생했던 연월을 조회하는 쿼리다. 야간 배치 프로그램에서 발췌한 것으로서, 이 쿼리 결과를 이용해 다른 많은 작업을 수행한다.

```
select distinct 과금연월
from   과금
where  과금연월  <= :yyyymm
and    지역 like :reg || '%'

call     count       cpu    elapsed       disk      query    current        rows
------- ------  -------- ---------- ---------- ---------- ----------  ----------
Parse        1      0.00       0.00          0          0          0           0
Execute      1      0.00       0.00          0          0          0           0
Fetch        4     27.65      98.38      32648    1586208          0          35
------- ------  -------- ---------- ---------- ---------- ----------  ----------
total        6     27.65      98.38      32648    1586208          0          35

Rows     Row Source Operation
-------- ---------------------------------------------------
      35  HASH UNIQUE (cr=1586208 pr=32648 pw=0 time=98704640 us)
 9845517   PARTITION RANGE ITERATOR PARTITION: 1 KEY (cr=1586208 pr=32648 … )
 9845517    TABLE ACCESS FULL 과금 (cr=1586208 pr=32648 pw=0 time=70155864 us)
```

입력한 과금연월(yyyymm) 이전에 발생한 과금 데이터를 모두 스캔하는 동안 1,586,208개 블록을 읽었고, 무려 1,000만 건에 가까운 레코드에서 중복 값을 제거하고 고작 35건을 출력했다. 매우 비효율적인 방식으로 수행되었고, 쿼리 소요시간은 1분 38초다.

각 월별로 과금이 발생한 적이 있는지 여부만 확인하면 되므로 쿼리를 아래처럼 바꿀 수 있다.

소량의 데이터만을 갖는 연월테이블을 먼저 드라이빙해 과금 테이블을 exists 서브쿼리로 필터링하는 방식이다.

```
select 연월
from   연월테이블 a
where  연월 <= :yyyymm
and    exists (
  select 'x'
  from   과금
  where  과금연월 = a.연월
  and    지역 like :reg || '%'
)

call     count       cpu    elapsed       disk      query    current        rows
------- ------  -------- ---------- ---------- ---------- ----------  ----------
Parse        1      0.00       0.00          0          0          0           0
Execute      1      0.00       0.00          0          0          0           0
Fetch        4      0.00       0.01          0         82          0          35
------- ------  -------- ---------- ---------- ---------- ----------  ----------
total        6      0.00       0.01          0         82          0          35

Rows  Row Source Operation
----  ---------------------------------------------------
  35  NESTED LOOPS SEMI (cr=82 pr=0 pw=0 time=19568 us)
  36   TABLE ACCESS FULL 연월테이블 (cr=6 pr=0 pw=0 time=557 us)
  35   PARTITION RANGE ITERATOR PARTITION: KEY KEY (cr=76 pr=0 pw=0 time=853 us)
  35    INDEX RANGE SCAN 과금_N1 (cr=76 pr=0 pw=0 time=683 us)
```

exists 서브쿼리의 가장 큰 특징은, 메인 쿼리로부터 건건이 입력 받은 값에 대한 조건을 만족하는 첫 번째 레코드를 만나는 순간 true를 반환하고 서브쿼리 수행을 마친다는 점이다. 따라서 과금 테이블에 [과금연월 + 지역] 순으로 인덱스를 구성해 주기만 하면 가장 최적으로 수행될 수 있다.

그 결과, 소트를 발생시키지 않았음은 물론 82개 블록만 읽고 0.01초 만에 수행을 완료했다. 물론 연월(yyyymm)을 관리하는 테이블이 따로 있을 때 적용 가능한 기법이다. 아래와 같이 일자 및 연월 테이블을 미리 생성해 두면 여러모로 활용가치가 높다.

```
create table 일자테이블
as
```

```
select to_char(ymd, 'yyyymmdd') ymd
     , to_char(ymd, 'yyyy') year
     , to_char(ymd, 'mm') month
     , to_char(ymd, 'dd') day
     , to_char(ymd, 'dy') weekday
     , to_char(next_day(ymd, '일')-7, 'w') week_monthly
     , to_number(to_char(next_day(ymd, '일')-7, 'ww') ) week_yearly
from (
  select to_date('19691231', 'yyyymmdd') + rownum ymd
  from   dual connect by level <= 365*100
) ;

create table 연월테이블
as
select substr(ymd, 1, 6) yyyymm
     , min(ymd) first_day , max(ymd) last_day
     , min(year) year, min(month) month
from   일자테이블
group by substr(ymd, 1, 6) ;
```

그림 5-8처럼 과금연월 콤보(combo) 박스에 과금이 발생했던 연월만 보여지도록 하고 싶을 때, 만약 위와 같은 튜닝 기법을 적용하지 않는다면 어떤 일이 벌어질까?

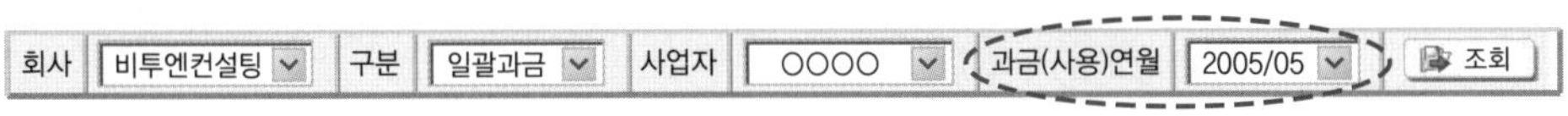

그림 5-8

조회 버튼을 누르기도 전, 화면이 열리는 단계에서 이미 성능 때문에 고생할 것이고, 아주 빈번히 조회되는 화면이라면 이 때문에 시스템은 몸살을 앓게 될 것이다.

05 인덱스를 이용한 소트 연산 대체

인덱스는 항상 키 컬럼 순으로 정렬된 상태를 유지하므로 이를 이용해 소트 오퍼레이션을 생략할 수 있다. 소트 머지 조인에서 Outer 테이블 조인 컬럼에 인덱스가 있을 때 sort join 오퍼레이션을 생략하는 경우를 2장에서 이미 살펴보았다.

서브쿼리에 사용된 테이블이 Unique 인덱스를 갖는다면 Unnesting 되었을 때 sort unique 오퍼레이션이 생략된다는 사실도 4장에서 이미 설명하였다(4장 2절 서브쿼리 Unnesting 참조). PK 컬럼에 아래와 같은 distinct 쿼리를 수행할 일은 없겠지만 혹시 수행한다면 이때도 sort unique 오퍼레이션이 생략된다. sort unique nosort가 그것을 표현하고 있는데, 소트를 수행하지 않고도 인덱스를 이용해 unique한 집합을 출력할 수 있다.

```
SQL> select distinct empno from emp;

-----------------------------------------------------------------------------
| Id  | Operation            | Name    | Rows  | Bytes | Cost (%CPU)| Time     |
-----------------------------------------------------------------------------
|   0 | SELECT STATEMENT     |         |    14 |    56 |     2  (50)| 00:00:01 |
|   1 |  SORT UNIQUE NOSORT  |         |    14 |    56 |     2  (50)| 00:00:01 |
|   2 |   INDEX FULL SCAN    | EMP_PK  |    14 |    56 |     1   (0)| 00:00:01 |
-----------------------------------------------------------------------------
```

이들보다 활용도가 높은 것은, 인덱스를 이용해 sort order by, sort group by를 대체하는 경우다. 이에 대해 좀 더 자세히 살펴보기로 하자.

(1) Sort Order By 대체

아래 쿼리를 수행할 때 [region + custid] 순으로 구성된 인덱스를 사용한다면 sort order by 연산을 대체할 수 있다.

```
select custid, name, resno, status, tell
from   customer
```

```
where  region = 'A'
order by custid
```

인덱스가 region 단일 컬럼으로 구성됐거나, 결합 인덱스더라도 region 바로 뒤에 custid가 오지 않는다면 region = 'A' 조건을 만족하는 모든 레코드를, 인덱스를 경유해 읽어야 한다. 그 과정에서 다량의 랜덤 액세스가 발생할 테고, 읽은 데이터를 custid순으로 정렬하고 나서야 결과집합 출력을 시작하므로 OLTP 환경에서 요구되는 빠른 응답 속도를 만족하기 어렵게 된다.

아래는 region 단일 컬럼 인덱스를 사용할 때의 실행계획이다.

```
--------------------------------------------------------------------------------
| Id  | Operation                    | Name          | Rows  | Bytes | Cost  (%CPU)|
--------------------------------------------------------------------------------
|   0 | SELECT STATEMENT             |               | 40000 |  3515K|  2041    (1)|
|   1 |  SORT ORDER BY               |               | 40000 |  3515K|  2041    (1)|
|   2 |   TABLE ACCESS BY INDEX ROWID| CUSTOMER      | 40000 |  3515K|  1210    (1)|
|*  3 |    INDEX RANGE SCAN          | CUSTOMER_X01  | 40000 |       |    96    (2)|
--------------------------------------------------------------------------------

Predicate Information (identified by operation id):
---------------------------------------------------
   2 - access("REGION"='A')
```

Full Table Scan 방식으로 처리하면 테이블 랜덤 액세스 부하는 줄일 수 있지만 필요 없는 레코드까지 모두 읽는 비효율이 따르고, 정렬 작업 때문에 전체범위처리가 불가피하다.

아래는 [region + custid] 순으로 구성된 인덱스를 사용할 때의 실행계획이며, order by절을 그대로 둔 상태에서 자동으로 sort order by 오퍼레이션이 제거된 것을 볼 수 있다. 이 방식으로 수행한다면 region = 'A' 조건을 만족하는 전체 로우를 읽지 않고도 결과집합 출력을 시작할 수 있어 OLTP 환경에서 극적인 성능 개선 효과를 가져다 준다.

```
--------------------------------------------------------------------------------
| Id  | Operation                    | Name          | Rows  | Bytes | Cost  (%CPU)|
--------------------------------------------------------------------------------
|   0 | SELECT STATEMENT             |               | 40000 |  3515K|  1372    (1)|
|   1 |  TABLE ACCESS BY INDEX ROWID| CUSTOMER      | 40000 |  3515K|  1372    (1)|
|*  2 |   INDEX RANGE SCAN          | CUSTOMER_X02  | 40000 |       |   258    (1)|
--------------------------------------------------------------------------------
```

```
Predicate Information (identified by operation id):
---------------------------------------------------
   2 - access("REGION"='A')
```

물론, 소트해야 할 대상 레코드가 무수히 많고 그 중 일부만 읽고 멈출 수 있는 업무에서만 이 방식이 유리하다. 인덱스를 스캔하면서 결과집합을 끝까지 Fetch 한다면 오히려 I/O 및 리소스 사용 측면에서 손해다. 대상 레코드가 소량일 때는 소트가 발생하더라도 부하가 크지 않아 개선 효과도 미미하다.

(2) Sort Group By 대체

region이 선두 컬럼인 결합 인덱스나 단일 컬럼 인덱스를 사용한다면 아래 쿼리에 필요한 sort group by 연산을 대체할 수 있다. 실행계획에 'sort group by **nosort**' 라고 표시되는 부분을 확인하기 바란다.

```
select region, avg(age), count(*)
from   customer
group by region

-------------------------------------------------------------------------------
| Id  | Operation                    | Name          | Rows  | Bytes | Cost (%CPU)|
-------------------------------------------------------------------------------
|   0 | SELECT STATEMENT             |               |    25 |   725 | 30142   (1)|
|   1 |  SORT GROUP BY NOSORT        |               |    25 |   725 | 30142   (1)|
|   2 |   TABLE ACCESS BY INDEX ROWID| CUSTOMER      | 1000K|    27M| 30142   (1)|
|   3 |    INDEX FULL SCAN           | CUSTOMER_X01  | 1000K|       |  2337   (2)|
-------------------------------------------------------------------------------
```

그림 5-9를 보면, 위 실행계획이 어떻게 수행되는지 쉽게 이해할 수 있다.

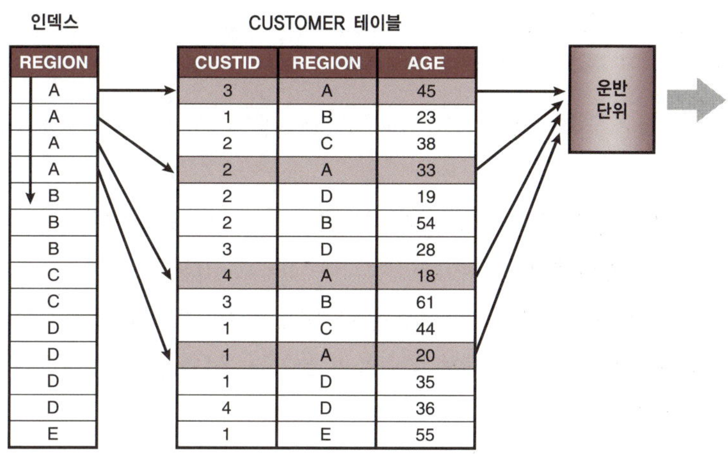

그림 5-9

간단히 설명하면, 인덱스를 스캔하면서 테이블을 액세스하다가 'A' 가 아닌 레코드를 만나는 순간 그때까지 집계한 값을 Oracle Net으로 내려 보낸다. 이 값은 운반단위에 해당하는 SDU(Session Data Unit)에 버퍼링될 것이다[4]. 다시 인덱스를 스캔하다가 'B' 가 아닌 레코드를 만나는 순간 그때까지 집계한 값을 Oracle Net으로 내려 보낸다. 이런 과정을 반복하다가 사용자 Fetch Call에서 요청한 레코드 개수(Array Size)에 도달하면 전송 명령을 내려 보내고는 다음 Fetch Call이 올 때까지 기다린다.

이처럼 인덱스를 이용한 nosort 방식으로 수행될 때는 group by 오퍼레이션에도 불구하고 부분범위처리가 가능해져 OLTP 환경에서 매우 극적인 성능 개선 효과를 얻을 수 있다.

(3) 인덱스가 소트 연산을 대체하지 못하는 경우

아래는 sal 컬럼을 선두로 갖는 인덱스가 있는데도 정렬을 수행하는 경우다.

```
SQL> select * from emp order by sal;
```

4) SDU에 대해서는 1권 5장 5절을 참조하기 바란다.

```
Execution Plan
--------------------------------------------------------------------------
 0      SELECT STATEMENT Optimizer=ALL_ROWS (Cost=4 Card=14 Bytes=1K)
 1    0   SORT (ORDER BY) (Cost=4 Card=14 Bytes=1K)
 2    1     TABLE ACCESS (FULL) OF 'EMP' (TABLE) (Cost=3 Card=14 Bytes=1K)
```

옵티마이저가 이런 결정을 하는 가장 흔한 원인은, 인덱스를 이용하지 않는 편이 더 낫다고 판단하는 경우다. 위 실행계획에서 옵티마이저 모드가 all_rows인 것을 볼 수 있고, 이때 옵티마이저는 전체 로우를 Fetch 하는 것을 기준으로 쿼리 수행 비용을 산정한다. 따라서 데이터량이 많을수록 인덱스를 이용한 테이블 랜덤 액세스 비용이 높아져 옵티마이저는 차라리 Full Table Scan 하는 쪽을 택할 가능성이 높아진다.

옵티마이저 모드를 first_rows로 바꾸면 사용자가 일부만 Fetch 하고 멈출 것임을 시사하므로 옵티마이저는 인덱스를 이용해 정렬 작업을 대체한다. 아래는 first_rows 힌트를 사용했을 때의 실행계획이다.

```
Execution Plan
--------------------------------------------------------------------------
 0      SELECT STATEMENT Optimizer=HINT: FIRST_ROWS (Cost=2 Card=14 Bytes=1K)
 1    0   TABLE ACCESS (BY INDEX ROWID) OF 'EMP' (TABLE) (Cost=2 Card=14 Bytes=1K)
 2    1     INDEX (FULL SCAN) OF 'EMP_SAL_IDX' (INDEX) (Cost=1 Card=1)
```

옵티마이저 모드를 바꿨는데도 옵티마이저가 계속해서 소트 오퍼레이션을 고집한다면 그럴 만한 이유가 있다. 십중팔구 sal 컬럼에 not null 제약이 정의돼 있지 않을 것이다. 단일 컬럼 인덱스일 때 값이 null이면 인덱스 레코드에 포함되지 않는다고 했다. 따라서 인덱스를 이용해 정렬 작업을 대체한다면 결과에 오류가 생길 수 있어 옵티마이저는 사용자의 뜻을 따를 수 없는 것이다.

group by도 마찬가지다. group by nosort를 위해 사용하려는 인덱스가 단일 컬럼 인덱스일 때는 해당 컬럼에 not null 제약이 설정돼 있어야 제대로 작동한다.

인덱스가 있는데도 소트를 대체하지 못하는 사례가 또 한 가지 있다. 아래 스크립트와 실행계획을 보자.

```
SQL> create index emp_deptno_ename_idx on emp(deptno, ename);

SQL> set autotrace traceonly exp
```

```
SQL> select /*+ index(e emp_deptno_ename_idx) */ *
  2 from   emp e
  3 where deptno = 30
  4 order by ename ;

Execution Plan
----------------------------------------------------------
   0      SELECT STATEMENT Optimizer=CHOOSE (Cost=2 Card=5 Bytes=160)
   1    0   TABLE ACCESS (BY INDEX ROWID) OF 'EMP' (Cost=2 Card=5 Bytes=160)
   2    1     INDEX (RANGE SCAN) OF 'EMP_DEPTNO_ENAME_IDX' (NON-UNIQUE) ( … )
```

정상적으로 인덱스를 사용하는 것을 확인할 수 있다. 그런데 null 값이 먼저 출력되도록 하려고 아래처럼 nulls first 구문을 사용하는 순간 실행계획에 sort order by가 다시 나타난다.

```
SQL> select /*+ index(e emp_deptno_ename_idx) */ *
  2 from   emp e
  3 where deptno = 30
  4 order by ename NULLS FIRST ;

Execution Plan
----------------------------------------------------------
   0      SELECT STATEMENT Optimizer=CHOOSE (Cost=4 Card=5 Bytes=160)
   1    0   SORT (ORDER BY) (Cost=4 Card=5 Bytes=160)
   2    1     TABLE ACCESS (BY INDEX ROWID) OF 'EMP' (Cost=2 Card=5 Bytes=160)
   3    2       INDEX (RANGE SCAN) OF 'EMP_DEPTNO_ENAME_IDX' (NON-UNIQUE) ( … )
```

단일 컬럼 인덱스일 때는 null 값을 저장하지 않지만 결합 인덱스일 때는 null 값을 가진 레코드를 맨 뒤쪽에 저장한다[5]. 따라서 null 값부터 출력하려고 할 때는 인덱스를 이용하더라도 소트가 불가피하다.

5) SQL Server는 오라클과 반대로 null 값을 앞쪽에 저장한다.

06 Sort Area를 적게 사용하도록 SQL 작성

소트 연산이 불가피하다면 메모리 내에서 처리를 완료할 수 있도록 노력해야 한다. Sort Area 크기를 늘리는 방법도 있지만 그전에 Sort Area를 적게 사용할 방법부터 찾는 것이 순서다.

(1) 소트를 완료하고 나서 데이터 가공하기

특정 기간에 발생한 주문상품 목록을 파일로 내리고자 한다. 아래 두 SQL 중 어느 쪽이 Sort Area를 더 적게 사용할까?

[1번]

```
select lpad(상품번호, 30) || lpad(상품명, 30) || lpad(고객ID, 10)
    || lpad(고객명, 20) || to_char(주문일시, 'yyyymmdd hh24:mi:ss')
from   주문상품
where  주문일시 between :start and :end
order by 상품번호
```

[2번]

```
select lpad(상품번호, 30) || lpad(상품명, 30) || lpad(고객ID, 10)
    || lpad(상품명, 20) || to_char(주문일시, 'yyyymmdd hh24:mi:ss')
from (
  select 상품번호, 상품명, 고객ID, 고객명, 주문일시
  from   주문상품
  where  주문일시 between :start and :end
  order by 상품번호
)
```

1번 SQL은 레코드당 105(=30+30+10+20+15) 바이트(헤더 정보는 제외하고 데이터 값만)로 가공된 결과치를 Sort Area에 담는다. 반면 2번 SQL은 가공되지 않은 상태로 정렬을 완료하고 나서 최종 출력할 때 가공하므로 1번 SQL에 비해 Sort Area를 훨씬 적게 사용한다. 실제 테스트해 보면 Sort Area 사용량에 큰 차이가 나는 것을 관찰할 수 있다.

(2) Top-N 쿼리

Top-N 쿼리 형태로 작성하면 소트 연산(=값 비교) 횟수를 최소화함은 물론 Sort Area 사용량을 줄일 수 있다. 우선 Top-N 쿼리 작성법부터 살펴보자.

SQL Server나 Sybase는 Top-N 쿼리를 아래와 같이 손쉽게 작성할 수 있다.

```
select TOP 10 거래일시, 체결건수, 체결수량, 거래대금
from   시간대별종목거래
where  종목코드 = 'KR123456'
and    거래일시 >= '20080304'
```

IBM DB2에서도 아래와 같이 쉽게 작성할 수 있다.

```
select 거래일시, 체결건수, 체결수량, 거래대금
from   시간대별종목거래
where  종목코드 = 'KR123456'
and    거래일시 >= '20080304'
order by 거래일시
FETCH FIRST 10 ROWS ONLY ;
```

오라클에서는 아래처럼 인라인 뷰로 한번 감싸야 하는 불편함이 있다.

```
select * from (
  select 거래일시, 체결건수, 체결수량, 거래대금
  from   시간대별종목거래
  where  종목코드 = 'KR123456'
  and    거래일시 >= '20080304'
  order by 거래일시
)
where rownum <= 10
```

위 쿼리를 수행하는 시점에 [종목코드 + 거래일시] 순으로 구성된 인덱스가 존재한다면 옵티마이저는 그 인덱스를 이용함으로써 order by 연산을 대체할 수 있다. 아래 실행계획에서 sort order by 오퍼레이션이 나타나지 않은 것을 확인하기 바란다.

```
Execution Plan
-------------------------------------------------------------------------------
0      SELECT STATEMENT Optimizer=ALL_ROWS
1   0    COUNT (STOPKEY)
2   1      VIEW
3   2        TABLE ACCESS (BY INDEX ROWID) OF '시간별종목거래' (TABLE)
4   3          INDEX (RANGE SCAN) OF ' 시간별종목거래_PK' (INDEX (UNIQUE))
```

그뿐만 아니라 rownum 조건을 사용해 N건에서 멈추도록 했으므로 조건절에 부합하는 레코드가 아무리 많아도 매우 빠른 수행 속도를 낼 수 있다. 실행계획에 표시된 count stopkey가 그것을 의미한다.

Top-N 쿼리의 소트 부하 경감 원리

[종목코드 + 거래일시] 순으로 구성된 인덱스가 없을 때는 어떤가? 종목코드만을 선두로 갖는 다른 인덱스를 사용하거나 Full Table Scan 방식으로 처리할 텐데, 이때는 정렬 작업이 불가피하다. 하지만 Top-N 쿼리 알고리즘이 효과를 발휘해 sort order by 부하를 경감시켜준다.

Ton-N 쿼리 알고리즘[6] 에 대해 간단히 설명하면, rownum <= 10 이면 우선 10개 레코드를 담을 배열을 할당하고, 처음 읽은 10개 레코드를 정렬된 상태로 담는다. (위에서 예시한 쿼리는 거래일시 순으로 정렬하고 있지만, 설명을 단순화하려고 숫자로 표현하였다.)

8	15	98	136	189	190	233	264	287	337

이후 읽는 레코드에 대해서는 맨 우측에 있는 값(=가장 큰 값)과 비교해서 그보다 작은 값이 나타날 때만 배열 내에서 다시 정렬을 시도한다. 물론 맨 우측에 있던 값은 버린다. 이 방식으로 처리하면 전체 레코드를 정렬하지 않고도 오름차순(ASC)으로 최소값을 갖는 10개 레코드를 정확히 찾아낼 수 있다. 이것이 Top-N 쿼리가 소트 연산 횟수와 Sort Area 사용량을 줄여주는 원리다.

실제 소트 부하 경감 효과를 측정해 보자(스크립트 ch5_02.txt 참조).

6) Effective Oracle by Design(Thomas Kyte, McGraw-Hill/Osborne) 참조

효과 측정 : Top-N 쿼리가 작동할 때

```
SQL> create table t as select * from all_objects;

SQL> alter session set workarea_size_policy = manual;

SQL> alter session set sort_area_size = 524288;

SQL> set autotrace traceonly statistics
SQL> select count(*) from t;

  COUNT(*)
----------
     49857

Statistics
----------------------------------------------------------
         …  …
        690  consistent gets
```

테이블을 스캔하면서 전체 레코드 개수를 구하는데 690개 블록을 읽었다.

이제 Top-N 쿼리를 수행해 보자. Top-N 쿼리가 작동하지 않을 때와 비교하려고 위에서 Sort Area 크기를 작게 설정한 것을 확인하기 바란다.

```
SQL> select *
  2  from (
  3    select * from t
  4    order by object_name
  5  )
  6  where rownum <= 10 ;

10 개의 행이 선택되었습니다.

Statistics
----------------------------------------------------------
          0  recursive calls
          0  db block gets
        690  consistent gets
          0  physical reads
         …  …
          1  sorts (memory)
          0  sorts (disk)
```

읽은 블록 수는 count(*) 쿼리일 때와 같다. 테이블 전체를 읽은 것이다. sorts 항목을 보면 메모리 소트 방식으로 정렬 작업을 한 번 수행하였다. 아래는 SQL 트레이스 결과인데, sort order by 옆에 stopkey가 표시되었고, physical write(=pw) 항목이 0인 것에 주목하자.

```
Call     Count CPU Time Elapsed Time    Disk   Query    Current   Rows
------- ------ -------- ------------ ------- ------- ---------- ------
Parse        1    0.000        0.000       0       0          0      0
Execute      1    0.000        0.000       0       0          0      0
Fetch        2    0.078        0.083       0     690          0     10
------- ------ -------- ------------ ------- ------- ---------- ------
Total        4    0.078        0.084       0     690          0     10

Rows     Row Source Operation
-------  ---------------------------------------------------
      0  STATEMENT
     10   COUNT STOPKEY (cr=690 pr=0 pw=0 time=83318 us)
     10    VIEW  (cr=690 pr=0 pw=0 time=83290 us)
     10     SORT ORDER BY STOPKEY (cr=690 pr=0 pw=0 time=83264 us)
  49857      TABLE ACCESS FULL T (cr=690 pr=0 pw=0 time=299191 us)
```

효과 측정 : Top-N 쿼리가 작동하지 않을 때

아래는 Top-N 쿼리 알고리즘이 작동하지 않는 경우다. 쿼리 결과는 동일하도록 작성하였다.

```
SQL> select *
  2  from (
  3    select a.*, rownum no
  4    from (
  5      select * from t order by object_name
  6    ) a
  7  )
  8  where no <= 10 ;

Statistics
----------------------------------------------------------
          6  recursive calls
         14  db block gets
        690  consistent gets
        698  physical reads
        ...  ...
          0  sorts (memory)
          1  sorts (disk)
```

'sorts (disk)' 항목을 보고 정렬을 디스크 소트 방식으로 한 번 수행한 것을 알 수 있고, physical reads 항목이 698인 것도 눈에 띈다. 아래는 SQL 트레이스 결과인데, sort order by 옆에 stopkey가 없고 physical write(=pw) 항목이 698인 것을 확인하자.

```
Call     Count CPU Time Elapsed Time    Disk   Query    Current   Rows
------- ------ -------- ------------ ------- ------- ---------- ------
Parse        1    0.000        0.000       0       0          0      0
Execute      1    0.000        0.000       0       0          0      0
Fetch        2    0.281        0.858     698     690         14     10
------- ------ -------- ------------ ------- ------- ---------- ------
Total        4    0.281        0.858     698     690         14     10

Rows     Row Source Operation
-------  ---------------------------------------------------
      0  STATEMENT
     10   VIEW  (cr=690 pr=698 pw=698 time=357962 us)
  49857    COUNT  (cr=690 pr=698 pw=698 time=1604327 us)
  49857     VIEW  (cr=690 pr=698 pw=698 time=1205452 us)
  49857      SORT ORDER BY (cr=690 pr=698 pw=698 time=756723 us)
  49857       TABLE ACCESS FULL T (cr=690 pr=0 pw=0 time=249345 us)
```

같은 양(690 블록)의 데이터를 읽고 정렬을 수행하였는데, 앞에서는 Top-N 쿼리 알고리즘이 작동해 메모리 내에서 정렬을 완료했지만 조금 전 쿼리는 디스크를 이용해야만 했다.

(3) 분석함수에서의 Top-N 쿼리

window sort 시에도 rank( )나 row_number( )를 쓰면 Top-N 쿼리 알고리즘이 작동해 max( ) 등 함수를 쓸 때보다 소트 부하를 경감시켜 준다. 테스트를 통해 같이 확인해 보자.

먼저 아래와 같이 테스트 데이터를 생성한다. 같은 ID가 10개씩 되도록 테이블을 만들고, Seq 컬럼을 두어 ID가 같을 때 레코드를 식별할 수 있도록 하였다(스크립트 ch5_03.txt 참조).

```
create table t
as
select 1 id, rownum seq, owner, object_name, object_type, created, status
from   all_objects ;
```

```
begin
  for i in 1..9
  loop
    insert into t
    select i+1 id, rownum seq
         , owner, object_name, object_type, created, status
    from   t
    where id  = 1;
    commit;
  end loop;
end;
/

alter session set workarea_size_policy = manual;
alter session set sort_area_size = 1048576;
```

아래는 마지막 이력 레코드를 찾는 쿼리다.

```
select id, seq, owner, object_name, object_type, created, status
from  (select id, seq
            , max(seq) over (partition by id) last_seq
            , owner, object_name, object_type, created, status
       from t)
where  seq = last_seq

Call     Count CPU Time Elapsed Time       Disk      Query    Current       Rows
------- ------ -------- ------------ ---------- ---------- ---------- ----------
Parse        1    0.000        0.000          0          0          0          0
Execute      1    0.000        0.000          0          0          0          0
Fetch        2    2.750        9.175      13456       4536          9         10
------- ------ -------- ------------ ---------- ---------- ---------- ----------
Total        4    2.750        9.175      13456       4536          9         10

Rows     Row Source Operation
-------  ---------------------------------------------------
      0  STATEMENT
     10   VIEW  (cr=4536 pr=13456 pw=8960 time=4437847 us)
 498570    WINDOW SORT (cr=4536 pr=13456 pw=8960 time=9120662 us)
 498570     TABLE ACCESS FULL T (cr=4536 pr=0 pw=0 time=1994341 us)
```

디스크 소트가 발생하도록 하려고 *sort_area_size*를 줄여 테스트하였고, 실제 window sort 단계에서 13,456개의 physical read(=pr)와 8,960개의 physical write(=pr)가 발생했다.

max( ) 함수 대신 rank( ) 함수를 사용해 보자.

```
select id, seq, owner, object_name, object_type, created, status
from  (select id, seq
            , rank() over (partition by id order by seq desc) rnum
            , owner, object_name, object_type, created, status
       from   t)
where  rnum = 1

Call     Count CPU Time Elapsed Time       Disk      Query    Current       Rows
------- ------ -------- ------------ ---------- ---------- ---------- ----------
Parse        1    0.000        0.000          0          0          0          0
Execute      1    0.000        0.000          0          0          0          0
Fetch        2    0.969        1.062         40       4536         42         10
------- ------ -------- ------------ ---------- ---------- ---------- ----------
Total        4    0.969        1.062         40       4536         42         10

Rows     Row Source Operation
-------  ---------------------------------------------------
      0  STATEMENT
     10   VIEW  (cr=4536 pr=40 pw=40 time=1061996 us)
    111    WINDOW SORT PUSHED RANK (cr=4536 pr=40 pw=40 time=1061971 us)
 498570     TABLE ACCESS FULL T (cr=4536 pr=0 pw=0 time=1495760 us)
```

여기서도 physical read와 physical write가 각각 40개씩 발생하긴 했지만 앞에서보다 훨씬 줄었다. 8초 가량 시간이 덜 소요된 것도 이 때문이다.

07 Sort Area 크기 조정

세션 레벨에서 Sort Area 크기를 조정하거나, 시스템 레벨에서 각 세션에 할당될 수 있는 총 크기를 조정해야 할 때가 있다. Sort Area 크기 조정을 통한 튜닝의 핵심은, 디스크 소트가 발생하지 않도록 하는 것을 1차 목표로 삼고 불가피할 때는 Onepass 소트로 처리되도록 하는 데에 있다.

오라클 9i부터 두 가지 PGA 메모리 관리 방식을 지원하므로 이에 대한 개념부터 살펴보자.

(1) PGA 메모리 관리 방식의 선택

데이터 정렬, 해시 조인, 비트맵 머지, 비트맵 생성 등을 위해 사용하는 메모리 공간을 'Work Area' 라고 부르며, *sort_area_size, hash_area_size, bitmap_merge_area_size, create_bitmap_area_size* 같은 파라미터를 통해 조정한다.

8i까지는 이들 Work Area의 기본 값을 관리자가 지정하고, 프로그램의 작업 내용과 필요한 크기에 따라 세션 레벨에서 이들 값을 직접 조정해야만 했다. 하지만 9i부터는 '자동 PGA 메모리 관리(Automatic PGA Memory Management)' 기능이 도입되었기 때문에 사용자가 일일이 그 크기를 조정하지 않아도 된다.

DB 관리자는 *pga_aggregate_target* 파라미터를 통해 인스턴스 전체적으로 이용 가능한 PGA 메모리 총량을 지정하기만 하면 된다. 그러면 오라클이 시스템 부하 정도에 따라 자동으로 각 세션에 메모리를 할당해 준다. 그리고 이 파라미터의 설정 값은 인스턴스 기동 중에 자유롭게 늘리거나 줄일 수 있다.

자동 PGA 메모리 관리 기능을 활성화하려면 *workarea_size_policy*를 auto로 설정하면 되는데, 9i부터 기본적으로 auto로 설정돼 있다. 이 파라미터를 auto로 설정하면 *_area_size 파라미터는 모두 무시되며, 오라클이 내부적으로 계산한 값을 사용한다.

기본적으로 자동 PGA 메모리 관리 방식이 활성화되지만 시스템 또는 세션 레벨에서 '수동 PGA 메모리 관리' 방식으로 전환할 수 있다.

특히, 트랜잭션이 거의 없는 야간에 대량의 배치 Job을 수행할 때는 수동 방식으로 변경하고 직접 크기를 조정하는 것이 효과적일 수 있다. 왜냐하면, 자동 PGA 메모리 관리 방식 하에서는 프로세스당 사용할 수 있는 최대 크기가 제한되기 때문이다. 즉, Work Area를 사용 중인 다른 프로세스가 없더라도 특정 프로세스가 모든 공간을 다 쓸 수 없는 것이다. 결국 수 GB의 여유 메모리를 두고도 이를 충분히 활용하지 못해 작업 시간이 오래 걸릴 수 있다.

그럴 때 *workarea_size_policy* 파라미터를 세션 레벨에서 manual로 변경하고, 필요한 만큼(최대 2,147,483,647 바이트) Sort Area와 Hash Area 크기를 늘림으로써 성능을 향상시키고, 궁극적으로 전체 작업 시간을 크게 단축시킬 수 있다.

(2) 자동 PGA 메모리 관리 방식 하에서 크기 결정 공식

auto 모드에서 단일 프로세스가 사용할 수 있는 최대 Work Area 크기는 인스턴스 기동 시 오라클에 의해 내부적으로 결정되며, *_smm_max_size* 파라미터(단위는 KB)를 통해 확인 가능하다.

```
SQL> connect / as sysdba
연결되었습니다.

SQL> select a.ksppinm name, b.ksppstvl value
  2  from   sys.x$ksppi a, sys.x$ksppcv b
  3  where  a.indx = b.indx
  4  and    a.ksppinm='_smm_max_size' ;

NAME                                VALUE
----------------------------------- --------
_smm_max_size                       39116
```

이 파라미터 값을 결정하는 내부 계산식은 버전에 따라 다르며, 오라클 9i부터 10gR1까지는 아래 계산식을 따른다.

_smm_max_size = least((*pga_aggregate_target*×0.05), (*_pga_max_size*×0.5))

즉, DB 관리자가 지정한 *pga_aggregate_target*의 5%와 *_pga_max_size* 파라미터[7](단위는 Byte)의 50% 중 작은 값으로 설정된다.

10gR2부터는 조금 더 복잡하다[8].

- *pga_aggregate_target* <= 500MB 일 때
  _smm_max_size = *pga_aggregate_target* × 0.2

- 500MB < *pga_aggregate_target* <= 1000MB 일 때
  _smm_max_size = 100MB

- *pga_aggregate_target* > 1000MB 일 때
  _smm_max_size = *pga_aggregate_target* × 0.1

---

7) Maximum size of the PGA memory for a single process

8) 출처 : Christian Bilien's Oracle performance and tuning blog (http://christianbilien.wordpress.com)

*_pga_max_size*는 거꾸로 *_smm_max_size*에 의해 결정된다.

_pga_max_size = *_smm_max_size* × 2

참고로, auto 모드에서 병렬 쿼리의 각 슬레이브(Slave) 프로세스가 사용할 수 있는 Work Area 총량은 *_smm_px_max_size* 파라미터(KB)에 의해 제한된다.

SGA는 *sga_max_size* 파라미터로 설정된 크기만큼 공간을 미리 할당한다. 이와 대조적으로, PGA는 자동 PGA 메모리 관리 기능을 사용한다고 해서 *pga_aggregate_target* 크기만큼의 메모리를 미리 할당해 두지는 않는다. 이 파라미터는 *workarea_size_policy*를 auto로 설정한 모든 프로세스들이 할당받을 수 있는 Work Area의 총량을 제한하는 용도로 사용된다.

(3) 수동 PGA 메모리 관리 방식으로 변경 시 주의사항

manual 모드로 설정한 프로세스는 *pga_aggregate_target* 파라미터의 제약을 받지 않는다. 따라서 manual 모드로 설정한 많은 세션에서 Sort Area와 Hash Area를 아주 큰 값으로 설정하고 실제 매우 큰 작업을 동시에 수행한다면 가용한 물리적 메모리(Real Memory)가 고갈돼 페이징(Paging)이 발생하면서 시스템 전체 성능을 크게 떨어뜨릴 수 있다.

페이징이 심하면 시스템을 마비시킬 수도 있으므로 이들 파라미터를 수동으로 변경할 때는 그런 상황이 발생하지 않도록 세심한 주의를 기울여야 한다. 참고로, *_area_size를 위해 설정 가능한 값은 0부터 2,147,483,647(2GB에서 1Byte를 뺀 값)까지다.

특히, *workarea_size_policy* 파라미터를 manual로 설정한 상태에서 병렬 쿼리를 사용하면 각 병렬 슬레이브(Slave) 별로 *sort_area_size* 크기만큼의 Sort Area를 사용할 수 있다는 사실을 반드시 기억해야 한다. 만약 아래와 같은 쿼리를 수행할 때 어떤 일이 발생할지 상상해보라.

```
alter session set workarea_size_policy = manual;

alter session set sort_area_size = 2147483647;

select /*+ full(t) parallel(t 64) */ *
from   the_biggest_table t
order by object_name;
```

sort order by나 해시 조인 등을 수행할 때는 사용자가 지정한 DOP(the degree of parallelism)의 2배수만큼의 병렬 Slave가 떠서 작업을 수행하므로 위 쿼리가 수행되는 동안 128개의 프로세스가 각각 최대 2GB의 Sort Area를 사용할 수 있다. 따라서 manual 모드에서 병렬 Degree를 크게 설정할 때는 *sort_area_size*와 *hash_area_size*를 반드시 확인해야 한다. (물론 sort order by를 수행할 때 한쪽 서버 집합은 데이터 블록을 읽어 반대편 서버 집합에 분배하는 역할만 하므로 위 쿼리만으론 최대 64×2GB의 Sort Area가 필요하다.)

(4) PGA_AGGREGATE_TARGET의 적정 크기

pga_aggregate_target 파라미터 설정을 위한 적정 크기는 얼마일까? 오라클이 권고하는 값은 아래와 같다[9].

- OLTP 시스템 : (Total Physical Memory × 80%) × 20%
- DSS 시스템 : (Total Physical Memory × 80%) × 50%

예를 들어, 10GB의 물리적 메모리를 갖는다면 OS를 위해 2GB를 남겨두고 나머지 80%에 해당하는 8GB를 오라클에 할당한다. OLTP 시스템이라면 그 중 6.4GB를, DSS 시스템이라면 4GB를 SGA에 할당한다. SGA에 할당하고 각각 남은 1.6GB와 4GB를 PGA 작업 공간으로 남겨 두라는 뜻이다. (다시 말하지만, *pga_aggregate_target* 크기의 메모리를 미리 할당하지는 않는다.)

이것은 일반적인 권고사항일 뿐이며 애플리케이션 특성에 따라 모니터링 결과를 바탕으로 세밀한 조정이 필요하다. 대부분(90% 이상, 순수 OLTP 시스템에서는 100%) Optimal 소트 방식으로 수행되고 나머지 일부(10% 미만)만 Onepass 소트 방식으로 수행되는 것을 목표로 삼아야 한다. 시스템에 Multipass 소트가 종종 발생하는 것으로 측정되면 크기를 늘리거나 튜닝이 필요한 것으로 받아들여야 하며, 이는 대용량 소트와 해시 조인이 많이 발생하는 DSS 시스템에서도 마찬가지다.

9) Automatic PGA Memory Management in 9i and 10g(메타링크 문서 ID : 223730.1)

(5) Sort Area 할당 및 해제

Sort Area가 할당되는 위치는 1절에서 자세히 설명하였고, 여기서는 할당되는 시점과 해제되는 시점에 대해 살펴보려고 한다.

예전에는 소트 오퍼레이션이 시작되는 시점에 *sort_area_size* 크기만큼의 메모리를 미리 할당했지만, 오라클 8.0부터는 *db_block_size* 크기에 해당하는 청크(Chunk) 단위로 필요한 만큼 조금씩 할당한다. 즉, *sort_area_size*는 할당할 수 있는 최대 크기를 지정하는 파라미터로 바뀐 것이다.

그리고 오라클 8i 이전에는 프로세스를 위해 할당된 PGA 공간을 프로세스가 해제될 때까지 OS에 반환하지 않았다. 9i에서 자동 PGA 메모리 관리 방식이 도입되면서부터는 프로세스가 더 이상 사용하지 않는 공간을 즉각 반환함으로써 다른 프로세스가 사용할 수 있도록 한다. (버그로 인해 PGA 메모리가 반환되지 않는 경우는 지금도 종종 발견된다.)

실제 Sort Area가 할당되고 해제되는 과정을 측정해보자. 아래는 세션별로 현재 사용 중인 PGA와 UGA 크기, 가장 많이 사용했을 때의 크기를 측정하는 SQL문이다.

```
select
  round(MIN(decode(n.name, 'session pga memory', s.value))/1024)      "PGA(KB)"
, round(MIN(decode(n.name, 'session pga memory max', s.value))/1024) "PGA_MAX(KB)"
, round(MIN(decode(n.name, 'session uga memory', s.value))/1024)      "UGA(KB)"
, round(MIN(decode(n.name, 'session uga memory max', s.value))/1024) "UGA_MAX(KB)"
from  v$statname n, v$sesstat s
where (name like '%uga%' or name like '%pga%')
and   n.statistic# = s.statistic#
and   s.sid = &SID
```

자동 PGA 메모리 관리 방식으로 시스템 레벨에서 사용할 수 있는 총량을 아래와 같이 24MB로 제한하고 테스트를 진행해 보자.

```
alter system set pga_aggregate_target = 24M;

create table t_emp
as
select *
from  emp, (select rownum no from dual connect by level <= 100000);
```

emp 테이블을 10만 번 복제한 t_emp 테이블을 생성했다. 이제 테스트 준비가 다 되었으므로 order by 절을 포함하는 아래 쿼리문이 수행될 때 PGA, UGA 크기가 어떻게 달라지는지 측정해 보자.

```
select * from t_emp order by empno ;
```

위 쿼리문이 수행되는 동안 다른 세션에서 아래 4단계로 나눠 측정하면 된다. 참고로, 쿼리 완료 시점과 커서를 닫는 시점을 구분해 측정하려면, 사용자의 명시적인 요청이 있을 때만 Fetch를 진행하는 TOAD, Orange, PL/SQL Developer 같은 쿼리 툴을 사용하는 것이 편하다.

- 최초 : 쿼리 수행 직전
- 수행 도중 : 쿼리가 수행 중이지만 아직 결과가 출력되지 않은 상태(→ 값이 계속 변함)
- 완료 후 : 결과를 출력하기 시작했지만 데이터를 모두 Fetch 하지 않은 상태
- 커서를 닫은 후 : 정렬된 결과집합을 끝까지 Fetch하거나 다른 쿼리를 수행함으로써 기존 커서를 닫은 직후

측정 결과를 표로서 요약하면 아래와 같다.

단계	PGA(KB)	PGA_MAX(KB)	UGA(KB)	UGA_MAX(KB)
최초	376	632	153	401
수행 도중	5,560	6,584	4,308	5,331
완료 후	3,000	6,584	2,774	5,331
커서를 닫은 후	376	6,584	153	5,331

PGA와 UGA를 각각 6,584KB, 5,331KB만큼 사용했지만 커서를 닫은 직후에는 모두 반환한다는 사실을 위 표를 통해 알 수 있다.

'수행 도중'과 '완료 후'에 UGA, PGA 크기가 Max 값을 밑도는 이유는, 소트해야 할 총량이 할당받을 수 있는 Sort Area 최대치를 초과하기 때문이다. 그때마다 중간 결과집합(Sort Run)을 디스크에 저장하고 메모리를 반환했다가 필요한 만큼 다시 할당받는다는 사실을 알 수 있다.

바로 이어서, 이번에는 *workarea_size_policy*를 manual로 변경하고 Sort Area는 50MB 크기로 설정한 상태에서 테스트를 진행해 보자.

```
alter session set workarea_size_policy = MANUAL;
alter session set sort_area_size = 52428800;
alter session set sort_area_retained_size = 52428800;
```

아래 표는 같은 쿼리를 수행하면서 각 단계별로 PGA, UGA 크기 변화를 측정한 것이다.

단계	PGA(KB)	PGA_MAX(KB)	UGA(KB)	UGA_MAX(KB)
최초	376	6,584	153	5,331
수행 도중	48,760	52,792	43,049	47,077
완료 후	4,792	52,792	4,315	47,077
커서를 닫은 후	440	52,792	153	47,077

*pga_aggregate_target*를 24MB로 설정한 상태에서 한 세션의 Sort Area 크기가 50MB까지 도달했다. 앞에서 얘기했듯이 manual 모드로 설정한 프로세스는 이 파라미터의 제약을 받지 않음을 알 수 있다.

위 테스트는 10g 버전에서 수행한 것이며, 9i에서도 수치만 다를 뿐 같은 방식으로 동작한다.

Chapter 06

파티셔닝

01 테이블 파티셔닝

파티셔닝(Partitioning)은 테이블과 인덱스 데이터를 파티션(Partition) 단위로 나누어 저장하는 것을 말한다. 테이블을 파티셔닝하면 하나의 테이블일지라도 파티션 키에 따라 물리적으로는 별도의 세그먼트에 데이터가 저장되며, 인덱스도 마찬가지다.

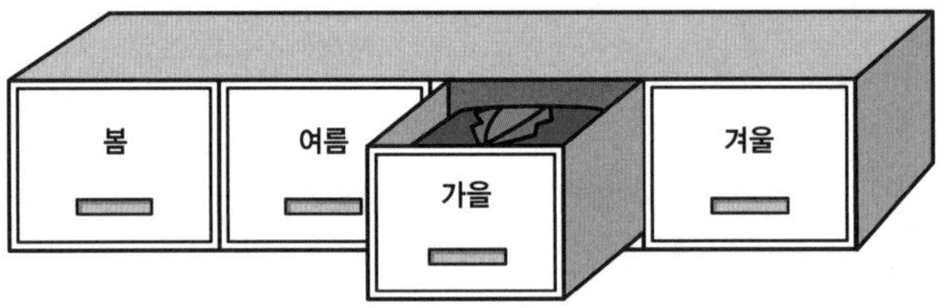

그림 6-1

그림 6-1처럼 계절별로 옷을 관리하면 외출에 필요한 옷을 쉽고 빠르게 찾을 수 있는 것처럼 데이터도 월별, 분기별, 반기별, 연별로 저장해 두면 조회할 때 매우 효과적이다. 일반적으로 시계열에 따라 분할 저장하지만 그 외 다른 기준(리스트 또는 해시)으로 분할할 수도 있다.

파티셔닝이 필요한 이유를 관리적 측면과 성능적 측면으로 나누어 볼 수 있다.

- 관리적 측면 : 파티션 단위 백업, 추가, 삭제, 변경
- 성능적 측면 : 파티션 단위 조회 및 DML 수행

파티셔닝은 우선 관리적 측면에서 많은 이점을 제공한다. 보관주기가 지난 데이터를 별도 장치에 백업하고 지우는 일은 데이터베이스 관리자들의 일상적인 작업인데, 만약 파티션 도움 없이 대용량 테이블에 그런 작업들을 수행하려면 시간도 오래 걸리고 비효율적이다.

성능적 측면의 효용성도 매우 높다. 데이터를 빠르게 검색할 목적으로 데이터베이스마다 다양한 저장구조와 검색 기법들이 개발되고 있지만, 인덱스를 이용하는 방법과 테이블 전체를 스캔하는 두 가지 방법에서 크게 벗어나지는 못하고 있다. 인덱스를 이용해 건건이 테이블을 액세스하는 방식은 일정량을 넘는 순간 오히려 테이블 전체를 읽는 것보다 못한 결과를 가져온다. 그렇다고 테이블 전체를 스캔하기에는 절대량이 많아 부담스러운 경우에 자주 직면하는데, 그럴 때 테이블

을 적당한 단위로 나누어 저장한다면 Full Scan 하더라도 일부 파티션 세그먼트만 읽고 멈출 수 있다. 그뿐만 아니라 파티셔닝과 병렬 처리가 만났을 때 그 효과가 배가된다.

파티셔닝도 클러스터, IOT와 마찬가지로 관련 있는 데이터가 흩어지지 않고 물리적으로 인접하도록 저장하는 클러스터링 기술에 속한다. 클러스터와 다른 점은 세그먼트 단위로 모아서 저장한다는 것이다. 클러스터는 블록 단위로 데이터를 모아 저장한다고 1장에서 설명하였다. IOT는 정렬된 순서로 데이터를 저장하는 구조인데, 1장에서 설명했듯이 IOT와 파티셔닝을 조합(Partitioned IOT)함으로써 놀라운 성능 효과를 얻을 수 있다.

테이블 파티션과 인덱스 파티션은 구분돼야 한다. 인덱스 파티션에 대해서는 3절에서 설명하며, 본 절에서는 테이블 파티션을 중심으로 설명할 것이다.

(1) 파티션 기본 구조

파티션 내부 구조에 대해 익숙지 않은 독자들을 위해 수동 파티셔닝에 대한 설명부터 시작하려고 한다.

수동 파티셔닝

파티션 테이블이 처음 제공되기 시작한 것은 오라클 버전 8부터다. 그 이전 7.3 버전에서는 파티션 뷰를 통해 파티션 기능을 구현했으며, 이를 '수동 파티셔닝(manual partitioning)'이라고 부른다. 아래 스크립트를 보자(스크립트 ch6_01.txt 참조).

```
-- 파티션 뷰를 정의할 때 사용할 Base 테이블을 만든다.
create table p1 as select * from scott.emp where deptno = 10;
create table p2 as select * from scott.emp where deptno = 20;
create table p3 as select * from scott.emp where deptno = 30;

-- 체크 제약을 반드시 설정해야 함
alter table p1 add constraint c_deptno_10 check(deptno < 20);
alter table p2 add constraint c_deptno_20 check(deptno >= 20 and deptno < 30);
alter table p3 add constraint c_deptno_30 check(deptno >= 30 and deptno < 40);

create index p1_empno_idx on p1(empno);
create index p2_empno_idx on p2(empno);
create index p3_empno_idx on p3(empno);
```

```
analyze table p1 compute statistics;
analyze table p2 compute statistics;
analyze table p3 compute statistics;

-- 파티션 뷰를 정의한다.
create or replace view partition_view
as
select * from p1
union all
select * from p2
union all
select * from p3 ;
```

p1, p2, p3 테이블을 union all로 묶어 파티션 뷰를 생성했다. 파티션 뷰의 핵심 기능은 뷰 쿼리에 사용된 조건절에 부합하는 테이블만 읽는다는 데에 있으며, 뒤에서 다시 설명하겠지만 이를 '파티션 Pruning'이라고 한다. 예를 들어, 아래 쿼리에서 사용자가 :deptno 변수에 10을 입력하면 p1 테이블만 읽는다.(아래 실행계획은 9i에서 수집한 것이며, 10g나 11g에서는 바인드 변수를 사용할 때 파티션 Pruning이 제대로 작동하지 않는 것으로 확인되었다. 9i에서 기본 값이 false이지만 그대로 남아 있던 *partition_view_enabled* 파라미터가 10g에서 Hidden 파라미터 *_partition_view_enabled*로 바뀐 것과 무관하지 않아 보인다.)

```
select * from partition_view
where  deptno = :deptno ;

Execution Plan
---------------------------------------------------------------------------
 0      SELECT STATEMENT Optimizer=CHOOSE (Cost=3 Card=5 Bytes=165)
 1    0   VIEW OF 'PARTITION_VIEW' (Cost=3 Card=5 Bytes=165)
 2    1     UNION-ALL (PARTITION)
 3    2       FILTER       → :deptno < 20
 4    3         TABLE ACCESS (FULL) OF 'P1' (Cost=2 Card=3 Bytes=93)
 5    2       FILTER       → 20 <= :deptno < 30
 6    5         TABLE ACCESS (FULL) OF 'P2' (Cost=2 Card=5 Bytes=155)
 7    2       FILTER       → 30 <= :deptno < 40
 8    7         TABLE ACCESS (FULL) OF 'P3' (Cost=2 Card=6 Bytes=198)
```

아래와 같이 쿼리한다면 empno 컬럼에 대해 생성한 세 인덱스 중 하나만 이용할 것이다. 예를 들어, :deptno에 10을, :empno에 7839를 입력하면, p1 테이블에 딸린 p1_empno_idx 인덱스를 이용해 테이블을 액세스한다. 이처럼 파티션 Pruning이 가능한 이유는 체크 제약(check constraint)을 설정해 두었기 때문이다.

```
select * from partition_view
where  deptno = :deptno
and    empno = :empno

Execution Plan
----------------------------------------------------------------------------------
 0      SELECT STATEMENT Optimizer=CHOOSE (Cost=2 Card=1 Bytes=33)
 1    0   VIEW OF 'PARTITION_VIEW' (Cost=2 Card=1 Bytes=33)
 2    1     UNION-ALL (PARTITION)
 3    2       FILTER
 4    3         TABLE ACCESS (BY INDEX ROWID) OF 'P1' (Cost=2 Card=1 Bytes=31)
 5    4           INDEX (RANGE SCAN) OF 'P1_EMPNO_IDX' (NON-UNIQUE) (Cost=1 Card=1)
 6    2       FILTER
 7    6         TABLE ACCESS (BY INDEX ROWID) OF 'P2' (Cost=2 Card=1 Bytes=31)
 8    7           INDEX (RANGE SCAN) OF 'P2_EMPNO_IDX' (NON-UNIQUE) (Cost=1 Card=1)
 9    2       FILTER
10    9         TABLE ACCESS (BY INDEX ROWID) OF 'P3' (Cost=2 Card=1 Bytes=33)
11   10           INDEX (RANGE SCAN) OF 'P3_EMPNO_IDX' (NON-UNIQUE) (Cost=1 Card=1)
```

파티션 테이블

오라클 8에서 도입된 파티션 테이블 기능을 이용하면 아래와 같이 훨씬 간편하게 파티션을 정의할 수 있을 뿐 아니라 기능적으로도 더 낫다.

```
create table partition_table
partition by range(deptno) (
  partition p1 values less than(20)
, partition p2 values less than(30)
, partition p3 values less than(40)
)
as
select * from emp ;

create index ptable_empno_idx on partition_table(empno) LOCAL;
```

partition by 절은 파티션 뷰의 Base 테이블에 체크 제약을 설정하는 것과 같은 역할을 한다.

위처럼 파티션 테이블을 정의하면 세 개의 세그먼트가 생성되므로 앞에서 파티션 뷰를 정의할 때와 구조적으로 같다. 인덱스를 만들 때도 local 옵션을 지정했으므로 각 파티션별로 개별적인 인덱스가 만들어져, 파티션 뷰 Base 테이블에 각각 인덱스를 만든 것과 같은 모습이다.

데이터베이스 관리자가 귀찮게 수동으로 작업하던 것을 create table 문장에 몇 가지 옵션을 지정함으로써 간단히 해결할 수 있게 된 것일 뿐, 내부 물리적인 구조는 파티션 뷰와 별반 다르지 않다. 쿼리를 작성하는 개발자 입장에서도 달라진 것이 없다. 자동으로 쿼리 조건절에 부합하는 세그먼트만 찾아 읽는 기능(→ 파티션 Pruning)은 예나 지금이나 옵티마이저의 몫이기 때문이다.

이처럼 파티셔닝은, 내부에 몇 개의 세그먼트를 생성하고 그것들이 논리적으로 하나의 오브젝트임을 메타 정보로 딕셔너리에 저장해 두는 것에 지나지 않는다. 파티션되지 않은 일반 테이블일 때는 테이블과 세그먼트가 1:1 관계지만, 파티션 테이블일 때는 1:M 관계다. 인덱스를 파티셔닝할 때도 마찬가지다.

데이터베이스의 물리적인 저장구조에 익숙한 DBA에게는 파티션 구조를 이해하는 것이 그다지 어렵지 않지만, 일반 개발자에게는 그렇지 않을 수 있다. 그래서 지금은 거의 쓰임새가 없다고 할 수 있는[1] 파티션 뷰 개념을 빌어 파티션 테이블의 내부 구조를 설명해 보았다.

버전이 올라가면서 기능이 계속 확장되고 있는 테이블 파티션 유형에는 아래와 같은 것들이 있다.

- Range 파티셔닝 (8 이상)
- 해시 파티셔닝 (8i 이상)
- 리스트 파티셔닝 (9i 이상)
- Range-해시 파티셔닝 (8i 이상)
- Range-리스트 파티셔닝 (9i 이상)
- Range-Range 파티셔닝 (11g 이상)
- 리스트-해시 파티셔닝 (11g 이상)
- 리스트-리스트 파티셔닝 (11g 이상)
- 리스트-Range 파티셔닝 (11g 이상)

아래는 버전별 지원 여부를 표로 정리한 것이다.

1) 아직도 성능을 우려해 예전처럼 테이블을 수평 분할하는 경우를 종종 보게 되므로 전혀 쓰임새가 없다고 할 수는 없을 것 같다.

파티션 유형	단일 파티셔닝	결합 파티셔닝		
		해시	리스트	Range
Range	8 이상	8i 이상	9i 이상	11g 이상
해시	8i 이상	X	X	X
리스트	9i 이상	11g 이상	11g 이상	11g 이상

(2) Range 파티셔닝

오라클 8 버전부터 제공된 가장 기초적인 파티셔닝 방식으로서, 주로 날짜 컬럼을 기준으로 한다. 아래는 주문 테이블을 주문일자 기준으로 분기별 Range 파티셔닝하는 방법을 예시하고 있다(스크립트 ch6_02.txt 참조).

```
create table 주문 ( 주문번호 number, 주문일자 varchar2(8), 고객id varchar2(5), … )
partition by range(주문일자) (
  partition p2009_q1 values less than ('20090401')
, partition p2009_q2 values less than ('20090701')
, partition p2009_q3 values less than ('20091001')
, partition p2009_q4 values less than ('20100101')
, partition p2010_q1 values less than ('20100401')
, partition p9999_mx values less than ( MAXVALUE )  ➜ 주문일자 >= '20100401'
) ;
```

위 스크립트에 의해 생성된 파티션을 그림으로 표현하면 그림 6-2와 같다.

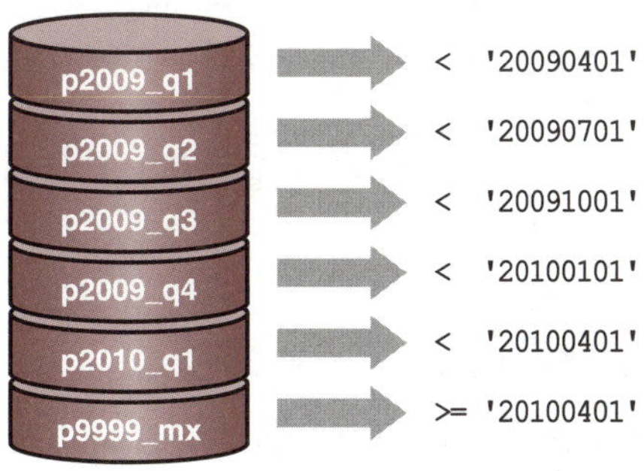

그림 6-2

위와 같은 파티셔닝 테이블에 값을 입력하면 각 레코드를 파티션 키 컬럼 값에 따라 분할 저장하고, 읽을 때도 검색 조건을 만족하는 파티션만 읽을 수 있어 이력성 데이터 조회 시 성능을 크게 향상시켜준다. 파티션 키로는 하나 이상의 컬럼을 지정할 수 있고, 최대 16개까지 허용된다.

보관 주기 정책에 따라 과거 데이터가 저장된 파티션만 백업하고 삭제하는 등 데이터 관리 작업을 효율적이고 빠르게 수행할 수 있는 것도 큰 장점이다.

DB 관리자의 실수로 신규 파티션 생성을 빠뜨리면 월초 또는 연초에 데이터가 입력되지 않는 에러가 발생하므로, maxvalue 파티션을 반드시 생성해 두는 것이 좋다. 참고로 11g부터는 Range 파티션을 생성할 때 interval 기준을 정의함으로써 정해진 간격으로 파티션이 자동 추가되도록 할 수 있는데, (6)항에서 간단히 소개하므로 참조하기 바란다.

(3) 해시 파티셔닝

해시 파티셔닝은 Range 파티셔닝에 이어 오라클 8i 버전부터 제공되기 시작했다. 파티션 키에 해시 함수를 적용한 결과 값이 같은 레코드를 같은 파티션 세그먼트에 저장해 두는 방식이며, 주로 고객ID처럼 변별력이 좋고 데이터 분포가 고른 컬럼을 파티션 기준 컬럼으로 선정해야 효과적이다.

검색할 때는 조건절 비교 값(상수 또는 변수)에 해시 함수를 적용해 읽어야 할 파티션을 결정하며, 해시 알고리즘 특성상 등치(=) 조건 또는 IN-List 조건으로 검색할 때만 파티션 Pruning이 작동한다.

아래는 고객ID 기준으로 고객 테이블을 해시 파티셔닝하는 방법을 예시하고 있다.

```
create table 고객 ( 고객id varchar2(5), 고객명 varchar2(10), … )
partition by hash(고객id) partitions 4 ;
```

위 스크립트에 의해 생성된 파티션을 그림으로 표현하면 그림 6-3과 같다.

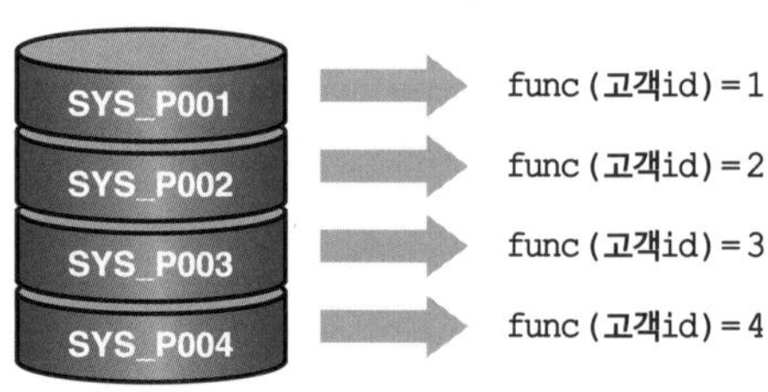

그림 6-3

테이블 파티셔닝 여부를 결정할 때는 데이터가 얼마나 고르게 분산될 수 있느냐가 가장 중요한 관심사항이다. 해시 파티셔닝할 때 특히 데이터 분포를 신중히 고려해야 하는데, 사용자가 직접 파티션 기준을 정하는 Range, 리스트 파티셔닝과 다르게 해시 파티셔닝은 파티션 개수만 사용자가 결정하고 데이터를 분산시키는 해싱 알고리즘은 오라클에 의해 결정되기 때문이다. 따라서 파티션 키를 잘못 선정하면 데이터가 고르게 분산되지 않아 파티셔닝의 이점이 사라질 수도 있다.

오라클은, 특정 파티션에 데이터가 몰리지 않도록 하려면 파티션 개수를 2의 제곱(2, 4, 8, 16 등)으로 설정할 것을 권고한다[2]. 이 규칙을 따르더라도 파티션 키 컬럼의 Distinct Value 개수가 적다면 데이터가 고르게 분산되지 않을 가능성이 높으므로, 이때는 리스트 파티션을 이용해 파티션 기준을 사용자가 수동으로 결정해 주는 것이 낫다.

병렬 쿼리 성능 향상

데이터가 모든 파티션에 고르게 분산돼 있다면, 더구나 각 파티션이 서로 다른 디바이스에 저장돼 있다면 병렬 I/O 성능을 극대화할 수 있다. 반대로 말하면, 데이터가 고르게 분산되지 않을 때는 병렬 쿼리 효과가 반감된다.

DML 경합 분산

병렬 쿼리 성능 향상뿐 아니라 동시 입력이 많은 대용량 테이블이나 인덱스에 발생하는 경합을 줄일 목적으로도 해시 파티셔닝을 사용한다. 대용량 거래 테이블일수록 DML 발생량이 많아 경합 발생 가능성도 그만큼 크다.

데이터가 입력되는 테이블 블록에도 경합이 발생할 수 있지만, 그보다는 입력할 블록을 할당받기 위한 Freelist 조회 때문에 세그먼트 헤더 블록에 대한 경합이 더 자주 발생한다. 그럴 때 테이블을 해시 파티셔닝하면 세그먼트 헤더 블록에 대한 경합을 줄일 수 있다.

Right Growing 인덱스(예를 들어, 순차적으로 증가하는 일련번호 컬럼에 인덱스를 생성하는 경우)도 자주 경합 지점이 되곤 하는데, 맨 우측 끝 블록에만 값이 입력되는 특징 때문이다. 이때도 인덱스를 해시 파티셔닝함으로써 경합 발생 가능성을 낮출 수 있다.

경합 분산이나 병렬 쿼리 성능 향상, 두 가지 모두 트랜잭션이 많이 발생하는 대용량 거래 테이블일 때라야 효과가 있다. 단일 해시 파티셔닝보다는 Range와 해시를 조합한 결합 파티셔닝을 주

2) 선형적인 해싱(linear hashing) 알고리즘을 사용하기 때문이라고 함

로 사용하게 되는 이유가 여기에 있다. 다만, 대용량 거래 테이블과의 Full Partition Wise 조인을 위해 단일 해시 파티셔닝을 선택하는 경우가 종종 있는데, 이에 대해서는 7장에서 자세히 다룬다.

(4) 리스트 파티셔닝

오라클 9i 버전부터 제공되기 시작한 리스트 파티셔닝은, 사용자에 의해 미리 정해진 그룹핑 기준에 따라 데이터를 분할 저장하는 방식이다. 아래는 지역분류 기준으로 인터넷매물 테이블을 리스트 파티셔닝하는 방법을 예시하고 있다.

```
create table 인터넷매물 ( 물건코드 varchar2(5), 지역분류 varchar2(4), … )
partition by list(지역분류) (
  partition p_지역1 values ('서울')
, partition p_지역2 values ('경기', '인천')
, partition p_지역3 values ('부산', '대구', '대전', '광주')
, partition p_기타  values (DEFAULT)    ➜ 기타 지역
) ;
```

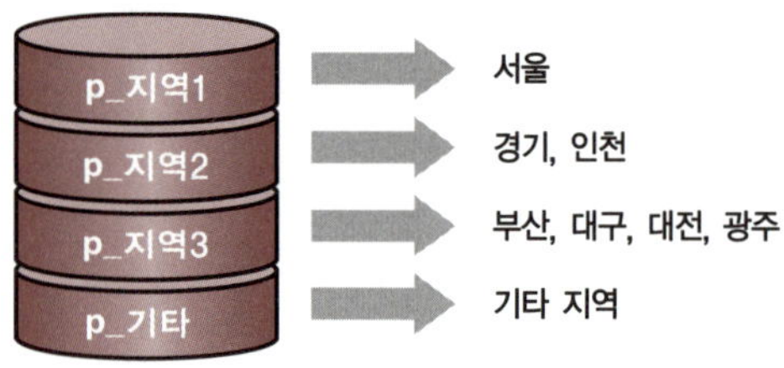

그림 6-4

Range 파티션에선 값의 순서에 따라 저장할 파티션이 결정되지만, 리스트 파티션에서는 순서와 상관없이 불연속적인 값의 목록으로써 결정된다.

해시 파티션과 비교하면, 해시 파티션은 오라클이 정한 해시 알고리즘에 따라 임의로 분할하는 구조인 반면 리스트 파티션은 사용자가 정의한 논리적인 그룹에 따라 분할한다. 업무적인 친화도에 따라 그룹핑 기준을 정하더라도 될 수 있으면 각 파티션에 값이 고르게 분산되도록 설계해야 한다.

Range, 해시 파티셔닝과 달리 리스트 파티셔닝에는 단일 컬럼으로만 파티션 키를 지정할 수 있다. 그리고 Range 파티션에 maxvalue 파티션을 반드시 생성하라고 권고한 것과 같은 이유로, 리스트 파티션에도 default 파티션을 생성해 두어야 안전하다.

(5) 결합 파티셔닝

결합 파티셔닝(Composite Partitioning)을 구성하면 서브 파티션마다 세그먼트를 하나씩 할당하고, 서브 파티션 단위로 데이터를 저장한다. 즉, 주 파티션 키에 따라 1차적으로 데이터를 분배하고, 서브 파티션 키에 따라 최종적으로 저장할 위치(세그먼트)를 결정한다.

8i에서는 「Range + 해시」 형태만 가능했지만 9i부터 「Range + 리스트」 형태도 지원하기 시작했다. 11g부터는 주 파티션이 해시 방식이 아닌 모든 조합을 지원한다.

「Range + 해시」 결합 파티셔닝

아래는 주문일자 기준으로 주문 테이블을 분기별 Range 파티셔닝하고, 그 안에서 다시 고객ID 기준으로 해시 파티셔닝하는 방법을 예시하고 있다.

```
create table 주문 ( 주문번호 number, 주문일자 varchar2(8), 고객id varchar2(5), … )
partition by range(주문일자)
subpartition by hash(고객id) subpartitions 8
( partition p2009_q1 values less than('20090401')
, partition p2009_q2 values less than('20090701')
, partition p2009_q3 values less than('20091001')
, partition p2009_q4 values less than('20100101')
, partition p2010_q1 values less than('20100401')
, partition p9999_mx values less than( MAXVALUE ) ) ;
```

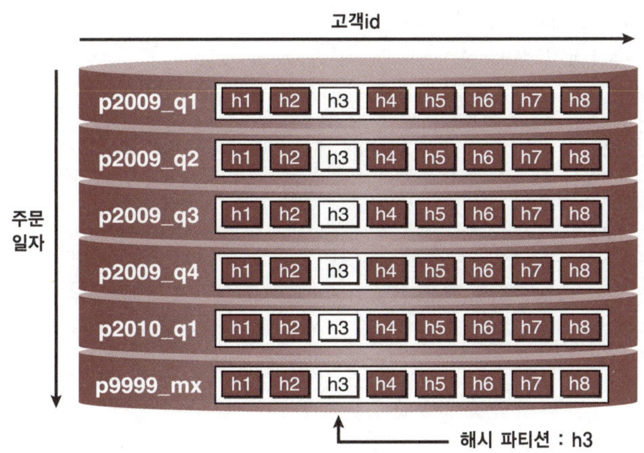

그림 6-5

그림 6-5를 보면, 각 Range 파티션 내에서 다시 해시 알고리즘을 사용해 각 서브 파티션으로 데이터를 분할 저장한 것을 볼 수 있다. 이와 같은 파티션 테이블에 아래 쿼리를 수행하면 Range 파티션 p2009_q3(2009년 3분기)에 속한 8개 서브 파티션을 탐색한다.

```
select * from 주문 where 주문일자 between '20090701' and '20090930'
```

만약 아래와 같이 주문일자 조건 없이 고객ID만으로 조회하면, 각 Range 파티션당 하나씩 총 6개 서브 파티션(그림 6-5에서 흰색으로 하이라이트된 h3 서브 파티션들)을 탐색한다.

```
select * from 주문 where 고객id = :custid
```

대용량 거래 테이블을 이와 같이 파티셔닝한다면 Range 파티셔닝과 해시 파티셔닝의 장점을 둘 다 누릴 수 있으며, 각각의 장점에 대해서는 이미 설명하였다.

「Range + 리스트」 결합 파티셔닝

오라클 9i에서 리스트 파티셔닝이 도입됨과 동시에 「Range + 리스트」 형태의 결합 파티셔닝도 가능해졌다. 아래는 판매 테이블을 판매일자 기준으로 분기별 Range 파티셔닝하고 그 안에서 다시 판매점 기준으로 리스트 파티셔닝하는 방법을 예시하고 있다.

```
create table 판매 ( 판매점 varchar2(10), 판매일자 varchar2(8), ... )
partition by range(판매일자)
subpartition by list(판매점)
subpartition template
( subpartition lst_01 values ('강남지점', '강북지점', '강서지점', '강동지점')
, subpartition lst_02 values ('부산지점', '대전지점')
, subpartition lst_03 values ('인천지점', '제주지점', '의정부지점')
, subpartition lst_99 values ( DEFAULT ) )
( partition p2009_q1 values less than('20090401')
, partition p2009_q2 values less than('20090701')
, partition p2009_q3 values less than('20091001')
, partition p2009_q4 values less than('20100101') );
```

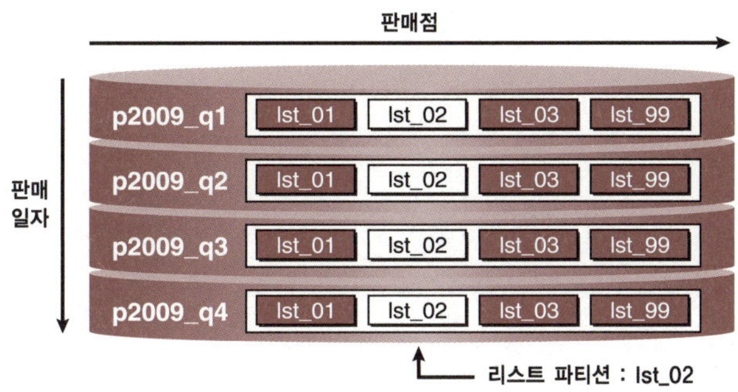

그림 6-6

각 Range 파티션 내에서 사용자가 지정한 그룹핑 기준에 따라 각 리스트 서브 파티션으로 데이터를 분할 저장한 것을 볼 수 있다. Range 파티셔닝과 리스트 파티셔닝의 이점을 둘 다 누릴 수 있는 이유다.

이 결합 파티셔닝 전략은 초대형 이력성 테이블을 Range 파티셔닝하고, 각 파티션을 업무적으로 다시 분할하고자 할 때 주로 사용된다. 예를 들어, 의류, 식품, 가전, 생활용품 각각에 특화된 인터넷 쇼핑몰을 하나의 시스템으로 통합(상품대분류로 구분)한다고 하자. 그런데 조직과 시스템을 통합하더라도 조회 및 트랜잭션은 기존처럼 독립적으로(상품대분류별로) 일어난다.

그럴 때, 상품 테이블은 상품대분류 기준으로 리스트 파티셔닝하고, 주문과 주문상세 테이블 등은 주문일자와 상품대분류 기준으로「Range + 리스트」 형태로 파티셔닝하는 전략이 효과적이다. 논리적으로 하나의 테이블이지만 물리적으로 별도 세그먼트에 나눠 저장되기 때문에 성능을 떨어뜨리지 않으면서 통합의 이점을 누릴 수 있는 것이다.

또 다른 예로서, 전국 초중고 학생의 학사 및 수험정보를 관리하는 시스템이 있다고 하자. 각 시도별로 1:1 리스트 파티셔닝할 수도 있지만 데이터 분포에 따라 논리적인 그룹을 만들어 그룹별로 파티션을 할당하는 방식을 사용할 수 있다. 즉, 학생 수가 가장 많은 서울시, 경기도는 각각 하나의 파티션을 할당하고 나머지는 몇몇 시도를 적절히 묶어서 관리하는 방식을 말한다.

이처럼 학생정보는 시도별로 리스트 파티셔닝하고, 수험정보 같은 기간별 데이터는 수험일시와 시도 기준으로 「Range + 리스트」 형태의 결합 파티셔닝을 도입하면 효과적이다.

기타 결합 파티셔닝

11g부터 아래 4가지 형태의 결합 파티셔닝 기능이 추가되었다. 따라서 주 파티션이 해시 방식이 아닌 모든 조합이 가능해졌다.

- Range-Range
- 리스트-해시
- 리스트-리스트
- 리스트-Range

(6) 11g에 추가된 파티션 유형

Reference 파티셔닝

그림 6-7과 같은 데이터 모델이 있다고 하자.

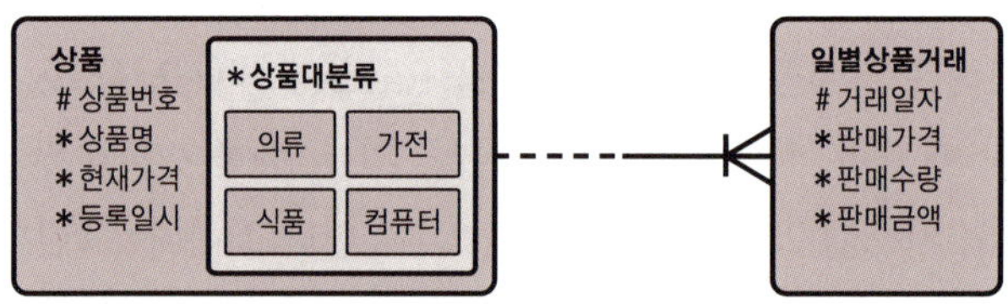

그림 6-7

상품 테이블을 상품대분류 기준으로 리스트 파티셔닝하고, 일별상품거래 테이블도 부모 테이블인 상품과 똑같은 방식과 기준으로 파티셔닝하려고 한다. 이럴 때 10g까지는 상품에 있는 상품대분류 컬럼을 일별상품거래 테이블에 반정규화(상품번호에 종속적인 컬럼이므로 2차 정규형 위배)해야만 했다.

이 문제를 해소하려고 11g에서 부모 테이블 파티션 키를 이용해 자식 테이블을 파티셔닝하는 기능이 도입되었는데, 이를 'Reference 파티션'이라고 부른다.

아래 스크립트에 굵은 글씨체로 표시한 것처럼 이 기능을 사용하려면 일별상품거래 테이블의 상품번호 컬럼에 not null과 FK 제약이 설정돼 있어야 한다(스크립트 ch6_03.txt 참조).

```
create table 상품 (
  상품번호    number        NOT NULL PRIMARY KEY
, 상품명      varchar2(50)  not null
, 현재가격    number        not null
, 상품대분류  varchar2(4)   not null
, 등록일시    date          not null
)
```

```
partition by list(상품대분류) (
  partition p1 values ('의류')
, partition p2 values ('식품')
, partition p3 values ('가전')
, partition p4 values ('컴퓨터')
);

create table 일별상품거래 (
  상품번호    number  NOT NULL
, 거래일자    varchar2(8)
, 판매가격    number
, 판매수량    number
, 판매금액    number
, constraint 일별상품거래_fk foreign key(상품번호) references 상품
)
partition by reference (일별상품거래_fk);
```

Interval 파티셔닝

11g부터는 Range 파티션을 생성할 때 아래와 같이 interval 기준을 정의함으로써 정해진 간격으로 파티션이 자동 추가되도록 할 수 있다. 특히 테이블을 일 단위로 파티셔닝했을 때 유용하다.

```
create table 주문일자 (주문번호 number, 주문일시 date, … )
partition by range(주문일시) INTERVAL(NUMTOYMINTERVAL(1, 'MONTH'))
(
, ……
, partition p200908 values less than(to_date('2009/09/01', 'yyyy/mm/dd'))
, partition p200909 values less than(to_date('2009/10/01', 'yyyy/mm/dd'))
, partition p200910 values less than(to_date('2009/11/01', 'yyyy/mm/dd'))
);
```

아래와 같이 가입 고객 수가 10만 명을 넘을 때마다 고객 테이블에 파티션이 추가되도록 할 수도 있다.

```
create table 고객 (고객번호 number, 고객명 varchar2(20), … )
```

```
partition by range(고객번호) INTERVAL (100000)
( partition p_cust1 values less than ( 100001 )
, partition p_cust2 values less than ( 200001 )
, partition p_cust3 values less than ( 300001 )
) ;
```

이 외에도 시스템 파티셔닝, 가상(virtual) 컬럼 기반 파티셔닝 등이 11g에 추가되었는데, 이들 기능에 대한 자세한 설명은 오라클 매뉴얼을 참고하기 바란다.

02 파티션 Pruning

'prune'은 '쓸데없는 가지를 치다', '불필요한 부분을 제거한다'는 뜻이다. 용어에서 알 수 있듯이, 파티션 Pruning(=Elimination)은 하드파싱이나 실행 시점에 SQL 조건절을 분석하여 읽지 않아도 되는 파티션 세그먼트를 액세스 대상에서 제외시키는 기능이다. 파티션 테이블에 대한 쿼리나 DML을 수행할 때 극적인 성능 개선을 가져다주는 핵심 원리가 파티션 Pruning에 있다고 할 수 있다.

기본 파티션 Pruning 기법을 먼저 설명하고, 고급 파티션 Pruning 기법으로서 서브쿼리 Pruning과 조인 필터 Pruning을 이어서 설명한다.

(1) 기본 파티션 Pruning

기본 파티션 Pruning 기법으로는 아래 두 가지가 있다.

- 정적(Static) 파티션 Pruning : 파티션 키 컬럼을 상수 조건으로 조회하는 경우에 작동하며, 액세스할 파티션이 쿼리 최적화 시점에 미리 결정되는 것이 특징이다. 실행계획의 Pstart(partition start)와 Pstop(partition stop) 컬럼에는 액세스할 파티션 번호가 출력된다.

- 동적(Dynamic) 파티션 Pruning : 파티션 키 컬럼을 바인드 변수로 조회하면 쿼리 최적화 시점에는 액세스할 파티션을 미리 결정할 수 없다. 실행 시점이 돼서야 사용자가 입력한 값에 따라 결정되며, 실행계획의 Pstart와 Pstop 컬럼에는 'KEY' 라고 표시된다. NL 조인할 때도 Inner 테이블이 조인 컬럼 기준으로 파티셔닝 돼 있다면 동적 Pruning이 작동한다.

파티션 Pruning 기능에 따른 실행계획 비교

SQL과 실행계획을 보면서 파티션 Pruning이 실제 어떻게 작동하는지 확인해 보자(스크립트 ch6_04.txt 참조).

```
create table t ( key, no, data )
partition by range(no) (
  partition p01 values less than(11)
, partition p02 values less than(21)
, partition p03 values less than(31)
, partition p04 values less than(41)
, partition p05 values less than(51)
, partition p06 values less than(61)
, partition p07 values less than(71)
, partition p08 values less than(81)
, partition p09 values less than(91)
, partition p10 values less than(maxvalue)
)
as
select lpad(rownum, 6, '0'), mod(rownum, 100)+1, lpad(rownum, 10, '0')
from   dual
connect by level <= 999999
```

먼저 no 컬럼 기준으로 Range 파티션 테이블을 생성했다. 아래는 상수 조건을 사용해 정적 Pruning을 테스트한 것으로서, 10개 중 3개(3~5번) 파티션만 읽는 것을 알 수 있다.

```
select count(*) from t where no between 30 and 50

---------------------------------------------------------------------------
| Id  | Operation                | Name | Rows  | Bytes | Pstart| Pstop |
---------------------------------------------------------------------------
|   0 | SELECT STATEMENT         |      |     1 |    13 |       |       |
|   1 |  SORT AGGREGATE          |      |     1 |    13 |       |       |
```

```
|   2 |   PARTITION RANGE ITERATOR|      |  143K|  1822K|     3 |     5 |
|   3 |    TABLE ACCESS FULL      | T    |  143K|  1822K|     3 |     5 |
------------------------------------------------------------------------
```

이번에는 바인드 변수로 동적 Pruning을 테스트해 보자.

```
select count(*) from t where no between :a and :b

-------------------------------------------------------------------------
| Id  | Operation                  | Name | Rows  | Bytes | Pstart| Pstop |
-------------------------------------------------------------------------
|   0 | SELECT STATEMENT           |      |     1 |    13 |       |       |
|   1 |  SORT AGGREGATE            |      |     1 |    13 |       |       |
|   2 |   FILTER                   |      |       |       |       |       |
|   3 |    PARTITION RANGE ITERATOR|      |  2310 | 30030 |   KEY |   KEY |
|   4 |     TABLE ACCESS FULL      | T    |  2310 | 30030 |   KEY |   KEY |
-------------------------------------------------------------------------
```

위 실행계획에서 시작과 종료 파티션 번호 대신 'KEY' 라고 표시된 것은 하드파싱 시점에 액세스할 파티션을 결정할 수 없기 때문이다.

파티션 컬럼에 IN-List 조건을 사용하면 상수 값이더라도 아래처럼 'KEY(I)' 라고 표시된다.

```
select count(*) from t where no in (30, 50)

-----------------------------------------------------------------------
| Id  | Operation                | Name | Rows  | Bytes | Pstart| Pstop |
-----------------------------------------------------------------------
|   0 | SELECT STATEMENT         |      |     1 |    13 |       |       |
|   1 |  SORT AGGREGATE          |      |     1 |    13 |       |       |
|   2 |   PARTITION RANGE INLIST|      | 23671 |   300K|KEY(I) |KEY(I) |
|   3 |    TABLE ACCESS FULL     | T    | 23671 |   300K|KEY(I) |KEY(I) |
-----------------------------------------------------------------------
```

이번에는 NL 조인을 테스트하기 위해 아래와 같이 n 테이블을 만들어 보자.

```
create table n
as
select level no from dual connect by level <= 100;
```

아래 실행계획에서 알 수 있듯이 NL 조인에서도 n 테이블로부터 읽히는 값에 따라 t 테이블에 동적 Pruning이 일어난다.

```
select /*+ leading(n) use_nl(t) */ *
from   n, t
where  t.no = n.no

----------------------------------------------------------------------------
| Id  | Operation                  | Name | Rows   | Bytes | Pstart| Pstop |
----------------------------------------------------------------------------
|   0 | SELECT STATEMENT           |      |  1097K|    48M|       |       |
|   1 |  NESTED LOOPS              |      |  1097K|    48M|       |       |
|   2 |   TABLE ACCESS FULL        | N    |   100 |  1300 |       |       |
|   3 |   PARTITION RANGE ITERATOR|      | 10975 |   353K|   KEY |   KEY |
|   4 |    TABLE ACCESS FULL       | T    | 10975 |   353K|   KEY |   KEY |
----------------------------------------------------------------------------
```

결합 파티션일 때는 어떤 식으로 Pruning이 일어나는지 살펴보자.

```
create table t ( key, no, data )
partition by range(no) subpartition by hash(key) subpartitions 16 (
  partition p01 values less than(11)
, partition p02 values less than(21)
, partition p03 values less than(31)
, partition p04 values less than(41)
, partition p05 values less than(51)
, partition p06 values less than(61)
, partition p07 values less than(71)
, partition p08 values less than(81)
, partition p09 values less than(91)
, partition p10 values less than(maxvalue)
)
as
select lpad(rownum, 6, '0'), mod(rownum, 50)+1, lpad(rownum, 10, '0')
```

```
from   dual
connect by level <= 999999
```

테이블을 no 컬럼 기준 Range 파티셔닝, key 컬럼 기준 해시 파티셔닝하였다. 아래는 상수 조건을 사용해 정적 Pruning을 테스트한 것이다.

```
select count(*) from t where no between 30 and 50

-------------------------------------------------------------------------------
| Id  | Operation                  | Name | Rows   | Bytes  | Pstart| Pstop |
-------------------------------------------------------------------------------
|   0 | SELECT STATEMENT           |      |      1 |     13 |       |       |
|   1 |  SORT AGGREGATE            |      |      1 |     13 |       |       |
|   2 |   PARTITION RANGE ITERATOR|      |   576K|  7323K|     3 |     5 |
|   3 |    PARTITION HASH ALL      |      |   576K|  7323K|     1 |    16 |
|   4 |     TABLE ACCESS FULL      | T    |   576K|  7323K|    33 |    80 |
-------------------------------------------------------------------------------
```

id 2번 라인은 Range 파티션에 대한 Pruning 정보를, id 3번 라인은 해시 파티션에 대한 Pruning 정보를 표시하고 있다. Range 파티션에선 10개 중 3개(3~5번)를 읽었지만 각각 서브파티션을 16개씩 읽어 총 48(=3×16)개 파티션을 읽는 것을 알 수 있다.

바인드 변수를 사용할 때는 실행계획에 어떻게 표시되는지 살펴보자.

```
select count(*) from t where no between :a and :b

-------------------------------------------------------------------------------
| Id  | Operation                  | Name | Rows   | Bytes  | Pstart| Pstop |
-------------------------------------------------------------------------------
|   0 | SELECT STATEMENT           |      |      1 |     13 |       |       |
|   1 |  SORT AGGREGATE            |      |      1 |     13 |       |       |
|   2 |   FILTER                   |      |        |        |       |       |
|   3 |    PARTITION RANGE ITERATOR|      |  2226  | 28938  |   KEY |   KEY |
|   4 |     PARTITION HASH ALL     |      |  2226  | 28938  |     1 |    16 |
|   5 |      TABLE ACCESS FULL     | T    |  2226  | 28938  |   KEY |   KEY |
-------------------------------------------------------------------------------
```

Range 파티션에는 파티션 목록을 확정할 수 없어 'KEY'라고 표시하였지만 서브 파티션에는 액세스할 주 파티션별로 16개씩 읽게 됨을 표시하고 있다. 해시 서브파티션 키 컬럼에 조건절을 사용하지 않았기 때문이다.

파티션 Pruning 기능에 따른 I/O 수행량 비교

파티션 Pruning 작동 여부에 따라 수행 일량에 어떤 차이가 생기는지 SQL 트레이스를 통해 확인해 보자.

```
select * from t where no = 1 and key = '000100'

Call     Count CPU Time Elapsed Time       Disk      Query    Current       Rows
------- ------ -------- ------------ ---------- ---------- ---------- ----------
Parse        1    0.000        0.000          0          0          0          0
Execute      1    0.000        0.000          0          0          0          0
Fetch        2    0.016        0.007          0         49          0          1
------- ------ -------- ------------ ---------- ---------- ---------- ----------
Total        4    0.016        0.007          0         49          0          1

Rows  Row Source Operation
----  ---------------------------------------------------
   1  PARTITION RANGE SINGLE PARTITION: 1 1 (cr=49 pr=0 pw=0 time=5915 us)
   1   PARTITION HASH SINGLE PARTITION: 6 6 (cr=49 pr=0 pw=0 time=5859 us)
   1    TABLE ACCESS FULL T PARTITION: 6 6 (cr=49 pr=0 pw=0 time=5724 us)
```

위에서는 주 파티션과 서브 파티션에 Pruning이 작동해 하나의 서브 파티션에서 49개 블록만 읽었다.

이번에는 서브 파티션에 대한 Pruning이 작동하지 못하도록 서브 파티션 키 컬럼을 함수로 가공하고 다시 수행해 보자.

```
select * from t where no = 1 and to_number(key) = 100

Call     Count CPU Time Elapsed Time       Disk      Query    Current       Rows
------- ------ -------- ------------ ---------- ---------- ---------- ----------
Parse        1    0.000        0.000          0          0          0          0
Execute      1    0.000        0.000          0          0          0          0
Fetch        2    0.063        1.056        528        776          0          1
------- ------ -------- ------------ ---------- ---------- ---------- ----------
Total        4    0.063        1.056        528        776          0          1
```

```
Rows   Row Source Operation
----   ---------------------------------------------------
   1   PARTITION RANGE SINGLE PARTITION: 1 1 (cr=776 pr=528 pw=0 time=1056056 us)
   1    PARTITION HASH ALL PARTITION: 1 16 (cr=776 pr=528 pw=0 time=1056027 us)
   1     TABLE ACCESS FULL T PARTITION: 1 16 (cr=776 pr=528 pw=0 time=1055868 us)
```

16개 서브 파티션에서 776개 블록을 읽었다. 인덱스와 마찬가지로, 파티션 키 컬럼도 함부로 가공해선 안 된다는 사실을 잘 말해주고 있다.

묵시적 형변환이 일어나는 경우도 테스트해 보자.

```
select * from t where no = 1 and key = 100

Call     Count CPU Time Elapsed Time       Disk      Query    Current       Rows
------- ------ -------- ------------ ---------- ---------- ---------- ----------
Parse        1    0.000        0.000          0          0          0          0
Execute      1    0.000        0.000          0          0          0          0
Fetch        2    0.078        0.955        528        776          0          1
------- ------ -------- ------------ ---------- ---------- ---------- ----------
Total        4    0.078        0.955        528        776          0          1

Rows   Row Source Operation
----   ---------------------------------------------------
   1   PARTITION RANGE SINGLE PARTITION: 1 1 (cr=776 pr=528 pw=0 time=954975 us)
   1    PARTITION HASH ALL PARTITION: 1 16 (cr=776 pr=528 pw=0 time=954945 us)
   1     TABLE ACCESS FULL T PARTITION: 1 16 (cr=776 pr=528 pw=0 time=954780 us)
```

파티션 키 컬럼을 명시적으로 가공했을 때와 같은 블록 I/O가 발생한 것을 볼 수 있고, 내부적인 형변환 때문임을 아래 Predicate 정보를 통해 알 수 있다.

```
Predicate Information (identified by operation id):
---------------------------------------------------
   3 - filter("NO"=1 AND TO_NUMBER("KEY")=100)
```

이번에는 주 파티션 키 컬럼을 가공함으로써 서브 파티션 키 컬럼에 묵시적 형변환이 일어났을 때의 I/O 발생량을 확인해 보자.

```
select * from t where to_char(no) = '1' and key = 100

Call     Count CPU Time Elapsed Time       Disk      Query    Current       Rows
------- ------ -------- ------------ ---------- ---------- ---------- ----------
Parse        1    0.000        0.000          0          0          0          0
Execute      1    0.000        0.000          0          0          0          0
Fetch        2    1.297        7.119       3588       4114          0          1
------- ------ -------- ------------ ---------- ---------- ---------- ----------
Total        4    1.297        7.119       3588       4114          0          1

Rows   Row Source Operation
----   ---------------------------------------------------
   1   PARTITION RANGE ALL PARTITION: 1 10 (cr=4114 pr=3588 pw=0 time=7118551 us)
   1    PARTITION HASH ALL PARTITION: 1 16 (cr=4114 pr=3588 pw=0 time=7118465 us)
   1     TABLE ACCESS FULL T PARTITION: 1 160 (cr=4114 pr=3588 pw=0 time=7116955 us)
```

10개 주 파티션마다 16개씩, 총 160개 파티션에서 4,114개 블록을 읽었다.

동적 파티션 Pruning 시 테이블 레벨 통계 사용

바인드 변수를 사용하면 최적화 시점에 파티션을 확정할 수 없어 동적 파티션 Pruning이 일어난다고 했는데, 같은 이유로 쿼리 최적화에 테이블 레벨 통계가 사용된다. 반면, 정적 파티션 Pruning 일 때는 파티션 레벨 통계가 사용된다.

테이블 레벨 통계는 파티션 레벨 통계보다 다소 부정확하기 때문에 옵티마이저가 가끔 잘못된 실행계획을 수립하는 경우가 생기며, 이는 바인드 변수 때문에 생기는 대표적인 부작용 중 하나다.

(2) 서브쿼리 Pruning

조인에 사용되는 고급 파티션 Pruning 기법으로는 아래 두 가지가 있다.

- 서브쿼리 Pruning (8i~)
- 조인 필터 Pruning (11g~)

우선 서브쿼리 Pruning부터 살펴볼 텐데, 아래와 같은 쿼리가 있다고 하자.

```
select d.분기, o.주문일자, o.고객ID, o.상품ID, o.주문수량, o.주문금액
from   일자 d, 주문 o
where  o.주문일자 = d.일자
and    d.분기 >= 'Q20071'
```

NL 조인할 때 Inner 테이블이 조인 컬럼 기준으로 파티셔닝 돼 있다면 동적 Pruning이 작동한다고 했다. 주문은 대용량 거래 테이블이므로 주문일자 기준으로 월별 Range 파티셔닝 돼 있을 테고, 일자 테이블을 드라이빙해 NL 조인한다면 분기 >= 'Q20071' 기간에 포함되는 주문 레코드만 읽을 수 있다.

하지만 대용량 주문 테이블을 Random 액세스 위주의 NL 방식으로 조인한다면 결코 좋은 성능을 기대하기 어렵다. 그렇다고 해시 조인이나 소트 머지 조인으로 처리하기도 부담스럽다. 2007년 1분기 이후 주문 데이터만 필요한데도 주문 테이블로부터 모든 파티션을 읽어 조인하고서 나중에 분기 조건을 필터링해야 하기 때문이다.

이럴 때 오라클은 Recursive 서브쿼리를 이용한 동적 파티션 Pruning을 고려한다. 이른바 '서브쿼리 Pruning' 이라고 불리는 메커니즘으로서, 위 쿼리에 대해 내부적으로 아래와 같은 서브쿼리가 수행된다. (수행 가능한 쿼리이므로 직접 테스트해 보기 바란다.)

```
select distinct TBL$OR$IDX$PART$NUM(주문, 0, 1, 0, a.일자)
from  (select 일자 from 일자 where 분기 >= 'Q20071') a
order by 1
```

이 쿼리를 수행하면 액세스해야 할 파티션 번호 목록이 구해지며, 이를 이용해 필요한 주문 파티션만 스캔할 수 있다. 아래는 서브쿼리 Pruning이 작동할 때의 실행계획이다.

```
-----------------------------------------------------------------------------
| Id| Operation                  | Name |  Rows  | Bytes  | Pstart | Pstop |
-----------------------------------------------------------------------------
|  0| SELECT STATEMENT           |      |        |        |        |       |
|* 1|  HASH JOIN                 |      | 480591 | 22415K |        |       |
|* 2|   TABLE ACCESS FULL        | 일자 |     12 |     89 |        |       |
|  3|   PARTITION RANGE SUBQUERY |      | 480591 | 15262K | KEY(SQ)|KEY(SQ)|
|  4|    TABLE ACCESS FULL       | 주문 | 480591 | 15262K | KEY(SQ)|KEY(SQ)|
-----------------------------------------------------------------------------
```

```
Predicate Information (identified by operation id):
---------------------------------------------------
  1 - access("O"."주문일자"="D"."일자")
  2 - filter("D"."분기"='Q20074')
```

KEY(SQ)에서 SQ는 SubQuery를 뜻한다[3]. 이 방식으로 파티션을 Pruning 하려면 드라이빙 테이블을 한 번 더 읽게 되므로 경우에 따라 총 비용이 오히려 증가할 수 있다. 따라서 서브쿼리 Pruning 적용 여부는 옵티마이저가 비용을 고려해 내부적으로 결정한다. 옵티마이저 결정에 영향을 미치는 Hidden 파라미터는 아래 표와 같다.

파라미터명	기본값	설명
_subquery_pruning_cost_factor	20	파티션 테이블이 recursive 서브쿼리 대상 테이블보다 20배 이상 클 때만 이 방식을 사용하겠다는 뜻이다. 바꿔 말하면, recursive 서브쿼리 수행 비용이 파티션 테이블에 있는 모든 데이터를 액세스하는 비용의 5%를 초과하지 않아야 효과적이라는 가정을 세운 것이다. (※ 1/20=0.05)
_subquery_pruning_reduction	50	드라이빙 테이블 조건절에 의해 액세스되는 데이터가 드라이빙 테이블 전체 건수의 50%를 넘지 않아야 함을 뜻한다. 드라이빙 테이블 조건절에 의한 선택도를 가지고 반대편 파티션 테이블 Pruning 비율을 추정하는 것이다.
_subquery_pruning_enabled	true	서브쿼리 Pruning을 활성화

제거될 것으로 예상되는 파티션 개수가 상당히(기본 값에 의하면 50%) 많고, where 조건절을 가진 드라이빙 테이블이 파티션 테이블에 비해 상당히 작을 때만 서브쿼리 Pruning이 작동한다는 사실을 알 수 있다.

참고로, 아래와 같이 설정하면 옵티마이저에 의해 계산된 비용과 상관없이 항상 서브쿼리 Pruning을 실시한다(스크립트 ch6_05.txt 참조).

3) 8i와 9i 버전에서는 'Partition Range Subquery'라고 표시되지 않는다. 따라서 Partition Range All이 Partition Range Iterator로 바뀌는 것을 통해 작동 여부를 확인해야 한다. explain plan 명령 후 plan_table을 조회할 때 other 컬럼에 표시되는 Recursive 서브쿼리를 통해서도 확인 가능하다.

- *_subquery_pruning_cost_factor* = 1
- *_subquery_pruning_reduction* = 100

(3) 조인 필터 Pruning

서브쿼리 Pruning은 드라이빙 테이블을 한 번 더 액세스하는 추가 비용이 발생한다. 그래서 11g부터 오라클은 블룸 필터(Bloom Filter) 알고리즘을 기반으로 한 조인 필터(Join Filter, Bloom Filter) Pruning 방식을 도입하였다.

블룸 필터(Bloom Filter) 알고리즘

먼저 블룸 필터 알고리즘에 대해 살펴보자. 참고로 아래 내용은, 스위스 취리히 trivadis(www.trivadis.com)에서 컨설턴트로 활약 중인 Christian Antognini의 설명을 좀 더 이해하기 쉽게 필자가 재구성한 것이다. 그리고 블룸 필터에 대한 더 자세한 설명은 WIKIPEDIA(http://en.wikipedia.org/wiki/Bloom_filter)에서 얻을 수 있다.

아래처럼 A, B 두 개의 집합이 있고, 두 집합 간의 교집합을 찾으려고 한다.

집합 A = { 175, 442, 618 }
집합 B = { 175, 327, 432, 548 }

여기서는 원소가 각각 3개, 4개 밖에 없어 육안으로도 쉽게 찾을 수 있지만 각각 10,000개씩이라면 어떻게 할까? 집합 B에 있는 각 원소마다 집합 A를 뒤지면서 같은 값을 가진 원소가 있는지 확인해 봐야 한다. 교집합이 크다면, 많은 일량에도 불구하고 비효율은 없다고 할 수 있다. 하지만 교집합이 매우 작다면 이 방식은 비효율적이다. 지금 설명하려는 블룸 필터는 교집합이 작을 때 큰 효과를 발휘하며, 기본 알고리즘은 다음과 같다.

1. n 비트 Array를 할당하고(1~n), 각 비트를 0으로 설정한다.
2. n개의 값(1~n 중 하나)을 리턴하는 m개의 해시 함수를 정의하며, 서로 다른 해시 알고리즘을 사용한다. m개의 해시 함수는 다른 입력 값에 대해 우연히 같은 출력 값을 낼 수도 있다. (심지어 같은 알고리즘을 사용하더라도 다른 입력 값에 대해 같은 출력 값을 낼 수 있는 것이 해시 함수의 특징이다.)
3. 집합 A의 각 원소마다 차례로 m개의 해시 함수를 "모두" 적용한다. 그리고 각 해시 함수에서

리턴된 값(1~n 중 하나)에 해당하는 비트(1~n 중 하나)를 "모두" 1로 설정한다.

4. 교집합을 찾을 준비가 끝났다. 이제 집합 B의 각 원소마다 차례로 m개의 해시 함수를 "모두" 적용한다. 그리고 원소별로 해시 함수에서 리턴된 값(1~n)에 해당하는 비트를 "모두" 확인한다.
   - 하나라도 0으로 설정돼 있으면 그 원소는 집합 A에 없는 값이다. 잘못된 음수(false negative)는 불가능하기 때문이다. 즉, 집합 A에 있는 값인데 0으로 남았을 리가 없다. (0을 음수라고 가정하자.)
   - 모두 1로 설정돼 있으면 그 원소는 집합 A에 포함될 가능성이 있는 값이므로 이때만 집합 A를 찾아가 실제 같은 값을 가진 원소가 있는지 찾아본다. 모두 1로 설정돼 있는데도 집합 A에 실제 그 값이 있는지 확인해야 하는 이유는, 잘못된 양수(false positive)가 가능하기 때문이다. 즉, 집합 A에 없는 값인데 모두 1로 설정될 수 있다.

설명만으로는 쉽게 이해하기 어려울 것이다. 예시를 보면서 단계별로 다시 설명해 보자.

1. 0부터 9번까지 10개 비트를 할당하고 모두 0으로 설정한다.

0	1	2	3	4	5	6	7	8	9
0	0	0	0	0	0	0	0	0	0

2. 0부터 9까지 총 10개의 값을 리턴할 수 있는 두 개의 함수(h1, h2)를 정의한다. 두 함수는 서로 다르게 구현되었다(스크립트 ch6_06.txt).

```
SQL> create or replace function h1(e number) return number
as
begin
  return mod(e, 10);
end;
/

SQL> create or replace function h2(e number) return number
as
begin
  return mod(ceil(e/10), 10);
end;
```

```
  6  /

SQL> select rownum no, h1(rownum) r1, h2(rownum) r2
  2  from   dual
  3  connect by level <= 100;

        NO         R1         R2
---------- ---------- ----------
         1          1          1
         2          2          1
         3          3          1
         4          4          1
         5          5          1
         6          6          1
         7          7          1
         8          8          1
         9          9          1
        10          0          1
        11          1          2
        12          2          2
        13          3          2
        14          4          2
        15          5          2
      ....        ...        ...
      ....        ...        ...
```

3. 집합 A의 각 원소(175, 442, 618)마다 차례로 h1, h2 함수를 적용하고, 각 해시 함수에서 리턴된 값(0~9 중 하나)에 해당하는 비트를 모두 1로 설정한다.
   아래는 집합 A에 있는 세 값을 h1, h2 함수에 입력했을 때의 출력 값이다.

입력 값	h1 출력 값	h2 출력 값
175	5	8
442	2	5
618	8	2

따라서 3번 과정을 모두 완료하고 나서 비트 값을 확인해 보면, 아래처럼 2, 5, 8 비트가 1로 설정돼 있다.

0	1	2	3	4	5	6	7	8	9
0	0	1	0	0	1	0	0	1	0

4. 교집합을 찾을 준비가 끝났다. 집합 B(175, 327, 432, 548)의 각 원소마다 차례로 h1, h2 함수를 적용하고, 리턴된 값(0~9 중 하나)에 해당하는 비트를 모두 확인한다. 하나라도 0으로 설정돼 있으면 그 원소는 집합 A에 없는 값이다. 모두 1로 설정돼 있으면 그 원소는 집합 A에 포함될 가능성이 있는 값이므로 이때만 집합 A를 찾아가 실제 같은 값을 가진 원소가 있는지 찾아본다.

(※ h1, h2 출력 값 옆의 괄호는 비트 설정 값임)

입력값	h1 출력 값	h2 출력 값	집합 A 확인 여부	설명
175	5 (1)	8 (1)	O	비트 설정 값이 모두 1이므로 집합 A에 같은 값이 있는지 확인해야 한다. 집합 A의 원소가 442, 618 둘 뿐일 때도 5와 8이 모두 1로 설정됨을 확인하기 바란다.
327	7 (0)	3 (0)	X	비트 설정 값이 모두 0이므로 집합 A에 327 값이 없음을 알 수 있다. (false negative는 불가능)
432	2 (1)	4 (0)	X	비트 설정 값 중 하나가 0이므로 집합 A에 432 값이 없음을 알 수 있다. (false negative는 불가능)
548	8 (1)	5 (1)	O	비트 설정 값이 모두 1이므로 집합 A에 같은 값이 있는지 확인해야 한다. 확인 결과, 없는 값임을 알게 된다. false positive가 가능하다고 했는데, 그 경우에 해당한다.

블룸 필터 역할은, 교집합에 해당하는 원소(175)를 찾는 데 있지 않고 교집합이 아닌 것이 확실한 원소(327, 432)를 찾는 데에 있음을 이해할 것이다. 327과 432를 제외한 나머지 원소(175, 548)에 대해서만 집합 A를 확인해서 실제 교집합인지를 가린다.

블룸 필터 알고리즘에서 false positive를 줄이는 방법

집합 B의 원소 548에서 false positive가 발생해 불필요하게 집합 A를 확인해야만 했다. 10비트보다 큰 100비트 Array를 사용하면 어떤 결과가 나올까?

먼저 h1, h2 함수를 아래와 같이 수정하고 다시 생성한다.

```
SQL> create or replace function h1(e number) return number
  2  as
  3  begin
  4    return mod(e, 100);
  5  end;
  6  /

SQL> create or replace function h2(e number) return number
  2  as
  3  begin
  4    return mod(ceil(e/10), 100);
  5  end;
  6  /
```

아래는 집합 A에 있는 세 값을 h1, h2 함수에 입력했을 때의 출력 값이다.

입력 값	h1 출력 값	h2 출력 값
175	75	18
442	42	45
618	18	62

이들 출력 값으로 비트를 설정하고 나면, 아래처럼 18, 42, 45, 62, 75 비트가 1로 설정된다.

...	18	...	42	...	45	...	62	...	75
0	1	0	1	0	1	0	1	0	1

똑같이 집합 B(175, 327, 432, 548)의 함수 출력 값으로 비트를 확인해 보면, 이번에는 집합 A에 실제 값이 있는 175에 대해서만 확인이 필요해진다. false positive가 한 번도 발생하지 않은 것이다.

(※ h1, h2 출력 값 옆의 괄호는 비트 설정 값임)

입력값	h1 출력 값	h2 출력 값	집합 A 확인 여부	설명
175	75 (1)	18 (1)	O	비트 설정 값이 모두 1이므로 집합 A에 같은 값이 있는지 확인한다.

327	27 (0)	33 (0)	X	비트 설정 값이 모두 0이므로 집합 A에 327 값이 없음을 알 수 있다.
432	32 (0)	44 (0)	X	비트 설정 값이 모두 0이므로 집합 A에 432 값이 없음을 알 수 있다.
548	48 (0)	55 (0)	X	비트 설정 값이 모두 0이므로 집합 A에 548 값이 없음을 알 수 있다.

이처럼 더 많은 비트를 할당(더 많은 공간 필요)하거나 더 많은 해시 함수를 사용(더 많은 시간을 소비)하면 false positive 발생 가능성은 줄어든다. 공간/시간의 효율성과 false positive 발생 가능성은 서로 트레이드 오프(Trade-off) 관계이므로 적정한 개수의 비트와 해시 함수를 사용하는 것이 과제다.

조인 필터(=블룸 필터) Pruning

지금까지 블룸 필터 알고리즘에 대해 비교적 자세히 설명하였다. 오라클은 성능 향상을 위해 여러 곳에 이 알고리즘을 사용하고 있는데, 그 중 대표적인 것이 파티션 Pruning이다. 11g부터 적용되기 시작한 이 기능은 파티션 테이블과 조인할 때, 읽지 않아도 되는 파티션을 제거해 주는 것으로서 '조인 필터 Pruning' 또는 '블룸 필터 Pruning'이라고 부른다.

앞에서 서브쿼리 파티션 Pruning에서 보았던 쿼리에 이 기능을 적용하면 실행계획에 어떤 변화가 생기는지 살펴보자.

```
select d.분기, o.주문일자, o.고객ID, o.상품ID, o.주문수량, o.주문금액
from   일자 d, 주문 o
where  o.주문일자 = d.일자
and    d.분기 >= 'Q20071'

Rows    Row Source Operation
------  ---------------------------------------------------
480591  HASH JOIN  (cr=3827 pr=0 pw=0 time=4946 us cost=655 size=21002700 … )
    12   PART JOIN FILTER CREATE :BF0000 (cr=4 pr=0 pw=0 time=18 us cost=4 … )
    12    TABLE ACCESS FULL 일자(cr=4 pr=0 pw=0 time=6 us cost=4 size=10388 …)
480591   PARTITION RANGE JOIN-FILTER PARTITION: :BF0000 :BF0000 (cr=3823 pr=0 …)
480591    TABLE ACCESS FULL 주문 PARTITION: :BF0000 :BF0000 (cr=3823 pr=0 … )
```

part join filter create와 partition range join-filter를 포함하는 두 개 오퍼레이션 단계가 눈에 띈다. 전자는 블룸 필터를 생성하는 단계, 후자는 블룸 필터를 이용해 파티션 Pruning하는 단계를 나타낸다. 좀 더 풀어서 설명하면 다음과 같다.

1. 일자 테이블로부터 분기 >= 'Q20071' 조건에 해당하는 레코드를 읽어 해시 테이블을 만들면서 블룸 필터를 생성한다. 즉, 조인 컬럼인 일자 값에 매핑되는 주문 테이블 파티션 번호를 찾아 n개의 해시함수에 입력하고 거기서 출력된 값을 이용해 비트 값을 설정한다.
2. 일자 테이블을 다 읽고 나면 주문 테이블의 파티션 번호별로 비트 값을 확인함으로써 읽지 않아도 되는 파티션 목록을 취합한다.
3. 취합된 파티션을 제외한 나머지 파티션만 읽어 조인한다.

다시 말하지만 블룸 필터 역할은, 교집합 아님이 확실한 원소를 찾는 데에 있다. 이 알고리즘을 사용하는 조인 필터 Pruning도 조인 대상 집합을 확실히 포함하는 파티션을 찾는 게 아니라, 확실히 포함하지 않는 파티션을 찾는다. 그런 후 그 파티션 목록을 제외한 나머지 파티션만 스캔한다.

위 쿼리는 기본적으로 2007년 1월부터 현재까지의 파티션만 읽지만, false positive가 발생해 그 이전 파티션 중 일부를 불필요하게 읽을 가능성은 있다. 하지만 이런 고급 파티션 Pruning 기법을 활용하지 않았을 때 모든 파티션을 읽는 것에 비하면 훨씬 효율적이다. 서브쿼리 Pruning과 비교해 보면, 드라이빙 테이블이 클수록 조인 필터 Pruning이 유리하다.

만약, 조인 필터 Pruning 기능을 비활성화하고 싶다면, *_bloom_pruning_enabled* 파라미터를 false로 설정하면 된다.

(4) SQL 조건절 작성 시 주의사항

고객 테이블을 아래처럼 가입일 기준으로 Range 월 파티셔닝 하였다(스크립트 ch6_07.txt 참조).

```
create table 고객
partition by range(가입일)
( partition m01 values less than('20090201')
, partition m02 values less than('20090301')
, partition m03 values less than('20090401')
, partition m04 values less than('20090501')
, partition m05 values less than('20090601')
, partition m06 values less than('20090701')
, partition m07 values less than('20090801')
, partition m08 values less than('20090901')
, partition m09 values less than('20091001')
, partition m10 values less than('20091101')
```

```
, partition m11 values less than('20091201')
, partition m12 values less than('20100101'))
as
select rownum 고객ID
     , dbms_random.string('a', 20) 고객명
     , to_char(to_date('20090101', 'yyyymmdd') + (rownum - 1), 'yyyymmdd') 가입일
from   dual
connect by level <= 365;
```

아래처럼 2009년 10월에 가입한 고객을 조회할 때 like 연산자를 사용했더니 두 개(9~10번) 파티션을 스캔하는 것을 볼 수 있다. 왜 m10 파티션만 읽지 않고 m09 파티션까지 읽은 것일까?

```
select * from 고객
where  가입일 like '200910%'

---------------------------------------------------------------------------
| Id  | Operation                | Name | Rows  | Bytes | Pstart| Pstop |
---------------------------------------------------------------------------
|   0 | SELECT STATEMENT         |      |    31 | 62651 |       |       |
|   1 |  PARTITION RANGE ITERATOR|      |    31 | 62651 |     9 |    10 |
|   2 |   TABLE ACCESS FULL      | 고객 |    31 | 62651 |     9 |    10 |
---------------------------------------------------------------------------
```

아래처럼 '20091001' 보다 작은 수많은 문자가 존재하는데, 이 값들이 입력된다면 파티션 정의상 2009년 9월 파티션(m09)에 저장된다.

- 200910, 20091000, …
- 2009100+, 2009100-, 2009100*, 2009100/, …
- 2009100%, 2009100$, 2009100#, ...

이 상태에서 위와 같이 like '200910%' 조건으로 검색한다면 이들 값까지 모두 결과집합에 포함시켜야 하므로 옵티마이저는 m09 파티션을 스캔하지 않을 수 없다. 사용자가 이런 값들을 입력하지 않더라도 옵티마이저 입장에서는 알 수 없는 일이다.

따라서 위와 같이 (월이 아닌) 일자로써 파티션 키 값을 정의했다면 아래와 같이 between 연산자를 이용해 정확한 값 범위를 주고 쿼리해야 한다.

```
select * from 고객
where  가입일 between '20091001' and '20091031'

-------------------------------------------------------------------------
| Id  | Operation              | Name | Rows  | Bytes | Pstart| Pstop |
-------------------------------------------------------------------------
|   0 | SELECT STATEMENT       |      |    31 | 62651 |       |       |
|   1 |  PARTITION RANGE SINGLE|      |    31 | 62651 |    10 |    10 |
|   2 |   TABLE ACCESS FULL    | 고객 |    31 | 62651 |    10 |    10 |
-------------------------------------------------------------------------
```

1장 7절 인덱스 스캔 효율화 원리에서 like 보다 between이 유리한 이유를 설명했는데, 지금 본 것처럼 파티션 Pruning을 위해서라도 like 보다는 가급적 between 연산자를 이용해 정확한 검색구간을 지정하는 것이 바람직하다.

위와 같은 상황에서, 만약 일일이 SQL을 수정하기 곤란하다면 아래처럼 연월(yyyymm)로써 파티션 키 값을 다시 정의해 주면 된다.

```
create table 고객
partition by range(가입일)
( partition m01 values less than('200902')
, partition m02 values less than('200903')
, …
, …
, partition m11 values less than('200912')
, partition m12 values less than('201001') )
as
select rownum 고객ID
     , dbms_random.string('a', 20) 고객명
     , to_char(to_date('20090101', 'yyyymmdd') + (rownum - 1), 'yyyymmdd') 가입일
from   dual
connect by level <= 365;
```

이제 like로 검색하더라도 아래처럼 정확히 m10 파티션만 스캔한다. between 연산자는 이때도 정확한 파티션 Pruning이 일어난다. 다시 강조하지만, 파티션 설계와 상관없이 옵티마이저가 효율적인 선택을 할 수 있도록 하려면 between 연산자를 사용하기 바란다.

```
select * from 고객
where  가입일 like '200910%'
```

```
---------------------------------------------------------------------------
| Id  | Operation              | Name | Rows   | Bytes | Pstart| Pstop |
---------------------------------------------------------------------------
|   0 | SELECT STATEMENT       |      |     31 | 62651 |       |       |
|   1 |  PARTITION RANGE SINGLE|      |     31 | 62651 |    10 |    10 |
|   2 |   TABLE ACCESS FULL    | 고객 |     31 | 62651 |    10 |    10 |
---------------------------------------------------------------------------
```

03 인덱스 파티셔닝

(1) 인덱스 파티션 유형

테이블 파티셔닝에 대해 살펴봤고, 지금부터는 인덱스 파티셔닝에 대해 설명하려고 한다. 인덱스 파티셔닝은 테이블 파티셔닝과 맞물려 다양한 구성이 존재한다. 따라서 테이블을 다음과 같이 구분하고서 인덱스 파티션 유형에 대한 설명을 시작해야 한다.

- 비파티션 테이블(Non-Partitioned Table)
- 파티션 테이블(Partitioned Table)

인덱스도 테이블처럼 파티션 여부에 따라 비파티션 인덱스와 파티션 인덱스로 나뉘고, 파티션 인덱스는 각 인덱스 파티션이 담당하는 테이블 파티션 범위에 따라 글로벌과 로컬로 나뉜다[4].

- 비파티션 인덱스(Non-Partitioned Index)
- 글로벌 파티션 인덱스(Global Partitioned Index)
- 로컬 파티션 인덱스(Local Partitioned Index)

---

4) Oracle Database Data Warehousing Guide 10g Release 2 참조

뒤에서 다시 설명하겠지만 로컬 파티션 인덱스는, 각 테이블 파티션과 인덱스 파티션이 서로 1:1 대응 관계가 되도록 오라클이 자동으로 관리하는 파티션 인덱스를 말한다. 로컬이 아닌 파티션 인덱스는 모두 글로벌 파티션 인덱스에 속하며, 테이블 파티션과 독립적인 구성(파티션 키, 파티션 기준 값)을 갖는다.

참고로, 인덱스를 글로벌과 로컬로 먼저 나누고, 글로벌을 다시 파티션과 비파티션으로 나누는 분류 방식도 있다[5]. 이때는 비파티션 인덱스를 '글로벌 비파티션 인덱스(Global Non-Partitioned Index)' 라고 부른다.

본서는 서두에서 설명한 분류방식을 사용하지만 편의상, '글로벌 인덱스(Global Index)' 라고 줄여 부를 때는 비파티션 인덱스와 글로벌 파티션 인덱스를 같이 일컫는 말임을 미리 밝혀 둔다.

- 글로벌 인덱스 = 비파티션 인덱스 + 글로벌 파티션 인덱스

이제 테이블과 인덱스 파티셔닝 구분을 서로 조합해보면 아래와 같은 구성이 생긴다.

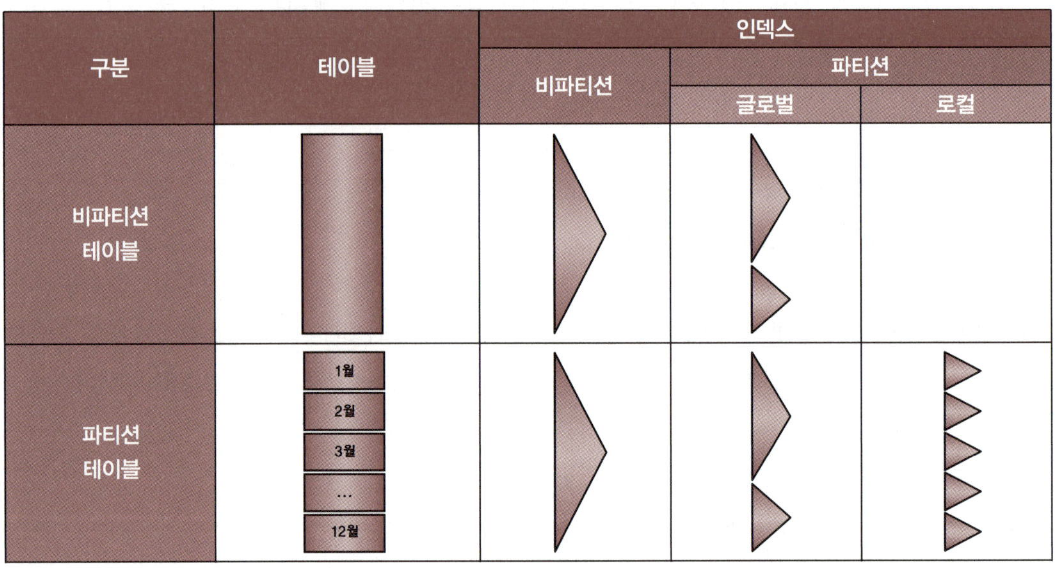

5) Oracle Database Concepts 10g Release 2 참조

- 비파티션 테이블은 비파티션 인덱스와 글로벌 파티션 인덱스를 가질 수 있다.
- 파티션 테이블은 비파티션 인덱스, 글로벌 파티션 인덱스, 로컬 파티션 인덱스를 가질 수 있다.

참고로, 비파티션 테이블에 대한 비트맵 인덱스는 파티셔닝이 허용되지 않고, 파티션 테이블에 대한 비트맵 인덱스는 로컬 파티셔닝만 허용된다.

(2) 로컬 파티션 인덱스

본 장을 시작하면서 테이블 파티션을 계절별로 옷을 관리하는 서랍장에 비유(그림 6-1)했는데, 로컬 파티션 인덱스(Local Partitioned Index)는 계절별로 별도 색인을 다는 것과 같다. 따라서 각 인덱스 파티션이 테이블 파티션과 1:1 대응 관계를 가지며(Index Equipartitioned with Table), 테이블 파티션 속성을 그대로 상속받는다(그림 6-8 참조). 파티셔닝을 전제로 하므로 흔히 '로컬 인덱스'라고 줄여서 부른다.

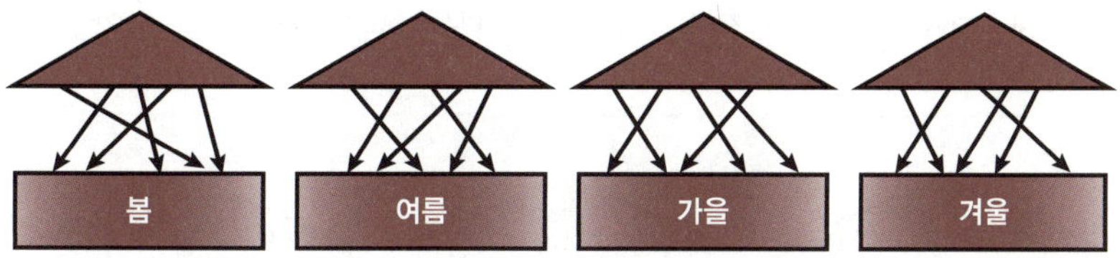

그림 6-8

파티션 키를 사용자가 따로 정의하지 않아도 오라클이 자동으로 관리한다는 것이 특징인데, 그림 6-8처럼 테이블 파티션과 1:1 관계가 되도록 사용자가 수동으로 인덱스 파티션을 구성하더라도 이를 로컬 파티션 인덱스라고 부르지 않는 이유가 여기에 있다.

로컬 파티션 인덱스는 항상 테이블 파티션과 1:1 관계를 형성하므로 만약 테이블이 결합 파티셔닝(Composite Partitioning) 돼 있다면 인덱스도 같은 단위로 파티셔닝된다.

로컬 파티션 인덱스가 갖는 장점은 무엇보다 관리적 편의성에 있다. 테이블 파티션 구성에 변경(drop, exchange, split 등)이 생기더라도 인덱스를 재생성할 필요가 없어 관리 비용이 아주 적다.

(3) 비파티션 인덱스

비파티션 인덱스(Non-Partitioned Index)는 말 그대로 파티셔닝하지 않은 인덱스를 말한다. 테이블이 파티셔닝돼 있다면 그림 6-9에서 보듯 1:M 관계에 놓인다. 즉, 하나의 인덱스 세그먼트가 여러 테이블 파티션 세그먼트와 관계를 갖는다. 그런 의미에서 비파티션 인덱스를 '글로벌 비파티션 인덱스'라고 부르기도 한다.

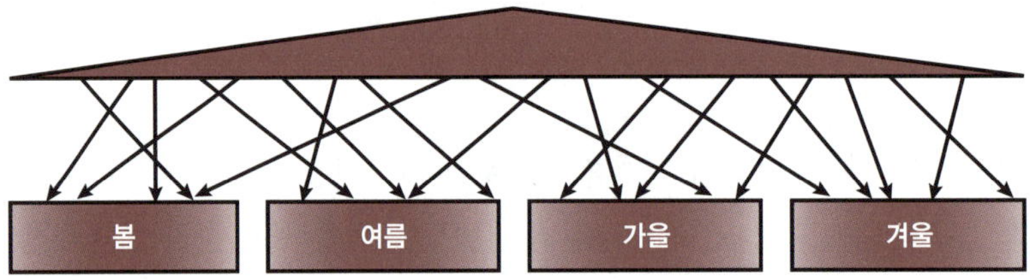

그림 6-9

(4) 글로벌 파티션 인덱스

글로벌 파티션 인덱스(Global Partitioned Index)는 그림 6-10에서 보는 것처럼 테이블 파티션과 독립적인 구성을 갖도록 파티셔닝하는 것을 말한다. 테이블은 파티셔닝돼 있지 않을 수도 있다.

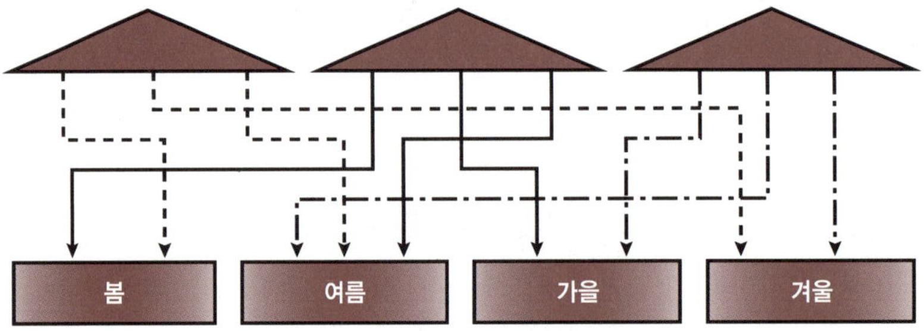

그림 6-10

독립적 구성이라는 점에서 효용성이 높을 것처럼 보이지만 몇몇 제약사항 때문에 오히려 효용성이 낮은 편이다.

글로벌 파티션 인덱스 사용을 불편하게 만드는 가장 큰 제약은, 기준 테이블의 파티션 구성에 변경(drop, exchange, split 등)이 생길 때마다 인덱스가 unusable 상태로 바뀌고 그때마다 인덱스를 재생성해야 한다는 것이다. 이 제약은 비파티션 인덱스일 때도 똑같이 나타난다.

9i부터 아래와 같이 update global indexes 옵션을 주면 파티션 DDL 작업에 의해 영향받는 인덱스 레코드를 자동으로 갱신해 주므로 인덱스가 unusable 상태로 빠지지 않는다.

```
alter table …
split partition …
update global indexes;
```

하지만, 파티션 DDL로 인해 영향 받는 레코드가 전체의 5% 미만일 때만 유용하다. 다시 말해, 5% 이상일 때는 인덱스를 재생성하는 것보다 오히려 늦다는 뜻이다. (항상 들어맞는 수치는 아니며, 평균적으로 그렇다는 것이다. 인덱스 손익분기점과 같은 개념으로 이해하면 된다.)

테이블 파티션과의 관계

"오라클이 자동으로 관리해 주는 1:1 관계"가 아닌 파티션 인덱스는 모두 글로벌 파티션 인덱스라고 설명했다.

인덱스를 테이블 파티션과 같은 키 컬럼으로 글로벌 파티셔닝한다면 파티션 기준 값을 어떻게 정의하느냐에 따라 1:M, M:1, M:M 관계가 모두 가능하다. 그렇더라도 본질적인 관계는 M:M으로 이해해야 한다. 즉, 하나의 인덱스 파티션이 여러 테이블 파티션과 관계를 갖고, 반대로 하나의 테이블 파티션이 여러 인덱스 파티션과 관계를 갖는다. M:M은 다른 모든 관계를 포함한다는 사실을 상기하기 바란다.

참고로, 로컬 파티션 인덱스(그림 6-8)처럼 테이블과 1:1 관계가 되도록 수동으로 구성하더라도 여느 글로벌 파티션과 마찬가지로 기준 테이블 구성에 변경이 발생할 때마다 인덱스를 재생성해야 한다.

인덱스를 테이블 파티션과 다른 키 컬럼으로 글로벌 파티셔닝(예를 들어, 테이블은 주문일자, 인덱스는 배송일자)할 수도 있는데, 이때는 테이블 파티션과 인덱스 파티션 간에는 항상 M:M 관계가 형성된다.

글로벌 해시 파티션 인덱스

글로벌 파티션 인덱스의 경우, 9i까지는 글로벌 Range 파티션만 가능했지만 10g부터는 글로벌 해시 파티션도 가능해졌다. 즉, 테이블과 독립적으로 인덱스만 해시 키 값에 따라 파티셔닝할 수 있게 되었다. 글로벌 해시 파티션 인덱스는 Right Growing 인덱스[6] 처럼 Hot 블록이 발생하는 인덱스의 경합을 분산할 목적으로 주로 사용된다. 글로벌 결합(Composite) 인덱스 파티셔닝은 여전히 불가능하다.

(5) Prefixed vs. Nonprefixed

파티션 인덱스를 Prefixed와 Nonprefixed로 나눌 수도 있다. 이는 인덱스 파티션 키 컬럼이 인덱스 구성상 왼쪽 선두 컬럼에 위치하는지에 따른 구분이다.

- Prefixed : 파티션 인덱스를 생성할 때, 파티션 키 컬럼을 인덱스 키 컬럼 왼쪽 선두에 두는 것을 말한다.
- Nonprefixed : 파티션 인덱스를 생성할 때, 파티션 키 컬럼을 인덱스 키 컬럼 왼쪽 선두에 두지 않는 것을 말한다. 파티션 키가 인덱스 컬럼에 아예 속하지 않을 때도 여기에 속한다.

로컬과 글로벌, Prefixed와 Nonprefixed를 조합하면 아래 4가지 구성이 나온다.

	Prefixed	Nonprefixed
로컬 파티션 인덱스	1	2
글로벌 파티션 인덱스	3	4 (Not Support)

글로벌 파티션 인덱스는 Prefixed 파티션만 지원되므로 결과적으로 세 개의 파티션 인덱스가 있고, 비파티션 인덱스를 포함해 아래 네 가지 유형으로 최종 정리할 수 있다.

- 비파티션 인덱스
- 글로벌 Prefixed 파티션 인덱스
- 로컬 Prefixed 파티션 인덱스
- 로컬 Nonprefixed 파티션 인덱스

6) '일련번호'나 '입력일시' 처럼 순차적으로 증가하는 컬럼에 생성한 인덱스는 항상 맨 우측 블록으로만 값이 입력되며, 이런 특징을 갖는 인덱스를 'right-growing 인덱스' 라고 부른다.

(6) 파티션 인덱스 구성 예시

파티션 인덱스 유형별 구성 예시를 요약하면 아래 표와 같다.

	인덱스 및 파티션 키 구성 예시		
파티션 인덱스 유형	테이블 파티션 키	인덱스 파티션 키	인덱스 키 컬럼
비파티션 인덱스	거래일자		어떤 구성이든 가능
글로벌 Prefixed 파티션 인덱스	거래일자 (또는 비파티션)	거래일자	거래일자 (+종목코드)
	거래일자 (또는 비파티션)	종목코드	종목코드 (+거래일자)
로컬 Prefixed 파티션 인덱스	거래일자	거래일자	거래일자 (+종목코드)
로컬 Nonprefixed 파티션 인덱스	거래일자	거래일자	종목코드 (+거래일자)

글로벌 Nonprefixed 파티션 인덱스는 지원되지 않지만, 지원된다면 아래와 같은 구성일 것이다.

파티션 인덱스 유형	테이블 파티션 키	인덱스 파티션 키	인덱스 키 컬럼
글로벌 Nonprefixed 파티션 인덱스	거래일자 (또는 비파티션)	거래일자	종목코드 (+거래일자)
	거래일자 (또는 비파티션)	종목코드	거래일자 (+종목코드)

인덱스 파티셔닝을 공부할 때면 누구나 어렵고 복잡하다고 느낀다. 처음에는 로컬, 글로벌을 구분하기도 쉽지 않은데 여기에 Prefixed, Nonprefixed 개념까지 더해지니 그럴 수밖에 없다. 이들 구성과 액세스 유형에 따라 성능에 많은 차이가 생기므로, 반드시 넘어야 할 산이라는 각오로 이 기회에 개념과 구조를 정확히 이해하기 바란다.

인덱스 파티셔닝 예제

인덱스 파티셔닝을 정리하는 차원에서 실제 파티션 인덱스를 만들어보자(스크립트 ch6_08.txt 참조).

```
SQL> create table t ( gubun
       , seq, seq_name, seq_cls
       , seq2, seq2_name, seq2_cls
     )
     partition by range(seq) (
       partition p1 values less than(100)
     , partition p2 values less than(200)
     , partition p3 values less than(300)
     , partition p4 values less than(maxvalue)
     )
     as
```

```
select 1
     , rownum, dbms_random.string('u', 10), 'A'
     , rownum, dbms_random.string('l', 10), 'B'
from   dual
connect by level <= 400 ;
```

t 테이블을 만들면서 seq 컬럼 기준으로 Range 파티셔닝 했다.

```
SQL> create unique index t_idx1 on t(gubun, seq2) LOCAL;
create unique index t_idx1 on t(gubun, seq2) LOCAL
                                             *
ERROR at line 1:
ORA-14039: partitioning columns must form a subset of key columns of a UNIQUE index
```

위 create index 문에 에러가 발생한 이유가 무엇일까? 뒤에서 다시 설명하겠지만 Unique 파티션 인덱스를 만들 때는 파티션 키 컬럼이 인덱스 컬럼에 포함돼 있어야 하기 때문이다. 방금 생성하려 한 인덱스는 로컬 파티션 인덱스이므로 테이블 파티션 키 컬럼을 상속받아 seq가 파티션 키 컬럼인데, 이 컬럼이 인덱스 컬럼에 포함되지 않아 에러가 발생한 것이다.

```
SQL> create unique index t_idx1 on t(gubun, seq2) ;
```

비파티션 인덱스를 만들 때는 그런 제약이 없으므로 위와 같이 에러 없이 Unique 인덱스가 만들어진다.

```
SQL> create unique index t_idx2 on t(gubun, seq) LOCAL;
```

앞에서는 Unique 로컬 파티션 인덱스를 만들려다 실패했지만 위 create index 문처럼 파티션 키를 인덱스 구성 컬럼에 포함시키니까 성공적으로 인덱스가 만들어졌다.

```
SQL> create index t_idx3 on t(seq, gubun) LOCAL;
```

위 create index 문은 로컬 Prefixed 파티션 인덱스를 만드는 예시다. 로컬 인덱스이므로 파티션 키는 seq인데, 이 컬럼이 인덱스 선두 컬럼에 위치하는 것을 확인하기 바란다.

```
SQL> create index t_idx4 on t(seq_name, seq) LOCAL;
```

위 create index 문은 로컬 Nonprefixed 파티션 인덱스를 만드는 예시다. 로컬 인덱스이므로 파티션 키가 seq이지만 이 컬럼이 인덱스 선두에 위치하지 않은 것을 확인하기 바란다. 앞서 생성한 t_idx2 Unique 인덱스도 마찬가지다.

지금까지 로컬 파티션 인덱스를 생성하는 예시를 보았고, 지금부터는 글로벌 파티션 인덱스를 생성해 보자.

방금 보았듯이 로컬 파티션 인덱스에는 Nonprefixed가 허용되지만 글로벌 파티션 인덱스에는 허용되지 않는다. 아래 결과가 그것을 예시하고 있다. 참고로, 비파티션 인덱스에는 이런 제약이 없다.

```
SQL> create index t_idx5 on t(seq_cls, seq) GLOBAL
  2  partition by range(seq) (
  3    partition p1 values less than(100)
  4  , partition p2 values less than(200)
  5  , partition p3 values less than(300)
  6  , partition p4 values less than(maxvalue)
  7  )
  8  ;
partition by range(seq) (
                        *
ERROR at line 2:
ORA-14038: GLOBAL partitioned index must be prefixed
```

이번에는 글로벌 Prefixed 파티션 인덱스를 만들어보자.

```
SQL> create index t_idx5 on t(seq, seq_cls) GLOBAL
  2  partition by range(seq) (
  3    partition p1 values less than(100)
  4  , partition p2 values less than(200)
  5  , partition p3 values less than(300)
  6  , partition p4 values less than(maxvalue)
  7  ) ;
```

인덱스 파티션 키인 seq를 인덱스 선두 컬럼에 두었더니 인덱스가 정상적으로 만들어졌다. 글로벌 Prefixed 파티션 인덱스가 생성된 것이다. 위와 같이 테이블 파티션과 100% 같게 정의하더라도 이를 '로컬 파티션 인덱스' 라고 부르지는 않는다고 설명한 내용을 상기하기 바란다.

아래는 파티션 키 컬럼이 테이블 파티션과 같지만 키 값 구간 정의가 다르므로 당연히 글로벌 파티션 인덱스다. 키 값 정의를 보면, 각 인덱스 파티션이 두 개 테이블 파티션과 매핑된다.

```
SQL> create index t_idx6 on t(seq, seq_name) GLOBAL
partition by range(seq) (
  partition p1 values less than(200)
, partition p2 values less than(maxvalue)
) ;
```

대개 글로벌 파티션 인덱스라고 하면 방금 생성한 t_idx6와 같은 형태를 떠올리지만 아래 t_idx7과 같은 구성도 가능하다. 즉, 두 개 인덱스 파티션이 한 개 테이블 파티션과 매핑되는 구조다.

```
SQL> create index t_idx7 on t(seq, seq_name, seq_cls) GLOBAL
partition by range(seq) (
  partition p1 values less than(50)
, partition p2 values less than(100)
, partition p3 values less than(150)
, partition p4 values less than(200)
, partition p5 values less than(250)
, partition p6 values less than(300)
, partition p7 values less than(350)
, partition p8 values less than(maxvalue)
) ;
```

t_idx6과 t_idx7처럼 인덱스 파티션이 테이블 파티션과 1:M 또는 M:1 관계를 갖도록 파티션 키를 정의할 수는 있지만 궁극적으로 M:M 관계로 이해해야 한다. 예를 들어, t_idx6 인덱스에서 p1 파티션이 250보다 작은 값을 담당하도록 정의하는 경우를 생각해 보면 무슨 뜻인지 이해할 것이다.

아래 t_idx8처럼 테이블과 다른 컬럼으로 파티셔닝할 때는 항상 M:M 관계를 형성한다.

```
SQL> create index t_idx8 on t(seq2) GLOBAL
  2  partition by range(seq2) (
  3    partition p1 values less than(100)
  4  , partition p2 values less than(200)
  5  , partition p3 values less than(300)
  6  , partition p4 values less than(maxvalue)
  7  ) ;
```

아래는 지금까지 생성한 8개 파티션 정보를 딕셔너리에서 조회한 것이다.

```
SQL> select i.index_name, i.uniqueness, p.locality
  2       , p.alignment, i.partitioned, p.partition_count
  3  from   user_indexes i, user_part_indexes p
  4  where  i.table_name = 'T'
  5  and    p.table_name(+) = i.table_name
  6  and    p.index_name(+) = i.index_name
  7  order by 1 ;

INDEX_NAME    UNIQUENES LOCALI ALIGNMENT      PARTITIONED PARTITION_COUNT
------------- --------- ------ -------------- ----------- ---------------
T_IDX1        UNIQUE                          NO
T_IDX2        UNIQUE    LOCAL  NON_PREFIXED   YES                       4
T_IDX3        NONUNIQUE LOCAL  PREFIXED       YES                       4
T_IDX4        NONUNIQUE LOCAL  NON_PREFIXED   YES                       4
T_IDX5        NONUNIQUE GLOBAL PREFIXED       YES                       4
T_IDX6        NONUNIQUE GLOBAL PREFIXED       YES                       2
T_IDX7        NONUNIQUE GLOBAL PREFIXED       YES                       8
T_IDX8        NONUNIQUE GLOBAL PREFIXED       YES                       4

8 row selected.
```

- T_IDX1 : Unique 비파티션 인덱스
- T_IDX2 : Unique 로컬 Nonprefixed 파티션 인덱스
- T_IDX3 : Unique 로컬 Prefixed 파티션 인덱스
- T_IDX4 : Nonunique 로컬 Nonprefixed 파티션 인덱스
- T_IDX5 ~ T_IDX8 : Nonunique 글로벌 Prefixed 파티션 인덱스

(7) 글로벌 파티션 인덱스의 효용성

결론부터 말하면 글로벌 파티션 인덱스는 경합을 분산시키려고 글로벌 해시 파티셔닝하는 경우 외에는 거의 사용되지 않는 실정이다.

'비파티션 테이블에 대한 글로벌 파티션 인덱스', '파티션 테이블에 대한 글로벌 파티션 인덱스'로 나누어 생각해 볼 수 있는데, 전자의 경우 테이블을 파티셔닝하지 않을 정도로 중소형급 테이블이면 굳이 인덱스만을 따로 파티셔닝 할 이유는 별로 없다.

후자 즉, '파티션 테이블에 대한 글로벌 파티션 인덱스'의 효용성은 어떤가? 파티션 테이블에 대해서도 글로벌 파티션 인덱스보다는 로컬 파티션 인덱스와 비파티션 인덱스가 주로 사용되고 있으며, 그 이유를 아래 ①과 ② 두 가지로 나누어 살펴보자.

① 테이블과 같은 컬럼으로 파티셔닝하는 경우

테이블은 날짜 컬럼 기준으로 월별 파티셔닝하고, 인덱스는 분기별 파티셔닝하는 경우를 예로 들어보자. 글로벌 파티션 인덱스에는 Prefixed 파티션만 허용되므로 날짜 컬럼을 선두에 둬야 하는데, 날짜 조건은 대개 범위검색 조건(between, 부등호)이 사용되므로 인덱스 스캔 효율 면에서 불리하다. 특히 NL 조인에서 Inner 테이블 액세스를 위해 자주 사용되는 인덱스라면 비효율이 더 크게 작용한다.

다른 '=' 조건 컬럼을 인덱스 선두에 둘 수 있다는 측면에선 로컬 Nonprefixed 파티션 인덱스가 훨씬 유리하다.

두 달 이상의 넓은 범위 조건을 가지고 Inner 테이블 액세스를 위해 사용될 때는 로컬 Nonprefixed 파티션 인덱스에도 비효율이 생긴다. 조인 액세스가 일어나는 레코드마다 여러 인덱스 파티션을 탐색해야 하기 때문이다. 따라서 NL 조인에서 넓은 범위 조건을 가지고 Inner 테이블 액세스를 위해 자주 사용된다면 비파티션 인덱스가 가장 좋은 선택이다.

② 테이블과 다른 컬럼으로 파티셔닝하는 경우

테이블 파티션 기준인 날짜 이외 컬럼으로 인덱스를 글로벌 파티셔닝할 수 있는데, (인덱스 경합을 분산하려는 경우가 아니라면) 그런 구성은 대개 인덱스를 적정 크기로 유지하려는 데에 목적이 있다. 인덱스가 너무 커지면 관리하기 힘들고 인덱스 높이(height)가 증가해 액세스 효율도 나빠지기 때문이다.

하지만 그런 장점도 로컬 파티션 인덱스 때문에 무색해진다. 글로벌 파티션이 비파티션보다 관리상 이점이 있다고는 하나 로컬 파티션만 못하고, 인덱스 높이 조절 측면에서도 그렇다.

(8) 로컬 Nonprefixed 파티션 인덱스의 효용성

로컬 Nonprefixed 파티션 인덱스는 이력성 데이터를 효과적으로 관리할 수 있게 해 주고, 인덱스 스캔 효율성을 높이는 데에도 유리하다. 따라서 그 특성을 잘 파악하고 있어야 인덱스 및 파티션 설계 시 효과적인 전략을 구사할 수 있다.

일별계좌별거래 테이블을 예로 들어 보자. (테이블 명을 짧게 하려고 '일별계좌별거래'라고 명명하였으나 일자와 계좌번호 외에 주문매체, 거래유형 등 다른 PK 속성들을 더 갖고 있다. 따라서 한 계좌당 거래 데이터가 하루에 한 개 이상일 수 있다.)

이력성 테이블은 거의 대부분 날짜 컬럼을 파티션 키로 사용하므로 여기서도 날짜 컬럼(거래일자)을 기준으로 월 단위 Range 파티셔닝 했다고 가정하자. 그리고 아래와 같은 조건절을 가진 쿼리가 자주 수행된다.

```
select sum(거래량), sum(거래금액)
from   일별계좌별거래
where  계좌번호 = :acnt_no
and    거래일자 between :d1 and :d2
```

로컬 Prefixed 파티션 인덱스와 비교

위와 같은 조건절에 최적화된 인덱스를 만들려면 1장에서 설명했듯이 등치(=) 조건 컬럼을 선두에 두고 between 같은 범위검색 조건 컬럼은 뒤쪽에 위치시켜야 한다. 그런 측면에서 거래일자를 선두에 둔 로컬 Prefixed 파티션 인덱스는 스캔 효율이 나쁜데, 그림 6-11을 보면서 이해해 보자.

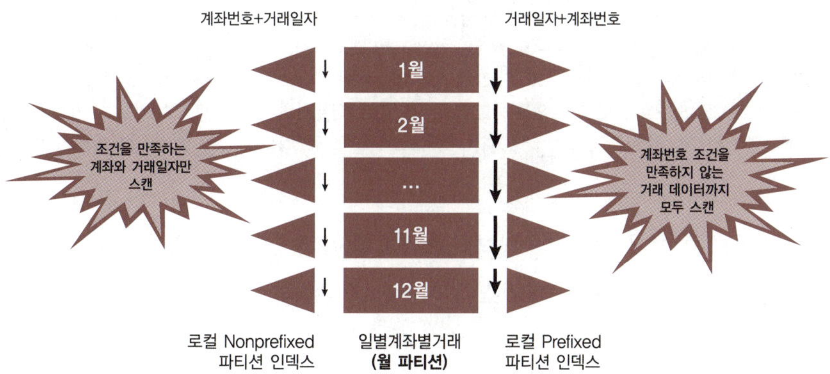

그림 6-11

그림 6-11에 표시한 화살표는 특정 계좌에 대한 1월 15일부터 12월 15일까지 거래 데이터를 조회할 때의 인덱스 스캔 범위다. 그림 우측 로컬 Prefixed 파티션 인덱스는 계좌번호 조건을 만족하지 않는 거래 데이터까지 모두 스캔하지만, 좌측처럼 계좌번호를 선두에 둔 로컬 Nonprefixed 파티션 인덱스로 만들면 각 인덱스 파티션마다 필요한 최소 범위만 스캔하고 멈출 수 있다.

테스트를 통해 로컬 Prefixed 파티션과 로컬 Nonprefixed 파티션 인덱스의 성능을 비교해 보자. 테이블 생성 스크립트는 다운로드 받아 확인하기 바라며(스크립트 ch6_09.txt 참조), 거래일자 기준으로 테이블을 Range 월파티셔닝 했고, 10,000개 계좌번호로부터 1월부터 12월까지 매월 한 번씩 거래가 발생하도록 데이터를 입력했다. 그리고 로컬 Prefixed 파티션 인덱스(local_prefix_index)와 로컬 Nonprefixed 파티션 인덱스(local_nonprefix_index)를 각각 생성했다.

이제 인덱스를 바꿔가며 위에서 보았던 쿼리를 수행해보자.

```
select /*+ index(t local_prefix_index) */ sum(거래량), sum(거래금액)
from   일별계좌별거래 t
where  계좌번호 = 100
and    거래일자 between to_date('20090115', 'yyyymmdd')
                and    to_date('20091215', 'yyyymmdd')

Call     Count CPU Time Elapsed Time       Disk      Query    Current       Rows
------- ------ -------- ------------ ---------- ---------- ---------- ----------
Parse        1    0.000        0.000          0          0          0          0
Execute      1    0.000        0.000          0          0          0          0
Fetch        2    0.047        0.049          0        387          0          1
------- ------ -------- ------------ ---------- ---------- ---------- ----------
Total        4    0.047        0.049          0        387          0          1

Rows  Row Source Operation
----  ---------------------------------------------------
   1  SORT AGGREGATE (cr=387 pr=0 pw=0 time=49018 us)
  11   PARTITION RANGE ALL PARTITION: 1 12 (cr=387 pr=0 pw=0 time=35421 us)
  11    TABLE ACCESS BY LOCAL INDEX ROWID 일별계좌별거래 PARTITION: 1 12(cr=387 …
  11     INDEX RANGE SCAN LOCAL_PREFIX_INDEX PARTITION: 1 12 (cr=376 pr=0 pw=0 …
```

로컬 Prefixed 파티션 인덱스를 이용했더니 387개의 블록 I/O가 발생하였다.

아래는 로컬 Nonprefixed 파티션 인덱스를 이용한 경우다.

```
select /*+ index(t local_nonprefix_index) */ sum(거래량), sum(거래금액)
from   일별계좌별거래 t
where  계좌번호 = 100
and    거래일자 between to_date('20090115', 'yyyymmdd')
                and     to_date('20091215', 'yyyymmdd')

Call     Count CPU Time Elapsed Time       Disk      Query    Current       Rows
------- ------ -------- ------------ ---------- ---------- ---------- ----------
Parse        1    0.000        0.000          0          0          0          0
Execute      1    0.000        0.000          0          0          0          0
Fetch        2    0.000        0.001          0         35          0          1
------- ------ -------- ------------ ---------- ---------- ---------- ----------
Total        4    0.000        0.001          0         35          0          1

Rows   Row Source Operation
----   ---------------------------------------------------
   1   SORT AGGREGATE (cr=35 pr=0 pw=0 time=876 us)
  11    PARTITION RANGE ALL PARTITION: 1 12 (cr=35 pr=0 pw=0 time=858 us)
  11     TABLE ACCESS BY LOCAL INDEX ROWID 일별계좌별거래 PARTITION: 1 12(cr=35 …
  11      INDEX RANGE SCAN LOCAL_NONPREFIX_INDEX PARTITION: 1 12 (cr=24 pr=0 …
```

블록 I/O가 35개로 줄어든 것을 볼 수 있다. 만약 파티션 키 컬럼(거래일자)에 대한 조건식이 등치(=) 조건이었다면 두 인덱스가 같은 일량을 보였겠지만 between 조건이었기 때문에 이와 같은 결과가 나타난 것이다.

글로벌 Prefixed 파티션 인덱스와 비교

글로벌 파티션 인덱스는 Prefixed 파티션만 허용되므로 거래일자처럼 범위검색 조건으로 자주 사용되는 컬럼이 선두일 때 로컬 Prefixed 파티션과 마찬가지로 인덱스 스캔 효율이 나쁘다(그림 6-12 우측 참조). 더욱이 과거 파티션을 제거(rolling-out)하고 신규 파티션을 추가(rolling-in)하는 등의 파티션 단위 작업 시 매번 인덱스를 재생성해야 하므로 관리적 부담이 크다.

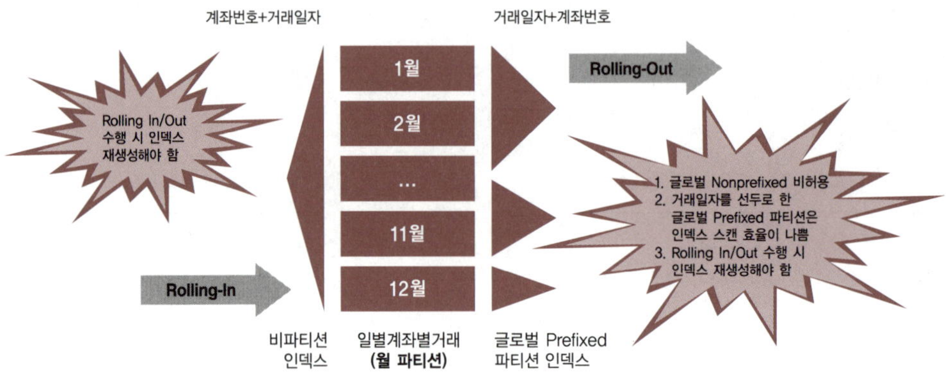

그림 6-12

비파티션 인덱스와 비교

그림 6-12 좌측처럼 비파티션 인덱스를 이용하더라도 관리적 부담은 글로벌 파티션과 동일하게 발생한다. 따라서 관리적 비용 측면에서는 그림 6-11 좌측과 같은 로컬 Nonprefixed 파티션 인덱스가 훨씬 낫다.

조회 측면에서 로컬 Nonprefixed 파티션 인덱스는, 두 달 이상에 걸친 넓은 범위의 거래일자 조건으로 조회할 때 여러 인덱스를 (수직적) 탐색해야 하는 비효율이 있다. 반면 계좌번호를 선두에 둔 비파티션 인덱스는 여러 달에 걸친 거래일자로 조회하더라도 인덱스 스캔 상 비효율은 없다. 하지만 아주 넓은 범위(예를 들어, 10년치)의 거래일자로 조회하거나 아래처럼 계좌번호만으로 조회할 때는 테이블 Random 액세스 부하 때문에 비파티션 인덱스도 제 성능을 내기 어렵다.

```
select sum(거래량), sum(거래금액)
from   일별계좌별거래
where  계좌번호 = :acnt_no
```

이럴 때 병렬 쿼리가 필요할 수 있는데, 아쉽게도 비파티션 인덱스에는 병렬 쿼리가 허용되지 않는다. 로컬 Nonprefixed 파티션 인덱스라면 여러 병렬 프로세스가 각각 하나의 인덱스 세그먼트를 스캔하도록 함으로써 위 쿼리의 응답 속도를 크게 향상시킬 수 있다.

일 단위 파티셔닝

만약 테이블이 일파티션되어 있다면, 그림 6-13 우측처럼 계좌번호만으로 로컬 Nonprefixed

파티션 인덱스를 생성함으로써 인덱스 저장 공간을 줄이는 효과까지 얻을 수 있다. 인덱스 스캔 효율은 거래일자를 포함한 좌측과 똑같다.

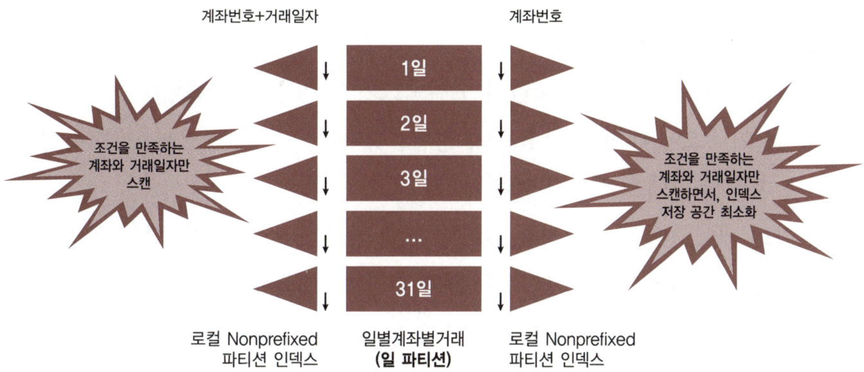

그림 6-13

다만, 아래와 같은 쿼리 수행 시 계좌번호만으로 인덱스를 생성하면(그림 6-13 우측) 거래일자를 읽기 위한 테이블 액세스가 발생하므로 불리하다.

```
select 계좌번호, count(*)
from   일별계좌별집계
where  거래일자 between '20090101' and '20090115'
group by 계좌번호
```

인덱스에 거래일자가 포함돼 있을 때는(그림 6-13 좌측) 테이블을 액세스하지 않고 index fast full scan 방식으로 처리할 수 있다. index fast full scan에 대해서는 1장 3절 (5)항을 참조하기 바란다.

(9) 액세스 효율을 고려한 인덱스 파티셔닝 선택 기준

지금까지 설명한 내용을 바탕으로 인덱스 파티셔닝 선택 기준을 정리해 보자.

DW성 애플리케이션 환경

DW/DSS 애플리케이션에는 날짜 컬럼 기준으로 파티셔닝된 이력성 대용량 테이블이 많다. 따라서 관리적 측면뿐만 아니라 병렬 쿼리 활용 측면에서도 로컬 파티션 인덱스가 좋은 선택이다.(비파티션 인덱스는 index fast full scan이 아닌 한 병렬 쿼리에 활용할 수 없다.)

로컬 인덱스 중에서는 Nonprefixed 파티션 인덱스가 성능 면에서 유리할 때가 많다.

OLTP성 애플리케이션 환경

OLTP성 애플리케이션 환경에서는 비파티션 인덱스가 대개 좋은 선택이다.

Right Growing 인덱스에 대한 동시 Insert 경합을 분산할 목적으로 해시 파티셔닝하는 경우가 아니라면 글로벌 파티션 인덱스는 효용성이 낮다.

OLTP성이더라도 테이블이 파티셔닝돼 있다면 인덱스 파티셔닝을 고려할 수 있는데, 특히 로컬 파티션 인덱스는 테이블 파티션에 대한 DDL 작업 후 인덱스를 재생성하지 않아도 되므로 가용성 측면에서 유리하다.

OLTP 환경에서는 로컬 인덱스 중 Prefixed 파티션이 Nonprefixed 파티션보다 유리하다고 오라클 매뉴얼을 포함한 여러 문서에 설명돼 있는데, 필자는 이 말에 동의하기 어렵다. 그런 주장은, 파티션 키 컬럼이 검색 조건에서 빠졌을 때 로컬 Nonprefixed 인덱스가 모든 인덱스 파티션을 스캔하는 데서 비롯된 것 같다. 예를 들어 아래와 같은 로컬 Nonprefixed 파티션 인덱스를 말하며, 아래 조회 조건을 처리할 때는 파티션 키 컬럼이 조건절에 없어 모든 인덱스 파티션을 스캔하는 비효율이 생긴다.

테이블명	테이블 및 인덱스 파티션 키	인덱스 정렬 기준 (로컬 Nonprefixed 파티션 인덱스)	조회 조건
고객	거주지역	고객번호	고객번호 = :cust_no
주문	주문일자	고객번호 + 주문일자	고객번호 = :cust_no

반면, Prefixed 파티션 인덱스는 파티션 키 컬럼, 즉 인덱스 선두컬럼이 검색조건에 사용될 때만 사용되기 때문에 모든 파티션을 읽는 비효율은 발생하지 않는다.

그렇다면 파티션 키 컬럼에 대한 조건절 없이 위와 같이 고객번호만으로 조회하려 할 때는 인덱스를 어떻게 구성해야 하는가? OLTP 환경에서 로컬 Prefixed 파티션이 유리하다는 권고에 따라 인덱스를 아래와 같이 구성하면 인덱스가 아예 사용되질 않는다. 인덱스가 사용되도록 옵티마이저 힌트로 강제한다면 인덱스를 Full Scan하므로 로컬 Nonprefixed 파티션일 때보다 더 비효율적이다.

테이블명	테이블 및 인덱스 파티션 키	인덱스 정렬 기준 (로컬 Prefixed 파티션 인덱스)	조회 조건
고객	거주지역	거주지역 + 고객번호	고객번호 = :cust_no
주문	주문일자	주문일자 + 고객번호	고객번호 = :cust_no

파티션 키에 대한 조건절이 없을 때 로컬 Prefixed 인덱스는 아예 사용이 안 되는 반면 Nonprefixed 인덱스는 비효율이 있을지언정 잘 사용된다. 이 비효율이 문제라면 비파티션 인덱스가 대안이지 로컬 Prefixed 파티션 인덱스가 대안일 수 없다.

아래와 같이 파티션 키 컬럼에 대한 조건이 사용됐을 때를 기준으로 비교하면 로컬 Nonprefixed 파티션이 Prefixed 파티션보다 확실히 유리하다.

```
select * from 고객 where 고객번호 = :cust_no and 거주지역 = :region ;
select * from 주문 where 고객번호 = :cust_no and 주문일자 between :odt1 and :odt2 ;
```

거주지역을 '=' 조건으로 검색하는 위쪽 쿼리는 Prefixed와 Nonprefixed 간에 차이가 없다. 주문일자를 between 범위검색 조건으로 검색하는 아래쪽 쿼리는 읽어야 할 파티션 개수는 똑같지만 인덱스 스캔 효율 면에서 Nonprefixed 파티션이 낫다. 그림 6-11에 대한 설명을 참조하기 바란다.

Range 파티션 키가 주로 날짜 조건이고 부등호, between 같은 범위검색 조건으로 자주 사용된다는 점을 감안하면, 로컬 Prefixed 파티션 인덱스가 유리하다는 권고안은 범위검색 조건 컬럼을 항상 선두에 두라는 뜻이 돼 버린다. 범위검색 조건이 선두에 놓일 때 인덱스 스캔 과정에서 비효율이 발생하는 원리에 대해서는 1장에서 충분히 설명하였다.

아래와 같이 파티션 키 컬럼만으로 주로 조회한다면? 그때는 로컬 Prefixed 파티션 인덱스를 만들면 된다. 이 경우에 로컬 Nonprefixed 인덱스는 고려 대상이 아니다. 고객번호만으로 조회할 때, 즉 파티션 키에 대한 조건절이 없을 때 로컬 Prefixed 인덱스가 그랬던 것처럼 말이다.

```
select * from 고객 where 거주지역 = :region ;
select * from 주문 where 주문일자 between :odt1 and :odt2 ;
```

정리하면, OLTP 환경에서 로컬 인덱스를 선택했다면 Prefixed 파티션이든 Nonprefixed 파티션이든 검색 조건에 항상 사용되는 컬럼(대개 날짜 컬럼)을 파티션 키로 선정하려고 노력해야 한다.

파티션 키가 범위검색 조건으로 자주 사용된다면 Nonprefixed 인덱스가 유리하고, 될 수 있으면 좁은 범위검색이어야 한다. 특히, NL 조인에서 파티션 키에 대한 넓은 범위검색 조건을 가지고 Inner 테이블 액세스 용도로 사용된다면 비파티션 인덱스를 사용해야 한다.

(10) 인덱스 파티셔닝 제약을 고려한 데이터베이스 설계

인덱스 파티셔닝에 대한 몇 가지 제약이 있는데, 그 중 아래 두 가지는 반드시 기억해야 한다.

- Unique 파티션 인덱스를 정의할 때는 인덱스 파티션 키가 모두 인덱스 구성 컬럼에 포함돼야 한다. 이 제약이 없다면 인덱스 키 값을 변경하거나 새로운 값을 입력할 때마다 중복 값 체크를 위해 매번 많은 인덱스 파티션을 탐색해야 하므로 DML 성능이 저하된다. 따라서 당연히 필요한 제약이라고 할 수 있다.
- 글로벌 파티션 인덱스는 Prefixed 파티션이어야 한다.

관리상 목적으로 대용량 테이블을 파티셔닝할 때도 있지만 많은 경우가 성능 향상을 목적으로 한다. 즉, 인덱스를 통해 액세스할 데이터량이 아주 많아 빠른 성능을 내기 어렵고, Full Table Scan으로 처리하기에는 너무 많은 양을 읽어야 할 때 주로 파티셔닝을 실시하게 된다. 따라서 파티셔닝은 인덱스 전략 수립과 병행해야 한다. 자주 사용되는 액세스 패턴과 데이터 분포를 고려해 인덱스 전략을 수립하고, 인덱스만으로 빠른 성능을 내기 어려운 액세스 경로를 파악해 테이블 파티셔닝과 인덱스 파티셔닝 전략을 수립해야 한다.

이 과정에서, 방금 설명한 인덱스 파티셔닝 제약을 도외시한 채 설계를 진행한다면 실제 구현하는 단계에서 예상치 못한 문제에 직면할 수 있다.

한 가지 예를 들어보자. 여러 엔티티 타입을 하나로 통합해 슈퍼(super)/서브(sub) 타입 관계로 모델링하고, 물리적으로도 하나의 테이블로 통합할 때는 구분자(discriminator) 컬럼을 둔다. 그리고 통합한 테이블이 대용량일 때는 구분자 컬럼을 기준으로 파티셔닝하는 전략을 자주 사용한다.

이때 구분자 컬럼을 PK에 포함시키지 않고 일반 속성으로 두더라도 테이블을 파티셔닝하는 데에는 전혀 문제가 없지만, 인덱스를 파티셔닝하려는 순간 위에서 설명한 제약 때문에 원하는 형태로 구현하지 못하는 일이 발생할 수 있다.

따라서 테이블 파티셔닝을 고려하고 있다면 파티션 기준이 되는 구분자 컬럼을 물리 설계 단계에서 PK 컬럼에 포함시키는 것이 좋다. PK 컬럼은 엔티티를 식별하는데 필요한 최소 컬럼 집합(a minimal set of attribute)으로 구성해야 한다는 원칙에도 불구하고 말이다.

설명만으로 이해하기 어려운 내용이므로 구체적인 사례를 들어보자.

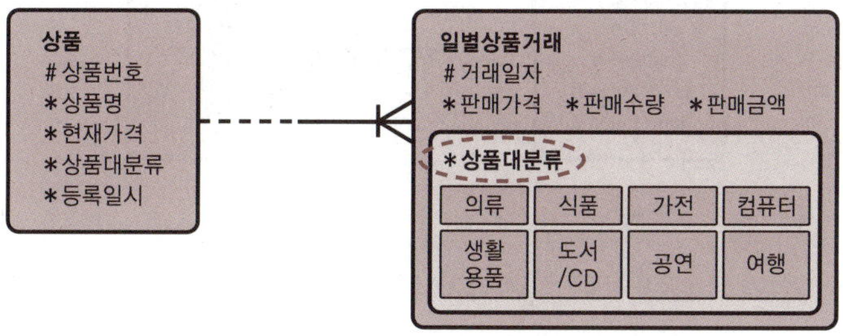

그림 6-14

그림 6-14와 같은 데이터 모델에서 일별상품거래 엔티티에 있는 상품대분류는 상품 엔티티로부터 반정규화한 컬럼이다. PK 속성 중 하나인 상품번호로 상품 테이블과 조인하면 각 거래 데이터가 어느 시장에 속한 것인지 알 수 있지만 서브타입을 구분하려고 가져다 놓은 것이다.

논리적인 서브타이핑(SubTyping) 목적뿐만 아니라 여기서는 이 값을 기준으로 나중에 리스트 파티셔닝하려는 의도를 표현한 것이기도 하다[7]. 엔티티를 하나로 통합하긴 했지만 MD(merchandiser) 조직이 상품대분류를 기준으로 구성되다 보니 애플리케이션도 상품대분류 조건을 항상 가지면서 독립적으로 데이터를 액세스한다. 그래서 물리적으로는 별도 세그먼트에 저장되도록 구현하려는 것이다.

물론 이런 고민은 물리 설계 단계에서 하는 것이 맞지만 논리 데이터 모델링 단계에서 이미 서브타이핑을 위한 구분자 컬럼이 필요해 미리 반정규화해 둔 것으로 이해하면 된다.

일별상품거래는 상품번호와 거래일자 두 컬럼만으로 Unique하므로 논리 모델 단계에서는 상품대분류를 그림 6-14처럼 일반속성으로 정의하는 것이 타당하다.

---

7) 그림 6-7에서 본 것과 비슷한 상황이지만 여기서는 상품 테이블이 파티셔닝돼 있지 않은 상황에서 일별상품거래 테이블만 파티셔닝하려는 것이다. 참고로, 11g에서 상품 테이블이 리스트 파티셔닝돼 있다면 Reference 파티션을 이용할 수 있지만 FK 제약이 설정돼 있어야만 한다. 따라서 FK 제약이 없는 상황에서는 지금 설명하려는 것과 같은 문제에 봉착하게 된다.

그러면 지금부터, 최종적인 물리 설계 단계에서도 그림 6-15와 같이 상품대분류를 그대로 일반 속성으로 두었을 때 어떤 제약에 부딪히는지 살펴보자.

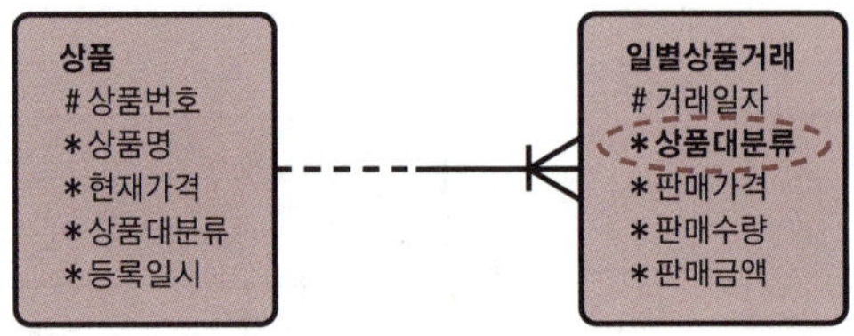

그림 6-15

일별상품거래 테이블을 아래와 같이 거래일자 기준 Range 파티션, 상품대분류 기준 리스트 파티셔닝하였다.

```
create table 일별상품거래 ( … )
partition by RANGE( 거래일자 )
subpartition by LIST( 상품대분류 ) ( … ) ;
```

이제 인덱스를 생성해 보자. PK는 상품번호와 거래일자이므로 우선 이들 컬럼 기준으로 Unique 인덱스가 필요하며, 관리적 편의성과 성능 모두를 고려해 로컬 파티션 인덱스로 생성하려고 한다. 그런데 파티션 키인 상품대분류가 인덱스 컬럼에 포함되지 않으므로 아래와 같은 에러를 만나게 된다.

```
create unique index 일별상품거래_PK
on 일별상품거래( 상품번호, 거래일자 ) LOCAL ;
ERROR at line 2:
ORA-14188: sub-partitioning columns must form a subset of key columns of a UNIQUE
index
```

이제 관리적 이점은 포기할 수 밖에 없게 되었고, 테이블과 같은 파티션 키 컬럼 기준으로 아래와 같이 글로벌 파티션 인덱스를 생성하려고 시도해 보았다.

```
create unique index 일별상품거래_PK
on 일별상품거래( 상품번호, 거래일자 ) GLOBAL
```

```
partition by RANGE( 거래일자 ) ( … ) ;
ERROR at line 3:
ORA-14038: GLOBAL partitioned index must be prefixed
```

그랬더니 이번에는 글로벌 파티션 인덱스는 Prefixed 파티션이어야 한다는 제약에 걸리고 말았다. 에러 메시지는 인덱스 정렬 순서를 [거래일자 + 상품번호]로 정의하라는 의미인데, 그렇게 하면 인덱스는 생성되겠지만 범위검색 조건으로 자주 액세스되는 거래일자를 앞쪽에 두게 되므로 곤란하다.

물론 between, 부등호 같은 범위검색 조건 때문에 인덱스를 비효율적으로 스캔하는 문제를 무시할 수 있다면 이런 고민은 하지 않아도 된다. PK 인덱스를 파티셔닝하지 않아도 된다면 또한 문제가 간단해진다. 비파티션 인덱스에는 위와 같은 제약이 없기 때문이다. 개체 무결성을 위한 로컬 Prefixed PK 인덱스 외에 로컬 Nonprefixed 파티션 인덱스를 하나 더 만들어도 된다면 더 간단해진다.

하지만 하나의 인덱스로 '성능'과 '관리비용' 두 가지를 다 최적화하려다 보니 어려움에 직면한 것이다. 초대용량 데이터베이스 환경에서는 항상 이 두 가지 문제를 같이 고려해야 하기 때문에 어렵다.

결론적으로 물리 설계 단계에서부터 앞서 설명한 제약들을 피해갈 방안들을 모색하자는 것인데, 상품대분류를 그림 6-16처럼 PK에 포함시킨다면 어떨까?

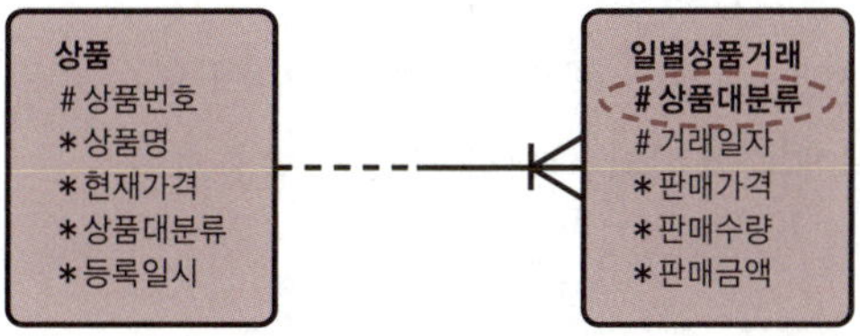

그림 6-16

그러면 아래처럼 PK 인덱스를 로컬 Nonprefixed 방식으로 파티셔닝할 수 있다.

```
create unique index 일별상품거래_PK
on 일별상품거래( 상품번호, 거래일자, 상품대분류 ) LOCAL ;
```

```
alter table 일별상품거래 add
constraint 일별상품거래_PK primary key( 상품번호, 거래일자, 상품대분류 )
using index 일별상품거래_PK;
```

이 인덱스는 PK 제약을 위해 사용될 뿐만 아니라 아래처럼 「상품번호 =, 거래일자 between」 조건으로 조회하는 데에도 효과적으로 사용될 수 있다.

```
select *
from   일별상품거래
where  상품번호 = :isu_cd
and    거래일자 between :sdt and :edt;
```

아래처럼 상품대분류와 거래일자만으로 조회할 때는 한 개 또는 일부 서브파티션만 Full Scan 하면 되므로 비효율 없이 다량의 데이터를 빠르게 처리할 수 있다.

```
select *
from   일별상품거래
where  상품대분류 = :mkt_tp_cd
and    거래일자 between :sdt and :edt ;
```

이처럼 약간의 설계 변경을 통해 원하는 형태로 파티셔닝을 구현함으로써 관리상 이점은 물론 성능을 위한 액세스 효율도 달성할 수 있게 되었다.

테이블을 결합 파티셔닝하는 경우를 예로 들었지만, 단일 파티셔닝하는 경우에도 같은 문제에 봉착할 수 있으므로 물리 설계 단계에서 세심한 주의가 필요하다.

Chapter 07

병렬 처리

01 기본 개념

병렬 처리란, SQL문이 수행해야 할 작업 범위를 여러 개의 작은 단위로 나누어 여러 프로세스(또는 쓰레드)가 동시에 처리하는 것을 말한다(그림 7-1). 당연한 얘기지만, 여러 프로세스가 동시에 작업하므로 대용량 데이터를 처리할 때 수행 속도를 극적으로 단축시킬 수 있다.

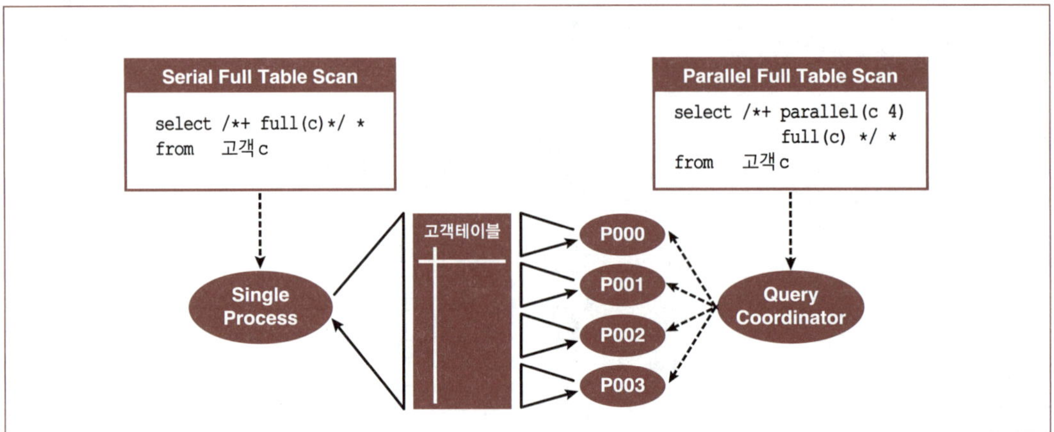

그림 7-1

병렬 처리와 관련해서 다루어야 할 개념, 원리, 규칙 등이 많지만, 이를 모두 설명하지는 않을 것이므로 필요하다면 오라클 온라인 매뉴얼을 먼저 참조하기 바란다. 본서는, 오라클 매뉴얼에서 자세히 다루지 않지만 병렬 SQL 튜닝을 위해 반드시 이해해야 할 핵심 원리만을 설명한다.

(1) Query Coordinator와 병렬 서버 프로세스

Query Coordinator(이하 QC)는 병렬 SQL문을 발행한 세션을 말하고, 병렬 서버 프로세스[1]는 실제 작업을 수행하는 개별 세션들을 말한다.

QC의 역할은 다음과 같다

1) 문맥에 따라 병렬 서버 프로세스, 병렬 서버, 병렬 프로세스, 병렬 슬레이브 등 용어를 혼용해 사용하지만 모두 같은 뜻임을 밝힌다.

1. 병렬 SQL이 시작되면 QC는 사용자가 지정한 병렬도(DOP, degree of parallelism)와 오퍼레이션 종류에 따라 하나 또는 두 개의 병렬 서버 집합(Server Set)을 할당한다. 우선 서버 풀(Parallel Execution Server Pool)로부터[2] 필요한 만큼 서버 프로세스를 확보하고, 부족분은 새로 생성한다.
2. QC는 각 병렬 서버에게 작업을 할당한다. 작업을 지시하고 일이 잘 진행되는지 관리 · 감독하는 작업반장 역할이다.
3. 병렬로 처리하도록 사용자가 지시하지 않은 테이블은 QC가 직접 처리한다. 예를 들어, 아래 실행계획에서 dept 테이블을 직렬로 읽어 병렬 서버에 전송하는 8~9번 오퍼레이션은 QC의 몫이다.
4. QC는 각 병렬 서버로부터의 산출물을 통합하는 작업을 수행한다. 예를 들어 집계 함수(sum, count, avg, min, max 등)가 사용된 아래와 같은 병렬 쿼리를 수행할 때, 각 병렬 서버가 자신의 처리 범위 내에서 집계(4번 단계)한 값을 QC에게 전송(3번 단계)하면 QC가 최종 집계 작업을 수행(1번 단계)한다.
5. QC는 쿼리의 최종 결과집합을 사용자에게 전송하며, DML일 때는 갱신 건수를 집계해서 전송해 준다. 쿼리 결과를 전송하는 단계에서 수행되는 스칼라 서브쿼리도 QC가 수행한다.

```
select /*+ ordered use_hash(d) full(d) full(e) noparallel(d) parallel(e 4) */
       count(*), min(sal), max(sal), avg(sal), sum(sal)
from   dept d, emp e
where  d.loc = 'CHICAGO'
and    e.deptno = d.deptno

---------------------------------------------------------------------------
| Id | Operation                    | Name     |  TQ   |IN-OUT| PQ Distrib |
---------------------------------------------------------------------------
|  0 | SELECT STATEMENT             |          |       |      |            |
|  1 |  SORT AGGREGATE              |          |       |      |            |
|  2 |   PX COORDINATOR             |          |       |      |            |
|  3 |    PX SEND QC (RANDOM)       | :TQ10002 | Q1,02 | P->S | QC (RAND)  |
|  4 |     SORT AGGREGATE           |          | Q1,02 | PCWP |            |
```

2) 인스턴스를 기동할 때 *parallel_min_servers* 파라미터로 설정된 만큼의 병렬 프로세스를 오라클이 기본적으로 생성해서 서버 풀에 담아 둔다. 병렬 처리가 잦은 시스템 환경에서 매번 프로세스를 띄우는 부하를 줄이기 위함이며, 병렬 처리가 전혀 발생하지 않더라도 지정된 최소 개수를 유지한다. 병렬 처리가 일어나면 서버 풀에 있는 프로세스를 먼저 사용하며, 부족할 때만 추가로 생성한다. 생성할 수 있는 최대 병렬 서버 개수는 *parallel_max_servers* 파라미터에 의해 결정된다.

```
|  5 |      HASH JOIN          |          | Q1,02 | PCWP |            |
|  6 |       BUFFER SORT       |          | Q1,02 | PCWC |            |
|  7 |        PX RECEIVE       |          | Q1,02 | PCWP |            |
|  8 |         PX SEND HASH    | :TQ10000 |       | S->P | HASH       |
|  9 |          TABLE ACCESS FULL | DEPT  |       |      |            |
| 10 |       PX RECEIVE        |          | Q1,02 | PCWP |            |
| 11 |        PX SEND HASH     | :TQ10001 | Q1,01 | P->P | HASH       |
| 12 |         PX BLOCK ITERATOR |        | Q1,01 | PCWC |            |
| 13 |          TABLE ACCESS FULL | EMP   | Q1,01 | PCWP |            |
-----------------------------------------------------------------------
```

병렬 처리에서 실제 QC 역할을 담당하는 프로세스는 SQL문을 발행한 사용자 세션 자신이다.

(2) Intra-Operation Parallelism과 Inter-Operation Parallelism

```
select /*+ full(고객) parallel(고객 4) */ *
from   고객
order by 고객명
```

그림 7-2는 order by를 포함하는 위 병렬 쿼리의 수행과정을 도식화한 것이다.

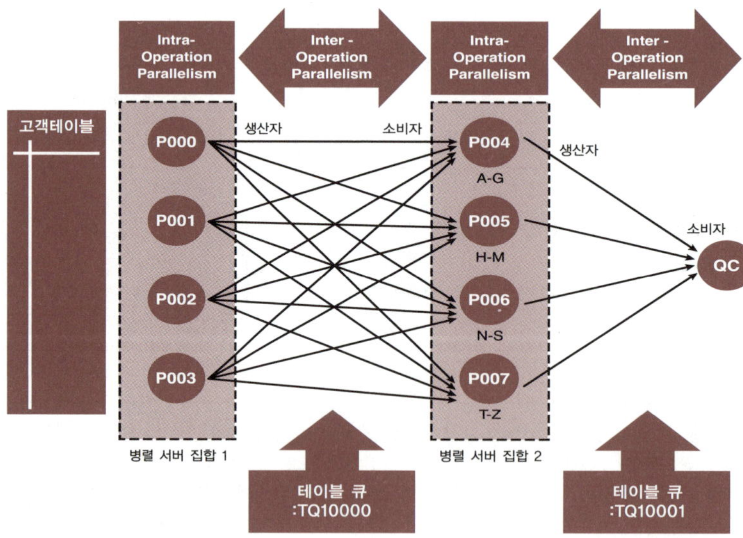

그림 7-2

이해를 돕기 위해, 8명의 영업사원이 각자 관리하던 명함을 영업팀에서 통합 관리할 목적으로 명함 전체를 이름순으로 정렬하는 경우를 예로 들어보자. 두 가지 방법을 생각해 볼 수 있는데, 첫 번째는 8명이 각자 자신의 것을 정렬하고 나면 영업팀장이 이를 최종적으로 머지(Merge)하는 것이다.

두 번째는, 두 개 조로 나누고 역할을 분담해 서로 다른 작업을 동시에 진행하는 것으로서 그림 7-2와 같은 방식이다(QC는 영업팀장에 해당). 즉 4명(분배팀)은 명함을 분배하고 다른 4명(정렬팀)은 그것을 받아 정렬하는 역할만 하면 된다.

정렬팀은 먼저 알파벳(또는 가나다) 순으로 각자 처리할 연속된 범위(A~G, H~M, N~S, T~Z)를 지정받는다. 분배팀은 영업팀장으로부터 할당받은 명함 뭉치를 각자 들고 고객명에 따라 정해진 정렬 담당자에게 건넨다. 정렬 담당자는 4명의 분배자로부터 자신에게 건네진 명함만 정렬하면 되고, 나중에 이를 머지하는 작업은 아주 쉽다. 이미 정렬된 묶음을 영업팀장이 순서대로 받아서 포개어 놓기만 하면 된다(그림 7-2에서 QC가 이 역할을 담당).

첫 번째 방법은 작업자가 많을수록 나중에 영업팀장(QC)이 머지하는 단계에 부하가 걸려 병렬 처리를 극대화하기 어렵다. 오라클이 order by를 병렬로 처리할 때 두 번째 방식을 사용하는 이유다.

이때, 서로 배타적인 범위를 독립적으로 동시에 처리하는 것을 'Intra-Operation Parallelism'이라고 한다. 4명이 병렬로 자신이 할당받은 명함을 하나씩 상대편에 분배하는 첫 번째 작업과, 병렬로 각자 전달받은 명함을 정렬하는 두 번째 작업 모두 여기에 해당한다. 같은 조(서버 집합)끼리는 서로 데이터를 주고받을 일이 없다.

반면, 명함을 읽어 상대편 조(다른 서버집합)에 분배하거나 정렬된 결과를 영업팀장(QC)에게 전송하는 작업을 병렬로 동시에 진행하는 것을 'Inter-Operation Parallelism'이라고 하며, 이때는 항상 프로세스 간 통신이 발생한다.

(3) 테이블 큐

Intra-Operation Parallelism은 한 병렬 서버 집합(Server Set)에 속한 여러 프로세스가 처리 범위를 달리하면서 병렬로 작업을 진행하는 것이므로 집합 내에서는 절대 프로세스 간 통신이 발생하지 않는다. 반면, Inter-Operation Parallelism은 프로세스 간 통신이 발생하고, 메시지 또는 데이터를 전송하기 위한 통신 채널이 필요하다.

쿼리 서버 집합 간(P→P) 또는 QC와 쿼리 서버 집합 간(P→S, S→P) 데이터 전송을 위해 연결된 파이프 라인(Pipeline)을 '테이블 큐(Table Queue)'라고 한다. 그리고 그림 7-3에서 보듯, 각 테이블

큐에 부여된 :TQ10000, :TQ10001, :TQ10002와 같은 이름을 '테이블 큐 식별자(TQ Identifier)' 라고 한다.

```
select /*+ ordered use_hash(e) full(d) noparallel(d) full(e) parallel(e 2)
           pq_distribute(e broadcast none) */ *
from   dept d, emp e
where  d.deptno = e.deptno
order by e.ename
```

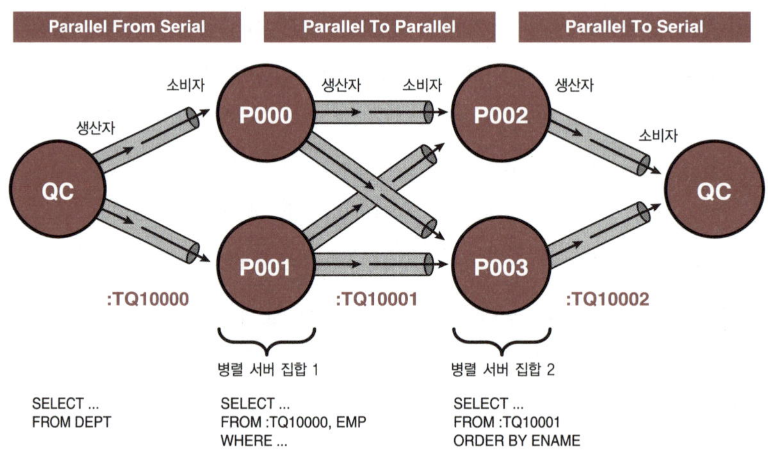

그림 7-3

그림 7-3을 보면, 쿼리 서버 집합 간(P→P) Inter-Operation Parallelism이 발생할 때는 사용자가 지정한 병렬도(=2)의 배수(4개)만큼 서버 프로세스가 필요한 것을 알 수 있다. 또한 테이블 큐(:TQ10001)에는 병렬도의 제곱(2^2=4)만큼 파이프 라인이 필요하다는 사실도 알 수 있다. 참고로 그림 7-2를 보면, 병렬도가 4이므로 8(=4×2)개 서버 프로세스를 위해 16(=4^2)개의 파이프 라인이 형성되었다.

생산자 / 소비자 모델

테이블 큐에는 항상 생산자(Producer)와 소비자(Consumer)가 존재한다. 그림 7-3을 보면, 처음 dept 테이블을 읽어 분배하는 :TQ10000에서는 QC가 생산자고 서버 집합 1이 소비자다. 이어지는 두 번째 테이블 큐 :TQ10001에서는 서버 집합 1이 생산자가 되고, 서버 집합 2가 소비자가 된다. 마지막으로, 정렬된 최종 결과집합을 전송하는 :TQ10002에서는 서버 집합 2가 생산자가 되고 QC가 소비자가 된다. select 문장에서의 최종 소비자는 항상 QC일 것이다.

그림 7-3에서 보듯 Inter-Operation Parallelism이 나타날 때, 소비자 서버 집합은 from절에 테이블 큐를 참조하는 서브(Sub) SQL을 가지고 작업을 수행한다.

병렬 실행계획에서 생산자와 소비자 식별

아래는 앞서 본 쿼리에 대한 실행계획이다. 10g 이후부터는 이처럼 생산자에 'PX SEND', 소비자에 'PX RECEIVE'가 표시되므로 테이블 큐를 통한 데이터 분배 과정을 좀 더 쉽게 확인할 수 있게 되었다.

```
-----------------------------------------------------------------------------
| Id | Operation                  | Name      |   TQ   |IN-OUT| PQ Distrib |
-----------------------------------------------------------------------------
|  0 | SELECT STATEMENT           |           |        |      |            |
|  1 |  PX COORDINATOR            |           |        |      |            |
|  2 |   PX SEND QC (ORDER)       | :TQ10002  | Q1,02  | P->S | QC (ORDER) |   3
|  3 |    SORT ORDER BY           |           | Q1,02  | PCWP |            |
|  4 |     PX RECEIVE             |           | Q1,02  | PCWP |            |
|  5 |      PX SEND RANGE         | :TQ10001  | Q1,01  | P->P | RANGE      |   2
|  6 |       HASH JOIN            |           | Q1,01  | PCWP |            |
|  7 |        BUFFER SORT         |           | Q1,01  | PCWC |            |
|  8 |         PX RECEIVE         |           | Q1,01  | PCWP |            |
|  9 |          PX SEND BROADCAST | :TQ10000  |        | S->P | BROADCAST  |   1
| 10 |           TABLE ACCESS FULL| DEPT      |        |      |            |
| 11 |        PX BLOCK ITERATOR   |           | Q1,01  | PCWC |            |
| 12 |         TABLE ACCESS FULL  | EMP       | Q1,01  | PCWP |            |
-----------------------------------------------------------------------------
```

각 오퍼레이션이 어떤 서버 집합에 속한 병렬 프로세스에 의해 수행되는지는 'TQ' 컬럼에 보이는 서버 집합 식별자를 통해 확인할 수 있다.

1 QC가 dept 테이블을 읽어 첫 번째 서버 집합(Q1,01)에게 전송한다.

2 이어서 첫 번째 서버 집합(Q1,01)은 emp 테이블을 병렬로 읽으면서 앞서 QC에게서 받아 둔 dept 테이블과 조인한다. 조인에 성공한 레코드는 바로바로 두 번째 서버 집합(Q1,02)에게 전송한다.

3 마지막으로, 두 번째 서버 집합(Q1,02)은 전송받은 레코드를 정렬하고 나서 QC에게 전송한다.

생산자로부터 소비자로 데이터 재분배가 일어날 때마다 'Name' 컬럼에 테이블 큐(:TQxxxxx 형태)가 표시된다.

(4) IN-OUT 오퍼레이션

아래 병렬 쿼리 실행계획(9i)을 보면, 뒤에서 두 번째 컬럼에 테이블 큐를 통한 in-out 오퍼레이션 정보가 출력되는 것을 볼 수 있다.

```
---------------------------------------------------------------------------------------------------
| Id | Operation                     | Name      | Pstart| Pstop |  TQ   |IN-OUT| PQ Distrib |
---------------------------------------------------------------------------------------------------
|  0 | SELECT STATEMENT              |           |       |       |       |      |            |
|  1 |  SORT ORDER BY                |           |       |       | 02,02 | P->S | QC (ORDER) |
|  2 |   HASH JOIN                   |           |       |       | 02,01 | P->P | RANGE      |
|  3 |    TABLE ACCESS BY INDEX ROWID | 주문      |       |       | 02,01 | PCWC |            |
|  4 |     NESTED LOOPS              |           |       |       | 02,01 | PCWP |            |
|  5 |      PARTITION RANGE ALL      |           |     1 |     4 | 02,01 | PCWP |            |
|  6 |       TABLE ACCESS FULL       | 고객      |     1 |     4 | 02,01 | PCWP |            |
|  7 |      PARTITION RANGE ITERATOR |           |   KEY |   KEY | 02,01 | PCWP |            |
|  8 |       INDEX RANGE SCAN        | 주문_IDX1 |   KEY |   KEY | 02,01 | PCWP |            |
|  9 |    PARTITION RANGE ALL        |           |     1 |     4 | 02,00 | S->P | BROADCAST  |
| 10 |     TABLE ACCESS FULL         | 주문상세  |     1 |     4 |       |      |            |
---------------------------------------------------------------------------------------------------
```

이는 plan_table을 쿼리할 때 other_tag 컬럼에서 가져온 것이며, 병렬 쿼리를 이해하는 데에 매우 중요한 정보를 제공한다. 각각의 의미를 살펴보자.

S → P : PARALLEL_FROM_SERIAL

위 실행계획에서 9번 오퍼레이션이 여기에 해당하며, QC가 읽은 데이터를 테이블 큐를 통해 병렬 서버 프로세스에게 전송하는 것이다. 맨 우측 PQ Distrib 컬럼에 'BROADCAST' 라고 표시된 것의 의미는 다음 항(데이터 재분배)에서 자세히 설명할 것이다.

P → S : PARALLEL_TO_SERIAL

위 실행계획에서 1번 오퍼레이션이 여기에 해당하며, 각 병렬 서버 프로세스가 처리한 데이터를 QC에게 전송하는 것을 의미한다. 병렬 프로세스로부터 QC로 통신이 발생하므로 Inter-Operation Parallelism에 속한다. 참고로, S→P도 통신이 발생하지만(QC로부터 병렬 프로세스로) 이는 병렬 오퍼레이션이 아니므로 Inter-Operation Parallelism에 속하지 않는다.

맨 우측 PQ Distrib 컬럼에 'QC (ORDER)'라고 표시된 것은 QC에게 결과 데이터를 전송할 때 첫 번째 병렬 프로세스로부터 마지막 병렬 프로세스까지 순서대로 진행함을 의미하며, SQL이 order by절을 포함할 때 나타난다. 참고로, order by가 없을 때는 'QC (RANDOM)'이라고 표시되며 병렬 프로세스들이 무순위로(작업이 끝나는 순서대로) QC에게 데이터를 전송함을 뜻한다.

P → P : PARALLEL_TO_PARALLEL

데이터를 재분배(redistribution)하는 오퍼레이션으로서, 위 실행계획에서 2번 단계가 여기에 속한다. 기억할 것은, 실행계획에 P→P가 나타날 때면 해당 오퍼레이션을 두 개의 서버 집합(Server Set)이 처리한다는 사실이다. 따라서 사용자가 지정한 병렬도의 2배수만큼 병렬 프로세스가 필요하다.

데이터를 정렬(order by) 또는 그룹핑(group by)하거나 조인을 위해 동적으로 파티셔닝할 때 사용되며, 첫 번째 병렬 서버 집합이 읽거나 가공한 데이터를 두 번째 병렬 서버 집합에 전송하는 과정에서 병렬 프로세스 간 통신이 발생하므로 Inter-Operation Parallelism에 속한다.

위 실행계획에서 2번 오퍼레이션 PQ Distrib 컬럼에 'RANGE' 라고 표시된 것의 의미는 다음 항(데이터 재분배)에서 자세히 설명할 것이다.

PCWP : PARALLEL_COMBINED_WITH_PARENT

위 실행계획에서 4~8번 오퍼레이션이 여기에 해당하는데, 이는 한 서버 집합이 현재 스텝과 그 부모(Parent) 스텝을 모두 처리함을 의미한다. 예를 들어, 위 실행계획의 8 → 7 → 4 → 3번 순으로 이어지는 계층구조 상에서 주문_IDX1 인덱스를 스캔(7~8번 스텝)하면서 주문 테이블을 액세스(3번 스텝)하는 일련의 오퍼레이션을 한 서버 집합이 처리한다는 뜻이다.

PCWP도 분명히 병렬 오퍼레이션이지만 한 서버 집합 내에서는 프로세스 간 통신이 발생하지 않으므로 Intra-Operation Parallelism에 속한다. 즉, 한 서버 집합에 속한 서버 프로세스들이 각자 맡은 범위 내에서 두 스텝 이상의 오퍼레이션을 처리하는 것이며, 자식 스텝의 처리 결과를 부모 스텝에서 사용할 뿐 프로세스 간 통신은 필요치 않다.

PCWC : PARALLEL_COMBINED_WITH_CHILD

위 실행계획에서 3번 오퍼레이션이 여기에 해당하며, 한 서버 집합이 현재 스텝과 그 자식(Child) 스텝을 모두 처리함을 의미한다. PCWC도 병렬 오퍼레이션이지만 한 서버 집합 내에서는 프로세스 간 통신이 절대 발생하지 않으므로 Intra-Operation Parallelism에 속한다. 자식 스텝의 처리 결과를 받아 현재 스텝의 입력 값으로 사용할 뿐이며, 프로세스 간 통신은 필요치 않다.

참고로 앞서 본 실행계획의 뒤에서 두 번째 컬럼(in-out)이 공백(Blank) 일 때는 Serial 방식으로 처리됨을 의미하며, 맨 아래쪽 오퍼레이션(id=10)이 여기에 해당한다.

지금까지 설명한 in-out 오퍼레이션에 대해 정리해 보자.

- S→P, P→S, P→P는 프로세스 간 통신이 발생한다.
- PCWP와 PCWC는 프로세스 간 통신이 발생하지 않으며, 각 병렬 서버가 독립적으로 여러 스텝을 처리할 때 나타난다. 하위 스텝의 출력 값이 상위 스텝의 입력 값으로 사용된다.
- P→P, P→S, PCWP, PCWC는 병렬 오퍼레이션인 반면 S→P는 직렬(Serial) 오퍼레이션이다.

병렬 쿼리 실행계획에 S→P가 나타난다면 해당 오퍼레이션이 병목 지점인지 의심해 볼 필요가 있다. 만약 처리할 데이터량이 수백 MB 이상 된다면 병렬 오퍼레이션으로 바꾸는 것을 고려해야 한다.

(5) 데이터 재분배

앞서 살펴본 in-out 오퍼레이션 중에서 S→P, P→P가 데이터 재분배(Redistribution)와 관련 있음을 이해하였을 것이다. 데이터를 재분배하는 방식에는 일반적으로 아래 5가지가 사용된다.

RANGE

order by 또는 sort group by를 병렬로 처리할 때 사용된다. 정렬 작업을 맡은 두 번째 서버 집합의 프로세스마다 처리 범위(예를 들어, A~G, H~M, N~S, T~Z)를 지정하고 나서, 데이터를 읽는 첫 번째 서버 집합이 두 번째 서버 집합의 정해진 프로세스에게 "정렬 키 값에 따라" 분배하는 방식이다. 앞서 예시한 명함 정렬 작업을 참고하기 바란다.

QC는 각 서버 프로세스에게 작업 범위를 할당하고 정렬 작업에는 직접 참여하지 않으며, 정렬이 완료되고 나면 순서대로 결과를 받아서 사용자에게 전송하는 역할만 한다.

HASH

조인이나 hash group by를 병렬로 처리할 때 사용된다. 조인 키나 group by 키 값을 해시 함수에 적용하고 리턴된 값에 따라 데이터를 분배하는 방식이며, P→P 뿐만 아니라 S→P 방식으로 이루어질 수도 있다.

BROADCAST

QC 또는 첫 번째 서버 집합에 속한 프로세스들이 각각 읽은 데이터를 두 번째 서버 집합에 속한 "모든" 병렬 프로세스에게 전송하는 방식이다. 병렬 조인에서 크기가 매우 작은 테이블이 있을 때 사용되며, P→P 뿐만 아니라 S→P 방식으로도 이루어진다. (작은 테이블은 병렬로 읽지 않을 때가 많으므로 오히려 S→P가 일반적이라고 볼 수도 있다.)

KEY

특정 컬럼(들)을 기준으로 테이블 또는 인덱스를 파티셔닝할 때 사용하는 분배 방식으로서, 실행계획에는 'PARTITION (KEY)' 로 표시된다(줄여서 'PART (KEY)').

- Partial Partition-Wise 조인
- CTAS(create table as select) 문장으로 파티션 테이블을 만들 때(→ 9i)
- 병렬로 글로벌 파티션 인덱스를 만들 때(참고로, 비파티션 인덱스를 만들 때는 RANGE 방식 사용)

3절에서 설명하겠지만 Partial Partition-Wise 조인은, 이미 파티션된 테이블과 조인하기 위해 다른 한쪽 테이블을 동적으로 파티셔닝하고 나서 각 Partition-Pair에 대해 독립적으로 병렬 조인을 수행하는 것을 말한다.

ROUND-ROBIN

파티션 키, 정렬 키, 해시 함수 등에 의존하지 않고 반대편 병렬 서버에 무작위로 데이터를 분배할 때 사용된다. 무작위라고는 하지만 골고루 분배되도록 round-robin 방식을 사용된다.

```
SQL> alter session enable parallel dml;
```

```
SQL> explain plan for
  2  insert /*+ parallel(t1 2) */ into t1
  3  select /*+ parallel(t2 2) full(t2) */ * from t2;

SQL> @?/rdbms/admin/utlxplp

-----------------------------------------------------------------------------------
| Id  | Operation                | Name     | Rows  |  TQ    |IN-OUT| PQ Distrib |
-----------------------------------------------------------------------------------
|   0 | INSERT STATEMENT         |          | 1003K|        |      |            |
|   1 |  PX COORDINATOR          |          |      |        |      |            |
|   2 |   PX SEND QC (RANDOM)    | :TQ10001 | 1003K|  Q1,01 | P->S | QC (RAND)  |
|   3 |    LOAD AS SELECT        | T1       |      |  Q1,01 | PCWP |            |
|   4 |     PX RECEIVE           |          | 1003K|  Q1,01 | PCWP |            |
|   5 |      PX SEND ROUND-ROBIN | :TQ10000 | 1003K|  Q1,00 | P->P | RND-ROBIN  |
|   6 |       PX BLOCK ITERATOR  |          | 1003K|  Q1,00 | PCWC |            |
|   7 |        TABLE ACCESS FULL | T2       | 1003K|  Q1,00 | PCWP |            |
-----------------------------------------------------------------------------------
```

(6) Granule

데이터를 병렬로 처리할 때 일의 최소 단위를 'Granule'이라고 하며, 병렬 서버는 한 번에 하나의 Granule씩만 처리한다. Granule 개수와 크기는 병렬도와 관련 있으며, 이는 병렬 서버 사이에 일을 고르게 분배하는 데에 큰 영향을 미친다.

Granule에는 크게 '블록 기반 Granule'과 '파티션 기반 Granule'이 있는데, 이는 오라클 데이터베이스의 내부적인 결정사항이며 사용자가 그 크기나 종류를 직접 선택할 수는 없다.

블록 기반 Granule(=블록 범위 Granule)

블록 기반 Granule은, 파티션 테이블인지 여부와 상관없이 대부분의 병렬 오퍼레이션에 적용되는 기본 작업 단위이다. 병렬 쿼리는 물론, 9iR2부터 병렬 DML에도 블록 기반 Granule이 사용되므로 파티션 여부, 파티션 개수와 무관하게 병렬도를 지정할 수 있다.

블록 기반 Granule 단위로 데이터를 읽을 때는 실행계획상에 'PX BLOCK ITERATOR'라고 표시된다(아래 실행계획 참조). 이 오퍼레이션이 나타날 때면, QC는 테이블로부터 읽어야 할 일정 범위(Range)의 블록을 Granule로서 각 병렬 서버에게 할당한다. 그리고 ITERATOR가 의미하는 바와 같이 병렬 서버가 한 Granule에 대한 일을 끝마치면 이어서 다른 Granule을 할당한다.

```
|   4 |     SORT AGGREGATE        |          |     1 |     5 |
|   5 |      PX BLOCK ITERATOR    |          | 10035 | 50175 |
|   6 |       TABLE ACCESS FULL | T          | 10035 | 50175 |
```

Granule 크기와 총 개수는 실행 시점에 오브젝트 사이즈와 병렬도에 따라 QC가 동적으로 결정한다. 물론 목표는 모든 병렬 서버에게 일을 골고루 분배하는 데에 있으며, 아주 작은 테이블이 아니라면 Granule 개수는 사용자가 지정한 병렬도보다 많을 것이다.

또한 Granule을 계산할 때는 각 병렬 서버에게 가능한 한 서로 다른 데이터 파일에 놓인 블록들을 할당함으로써 경합을 회피하려고 노력한다.

파티션 기반 Granule(=파티션 Granule)

파티션 기반 Granule이 사용될 때, 각 병렬 서버 프로세스는 할당받은 테이블(또는 인덱스) 파티션 전체를 처리할 책임을 진다. 이 방식에선 한 파티션을 두 개 프로세스가 함께 처리할 수 없으므로 병렬도는 당연히 파티션 개수 이하로만 지정할 수 있다.

파티션 기반 Granule일 때는 실행계획에 'PX PARTITION RANGE ALL' 또는 'PX PARTITION RANGE ITERATOR'라고 표시된다. 전자는 파티션 전체를 읽어야 할 때 나타나고, 후자는 일부 파티션만 읽을 때 나타난다. 블록 기반 Granule과 마찬가지로 여기서도 병렬 서버가 한 파티션 처리를 끝마치면 이어서 다른 파티션을 할당받는 식으로 진행한다. 물론 병렬도가 파티션 개수보다 적을 때 그렇다.

```
|   4 |     SORT AGGREGATE                     |          |     1 |     9 |
|   5 |      PX PARTITION RANGE ITERATOR       |          |  8029 | 72261 |
|   6 |       TABLE ACCESS BY LOCAL INDEX ROWID | T        |  8029 | 72261 |
|   7 |        INDEX RANGE SCAN                | T_NO_IDX |  802K|       |
```

파티션 기반 Granule은 아래와 같은 작업을 수행할 때 사용된다.

- Partition-Wise 조인 시(3절에서 설명)
- 파티션 인덱스를 병렬로 스캔할 때
- 파티션 인덱스를 병렬로 갱신할 때
- 9iR1 이전에서의 병렬 DML

● 파티션 테이블 또는 파티션 인덱스를 병렬로 생성할 때

파티션 기반일 때는 Granule 개수가 테이블과 인덱스의 파티션 구조에 의해 정적으로 결정되므로 블록 기반 Granule처럼 유연하지가 못하다. 우선, 파티션간 데이터량에 편차가 심할 때 부하를 효과적으로 분산시키는 데에 불리하고 리소스를 낭비(일을 먼저 끝마친 프로세스가 다른 프로세스를 기다림)하게 된다. 따라서 파티션 기반 Granule은 병렬도보다 파티션 개수가 상당히(대략 병렬도의 3배 이상) 많을 때라야 유용하다.

시스템 리소스를 최대한 사용함으로써 병렬 효과를 극대화하려 할 때, 파티션 개수보다 많은 병렬도를 지정할 수 없다는 것도 단점이다.

(7) 병렬 처리 과정에서 발생하는 대기 이벤트

병렬 처리를 위한 데이터 재분배 과정에서 프로세스 간 통신이 발생한다고 앞에서 여러 차례 강조하였다. QC와 병렬 서버 간, 병렬 서버와 병렬 서버 간 테이블 큐를 통해 메시지를 주고받기 위해 내부적으로 메시지 버퍼(*parallel_execution_message_size* 파라미터 참조)를 사용하는데, 생산자 프로세스가 버퍼에 데이터를 넣으면(enqueue) 소비자 프로세스가 그것을 꺼내 가는(dequeue) 식이다.

참고로, 테이블 큐를 보호할 목적으로 오라클은 credit 비트를 사용한다. 데이터를 전송하려면 먼저 상대편 서버 프로세스로부터 credit 비트를 받도록 하는 것이다. 따라서 병렬 서버든 QC든 오직 한 프로세스만이 특정 서버 프로세스에게 데이터를 전송할 수 있게 된다.

병렬 처리 과정에서 자주 발생하는 대기 이벤트를 요약하면 다음과 같다.

이벤트명	클래스	설명
PX Deq: Execute Reply	Idle	QC가 각 병렬 서버에게 작업을 배분하고서 작업이 완료되기를 기다리는 상태
PX Deq: Execution Msg	Idle	병렬 서버가 자신의 임무를 완수하고서 다른 병렬 서버가 일을 마치기를 기다리는 상태. QC 또는 소비자 병렬 서버에게 데이터 전송을 완료했을 때 나타남
PX Deq: Table Q Normal	Idle	메시지 수신 대기. 메시지 큐에 데이터가 쌓이기를 기다리는 상태
PX Deq Credit: send blkd	Other	메시지 송신 대기. QC 또는 소비자 병렬 서버에게 전송할 데이터가 있는데 블로킹 된 상태. 생산자 프로세스가 메시지 큐를 통해 데이터를 전송하려고 하는데 어떤 이유에서건 소비자 프로세스가 버퍼에서 데이터를 빨리 꺼내가지 않을 때 발생

PX Deq Credit: need buffer	Idle	데이터를 전송하기 전에 상대편 병렬 서버 또는 QC로부터 credit 비트를 얻으려고 대기하는 상태. 오라클 측의 설명(메타링크 문서번호 271767.1)에 의하면 *PX Deq Credit: send blkd* 과 *PX Deq Credit: need buffer* 는 거의 같은 대기 이벤트이고, 내부적인 이유로 전자는 로컬 시스템에서 자주 발생하고, 후자는 RAC 시스템에서 자주 발생한다고 함

대기 이벤트 모니터링

큰 테이블에 대해 아래와 같이 병렬 쿼리를 수행해 보자.

```
SQL> select /*+ parallel(고객 2) */ * from 고객 order by 고객명
```

위 쿼리가 수행되는 동안 다른 세션에서 아래 쿼리를 수행해 보면 QC와 각 병렬 서버에 어떤 대기 이벤트들이 발생하는지를 확인할 수 있다(스크립트 ch7_01.txt 참조).

```
SQL> select decode(a.qcserial#, null, 'PARENT', 'CHILD') ST_LVL
  2       , a.server_set "SET", a.sid, a.serial#, status, event,wait_class
  3  from   v$px_session a, v$session b
  4  where  a.sid = b.sid
  5  and    a.qcsid = 5284
  6  order by a.qcsid, ST_LVL desc, a.server_group, a.server_set ;

ST_LVL  SET   SID SERIAL# STATUS      EVENT                            WAIT_CLASS
------ ---- ----- ------- ----------- -------------------------------- ----------
PARENT       5284      21 INACTIVE    SQL*Net message from client      Idle
CHILD     1  5114    2532 INACTIVE    PX Deq: Execution Msg            Idle
CHILD     1  5428     692 ACTIVE      PX Deq Credit: send blkd         Other
CHILD     2  5219     772 INACTIVE    PX Deq: Execution Msg            Idle
CHILD     2  5290    1218 INACTIVE    PX Deq: Execution Msg            Idle
```

쿼리가 수행되는 동안 대기 이벤트 항목이 계속 바뀌지만, 위 순간 QC와 병렬 서버들이 어떤 상태에 있는지 해석해 보자.

작업을 처음 시작하면 QC(SID 5284)에는 *PX Deq: Execute Reply* 이벤트가 한동안 나타난다. 그러다가 가장 먼저 작업을 끝낸 병렬 서버로부터 데이터를 받아 클라이언트에게 전송하기 시작하면 위처럼 *SQL*Net message from client*로 바뀌는데, 이는 클라이언트로부터 추가 Fetch

Call이 오기를 기다리고 있음을 뜻한다.

SID 5114 세션은 생산자 서버(SID 5219, 5290 / 항상 2번 서버 집합이 첫 번째 생산자 역할을 담당함)로부터 받은 데이터를 모두 정렬하고서 그 결과를 QC에게 전송까지 완료했지만 같은 서버 집합에 속한 5428번 세션의 작업이 끝나지 않아 대기하고 있는 상태다.

SID 5428번 세션은 생산자 서버로부터 받은 데이터를 모두 정렬하고서 그 결과를 QC에게 전송하려 하지만 QC가 데이터를 받아주지 않아 블로킹 된 상태다. QC는 현재 자신이 받은 데이터를 클라이언트에게 다 전송하지 못해 대기하고 있다.

5219번과 5290번 세션은 맡은 테이블 블록 범위를 모두 스캔하고서 소비자 서버(SID 5114, 5428)에게 전송까지 완료한 상태에서 다른 서버들이 작업 완료하기를 기다리고 있다.

대기 이벤트 해소

v$event_name 뷰를 조회해 보면 병렬처리와 관련된 대기 이벤트가 대부분 Idle로 분류돼 있다. 이유는, 이들 이벤트를 회피하기 위해 사용자가 할 수 있는 일들이 거의 없기 때문이다.

큰 테이블을 S→P 방식으로 분배(*PX Deq: Table Q Normal* 이벤트가 많이 발생)하던 것을 P→P 방식으로 바꿔 주거나, P→P 분배 과정에서 프로세스 간 데이터 전송량이 많은 SQL을 튜닝해서 그 양을 줄일 수 있는 경우가 종종 있기는 하다.

하지만 그런 조치들이 가능하지 않은 상황에서 병렬 쿼리 관련 Idle 대기 이벤트가 많이 발생한다면 병렬 메커니즘상 자연스럽게 나타나는 현상이라고 이해하는 수밖에 없다.

Idle 이벤트가 아닌 경우에는 종종 튜닝이 가능할 수 있는데, 앞선 테스트 사례의 경우 *PX Deq Credit: send blkd* 이벤트가 많이 발생하는 이유는 클라이언트가 천천히 스크롤하면서 데이터를 관찰하거나 Fetch Call과 Fetch Call 사이에 많은 애플리케이션 로직을 수행하기 때문일 것이다. 전자의 경우라면 CPU 리소스를 낭비하는 것이므로 가급적 병렬 쿼리를 사용하지 않는 편이 낫고, 후자의 경우는 애플리케이션 로직을 튜닝할 수 있는지 검토해 봐야 한다.

더 자주 발생하는 사례는 아래 insert문과 같은 경우다.

```
SQL> insert /*+ append */ into t1
  2  select /*+ full(t2) parallel(t2 4) */ * from t2;
```

여기서 t2 테이블은 병렬로 읽지만 t1으로의 insert는 직렬로 수행되고 있다. 이럴 때 t2를 읽어 QC에게 전송하는 4개의 병렬 서버들은 아래와 같이 *PX Deq Credit: send blkd* 이벤트에서 자주 대기하게 된다.

```
ST_LVL SET     SID SERIAL# STATUS      EVENT                          WAIT_CLASS
------ ---- ------ ------- ----------- ------------------------------ ----------
PARENT QC     2643   46632 ACTIVE      direct path write              User I/O
CHILD  1      2778   22712 ACTIVE      PX Deq Credit: send blkd       Other
CHILD  1      2753   37169 ACTIVE      PX Deq Credit: send blkd       Other
CHILD  1      3096   52396 ACTIVE      PX Deq Credit: send blkd       Other
CHILD  1      2483    6508 ACTIVE      PX Deq Credit: send blkd       Other
```

insert 과정에서 병목(*direct path write* 대기 이벤트 발생)이 생기므로 select 문을 병렬로 수행하는 것은 불필요할 수 있다. select 문을 직렬로 처리한다면 *PX Deq Credit: send blkd* 이벤트는 당연히 사라진다.

병목을 해소함으로써 속도를 향상시키고 싶다면, 아래와 같이 t1으로의 insert도 병렬로 수행되게끔 하면 된다.

```
SQL> alter session enable parallel dml;
SQL> insert /*+ append parallel(t1 4) */ into t1
  2  select /*+ full(t2) parallel(t2 4) */ * from t2;
```

insert를 담당한 1번 병렬 서버 집합은 아래에서 보듯 Direct Path Write(*direct path write* 대기 이벤트)를 수행하거나 2번 서버 집합으로부터 메시지 수신을 위해 대기(*PX Deq: Table Q Normal* 대기 이벤트)하고 있다.

```
ST_LVL SET     SID SERIAL# STATUS      EVENT                          WAIT_CLASS
------ ---- ------ ------- ----------- ------------------------------ ----------
PARENT QC     2643   46632 ACTIVE      PX Deq: Execute Reply          Idle
CHILD  1      2778   22712 ACTIVE      direct path write              User I/O
CHILD  1      2753   37169 ACTIVE      direct path write              User I/O
CHILD  1      3096   52396 ACTIVE      PX Deq: Table Q Normal         Idle
CHILD  1      2483    6508 ACTIVE      direct path write              User I/O
CHILD  2      2512   21611 ACTIVE      direct path read               User I/O
CHILD  2      2822   38188 ACTIVE      PX Deq Credit: send blkd       Other
CHILD  2      2492   18064 ACTIVE      direct path read               User I/O
CHILD  2      3186   29287 ACTIVE      PX Deq Credit: send blkd       Other
```

select를 담당한 2번 병렬 서버 집합은 Direct Path Read(*direct path read* 대기 이벤트)를 수행하거나 1번 서버 집합으로 메시지를 송신하기 위해 대기(*PX Deq Credit: send blkd* 대기 이벤트)하고 있다.

02 병렬 Order By와 Group By

앞 절에서 강조했던 P→P 데이터 재분배는 주로 병렬 order by, 병렬 group by, 병렬 조인을 포함한 SQL에서 나타난다. 아주 단순한 SQL이 아니고서야 대부분 이들 오퍼레이션을 포함하므로 거의 모든 병렬 SQL에서 Inter-Operation Parallelism이 일어난다고 보면 틀림없다.

병렬 order by에 대해서는 이미 1절에서 충분히 설명하였으므로 간단히 다루고, 본 절에서는 주로 병렬 group by에 대해 설명하려고 한다. 병렬 조인은 3절과 4절에서 자세히 다룬다.

(1) 병렬 Order By

병렬 order by와 병렬 group by를 설명하기 위해 사용할 테스트 데이터를 먼저 만들어 보자(스크립트 ch7_02.txt 참조).

```
SQL> create table 고객
  2  as
  3  select rownum 고객ID
  4       , dbms_random.string('U', 10) 고객명
  5       , mod(rownum, 10) + 1 고객등급
  6       , to_char(to_date('20090101','yyyymmdd') + (rownum-1), 'yyyymmdd') 가입일
  7  from   dual
  8  connect by level <= 1000;

SQL> exec dbms_stats.gather_table_stats(user, '고객');
```

방금 만든 고객 테이블을 병렬로 읽어 고객명 순으로 정렬하는 쿼리와 실행계획은 다음과 같다.

```
SQL> set autotrace traceonly exp
SQL> select /*+ full(고객) parallel(고객 2) */
  2         고객ID, 고객명, 고객등급
  3  from   고객
  4  order by 고객명 ;
```

```
--------------------------------------------------------------------------------
| Id  | Operation              | Name     | Rows |   TQ  |IN-OUT| PQ Distrib |
--------------------------------------------------------------------------------
|   0 | SELECT STATEMENT       |          | 1000 |       |      |            |
|   1 |  PX COORDINATOR        |          |      |       |      |            |
|   2 |   PX SEND QC (ORDER)   | :TQ10001 | 1000 | Q1,01 | P->S | QC (ORDER) |
|   3 |    SORT ORDER BY       |          | 1000 | Q1,01 | PCWP |            |
|   4 |     PX RECEIVE         |          | 1000 | Q1,01 | PCWP |            |
|   5 |      PX SEND RANGE     | :TQ10000 | 1000 | Q1,00 | P->P | RANGE      |
|   6 |       PX BLOCK ITERATOR|          | 1000 | Q1,00 | PCWC |            |
|   7 |        TABLE ACCESS FULL| 고객    | 1000 | Q1,00 | PCWP |            |
--------------------------------------------------------------------------------
```

병렬 order by 처리 과정과 실행계획 해석 방법에 대해서는 1절에서 이미 다루었으므로 부연해 설명하지 않겠다. 대신 여기서는 앞 절에서 설명하지 않았던 v$pq_tqstat 뷰(Parallel Query Table Queue Statistics)의 활용법을 소개하려고 한다.

order by를 병렬로 수행하려면 테이블 큐를 통한 데이터 재분배가 필요한데, 쿼리 수행이 완료된 직후에 같은 세션에서 v$pq_tqstat를 쿼리해 보면 아래와 같이 테이블 큐를 통한 데이터 전송 통계를 확인해 볼 수 있다.

```
SQL> set autotrace off
SQL> /
   ......

1000 개의 행이 선택되었습니다.

SQL> break on dfo_no on tq_id on server_type
SQL> select tq_id, server_type, process, num_rows, bytes, waits
  2  from   v$pq_tqstat
  3  order by
  4         dfo_number
  5       , tq_id
  6       , decode(substr(server_type, 1, 4),'Rang', 1, 'Prod', 2, 'Cons', 3)
  7       , process;

  TQ_ID SERVER_TYPE PROCESS       NUM_ROWS          BYTES       WAITS
------- ----------- ---------- ------------ -------------- ------------
      0 Ranger      QC                 182          7,552            2
        Producer    P002               455          9,603            5
                    P003               545         11,612            4
```

```
          Consumer    P000                 479          10,125          6
                      P001                 521          11,032          5
        1 Producer    P000                 479          10,122          0
                      P001                 521          11,009          0
          Consumer    QC                 1,000          21,131          1

8 개의 행이 선택되었습니다.
```

위 처리과정을 도식화해 보면 그림 7-4와 같다.

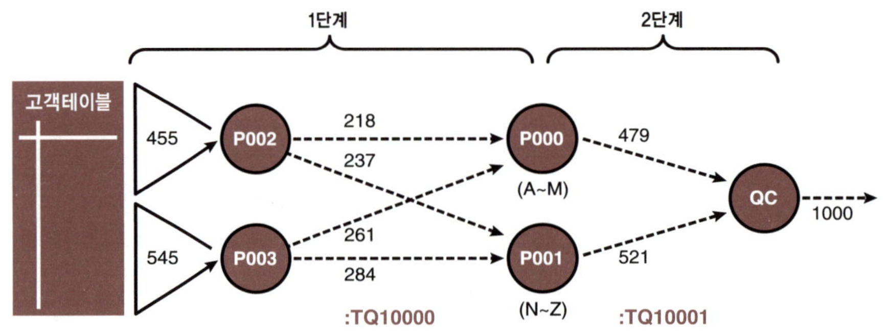

그림 7-4

병렬 쿼리 수행 속도가 예상만큼 빠르지 않다면 테이블 큐를 통한 데이터 전송량에 편차가 크지 않은지 확인해 볼 필요가 있는데, 그럴 때 v$pq_tqstat 뷰가 유용하게 쓰인다.

(2) 병렬 Group By

병렬 group by는 어떻게 수행되는지 바로 앞서 만들어 둔 고객 테이블을 이용해 살펴 보자.

```
SQL> set autotrace traceonly exp
SQL> select /*+ full(고객) parallel(고객 2) */
  2         고객명, count(*)
  3  from   고객
  4  group by 고객명 ;

-------------------------------------------------------------------------------
| Id  | Operation                  | Name      | Rows  |   TQ  |IN-OUT| PQ Distrib |
```

```
--------------------------------------------------------------------------------
|  0 | SELECT STATEMENT       |         |  969 |       |      |            |
|  1 |  PX COORDINATOR        |         |      |       |      |            |
|  2 |   PX SEND QC (RANDOM)  | :TQ10001 |  969 | Q1,01 | P->S | QC (RAND)  |
|  3 |    HASH GROUP BY       |         |  969 | Q1,01 | PCWP |            |
|  4 |     PX RECEIVE         |         | 1000 | Q1,01 | PCWP |            |
|  5 |      PX SEND HASH      | :TQ10000 | 1000 | Q1,00 | P->P | HASH       |
|  6 |       PX BLOCK ITERATOR |        | 1000 | Q1,00 | PCWC |            |
|  7 |        TABLE ACCESS FULL| 고객    | 1000 | Q1,00 | PCWP |            |
--------------------------------------------------------------------------------
```

5장 소트 튜닝에서 설명했듯이 10gR2에서 hash group by가 소개되었고, 위 쿼리에 order by를 추가하면 아래와 같이 sort group by로 바뀐다.

```
--------------------------------------------------------------------------------
| Id  | Operation              | Name     | Rows |   TQ  |IN-OUT| PQ Distrib |
--------------------------------------------------------------------------------
|  0 | SELECT STATEMENT       |         |  969 |       |      |            |
|  1 |  PX COORDINATOR        |         |      |       |      |            |
|  2 |   PX SEND QC (ORDER)   | :TQ10001 |  969 | Q1,01 | P->S | QC (ORDER) |
|  3 |    SORT GROUP BY       |         |  969 | Q1,01 | PCWP |            |
|  4 |     PX RECEIVE         |         | 1000 | Q1,01 | PCWP |            |
|  5 |      PX SEND RANGE     | :TQ10000 | 1000 | Q1,00 | P->P | RANGE      |
|  6 |       PX BLOCK ITERATOR |        | 1000 | Q1,00 | PCWC |            |
|  7 |        TABLE ACCESS FULL| 고객    | 1000 | Q1,00 | PCWP |            |
--------------------------------------------------------------------------------
```

(1)항에서 본 '병렬 order by' 실행계획을 방금 것과 비교해 보면, 3번 단계의 'sort order by'가 'sort group by'로 바뀌는 것 말고는 모두 같다. 즉, order by와 group by를 병렬로 처리하는 내부 수행원리는 기본적으로 같다는 뜻이다.

그리고 '병렬 sort group by'와 '병렬 hash group by'의 차이점은 데이터 분배 방식에 있다. 즉, group by 키 정렬 순서에 따라 분배하느냐 해시 함수 결과 값에 따라 분배하느냐의 차이이다. group by 결과를 QC에게 전송할 때도, sort group by는 값 순서대로(QC ORDER) 진행하지만 hash group by는 먼저 처리가 끝난 순서대로(QC RANDOM) 진행한다.

그림 7-2를 설명하면서 예로 들었던 명함 관리를 다시 생각해 보자. 이번에는 명함을 그룹핑해서 고객사별로 연락 가능한 담당자가 몇 명인지를 집계하려고 한다.

우선, 8명의 영업 사원이 각자 관리하던 명함을 집계하고 나면 그 결과를 영업부장(QC에 해당)이 최종적으로 집계하는 경우를 보자. ㅇㅇ물산 고객이 첫 번째 영업사원에게서 10명, 두 번째 영업사원에게서 5명으로 집계된다면 영업부장은 이를 합쳐 15명으로 최종 합계를 구해야 한다. 만약 각 영업 사원이 집계한 고객사에 중복이 없다면(즉, 고객사별로 명함이 한 장씩만 있다면) 영업 사원들이 한 것과 같은 일량의 집계 작업을 영업부장이 한 번 더 수행하는 셈이 된다. 병렬 order by도 각각 정렬된 결과집합을 최종 머지(Merge)하는 작업의 복잡성 때문에 이와 같은 방식은 그다지 효과적이지 않다고 설명한 것을 기억할 것이다.

order by와 마찬가지로, 병렬 group by도 두 집합으로 나눠 한 쪽은 명함을 읽어서 분배하고 다른 한쪽은 그것을 받아 집계하도록 해야 병렬 처리 효과를 극대화할 수 있다.

바로 앞서 보았던 group by 쿼리 예제로 다시 돌아와, 직접 쿼리를 수행하고서 v$pq_tqstat 결과를 통해 병렬 group by 과정을 설명해 보자. (hash group by를 기준으로 설명한다.)

```
SQL> set autotrace off
SQL> /
     ......

969 개의 행이 선택되었습니다.

SQL> @pq_tq  ➜ v$pq_tqstat를 쿼리하는 스크립트임

  TQ_ID SERVER_TYPE PROCESS          NUM_ROWS          BYTES        WAITS
------- ----------- ---------- ------------ -------------- ------------
      0 Producer    P002                422          2,150            2
                    P003                578          2,930            2
        Consumer    P000                513          2,605            4
                    P001                487          2,475            3
      1 Producer    P000                496          4,524            2
                    P001                473          4,317            2
        Consumer    QC                  969          8,841            3

7 개의 행이 선택되었습니다.
```

P002와 P003은 각각 422와 578개 로우를 읽어 해시 함수를 적용하고, 거기서 반환된 값에 따라 두 번째 서버 집합으로 데이터를 분배하였다. 그 과정에서 P000은 513개 로우를 받아 group by한 결과 496개 로우를 QC에게 전송하였다. P001으로 487개 로우를 받아 group by한 결과

473개 로우를 QC에게 전송하였다.

그림 7-5는 이런 과정을 도식화한 것이다.

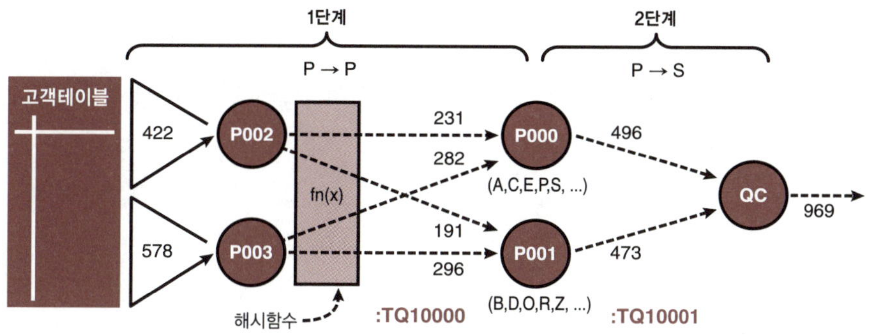

그림 7-5

해시 값에 따라 데이터를 분배하였으므로 P000과 P001은 서로 배타적인 집합을 가지고 group by를 수행했다. 따라서 QC가 한 번 더 집계하는 과정 없이 받은 데이터를 그대로 클라이언트에게 전송하면 된다.

Group By가 두 번 나타날 때의 처리 과정

병렬 group by 실행계획에 아래와 같이 group by가 두 번(ID 3, ID 6) 나타나는 경우가 있다. group by를 두 번 수행하는 것일까?

```
SQL> set autotrace traceonly exp
SQL> select /*+ full(고객) parallel(고객 2) */
  2         고객등급, count(*)
  3  from   고객
  4  group by 고객등급 ;

-------------------------------------------------------------------------------
| Id  | Operation              | Name     | Rows  |    TQ  |IN-OUT| PQ Distrib |
-------------------------------------------------------------------------------
|   0 | SELECT STATEMENT       |          |    10 |        |      |            |
|   1 |  PX COORDINATOR        |          |       |        |      |            |
|   2 |   PX SEND QC (RANDOM)  | :TQ10001 |    10 |  Q1,01 | P->S | QC (RAND)  |
|   3 |    HASH GROUP BY       |          |    10 |  Q1,01 | PCWP |            |
|   4 |     PX RECEIVE         |          |    10 |  Q1,01 | PCWP |            |
```

```
|   5 |      PX SEND HASH         | :TQ10000 |    10 | Q1,00 | P->P | HASH       |
|   6 |       HASH GROUP BY       |          |    10 | Q1,00 | PCWP |            |
|   7 |        PX BLOCK ITERATOR |          |  1000 | Q1,00 | PCWC |            |
|   8 |         TABLE ACCESS FULL| 고객      |  1000 | Q1,00 | PCWP |            |
---------------------------------------------------------------------------------
```

비밀은 group 기준 컬럼의 선택도(selectivity)에 있다. 앞서 만들었던 고객 테이블에 있는 각 컬럼의 선택도와 카디널리티를 조회해 보자.

```
SQL> set autotrace off
SQL> select column_name
  2       , num_distinct
  3       , num_nulls
  4       , 1/num_distinct selectivity
  5       , round(1/num_distinct * t.num_rows, 2) cardinality
  6  from   user_tables t, user_tab_columns c
  7  where  t.table_name = '고객'
  8  and    c.table_name = t.table_name
  9  order by column_id ;

COLUMN_NAME          NUM_DISTINCT  NUM_NULLS SELECTIVITY CARDINALITY
-------------------- ------------ ---------- ----------- -----------
고객ID                       1000          0        .001           1
고객명                        969          0 .001031992        1.03
고객등급                       10          0          .1         100
가입일                       1000          0        .001           1
```

고객명의 선택도는 0.001(=0.1%)로서 매우 낮고, 고객등급의 선택도는 0.1(=10%)로서 비교적 높다. 즉, 고객등급으로 group by한 결과집합은 원래의 데이터 집합과 비교하면 1/10 크기다. 따라서 첫 번째 서버 집합이 읽은 데이터를 먼저 group by 하고 나서 두 번째 서버 집합에 전송한다면 프로세스 간 통신량이 1/10로 줄어 그만큼 병렬 처리 과정에서 생기는 병목을 줄일 수 있다. (1절 마지막 항에 설명한 '병렬 처리 과정에서 발생하는 대기 이벤트'를 참고하기 바란다.)

아래는 쿼리를 직접 수행하고 나서 v$pq_tqstat 뷰를 조회한 결과다.

```
SQL> select /*+ full(고객) parallel(고객 2) */
  2         고객등급, count(*)
  3  from   고객
  4  group by 고객등급 ;
```

```
  고객등급   COUNT(*)
---------- ----------
         1        100
         6        100
       ...     ......

10 개의 행이 선택되었습니다.

SQL> @pq_tq  ➜ v$pq_tqstat를 쿼리하는 스크립트임

  TQ_ID SERVER_TYPE PROCESS      NUM_ROWS         BYTES       WAITS
------- ----------- ---------- ------------ ------------- ------------
      0 Producer    P002               10           200            0
                    P003               10           200            0
        Consumer    P000               10           200           39
                    P001               10           200           39
      1 Producer    P000                5            60            2
                    P001                5            60            1
        Consumer    QC                 10           120            3

7 개의 행이 선택되었습니다.
```

앞에서 group by가 한 번 나타날 때와 비교했을 때 프로세스 간에 주고받은 데이터 건수가 현격히 준 것을 확인할 수 있다. 그림 7-6은 그 처리과정을 도식화한 것이다.

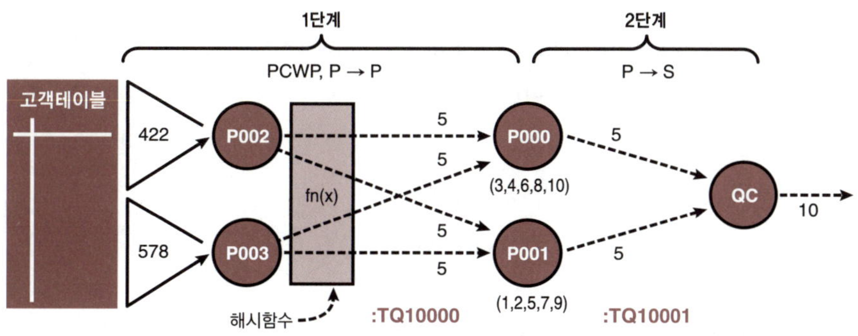

그림 7-6

P002와 P003이 group by한 결과집합을 해시 값에 따라 분배하고 나면 P000과 P001은 서로 배타적인 집합을 갖게 된다. 하지만 받은 데이터가 최종 집계된 값이 아니므로 P000과 P001 프

로세스는 한 번 더 group by를 수행해야만 한다. 예를 들어, P000 프로세스가 6등급 데이터를 P002와 P003 프로세스 모두로부터 받을 수 있기 때문이다.

두 번째 서버집합의 최종 집계가 끝나고 나면 QC는 이를 받아서 그대로 클라이언트에게 전송하면 된다.

참고로, 선택도가 낮은 컬럼(위 사례에서 '고객명')으로 group by 할 때도 강제로 이 방식을 사용하도록 하려면 *_groupby_nopushdown_cut_ratio* 파라미터를 0으로 세팅(세션 레벨 변경도 가능) 하면 된다. 이 파라미터의 기본 값인 3은 group by 기준 컬럼의 선택도에 따라 옵티마이저가 방식을 결정하도록 하는 것이다.

참고로, 11g에서는 gby_pushdown, no_gby_pushdown 힌트가 추가돼 파라미터 변경 없이도 사용자가 group by 방식을 조정할 수 있게 되었다.

03 병렬 조인

병렬 조인 메커니즘을 이해하는 핵심 원리는, 병렬 프로세스들이 서로 독립적으로 조인을 수행할 수 있도록 데이터를 분배하는 데에 있다. 분배작업이 완료되고 나면 프로세스 간에 서로 방해받지 않고(=통신 불필요) 각자 할당받은 범위 내에서 조인을 완료한다.

병렬 조인에는 크게 두 가지 방식이 있다.

1. 파티션 방식 : Partition-Pair끼리 조인 수행
2. Broadcast 방식 : 한쪽 테이블을 Broadcast하고 나서 조인 수행 (→ 파티셔닝 불필요)

1번 파티션 방식은 조인되는 두 테이블의 파티션 상태에 따라 아래 세 가지 경우로 나뉜다.

1-1. 둘 다 같은 기준으로 파티셔닝(equi-partitioning)된 경우

1-2. 둘 중 하나만 파티셔닝된 경우(둘 다 파티셔닝되었더라도 파티션 기준이 서로 다른 경우는 여기에 해당)

1-3. 둘 다 파티셔닝되지 않은 경우

지금부터 dept와 emp 테이블을 병렬로 조인하는 아래 쿼리를 예로 들면서 각각에 대한 내부 수행원리를 자세히 살펴보자. 설명하는 순서는 1-1 → 1-2 → 1-3 → 2번 순이다.

```
select /*+ full(d) full(e) parallel(d 2) parallel(e 2) */
       d.deptno, d.dname, e.ename
from   dept d, emp e
where  e.deptno = d.deptno
```

(1) 둘 다 같은 기준으로 파티셔닝된 경우 – Full Partition Wise 조인

앞서 예시한 병렬 조인 문장을 처리하는 데 있어, 조인에 참여하는 두 테이블이 조인 컬럼(deptno)에 대해 같은 기준으로 파티셔닝(equi-partitioning) 돼 있다면 병렬 조인은 매우 간단하다.

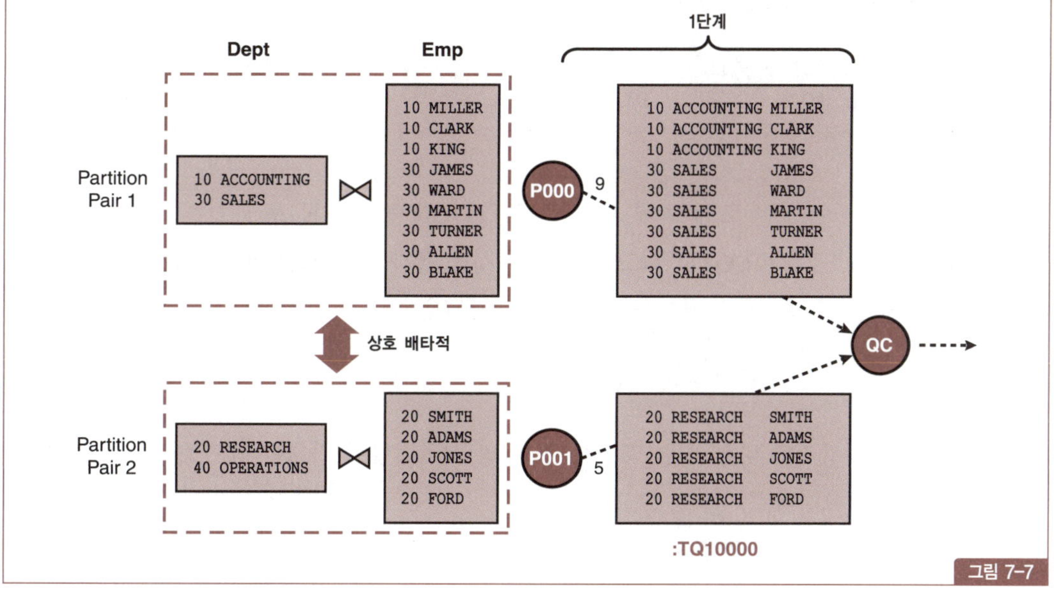

그림 7-7

예를 들어, dept와 emp 테이블이 그림 7-7처럼 파티셔닝돼 있다고 하자. 조인 컬럼인 deptno 기준으로 10과 30이 하나의 파티션(→ Partition Pair 1), 20과 40이 또 다른 파티션(→ Partition Pair 2)에 나눠서 저장돼 있는 것을 볼 수 있다. 값이 분산된 형태를 볼 때, 리스트 파티션과 해시 파티션 둘 중 하나인 것 같다(Range 파티션이었다면 10~20, 30~40과 같은 형태였을 것임).

병렬도가 2라고 가정하면, 그림 7-7에서 보듯 P000과 P001 서버 프로세스가 각각 Partition Pair 1과 Partition Pair 2를 처리한다. 조인을 수행하는 동안 P000과 P001 프로세스가 데이터를 주고 받으며 통신(→ Inter-operation parallelism)할 필요가 전혀 없다. 이미 상호배타적인 Partition-Pair가 형성돼 있으므로 각 서버 프로세스가 하나씩 독립적으로(→ Intra-operation parallelism) 조인을 수행할 수 있는 것이다. 참고로, P000, P001 서버 프로세스 옆에 표시된 숫자 9와 5는 각각 조인을 수행하고 나서 QC에게 전송한 조인 결과 건수다.

만약 Partition-Pair가 10개면, 두 개 서버 프로세스가 각각 5개씩 순차적으로 처리하면 된다.

아래는 두 테이블이 같은 기준으로 파티션된 때의 병렬 조인 실행계획이다.

```
-----------------------------------------------------------------------------------------
| Id | Operation                   | Name     | Pstart| Pstop |    TQ  |IN-OUT| PQ Distrib |
-----------------------------------------------------------------------------------------
|  0 | SELECT STATEMENT            |          |       |       |        |      |            |
|  1 |  PX COORDINATOR             |          |       |       |        |      |            |
|  2 |   PX SEND QC (RANDOM)       | :TQ10000 |       |       |  Q1,00 | P->S | QC (RAND)  |
|  3 |    PX PARTITION RANGE ALL   |          |     1 |     4 |  Q1,00 | PCWC |            |
|  4 |     HASH JOIN               |          |       |       |  Q1,00 | PCWP |            |
|  5 |      TABLE ACCESS FULL      | DEPT     |     1 |     4 |  Q1,00 | PCWP |            |
|  6 |      TABLE ACCESS FULL      | EMP      |     1 |     4 |  Q1,00 | PCWP |            |
-----------------------------------------------------------------------------------------
```

HASH JOIN(4번 단계) 바로 위쪽에 'PX PARTITION RANGE ALL'(3번 단계) 또는 'PX PARTITION RANGE ITERATOR'라고 표시되는 것을 통해 Full Partition Wise 조인인 것을 확인할 수 있다.

여기서 기억할 중요한 사실은 다음과 같다.

- 뒤에서 설명하겠지만 다른 병렬 조인은 두 개의 서버집합이 필요한 반면, 여기서는 하나의 서버집합만 필요하다.
- Full Partition Wise 조인은 파티션 기반 Granule이므로 서버 프로세스 개수는 파티션 개수 이하로 제한된다.
- 파티션 방식(Method)은 어떤 것이든 상관없다. Range이든 리스트이든 해시이든 두 테이블이 조인 컬럼에 대해 같은 방식, 같은 기준으로 파티셔닝 돼 있다면 서로 방해받지 않고 Partition Pair끼리 독립적인 병렬 조인이 가능하기 때문이다.

● 조인 방식도 어떤 것이든 선택 가능하다. NL 조인, 소트 머지 조인, 해시 조인 등

(2) 둘 중 하나만 파티셔닝된 경우 – Partial Partition Wise 조인

둘 중 한 테이블만 조인 컬럼에 대해 파티셔닝된 경우, 다른 한쪽 테이블을 같은 기준으로 동적으로 파티셔닝하고 나서 각 Partition-Pair를 독립적으로 병렬 조인하는 것을 'Partial Partition Wise 조인'이라고 한다. 둘 다 파티셔닝되었지만 파티션 기준이 서로 다른 경우도 이 방식으로 조인될 수 있다.

중요한 것은, 데이터를 동적으로 파티셔닝하기 위해선 데이터 재분배가 선행되어야 한다는 사실이다. 즉, Inter-operation parallelism을 위해 두 개의 서버 집합이 필요해진다.

그림 7-8은 병렬도가 2인 상황에서 QC를 포함한 5개 프로세스가 어떤 식으로 두 테이블을 조인하는지를 표현한 것이다. (그림에는 각각 그렸지만 1단계 P002, P003 프로세스와 2단계 P002, P003 프로세스는 서로 같은 존재다.)

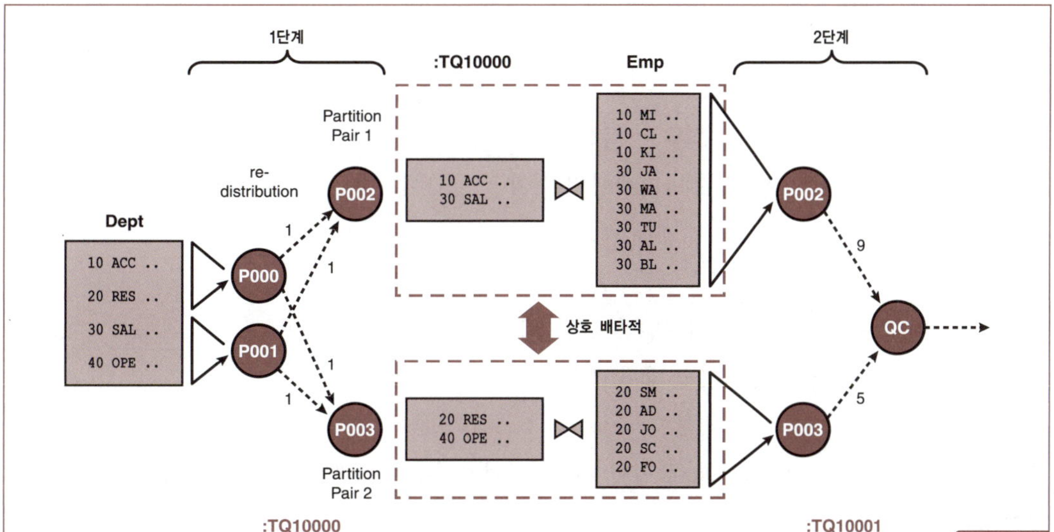

그림 7-8

그림 좌측의 첫 번째 서버 집합(P000, P001)이 dept 테이블을 읽어 두 번째 서버 집합(P002, P003)에 데이터를 재분배하는 작업이 먼저 진행되는 점만 다를 뿐, 우측에 있는 2단계 조인 과정은 앞서 본 Full Partition Wise 조인(그림 7-7)과 100% 동일하다.

아래는 Partial Partition Wise 조인에 대한 실행계획이다.

```
-------------------------------------------------------------------------------------------
| Id | Operation                   | Name     | Pstart| Pstop |   TQ  |IN-OUT| PQ Distrib |
-------------------------------------------------------------------------------------------
|  0 | SELECT STATEMENT            |          |       |       |       |      |            |
|  1 |  PX COORDINATOR             |          |       |       |       |      |            |
|  2 |   PX SEND QC (RANDOM)       | :TQ10001 |       |       | Q1,01 | P->S | QC (RAND)  |
|  3 |    HASH JOIN                |          |       |       | Q1,01 | PCWP |            |
|  4 |     PX RECEIVE              |          |       |       | Q1,01 | PCWP |            |
|  5 |      PX SEND PARTITION (KEY)| :TQ10000 |       |       | Q1,00 | P->P | PART (KEY) |
|  6 |       PX BLOCK ITERATOR     |          |       |       | Q1,00 | PCWC |            |
|  7 |        TABLE ACCESS FULL    | DEPT     |       |       | Q1,00 | PCWP |            |
|  8 |     PX PARTITION RANGE ALL  |          |     1 |     4 | Q1,01 | PCWC |            |
|  9 |      TABLE ACCESS FULL      | EMP      |     1 |     4 | Q1,01 | PCWP |            |
-------------------------------------------------------------------------------------------
```

HASH JOIN(3번 단계) 아래쪽에 있는 두 테이블 중 어느 한쪽에 'PARTITION (KEY)' 또는 'PART (KEY)' 라고 표시(5번 단계)되는 것을 통해 Partial Partition Wise 조인인 것을 확인할 수 있다. 위 실행계획은 dept 테이블이 emp 테이블 기준으로 파티셔닝되는 것을 표현하고 있다.

(3) 둘 다 파티셔닝되지 않은 경우 – 동적 파티셔닝

조인 컬럼에 대해 어느 한 쪽도 파티셔닝되지 않은 상황이라면 오라클은 두 가지 방식 중 하나를 사용한다.

- 양쪽 테이블을 동적으로 파티셔닝하고서 Full Partition Wise 조인
- 한쪽 테이블을 Broadcast하고 나서 조인

Broadcast 방식은 바로 뒤에서 설명할 것이며, 여기서는 동적으로 파티셔닝하는 방식에 대해 살펴보자.

그림 7-9는 총 3단계 중 1~2 단계를 표현하고 있다(DOP=2).

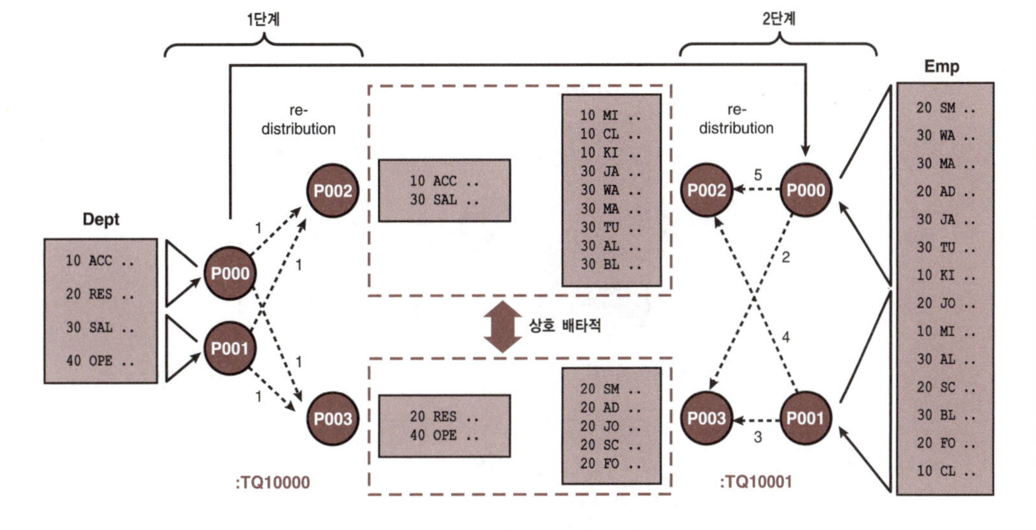

그림 7-9

- 1단계 : 첫 번째 서버 집합(P000, P001)이 dept 테이블을 읽어 두 번째 서버 집합(P002, P003)에 전송한다.
- 2단계 : 첫 번째 서버 집합(P000, P001)이 emp 테이블을 읽어 두 번째 서버 집합(P002, P003)에 전송한다.

그림에는 각각 그렸지만 1단계와 2단계를 처리하는 서버 집합은 서로 같은 존재다.

첫 번째 서버 집합은 데이터를 분배하는 역할을 하고, 두 번째 서버 집합은 받은 데이터를 파티셔닝하는 역할을 한다. 가능하다면 메모리 내에서 파티셔닝하겠지만 공간이 부족할 때는 Temp 테이블스페이스를 활용할 것이다.

이렇게 2단계까지 완료하고 나면 이제 Partition-Pair가 구성되었으므로 Full Partition Wise 조인을 수행할 수 있게 되었다.

- 3단계 : 양쪽 테이블 모두의 파티셔닝을 담당한 두 번째 서버 집합(P002, P003)이 각 Partition-Pair에 대해 독립적으로 병렬 조인을 수행한다.

3단계를 표현한 그림 7-10이 Full Partition Wise 조인을 표현한 그림 7-7과 같은 그림임을 확인하기 바란다.

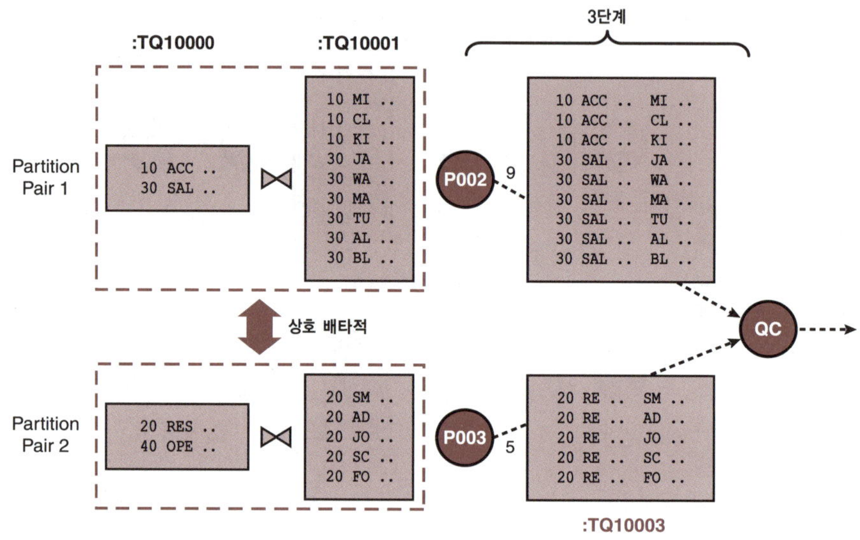

그림 7-10

아래는 위 방식에 대한 실행계획이다.

```
-----------------------------------------------------------------------------------
| Id | Operation                  | Name      | Rows |   TQ   |IN-OUT| PQ Distrib |
-----------------------------------------------------------------------------------
|  0 | SELECT STATEMENT           |           |   14 |        |      |            |
|  1 |  PX COORDINATOR            |           |      |        |      |            |
|  2 |   PX SEND QC (RANDOM)      | :TQ10002  |   14 | Q1,02  | P->S | QC (RAND)  |
|  3 |    HASH JOIN BUFFERED      |           |   14 | Q1,02  | PCWP |            |
|  4 |     PX RECEIVE             |           |    4 | Q1,02  | PCWP |            |
|  5 |      PX SEND HASH          | :TQ10000  |    4 | Q1,00  | P->P | HASH       |
|  6 |       PX BLOCK ITERATOR    |           |    4 | Q1,00  | PCWC |            |
|  7 |        TABLE ACCESS FULL   | DEPT      |    4 | Q1,00  | PCWP |            |
|  8 |     PX RECEIVE             |           |   14 | Q1,02  | PCWP |            |
|  9 |      PX SEND HASH          | :TQ10001  |   14 | Q1,01  | P->P | HASH       |
| 10 |       PX BLOCK ITERATOR    |           |   14 | Q1,01  | PCWC |            |
| 11 |        TABLE ACCESS FULL   | EMP       |   14 | Q1,01  | PCWP |            |
-----------------------------------------------------------------------------------
```

HASH JOIN(3번 단계) 아래쪽에 있는 두 테이블 모두 PQ Distrib 컬럼에 'HASH' 라고 표시(5번과 9번 단계)되는 것을 통해 동적 파티셔닝이 이루어지는 것을 확인할 수 있다.

이 방식의 특징은, 조인을 본격적으로 수행하기 전 사전 정지(整地) 작업 단계에서 메모리 자원과 Temp 테이블스페이스 공간을 많이 사용한다는 데에 있다.

그리고 양쪽 모두 파티셔닝해야 하므로 기본적으로 양쪽 테이블 모두에 대한 전체범위처리가 불가피하다.

또한 조인 컬럼의 데이터 분포가 균일하지 않을 때는 프로세스 간 일량 차이 때문에 병렬 처리 효과가 크게 반감될 수 있다. 예를 들어, 상품권 업무를 담당하는 사원이 몇몇 사람에게 집중된 상황에서 아래 병렬 쿼리를 이 방식으로 수행한다면 16개 중 일부 프로세스만 열심히 일하고 나머지는 Idle 상태로 대기하는 현상이 발생할 것이다.

```
select /*+ full(a) full(b) parallel(a 16) parallel(b 16) */ a.사원명, …
from   사원 a, 상품권 b
where  a.사번 = b.담당자사번
```

물론 이런 특징은 Partition Wise 조인에서도 똑같이 나타날 수 있다. 하지만 그런 컬럼이라면 애당초 파티션 기준 컬럼으로 부적당한 것이므로 병렬 조인의 비효율보다는 파티션 전략의 오류로 보는 것이 타당하다.

동적으로 파티셔닝해야 하는 상황에서는 위와 같은 현상이 실제 일어날 수 있기 때문에 조인문을 작성할 때 세심한 주의가 필요하다. 사원 테이블이 매우 작다면 이어서 설명할 Broadcast 방식을 사용함으로써 쉽게 문제를 해결할 수 있지만, 그렇지 않다면 아예 병렬 조인을 포기하는 것이 나을 수도 있다.

결론적으로 동적 파티셔닝 방식은, 아래와 같은 상황에서 유용한 병렬 조인 방식이다.

- 어느 한 쪽도 조인 컬럼 기준으로 파티셔닝되지 않은 상황에서
- 두 테이블 모두 대용량 테이블이고
- 조인 컬럼의 데이터 분포가 균일할 때

블룸 필터를 활용한 프로세스 간 통신 최소화

병렬 조인을 수행하는 과정에서 발생하는 프로세스 간 통신량을 줄이기 위해 블룸필터 알고리즘이 사용될 수 있다. 블룸 필터 알고리즘에 대해서는 6장 2절에서 자세히 설명하였다. 이 알고리즘이 병렬 조인에 어떻게 활용되는지 아래 쿼리와 실행계획을 통해 살펴보자.

```
select /*+ full(d) full(e) parallel(d 2) parallel(e 2) */
       d.deptno, d.dname, e.ename
from   dept d, emp e
where  e.deptno = d.deptno
and    d.loc = 'CHICAGO'

-----------------------------------------------------------------------------
| Id | Operation                  | Name     |  TQ   |IN-OUT| PQ Distrib |
-----------------------------------------------------------------------------
|  0 | SELECT STATEMENT           |          |       |      |            |
|  1 |  PX COORDINATOR            |          |       |      |            |
|  2 |   PX SEND QC (RANDOM)      | :TQ10002 | Q1,02 | P->S | QC (RAND)  |
|  3 |    HASH JOIN BUFFERED      |          | Q1,02 | PCWP |            |
|  4 |     PX JOIN FILTER CREATE  | :BF0000  | Q1,02 | PCWP |            |
|  5 |      PX RECEIVE            |          | Q1,02 | PCWP |            |
|  6 |       PX SEND HASH         | :TQ10000 | Q1,00 | P->P | HASH       |
|  7 |        PX BLOCK ITERATOR   |          | Q1,00 | PCWC |            |
|  8 |         TABLE ACCESS FULL  | DEPT     | Q1,00 | PCWP |            |
|  9 |     PX RECEIVE             |          | Q1,02 | PCWP |            |
| 10 |      PX SEND HASH          | :TQ10001 | Q1,01 | P->P | HASH       |
| 11 |       PX JOIN FILTER USE   | :BF0000  | Q1,01 | PCWC |            |
| 12 |        PX BLOCK ITERATOR   |          | Q1,01 | PCWC |            |
| 13 |         TABLE ACCESS FULL  | EMP      | Q1,01 | PCWP |            |
-----------------------------------------------------------------------------
```

위 실행계획을 보면, dept 테이블을 전송받은 Q1,02 서버 프로세스들이 블룸 필터를 생성하는 것을 표현하고 있다(id=4). 위 쿼리는 loc = 'CHICAGO' 조건을 만족하는 deptno만 조인에 성공하므로 이 조건을 만족하는 deptno만 해시 함수를 적용해 해당 비트들을 1로 설정하는 것이다.

그러고 나서 Q1,01 프로세스들이 emp 테이블을 읽어 Q1,02 서버 집합에 전송할 때는 먼저 블룸 필터를 탐색한다(id=11). 블룸 필터의 비트 값이 모두 1로 설정된 deptno일 때만 데이터를 전송하고 나머지는 버린다.

오라클 10g부터 활성화된 이 기능은 *_bloom_filter_enabled* 파라미터를 통해 활성화되며, px_join_filter와 no_px_join_filter 힌트로도 제어할 수 있다.

(4) 둘 다 파티셔닝되지 않은 경우 – Broadcast 방식

조인 컬럼에 대해 어느 한 쪽도 파티셔닝되지 않은 상황에서 오라클이 선택할 수 있는 두 번째 방식은 Broadcast 방식으로서, 두 테이블 중 작은 쪽을 반대편 서버 집합의 "모든" 프로세스에 Broadcast하고 나서 조인을 수행하는 방식이다.

그림 7-11은 Broadcast 방식의 병렬 조인을 도식화한 것으로서, 병렬도는 2라고 가정하였다.

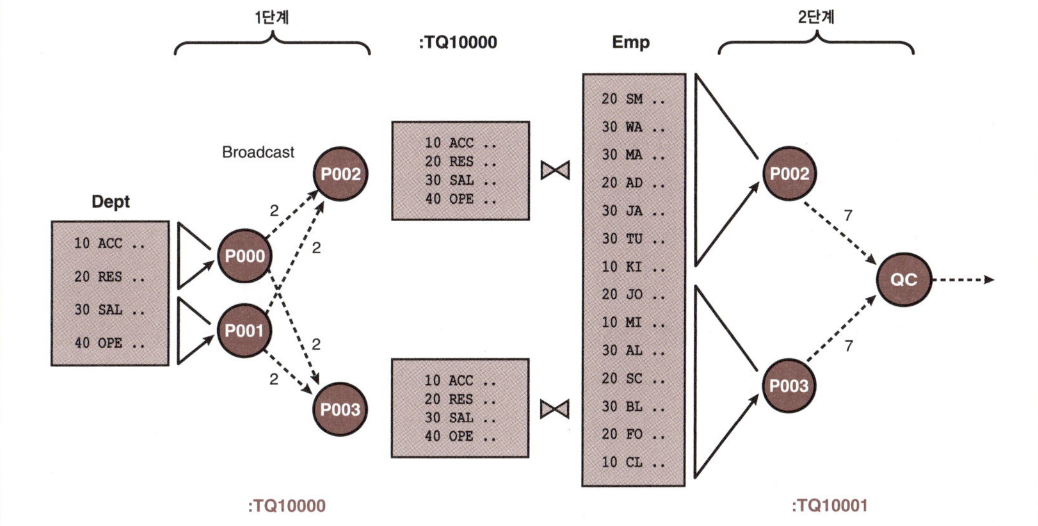

그림 7-11

- 1단계 : 첫 번째 서버 집합에 속한 프로세스들이 각자 읽은 dept 테이블 레코드를 두 번째 서버 집합에 속한 모든 병렬 프로세스에게 전송한다.
- 2단계 : 두 번째 서버 집합에 속한 프로세스들이 각자 맡은 범위의 emp 테이블을 읽으면서 병렬로 조인을 수행한다. 1단계가 완료되면 두 번째 서버집합에 속한 프로세스 모두 dept 테이블의 완전한 집합을 갖게 되므로 프로세스 간 상호간섭 없이 독립적으로 조인 수행이 가능하다.

아래는 Broadcast 방식에 대한 실행계획이다.

```
-----------------------------------------------------------------------------------
| Operation                 | Name      | Rows  | Bytes |    TQ   |IN-OUT| PQ Distrib |
-----------------------------------------------------------------------------------
```

```
| SELECT STATEMENT          |          |  14 |  294 |       |      |            |
|  PX COORDINATOR           |          |     |      |       |      |            |
|   PX SEND QC (RANDOM)     | :TQ10001 |  14 |  294 | Q1,01 | P->S | QC (RAND)  |
|    HASH JOIN              |          |  14 |  294 | Q1,01 | PCWP |            |
|     PX RECEIVE            |          |   4 |   44 | Q1,01 | PCWP |            |
|      PX SEND BROADCAST    | :TQ10000 |   4 |   44 | Q1,00 | P->P | BROADCAST  |
|       PX BLOCK ITERATOR   |          |   4 |   44 | Q1,00 | PCWC |            |
|        TABLE ACCESS FULL| DEPT       |   4 |   44 | Q1,00 | PCWP |            |
|     PX BLOCK ITERATOR     |          |  14 |  140 | Q1,01 | PCWC |            |
|      TABLE ACCESS FULL    | EMP      |  14 |  140 | Q1,01 | PCWP |            |
-------------------------------------------------------------------------------
```

양쪽 테이블 모두 파티션되지 않았을 때는 1차적으로 Broadcast 방식이 고려되어야 한다. 양쪽 테이블을 동적으로 파티셔닝하는 방식은 앞서 설명한 것처럼 메모리 자원과 Temp 테이블스페이스 공간을 많이 사용하는 반면 이 방식은 리소스 사용량이 매우 적기 때문이다.

이런 특징은 그러나 Broadcast 되는 테이블이 아주 작을 때만 적용된다. 만약 Broadcast되는 테이블이 중대형 이상일 때는 과도한 프로세스 간 통신 때문에 성능이 매우 느려질 수 있다. 뿐만 아니라 두 번째 서버 집합이 메모리 내에서 감당하기 어려울 정도로 큰 테이블을 Broadcast한다면 Temp 테이블스페이스 공간을 사용하게 되면서 그 성능은 심각하게 저하될 것이다.

따라서 그런 부담이 없을 정도로 어느 한 쪽 테이블이 충분히 작을 때만 유용하다.

이 외에도 Broadcast 방식이 갖는 특징을 정리하면 다음과 같다.

- Broadcast는 작은 테이블임이 전제되어야 하므로 Serial 스캔으로 처리할 때도 많다. 따라서 P→P이 아닌 S→P 형태가 오히려 일반적이고, 이는 두 테이블 중 한쪽 테이블만 병렬로 처리함을 뜻한다.
- Broadcast가 이루어지고 나서의 조인 방식은 어떤 것이든 선택 가능하다. NL 조인, 소트 머지 조인, 해시 조인 등
- Broadcast되는 작은 쪽 테이블은 전체범위처리가 불가피하지만 큰 테이블은 부분범위 처리가 가능하다.

지금까지 절에서 설명한 4가지 병렬 조인 방식의 특징을 요약해 보자.

병렬 조인 방식	특징
Full Partition Wise 조인	● 두 테이블 모두 조인 컬럼에 대해 같은 기준으로 파티셔닝(equi-partitioning) ● 데이터 재분배 불필요 → 단일 서버 집합만으로 수행
Partial Partition Wise 조인	● 둘 중 한 테이블만 조인 컬럼에 대해 파티셔닝된 경우 ● 파티셔닝되지 않은 다른 쪽 테이블을 같은 기준으로 파티셔닝하고 나서 Full Partition Wise 조인 ● 동적 파티셔닝을 위한 데이터 재분배 필요 → 두 개의 서버 집합이 작업 수행
동적 파티셔닝	● 어느 한 쪽도 조인 컬럼에 대해 파티셔닝되지 않은 상황 ● 양쪽 테이블이 모두 대용량 ● 임시 테이블스페이스를 많이 사용 ● 양쪽 테이블 모두 전체범위처리 ● 조인 컬럼의 데이터 분포가 균일해야 함
Broadcast	● 어느 한 쪽도 조인 컬럼에 대해 파티셔닝되지 않은 상황 ● 둘 중 하나의 테이블이 매우 작을 때 ● 동적 파티셔닝이 불필요 → 큰 테이블에 대한 부분범위처리 가능

04 PQ_DISTRIBUTE 힌트

4가지 병렬 조인 방식의 동작 원리와 특징을 살펴보았고, 이제 이들을 제어하기 위해 사용되는 pq_distribute 힌트를 소개하려고 한다. 사용법을 설명하기에 앞서 이 힌트의 용도가 무엇인지를 먼저 살펴보자.

(1) pq_distribute 힌트의 용도

조인되는 양쪽 테이블의 파티션 구성, 데이터 크기 등에 따라 병렬 조인을 수행하는 옵티마이저의 선택이 달라질 수 있다. 대개 옵티마이저의 선택이 최적이라고 할 수 있지만 가끔 그렇지 못한 경우가 있다. 그럴 때 pq_distiribute 힌트를 사용함으로써 옵티마이저의 선택을 무시하고 사용자가 직접 조인을 위한 데이터 분배 방식을 결정할 수 있다.

- 옵티마이져가 파티션된 테이블을 적절히 활용하지 못하고 동적 재분할을 시도할 때
- 기존 파티션 키를 무시하고 다른 키 값으로 동적 재분할하고 싶을 때
- 통계정보가 부정확하거나 통계정보를 제공하기 어려운 상황(→ 옵티마이저가 잘못된 판단을 하기 쉬운 상황)에서 실행계획을 고정시키고자 할 때
- 기타 여러 가지 이유로 데이터 분배 방식을 변경하고자 할 때

병렬 방식으로 조인을 수행하기 위해서는 프로세스들이 서로 "독립적으로" 작업할 수 있도록 사전 준비작업이 필요하다. 먼저 데이터를 적절히 배분하는 작업이 선행되어야 하는 것이며, 어떤 방식이 있는지는 앞 절에서 충분히 설명하였다.

병렬 쿼리는 '분할 & 정복(Divide & Conquer) 원리'에 기초한다. 그 중에서도 병렬 조인을 위해서는 '분배 & 조인(Distribute & Join) 원리'가 작동함을 이해하는 것이 매우 중요하다. 이때, pq_distribute 힌트는 조인에 앞서 데이터를 분배(distribute)하는 과정에만 관여하는 힌트임을 반드시 기억할 필요가 있다.

예를 들어, 아래 실행계획을 보면 테이블은 양쪽 모두 Hash 방식으로 분배했지만 조인은 소트 머지 조인 방식으로 수행하였다. 즉, 데이터를 재분배하기 위해 해시 함수를 사용하는 것일 뿐 조인 방식(method)과는 무관하다는 것이다.

```
select /*+ ordered use_merge(e) parallel(d 4) parallel(e 4)
           pq_distribute(e hash hash) */ *
from   dept d, emp e
where  e.deptno = d.deptno

--------------------------------------------------------------------------------
| Id  | Operation                  | Name     |    TQ  |IN-OUT| PQ Distrib |
--------------------------------------------------------------------------------
|   0 | SELECT STATEMENT           |          |        |      |            |
|   1 |  PX COORDINATOR            |          |        |      |            |
|   2 |   PX SEND QC (RANDOM)      | :TQ10002 |  Q1,02 | P->S | QC (RAND)  |
|   3 |    MERGE JOIN              |          |  Q1,02 | PCWP |            |
|   4 |     SORT JOIN              |          |  Q1,02 | PCWP |            |
|   5 |      PX RECEIVE            |          |  Q1,02 | PCWP |            |
```

```
|  6 |        PX SEND HASH        | :TQ10000 |  Q1,00 | P->P | HASH       |
|  7 |         PX BLOCK ITERATOR |           |  Q1,00 | PCWC |            |
|  8 |          TABLE ACCESS FULL| DEPT      |  Q1,00 | PCWP |            |
|  9 |      SORT JOIN            |           |  Q1,02 | PCWP |            |
| 10 |       PX RECEIVE          |           |  Q1,02 | PCWP |            |
| 11 |        PX SEND HASH       | :TQ10001  |  Q1,01 | P->P | HASH       |
| 12 |         PX BLOCK ITERATOR |           |  Q1,01 | PCWC |            |
| 13 |          TABLE ACCESS FULL| EMP       |  Q1,01 | PCWP |            |
---------------------------------------------------------------------------
```

다시 말하지만, pq_distribute 힌트는 병렬 조인에 앞선 사전 정지(整地) 작업으로서 데이터를 어떻게 분배할지를 결정하는 힌트지, 조인 방식을 결정하는 힌트가 아니다.

(2) 구문 이해하기

pq_distribute 힌트의 사용법은 다음과 같다.

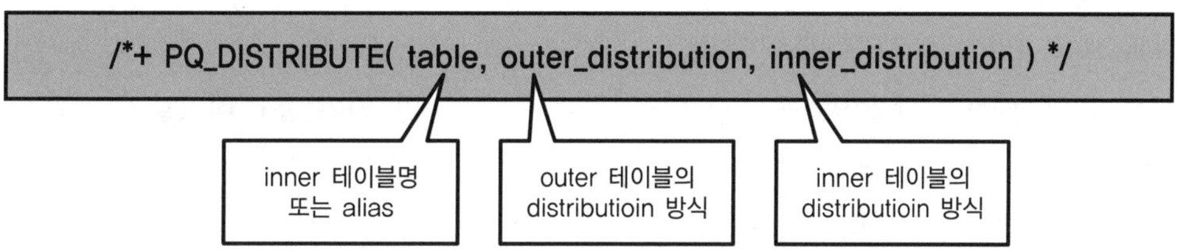

많은 개발자 또는 튜너들이 첫 번째 인자의 의미를 이해하는 데에 어려움을 느끼는 것 같은데, use_nl 힌트가 pq_distribute 힌트를 이해하는 데에 도움이 되므로 잠시 살펴보자. 2장 1절에서 use_nl 힌트 사용법을 아래와 같이 설명한 것을 상기하기 바란다.

```
select /*+ ordered use_nl(B) use_nl(C) use_hash(D) */ *
from   A, B, C, D
where  ……

"A → B → C → D 순으로 조인하되 B, C와 조인할 때는 Nested Loop 방식으로 조인하고,
 D와 조인할 때는 해시 방식으로 조인하라는 뜻이다."
```

pq_distribute 힌트도 마찬가지다. ordered 또는 leading 힌트에 의해 먼저 처리되는 outer 테

이블을 기준으로 그 집합과 조인되는 inner 테이블을 첫 번째 인자로 지정하면 된다. 그리고 그 조인 과정에서의 outer, inner 테이블에 대한 분배방식을 각각 두 번째, 세 번째 인자로 지정하는 것이다. 조인 순서를 먼저 고정시키는 것이 중요하므로 ordered 또는 leading 힌트를 같이 사용하는 것이 올바른 사용법이라고 할 수 있다.

```
SQL> SELECT /*+ ordered
  2             use_hash(b) use_nl(c) use_merge(d)
  3             full(a) full(b) full(c) full(d)
  4             parallel(a, 16) parallel(b, 16) parallel(c, 16) parallel(d, 16)
  5             pq_distribute(b, none, partition)
  6             pq_distribute(c, none, broadcast)
  7             pq_distribute(d, hash, hash) */ ......
  8 FROM   상품기본이력임시 a, 상품 b, 코드상세 c, 상품상세 d
  9 WHERE  a.상품번호= b.상품번호
 10 AND    ......
```

위 병렬 조인문에 기술된 힌트를 풀어서 설명하면 아래와 같다. 숫자는 라인번호를 뜻한다.

1. FROM절에 나열된 순서대로 조인하라.
2. b(상품) 테이블과는 해시 조인, c(코드상세) 테이블과는 NL 조인, d(상품상세) 테이블과는 소트 머지 조인을 하라.
3. a, b, c, d 네 테이블을 Full Scan하라.
4. a, b, c, d 네 테이블을 병렬로 처리하라.
5. 상품(b) 테이블과 조인할 때, inner 테이블(=상품)을 outer 테이블(=상품기본이력임시)에 맞춰 파티셔닝하라.
6. 코드상세(c) 테이블과 조인할 때, inner 테이블(=코드상세)을 Broadcast하라.
7. 상품상세(d) 테이블과 조인할 때, 양쪽 모두를 Hash 방식으로 동적 파티셔닝하라.

(3) 분배방식 지정

inner 테이블 지정하는 방법을 알았고, 이제 두 번째와 세 번째 인자를 통해 분배방식을 어떻게 지정하는지 간단히 살펴보자. 병렬 조인의 수행 원리를 이미 이해하고 있으므로 분배방식을 지정하는 것은 매우 쉽다고 느낄 것이다.

pq_distribute(inner, none, none)

Full-Partition Wise 조인으로 유도할 때 사용한다. 당연히, 양쪽 테이블 모두 조인 컬럼에 대해 같은 기준으로 파티셔닝(equi-partitioning) 돼 있을 때만 작동한다.

pq_distribute(inner, partition, none)

Partial-Partition Wise 조인으로 유도할 때 사용하며, outer 테이블을 inner 테이블 파티션 기준에 따라 파티셔닝하라는 뜻이다. 당연히, inner 테이블이 조인 키 컬럼에 대해 파티셔닝 돼 있을 때만 작동한다.

pq_distribute(inner, none, partition)

Partial-Partition Wise 조인으로 유도할 때 사용하며, inner 테이블을 outer 테이블 파티션 기준에 따라 파티셔닝하라는 뜻이다. 당연히, outer 테이블이 조인 키 컬럼에 대해 파티셔닝 돼 있을 때만 작동한다.

pq_distribute(inner, hash, hash)

조인 키 컬럼을 해시 함수에 적용하고 거기서 반환된 값을 기준으로 양쪽 테이블을 동적으로 파티셔닝하라는 뜻이다.

pq_distribute(inner, broadcast, none)

outer 테이블을 Broadcast 하라는 뜻이다.

pq_distribute(inner, none, broadcast)

inner 테이블을 Broadcast 하라는 뜻이다.

(4) pq_distribute 힌트를 이용한 튜닝 사례

통계 정보가 없는 상태에서 병렬 조인하면 옵티마이저가 아주 큰 테이블을 Broadcast 하는 경우를 종종 보게 된다. 임시 테이블을 많이 사용하는 야간 배치나 데이터 이행(Migration) 프로그램에서 그런 문제가 자주 발생하는 이유가 여기에 있다.

아래는 데이터 이행 도중 실제 문제가 발생했던 사례다. 실행계획은 9i의 것이다.

```
SQL> INSERT /*+ APPEND */ INTO 상품기본이력 ( ... )
  2> SELECT /*+ PARALLEL(A,32) PARALLEL(B,32) PARALLEL(C,32) PARALLEL(D,32) */ ......
  3> FROM   상품기본이력임시 a, 상품 b, 코드상세 c, 상품상세 d
  4> WHERE  a.상품번호= b.상품번호
  5> AND    ...
  6> /

INSERT /*+ append */ INTO 상품기본이력 (
*
1행에 오류:
ORA-12801: 병렬 질의 서버 P013에 오류신호가 발생했습니다
ORA-01652: 256(으)로 테이블 공간 TEMP에서 임시 세그먼트를 확장할 수 없습니다

경   과: 01:39:56.08

-----------------------------------------------------------------------------------------
| Operation                | Name            | Rows  | Pstart| Pstop |IN-OUT| PQ Distrib |
-----------------------------------------------------------------------------------------
| INSERT STATEMENT         |                 |  5248 |       |       |      |            |
|  LOAD AS SELECT          |                 |       |       |       |      |            |
|   HASH JOIN              |                 |  5248 |       |       | P->S | QC (RAND)  |
|    HASH JOIN OUTER       |                 |  5248 |       |       | P->P | BROADCAST  |
|     HASH JOIN            |                 |  5248 |       |       | PCWP |            |
|      PARTITION HASH ALL  |                 |       |     1 |   128 | PCWP |            |
|       TABLE ACCESS FULL  | 상품기본이력임시 |  5248 |     1 |   128 | P->P | BROADCAST  |
|      TABLE ACCESS FULL   | 상품            | 7595K |       |       | PCWP |            |
|     TABLE ACCESS FULL    | 코드상세        |    26 |       |       | P->P | BROADCAST  |
|    TABLE ACCESS FULL     | 상품상세        | 7772K |       |       | PCWP |            |
-----------------------------------------------------------------------------------------
```

1시간 40분간 수행되던 SQL이 임시 세그먼트를 확장할 수 없다는 오류 메시지를 던지면서 멈춰 버렸고, 분석해 보니 상품기본이력임시 테이블에 통계 정보가 없던 것이 원인이었다. 실제 천만 건에 이르는 큰 테이블이었는데, 통계 정보가 없어 옵티마이저가 5,248건의 작은 테이블로 판단한 것을 볼 수 있다.

이 큰 테이블을 32개 병렬 서버에게 Broadcast하는 동안 과도한 프로세스 간 통신이 발생했고, 결국 Temp 테이블스페이스를 모두 소진하고서 멈췄다.

pq_distribute 힌트를 이용해 데이터 분배 방식을 조정하고 나서 다시 수행해 본 결과, 아래와 같이 2분 29초 만에 작업을 완료하였다.

```
SQL> INSERT /*+ APPEND */ INTO 상품기본이력 ( ... )
  2> SELECT /*+ ORDERED PARALLEL(A,16) PARALLEL(B,16) PARALLEL(C,16) PARALLEL(D,16)
  3>            PQ_DISTRIBUTE(B, NONE, PARTITION)
  4>            PQ_DISTRIBUTE(C, NONE, BROADCAST)
  5>            PQ_DISTRIBUTE(D, HASH, HASH) */ ......
  6> FROM   상품기본이력임시 a, 상품 b, 코드상세 c, 상품상세 d
  7> WHERE  a.상품번호= b.상품번호
  8> AND    ...
  9> /

8796902 개의 행이 만들어졌습니다.

경  과: 00:02:29.00

------------------------------------------------------------------------------------------
| Operation                  | Name            | Rows  | Pstart| Pstop |IN-OUT| PQ Distrib |
------------------------------------------------------------------------------------------
| INSERT STATEMENT           |                 |  5248 |       |       |      |            |
|  LOAD AS SELECT            |                 |       |       |       |      |            |
|   HASH JOIN                |                 |  5248 |       |       | P->S | QC (RAND)  |
|    HASH JOIN OUTER         |                 |  5248 |       |       | P->P | HASH       |
|     HASH JOIN              |                 |  5248 |       |       | PCWP |            |
|      PARTITION HASH ALL    |                 |       |     1 |   128 | PCWP |            |
|       TABLE ACCESS FULL    | 상품기본이력임시 |  5248 |     1 |   128 | PCWP |            |
|      TABLE ACCESS FULL     | 상품            |  7595K|       |       | P->P | PART (KEY) |
|     TABLE ACCESS FULL      | 코드상세        |    26 |       |       | P->P | BROADCAST  |
|    TABLE ACCESS FULL       | 상품상세        |  7772K|       |       | P->P | HASH       |
------------------------------------------------------------------------------------------
```

10g부터는 통계정보가 없을 때 동적 샘플링이 일어나므로 그럴 가능성이 매우 낮아졌다. 하지만 테이블 간 조인을 여러 번 거치면 옵티마이저가 예상한 조인 카디널리티가 점점 부정확해지게 마련이다. 예를 들어, a → b → c → d → e 순으로 조인을 진행하는데, a, b, c, d를 조인하고 난 시점에도 결과 건수가 여전히 많을 수 있다. 그렇다면 해시/해시 분배 방식이 효과적인데 옵티마이저가 조인 카디널리티를 계산할 때는 그 시점의 결과 건수가 매우 적은 것으로 판단해 Broadcast 방식을 선택할 수도 있는 것이다.

데이터 분포가 고르지 않은 컬럼이 조건절에 많이 사용되거나, 다른 테이블과 조인되기 전 인라인 뷰 내에서 많은 가공이 이루어져 정확한 카디널리티 계산이 어려울 때 이런 오류 발생 가능성은 더욱 커진다.

05 병렬 처리에 관한 기타 상식

(1) Direct Path Read

일반적인 블록 읽기는 DB 버퍼 캐시를 경유한다. 즉, 읽고자 하는 블록을 먼저 버퍼 캐시에서 찾아보고, 찾지 못할 때만 디스크에서 읽는다. 디스크에서 읽을 때도 바로 읽지 않고 버퍼 캐시에 적재한 후에 읽는다. 그런데 버퍼 캐시 히트율이 낮은 대용량 데이터를 건건이 버퍼 캐시를 거쳐서 읽는다면 오히려 성능이 나빠지게 마련이다.

오라클은 그래서 병렬 방식으로 Full Scan 할 때는 버퍼 캐시를 거치지 않고 곧바로 PGA 영역으로 읽어들이는 Direct Path Read 방식을 사용한다(1권 6장 5절 참조). 병렬도를 2로 주면 쿼리 수행 속도가 2배보다 훨씬 더 향상되는 이유가 바로 여기에 있다.

Direct Path Read 과정에서 읽기 Call이 완료될 때까지 대기가 발생하는데, 모니터링해 보면 *direct path read* 이벤트로 측정된다.

자주 사용되고 버퍼 캐시에 충분히 적재될 만큼의 중소형 테이블을 병렬 쿼리로 읽을 때는 오히려 성능이 나빠지는 경우가 있는데, 버퍼 경합이 없는 한 디스크 I/O가 메모리 I/O보다 빠를 수 없기 때문이다. 게다가 Direct Path Read를 하려면 메모리와 디스크간 동기화를 위한 체크포인트를 먼저 수행해야 한다. 따라서 병렬 쿼리의 Direct Path Read 효과를 극대화하려면 그만큼 테이블이 아주 커야 한다.

(2) 병렬 DML

병렬 처리가 가능해지려면 쿼리, DML, DDL을 수행하기 전에 각각 아래와 같은 명령을 먼저 수행해 주어야 한다.

```
alter session enable parallel query;
alter session enable parallel dml;
alter session enable parallel ddl;
```

이와 관련해 각 세션의 상태를 v$session을 통해 확인할 수 있다.

select pq_status, pdml_status, pddl_status from v$session;

다행히 parallel query와 parallel ddl은 기본적으로 활성화돼 있으므로 사용자가 의도적으로 비활성화하지 않는 한 신경 쓸 필요가 없다. 하지만, parallel dml은 사용자가 명시적으로 활성화해 주어야 하는데, 이 사실을 몰라 병렬 DML을 효과적으로 활용하지 못하는 개발팀을 여러 번 보았다.

아래 두 실행계획에서 똑같은 update문인데도 'alter session enable parallel dml' 문을 수행하기 전후 update 오퍼레이션 위치가 다름에 주목하기 바란다(스크립트 ch7_03.txt 참조).

```
SQL> create table t
  2  partition by range(no) (
  3    partition p1 values less than(25000)
  4  , partition p2 values less than(50000)
  5  , partition p3 values less than(75000)
  6  , partition p4 values less than(maxvalue)
  7  )
  8  as
  9  select rownum no, lpad(rownum, 10, '0') no2 from dual
 10  connect by level <= 100000;

SQL> explain plan for
  2  update /*+ parallel(t 4) */ t set no2 = lpad(no, 5, '0');

SQL> @?/rdbms/admin/utlxplp

-----------------------------------------------------------------------------------------
| Id  | Operation              | Name     | Pstart| Pstop |    TQ  |IN-OUT| PQ Distrib |
-----------------------------------------------------------------------------------------
|   0 | UPDATE STATEMENT       |          |       |       |        |      |            |
|   1 |  UPDATE                | T        |       |       |        |      |            |
|   2 |   PX COORDINATOR       |          |       |       |        |      |            |
|   3 |    PX SEND QC (RANDOM) | :TQ10000 |       |       |  Q1,00 | P->S | QC (RAND)  |
|   4 |     PX BLOCK ITERATOR  |          |     1 |     4 |  Q1,00 | PCWC |            |
|   5 |      TABLE ACCESS FULL | T        |     1 |     4 |  Q1,00 | PCWP |            |
-----------------------------------------------------------------------------------------
```

위에서 병렬 서버는 T 테이블을 읽고서 갱신할 레코드 주소만 QC에게 전달하고, 실제 update는 QC가 수행한다.

```
SQL> commit;

SQL> alter session enable parallel dml;

SQL> explain plan for
  2  update /*+ parallel(t 4) */ t set no2 = lpad(no, 5, '0');

SQL> @?/rdbms/admin/utlxplp

-----------------------------------------------------------------------------------------
| Id  | Operation              | Name     | Pstart| Pstop |    TQ  |IN-OUT| PQ Distrib |
-----------------------------------------------------------------------------------------
|   0 | UPDATE STATEMENT       |          |       |       |        |      |            |
|   1 |  PX COORDINATOR        |          |       |       |        |      |            |
|   2 |   PX SEND QC (RANDOM)  | :TQ10000 |       |       |  Q1,00 | P->S | QC (RAND)  |
|   3 |    UPDATE              | T        |       |       |  Q1,00 | PCWP |            |
|   4 |     PX BLOCK ITERATOR  |          |     1 |     4 |  Q1,00 | PCWC |            |
|   5 |      TABLE ACCESS FULL| T        |     1 |     4 |  Q1,00 | PCWP |            |
-----------------------------------------------------------------------------------------
```

여기서는 T 테이블을 읽은 병렬 서버가 update까지 직접 수행하며, 갱신한 건수만 QC에게 전달한다.

오라클 9iR1까지는 한 세그먼트를 두 개 이상 프로세스가 동시에 갱신할 수 없었다. 따라서 파티션되지 않은 테이블이라면 병렬로 갱신(update, merge, delete)할 수가 없었고, 파티션 테이블일 때는 병렬도를 파티션 개수 이하로만 지정할 수 있었다. 즉, 오라클 9iR1까지 병렬 DML은 파티션 기반 Granule이었다.

오라클 9iR2부터 병렬 DML이 블록 기반 Granule로 바뀌었다.(매뉴얼에는 비파티션에 대한 병렬 DML이 여전히 불가능하다고 돼 있지만 9iR2 New Features를 보면 주요 개선사항 중 하나로 기술돼 있다.)

주의할 점은, 병렬 DML을 수행할 때 Exclusive 모드 테이블 Lock이 걸린다는 사실이다. 성능은 비교할 수 없을 정도로 빨라지겠지만 해당 테이블에 다른 트랜잭션이 DML을 수행하지 못하게 되므로 트랜잭션이 빈번한 주간에 이 옵션을 사용하는 것은 절대 금물이다.

(3) 병렬 인덱스 스캔

Index Fast Full Scan이 아닌 한 인덱스는 기본적으로 병렬로 스캔할 수 없다. 그림 7-12처럼 파티션된 인덱스일 때는 병렬 스캔이 가능하며, 파티션 기반 Granule이므로 당연히 병렬도는 파티션 개수 이하로만 지정할 수 있다.

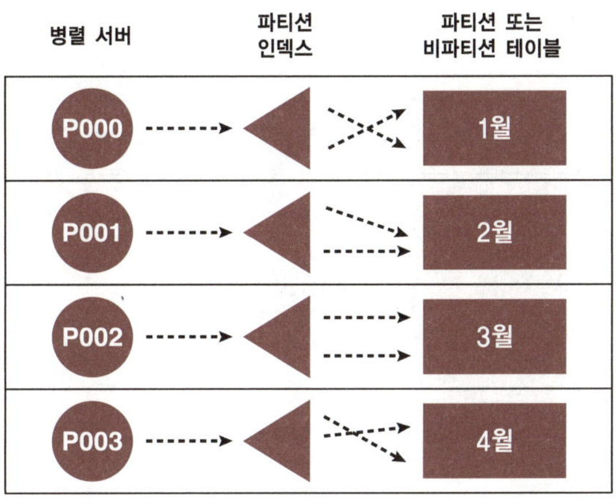

그림 7-12

(4) 병렬 NL 조인

병렬 조인은 항상 Table Full Scan을 이용한 해시 조인 또는 소트 머지 조인으로 처리된다고 생각하기 쉽다. 하지만 아래와 같이 인덱스 스캔을 기반으로 한 병렬 NL 조인도 가능하다(스크립트 ch7_04.txt 참조).

```
SQL> create table emp
  2  partition by range(sal) (
  3    partition p1 values less than(1000)
  4  , partition p2 values less than(2000)
  5  , partition p3 values less than(3000)
  6  , partition p4 values less than(MAXVALUE) )
  7  as
  8  select * from scott.emp ;

SQL> create index emp_sal_idx on emp(sal) local;

SQL> create table dept as select * from scott.dept;

SQL> alter table dept add constraint dept_pk primary key(deptno);

SQL> set autotrace traceonly exp
```

```
SQL> select /*+ ordered use_nl(d) full(e) parallel(e 2) */ *
  2  from   emp e, dept d
  3  where  d.deptno = e.deptno
  4  and    e.sal >= 1000 ;

-------------------------------------------------------------------------------------------
| Id  | Operation                       | Name     | Pstart| Pstop |   TQ   |IN-OUT|
-------------------------------------------------------------------------------------------
|   0 | SELECT STATEMENT                |          |       |       |        |      |
|   1 |  PX COORDINATOR                 |          |       |       |        |      |
|   2 |   PX SEND QC (RANDOM)           | :TQ10000 |       |       | Q1,00  | P->S |
|   3 |    NESTED LOOPS                 |          |       |       | Q1,00  | PCWP |
|   4 |     PX BLOCK ITERATOR           |          |     2 |     4 | Q1,00  | PCWC |
|   5 |      TABLE ACCESS FULL          | EMP      |     2 |     4 | Q1,00  | PCWP |
|   6 |     TABLE ACCESS BY INDEX ROWID| DEPT     |       |       | Q1,00  | PCWP |
|   7 |      INDEX UNIQUE SCAN          | DEPT_PK  |       |       | Q1,00  | PCWP |
-------------------------------------------------------------------------------------------
```

위 실행계획을 그림으로 표시하면 그림 7-13과 같다.

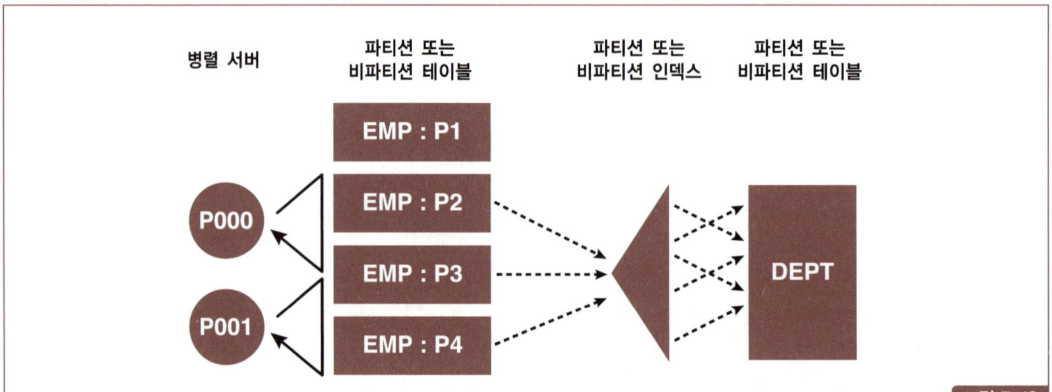

그림 7-13

Parallel Full Scan에는 블록 기반 Granule이 사용되므로 병렬도는 파티션 개수와 무관하다. 위에서는 병렬도를 2로 지정했지만 테이블 크기에 따라 자유롭게 더 큰 값을 지정할 수 있다. 물론 데이터량에 비해 병렬도를 너무 크게 지정하면 아무 일도 하지 않고 노는 프로세스가 생긴다.

병렬 인덱스 스캔으로 드라이빙하는 경우

emp 테이블에 생성해 둔 emp_sal_idx 인덱스를 먼저 드라이빙해 병렬 NL 조인을 수행하는 경우를 살펴보자.

```
SQL> select /*+ ordered use_nl(d) index(e emp_sal_idx)
  2            parallel_index(e emp_sal_idx 3) */ *
  3  from   emp e, dept d
  4  where  d.deptno = e.deptno
  5  and    e.sal >= 1000 ;

-------------------------------------------------------------------------------------------
| Id  | Operation                          | Name        | Pstart| Pstop |   TQ  |IN-OUT|
-------------------------------------------------------------------------------------------
|   0 | SELECT STATEMENT                   |             |       |       |       |      |
|   1 |  PX COORDINATOR                    |             |       |       |       |      |
|   2 |   PX SEND QC (RANDOM)              | :TQ10000    |       |       | Q1,00 | P->S |
|   3 |    NESTED LOOPS                    |             |       |       | Q1,00 | PCWP |
|   4 |     PX PARTITION RANGE ITERATOR    |             |     2 |     4 | Q1,00 | PCWC |
|   5 |      TABLE ACCESS BY LOCAL INDEX ROWID| EMP      |     2 |     4 | Q1,00 | PCWP |
|   6 |       INDEX RANGE SCAN             | EMP_SAL_IDX |     2 |     4 | Q1,00 | PCWP |
|   7 |     TABLE ACCESS BY INDEX ROWID    | DEPT        |       |       | Q1,00 | PCWP |
|   8 |      INDEX UNIQUE SCAN             | DEPT_PK     |       |       | Q1,00 | PCWP |
-------------------------------------------------------------------------------------------
```

위 실행계획을 그림으로 표시하면 그림 7-14와 같다.

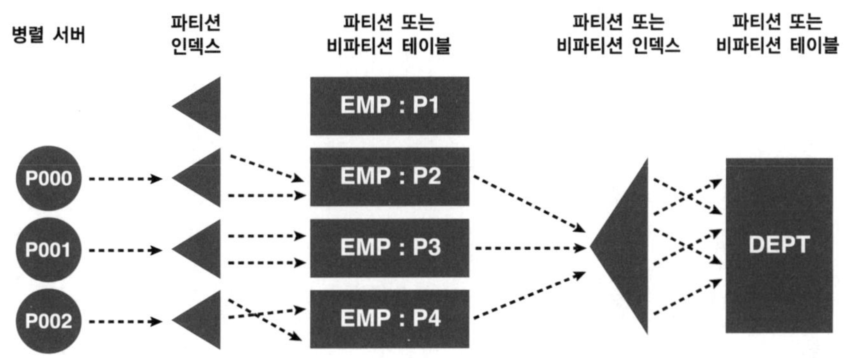

그림 7-14

그림 7-14와 같은 방식으로 병렬 NL 조인을 수행하려면, 드라이빙 인덱스(emp_sal_idx)가 반드시 파티션 인덱스여야 한다. 드라이빙 테이블(emp)과 두 번째 인덱스(dept_pk) 및 테이블(dept)의 파티션 여부와는 상관없다.

인덱스를 드라이빙한 병렬 NL 조인에는 파티션 기반 Granule이 사용되므로 병렬도가 파티션 개수를 초과할 수 없다. 여기서는 세 개(Pstart=2, Pstop=4) 파티션만 액세스하므로 병렬도를 3보다 크게 줄 수 없다. 크게 주더라도 실제 세 개 프로세스만 사용된다. 만약 병렬도를 2로 지정한다면 각각 하나씩 처리하다가 먼저 일을 마친 프로세스가 나머지 하나를 더 처리한다.

병렬 NL 조인의 효용성

지금 본 것처럼 NL 조인을 병렬로 수행하는 것도 가능하지만 실무적으로 활용할 기회가 많지는 않다. 그럼, 어떨 때 유용하게 쓸 수 있을까? 다음과 같은 상황을 가정해 보자.

1. Outer 테이블과 Inner 테이블이 둘 다 초대용량 테이블이다. (→ 어느 한쪽이 작은 테이블이면 병렬 해시 조인으로 해결 가능하다.)
2. Outer 테이블에 사용된 특정 조건의 선택도가 매우 낮은데 그 컬럼에 대한 인덱스가 없다.
3. Inner 쪽 조인 컬럼에는 인덱스가 있다.
4. 수행 빈도가 낮다. (→ 수행 빈도가 높다면 Outer 쪽에도 인덱스를 만드는 편이 낫다.)

두 개의 초대용량 테이블을 소트 머지나 해시 방식으로 조인하려면 아주 많은 리소스가 필요해 부담스러운 데다, 조인 결과집합까지 소량일 때는 큰 비효율이 아닐 수 없다. (Full Partition Wise 조인이 가능한 상황이라면 조금 낫다.)

사실, Outer 테이블을 스캔하면서 조건 필터링을 한 결과 건수가 매우 소량(낮은 선택도)이라면 원칙적으로 인덱스를 생성하는 것이 최적의 해법이다. 하지만 수행빈도가 낮은 쿼리를 위해 대용량 테이블에 인덱스를 하나 더 두는 것은 여간 고민스러운 문제가 아니다.

이럴 때 병렬 NL 조인이 아주 제격인데, 아래 쿼리를 보자.

```
select /*+ ordered use_nl(o) full(t) parallel(t 4) index(o 현물호가_PK) */
       t.체결번호, t.종목코드, t.체결가격, t.체결수량, t.체결유형코드
     , o.회원번호, o.지점번호, o.계좌번호, o.호가수량, o.호가가격, o.호가접수번호
from   현물체결 t, 현물호가 o
where  o.종목코드 = t.종목코드
and    o.호가일자 = t.체결일자
and    o.호가접수번호 = t.매도호가접수번호
and    o.정규시간외구분코드 = t.정규시간외구분코드
and    o.대량매매구분코드 = t.대량매매구분코드
```

```
and    o.매도매수구분코드 = '1'
and    t.체결일자 = '20080603'
and    t.체결수량 >= 500000  → 일평균 5건 미만

------------------------------------------------------------------------------------------
| Id  | Operation                     | Name          | Pstart| Pstop |   TQ   |IN-OUT|
------------------------------------------------------------------------------------------
|   0 | SELECT STATEMENT              |               |       |       |        |      |
|   1 |  PX COORDINATOR               |               |       |       |        |      |
|   2 |   PX SEND QC (RANDOM)         | :TQ10000      |       |       | Q1,00  | P->S |
|   3 |    NESTED LOOPS               |               |       |       | Q1,00  | PCWP |
|   4 |     PX BLOCK ITERATOR         |               |   128 |   128 | Q1,00  | PCWC |
|   5 |      TABLE ACCESS FULL        | 현물체결       |   128 |   128 | Q1,00  | PCWP |
|   6 |     PARTITION RANGE SINGLE    |               |   128 |   128 | Q1,00  | PCWP |
|   7 |      TABLE ACCESS BY INDEX ROWID| 현물호가     |   128 |   128 | Q1,00  | PCWP |
|   8 |       INDEX UNIQUE SCAN       | 현물호가_PK    |   128 |   128 | Q1,00  | PCWP |
------------------------------------------------------------------------------------------
```

쿼리에 사용된 현물체결, 현물호가는 모두 대용량 테이블이다. 현물체결 테이블에는 하루 평균 250만 건, 현물호가 테이블에는 하루 평균 600만 건이 입력된다고 하자(두 테이블 모두 체결일자 기준 Range 일 파티션). 쿼리는 현물체결 테이블을 먼저 드라이빙하고 있는데, 조건절이 의미하는 바대로 하루 체결수량이 50만 주 이상 되는 체결 레코드는 평균 5건에 불과하다고 가정하자.

이럴 때 병렬 NL 조인으로 유도하면 효과적이다. 체결 테이블에 [체결일자 + 체결수량]으로 구성된 인덱스가 없다고 가정하였으므로, 5건을 선택하려고 250만 건의 현물체결 테이블을 Parallel Full Scan하는 비효율은 피할 수 없다. 하지만 현물호가 테이블은 600만 건을 다 읽지 않아도 된다.

(5) 병렬 쿼리와 스칼라 서브쿼리

병렬 쿼리에 트레이스를 걸면 QC의 트레이스 파일은 user_dump_dest 디렉토리 밑에 생기지만 병렬 서버의 트레이스 파일은 background_dump_dest 디렉토리 밑에 생긴다.

```
SQL> show parameter dump_dest

NAME                                 TYPE        VALUE
------------------------------------ ----------- ------------------------------
```

```
background_dump_dest         string     /usr/local/oracle/admin/ora10g/bdump
core_dump_dest               string     /usr/local/oracle/admin/ora10g/cdump
user_dump_dest               string     /usr/local/oracle/admin/ora10g/udump
```

따라서 user_dump_dest 디렉토리에 생긴 트레이스 파일을 분석해 보면 전체 병렬 쿼리 수행 과정 중 QC가 처리한 오퍼레이션이 어떤 것인지 식별해 낼 수 있다.

먼저 아래 병렬 쿼리에서 스칼라 서브쿼리를 QC가 수행하는지, 아니면 병렬 서버가 수행하는지 확인해 보자.

```
select /*+ full(e) parallel(e 2) */ empno, ename, job, sal
     ,(select dname from dept where deptno = e.deptno)
from emp e

Rows     Row Source Operation
-------  ---------------------------------------------------
      3  TABLE ACCESS BY INDEX ROWID DEPT (cr=5 pr=0 pw=0 time=108 us)
      3   INDEX UNIQUE SCAN DEPT_PK (cr=2 pr=0 pw=0 time=48 us)(object id 59518)
     14  PX COORDINATOR  (cr=2 pr=0 pw=0 time=103203 us)
      0   PX SEND QC (RANDOM) :TQ10000 (cr=0 pr=0 pw=0 time=0 us)
      0    PX BLOCK ITERATOR (cr=0 pr=0 pw=0 time=0 us)
      0     TABLE ACCESS FULL EMP (cr=0 pr=0 pw=0 time=0 us)
```

Row Source Operation에서 보듯 병렬 서버로부터 받은 결과집합을 QC가 클라이언트에게 전송하면서 스칼라 서브쿼리를 수행하고 있다. QC의 SQL 트레이스에 스칼라 서브쿼리 수행 통계가 나타난 것을 통해 이런 사실을 알 수 있다.

이번에는 order by절을 추가해 보자.

```
select /*+ full(e) parallel(e 2) */ empno, ename, job, sal
     ,(select dname from dept where deptno = e.deptno)
from emp e
order by ename

call     count       cpu    elapsed       disk      query    current        rows
------- ------  -------- ---------- ---------- ---------- ----------  ----------
Parse        1      0.00       0.00          0          0          0           0
Execute      1      0.00       0.06          0          2          0           0
Fetch        2      0.00       0.10          0          0          0          14
```

```
------- ------  -------- ---------- ---------- ---------- ----------  ----------
total        4      0.00       0.16          0          2          0          14

Rows     Row Source Operation
-------  ---------------------------------------------------
      0  TABLE ACCESS BY INDEX ROWID DEPT (cr=0 pr=0 pw=0 time=0 us)
      0   INDEX UNIQUE SCAN DEPT_PK (cr=0 pr=0 pw=0 time=0 us)(object id 59518)
     14  PX COORDINATOR  (cr=2 pr=0 pw=0 time=64131 us)
      0   PX SEND QC (ORDER) :TQ10001 (cr=0 pr=0 pw=0 time=0 us)
      0    SORT ORDER BY (cr=0 pr=0 pw=0 time=0 us)
      0     PX RECEIVE  (cr=0 pr=0 pw=0 time=0 us)
      0      PX SEND RANGE :TQ10000 (cr=0 pr=0 pw=0 time=0 us)
      0       PX BLOCK ITERATOR (cr=0 pr=0 pw=0 time=0 us)
      0        TABLE ACCESS FULL EMP (cr=0 pr=0 pw=0 time=0 us)
```

QC의 SQL 트레이스에 스칼라 서브쿼리 수행 통계가 나타나지 않았으므로 병렬 서버 프로세스들이 스칼라 서브쿼리를 수행했음을 미루어 짐작할 수 있다. 즉, 병렬 서버들이 order by를 위한 정렬 처리를 함과 동시에 스칼라 서브쿼리를 수행하면서 Sort Area(또는 Temp 테이블스페이스)에 중간 결과집합을 담는다.

병렬 쿼리는 대부분 Full Table Scan으로 처리되는데, 도중에 이처럼 인덱스를 경유한 Random 액세스 위주의 스칼라 서브쿼리까지 수행해야 한다면 수행 속도를 크게 저하시킨다. 따라서 병렬 쿼리에서는 스칼라 서브쿼리를 가급적 일반 조인문장으로 변환하고서 [Full Scan + Parallel] 방식으로 처리되도록 하는 것이 매우 중요한 튜닝 기법 중 하나이다.

만약 병렬 쿼리 결과집합 전체를 Fetch하지 않고 중간에 멈추는 상황, 즉 부분범위처리가 가능한 상황이라면 불필요한 스칼라 서브쿼리 수행을 최소화하는 것만으로도 쿼리 응답 속도를 크게 향상시킬 수 있다. 아래와 같이 변환하고서 쿼리를 다시 수행해 보자.

```
select empno, ename, job, sal
     ,(select dname from dept where deptno = e.deptno)
from (
  select /*+ full(emp) parallel(emp 2) no_merge */ empno, ename, job, sal, deptno
  from   emp
  order by ename
) e
```

```
Rows     Row Source Operation
-------  ---------------------------------------------------
      3  TABLE ACCESS BY INDEX ROWID DEPT (cr=5 pr=0 pw=0 time=189 us)
      3   INDEX UNIQUE SCAN DEPT_PK (cr=2 pr=0 pw=0 time=76 us)(object id 59518)
     14  PX COORDINATOR  (cr=2 pr=0 pw=0 time=32151 us)
      0   PX SEND QC (ORDER) :TQ10001 (cr=0 pr=0 pw=0 time=0 us)
      0    VIEW  (cr=0 pr=0 pw=0 time=0 us)
      0     SORT ORDER BY (cr=0 pr=0 pw=0 time=0 us)
      0      PX RECEIVE  (cr=0 pr=0 pw=0 time=0 us)
      0       PX SEND RANGE :TQ10000 (cr=0 pr=0 pw=0 time=0 us)
      0        PX BLOCK ITERATOR (cr=0 pr=0 pw=0 time=0 us)
      0         TABLE ACCESS FULL EMP (cr=0 pr=0 pw=0 time=0 us)
```

스칼라 서브쿼리를 제외한 나머지 문장을 인라인 뷰로 묶고 스칼라 서브쿼리는 맨 위쪽 메인 쿼리 select-list에 기술하였더니 이번에는 스칼라 서브쿼리를 QC가 수행하게 되었다. (no_merge 힌트를 빠뜨리면 뷰 Merging이 발생해 스칼라 서브쿼리를 원래대로 병렬 서버가 수행하게 되므로 주의하기 바란다.) 여기서, 정렬된 쿼리 결과를 일부만 Fetch하고 멈춘다면 스칼라 서브쿼리 수행횟수도 최소화할 수 있다.

이처럼 스칼라 서브쿼리를 기술하는 위치에 따라 QC가 수행하기도 하고 병렬 서버가 수행하기도 하며, 이는 병렬 쿼리 수행 속도에 지대한 영향을 미친다. 병렬 처리 효과를 높이려면 부분범위 처리, 전체범위처리 여부에 따라 스칼라 서브쿼리 위치를 옮기거나 아예 일반 조인문으로 바꾸는 등의 튜닝을 실시함으로써 큰 효과를 얻을 수 있다.

(6) 병렬 쿼리와 사용자 정의 함수

사용자 정의 함수를 생성할 때 아래와 같이 parallel_enable 키워드를 선언(3번 라인)해 주어야 병렬 실행이 가능하다고 흔히 생각하는데, 그렇지 않다(스크립트 ch7_05.txt 참조).

```
SQL> create or replace function getDname(p_deptno number)
  2  return varchar2
  3  parallel_enable
  4  is
  5    l_dname dept.dname%type;
  6  begin
  7    select dname into l_dname from dept where deptno = p_deptno;
  8    return l_dname;
```

```
end;
/

SQL> select /*+ parallel(emp 2) */ empno, ename, job, sal, getDname(deptno)
from   emp;
```

세션 변수를 참조하지 않는다면 이 키워드를 지정하든 안 하든 병렬 수행이 가능하며, 위 getDname 함수는 세션 변수를 사용하지 않았으므로 parallel_enable 선언은 사실상 불필요하다. 세션 변수를 참조하는 함수일 때는 parallel_enable을 선언하느냐에 따라 함수의 병렬 수행 여부가 결정된다.

parallel_enable 키워드 역할

parallel_enable 키워드가 어떤 역할을 하는지 살펴보자.

SQL 수행 결과는 병렬로 수행했는지 여부와 상관없이 항상 일관된 상태여야 한다. 그런데 함수가 패키지 변수 같은 세션 변수를 참조한다면 병렬 수행 여부에 따라 결과가 달라질 수 있다. 원인은, 병렬 쿼리 시 각 병렬 서버가 개별적인 세션 ID를 부여받고 실행된다는 데에 있다.

패키지 변수는 세션 레벨에서만 유효하다는 특징을 갖는다. 즉, 세션이 수립될 때 초기화되어 같은 세션 내에서는 지속적으로 참조할 수 있지만 다른 세션과는 값을 공유하지 못한다. 따라서 패키지 변수를 가진 함수를 한 세션이 직렬로 호출할 때와 여러 세션이 병렬로 호출할 때의 결과는 다를 수 있다.

이해를 돕기 위한 테스트를 수행해 보자. 우선 패키지 변수를 읽고 쓰는 패키지를 아래와 같이 생성한다.

```
SQL> create or replace package call_counter
as
procedure initCount;
procedure increaseCount;
function  getCount return integer;
end call_counter;
/

SQL> create or replace package body call_counter as

  call_count number;
```

```

procedure initCount is
begin
  call_count := 0;
end initCount;

procedure increaseCount is
begin
  call_count := call_count + 1;
end increaseCount;

function getCount return integer is
begin
  return call_count;
end getCount;

begin
  call_count := 0;
end call_counter;
/
```

increaseCount 프로시저는 호출할 때마다 패키지 변수 call_count를 1씩 증가시키고, getCount 함수는 현재의 call_count 값을 반환한다.

이제 테스트할 준비가 되었다. 세션 변수를 참조하는 함수에 parallel_enable을 지정하지 않은 경우부터 살펴보자. (big_table은 100만 건의 레코드를 가진 테이블이며, 스크립트 ch7_05.txt 파일을 참조하기 바란다.)

```
SQL> create or replace function FuncCallCount return integer
as
  l_count integer;
begin
  call_counter.increaseCount;
  return call_counter.getCount;
end;
/

SQL> explain plan for
create table t
parallel 4
as
select /*+ parallel(t 4) */ t.*, FuncCallCount callcount
```

```
  6 from   big_table t ;

SQL> select * from table(dbms_xplan.display(null, null,'basic parallel'));

---------------------------------------------------------------------------------
| Id  | Operation                      | Name      |    TQ  |IN-OUT| PQ Distrib |
---------------------------------------------------------------------------------
|   0 | CREATE TABLE STATEMENT         |           |        |      |            |
|   1 |  PX COORDINATOR FORCED SERIAL  |           |        |      |            |
|   2 |   PX SEND QC (RANDOM)          | :TQ10000  |  Q1,00 | P->S | QC (RAND)  |
|   3 |    LOAD AS SELECT              | T         |  Q1,00 | PCWP |            |
|   4 |     PX BLOCK ITERATOR          |           |  Q1,00 | PCWC |            |
|   5 |      TABLE ACCESS FULL         | BIG_TABLE |  Q1,00 | PCWP |            |
---------------------------------------------------------------------------------
```

ID 1번 단계에 'FORCED SERIAL'이라고 표시된 부분을 확인하기 바란다. 이것은 FuncCallCount 함수가 패키지 변수를 참조하기 때문이다. 이 함수를 병렬로 실행하면 원치 않는 결과가 나타날 수 있기 때문에 함수 호출 부분만큼은 QC에 의해 직렬(serial)로 처리됨을 뜻한다.

call_count를 초기화하고 실제로 CTAS 문장을 수행해 보자.

```
SQL> exec call_counter.initCount;

SQL> create table t
  2  parallel 4
  3  as
  4  select /*+ parallel(t 4) */ t.*, FuncCallCount callcount
  5  from   big_table t ;

SQL> select FuncCallCount from dual;

FUNCCALLCOUNT
-------------
      1000001
```

CTAS 후에 QC 세션에서 FuncCallCount 함수를 한 번 더 호출한 결과가 1,000,001이므로 CTAS 문장 수행 중에는 QC에 의해 1,000,000번 함수 호출이 일어났음을 알 수 있다.

패키지 변수 call_count를 1씩 증가시키면서 T 테이블에 입력한 callcount 컬럼 값에 중복이 있는지 확인해 보자.

```
SQL> select count(*) from (
  2    select callcount, count(*) from t
  3    group by callcount
  4    having count(*) > 1
  5  ) ;

  COUNT(*)
----------
         0
```

중복이 전혀 없다. QC가 함수 호출을 도맡아 순차적으로 call_count 값을 읽고 1씩 증가시켰기 때문이다.

이번에는 세션 변수를 참조하는 FuncCallCount 함수에 parallel_enable을 선언하는 경우를 살펴보자.

```
SQL> create or replace function FuncCallCount return integer
  2  parallel_enable
  3  as
  4    l_count integer;
  5  begin
  6    call_counter.increaseCount;
  7    return call_counter.getCount;
  8  end;
  9  /

SQL> explain plan for
  2  create table t
  3  parallel 4
  4  as
  5  select /*+ parallel(t 4) */ t.*, FuncCallCount callcount
  6  from   big_table t ;

SQL> select * from table(dbms_xplan.display(null, null,'basic parallel'));

---------------------------------------------------------------------------
| Id  | Operation              | Name      |    TQ  |IN-OUT| PQ Distrib |
---------------------------------------------------------------------------
|   0 | CREATE TABLE STATEMENT |           |        |      |            |
|   1 |  PX COORDINATOR        |           |        |      |            |
```

```
|   2 |    PX SEND QC (RANDOM)   | :TQ10000  |  Q1,00 | P->S | QC (RAND)  |
|   3 |     LOAD AS SELECT       | T         |  Q1,00 | PCWP |            |
|   4 |      PX BLOCK ITERATOR   |           |  Q1,00 | PCWC |            |
|   5 |       TABLE ACCESS FULL  | BIG_TABLE |  Q1,00 | PCWP |            |
---------------------------------------------------------------------------
```

ID 1번 단계에서 'FORCED SERIAL' 표시가 사라졌다. 함수를 병렬 서버가 동시에 실행할 수 있게 된 것을 의미한다. 실제 수행해 보자.

```
SQL> drop table t purge;

SQL> exec call_counter.initCount;

SQL> create table t
  2  parallel 4
  3  as
  4  select /*+ parallel(t 4) */ t.*, FuncCallCount callcount
  5  from   big_table t ;

SQL> select FuncCallCount from dual;

FUNCCALLCOUNT
-------------
            1
```

CTAS 후에 QC 세션에서 FuncCallCount 함수를 호출한 결과가 1이므로 CTAS 문장 수행 중에는 QC가 함수를 호출한 적이 전혀 없음을 알 수 있다.

T 테이블에 입력한 callcount 컬럼 값에 중복이 있는지 확인해 보자.

```
SQL> select count(*) from (
  2    select callcount, count(*) from t
  3    group by callcount
  4    having count(*) > 1
  5  );

  COUNT(*)
----------
    250788
```

250,788건의 중복이 발생하였다. 각 병렬 서버가 각각 세센 레벨 변수를 읽고 썼기 때문에 T 테이블에 입력된 callcount 값에 중복이 발생한 것이다.

다시 말하지만, SQL 수행 결과는 병렬로 수행하는지 여부와 상관없이 항상 일관된 결과를 반환해야 한다. 그런데 패키지 변수 같은 세션 변수를 참조하는 함수는 병렬로 실행했을 때 일관성이 보장되지 않기 때문에 오라클은 기본적으로 병렬 수행을 거부한다.

그럼에도, 사용자가 병렬 수행을 원할 때 사용하는 키워드가 parallel_enable이다. 1권 5장 8절, 그리고 부록 3에서 자세히 설명한 Deterministic 키워드의 의미를 되새겨보기 바란다.

Deterministic 함수로 선언했다고 해서 오라클이 함수의 일관성을 보장하는 것이 아니라, 함수가 일관되지 않은 값을 반환하더라도 함수를 구현한 개발자의 책임임을 선언하는 것이라고 설명한 것을 기억하는가.

parallel_enable도 같은 역할을 한다. 즉, 직렬로 수행할 때와 비교해 함수 수행 결과가 달라질 수 있음에도, 사용자가 parallel_enable 키워드를 선언하면 오라클은 사용자 지시에 따라 함수를 병렬로 실행할 수 있도록 허용한다. 하지만 결과에 대한 책임은 사용자의 몫이다.

이런 원리를 잘 숙지하고 parallel_enable을 불필요하게 남용하지 않도록 주의하길 바란다. 다시 말하지만, 세션 변수를 참조하지 않은 함수라면 굳이 이 키워드를 사용하지 않더라도 병렬 수행이 가능하다.

(7) 병렬 쿼리와 ROWNUM

SQL에 rownum을 포함하면 쿼리문을 병렬로 실행하는 데에 제약을 받게 되므로 주의해야 한다. 아래 실행계획을 보면, rownum 결과치로 정렬하는 것이 아님에도 sort order by를 QC가 담당(→ sort order by가 px coordinator 위쪽에 나타남)하게 된 것을 볼 수 있다(스크립트 ch7_06.txt 참조).

```
SQL> create table t
  2  as
  3  select rownum no, lpad(rownum, 10, '0') no2 from dual
  4  connect by level <= 100000;

SQL> set autotrace traceonly exp
SQL> select /*+ parallel(t) */ no, no2, rownum
  2  from   t
  3  order by no2;
```

```
-----------------------------------------------------------------------
| Id  | Operation              | Name      |  TQ   |IN-OUT| PQ Distrib |
-----------------------------------------------------------------------
|   0 | SELECT STATEMENT       |           |       |      |            |
|   1 |  SORT ORDER BY         |           |       |      |            |
|   2 |   COUNT                |           |       |      |            |
|   3 |    PX COORDINATOR      |           |       |      |            |
|   4 |     PX SEND QC (RANDOM)| :TQ10000  | Q1,00 | P->S | QC (RAND)  |
|   5 |      PX BLOCK ITERATOR |           | Q1,00 | PCWC |            |
|   6 |       TABLE ACCESS FULL| T         | Q1,00 | PCWP |            |
-----------------------------------------------------------------------
```

마찬가지로 병렬 DML 문장에도 rownum를 사용하는 순간 병렬 처리에 제약을 받게 되므로 주의가 필요하다.

```
SQL> set autotrace off

SQL> commit;

SQL> alter session enable parallel dml;

SQL> explain plan for
  2 update /*+ parallel(t 4) */ t set no2 = lpad(rownum, 5, '0');

SQL> @?/rdbms/admin/utlxplp

----------------------------------------------------------------------------------
| Id  | Operation                       | Name      |  TQ   |IN-OUT| PQ Distrib |
----------------------------------------------------------------------------------
|   0 | UPDATE STATEMENT                |           |       |      |            |
|   1 |  PX COORDINATOR                 |           |       |      |            |
|   2 |   PX SEND QC (RANDOM)           | :TQ20001  | Q2,01 | P->S | QC (RAND)  |
|   3 |    UPDATE                       | T         | Q2,01 | PCWP |            |
|   4 |     BUFFER SORT                 |           | Q2,01 | PCWC |            |
|   5 |      PX RECEIVE                 |           | Q2,01 | PCWP |            |
|   6 |       PX SEND HASH (BLOCK ADDRESS)| :TQ20000 |       | S->P | HASH (BLOCK|
|   7 |        COUNT                    |           |       |      |            |
|   8 |         PX COORDINATOR          |           |       |      |            |
|   9 |          PX SEND QC (RANDOM)    | :TQ10000  | Q1,00 | P->S | QC (RAND)  |
|  10 |           PX BLOCK ITERATOR     |           | Q1,00 | PCWC |            |
|  11 |            TABLE ACCESS FULL    | T         | Q1,00 | PCWP |            |
----------------------------------------------------------------------------------
```

(8) 병렬 처리 시 주의사항

어느 책에선가 보고 메모해 둔 아래 문장을 소개한다.

"Parallelism has potential to paralyze your system."

실제로 병렬 쿼리를 과도하게 사용하면 시스템을 마비시킬 수도 있다. 적절한 사용 기준이 필요하다는 얘기인데, 그럼 언제 병렬 처리 기법을 사용하는 것이 바람직한가?

- 동시 사용자 수가 적은 애플리케이션 환경(야간 배치 프로그램, DW, OLAP 등)에서 직렬로 처리할 때보다 성능 개선 효과가 확실할 때(→ 이 기준에 따르면 작은 테이블은 병렬 처리 대상에서 제외됨)
- OLTP성 시스템 환경이더라도 작업을 빨리 완료함으로써 직렬로 처리할 때보다 오히려 전체적인 시스템 리소스(CPU, Memory 등) 사용률을 감소시킬 수 있을 때(→ 수행 빈도가 높지 않음을 전제로)

야간 배치 프로그램에는 병렬 처리가 자주 사용되기 마련인데, 야간 배치 프로그램은 전체 목표 시간을 달성하는 것을 목표로 해야지 개별 프로그램의 수행속도를 단축하려고 필요 이상의 병렬도를 지정해선 안 된다. 업무적으로 10분 이내 수행이 목표인 프로그램을 5분으로 단축하려고 병렬 처리 기법을 남용하지 말라는 뜻이다.

야간이더라도, 여러 팀에서 작성한 배치 프로그램이 동시에 수행되는 상황에서 특정 소수 배치 작업이 과도한 병렬 처리를 시도한다면 CPU, 메모리, 디스크 등 자원에 대한 경합 때문에 오히려 전체 배치 수행 시간이 늘어날 수 있음을 기억하자. 그리고 병렬도를 높인다고 성능이 선형적으로 좋아지는 것도 아니다. 결론적으로, 성능개선 효과가 확실한 최소한의 병렬도를 지정하려는 노력이 필요하다.

물론 시스템 리소스를 최대한 사용해야 할 때도 있는데, 데이터 이행(Migration)이 대표적이다. 이때는 모든 애플리케이션을 중지시키고 이행 프로그램이 시스템을 독점적으로 사용하기 때문에 가능한 모든 리소스를 활용해 이행 시간을 최대한 단축하는 것을 목표로 삼는 것이 당연하다.

병렬 쿼리와 관련해 기타 주의해야 할 사항들이 많지만 생각나는 대로 몇 가지를 적어보면 아래와 같다.

- *workarea_size_policy*를 manual로 설정한다면, 사용자가 지정한 *sort_area_size*가 모든 병렬 서버에게 적용된다. 따라서 *sort_area_size*를 크게(최대 2GB) 설정한 상태에서 지나치게

큰 병렬도를 지정하면, OS 레벨에서 페이징(Paging)이 발생하고 심할 경우 시스템을 마비시킬 수도 있다.

- 병렬도를 지정하지 않으면 *cpu_count* × *parallel_threads_per_cpu* 만큼의 병렬 프로세스가 할당된다. adaptive multiuser 기능을 사용하려는 경우가 아니라면 반드시 병렬도를 지정하자.
- 실행계획에 P→P가 나타날 때면 지정한 병렬도의 2배수만큼 병렬 프로세스가 필요하다는 사실을 기억하자.
- 쿼리 블록마다 병렬도를 다르게 지정한 경우, 여러 가지 우선 순위와 규칙에 따라 최종 병렬도가 결정된다. 하지만 이런 규칙들을 외우려는 노력보다는 쿼리 작성 시 병렬도를 모두 같게 지정하는 것이 바람직하다.
- parallel 힌트를 사용할 때는 반드시 Full 힌트도 함께 사용하는 습관이 필요하다. 옵티마이저에 의해 인덱스 스캔이 선택될 경우 parallel 힌트가 무시되기 때문이다.
- parallel_index 힌트를 사용할 때는 반드시 index 또는 index_ffs 힌트를 함께 사용하는 습관이 필요하다. 옵티마이저에 의해 Full Table Scan이 선택될 경우 parallel_index 힌트가 무시되기 때문이다.
- 병렬 DML 수행 시 Exclusive 모드 테이블 Lock이 걸리므로 업무 트랜잭션이 발생하는 주간에는 삼가야 한다.
- 테이블이나 인덱스를 빠르게 생성하려고 parallel 옵션을 사용했다면 작업을 완료하자마자 noparallel로 돌려 놓는 것을 잊지 말자.
- 부분범위처리 방식으로 조회하면서 병렬 쿼리를 사용한 때에는 필요한 만큼 데이터를 Fetch 하고 나서 곧바로 커서를 닫아 주어야 한다.

Toad나 Orange처럼 부분범위처리를 지원하는 쿼리 툴에서는 EOF(End Of Fetch)에 도달하기 전까지 커서를 오픈한 채로 유지하기 때문에 오라클은 병렬 서버들을 해제하지 못하고 대기 상태에 머물도록 한다. 이는 불필요한 리소스를 낭비하는 결과를 초래하므로 조회가 끝나자마자 select * from dual 같은 문장을 수행해 병렬 쿼리의 커서를 닫아 주어야 한다.

찾아보기

ㅅ

C

D

E

F

G

H

I

O

P

Q

R

S

옵티마이저 힌트

패키지 · 동적 성능 뷰

파라미터

래치

대기 이벤트